中文社会科学引文索引（CSSCI）来源集刊

人文论丛

2018年

第1辑（总第29卷）

冯天瑜　主编

教育部人文社会科学重点研究基地
武汉大学中国传统文化研究中心　主办

WUHAN UNIVERSITY PRESS
武汉大学出版社

KEY RESEARCH INSTITUTE IN UNIVERSITY

图书在版编目(CIP)数据

人文论丛.2018年.第1辑:总第29卷/教育部人文社会科学重点研究基地,武汉大学中国传统文化研究中心主办.—武汉:武汉大学出版社,2018.5
ISBN 978-7-307-20263-4

Ⅰ.人…　Ⅱ.①教…　②武…　Ⅲ.社会科学—2018—丛刊　Ⅳ.C55

中国版本图书馆CIP数据核字(2018)第110900号

责任编辑:李　程　　　责任校对:李孟潇　　　版式设计:汪冰滢

出版发行:**武汉大学出版社**　　(430072　武昌　珞珈山)
　　　　　(电子邮件:cbs22@whu.edu.cn 网址:www.wdp.com.cn)
印刷:湖北恒泰印务有限公司
开本:787×1092　1/16　　印张:23　　字数:557千字　　　插页:2
版次:2018年5月第1版　　　2018年5月第1次印刷
ISBN 978-7-307-20263-4　　　定价:79.00元

《人文论丛》2018年第1辑（总第29卷）

目　　录

人文探寻

文史考证

礼学研究

阳明学研究

文本与文献

科举与社会

清代财政与社会转型

文化的近代转型

宫廷文化研究综述

书　评

人文探寻

如何了解孔子的人格精神

——唐君毅的人格比较研究方法论

□ 王兴国

一、引　言

孔子是世界公认的伟大思想家、教育家、中国的圣人和中国文化的奠基人。近年来，以孔子为代表的中国传统文化的重要价值逐渐得到国人的承认与重视，百年以来叠压在孔子头上的阴云雾霾终于渐渐消散，云开日见，孔子的正面形象开始重新确立，并将重新走进中国人的心灵。"儒学复兴""中国文化复兴"的浪潮伴随着中国的崛起而一波接一波地掀起，以儒学为代表的中国传统文化出现了复兴之兆。但是，不能不看到，反对儒学，诬蔑儒学，诋毁与诽谤孔孟的事情仍然时有发生，甚至有人公然把以孔孟为代表的儒学视为中国社会"腐败的根源"，主张再次打倒儒学、捣毁儒学，完成所谓的"二次启蒙""新启蒙"，混淆视听，乘水未澄清之际大肆搅局，成为儒学复兴的拦路虎、绊脚石。因此，我们不能不充分地认识到复兴儒学、复兴中国文化的艰巨性、复杂性、长期性与斗争性。为了彻底扫除与廓清儒学复兴、中国文化复兴的障碍，固然需要对一切诬蔑儒学，诋毁与诽谤孔孟的思想言论进行批判与肃清，但同时也需要正本清源，让国人重新了解孔子，真正地认识孔子的光辉与美大神圣，以生命的契入与感通去呼应孔子的生命、呼应与把持儒学的精神和智慧，重新树立中国人的文化之根与文化自信，勇敢地面对现实与未来的挑战，真正地与全面地实现孔子所向往的"富而有教"的社会愿景，这就需要我们能真实地理解孔子在中国历史文化中的崇高地位究竟是如何形成的，孔子人格精神的美大神圣究竟在哪里，孔子为什么是中国文化精神与智慧的源头活水，孔子为什么在现在与未来仍然具有不可抛弃与不可估量的永恒价值，而与牟宗三先生并称且被牟宗三先生称为"'文化意识宇宙'中之巨人"[①] 的唐君毅先生，作为当代新儒家最重要的代表人物与哲学大师之一，一生宗奉孔子，继承与弘扬孔子精神，与牟宗三先生一道哲学地重建中国哲

————

[①]　见牟宗三：《悼念唐君毅先生》，《唐君毅全集卷三十·纪念集》，台湾学生书局 1993 年版，第26~28 页；牟宗三：《"文化意识宇宙"一词之释义》，《唐君毅全集卷三十·纪念集》，台湾学生书局1993 年版，第 29~34 页。

学，不仅创建了与牟宗三的"道德的形上学"比肩而立的"心通九境"的庞大哲学体系，把现代中国哲学的发展推向了世界水准的高峰，而且留下了许多篇论述孔子的重要文献，尤其是其中关于"孔子在中国历史文化中的地位的形成"的论述，写于20世纪70年代，适值中国大陆"批林批孔"时期，而香港亦有刊物闻风起舞，咒孔骂唐，① 唐君毅先生的鸿文拨云雾而见青天，不仅真实地"还原"了孔子在中国历史文化中的崇高地位形成的历史事实与理据，而且澄清与驳斥了民国以来对于孔子的种种误解、诬蔑与不实之词，"再现"了"孔子的历史"与"历史的孔子"，呈现出一个历史的真实的孔子以及孔子的美大神圣，因此今天我们纪念孔子的时候，重温唐君毅先生对于孔子人格精神的论述，并对唐君毅先生提倡的探索孔子人格世界的人格比较研究方法给予关注和探讨，对我们重新认识与理解孔子，消除对于孔子的莫大误解与诬蔑，仍然大有裨益，如沐春风，而且犹如醍醐灌顶，是一面最好的"照妖镜"。

二、研究孔子与孔子崇高地位形成的方法

根据人类的生活经验与学术研究的历史经验可知，知人不易，知伟人更难。孔子乃是人类历史中的伟人之伟人。那么，欲知孔子则难上加难了！然而，孔子是中国文化的最大代表，不知孔子则不知中国文化。凡孔子以后的人，欲知中国文化，则必知孔子。那么，究竟如何去了解孔子与孔子在中国历史文化中的地位呢？在今天，这一问题不意重新成为中国人的一项历史文化之使命。

唐君毅先生指出，了解孔子最难，原因在于孔子是中国历史文化人物中最难讲的一个人物。之所以如此，盖因孔子代表中国文化原型之大全。凡讲孔子皆不能无漏，不能臻全。无论谁讲孔子，都不能不具体地讲孔子的具体的事情。但一落到具体地讲孔子的具体事情的事实上，则无法全面地把握与彰显孔子之作为中国文化原型之大全。唐君毅先生说："这不仅由于孔子思想与对中国社会文化历史之贡献之伟大，使我们难以抽象的几点意见包括之，而且我们先自孔子之对社会历史文化贡献与学术思想去了解孔子，亦本非最妥当的办法。"② 所以，对于孔子来说，无论如何讲，无论谁讲，都是不能圆满的。唐君毅先生对他人所讲的孔子不甚满意，同时对自己所讲的孔子也是不满意的，③ 根源在于孔子身上所体现的精神乃是一种无待无外的绝对的化育涵摄一切而不露精彩的无限性之精神，这种精神是现代人凑泊不上且日益与之疏远的。唐先生说：

> 现代人一切生活事业，皆在紧张中，奋斗中，对抗中。处处要求显力量，露精彩。一切都要在鲜明的对照中，才看得见。然而孔子之精神，在根柢上正是超一切对

---

① 见徐复观：《悼唐君毅先生》，《唐君毅全集卷三十·纪念集》，台湾学生书局1993年版，第19~20页。

② 唐君毅：《孔子与人格世界》，《唐君毅全集卷五·人文精神之重建》，台湾学生书局1989年版，第210页。

③ 参阅唐君毅：《孔子与人格世界》，《唐君毅全集卷五·人文精神之重建》，台湾学生书局1989年版，第210页。

待的。孔子亦很严正，很刚健，然而此严正与刚健，即在一太和元气中。此时代人，在情调上，实难凑泊得上。所以孔子之无限的精神，在今日实亦难提出。①

但是孔子是必须讲的，那么我们别无选择，唯一地只能在不能讲中去求能讲，从不圆满中去求圆满，诚如孔子的"知不可而为之"，勉力而行了。事实上，唐君毅先生作为"文化意识宇宙"中的巨人，其"仁者哲学家"之生命精神最能与孔子的生命精神相呼应与契接，因此唐君毅先生是最具有资格讲孔子与孔子在中国历史文化中之地位的当代大儒，并且唐君毅先生所讲的孔子亦最能表现孔子的生命精神与智慧情态，最具传神的精彩洞见，而唐君毅先生所勾勒出来的孔子在中国历史文化中之地位，则真实地、多角度地展现与解释了孔子在中国历史文化中无与伦比的至高无上的地位形成的纷繁复杂的历史事实与峰回路转、蜿蜒跌荡的曲折过程，成为民国以来的现代中国人了解与研究孔子的一面镜子和一个重要的典范。在反复多次宣讲孔子与探索孔子的伟大人格，以及孔子在中国历史文化中的地位之形成的历程中，唐君毅先生发现与提出了一套讲孔子与孔子在中国历史文化中的地位之形成的方法。具体可以总结和概括为以下五种研究方法：第一，人格类型比较法；第二，思想文化历史源流考察法；第三，哲学思想研究法；第四，历史文化综合考察与诠释法；第五，贯通生命精神体验法。唐君毅先生将这些方法综合连贯地运用在他一生对于孔子之人格精神世界的探索中，在历史的、文化的、哲学的、宗教的多维视野与进路中凸显出孔子之高明厚博的天地精神与涵盖且持载一切而超越一切之圆满的圣人型人格，历史地"还原"与"再现"了孔子在中国历史文化中的地位形成历程，推倒了自民国以来加在孔子头上的种种不实之词，尤其是那些龌龊下流的污圣侮圣的无耻谰言，澄清了世人对于孔子的误解，为孔子洗刷了无数的历史冤屈，捍卫了孔子的人格尊严以及孔子之人格所代表的人的尊严、人的文化的尊严与价值的尊严，维护了孔子在中国历史文化中的至圣先师的崇高地位，并自觉地与孔子的生命精神相呼应相契接，奋力继承与弘扬孔子的伟大精神与智慧，在当代新儒家所极力提倡而掀起推动的"儒学第三期的展开"即"当代新儒学运动"中，与他的师友、同仁和学生们一道把孔子所开创的千秋伟业再次推向了世界，也推向了思想史上的一个伟大时代和巅峰，树立起一个学习孔子、探究孔子、承续与推进孔子的榜样。唐君毅先生以生命的试练所求索与活用的这些方法均各具特色，互有连属，至今仍然是我们去接近与了解孔子之伟大人格精神世界和孔子在中国历史文化中之崇高地位形成的绝佳津梁与必由之路，值得我们重视、研究、借鉴并继承和发扬，以促进我们对孔子的重新认识及对世界其他伟大的历史文化人物的研究。

由于时间和篇幅的限制，本文只能仅就唐君毅先生的人格类型比较法作一简要的绍述与评论，对于其他四种方法的研究和论述，将由另文去完成，这是有必要交代的。

三、人格类型比较法

唐君毅先生认为，人格研究方法乃是了解古今第一流大人物的必由之路，了解耶稣、

————————————

① 唐君毅：《孔子与人格世界》，《唐君毅全集卷五·人文精神之重建》，台湾学生书局 1989 年版，第 215 页。

释迦、穆罕默德、甘地，需要如此；了解孔子，亦需要如此。他指出："直接自对其人格之崇敬，以了解其思想事业，乃了解古今第一流之大人物，一必由之路。"[①] "这一种直接依于对其人格先存畏敬之心，以了解孔子，乃中国以前人了解孔子之一普遍方式。"[②] "这一种依于一纯粹之崇敬之心，通过此类古人对孔子之赞叹，以了解孔子之态度，在中国过去读书人常是有的。"[③] 然而，不幸的是，由于中国文化精神之堕落，这一方法已经丧失数十年了。职是之故，唐君毅先生必将把这一方法重建与复苏起来。然而，在今日之东西文化、世界文化与经济交流日益频繁而使世界文化在交往中连为一体的"地球村"时代，对现代人来说，仅仅依赖传统的以人格观人的方法即人格研究方法是有其不足的，必须对这一方法加以拓展与充实。在此一基础上，唐君毅先生提出了人格比较研究的方法。他写道：

> 所以我们现在要讲孔子之人格与思想，仍只好将孔子与其他人类崇敬之人格与思想，相对照比较的讲。由对照，以将孔子之人格与思想，似平凡之伟大凸显出来。我们将说明，人类崇拜之一切显露精神之人格，皆如在大地之上矗立之高山峻岭，故人皆可见得。但是程明道先生已一语道破："泰山为高矣，然泰山顶上，已不属泰山。"王阳明先生亦说："泰山不如平地大。平地有何可见？"孔子之大，大在他是如平地，如天地。泰山有对照，显得出其大。平地或天地，绝对无外，反至大而显不出其大。然而我们却可自泰山之上不属泰山一语，指明一般人所崇拜之泰山，并不真高真大，以显出天地之大。由此而将不与泰山相对之天地，对照地显示出来。同样，我们可以从对于人们所崇拜之泰山式之人格思想，加以了解透过，而将孔子之人格思想，对照的显示出来。这将是我们在今日昭示孔之人格与思想于今日之世界之一条大路。[④]

不难看出，这一方法实已包含了人格比较的纵横两个方面或方向之维度。在纵向上，唐先生以高山平地之喻，说明孔子之大犹如天地，而非一般人眼中的泰山之大、或崇山峻岭之大。这一纵向的比较，并不排除将孔子的人格与中国历史文化中的其他人格的比较，并彰显出孔子人格对中国历史文化中伟大人格的影响；在横向上，唐先生提出要将孔子与其他人类崇敬之人格与思想，相对照比较地讲，才能从看似平凡中凸显孔子的伟大。纵向比较与横向比较固然都很重要，但对唐君毅来说，二者绝非是孤立的存在，因此必须相互交错地贯彻在孔子人格与世界其他伟大人格的比较之中，这就是透过孔子以外的思想与人格形态之伟大，由比较中去深层地认识与理解孔子的伟大之不可及。唐君毅指出：

---

① 参阅唐君毅：《孔子与人格世界》，《唐君毅全集卷五·人文精神之重建》，台湾学生书局1989年版，第212页。

② 参阅唐君毅：《孔子与人格世界》，《唐君毅全集卷五·人文精神之重建》，台湾学生书局1989年版，第212页。

③ 参阅唐君毅：《孔子与人格世界》，《唐君毅全集卷五·人文精神之重建》，台湾学生书局1989年版，第215页。

④ 唐君毅：《孔子与人格世界》，《唐君毅全集卷五·人文精神之重建》，台湾学生书局1989年版，第216页。

依这条路去，泰山比天地为低小之一点了解了，而落到平地，人便知天地之高大了。荀子说："不登高山，不知天之高也。不临深溪，不知地之厚也。"我们现在亦将说，不了解孔子以外之思想与人格而透过之，则其所见之孔子，亦不过平地。平地由你践踏，亦如你之可觉孔子平凡，而轻藐之。但是在思想上翻过博大精深之佛学的宋明儒者，乃真知孔子之不可及。而现代人真能翻过西方之柏拉图、亚里士多德、康德、黑格尔之庞大系统，亦将真知孔子与宋明思想之伟大。而能了解世界其他伟大人格之形态者，亦将重认识孔子之不可及。如其不然，你一定只是站在泰山之旁，美慕其高峻，而未尝登泰山，便不能了解泰山之上不属泰山，而属孔子者，在何处也。①

由此可知，唐君毅先生的人格比较研究方法其实是一种纵横交错的人格比较研究方法，这一方法是以中外哲学、宗教、文化之比较为背景的人格比较方法；这一方法本身还是一种历史的比较方法，它强调对于伟大人格的比较要放在不同的世界文化历史发展中去展开与进行，而这一比较的具体过程不是直线的，而是以婉转的曲线的方式来实现的，它虽然是直接从对于孔子人格的崇敬开始，但是必须从孔子绕出去，攀越了世界历史文化中一座座人格伟岸的高峰，再回到平地，最终再回到孔子，完成一终始的圆转，始能圆满地见孔子的伟大乃天地之伟大，不是任何山峰之所能及的。唐君毅赞叹："孔子的精神，真天地也。"② 确实，珠穆朗玛峰再高也不是喜马拉雅山的，而是属于天空大地的。这便是唐君毅先生由人格纵横比较历史地圆转展开而看到的孔子之精神与孔子之人格。

有必要强调与说明的是，唐君毅先生这里所论述的"人格"，与一般西方文化中所讲的"假面"或"颜面"的 Persona（人格）有所不同。在英文中，"人格"一词为 Personality，即源自拉丁语中的 Persona，意思即为"面具"。犹如笔者所曾经指出的那样，无论 Persona 或 Personality，在西方文化中都偏重于指个人的自我存在状态，或人的个体性的内在精神，即人的个体内在精神气质或精神品质。③ 唐君毅先生所讲的人格固然不乏含有人的个体性的内在精神之义，但并不限于此义，意义委实要丰富与广泛得多了。此外，唐君毅先生的人格概念与一般汉语中把"人格"理解或解释为"人的个体的才性、气质、品质、德性、能力等内在特征的规定性"总称④也不尽相同。虽然唐君毅先生对于他所使用的"人格"这一概念没有定义，但是根据他对于各种人格类型的论述，则不难看出，唐君毅先生所言的人格固然含有上述所指出的"人的个体的才性、气质、品质、德性、能力等内在特征"，但是出于对孔子人格的论述，便主要指向对于世界历史文化中的伟大人物的人格之论谓。进而可知，唐君毅先生在此所论究的人格，乃是人类历史文化中一切伟大人物的超越的精神世界及其所产生的历史影响。换言之，唐君毅先生所谓的"人格"或"人格世界"，着重于历史文化中之伟人所特有的或在特定的历史文化环境中

①　唐君毅：《孔子与人格世界》，《唐君毅全集卷五·人文精神之重建》，台湾学生书局 1989 年版，第 216～217 页。

②　唐君毅：《孔子与人格世界》，《唐君毅全集卷五·人文精神之重建》，台湾学生书局 1989 年版，第 240 页。

③　参见王兴国、孙利：《论中西人格的深层差异》，《云南社会科学》2002 年第 2 期，第 8 页。

④　参见王兴国、孙利：《论中西人格的深层差异》，《云南社会科学》2002 年第 2 期，第 8 页。

所形成的超拔出众的才情、气性、道德、智慧、能力、志愿、修为、实践所散发出来的巨大魅力，以及它们所产生的积极的历史效应，并以圣贤型人格、豪杰型人格、天才型人格、英雄型人格、学问家型人格、事业家型人格为代表。在这一切类型的人格中，唐君毅先生以儒家心性论的立场为一中心支点，尤为强调、凸出与高扬即内在即超越的完满的圣人型人格。在唐君毅先生的心目中，即内在即超越的完满的圣人型人格正是人类人格精神之向上发展的最高理想与鹄的。唐君毅先生在以人格比较研究方法对孔子人格世界的探究中，充分地展现了这一人格观念的旨趣。这是必须加以提示与需要注重的！

在唐君毅先生的这一人格比较研究方法中，以六种人格类型与孔子的人格进行比较，具体如下：

> 1. 纯粹之学者、纯粹之事业家型　如康德、苏格拉底等，此种人物堪崇敬者甚多。
> 2. 天才型　此指文学艺术哲学上之天才，如贝多芬、莎士比亚、歌德、李白等。
> 3. 英雄型　此可谓一种在政治上军事上创业之天才，如刘邦、唐太宗、亚历山大、拿破仑等。
> 4. 豪杰型　屈原、墨子、玄奘、鲁仲连、荆轲、马丁·路德等。
> 5. 超越的圣贤型　如穆罕默德、耶稣、释迦、甘地、武训等。
> 6. 完满的圣贤型　如孔子及孔子教化下之圣贤等。①

对此，唐君毅先生解释说："我们之目的，只在显示如此去了解孔子之人格与思想之路向，而不在作最后的定论。讨论亦不求太细密严格，读者心领神会，存其大体可也。"② 在"此六种人格型中，在后者之价值，不必皆较在前者为高，但可以依次加以解释，此逐渐凑泊到对孔子人格之了解"③。无疑，这是要在上述六种人格类型的比较中突出与显见孔子的人格。由纯粹的学者与事业家型的人格而一层层进至超越的圣贤型人格，最后则由超越的圣贤型人格进至完满的圣贤型人格，且在这两种人格类型的比较中凸显出孔子的人格乃为一圆满的圣贤型人格。

在唐君毅先生看来，圣贤人格精神之伟大，主要表现在其绝对忘我的无限精神，圣贤不一定非要有凡人之所长不可，譬如精于拉弓射箭，驭马驾车，或擅长于高科技，能发明原子弹，发射人造卫星与运载火箭之类，关键即在于他们真有一种超越的绝对忘我的无限精神，诸如穆罕默德、耶稣、释迦、甘地、武训，都是世所公认的伟大圣贤型人物，人们都是在了解了他们人格中有一种凡人所难于企及的超越的绝对忘我的无限精神后，而不能不对他们人格的伟大油然而生崇敬之心并对他们进行顶礼膜拜的。"故一切圣贤，皆注定

---

①　唐君毅：《孔子与人格世界》，《唐君毅全集卷五·人文精神之重建》，台湾学生书局1989年版，第217页。案：引文中序号原为汉文数字的"一"至"六"，现改为阿拉伯数字的"1～6"。

②　唐君毅：《孔子与人格世界》，《唐君毅全集卷五·人文精神之重建》，台湾学生书局1989年版，第217页。

③　唐君毅：《孔子与人格世界》，《唐君毅全集卷五·人文精神之重建》，台湾学生书局1989年版，第217页。

为一切有向上精神之人所崇拜。"①

与此同时，唐君毅先生在具体的比较分析中指出，圣贤人格在耶教与佛教，尤其是耶教中具有一大缺陷，即其绝对精神只有超越性而无内在性，故上帝的超越性与内在性分离，进而则天德与性德一分为二，天与人裂离暌隔而不能合一。然而，在圆满型的人格中，则全无此弊，孔子的圣人人格是由内在而显现超越性的，所以是天德与性德不分，天与人合德，一而不二的。②

依唐君毅先生之见，圣贤型人格的绝对忘我的精神一方面表现在"他们不与一切人相敌对，亦不与世间一切人格相对较"③，然而他们所表现的"不与一切敌对之绝对精神"本身却被人们视为至高无上而神圣不可超越；另一方面他们永远总是只依照上帝的启示立教，并宣称"上帝在他们与一切人（们）之上"，结果人们视上帝为绝对的超越之境，而把他们看成异于常人的人类的救世主和先知。殊不知，在圣贤人格超越的绝对忘我的无限精神中不仅业已显见上帝的存在，而且同时上帝亦已当体呈露于他们的身上。如果说上帝能当体呈露于圣贤，那么上帝就能当体呈露于一切人。必须自觉地承认这一真理，必须自觉地承认"上帝在人之中，天在人之中"。④

对唐君毅来说，"上帝"无非是一绝对忘我、绝对无限的精神，这一超越精神的积极一面，耶稣名之曰"爱"，释迦名之曰"慈悲"。而自觉这一无限之爱与慈悲，本来就在人的心中。

由此去看，那么爱与慈悲不只是情，且是性。此性在儒家即名为"仁"。然在耶教与佛教说，爱与慈悲只是显现于外的表象；在儒家说，则仁彻费隐，通内外。尽管无限之爱与慈悲，不能说人人皆有，但是可以说人都有显露无限之爱与慈悲之仁性，具有仁性之心（亦即精神）。由肯定人人皆有仁性，乃真知上帝的精神并非超越而高悬在上，而是本来就在人人现成之心中的。那么，有了此仁是仁，则知此仁便是智。倘若由知得此仁而自觉此仁即是人之性，则无论上帝之精神是否先已为我们所体现，都不过是诉诸一念而返求可得的事情；反是，则"上帝超越而不内在，天德与性德为二，则天人裂而离矣"⑤。

唐君毅先生指出，"仁远乎哉，我欲仁，斯仁至矣"之语所传达的精神，即是孔子之

---

① 唐君毅：《孔子与人格世界》，《唐君毅全集卷五·人文精神之重建》，台湾学生书局1989年版，第230页。

② 唐君毅先生说："……如果我们说，一切圣贤，都是上帝之化身，则上帝化身为耶稣、穆罕默德等，只显一天德，而其化身为孔子，则由天德中开出地德。天德只成始，地德乃成终。终始条理，金声玉振，而后大成。'天之高也，星辰之远也。'人皆知其尊矣。人孰知地之厚德载物，似至卑而实至尊，即天德之最高表现者乎？孰知孔子之至平常而不见颜色，不见精彩，乃上帝之精光毕露之所在乎？"唐君毅：《孔子与人格世界》，《唐君毅全集卷五·人文精神之重建》，台湾学生书局1989年版，第238页。

③ 唐君毅：《孔子与人格世界》，《唐君毅全集卷五·人文精神之重建》，台湾学生书局1989年版，第231页。

④ 唐君毅：《孔子与人格世界》，《唐君毅全集卷五·人文精神之重建》，台湾学生书局1989年版，第232页。

⑤ 唐君毅：《孔子与人格世界》，《唐君毅全集卷五·人文精神之重建》，台湾学生书局1989年版，第233页。

极高明而道中庸之智慧的无尽藏的核心，① 这一精神正是内在而超越的。如果直接从孔子学问本身讲，那么说爱与慈悲，只是从仁之见乎情而及于物之上而立言。其实，这是"依情说性，未真能直接明示仁之全貌"②。在唐君毅先生看来，"真正说仁，还是王阳明依《中庸》《孟子》而言，所谓真诚恻怛，最为直接"③。换言之，真诚恻怛最能代表与体现孔子之人格精神。因为真诚恻怛或至诚恻怛即是一绝对无限的超越精神。唐君毅先生说：

> 夫孔子之精神，即超越的涵盖持载精神，亦即一绝对之真诚恻怛。诚之所至，即涵盖持载之所至，亦即超越有限之自我，以体现无限之精神之所至。④

由此可见，这种至诚之精神，即是自己超越自己，破除有限，忘掉自己，实际上乃是成就真正的自己，使自己一个人的精神与他人的精神以及世界的精神直接贯通，正如老子所说"锉其兑（锐），解其纷，和其光，同其尘"（《老子第四章》），以超现实而成就现实，这就是一种涵盖而持载的精神。而恻怛就是此至诚所呈现的状态，包含了爱与慈悲。所以，诚如唐君毅先生所揭示与指出的那样：

> 至诚恻怛，即是性，即是情。即是天，即是人。即是内，即是外。即是乾知，即是坤能。最易知易行。所谓"夫妇之愚，可以与知"。然"及其至也，虽圣人亦有所不知焉"。包涵无穷的深远、广大与高明。⑤

从进一步的综合比较中，可以看出，耶稣、释迦、穆罕默德的人格超越了世间的一切学问家、事业家、天才、英雄、豪杰型的人格境界。对他们来说，一切人生之文化事业到了他们的跟前，皆如浮云过太虚，如"大江东去，浪淘尽千古风流人物"。这些圣者销尽了人世间的精彩，把他们之为圣者型人格的超越神圣性淋漓尽致地烘托出来，然而这些超越神圣性本身，对世人来说，又不免是在显示精彩。

然而，就孔子来说，则连这些精彩都不需要，都统统加以销掉，可谓圣人无迹，一切归于顺适与平常。这正是孔子之为圆满型的圣人人格与耶稣、释迦、穆罕默德之为超越型

---

① 唐君毅：《孔子与人格世界》，《唐君毅全集卷五·人文精神之重建》，台湾学生书局 1989 年版，第 232 页。

② 唐君毅：《孔子与人格世界》，《唐君毅全集卷五·人文精神之重建》，台湾学生书局 1989 年版，第 233 页。

③ 唐君毅：《孔子与人格世界》，《唐君毅全集卷五·人文精神之重建》，台湾学生书局 1989 年版，第 233 页。

④ 唐君毅：《孔子与人格世界》，《唐君毅全集卷五·人文精神之重建》，台湾学生书局 1989 年版，第 240 页。

⑤ 唐君毅：《孔子与人格世界》，《唐君毅全集卷五·人文精神之重建》，台湾学生书局 1989 年版，第 233 页。

的圣贤人格之所不同。① 由孔子的圣贤人格境界，一方面可以超越一切学问家、事业家、天才、英雄、豪杰的人格境界；一方面也可以知道一切学问家、事业家、天才、英雄、豪杰的努力以及其才情和志愿，无不具有一番真诚在其中，并皆直接间接地依赖于性情。如此一来，则能对一切人生文化事业，都加以承认，所见皆实而无一为虚；同时对一切庸人、学问家、事业家、天才、英雄、豪杰、圣者的精神，大凡真有价值而不相碍，则皆能加以尊重和赞许。可见，中国的圣人之道，以赞天地化育之心，持载人文世界、人格世界之一切人生。因为中国的圣人精神，不仅是超越的涵盖了宇宙人生人格与文化，而且是以赞天地化育之心，对所有的这一切加以持载，所以不仅有高明的一面，而且有博厚的一面。

总之，"孔子之真诚恻怛，一面是如天之高明而涵盖一切之超越精神，一面是如地之博厚而承认一切之持载精神"②。"此天地之所以为大也。"（《中庸》）

四、批导与翻新

唐君毅先生在他的人格比较研究中，向我们展现了孔子真诚恻怛的内在超越的绝对无限精神，这正是孔子高明如天与博厚如地的人格世界之概括与写照，确实十分传神地把孔子人格的美大神圣凸显出来了，此足以证明由唐君毅先生所极力倡导与主张的这一人格比较研究方法，在对孔子的研究中，的确不失为进入孔子的人格世界以了解孔子的一个很好的方法；与此同时，不难看出，在这一过程中，唐君毅先生的儒家心性论立场一显无遗，毫无掩饰，因为唐君毅先生在对耶教、佛教与伊斯兰教抱着敬意与同情的理解的态度中，从不避讳自己是儒家、是孔子的信徒与传承者的立场与信念，尤其是在孔子自清中后期以来所遭受与正在遭受到种种误解、歪曲、诬蔑、侮辱、攻讦、诅咒、谩骂、打倒与毁灭的时候，唐君毅先生壁立千仞，像当年的梁漱溟先生一样挺身而出，力挽狂澜于既倒，为"痛哭于九泉之下"的孔子③鸣冤打不平，极力彰显与推崇孔子伟大的人格精神与孔子在中国历史文化中至高无上的神圣之地位，声情并茂而溢于言表，这非常感人，令人充满敬佩之情，不禁而生同情之心；然而也不能不看到，并毋庸讳言，恰因如此，唐君毅先生却终于难免在这一人格比较研究方法中打上了传统的判教烙印，在世界之超越圣贤型人格中以孔子的人格为一完满的圣人型人格而胜出，尽管这有自觉地积极回应来自西方文化的压力与冲击的反应之原因在内，但是未免为矫枉而求正，用情过甚，这本身已经成为他的人格比较研究方法的内在限制，并使他未能自觉地逾越各大宗教传统的判教之窠臼。对于此

---

① 唐君毅先生说："孔子之大，大在高明与博厚。释迦、耶稣之教，总只向高明处去，故人只觉其神圣尊严。孔子之大则大在极高明而归博厚，以持载一切，肯定一切，承认一切。所以孔子教化各类型的人，亦佩服尊崇各类型之人格。他不仅佩服与他相近的人，而且佩服与他似精神相反的人。"（唐君毅：《孔子与人格世界》，《唐君毅全集卷五·人文精神之重建》，台湾学生书局1989年版，第234~235页。）

② 唐君毅：《孔子与人格世界》，《唐君毅全集卷五·人文精神之重建》，台湾学生书局1989年版，第234~235页。

③ 唐君毅：《孔子在中国历史文化中的地位之形成》，《唐君毅全集卷九·中华人文与当今世界补编》（上），台湾学生书局1988年版，第329~330页。

中的问题，唐君毅先生自己不是毫无察觉的，他说：

> 吾人今之推尊孔子之遗教中所已言者甚明。然吾人之不自封自限，正是学孔子之人格精神。孔子之人格精神之伟大，诚不可不学也。唯本文因痛今人对孔子之不敬，故行文或有不免露精彩处，便不能与孔子之精神相应。然亦未敢对孔子之精神有所增益而妄说。我们只要真平心把世界其他人物之伟大处，细心识取。再三复程明道所谓"泰山为高矣，然泰山顶上已不属泰山"之言，以观限制，再推进一层，以见孔子之精神所包涵。便知孔子之精神，真天地也。但此决非要你只佩服崇拜孔子一人。这又不仅因孔子之教，即要你去佩服一切有价值的人。在一阶段你佩服他人过于孔子，亦孔子之所许；而同时因你未佩服过比孔子为低之其他人，使你向上之精神提升，亦不能真佩服崇拜超一切层级之孔子。①

尤其是其中反复指出与论及程明道"泰山为高矣，然泰山顶上已不属泰山"与王阳明"泰山不如平地大"之言，更具有警觉之意。然而，遗憾的是，唐君毅先生的问题，不在于他绍述孔子显露了"精彩处"，更不存在他"不能与孔子之精神相应"，而是他始终未能打破与超越宗教传统的判教之藩篱。虽然说学孔子就不应该有所封限，但是执持判教中的绝对的"圆满"与"第一"，本身就是最大的封限。

在各宗教的传统判教中，无不以自己的教主为最高而位居第一，其他宗教文化中的教主或圣人则必位居其下，不可等而视之，诚如唐君毅先生所指出的：在佛教徒心目中，释迦之位第一，孔子只居第二；在道教徒心目中，老子居第一，孔子只居第二；后来（明末清初）基督教传入中国，在基督徒的心目中，仍然以耶稣居第一位，孔子只能居第二位。② 实际上，这是一切传统宗教判教的陋习与通病。唐君毅先生出于宽大包容的胸襟，等闲视之，不以为然，并给予欣赏而感激和接受。唐君毅先生说：

> ……在孔子之徒看来，则于此等事，可并不以为怪；亦可以加以容许，加以欣赏。佛教徒当然应以释迦为主，为第一；道教徒当然要以老子为主，为第一；基督教亦当然要以耶稣为主，为第一。孔子对此诸教徒之言，自非主而为宾，宾则为第二。……故此中国佛教徒、道教徒与后来之基督教徒，于其教主之外之推尊孔子，同有助于孔子在中国历史文化中的地位之建立。所以由魏晋南北朝至隋唐之佛道二教之盛兴，而孔子在此二教中屈居第二之位，孔子之徒亦不必以为即孔子之地位受贬抑之证，而致其叹惜。孔子之徒，原当有此雅量，到了佛寺、道观、教堂，即自视为宾客，任和尚、道士与神父、牧师为主，自居于第二之位。这才能表现孔子之教中视"道并行而不悖"，而"无所不容"的风度与气概，同时我们还要知：此亦正是孔子在中国历史文化中得居中心的第一地位之理由之所在，而当更对佛教、道教、基督教

---

① 唐君毅：《孔子与人格世界》，《唐君毅全集卷五·人文精神之重建》，台湾学生书局 1989 年版，第 240 页。

② 唐君毅：《孔子在中国历史文化中的地位之形成》，《唐君毅全集卷九·中华人文与当今世界补编》（上），台湾学生书局 1988 年版，第 321 页。

徒，皆以第二之宾位待孔子，加以感谢才是。①

其实，当以孔子为代表的中国文化走向世界而迎来一个世界文明对话的时代，无论是作为儒家或中国人，我们只需在了解孔子的时候，向中国与世界阐明孔子人格精神的伟大与价值，历史地"还原"与"再现"孔子对于中国乃至世界人类历史文化的伟大贡献与极大影响，证明孔子的人格和思想之伟大并且地位之崇高绝不在穆罕默德、耶稣、释迦之下，也绝不逊色于世界历史文化中的其他伟大人物，便已足够了，实在没有必要为孔子去争个上帝或皇帝一般的第一，孔子不是上帝，孔子没想过要做皇帝，也不必成为皇帝。这当然是平列地比较而论。这不是说我们不能汲取与借鉴判教的方法，而是必须对判教进行必要的解构与重新阐释。笔者曾经指出：

> 在内外多元文化的格局中，以文明对话的方式寻求道统的重建，难免出现"判教"，因为必须经过比较研究，才能有所会通与融合，达到理想的境界，这就需要对"判教"有创造性的诠释与发展，因此必须突破与摒弃"圆教"与"别教"的划分，可以而且应该在汇通融合中追求理想完美的最高境界，但是在文化多元平等的全景交往格局中不再有一个至高无上的"圆教"的存在，每一个文化或文明均能得到自己应该拥有的一席合理地位即可。在这一意义上说，所谓"判教"不过是从学理上承认各种文化的平等独立地位，并对它们在一套理论架构中给予其应有的恰如其分的安排和地位，使不同文化之间既相互联系而又保持自己的独立并不失自己的特色而已。这样的判教，才是符合今天的时代精神与为我们的时代所需要的判教。②

这犹如朱熹所说："上下四方，物我之际，各得其分。不相侵越。而各就其中。"③ 在新的判教方法和理论中，任何一种思想或学说，都应该各得其分，各就其中，而不相侵越。这才是既可面向过去的诠释历史，也可面向现实的诠释当下，更足以面向可能的诠释未来的具有现代意义的活的精神生命力的判教。

就人格比较方法而言，判教不过是在比较中，对世界历史文化中的一切伟大的人格，给予一种人格世界（系统）中的合理安排、说明与恰当的历史之定位，以便于人们能作恰当而相应的了解而已。

在笔者看来，唯有这样的判教，才是适应于世界文明对话与迎接未来的新"轴心文明"时代之需要的判教，才是值得提倡的判教——一种新判教。由这种新的判教方式出发，不妨对唐君毅先生的人格比较研究方法做一番翻新的工作，这当为唐君毅先生所许可与欣慰。翻新的工作主要是要在重新理解判教的基础上，对于作为人格比较方法的精神基础，即对内在超越的精神与外在超越的精神之间的不同和紧张，进行必要的调适与协和。

唐君毅先生以人格比较研究的方法，向我们展现了孔子真诚恻怛的内在超越的绝对无

---

① 唐君毅：《孔子在中国历史文化中的地位之形成》，《唐君毅全集卷九·中华人文与当今世界补编》(上)，台湾学生书局 1988 年版，第 321~322 页。

② 王兴国：《三统并建之再省思》，《云南大学学报》(哲学社会科学版) 2018 年第 1 期。

③ (宋) 朱熹《四书或问》，上海古籍出版社、安徽教育出版社 2001 年版，第 36 页。

限精神，必须看到，这种内在超越的绝对无限精神作为圆满无缺的精神，并不与外在超越的"绝对"精神对立，而是经过了外在超越的精神并收摄与融化了外在超越的精神，犹如越过高山回到大地，这真是把高山归于大地而真实矗立起来的精神，这当然才是无待无对的绝对圆满的无限精神。依此而言，内在超越的绝对无限精神本身即蕴含着一外在超越的精神，也就是说，内在超越精神是外在超越精神演化发展出来的结果，这大抵与中国古代精神之观念的历史演变递进次序相吻合，因为中国上古哲学的发展，恰恰是经历从对"上帝"或"帝"、"上天"、"皇天"或"天"的顶礼膜拜的祭祀之后，才向下贯注到人力和道德，并由"人心"而"道心"，至孔孟而形成一套即内在即超越的心性之学①，孔子的人格其实就是这一即内在即超越的心性的开显与呈露，因此理解内在超越的绝对无限精神可以以预设外在超越的精神为前提，从外在超越的精神终归于内在超越的绝对无限精神，外在超越的精神才能达到真实的绝对，而得其归宿和圆满；反之，站在内在超越的绝对无限精神的无峰之峰巅（"大地"），回顾外在超越的精神，正可以抱着一种尊重、赞美、欣赏与包容的态度去领受它、融摄它、化解它，化掉它对于自己的"至高无上"的执着（无与伦比的"至高无上"其实只是如露如电的梦幻泡影而已），让它回归平平实实的大地，也就是回到"自己"的内在，才能真正地显见出超越，而这一内在的超越，才是真正可能的绝对的圆满的无限精神，它即凡而圣，又即圣而凡，这大概就是中国哲学中诡谲回环的"辩证法"在"内在超越"与"外在超越"精神中的表现。据此而言，如果说孔子的人格是一圆满的内在超越型人格，那么耶稣、穆罕默德，以及其他外在超越型的人格，也可以晋升至这一圆满的内在超越型人格；反之，业已达到和成就了圆满的内在超越型人格后，则无须执着于这一人格，只要需要，也可以退处于外在超越型的人格，权且作外在超越的理解；当然，归根到底，对于孔子人格的理解仍然要还其本色，回到内在超越的绝对的圆满的无限精神之中。所以，内在超越的绝对圆满型的人格，是人类向绝对超越圆满上升方向攀登而升进的理想标的。那么，穆罕默德、耶稣，也不必停留或执着于外在超越的人格类型，而可以沿着从外在超越的精神向内在超越的精神升进，成为绝对的圆满无缺的人格，而与孔子并列。我们需要从一种互动的发展的观点来理解不同人格类型之间的关系，尤其是唐君毅先生所讲的六种理想人格类型的关系。依此而言，六种理想人格类型之间可以有一种平列与升进的关系，即是说，前五种人格类型（事业家型人格、学问家型人格、英雄型人格、天才型人格、豪杰型人格）是可以平列而多样化存在的，但是所有的人格类型都是无封限的，皆可向着具有无限超越的人格（不一定非要是圣贤型人格不可）精神方向而不断往上升近，以求希望达到和成就一绝对的外在超越型的人格或一内在超越的绝对圆满型的人格。其中，如何对待和处理内在超越型人格与外在超越型人格的关系，是一个大关键。

总之，在内在超越型人格与外在超越型人格之间，应该是可进可退的。这也许不失为一种消解与调和中西方哲学与文化中的"内在超越"精神与"外在超越"精神之间的不同和张力的方略。当然，这也是我们平心看待和理解世界历史文化中的各种不同类型的人格，尤其是历史文化伟人之人格的重要途径。

由此，我们正可以顺着唐君毅先生所指示的方向，去领略与感受孔子人格精神世界的

---

① 此一问题甚为复杂，也超出了本文的范围，当另文论述。

光辉，以求知为什么孔门弟子以及孔子以后的无数天才、英雄、豪杰之士，对孔子精神之心悦诚服，绝不做第二人想；为什么从中国到东亚，从东亚到世界，皆不得不推尊孔子。

无疑，推尊孔子，就要学习孔子的真精神。如果今天的中国，真要能推尊孔子，则当有一点孔子的真精神，"而真有孔子之精神，正须随时随地开展心量，致其诚敬，以学他人之长。此即中国文化之宗孔子，而过去未尝排斥外来文化，今亦不能故步自封之故"①。

（作者单位：深圳大学国学哲学系与国学研究所）

---

① 唐君毅：《孔子与人格世界》，《唐君毅全集卷五·人文精神之重建》，台湾学生书局 1989 年版，第 239~240 页。

学术史视野下的中国现代宗教学研究*

□　翟志宏　郭　懿

19 世纪中后期宗教学（science of religion）的建立，为宗教问题的研究奠定了现代意义上的学理基础和学科基础。20 世纪中国学者的宗教学研究，在秉承自身渊远流长思想传统与学术传统的同时，借鉴现代西方宗教学的学科理念，就宗教的分类、基本概念、主要典籍、代表人物、历史分期、神学哲学思想、社会文化影响与意义等方面，进行了广泛深入的梳理与探究，形成了十分丰富的研究成果和思想资料。

一、学科理念的建构

在人类漫长的社会文化历史中，宗教既具有古老性，也具有普遍性。也就是说，宗教作为一种客观的社会历史现象，不仅广泛地存在于世界各地不同的民族和文化之中，而且也是与整个人类的历史相伴始终的。在各大文明的源头，我们都可以清楚地找到宗教信仰和宗教崇拜的原始形式，它们构成了最早的人类文化现象之一，并在随后的历史演进中，广泛深入地影响到了人类社会文化的诸多方面，型塑了不同民族的精神特质和文化特质。

虽说宗教是一种非常非常古老的社会现象，但把它作为一个科学对象进行系统化的研究、使宗教学成为一门独立的人文学科，却是相对晚近的事情。也就是说，虽然伴随着宗教的产生，古代众多哲学家们已经对它进行了一定程度的思考和研究（如古希腊哲学家塞诺芬尼的"哲学的神论"以及柏拉图和亚里士多德等人对古希腊宗教信仰的形而上学考察），一些隶属于某一宗教的神学家们也对其所信仰的宗教从神学上作了系统化的整合与梳理；但是这种思考和梳理仅仅是在哲学或神学的概念体系和理论框架下进行的，对宗教的研究在学科上不具有独立的意义，它们仍从属于哲学或神学。只是在 19 世纪中后期，对宗教的研究才从哲学和神学中分离出来，形成了具有独立意义的学科——宗教学。

当时，有一批深受进化论和历史发展观影响的学者，从不同角度出发对宗教问题进行

＊ 本文为教育部哲学社会科学研究重大课题攻关项目"中国现代宗教学术史研究"（14JZD034）阶段性成果。

了广泛深入的探究。其中，旅英德国学者麦克斯·缪勒（Max Muller，1823—1900）作出了最为突出的贡献。他在其于 1873 年出版的《宗教学导论》一书中，第一次明确提出了"宗教学"（the Science of Religion）这一概念，并在随后出版的众多著述中，力图从实证科学及其方法出发，对宗教现象进行客观的研究，使之具有现代科学的意义。从此以后，"宗教学"作为一个专门的概念和独立的学科，在欧洲乃至世界各地得到了迅速的发展。缪勒在宗教学的产生和发展中具有非常重要的地位，正如英国著名宗教史学家夏普所说，在缪勒之前，对宗教学的研究"尽管有广泛而且充分的资料，但却是杂乱无章的"；在缪勒之后，宗教学"已成为一个整体服从于一种方法，总而言之，得到了科学的处理"。①缪勒因此被公认为宗教学的开创者，他的《宗教学导论》也被誉为现代宗教学的奠基之作。

正当现代西方宗教学在欧洲孕育而生、迅猛发展之际，中国的社会文化则面临着"数千年未有之大变局"。在国门开放、变法图强运动的推动下，"西学东渐"也催生了中国宗教学研究的新气象。中国学人一方面立足于自身的思想文化传统，秉承已有的治学思路与治学方法，收集探究中国本土深远博大的宗教思想和历史文献资料；另一方面借鉴西学东渐下的现代宗教学研究理念，分析比较东西方不同宗教的异同和历史文化意义，推进了百年来中国宗教学研究从兴起、演变到复兴和繁荣的历程。

19 世纪后期以来中国学人对宗教问题的思考探究，留下了丰富的理论成果，为我们当前的中国现代宗教学术史研究奠定了客观的学理基础。虽说一百多年来中国宗教问题的研究与此期间宗教本身的复兴、引进、传播以及教义信条和神学体系的建构等方面有着众多的联系，但学术史叙事关涉的是学者、学术论著、学术体制及其所承载的学术思想的历史；或者说，学术史注重的是"学"的历史，是客观记载在不同时期书籍期刊杂志等文献中的学术思想——它们所构成的现代学术史叙事的研究客体。②一般来说，学界公认"学术"（academic）指的是"系统专门的学问"，体现了与学院的密切相关及其非实用性特征。③"学术"的客观性指向和系统专门化特征，既是一百多年来中国学者宗教学研究为之努力的方向，也是现代中国宗教学术史研究的思维原则。

因此，以学术的视野梳理、探究 20 世纪中国宗教学研究历史进程中的诸多文献资料，树立明确的"学说意识"当具有十分重要的学理意义。"学说意识"即是一种"规范意识"，它首先表明的是一种学术立场和学术规范，一种超越"信仰主义和神学思维"的客观立场与科学规范。此外，"方法论意识"的坚守在宗教学术史研究中也有着不可或缺的价值。这不仅在于现代宗教学的创建之初，实证主义的、进化论的、比较宗教学的和宗教史学的众多方法起到了非常重要的推进作用；更在于宗教学在其随后一百多年历史发展中所取得的众多理论成就，得益于对其他人文科学和社会科学研究方法的借鉴，得益于将社会学、心理学、人类学、文化学、考古学等学科的方法在宗教学研究中的运用，得益于方

---

① 埃里克·J. 夏普：《比较宗教学史》，吕大吉、何光沪、徐大建译，上海人民出版社 1988 年版，第 58 页。

② 参见王学典：《"二十世纪中国史学"是如何被叙述的》，《清华大学学报》（哲学社会科学版）2008 年第 2 期。

③ 参见李伯重：《论学术与学术标准》，《社会科学论坛》2005 年第 3 期。

法论的自觉以及与宗教学自身研究相适应的方法论的建构。如果说"学说意识"为宗教学术史的研究提供了一种学理规范的话,那么"方法论意识"则为这种研究增添了一个宽广的维度。

二、研究对象的确立

以现代学术的视野考察清末以来中国宗教学研究一百多年的进程,学术研究范式从传统向现代的转化具有非常重要的开创意义。西学东渐中西方科学研究理念和方法的引进,王国维、胡适、梁启超、汤用彤、康有为、潘光旦、孙本文、费孝通诸人在新学科建构中的努力和成就,① 以及梁启超、章太炎、严复、张君劢、梁漱溟、胡适、陈独秀等人在中西文化会通中对"旧学"和"新学"所作的比较、区分与界定,等等,都为现代中国宗教学研究的兴起和发展提供了良好的思想背景和学理基础。在清末民初这种学术研究新气象的推进下,中国宗教学研究学人突破传统的宗教观念和思维瓶颈,逐步为宗教学研究建构了一个客观、科学的学术平台。②

在现代中国宗教学建构的初期,"宗教学"概念及其研究对象和基本内容的界定与确立,是学者们首先关注并争论较多的一个问题。虽说中国传统语境中,有着指称相对明确的"教"或"宗"的概念或术语,学者们也对佛教、道教和儒教(或儒家)作过比较以及神学方面的研究,但把"宗"和"教"连在一起并在现代学科意义上使用的"宗教"一词则是一个新进的概念。19 世纪后期到 20 世纪初期,中国学者开始逐步使用"宗教"一词翻译西方的"religion"概念,并尝试按照这一概念的含义看待、研究中国的宗教问题。③ 在这一概念观照下出现的一个首要的理论问题是,在中国传统社会中哪些信仰现象应该属于"religion"所指称的宗教?早期中国宗教学者对此展开了广泛的探究与争论。

实际上,这种探究和争论包括了两个大的方面的问题,一个是有无,一个是哪些。"有无"是指中国社会中有没有"religion"所指称的宗教?"哪些"是指如果有,它们应该包括哪些宗教现象?一开始,当中国学者用西学背景下的"religion"检讨中国社会中的信仰现象时,他们其中的一些人首先感叹的是中国社会并不存在这样的"宗教"。如梁启超在 20 世纪初发表的有关"中国学术思想变迁史"的论著中,把"中国无宗教"作为中国文化的一个显著特征;蔡元培相信中国在历史上"与宗教没有甚么深切的关系"④;

---

① 有关王国维等人在学术研究中所倡导的新范式及其在现代学科建构中所取得的理论成就,可参见麻天祥:《中国近代学术史》第九章、第十章,武汉大学出版社 2007 年版。

② 吕大吉、何光沪、卓新平等人在回顾中国宗教学研究百年来的历史进程时,认为在清末民初启蒙运动和西学东渐的推动下,中国学人开始有意识地以现代科学的方式对中国宗教问题进行客观的研究,从而开始了中国宗教研究的现代学术之路。参见吕大吉:《中国现代宗教学术研究一百年的回顾与展望》,《江苏社会科学》2002 年第 3 期;何光沪:《中国宗教学百年》,《学术界》2003 年第 3 期;卓新平:《中国宗教研究百年历程》,《中国宗教》1999 年第 2 期。

③ 参见范丽珠:《西方宗教理论下中国宗教研究的困境》,《南京大学学报》(哲学人文社会科学) 2009 年第 2 期。

④ 参见卓新平:《20 世纪中国宗教学研究》,任继愈主编,卓新平执行主编:《20 世纪中国学术大典·宗教学》,福建教育出版社 2002 年版,第 2~3 页。

梁漱溟也认为中国和中国人是世界上"最微弱"和"最淡于"宗教的国度与民众①。这种看法在清末民初的中国学人中具有相当大的市场和影响力。

在现代早期的宗教学研究中，与"中国无宗教"立场有着一定关联的，是中国学人对传统宗教迷信的批判性考察与认知归类。一些学者虽然并不认为中国有西方现代意义上的"宗教"，② 但却对传统社会中广泛存在着的各种"迷信"现象有着深刻的印象，就它作为封建专制思想基础的政治归属和落后愚昧的社会文化表现进行了讽刺揭露与批判，形成了以康有为、梁启超、严复、孙中山、蔡元培、胡适、陈独秀、李大钊等人为代表、以"革天""革神"为口号的启蒙思潮运动。③ 这些学者无论是出于政治的、启蒙的或是学术的目的，其批判的矛头指向的是中国传统社会中广泛存在着的各种宗教信仰现象。

正当20世纪初康有为、梁启超等对中国传统信仰现象的政治批判、社会批判和文化批判如火如荼进行的同时，有关中国宗教的学理研究也在逐步展开。这不仅包括了梁启超等人的批判性研究，也包含着其他学人对中国宗教现象的相对积极的认识。清末民初历史学家夏曾佑对中国"有无"宗教的问题持一种肯定的态度，在其20世纪初（1902—1906）编纂的《中国古代史》一书中以"中国古代的宗教"统称中国社会早期各种有神论观念、原始信仰、民间崇拜及其他宗教现象。④ 在此期间，虽然学者们有关中国传统社会"有无"宗教的争论仍在持续着，但他们同时对与这一问题相关的信仰现象，如佛教、道教等，展开了深入的历史研究，即使那些对中国是否有西学意义上的"宗教"存疑的学者，如梁启超、胡适等，在佛教史等宗教史学方面也作出了开创性的学术贡献。

应该说，清末民初学者们在西学思想的观照下有关中国"有无"宗教的争论、批判性考察以及对传统教派（如儒释道等）的历史考证与研究，逐步理清了宗教学研究对象的内涵与外延，为随后大规模展开的现代中国宗教学研究奠定了良好的学理基础。到20世纪30—40年代前后，中国学者不仅在翻译西方宗教学辞典和宗教学理论的基础上，⑤

———————————————

① 参见范丽珠：《西方宗教理论下中国宗教研究的困境》，《南京大学学报》（哲学人文社会科学）2009年第2期。

② 如王治心在1933年出版的《中国宗教思想史大纲》中认为，中国虽有儒释道三教之说，但该"教"为教育之教，而非宗教之教；梁启超、钱穆等学者也表达了类似的看法。参见范丽珠：《西方宗教理论下中国宗教研究的困境》，《南京大学学报》（哲学人文社会科学）2009年第2期。

③ 参见任继愈主编，卓新平执行主编：《20世纪中国学术大典·宗教学》，福建教育出版社2002年版，第3~5页。

④ 参见任继愈主编，卓新平执行主编：《20世纪中国学术大典·宗教学》，福建教育出版社2002年版，第14页。

⑤ 如上海广学会译《伦理宗教百科全书》(1928)、古云皆译《宗教名词汇解》(1938)、罗大维译《万国宗教志》(1940)、黄景仁译《宗教概论》(1925)、泽绍原译《宗教的出生与成长》(1926)、徐铮译《世界宗教史》(1933)、林伊文译《宗教本质讲演录》(1937)、王一鸣译《现代宗教论》(1938)、徐宗泽译《宗教研究概论》(1939)等。参见卓新平：《20世纪中国宗教学研究》，任继愈主编，卓新平执行主编：《20世纪中国学术大典·宗教学》，福建教育出版社2002年版，第8~9页。

撰写了众多的宗教学论著，对宗教学的基本理论和主要问题进行了广泛的探究、认识与解答；① 而且在宗教史学的研究方面更是取得了令人瞩目的成就，撰写并出版了大量有关宗教通史、专史和断代史方面的研究论著②。正是基于这些探究和思考，中国学者逐步明确了"宗教是什么"和宗教学研究对象应该包括哪些内容，对佛教、道教、基督教、伊斯兰教、犹太教、儒教、中国民间宗教、印度宗教、摩尼教、琐罗亚斯德教和新兴宗教等进行了广泛的探究，从历史、传承、典籍、教义等方面探究了它们的信仰特征和社会文化意义。

这个时期中国宗教学研究对象的明确以及所取得的诸多研究成果，既得益于学者们对西方宗教学理论的引介以及关于"什么是宗教"和"中国有无宗教"等问题的争论与探讨，也得益于他们在这种探究和争论中对中国传统信仰现象的梳理与历史研究。这种争论、探讨和研究，不仅使得儒释道成为现代中国宗教研究的基本内容，而且一些主要的外来宗教和民族宗教，如基督教、伊斯兰教、犹太教、摩尼教、琐罗亚斯德教等，同样引起了中国学者们的广泛关注。③ 即使早期饱受诟病的传统民间信仰现象，在这个时期也逐步以"中国民间宗教"的称谓被认可而得到了客观的研究。④ 总之，20世纪上半叶中国学者通过学理建构、历史探究、概念与称谓辨析、社会文化意义阐释等方面，在梳理并明确宗教学研究对象的同时，拉开了现代中国宗教学研究的序幕。

三、学术内涵的拓展

20世纪上半叶中国学者所取得的宗教学研究成就，不仅表现为宗教学基本问题的学理探究和基本研究对象的确定，而且也体现为对客观的研究态度和科学与实证方法的坚持，体现为对历史学、比较学、哲学、心理学、社会学、人类学等学科方法的引进。正是这些研究态度和研究方法的运用，拓展并丰富了现代早期中国宗教学研究的维度与内容，在宗教史学、比较宗教学、宗教哲学、宗教心理学、宗教社会学和宗教人类学等领域产生了众多广有影响的学者和学术论著与译著。⑤

中华人民共和国成立之后，随着政治、社会、文化和学术的重新整合，我国的宗教学研究被纳入到新的思想格局之下，成为隶属于政治与社会化文化批判的工具。从20世纪50年代到1976年"文革"结束，除了极为有限的佛教道教研究和相关的少数研究刊物、研究机构的创办与部分民国时期的论著重印之外，宗教学研究主要突显的是批判功能，客

---

① 这些论著通过大纲、概论、指南、观念、思潮、比较、史论等形式，表达了中国学者对宗教学问题的见解与看法。参见卓新平：《20世纪中国宗教学研究》，任继愈主编，卓新平执行主编：《20世纪中国学术大典·宗教学》，福建教育出版社2002年版，第8～9页。

② 参见吕大吉：《中国现代宗教学术研究一百年的回顾与展望》，《江苏社会科学》2002年第3期；何光沪：《中国宗教学百年》，《学术界》2003年第3期；卓新平：《中国宗教研究百年历程》，《中国宗教》1999年第2期。

③ 参见《20世纪中国学术大典·宗教学》相关条目。

④ 参见李天纲：《中国民间宗教研究二百年》，《历史教学问题》2008年第5期。

⑤ 参见卓新平：《20世纪中国宗教学研究》，任继愈主编，卓新平执行主编：《20世纪中国学术大典·宗教学》，福建教育出版社2000年版，第8～11页。

观的和学理性的研究论著少之又少。①

中国现代宗教学研究的重新复兴和学术繁荣开始于 1978 年之后的改革开放。从那个时期至今，中国的宗教学研究不仅建构了众多的专门研究机构、学术刊物、学者群体和人才培养机制，而且产生了数不胜数的学术专著、译著和研究论文，形成了宗教学研究"系统化、专业化全面发展"的局面，在宗教学原理、宗教学方法、具体宗教派别与思想学术内涵以及当代宗教学问题等方面，取得了世人瞩目的学术成就。

改革开放初期，中国宗教学研究既面临着学科重建等学术体制方面的问题，也面临着有关宗教本质与功能等基本问题认识上的拨乱反正。虽说 20 世纪初引起国内学者关注并导致激烈争论的"中国有无宗教"等问题在这个时期已经不再激发学者们更多的兴趣，但如何客观全面地认识和评价宗教的本质、功能及其历史意义，则是一个无论在理论层面还是现实层面上都需要认真对待的问题。例如从 20 世纪 70 年代末到 80 年代末国内理论界围绕着"宗教鸦片论"而展开的广泛深入的争论，被学者们视之为一场重大的学术事件，正是这场意义深远的有关宗教本质的探究，"开辟了或标志着我国宗教哲学发展的一个新时代的开始，即我国宗教研究和宗教哲学研究开始从根本上跳出了政治化和意识形态化的藩篱，开始驶入了学术化的发展轨道……营造了自由、宽松的学术氛围"②。这场争论所体现出的"自由、宽松的学术氛围"，极大地推进了中国宗教学研究的学术进程，大陆学者在此期间及随后，围绕着宗教的本质、要素、社会文化属性与功能、起源与历史演进规律、现当代宗教热点问题等诸多方面，展开了广泛深入的探究，取得了丰富多样的学术成就。体现这些成就的一个主要方面，是国内学者以"通论"或"概论"等形式所表达的对宗教学原理或基本理论思考与看法的诸多论著的出版。③ 它们对于提升我国的宗教学学术水平、把我国的宗教学研究推向更高的阶段，进而建构中国自身的宗教学理论体系，奠定并形成了重要的理论基础和学术期待。

在新时期我国宗教学研究的学术成就中，马克思主义宗教学研究具有重要的理论地位。学者们在恢复和重建马克思主义宗教观的过程中，对马克思、恩格斯、列宁有关宗教问题的论述进行了新的解读，对以往在我国流行的相关看法（如"宗教鸦片论"）予以了再解读再认识，形成了马克思主义宗教观的学术性、系统性、时代性和中国化研究的新维度，从而产生了一批具有广泛影响力的论著，对我国宗教学研究提供了指导性的方向。④

在这个被学者们誉为中国学术发展的"复兴""繁荣"和"新气象"的时期，宗教学研究不仅在基本原理或基本理论等有关宗教学理论体系的探究和建构上取得了突破性的进展，而且在研究方法、研究内容和宗教学分支学科等方面，也极大地拓展与深化了中国

---

① 参见吕大吉：《中国现代宗教学术研究一百年的回顾与展望》，《江苏社会科学》2002 年第 3 期。

② 段德智：《关于"宗教鸦片论"的"南北战争"及其学术贡献》，《复旦学报》(社会科学版)，2008 年第 5 期。

③ 参见卓新平主编：《中国宗教学 30 年（1978—2008）》，中国社会科学出版社 2008 年版，第 4~6 页。

④ 参见卓新平主编：《当代中国宗教学研究（1949—2009)》第一章"马克思主义宗教观 60 年"，中国社会科学出版社 2011 年版。

宗教学研究的深度与广度。20 世纪上半叶中国宗教学创建时期为学者所关注，这一时期引进的科学实证方法和哲学、社会学、心理学、人类学、文化学、民族学等学科方法，在新的时期也为宗教学的研究者们所承继，并在理论体系、学科建构等方面取得了更大更多的学术成就。尤为重要的是，改革开放以来，中国宗教学在佛教、道教、基督宗教、伊斯兰教、儒教、犹太教、印度宗教、中国民间宗教和少数民族宗教等宗教研究上成就斐然，在摩尼教、琐罗亚斯德教和巴哈伊教等其他宗教与新兴宗教的研究上也产生了为数众多的理论成果。这些研究不仅承接、扩展了中国早期宗教学在学理重构、史学探究、对象确立、方法论引介和思想批判等方面的理论成就，而且在典籍（文献）、教义、教派（宗派）、人物、思想流派、神学、哲学、文学艺术、建筑绘画等方面的研究更为全面，也更为深入细致。例如改革开放之后，我国佛教研究成果卓著，除了通史、断代史和区域性研究之外，禅宗、天台宗、唯识学、净土宗等佛教宗派，佛教典籍文献、佛教哲学以及佛教文学艺术等诸多方面，也取得了十分丰富的理论成果。[1] 再如我国的基督教研究，在历史与现状、神学与哲学、圣经、文学艺术、中国基督教、人物、流派与文献等方面，产生了众多引人注目的学术论著。[2]

应该说，改革开放之后我国宗教学研究成果突飞猛进的增长，不仅得益于我国"自由、宽松的"学术氛围，得益于学者们的辛勤耕耘，也得益于众多学术机构、学术刊物、学者群体和人才培养机制的建构。正是这些机构和群体为宗教学的研究提供了良好的学术平台，凝练出了各具特色的研究风格和研究重点，从而为我国宗教学研究的持续发展与学术薪火相传、为宗教学研究的国内国际合作与交流，奠定了坚实的体制与学理基础。

（作者单位：武汉大学哲学学院）

---

[1]　参见卓新平主编：《中国宗教学 30 年（1978—2008）》，中国社会科学出版社 2008 年版，第 113~131 页。

[2]　参见卓新平主编：《中国宗教学 30 年（1978—2008）》第七章"基督教研究"，中国社会科学出版社 2008 年版。

《春秋》三传"孔子曰"研究

□　杨兆贵　吴学忠

一、绪　　论

本文析论《春秋》三传（本文以下简称三《传》）"孔子曰"的内容，主要讨论所记孔子的言（思想）、行（生平事迹），阐论孔子的一些思想观念，反映先秦汉初儒家的一种孔子观。

我们知道，《论语》是研究孔子的一手材料。① 但《论语》不是孔子年谱或家乘或文集，因此，它不可能记载孔子一生所有的言行。孔子的一些言行可能没收录在《论语》里，而透过弟子后学相传，到了战国末期或汉代才编纂成书。先秦古籍的流传往往是这样的。② 中国史上第一篇给孔子生平编年的是《史记·孔子世家》。我们要正确给孔子编年，丰富其生平事迹，应结合《论语》《左传》《史记》等文献。③

要充分了解孔子生平，除了这三本典籍外，诸子的相关记载也有史料价值，尤其是儒家典籍。如《孟子》补述孔子一些事迹，孔子当过委吏、乘田，任鲁司寇及为何离开鲁国，作《春秋》等。④《荀子》记孔子当鲁司寇而鲁国社会风气改善，诛少

---

① 《论语》是记"孔子应答弟子时人及弟子相与言而接闻于夫子之语"（《汉书·艺文志》）。它虽然有内部篇章结构问题，但应由孔子再传弟子编纂而成，详刘殿爵：《论语》，《采掇英华——刘殿爵教授论著中译集》，香港中文大学出版社 2004 年版，第 49~59 页。有学者认为《孔子家语》也是研究孔子一手材料的先秦古籍，其学术价值与《论语》相等，见杨朝明、宋立林编：《孔子家语通解》，齐鲁书社 2013 年版，第 1~40 页。但有学者认为它应取材于先秦、汉代，陆续成于孔安国、孔猛等人，非一人一时所编纂，见徐其宁：《儒行与典礼：〈孔子家语〉思想探究》，台湾"清华大学"博士学位论文，2014 年；邓莹：《〈孔子家语〉研究》，中央民族大学博士学位论文，2011 年；邬可晶：《〈孔子家语〉成书时代和性质问题的再研究》，复旦大学博士学位论文，2011 年。

② 详余嘉锡：《古书通例》，中华书局 2009 年版，第 224 页。

③ 崔东壁疑及《论语》的体裁及所记的事实，钱穆《孔子传》加以反驳。刘宝楠指出，应相信《论语》《史记》《左传》有关孔子的记载。详杨兆贵：《先秦古籍关于孔子论、述的分析》第二章，台湾"清华大学"硕士学位论文，1999 年。

④ 杨兆贵、沈锦发：《先秦诸子思辨视野下的孔子形象——以论孟子对孔子的论述为中心》，《暨南史学》第 10 辑，广西师范大学出版社 2015 年版。

正卯等。① 至于其他学派对孔子的论述，《庄子》一些记载真实反映孔子的精神。② 学者研究先秦儒家文献对孔子言行的看法多偏重在《孟子》《荀子》研究上，较少研究三《传》。三《传》记载孔子的言行，可说是记载孔子的重要史料。这些材料很有思想、史学价值，可惜学者的研究比较少。③

本文聚焦三《传》"孔子曰"材料，④ 涉及圣人叙事与神圣典范：孔子是儒家圣人，则"孔子曰"是圣人的表述：它记载了孔子一些言论，包含圣人对时人史事的批评，也标举涵盖政治事功、文化精神、政教律法的神圣典范。⑤ 就三《传》"孔子曰"内容言，既见孔子生平事迹之一斑，也见其思想之丰富性。从阐释学角度言，孔子后世的学者、思想家对孔子的阐释，除了尽量透过对原型（孔子）的理解，运用圆融论来重建"史实"外，也不可避免地受到他们所认肯的观念影响，并以此来阐释。这种阐释虽有偏见，但在解释学中，是必然的：它不仅重构（孔子）往事，且使历史内涵日益丰富，也使思想家（包括诸子、三《传》）在阐释中彰显他们独特的思想体系。⑥ 因此，研究三《传》"孔子曰"具有学术阐释史的重要意义。

---

① 杨兆贵、杨宗耀：《诸子思辨视野下的孔子形象——荀子及其后学对孔子的论述》，《中原文化研究》2014 年第 1 期。

② 近年研究先秦诸子对孔子论述的论著比较多。据 CNKI（截至 2015 年 5 月）所载，相关论文约 65 篇。有关先秦诸子对孔子的论述，大概言之，墨子不把孔子当成他的理想圣人。庄子很敬佩孔子，视他为儒家圣人或自己的理想人格——至人（严寿澂、杨儒宾认为庄子与儒门相通）。《庄子》外篇有藉孔子之言阐述他们的思想观念，有引老聃向孔子训示有关宇宙、人生修养等问题，说明庄学比儒学优胜。韩非强烈反对孔子。参杨兆贵：《先秦古籍关于孔子论、述的分析》，台湾"清华大学"硕士学位论文，1999 年，第 45~51 页；杨兆贵、梁健聪：《诸子思辨视野下的孔子形象——庄子及其后学对孔子的论述》，《南都学坛》2014 年第 5 期；严寿澂：《庄子孔门相通论》，《比较视野下的先秦儒学国际学术研讨会论文集》，南洋理工大学孔子学院 2016 年版，第 85~110 页；杨儒宾：《儒门内的庄子》，台湾联经出版事业有限公司 2016 年版，第 15~62 页。

③ 学者研究三《传》所记孔子言行的，以《左传》为多。研究三《传》有关孔子言行的论著有：张岩：《论〈左传〉中的孔子形象及其描述特点》，《辽宁青年管理干部学院学报》2000 年第 1 期；邓文辉：《试论"颊谷之会"中的孔子形象》，《学术研究》2009 年第 3 期；王国雨：《试论〈左传〉中的孔子言行》，《船山学刊》2009 年第 1 期；李华：《〈左传〉中孔子形象的塑造艺术》，《宁夏师范学院学报》2013 年第 1 期；谢秉宪：《从"夹谷之会"的诠释观察汉初的孔子形象》，《世新中文研究集刊》2014 年第 10 期。

④ 三《传》里有记"孔子曰""仲尼曰"等材料，其中以《左传》为多。李隆献《〈左传〉"仲尼曰"叙事刍论》（《台大中文学报》2010 年第 33 期）研究"仲尼曰"。该文指出，《左传》里"仲尼曰""仲尼谓""仲尼闻之曰""仲尼闻……以为"有 25 条材料。"仲尼曰"是李文论述的重点。本文则主要研究"孔子曰"材料。

⑤ 伍振勋：《圣人叙事与神圣典范：〈史记·孔子世家〉析论》，《"清华"学报》2009 年新 39 卷第 2 期。

⑥ 卡西尔（Ernst Cassirer）：《人论》，甘阳译，台北结构群文化事业有限公司 1989 年版，第 267~322 页；杨兆贵：《论汉儒对宋伯姬的评论》，《中国文化研究所学报》2014 年第 58 期。

二、三《传》"孔子曰"所记孔子的生平事迹

三《传》"孔子曰"所记孔子的生平事迹主要有：孔子参加夹谷之会；堕三都；请求鲁哀公讨伐齐陈恒；获麟等。

(一) 孔子参加夹谷之会

此事既是孔子生平一件大事又是鲁定公时期的一件大事。《左传》和《穀梁传》都有详细记载。《左传·定公十年》记：

> 夏，公会齐侯于祝其，实夹谷。孔丘相，犁弥言于齐侯曰："孔丘知礼而无勇，若使莱人以兵劫鲁侯，必得志焉。"齐侯从之。孔丘以公退，曰："士兵之！两君合好，而裔夷之俘以兵乱之，非齐君所以命诸侯也。裔不谋夏，夷不乱华，俘不干盟，兵不偪好，于神为不祥，于德为愆义，于人为失礼，君必不然。"齐侯闻之，遽辟之。将盟，齐人加于载书曰："齐师出竟而不以甲车三百乘从我者，有如此盟！"孔丘使兹无还揖对，曰："而不反我汶阳之田，吾以共命者，亦如之！"齐侯将享公。孔丘谓梁丘据曰："齐、鲁之故，吾子何不闻焉？事既成矣，而又享之，是勤执事也。且牺象不出门，嘉乐不野合。飨而既具，是弃礼也；若其不具，用秕稗也。用秕稗，君辱；弃礼，名恶。子盍图之！夫享，所以昭德也。不昭，不如其已也。"乃不果享。齐人来归郓、讙、龟阴之田。①

《穀梁传》记：

> 夏，公会齐侯于颊谷。公至自颊谷。离会不致，何为致也？危之也。危之则以地致何也？为危之也。其危奈何？曰：颊谷之会，孔子相焉。两君就坛，两相相揖，齐人鼓噪而起，欲以执鲁君，孔子历阶而上，不尽一等，而视归乎齐侯，曰："两君合好，夷狄之民何为来？"为命司马止之。齐侯逡巡而谢曰："寡人之过也。"退而属其二三大夫曰："夫人率其君与之行古人之道，二三子独率我而入夷狄之俗，何为？"罢会。齐人使优施舞于鲁君之幕下。孔子曰："笑君者，罪当死。"使司马行法焉，首足异门而出。齐人来归郓、讙、龟阴之田者，盖为此也。因是以见虽有文事，必有武备，孔子于颊谷之会见之矣。②

有关孔子参加夹谷之会，《论语》没有记载，顾立雅（H. G. Creel）不相信此乃史事，认为可能是后儒附益，其原因是司寇一职由公室世袭，孔子为士人，不可能擢升为大司

---

① 杨伯峻：《春秋左传注》，中华书局 1981 年版，第 1577~1579 页。
② 钟文烝：《春秋穀梁经传补注》，中华书局 1996 年版，第 697~699 页。

寇，掌握实权。① 此说值得商榷，学者多反驳。② 夹谷之会是弱鲁对强齐取得的外交胜利，是孔子从政后的一大事功，也表现了孔子的卓越外交才能。此事学者虽多讨论，但仍可探讨。比较《左传》和《穀梁传》的记载，可以看出：

《左传》的重点与《穀梁传》有些不同：一是记夹谷之会前，齐人犁弥向齐景公评孔子"知礼而无勇"，若以莱人之兵劫鲁定公，就能控制鲁国。可见，夹谷会盟之前，齐国君臣已密谋要先下手为强，抓捕定公；并且认为孔子只娴于周礼而没有智勇（孔子不过是一文士）。二是孔子果断制止齐人想劫持鲁公，大义凛然斥责齐侯的行径。孔子说"裔不谋夏，夷不乱华"云云，明白提出夷夏之别，反对在盟会时动用干戈，强调重礼重德的重要性。③ 三是记齐侯与鲁公将要盟誓时，孔子向齐侯提出交换条件，即"而不反我汶阳之田，吾以共命者，亦如之"。这是齐国后来归还三个地方的细节，而《穀梁传》没有提到。这件事才是齐国还邑的重要原因之一，也可见孔子之智勇。四是孔子反对齐景公提出配享的无理要求。

《穀梁传》比较详写孔子叫齐景公命令司马制止齐民，把莱人记成"齐人"，孔子斥他们是夷狄之人。《穀梁》认为齐人的行为形同夷狄之人，是"信夷狄而退中国"的行为，应被谴责。《穀梁》又记齐景公自谓"二三子独率我而入夷狄之俗，何为"，责备齐臣；补充了《左传》所没有的情节，记孔子命司马把齐优斩首，④ 成为后世学者对《穀梁传》记载真伪争论的焦点⑤。《穀梁》也重视华夷之辨，强调夷不能变夏。《穀梁》最后说："虽有文事，必有武备"，称赞孔子文武兼备。《左传》《穀梁》都强调文武兼备。

鲁国在盟会上取得胜利，齐国归回郓、讙、龟阴之田。二《传》都认为是孔子的功劳。《公羊传》对齐国归还土地有不同的看法："齐人来归郓、讙、龟阴田。齐人曷为来归郓、讙、龟阴田？孔子行乎季孙，三月不违，齐人为是来归之。"⑥ 指出当时鲁国实情：季孙氏掌握鲁国实权，孔子得到季孙氏信任，所以能治理鲁国，三个月内都没有过失。齐人因为孔子贤能，又得到季孙氏重用，鲁国国势有上升之势，因此归还了鲁地。可见，《左》《穀》认为齐国归还鲁地，是因为孔子在夹谷之会有卓越的表现，有勇有礼，进退有据。《公羊》则认为是孔子贤明。其实三《传》从不同角度看，但看法相同。孔子在夹谷

---

① 顾立雅（H. G. Creel）：《孔子与中国之道》，高专诚译，山西人民出版社 1992 年版，第 44～45 页。

② 杨兆贵：《先秦古籍关于孔子论、述的分析》，台湾"清华大学"硕士学位论文，1999 年，第 20 页。学者从四方面研究此事：（1）比较二《传》异同，如傅隶朴：《春秋三传比义》，台湾"商务印书馆"1983 年版，第 1071 页。（2）论证史事真伪，如宣兆琦：《关于"夹谷之会"的几点辨析》，《齐鲁学刊》1993 年第 4 期。（3）讨论孔子动刑杀的真实性，见葛兆光：《在历史与解释之间——对〈穀梁传〉定公十年"夹谷之会"记载的诠释史》，《中国文化研究》2005 年春之卷。（4）称赞孔子为人，如韩再峰：《〈左传〉中的孔子形象》，《艺术研究》2004 年第 1 期。

③ 俞荣根："夹谷之会"研究——兼议孔子仁学和平思想》，《孔子研究》2005 年第 6 期。

④ 有关二《传》记夹谷之会的差异，还可参杨兆贵、包秉龙：《〈新语〉征引〈穀梁传〉义述论》，《南方学院学报》2010 年第 6 期。

⑤ 有关孔子诛杀齐优，传统学者力斥其伪，但葛兰（Marcel Granet）说那是当时习惯，孔子只是顺从时习而已（转引自葛兆光：《在历史与解释之间——对〈穀梁传〉定公十年"夹谷之会"记载的诠释史》，《中国文化研究》2005 年春之卷）。

⑥ 徐彦：《春秋公羊传注疏》，北京大学出版社 1999 年版，第 575 页。

之会取得外交胜利，反映他知礼、智勇双全，后世学者根据时代思潮、个人思想观念等对此加以评论。① 此外，孔子谙于军事的才能也昭然洞然。可惜学者多未注意及此。事实上，夹谷之会及下文所论的"堕三都""请求鲁哀公伐陈恒"等事都反映孔子的军事才能。

（二）孔子堕三都

春秋时期，礼崩乐坏。② 孔子一直想恢复周礼，"如有用我者，吾其为东周乎？"（《论语·阳货》)③他当司寇后，期望"礼乐征伐自天子出"（《季氏》)，主张堕三都，以恢复鲁公君权，打击三桓势力。这是他仕途上的一件事功，也是他要实现恢复周礼的重要一步。他在夹谷之会后名威远播，此时提出堕都主张是大好时机。《公羊传·定公十二年》记此事：

> 季孙斯、仲孙何忌帅师堕费。曷为帅师堕郈？帅师堕费？孔子行乎季孙，三月不违，曰："家不藏甲，邑无百雉之城。"于是帅师堕郈、帅师堕费。雉者何？五板而堵，五堵而雉，百雉而城。④

鲁国权力自成公以来就掌握于三桓氏手中。他们掌握鲁国政、经、军大权，还曾废逐鲁君。⑤ "季氏为无道，僭于公室久矣"，"诸侯僭于天子，大夫僭于诸侯，久矣"。⑥ 孔子面对这样的现实，知其不可而为之，仍坚持恢复周礼（包括君臣的正常秩序），主张"堕三都"。春秋时期都指卿的食邑。⑦ 费、郈、成三都是三桓氏的食邑，都墙高厚，规模早已超过周礼规定，⑧ 且食足兵强，谁掌控都邑，就能擅权卿家，甚至执国命。孔子提出三都不能超过"城过百雉"的规定，并要堕毁城墙，不准三桓氏有私家军队。这是削弱卿、家臣实力的釜底抽薪之计。都墙一堕毁、三桓氏没有兵甲，卿及家臣的实力就大大

---

① 谢秉宪：《从"夹谷之会"的诠释观察汉初的孔子形象》，《世新中文研究集刊》2014 年第 10 期。

② 有关春秋礼制发展及不同阶层对礼的看法，参晁福林：《春秋时期礼的发展与社会观念的变迁》，《北京师范大学学报》1994 年第 5 期。

③ 下文引《论语》的，直引篇名，不写《论语》书名。

④ 徐彦：《春秋公羊传注疏》，北京大学出版社 1999 年版，第 579 页。《孔子家语·相鲁》篇记孔子之言较详："家不藏甲，邑无百雉之城，古之制也。今三家过制，请皆损之"（杨朝明：《孔子家语通解》，齐鲁书社 2013 年版，第 7 页），更直接指出三桓城邑违反周礼。

⑤ 有关三桓氏由宣公至昭公专权情形，参童书业：《春秋史》，山东大学出版社 1987 年版，第 202~203 页。有关春秋卿权演变，详晁福林：《论周代卿权》，《中国社会科学》1993 年第 6 期。

⑥ 此乃鲁昭公与子家驹对时局的看法，见徐彦：《春秋公羊传注疏》，北京大学出版社 1999 年版，第 523~524 页。

⑦ 《左传·庄公二十八年》："凡邑，有宗庙先君之主曰都，无曰邑。邑曰筑，都曰城。"（杨伯峻：《春秋左传注》，中华书局 1981 年版，第 242~243 页）都是邑的一种，凡在邑中建立宗庙、设先君之主的称为都。

⑧ 隐公元年祭仲指出周礼规定都邑与国都的比例："都，城过百雉，国之害也。先王之制：大都，不过参国之一；中，五之一；小，九之一。"见杨伯峻：《春秋左传注》，中华书局 1981 年版，第 11 页。

减弱了。

季桓子一开始接受孔子堕三都的主张，这和他的经历有关：家臣阳虎曾擅权四年（定公五年至八年），① 并因禁他。因此，季桓子对阳虎及家臣耿耿于怀。何休（129—182）说孔子向季桓子指出陪臣"坐邑有城池之固，家有甲兵之藏"②，正点出陪臣执权、进而害国政的关键。孔子把矛头指向家臣，暂时转移季氏视线，使季氏乐于接受。上博简《孔子见季桓子》记孔子在定公八年三桓氏打败阳虎后，向季桓子总结防止乱政发生、恢复君臣秩序的主张。这比何休的解释更全面。该篇记孔子向季桓子提出"行圣人之道"（第四简）、"为信以事其上。仁其如此也。上唯逃智，亡不乱矣"（第五简）③ 的办法，提出为政要仁爱，以诚信事其上（鲁君），不专政非礼，不凌驾公室之上，不走不仁之道；为政不应无知，不拒绝忠言，不信任奸邪。孔子这番话就杜绝三桓氏长期操纵鲁政、陪臣执国命而言，并提出防范臣不臣的方法，辞严义丰。

可见孔子既坚持周礼，又有军事策略。《公羊传》简单说孔子堕郈、费。事实上，孔子推行"堕三都"，尤其是堕费，一波三折。《左传·定公十二年》详记堕三都的经过：

> 仲由为季氏宰，将堕三都，于是叔孙氏堕郈。季氏将堕费，公山不狃、叔孙辄帅费人以袭鲁。公与三子入于季氏之宫，登武子之台。费人攻之，弗克。入及公侧。仲尼命申句须、乐颀下，伐之，费人北。国人追之，败诸姑蔑。二子奔齐，遂堕费。将堕成，公敛处父谓孟孙："堕成，齐人必至于北门。且成，孟氏之保障也，无成，是无孟氏也。子伪不知，我将不堕。"冬十二月，公围成，弗克。④

孔子在堕三都过程中，比较顺利的是堕郈。至于堕费，情形比较曲折：季桓子开始时信任孔子，然当时另一家臣公山不狃反对堕都，因为费归他管治，是他的势力范围。为了维护自己的利益，他便与不得志于叔孙氏的叔孙辄叛乱，⑤ 带兵攻打鲁国国都，袭击三桓和鲁君，后来被打败逃亡，费才被毁掉。最后成邑没有堕成，因为孟懿子听从信任多年的家臣公敛处父之言，采用拖字诀。⑥ 这引起季桓子对孔子的不满。《微子》记："齐人归女乐，季桓子受之。三日不朝，孔子行。"季桓子不朝，是他不再信任孔子的表现。孔子堕三都未能取得成功，最后流亡，结局出人意料。

由上记载可见：（1）当时鲁国权力掌握在三桓氏尤其是季孙氏手中，正所谓政"自大夫出"（《季氏》）。季桓子信任孔子与否，决定孔子能否落实他的措施。即使孔子任大

---

① 顾栋高：《春秋大事表》，中华书局 1993 年版，第 1759~1760 页。

② 徐彦：《春秋公羊传注疏》，北京大学出版社 1999 年版，第 578 页。

③ 濮茅左整理：《孔子见季桓子》，马承源主编：《上海博物馆藏战国楚竹书（六）》，上海古籍出版社 2007 年版，第 202~203 页。

④ 杨伯峻：《春秋左传注》，中华书局 1981 年版，第 1586~1587 页。

⑤ 杨伯峻：《春秋左传注》，中华书局 1981 年版，第 1567~1568 页。三桓氏弟子中有些人不得志，与家臣阳虎勾结，密谋为乱，希望能立新宗主。

⑥ 公敛处父服事孟僖子（《孔子世家》作厘子）、懿子父子，且在定公八年阳虎密谋废除季桓子叛乱中帮助孟懿子；他又想杀季桓子，立懿子为三桓之首（因懿子反对而不果）。因此，他是孟懿子的心腹，深得孟氏信任。

司寇，若得不到季桓子重用，就无法实现理想。恢复周礼，谈何容易！在现实政治环境里，行道决定于权势，而非仅靠理想、理论。（2）三桓氏与家臣的关系复杂。三桓氏本来是主，家臣是属。臣当听命于主。"三都"是三桓氏及家臣的共同"根据地"。他们本来有共同利益，对付鲁君和其他势力。由于卿"立于朝而祀于家"（《左传·昭公十六年》），三桓氏一般生活在鲁都，把都邑行政权交给家臣。这些家臣逐渐掌握都邑之权，有些也想擅诸侯之权。这样，家臣与三桓又成为利益争夺者。家臣操控三桓氏都邑的军政经之权，即能操控三桓氏的命运。① 可见都邑的重要。三桓氏奈家臣不得，甚至要听命于家臣，结果导致"陪臣执国命"之局。家臣时而叛乱，叔孙氏的竖牛、侯犯，季孙氏的南蒯、阳虎、公山不狃等先后为乱，严重威胁三桓氏的地位。② 季桓子惩前毖后，一开始比较愿意接受孔子堕都建议，以消弥家臣势力，重掌权力。季孙、叔孙两氏与家臣的关系比较差，但孟孙氏与家臣的关系较佳。因此，三桓氏与家臣的关系因人而异。季孙氏的家臣势力尾大不掉，公山不狃仍有实力，所以能攻打国都。（3）三桓氏对堕都有不同看法。季孙氏、叔孙氏因家臣叛乱而支持孔子，孟叔氏与家臣公敛处父的关系良好，且成邑是鲁国防御齐国的军事重镇，为了保护自己利益，反对堕都。又堕都由家臣执行，部分家臣不满卿、鲁君，不予执行，堕都就失败。可见，家臣在堕三都过程中扮演重要角色。（4）孔子不仅娴于周礼，而且精于军事。他先派子路为费宰，便以控制形势。当公山不狃等袭击鲁都时，孔子临危不惧，命令申句须、乐顷反击，取得胜利。可见，孔子平时对家臣动态、实力、都邑了然于胸，甚至对鲁国有全盘了解。《阳货》记阳货想见孔子，可见家臣了解孔子，希望孔子出山帮助。③ 但孔子更了解家臣。孔子平时也留意一些将才，在危急时能任用他们（如申句须、乐顷）。他可能平时就思考如何防范家臣发动叛乱，因而排兵布阵，应付叛乱，胸有成竹。因此，当公山不狃袭击鲁都，孔子冷静处理，调兵遣将，最终取得胜利。可见，孔子高瞻远瞩，谋而后动，是位军事家。

（三）孔子请求鲁哀公讨伐齐田恒

孔子娴于周礼，富军事才能，在他参加夹谷之会、堕三都中已表现出来，他晚年仍兼通军、礼。鲁哀公十四年（前481），齐相田恒（陈恒）弑其君。孔子知道后，向哀公请求讨伐田恒。《左传·哀公十四年》记载：

> 甲午，齐陈恒弑其君壬于舒州。孔丘三日齐，而请伐齐三。公曰："鲁为齐弱久矣，子之伐之，将若之何？"对曰："陈恒弑其君，民之不与者半。以鲁之众加齐之半，可克也。"公曰："子告季孙。"孔子辞，退而告人曰："吾以从大夫之后也，故

---

① 有关春秋时期邑、都、国的关系与卿大夫政治活动的互动，见尉博博：《春秋大都耦国政治现象剖析——以晋国为例》，花木兰文化出版社2013年版，第74~77页。

② 有关鲁国家臣叛乱情形，参谢乃和：《春秋家臣屡叛与"陪臣执国命"成因析论》，《西北师大学报》2006年第6期。

③ 如阳虎定公五年已掌握季氏大权，为求巩固权力，故招揽贤能，应在定公五年至九年间见孔子，《论语·阳货》"阳货欲见孔子"章就是在此背景下记载的。见刘文强：《孔子与阳虎》，《东吴中文学报》2014年第27期。

不敢不言。"①

田恒杀齐简公，不仅使田氏掌握齐政，且导致后来"田氏代齐"发生。② 田恒弑君事件是这样的：齐简公继位后，分别任用田恒和阚止为左、右相。阚止得宠于简公，田恒嫉妒。简公四年（前481）春天，阚止在上朝途中遇田氏族人田逆杀人，将其拘捕，后被田氏营救。阚止惧怕田氏势力，在简公支持下，准备驱逐田氏。阚止家仆陈豹把此事告知田恒。五月，田恒先发制人，劫持简公。阚止率军反攻，被田氏击败。阚止被杀。六月，简公在逃往舒州路上也被杀死。田恒立简公弟骜为君，即齐平公，自任太宰。

孔子请哀公出兵讨伐田恒，《宪问》篇也有记载：

> 陈成子弑简公。孔子沐浴而朝，告于哀公曰："陈恒弑其君，请讨之。"公曰："告夫三子！"孔子曰："以吾从大夫之后，不敢不告也。君曰'告夫三子'者。"之三子告，不可。孔子曰："以吾从大夫之后，不敢不告也。"③

《左传》和《论语》所记有些不同，《左传》记孔子听到田恒弑君后，先斋戒三天，又多次请鲁哀公出兵，并分析鲁能打败田氏的原因。孔子向哀公而不向三桓氏请求，正是他认为鲁君才是君主。这表明他不承认三桓氏是鲁国真正的掌权者。两书都记鲁公叫孔子向三桓氏禀告。《论语》记三桓氏拒绝孔子的请求。两书都记孔子解释自己向鲁公、三桓氏请求的原因，是他"从大夫之后"，职责所在，不能不告。朱子（1130—1200）认为，"臣弑其君，人伦之大变，天理所不容，人人得而诛之"。孔子这样做，实际上也想警告素来轻视鲁君的三桓，"其所以警之者深矣"④。

孔子晚年关心此事，和他一贯主张恢复周礼、强调君君臣臣的看法有关。田恒犯上作乱，更为严重地破坏周礼，在当时起着极坏的影响，引起了孔子极大的愤怒，他认为应该惩治不法之徒。他认为自己"从大夫之后"，应尽该有的责任，因此"请伐齐三"，分别向鲁公、三桓氏请求，体现知其不可而为之的精神。从《左传》记孔子分析鲁胜田败的原因，可见孔子并非只懂得讲经论道，对战争也有认识，并认为战争应有正义性。春秋时代，战争尚有军礼，在战争中遵循军礼用兵，兵力多少是决定战争胜负的一重要因素。⑤孔子从这方面指出，把鲁国民众和齐国不满田恒的一半民众加起来，人数比田恒的多，这样，可打败田恒。当然，孔子不会只就人数多寡来考虑胜负，他娴于军事，"军旅之事，未之学也"（《卫灵公》），那只不过是他不想帮助无道之君卫灵公而提出的托辞而已。⑥孔子娴于军事，他的学生冉有鲁哀公十一年（前484）打败齐师，就说："学之于

---

① 杨伯峻：《春秋左传注》，中华书局1981年版，第1689页。
② 晁福林：《春秋战国的社会变迁》上册，商务印书馆2011年版，第145~149页。
③ 朱熹：《四书章句集注》，中华书局1983年版，第155页。
④ 朱熹：《四书章句集注》，中华书局1983年版，第155页。
⑤ 春秋时期仍有军礼存在，参徐杰令：《春秋战争礼考论》，《东北师大学报》2000年第2期；赵庆森：《试论春秋战争中的礼》，《徐州师范大学学报》2007年第6期。
⑥ 朱熹：《四书章句集注》，中华书局1983年版，第161页。

孔子。"①

从孔子请求讨伐逆臣，孔子的军事才能、重视周礼、反对篡弑、知其不可而为之的形象栩栩如生。

（四）孔子与获麟

《春秋·哀公十四年》（前481）记："春，西狩获麟。"《公羊传》解释孔子与"西狩获麟"的关系：

> 十有四年春，西狩获麟。何以书？记异也。何异尔？非中国之兽也。然则孰狩之？薪采者也。薪采者，则微者也，曷为以狩言之？大之也。曷为大之？为获麟大之也。曷为为获麟大之？麟者，仁兽也。有王者则至，无王者则不至。有以告者曰："有麕而角者。"孔子曰："孰为来哉！孰为来哉！"反袂拭面，涕沾袍。颜渊死，子曰："噫！天丧予。"子路死，子曰："噫！天祝予。"西狩获麟，孔子曰："吾道穷矣。"②

《穀梁传》也解释此事：

> 十有四年春，西狩获麟。引取之也。狩地不地，不狩也。非狩而曰狩，大获麟，故大其适也。其不言来，不外麟于中国也。其不言有，不使麟不恒于中国也。③

根据《公羊》的说法，这段文字写鲁哀公十四年春天一个采薪者获麟。麟是仁兽，"非中国之兽"，它出没的时机是"有王者则至，无王者则不至"。当时天下失道，而麟竟然出现，与"有王者则至"的时机不合，因此，孔子无限感伤说："孰为来哉！孰为来哉！"无限悲慨之情洋溢于字里行间。

《公羊》又把西狩获麟、颜回子路之死与孔子"道穷"之叹三者连接起来。这里至少有两层意思：一是就记叙手法说，《公羊》把后来发生的事挪到事情发生之前记载：获麟在哀公十四年，子路翌年去世。《公羊》这样记载，徐彦说是"公羊子于此后言之，未足为妨也"。二是更凸显孔子不能在有生之年实现其政治理想，并深感悲恸。孔子要实现他的政治理想，亟须得意的学生辅助。然而，颜回、子路先后去世，因此，孔子发出"天丧予"之浩叹。《先进》篇也记孔子为颜回去世而悲恸，说："有恸乎？""天丧予！天丧予！"既然两位得意弟子谢世，那么，孔子要实现理想就更困难。孔子既悲学生之逝，又伤其道不行，他发出"天丧予""天祝予""吾道穷矣"之叹，其知其不可而为之、死而后已、与学生的关系亲密的形象栩栩如绘。读者读之也同样涕泪交零！一代圣人，日暮途穷啊！

《穀梁》认为麟是被引取而来的，《春秋》不记狩地，是因为麟不是在狩猎时获取。

---

① 韩兆琦：《史记笺证·周本纪》，江西人民出版社2004年版，第3225页。
② 徐彦：《春秋公羊传注疏》，北京大学出版社1999年版，第618~624页。
③ 钟文烝：《春秋穀梁经传补注》，中华书局1996年版，第743~745页。

因获麟是大事，因此说是狩猎。《春秋》不说"来"，是不把麟当成中国以外之物，显然《穀梁传》有以华含夷之见；《春秋》不说"有"，是希望不要使麟不常在中国。《穀梁》主要说明麟与中国的关系。

《左传》说"西狩于大野，叔孙氏之车子鉏商获麟，以为不祥，以赐虞人"，说是叔孙的御者子鉏商抓获，而非薪采者。其后，把麟给孔子看，孔子说是"麟"，"然后取之"。① 可见，《左传》认为孔子博学，时人不认识的事物要向他请教。《左传》没有说明获麟与孔子之死的关系。②

可见三《传》记载的重心各有不同，都没有说麟之来与孔子之死或修《春秋》的关系。后世注家基本上认为孔子有圣德，"有王之德，故亦感得麟来应之。故斯应麟之来，归于王德者，谓孔子也"③。至于孔子作《春秋》与获麟的关系，汉儒对此有不同的解释：《公羊传》注家何休以为是孔子获麟而作《春秋》。《左传》《穀梁》注家与何休相反，尹更始、刘向（约前77—前6）、郑众（？—83）、贾逵（30—101）等认为麟应孔子修《春秋》而至。钟文烝（1818—1877）融合诸家说法，认为麟为圣人而出，"而适出于修《春秋》三年之后，遂以绝笔焉，于是七十之徒因以为《春秋》文成所致。自后学者，相承用之"④。

（五）小结

三《传》记载孔子的生平事迹，有时互相补充，有时各有侧重点。《左传》和《穀梁》对孔子参加夹谷之会的描写基本相同，《公羊》对齐国归还鲁地的解释和《左》《穀》不同。孔子堕三都、请伐田恒，在在反映他重君臣之序、希望恢复周礼的政治思想。有关孔子请求鲁哀公讨伐田恒一事，《左传》和《论语》所记各有侧重。最后是《左传》与《公羊》记获麟者的身分不同，《公羊》指出麟来是因为"有王者则至"，又把获麟、弟子之死与孔子"道穷"之叹连接起来。《穀梁》认为麟是被引取而来的，主要说明麟与中国的关系。三《传》"孔子曰"反映了孔子有圣德，深娴周礼，富于军事、外交才能，善于打击陪臣势力。

三、三《传》"孔子曰"反映孔子的思想

中国人的思想体系与西方哲学不同，国人重视言、行，言行反映思想，诚如钱穆先生（1895—1990）所说："中国人务求把思想与行为交融互化，一以贯之，此乃中国思想一大特点。"⑤ 研究孔子的思想观念，除了根据《论语》外，三《传》"孔子曰"也是研究的材料。三《传》"孔子曰"的内容涉及孔子的不少思想，如孔子评泄冶的内容涉及仁思

---

① 杨伯峻：《春秋左传注》，中华书局1981年版，第1682页。
② 《左传·哀公十六年》记孔子之死："夏四月己丑，孔丘卒。"没有说孔子去世的原因，也没有说明获麟与孔子之死的关系，只记鲁哀公写诔文云云。
③ 杨士勋：《春秋穀梁传注疏》，北京大学出版社1999年版，第351~352页。
④ 以上诸说见钟文烝：《春秋穀梁经传补注》，中华书局1996年版，第745~746页。
⑤ 钱穆：《中国思想通俗讲话》，台湾东大图书公司1990年版，第68页。

想，评董狐、赵盾的内容涉及孔子的史学思想，评楚昭王"知大道"涉及孔子的政治思想，这些思想学者讨论比较多。因此，本文特讨论学界较少注意的孔子军事思想和名号观，如此既有创新价值，又可见孔子思想的丰富多样。

（一）孔子的军事思想

上文提到孔子参加夹谷之会，主张并落实堕三都，请伐田恒，可见孔子有卓越的军事思想和才能。学者绝少论及孔子的军事思想，甚至认为孔子没学过军事，① 这是偏见。下文论述孔子的军事思想，以填补这方面研究的不足。

1. 孔子强调保存华夏文化，提倡夷不变华，重视盟约，武备是实现盟约的重要手段

《穀梁传·定公十年》称赞孔子说："因是以见虽有文事，必有武备，孔子于颊谷之会见之矣。"《孔子世家》则把这句话当作孔子说的："臣闻有文事者必有武备，有武事者必有文备。古者诸侯出疆，必具官以从。请具左右司马。"②

学者把这句话当成孔子兼重文武的军事思想。然上文《穀梁》所说的"文事"指盟约，"武备"则是实现盟约的必需手段，文主武辅。孔子在夹谷会上未用一兵一卒，可见盟会还是最强调礼仪、礼意的。这和孔子重礼的看法相同。另外，我们从孔子所说"裔不谋夏，夷不乱华，俘不干盟，兵不偪好"云云一段，③ 可见孔子极重视两个原则：一是华夷之别，他强调"裔不谋夏，夷不乱华"。这和孔子"道不行，乘桴浮于海"（《公冶长》）、"虽之夷狄，不可弃也"（《子路》）的看法是相同的。孔子认为华夏文化是当时各种文化中最先进、最值得继承发扬的。因此，他一生以继承、发扬华夏文化为职志，即使困畏于匡，仍然说："文王既没，文不在兹乎？……天之未丧斯文也，匡人其如予何？"（《子罕》）可见他对华夏文化有十足信心。④

二是孔子重视盟约。他希望透过盟约来化解国际纷争。盟约与霸政随着周文疲弊而产生。盟会、霸政是传统周礼下的新形式：霸主表面尊重周室，但实际上代周王之名、权而行之。⑤ 孔子要恢复周礼，不能一蹴而就，而是有步骤、策略的：第一步不是马上恢复周室权威，而是藉盟约来赋礼乐意义。另外，盟约重视德、礼、信、义等德目；霸主主持盟约，内容多为尊王攘夷，修好结信，强调华夷之别等。⑥ 这与周礼的精神是相同或相通的。这都为孔子接受。因此，孔子接受霸政、盟约中的一些精神，认为它是实现恢复周礼

---

① 郭沫若：《十批判书》，东方出版社 1996 年版，第 93 页。论述孔子军事思想的论文，主要有：王联斌：《孔子的军人价值观思想与现代启示》，《南京政治学院学报》2010 年第 2 期；王世珍：《孔子军事思想初探》，《军事历史研究》1988 年第 3 期；张卫东：《略论孔子的军事思想》，《安徽教育学院学报》2005 年第 2 期。

② 韩兆琦：《史记笺证》第 6 册，江西人民出版社 2004 年版，第 3203~3204 页。

③ 杨伯峻：《春秋左传注》，中华书局 1981 年版，第 1577~1579 页。

④ 孔子推崇华夏文明，但没有蔑视夷狄文化，参李炳海：《孔子种族意识的双向结构》，《齐鲁学刊》1990 年第 2 期。

⑤ 晁福林：《霸权迭兴——春秋霸主论》，三联书店 1992 年版，第 5~10 页。

⑥ 春秋盟约强调诚信等德目，与礼的精神相同。参张高评：《"贵有辞"与〈春秋〉大义》，《中国学术年刊》2013 年第 34 期。

的重要步骤。管仲曾帮助齐桓公称霸，且团结诸夏一些国家，保存了华夏文化。① 因此，孔子称赞管仲"如其仁"（《宪问》）。仁是孔子的思想核心，孔子极少称赞别人是仁者。他固然批评管仲"器小""不知礼"（《八佾》），但称赞管子为仁者，就是从管子建立霸政制度而保存华夏文化方面来肯定他所作的重大贡献。上博简《季康子问于孔子》记孔子称赞管子，并引管子之言"敬成其德以临民，民望其道而服焉，此之谓仁之以德"②。清华简《管仲》记管仲称赞周武王好义秉德，"为民纪纲，四国和同，邦以安宁，民乃保昌"③，管子肯定以周武王为代表的周文化，继承武王"四国和同，邦以安宁"的精神（即"一匡天下"之意）。管子、孔子同样肯定仁、继承周文化，其思想有共通之处。孔子肯定盟主、盟约精神，以此与周礼搭建桥梁，进而步步实现周礼。因此，孔子称赞管仲，非如孟子所说"仲尼之徒无道桓文之事者"（《孟子·梁惠王上》）。

孔子的理想是恢复周礼，重建天子、诸侯权威。他把武备视为必不可少的手段，置军事于实现礼乐文化之中，而非把军事提到与礼乐文化并驾齐驱的同样重要的位置。这是研究孔子的军事思想所必须注意的一要点。

2. 孔子认为必须削弱卿大夫、陪臣的军力

孔子固然想恢复周礼，但并非把西周礼乐全套照搬，而是与时俱进，赋予新意。他说："礼，与其奢也，宁俭"（《八佾》）、"其或继周者，虽百世可知也"（《为政》），可见他提倡的周礼是根据实际情况而对周礼加以"损益"的。要重建周礼，其中重要的环节是重建天子、诸侯的权威。

春秋中晚期，"天下失道"。孔子认为要削弱卿大夫、陪臣的实力。他提出在鲁国国内"家不藏甲，邑无百雉之城"主张。这是孔子针对三桓氏拥有都邑城池、军队两方面而言。都邑是卿大夫的根据地，军队是他们的武装力量，两者是三桓据以反对鲁君且能"独立"的凭借。孔子强调从这两方面来限制三桓实力，还有三桓世柄鲁权的历史原因：成公元年（前590）作丘甲，三桓扩张势力。襄公十一年（前562）作三军，三家三分公室，季孙氏尽取一军的实力和赋税，孟孙氏使一军子弟一半属于自己，叔孙氏使一军子弟全属于自己。昭公即位，三军作二军，但分为四股，季孙占二股，孟、叔各一。鲁人只向三家纳征，再由三家向鲁君进贡。④ 可见，三桓控制了鲁国政、军、经大权。鲁公不过是虚君而已。孔子因此提出撤兵、限城令，是要提高鲁公实力，树立鲁公权威，力图改变鲁国礼崩乐坏的现实，便于恢复君君臣臣的周礼制度。可见，孔子清楚认识到要恢复周礼，军事实力、经济实力是重大因素，而不能只停在"虚谈"层次上。

3. 孔子反对不义之战、讨伐逆乱

孔子提出合乎道义的战争，即孟子说的"义战"。所谓道义是指符合周礼。凡是符合

① 晁福林：《春秋战国的社会变迁》上册，商务印书馆2011年版，第88~93页。

② 濮茅左整理：《季康子问于孔子》，马承源主编：《上海博物馆藏战国楚竹书（五）》，上海古籍出版社2005年版，第204、206页。

③ 李学勤主编：《清华大学藏战国竹简（陆）》，中西书局2016年版，第112页。

④ 童书业：《春秋史》，山东大学出版社1987年版，第202~203页。

周礼的，就是义战，反之则是非义之战。因此，孔子反对齐国对鲁国发动的稷曲之战。

哀公十一年（前484）春天齐简公为了报复鲁国参与郎地战役，发动稷曲之战。鲁国三桓不和，季康子独自出兵迎战，孟孺子泄率领的右军大败，林不狃被杀。幸好冉求率领的左军杀了八十名齐兵，使齐军无法重整旗鼓，当晚撤退。《左传》记"冉有用矛于齐师，故能入其军。孔子曰：'义也。'"孔子赞赏冉有领导的自卫战，认为他攻打敌人是合乎道义的。在这场战事中，公为（公叔务人）及其僮汪锜战死沙场。由于汪锜年小，按照古礼，他的葬礼只能用殇礼，不能用成人的殡葬之礼。鲁人感其忠勇，欲与公为一起安葬，请教孔子。孔子称赞他说："能执干戈以卫社稷，可无殇也。"① 《礼记·檀弓下》也记此事，记公叔务人对当时"鲁政既恶，复无谋臣，士又不能死难"现象深感羞耻。他与汪锜战死沙场，实现诺言。孔子赞扬汪锜为国牺牲的行为，赞成鲁人"欲以成人之丧治之"提议，"以其变礼而得宜也"。② 他从为国为义战的角度来衡量礼仪，认为礼乐制度可根据当事人的功德而酌情处理。

孔子主张讨伐逆臣之乱，以维持周礼。哀公十四年（前481）齐田恒弑其君。这大大破坏了君君臣臣的礼乐制度，孔子对此的批评比他批评季氏用八佾之舞而发出"是可忍也，孰不可忍也"更严厉。他斋戒三天，多次向哀公请求派兵伐齐。田恒以武力破坏了周礼，孔子主张以武力消灭田氏，则武力是捍卫周礼的最后一道防线，也是必不可少的手段。他指出鲁国会取胜的理据："陈恒弑其君，民之不与者半。以鲁之众加齐之半，可克也。"③ 孔子从人数多少来决定这场战争胜负。春秋时代多用车战，它约束战争的规模、模式，人数在很大程度上决定胜负。冉求说的话也可作为参考。当齐军发动稷曲之战时，冉求请求孟孙、叔孙出兵，说："鲁之群室众于齐之兵车，一室敌车优矣，子何患焉？"④ 鲁国卿大夫各家战车的总数比齐国的多，甚至连一家的战车也比齐军多，有什么好担心呢？冉求也是从人数多寡来分析战争胜负的关键。

4. 孔子提出"怀恶而讨"诛心之论

孔子还提出诛心之论。《榖梁传·昭公四年》记楚灵王攻打吴国，捉拿了齐国的庆封。庆封曾弑齐庄公，后来出奔吴国，被封在钟离。楚灵王想让他临死前出丑，令人牵着他在军中示众说："有若齐庆封弑其君者乎？"庆封不服气，也揭发楚灵王杀死亲侄郑敖（共王之子）而篡位的事："有若楚公子围弑其兄之子而代之为君者乎？"军中人都大笑。《榖梁》引孔子之言批评灵王："怀恶而讨，虽死不服。其斯之谓与？"⑤ 灵王本来亦有弑君之罪，破坏周礼，却不自我反省，还怀恶意去攻打其他国家、别人，且以弑君之罪去攻击对方，即使在军事上成功打败对方，也无法使人心悦诚服。《榖梁》引《春秋》之义，批评灵王是"以乱治乱"，做法违反了《春秋》之义，应受到谴责。《公羊传》也批评灵

---

① 以上两条引文见杨伯峻：《春秋左传注》，中华书局1981年版，第1661页。

② 以上引文见孙希旦：《礼记集解》第1册，中华书局1989年版，第282页。《礼记·檀弓下》与《左传》记载有些不同：一是说"战于郎"，二是记公叔务人对当时鲁政的不满，三是把汪锜写成"汪踦"。

③ 杨伯峻：《春秋左传注》，中华书局1981年版，第1689页。

④ 杨伯峻：《春秋左传注》，中华书局1981年版，第1658页。

⑤ 钟文烝：《春秋榖梁经传补注》，中华书局1996年版，第607页。

王说："怀恶而讨不义，君子不予也。"① 可见，楚灵王心怀恶意攻打他国、人，其心可诛！

此外，孔子重视民心。他从民心向背来分析鲁胜田败：田恒弑君，"民之不与者半"，齐国大半国民不支持田恒，他得不到民心。孔子重视民，如说："有君子之道四焉……其养民也惠，其使民也义"（《公冶长》）、"子欲善而民善矣"（《颜渊》）、"上好信，则民莫敢不用情"（《子路》）等，可见孔子主张君主应在道德、政治、经济、军事等方面重视民。孔子以人数多寡、民心向背来决定战争胜负，具有真知灼见。

5. 孔子其他军事思想

三《传》有关孔子的军事思想，上文已具论。孔子的其他军事思想，见于《论语》较多，学者亦多论述。这里稍加总结：一是孔子提出"足食、足兵"主张；二是孔子主张教民而战；三是孔子主张行军要"好谋而成"；四是孔子向学生传授军事知识。

6. 小结

通过以上论述，可见孔子并非只懂得讲经论道。他一生以恢复周礼为职志，军事是为恢复周礼、捍卫周礼所必不可少的手段，军事服务于恢复周礼。孔子为了恢复周礼，主张限制都邑规模，不准有私人军队，反对对其他国家发动违礼、不义之战，主张讨伐逆臣，提出"怀恶而讨"的诛心论。孔子重视民心。孔子有参与军事行动的经验。孔子文武双全，他的弟子也学习军事知识，在实战中取得胜利。这可反驳学者儒是柔弱之见。②

（二）孔子的名号观

孔子主张恢复周礼，重视名："名不正，则言不顺。"（《子路》）他主张以雅言读《诗》《书》，"子所雅言，《诗》《书》、执礼，皆雅言也"（《述而》）。所谓"雅言"或指西周王都之音，或指先秦时期中原地区比较通行的官方语言。孔子强调以雅言读《诗》《书》，承认王畿正音的权威性，并树立周室权威，对春秋各国语言运用起着规范的贡献。③ 春秋时期，中原与四狄的交流频繁，华、夷之间对同一人名、地名、物名等或有不同称谓，该怎么处理呢？孔子这方面的思想反映在《春秋》的用字遣词上，《公羊》和《榖梁》就此加以阐释（可见二《传》的孔子观）。

先说《榖梁》的看法。《榖梁》提出"号从中国，名从主人"的看法。《春秋·襄公五年》记："仲孙蔑、卫孙林父会吴于善稻。"《榖梁》解道："吴谓善伊谓稻缓，号从中国，名从主人。"④ 善稻是吴国之地，是地名，吴把"善"读为"伊"，"稻"读为"缓"。段玉裁（1735—1815）说"善"读为"伊"是"古合韵"。可见，吴音继承了古代读音。孔子在《春秋》不写"伊缓"而写"善稻"，说明他在读音方面尊重吴音，在书写方面则用中原语义。范宁说是"夷狄所号地形及物类，当从中国言之，以教殊俗，故不言伊

---

① 徐彦：《春秋公羊传注疏》，北京大学出版社 1999 年版，第 490 页。
② 胡适：《说儒》，台湾远流出版公司 1986 年版，第 10~63 页。
③ 张军：《先秦雅言的形成及其认同性影响》，《殷都学刊》2014 年第 2 期。
④ 杨士勋：《春秋榖梁传注疏》，北京大学出版社 1999 年版，第 246 页。

缓，而言善稻"。孔子把《春秋》用中原语义来写方音，限定在夷狄所号的地名、物类这两类称号上，即《春秋》以中国文字来书写夷狄所号的地名、物类，其目的为了教殊俗，使夷狄进而为华夏的一分子。钟文烝指出此条乃"发《经》辞之例"，所谓"号从中国"的"号"指地号、物号，即《公羊传·昭公元年》所谓"地物从中国"、所谓"名从主人"的"名"指国名、人名，即《公羊传·昭公元年》所谓"邑人名从主人"。① 易言之，《穀梁》认为《春秋》凡夷狄的地号、物号皆从中国写法，国名、人名则遵从本来写法、读音。若地号和邑名、国名重迭使用，那么该"从中国"还是"从主人"呢？《穀梁》强调尊夏尊王，如《春秋·宣公十一年》"楚人杀陈夏征舒""楚子入陈"，《穀梁》的解释是："不使夷狄为中国也"，称楚为夷狄，反对荆楚管理中原陈国内务，如此是"错乱邪正，是以夷狄为中国"。②《穀梁》提出"尊王攘夷"的主张，③ 因此，"从中国"的原则比"从主人"更重要，"从中国"是第一原则，"从主人"是第二原则。

另外，《穀梁传·桓公二年》解释《春秋》"取部大鼎于宋"时引孔子之言说："名从主人，物从中国。"④ 这句话引孔子之言，这是《穀梁》和《公羊》论述孔子名号观唯一称引孔子之言，既说明《穀梁》阐释孔子名号观的权威性与真实性，又说明它比《公羊》的说法更有权威，也为《穀梁》其后在襄公五年、昭公元年、昭公五年提出"号从中国，名从主人"的看法定下基调。此亦可见《穀梁》严谨的风格。"名从主人，物从中国"虽然和"号从中国，名从主人"只有一字之差，但前一句有特指，针对鲁桓公联合齐、陈、郑三国攻打宋国但接受宋以部鼎贿赂之事，指出孔子在《春秋》取名部鼎而不书宋鼎的原因，是鼎名当跟从作鼎主人之名：鼎作于部，虽然部后来被宋灭亡，归宋所有。所以，此"主人"是指铸鼎主人——部，而其后三个"主人"所指的是夷狄。这在内涵上是不同的。"物从中国"的"物"指大鼎，"中国"指鲁国，意谓鲁国称此物为鼎，故称为鼎。⑤

《公羊》对孔子名号观的解释与《穀梁》大同小异，但内容有点复杂。同样就"取部大鼎于宋"一句的解释，《公羊传》这样说：

> 此取之宋，其谓之部鼎何？器从名，地从主人。器何以从名？地何以从主人？器之与人，非有即尔。宋始以不义取之，故谓之部鼎。至乎地之与人，则不然，俄而可以为其有矣。然则为取，可以为其有乎？曰：否。⑥

鼎是周代重要的器皿。鲁国这个鼎是从宋国拿来，为什么不叫宋鼎而叫部鼎？《公羊》提出"器从名，地从主人"的说法，即对器物和土地的称谓作了说明：器物的名称

---

① 以上引文俱见钟文烝：《春秋穀梁经传补注》，中华书局 1996 年版，第 530~531 页。

② 杨士勋：《春秋穀梁传注疏》，北京大学出版社 1999 年版，第 201 页。

③ 秦平：《〈春秋穀梁传〉华夷思想初探》，《齐鲁学刊》2010 年第 1 期。

④ 杨士勋：《春秋穀梁传注疏》，北京大学出版社 1999 年版，第 36 页。

⑤ 《春秋》所说的"中国"或指鲁国，或指中原，见钟文烝：《春秋穀梁经传补注》，中华书局 1996 年版，第 531 页。

⑥ 徐彦：《春秋公羊传注疏》，北京大学出版社 1999 年版，第 73~74 页。

跟从铸造的主人，因为"器之与人，非即有尔"，器物可以搬来搬去，主人不断改易，不能因为谁占有就改名，否则就分不清是什么器物了。这大鼎本来是郜国所有，宋国以不义之师灭郜而夺取此鼎，现又贿赂给鲁桓公，数易其主。它始终名为郜鼎。这一看法和《穀梁》"名从主人"的内涵是相同的。《公羊》认为土地的称谓与器物的不同，"至乎地之与人，则不然，俄而可以为其有矣"，土地即使数易其主，它的地理位置、地形等没有改变，因此，谁占有它就可归属于谁的名下。以上是《公羊》对器物、土地名称不同的看法。

《公羊传·昭公元年》提出"地、物从中国，邑、人名从主人"的看法，这是《公羊》比较详细阐释孔子名号观。这年《春秋》记："晋荀吴帅师败狄于大原。"《公羊》解释云："此大卤也，曷为谓之大原？地、物从中国，邑、人名从主人，原者何？上平曰原，下平曰隰。"① 大原这地方，当地人称为大卤。《春秋》称为大原，是因为地名、物名都要按照中国的习惯称呼，而邑名、人名因当地有其习惯称呼，因此要尊重当地习惯，就不以中国的习惯称呼。《公羊》的看法是：邑名、人名、地名当从主人（夷狄），地号、物号当从中国。这一看法和《穀梁传·襄公五年》"号从中国，名从主人"是相同的。正如上文所论，当邑名、地名、国名重迭时，《公羊》因提倡大一统，还是认为孔子采取"从中国"的原则。

《穀梁传·昭公五年》（前537）记："戊辰，叔弓帅师败莒师于贲泉。狄人谓贲泉失台，号从中国，名从主人。"② 贲泉，古莒、鲁交界之地，《公羊》作濆泉，③《左传》作蚡泉，一名三写，而《穀梁》说狄人称为失台，可能是贲泉之地的别种语言名称。这样，《穀梁》"号从中国，名从主人"另有一意义，即若一个地方有不同的名称、写法时，应以"中国"的名、字为准而书写。

总括而言，《穀梁》《公羊》认为孔子的名号观应有以下看法：

第一，器物之名应遵从原主人所定之名。《穀梁》提出"名从主人"，《公羊》提出"器从名"，其意相同。

第二，"号从中国"，地形及物类的名称当从中国的写法、叫法。夷狄可保留方音，但在书写上要遵从"中国"写法。吴人把稻缓叫作善伊，这不是一地两名，而是一名两音，是"中国"音与方音的不同。孔子《春秋》用"中国"词义来书写。

第三，"名从主人"，其内涵是国名、人名当遵从当地叫法。若"从中国"原则与"从主人"原则发生冲突时，"从中国"是最重要的原则，夷狄名当服从中国之名。《春秋昭公元年》以"大原"取代"大卤"的写法就是例子。

由上可见，孔子尊崇"中国"，他有大一统思想。

---

① 徐彦：《春秋公羊传注疏》，北京大学出版社1999年版，第475～476页。
② 钟文烝：《春秋穀梁经传补注》，中华书局1996年版，第609页。
③ 徐彦：《春秋公羊传注疏》，北京大学出版社1999年版，第483页。

四、结　论

　　孔子自谓"述而不作"（《述而》），继承周礼，但赋予新义。有关孔子的生平事迹、思想，《论语》给读者提供基本面貌。学者虽然多研究他的生平事迹、思想，但对三《传》"孔子曰"的研究较少。据本文分析，三《传》"孔子曰"主要记孔子参加夹谷之会，主张、落实堕三都，请求鲁哀公、三桓氏讨伐田恒，孔子与获麟的关系。这是其他典籍较少提到的。本文也根据"孔子曰"论述了学者比较少关注的孔子的一些思想——军事思想和名号观。若结合出土文献进行研究，① 则孔子丰富多样的思想必能被发掘且呈现在世人之前。

　　　　　　　　　　　（作者单位：澳门大学教育学院、香港浸会大学语文中心）

---

　　①　如上博简《诗论》记载孔子论《诗》的言论，比《论语》所载孔子论《诗》的几条材料，尤能反映孔子《诗》学的广阔深邃的思想。有关这方面研究，可参晁福林：《上博简〈诗论〉研究》，商务印书馆 2013 年版。

论《礼记·礼运》"天下为公"的政治思想内涵

□ 夏世华

　　《礼记·礼运》之"天下为公"是中国古典政治思想的核心理念之一，其影响直至近代，孙中山先生即高举此义。然而，一个不容忽视的问题是，《礼运》对备受古今学人关注的"天下为公"理念，言之甚简，后人都是通过郑玄《注》和孔颖达《疏》来理解它的具体内涵的，这使得重温经典时，需要不断反思郑《注》孔《疏》的解释。这种反思工作，以前在很大程度上受制于先秦儒家讨论尧舜禅让问题"文献不足征"的状况而进展缓慢。近年来，随着楚简《唐虞之道》《子羔》《容成氏》等集中论述先秦儒家谈论尧舜禅让问题的新文献相继出土，反思郑《注》孔《疏》，并进而更加深入地理解《礼运》"天下为公"理念的思想发展线索和政治哲学内涵成为可能。

一、对《礼记·礼运》首章郑《注》、孔《疏》的疏解与反思

　　《礼运》在描述"大道之行"的政治状态时，直接提出了"天下为公"的理念，既没有出现尧舜之名，也没有出现禅让之类的说法，而郑玄《注》则将两者联系起来，他对"天下为公"的解释是："公犹共也，禅位授圣，不家之。"又将"天下为家"解释为"传位于子"。①此后，《礼运》"天下为公"的理念就与尧舜禅让的传说产生了直接关联。

　　从郑玄《注》来看，他并没有延续孟子"天子不能以天下与人"的思路，而是如楚简《唐虞之道》《子羔》和《容成氏》那样，仍然肯定了由王者充当天子权位授予主体这一前提，进而以授贤与传子来区分"天下为公"与"天下为家"的内涵，即王者禅位授圣体现了"天下为公"的理念，而王者传子、王权世袭则是"天下为家"的表现。显然，郑玄《注》是在先秦儒家以德主位原则下来展开解释的，他推崇尧舜禅位授圣的天子权位更替模式。然而，当他既坚持以德主位原则，又在由王者主导天子权位授受的前提下将授贤与传子对立起来时，就可能存在一个问题，有德的王子是应该根据以德主位原则而继位，还是应该根据不传子的原则而被排除在继承天子权位的候选者之外？孔颖达似乎已经

---

　　① 阮元校刻：《十三经注疏》（下），上海古籍出版社 1997 年影印本，第 1414 页。

触及这一问题，在疏解郑《注》的同时，孔氏又有所推演，其言曰：

> 禅位授圣谓尧授舜也，不家之者，谓不以天位为己家之有而授子也。天位尚不为己有，诸侯公卿大夫之位灼然与天下共之，故选贤与能也。己子不才，可舍子立他人之子，则废朱、均而禅舜、禹是也。然己亲不贤，启可废己亲而事他人之亲，但位是天位，子是卑下，可以舍子立他人之子。

> 天下为公谓天子位也，为公谓揖让而授圣德，不私传子孙，即废朱、均而用舜、禹是也。

> 天下为家者，父传天位与子，是用天下为家也，禹为其始也。

> 大人世及以为礼者，大人谓诸侯也，世及，诸侯传位，自与家也。父子曰世，兄弟曰及，谓父传于子，无子则兄传于弟也，以此为礼也。然五帝犹行德，不以为礼，三王行为礼之礼，故五帝不言礼而三王云以为礼也。①

在所谓疏不破注原则下，孔《疏》也将"禅位授圣"和尧舜相授对应起来，但他明确提出了"己子不才，可舍子立他人之子"的原则，这就同时涉及了王子的身分与德才两项因素，而不是预设王子都无才无德、贤者都非王族子孙的前提，因而简单将授贤与传子对立起来。孔《疏》所提出的原则，主要包含两个不同优先级的层次：首先，如果己子有才，那么子不仅可以立，而且应当先立；其次，如果己子不才，那么就可以不立子而立他人之子。简单来讲，孔颖达的意思是，王者应该以公心来授予天子权位，在德行优先的大原则下辅以子孙优先的血缘原则，德行是主导原则，而血缘是首要的补充原则。应该说，在认定王者作为天子权位授予主体的前提下，孔颖达对权位授予原则的理解达到了相当的高度，不仅和楚简《唐虞之道》一样坚持了德行优先原则，赋予了王子和他人之子同等的受位机会，而且在德行原则的基础上补充了血缘优先的原则，从而可以避免王者在王子和他人之子德行相等时选不出继位者的难题。朱彬基本沿用了郑《注》孔《疏》，②陈澔与孔《疏》较接近，③ 相比之下，孙希旦仍然将传贤与传子对立起来，对天子权位授予原则的理解要简单得多，④ 和楚简《容成氏》属于一类。

从上面的分析可见，孔颖达对天子权位授予原则的理解可以代表传统注疏的最高水平。然而，他的解释也存在着一些自相矛盾之处。在孔颖达对郑玄《注》的解释中可以看到，他不仅是沿着郑《注》的思路推演而已，而且有自己的解释思路，这突出表现在"天位"观念上。从"天位尚不为己有，诸侯公卿大夫之位灼然与天下共之"一语可见，天位除了表示出天子之位作为最高政治位格的意义外，主要是强调天子之位为天下共同所

① 阮元校刻：《十三经注疏》（下），上海古籍出版社 1997 年影印本，第 1414 页。
② 朱彬：《礼记训纂》，饶钦农点校，中华书局 1996 年版，第 331~332 页。
③ 陈澔：《礼记集说》，《四书五经》，北京古籍出版社 1995 年版，第 782~783 页。
④ 孙希旦：《礼记集解》，沈啸寰、王星贤点校，中华书局 1989 年版，第 582~584 页。

有的特性，它不为王者或王族所有，基于这一前提，所有的诸侯公卿大夫之位都具有这种公共性，所以说，"不家之者，谓不以天位为己家之有而授子也"。他的逻辑是，属于自己家的东西才能传给儿子，如果天位不是己家之有，那么把它传给儿子自然就没有任何正当性了。孔颖达显然有明确的所有权观念，天子之位是所有人共同拥有的天位，天子和王族不能把它据为己有。孔颖达从天子之位的公共性反对家传天下的正当性，不仅相当成功，而且非常深刻，它是以澄清天子之位的内在规定性为前提，在基本的政治思维框架中展开的。然而，孔颖达虽然通过澄清天下之所有权的公共性达到了反驳家天下之不正当性的目的，但是他却没有意识到自己的思路可能更靠近《礼运》原文的意思，而与郑《注》的前提有内在冲突。也就是说，孔颖达已经指明了天下为所有人共同拥有的公共性，这种公共性不允许任何人通过任何方式将天下变成自己所有的一物，同时，他又认为一个人只能支配自己所有的东西。这样，天子没有天下的所有权，因此无论将其传给自己的儿子或是无血缘关系的贤者，都没有正当性。这就意味着，天下作为一种政治权力的组织形式所具有的公共性拒绝任何人以任何形式把它传给任何人，王者根本就不能充当天子权位授予主体。

基于以上分析可知，如果郑《注》在解释"天下为公"时选择以王者充当天子权位授予主体是符合《礼运》作者原意的，那么《礼运》作者本身就没有自觉到"天下为公"的内涵与王者充当权位授予主体之间的矛盾。这种假设虽然不是没有可能，但是笔者以为这难免低估了古人。孟子已经从政治权位授受的层级上指出"天子不能以天下与人"，《吕氏春秋·贵公》已经有"天下，非一人之天下也，天下之天下也"的观念，可能作于战国末期的《礼运》篇，① 完全有可能达到天下为天下人共同拥有的公共性的观念。因而，笔者以为郑《注》一开始就植根于汉代以天人感应为基础的君权神授的政治神学理论背景中，而没有反思到王者作为天子权位授予主体与君权神授论之间的内在关联，这虽然与楚简所反映的早期儒家思路一致，但却没有积极吸收孟子及其后儒家在这一理论上的发展，从而为"天下为公"的解释传统选择了一个错误的方向，这也导致孔颖达为其疏解时陷入左右为难的困境，难以将自己可能更符合原文思想的疏解贯彻到底。

二、"天下为公" 观念下可能采取的天子权位授受模式

基于以上理解，我们不得不暂时悬置郑《注》、孔《疏》的思考方向，重新来理解"天下为公"和"天下为家"的内涵。"公"和"家"分别代表两个范围不同的生活场域，公的场域大于且包含家的场域，由所有人、家及其所有物共同构成；家的场域则是在公的场域中有界限的一个场域，只包含自己、家人及其所有物。"天下为公"和"天下为家"代表两种基本的精神方向，"天下为公"的精神是能突破家的界限、为了所有人而存在的精神，因而爱、利的对象都遍及他人、亲人和自己；"天下为家"的精神则是局限于家的界限、只为了自己和家人而存在的精神，因而爱、利的对象只限于家人和自己。从《礼运》来说，公的场域实际就是政治的场域，也可以说是人共同生活的场域，它将王者、王族和所有的人、家包括在内，政治场域内的一切设施和事物都具有公的规定性，而

---

① 杨天宇：《礼记译注》，上海古籍出版社1997年版，第362页。

不能为某一家或个人所私有，这最主要是指包括王权在内的一切政治权力而言，当一个人处在任何一个政治位格中时，都必须依据公的原则来行使权力，亦即"选贤与能"来充实政治系统，将包括亲人在内的一切有贤能者纳入到政治系统中，既不为了亲人而排斥其他贤能者居位，也不为了尊贤而特意排斥有贤能的亲人居位。"选贤与能"是"为公"精神在政治领域的基本权位授予原则，其最高运用是将这一原则应用于王权的产生过程中，"选贤与能"运用于王位和一般政治位格时有较大不同，这主要是天子之位和一般政治权位在政治系统中所处的层级不同，因而决定原则也不同造成的。基于本文的研究范围，下面就只对王权和天下进行分析。

在"天下为家"的精神下，天下和王权都为王者或王族垄断，王者和王者之家超出了公的场域之外而试图将其包裹在内，从而将公的场域限制在王者之家的范围内，致使公的场域不能彻底表现其公共性和独立性。王者将天下作为最大的家产，这就顺理成章地使王者成为天子权位的授予主体。"大人世及以为礼"是"天下为家"精神在政治领域的最高表现，正是因为王族世袭王权，为家自利，所以王族"为家"的精神被其治下之民仿效，"君以天位为家，故四海各亲亲而子子也"①，都以环私为家以自利作为行动的基本准则，整个公的场域不仅被王者之家从外部限制，而且被无数个自我封闭、不再互相关联的小家从内部割据，互相争斗设防。虽然这种"为家"的精神在一定程度上是符合人情的，但是它既难以避免对他人的伤害，也不能形成公的场域。

在"天下为公"的精神下，天下和王权都处在公的场域中，是政治实体和政治权力的最高层级。作为最高政治实体的天下，具有如下基本规定性：其一，天下为天下人共同拥有，具有公共性；其二，天下不为任何个人拥有，具有独立性。从孟子已经阐明的政治权位授予基本逻辑而言，任何一个层级的政治权力都必须由更高一级的权位授予主体授权，王权也不例外，绝不能由王者自身完成对天子权位的授予。天下的公共性和独立性决定了天子权位授予主体不能是任何个人或群体，只能是构成天下的所有人。因而，王权与一般政治权力的授权不同，它必须由构成公的场域的所有人依据公的原则授权，而不能由某一个人授权。正是因为王权是由所有人共同授权的结果，所以王权所代表的政治权力根据公的原则依次向下授权才能获得正当性，从而代表了公意对各层级的政治权力授权。

基于这种"天下为公"的精神及其所要求的政治原则，可以设想"选贤与能"应用于王权时应该采用何种天子权位授受模式。如上所论，在"大道之行，天下为公"精神主导下，天下是处在公的场域中而为所有人共同拥有的，因而天子权位授予主体不能是任何个体或小群体，必须在王权以外设立权位授予主体。依据这种基本精神，可以有多种权位授予模式。仅就先秦儒家的思想范围来说，至少可以采用孟子的观点，即由不言之天作为最高权位授予主体，由王者决定授权对象的范围，由百官和民众最后完成实际的权位授予。如果更进一步，可以将视野转入近现代思想家的主张，摒除天作为最高权位授予主体的思路，完全依据天下的公共性，直接由构成天下的民众确定受权对象的范围，进而最终完成实际的权位授予，这也是符合"天下为公，选贤与能"内在精神的。康有为在《礼

---

① 阮元校刻：《十三经注疏》(下)，上海古籍出版社 1997 年影印本，第 1414 页。

运注》中设想的"官天下""合大众公选贤能以任其职"可以作为参考,① 牟宗三试图引入现代民主模式以达到"政权之民主"也可以作为参考②。《礼记·礼运》作者所处时代虽然不可能主张近现代民主模式下的选举程序,但是完全可能主张由民众充当权位授予主体,孟子已经开了这一思路的先河。

三、"天下为公"与"天下为家"精神主导下的两种不同政治体

通过以上论述,再反过来看一下《礼记·礼运》对大同、小康之世的不同描述,可以发现"天下为公"和"天下为家"的精神主导下所形成的政治体已经呈现出根本不同的特征。从大同之世"人不独亲其亲,不独子其子"与小康之世"各亲其亲,各子其子"的对比中可以看出,大同之世的主导精神是"为公"的仁爱,它是廓然大公的"大道"在世界之中流行的结果,小康之世的主导精神是"为家"的亲爱,亲爱不能突破自身界域推扩到仁爱,致使公道隐蔽不彰。这种有限的爱始终环绕着个体和家族的利益而无法更进一层,它不仅使政治体被分裂成各自为政的群体,而且各群体在维护小团体利益时互相争斗、防御而不能和解。虽然亲爱在家的场域中应该得到弘扬,但是它不能被错位运用于公的场域以建构政治系统,个人和家的场域如果强制性突破到公的场域之上,必然要对公的场域加强控制,以维护个人和家的利益,因而它不仅决定了王族和民众之间统治与被统治的关系,而且也造成了统治者和被统治者无法达成对政治体的统一认同这样内在的矛盾和冲突,政治体的统一只能建立在统治者的强力控制和约束上,礼的规范性和强制性特征在此必然被强调,被统治者不得不服从和认同统治者,"天下为家"必然导致人心不能汇聚到一个共同的场域之中,因而也无法必然形成一种有内在凝聚力的政治体,从而在良性状态下是"同而不和的政治体",在危机状态下就是政治体的崩溃。

反观以仁爱精神所构建的大同之世,由于突破了亲爱的有限性而进至仁爱的层面,人在爱亲人的同时也能够爱他人,爱他人时又不忽略亲人,以公心行事处世,"讲信修睦",互相保持诚信、互利、宽容和理解,那些人为设立在政治体中以维护少数个体或群体利益的界限将被视为不合理而被消解,人与人、国与国之间都可以和谐共存而不必处心积虑来设防、争斗,人都依据公的原则行动,在公的场域中汇聚,从而形成一个有内在凝聚力的政治体。这个意义上的政治体是整体而连续的,它不仅认可各组成部分的差异性,而且要求千差万别的部分和谐共存,上与下、君与民的区分只是共同体结构所要求的差异性,它们都是共同体中绝不由少数人或团体专有的职位。也就是说,这些为君为长的职位是对共同体所有成员开放的,只要符合那个职位的要求,就可能改变其在共同体中的位置,从而成为共同体中的引导者。引导者之所以不同于统治者,根本上是因为他不能通过强力控制将政治体其他成员强行纳入自己的范围,不能在其所处的职位上强迫他人屈从于自己的意志和利益,也不能在未证明自己具备某职位要求的能力时就据有职位,他要谨慎对待自己在政治共同体中的角色,防止自己蜕变为统治者。由此,在大同之世,在上位者与在下位

---

① 康有为:《礼运注》,蒋贵麟主编:《康南海先生遗著汇刊》,台湾宏业书局有限公司 1987 年版,第 10、14~15 页。

② 牟宗三:《政道与治道》(增订版),台湾学生书局 2003 年版,第 10 页。

者不是统治与被统治的关系，而是引导与被引导或说代理与被代理的关系，君长从民众中选、举而产生，并竭力维护民众而非自身的利益。代表政权的引导力量与被引导的民众之间没有断裂为对立的两极，二者之间不存在一般性的紧张关系，他们都因为在政治体中的合理位格而负有建立和维护政治共同体的责任。这种共同体可称为"和而不同的政治共同体"，是以民众意志为根本导向的政治共同体。

"天下为家"与"天下为公"的精神分别决定了"同而不和的政治体"与"和而不同的政治共同体"，这种对政治体的不同想象，也相应决定了性质不同的政治形态，我们大致可以借助德政与仁政来分别标举小康与大同之世的政治基本特征。根据刘家和的区分，"德政是把民当作臣民来爱，仁政则把民当作人来爱"①，德政与仁政虽然都爱民，但民的身分设定却根本不同，臣民当然意味着被统治的身分，而当臣民的身分被还原为人时，民就不再天然具有被动、服从的性格，而需要彰显民作为人的自主性和能动性。大同之世侧重从人积极、鲜活的生存状态来刻画其特征，小康之世侧重从王者与权力运作来描述其面貌，两者不同的倾向不仅能反映出当世之人的精神面貌，也映射出其在所生存的政治环境中的身分给定与认同意识的差异。《礼运》说"人者，天地之德，阴阳之交，鬼神之会，五行之秀气也"，又说"人者，天地之心也，五行之端也，食味、别声、被色而生者也"，都可以视为对人在天地之间神圣地位的高度赞扬，更进一步肯定了人之为人而不得被限定为臣民的意义。正是民在政治共同体中的身分转变，导致了政治权威在政治体中的身分也随之被改变。统治性的政治权威对有自主性和能动性的人并无正当性，它能够成为统治权威，很大程度上是自己宣告权力的结果；引导性的政治权威是由民意共同授权产生的，它代表民意维护政治共同体的和谐统一。因而，民在政治体中的身分认同的彻底还原，必然影响政治权威的类型和被确立的途径，亦即决定了各自不同的政权转移方式。在"天下为公"的精神主导下，民是"和而不同的政治共同体"中的一个人，由于民作为人有自主性和能动性，就要求以天下政权为象征的政治机构向政治共同体中所有人开放，选贤举能来充实这一政治系统以达成维护政治共同体之目的就成为必要，其极致就是对王权的选、举。在"天下为家"精神主导下，人是"同而不和的政治体"中必须服从、被统治的民，只被要求服从统治权力，而不能涉及他要服从的权力本身，一切都是被给定的，除了服从以外，别无选择，人的自主性和能动性与给定的王权之间没有任何关联。从这个意义上说，以血缘原则为内核的世袭制作为一种政权转移方式，内在地与"天下"作为一种公共政权形式之本性相冲突，也无法改变它一治一乱的历史走向。

（作者单位：中南财经政法大学哲学院）

---

① 刘家和：《先秦儒家仁礼学说新探》，《古代中国与世界——一个古史研究者的思考》，武汉出版社 1995 年版，第 382 页。

文史考证

泰山土著 "嬴姓羊氏" 钩沉

□ 赵兴彬

　　提及赫赫有名的泰山羊氏，论者常谓东汉 "悬鱼太守" 羊续、清流名士羊陟，及至第九世已是 "世吏二千石，并以清德闻"① 的西晋开国元勋羊祜等风云人物所属家族。此宗羊氏，最早在春秋中期因晋国姬姓公族的封邑而正式得氏，晚至秦朝末年才东迁至泰山地区繁衍发展，至魏晋南北朝时期达到鼎盛，故而笔者称其为泰山 "姬姓羊氏"。然而，"姬姓羊氏" 并非泰山土著。诸多迹象表明，早在远古时代泰山地区就有源于少昊部落的另一宗羊氏族群存在，乃由六七千年前的东夷嬴姓部落分化而来，并在夏、商、周时期继续发展，不断播迁扩散，迄至春秋末年仍有赓续，此即本文所论及的泰山土著 "嬴姓羊氏"。两宗羊氏名同族异，渊源不同。由于 "嬴姓羊氏" 在向西播迁过程中，不断与其他族群融合，以致被后人遗忘。为深入推动地方区域文化研究，本文尝试予以钩沉。

一、"姬姓羊氏" 东徙泰山

　　据《左传》《元和姓纂》《通志·氏族略》以及若干羊氏谱牒和碑刻记述，② 泰山 "姬姓羊氏" 本是西周晋国公族之后裔，原为姬姓。春秋前期，晋国曲沃侯姬称，夺取晋国正宗君位，被周天子册封为晋国第十八代国君，是为晋武公（前754—前678）。晋武公死后，其子姬诡诸继位，是为晋献公。晋武公的另一个儿子姬伯侨（又名姬文实），被封为杨侯，其子姬文（又名姬逊）袭爵杨侯，并生子姬突。姬突被封为大夫，食采邑于羊舌（今山西洪洞县范村东邻），史称 "羊舌大夫"，其后代遂以封邑 "羊舌" 为氏，此为 "姬姓羊氏" 的最早起源。姬突是个标志性人物，他既是晋武公之曾孙，亦为 "羊舌" 氏的开谱始祖。

　　姬突生有四子：赤、肸、鲋、虎，史称 "羊舌四族"。其中，次子羊舌肸，字叔向，为晋国著名太傅，曾被孔子赞为 "古之遗直也"③。羊舌肸生子羊舌伯石，字食我，食邑在杨邑。这时正值晋顷公当政，已属春秋末年，晋国内乱纷争不休，政权日趋被赵、韩、

---

　　① （唐）房玄龄等：《晋书·羊祜传》，中华书局2000年版，第661页。

　　② 周郢：《羊姓史话》，江西人民出版社2001年版，第2~10页。

　　③ （春秋）左丘明：《左传·昭公十四年》，（清）阮元校刻：《十三经注疏》，中华书局1980年版，第2076页。

魏、智、范、中行六卿所垄断,羊舌氏、祁氏等晋国公族成为被剪除对象。至晋顷公十二年（前514），羊舌族被剥夺爵位,其子孙四散。为避灾难,羊舌氏后裔中的一部,逃亡至仙谷（今陕西华阴市）隐居,并改姓为"杨"或"羊"。

延续至秦朝末年,天下再次大乱,关中地区成为主战场。华阴部分羊姓族人,开始东迁至相对安定的泰山地区避乱。定居泰山后,经200余年韬光养晦,至东汉后期,泰山"姬姓羊氏"活跃于政治舞台,迅速发展为门阀士族,日益兴盛,名倾朝野,尤其在魏晋南北朝时期盛极一时,直至隋唐时期才彻底没落下去。由此,泰山成为"姬姓羊氏"望郡,在敦煌写卷《唐贞观八年条举氏族事件》《新集天下姓望氏族谱》以及《太平寰宇记》所列泰山郡的望姓（鲍、羊、胡、斛、周、曹、孙）之中,泰山羊氏均豁然在列。

据南宋汪藻《泰山南城羊氏谱》以及今人研究,泰山"姬姓羊氏"自东汉至北齐时期的十二代世系,目前已基本弄清楚①。其开谱始祖是东汉后期的羊侵,官至汉安帝时的司隶校尉,其子羊儒为第二世,官至汉桓帝时太常寺卿。② 羊儒之子羊续为第三世,官至庐江、南阳二郡太守、太常寺卿,有"悬鱼太守"典故传世。第四世是羊续的三个儿子:长子羊秘,官至曹魏时期的京兆太守;次子羊衜,官至上党太守;三子羊耽,官至太常。其中,羊秘一支延续到南朝宋,仕宦连绵;羊衜一支在西晋时以其第三子羊祜为标志,达到极盛,至羊衜的曾孙羊曼南渡之后,逐渐衰弱;羊耽一支延续时间最长,至隋唐之际仍有族人入仕。泰山"姬姓羊氏"的主体就是由羊续这三个儿子的后代繁衍而来。其中,西晋重臣羊祜可视作泰山"姬姓羊氏"极盛时期的标杆人物。

自秦朝末年至隋唐时期近700年间,泰山姬姓羊氏迅速崛起,名动天下、威震朝野,成为泰山第一世家大族。姬姓羊氏家族俊杰辈出,公侯代起,风流相继,连荣不衰。在他们之中,有刚正不阿的直臣廉吏,有百战不殆的名臣良将,有驰骋艺坛的书家圣手,有学富五车的硕儒贤哲,有聪敏睿智的才女淑媛,他（她）们对中国历史和传统文化作出了各自不同的贡献,因之得以名垂青史。仅在"二十四史"中辟有传记的泰山姬姓羊氏人物就达40人,而书中被泛泛提及者更有一百余人。③ 泰山姬姓羊氏的历史地位于此可见一斑。

目前,单就泰山"姬姓羊氏"的研究来看,仍有许多谜团待解。譬如,秦朝末年从华阴迁徙泰山的羊氏族人,起初到底迁来几支?今天我们能够弄清楚者,只有羊祜所在这一支,但这不能排除其他支系迁来的可能。比如,前述东汉桓、灵时期的"清流"名士羊陟,生活年代大约与羊侵之子羊儒同时,那么羊陟是否与羊侵同一支系?再譬如,秦朝末年姬姓羊氏初迁泰山时,其具体分居于泰山何处?是一站式到达今新泰羊流、天宝、莱芜羊里,还是卜居状态?按理,祖墓所在,一般就是故里所在。现今山东新泰市羊流镇的羊氏墓群,尚有"三羊墓"遗迹,传说是羊祜祖父羊续、其父亲羊衜和其从曾孙羊曼之墓。可是,在1993年发掘的其中一座墓葬中,却出土了北齐末年义州刺史羊烈的墓志,说明羊续墓决不可能在羊流镇,反倒是《魏书·地形志》和《泰山纪事·地集》所记羊

---

① 详见周郢《羊姓史话》之《泰山羊氏谱系表》。

② 《后汉书·羊陟传》还载有汉桓帝、汉灵帝时期另一位羊氏"清流"名士——羊陟,称其亦为"太山梁父人也",但现今研究者尚未弄清他与羊侵之间是何种血缘关系。

③ 唐家品、高儒林总主编:《泰安区域文化通览·新泰市卷》,泰山出版社2012年版,第176页。

续墓在新泰市天宝镇古城村，当更为可信。再譬如，今泰山区省庄镇有"羊楼"村，据民国《重修泰安县志·乡贤》称，其为羊氏遗迹，但它与羊祜族系又是何种关系？相传羊祜曾在今山东莱芜市羊里镇隐居，那么，羊里到底与羊祜有牵连还是与更为久远的东夷嬴姓部落有内情？诸如此类，如果未来能一一揭开这些谜团，将更有助于我们打捞那些早被湮灭的"嬴姓羊氏"。

泰山姬姓羊氏无论怎样辉煌，都不能、也不应该掩盖那更为久远的泰山土著——嬴姓羊氏。

二、远古时期泰山土著"嬴姓羊氏"

笔者认为，今山东莱芜市羊里镇一带，应是秦朝末年姬姓羊氏初徙泰山的第一站，随后才经新泰市羊流、天宝等地，不断向南扩散。而姬姓羊氏之所以首选莱芜羊里定居，除了此地为秦朝末年相对安定这一环境因素外，更为重要的是，这里曾是泰山土著"嬴姓羊氏"的发祥地。既然同为"羊氏"，姬姓羊氏必然对"嬴姓羊氏"有心理认同感和归属感。

山东莱芜市羊里镇，位于泰莱平原北侧嬴汶河中游，北屏泰山山脉，山岭绵亘，群峰竞翠，风光秀丽；中部平壤沃野，物产丰富；其东北、东部和南部被嬴汶河所环抱。嬴汶河是羊里的母亲河，是泰山腹地又一政治、经济、文化的早熟地带，也是中国远古文化发祥地之一。这里的嬴城遗址仍弹跳着浑厚的文化音符，不但残垣裸露、遗物频出，[1] 而且史籍屡屡有缀。通过弹拨古嬴人、嬴邑、嬴城诸种文化音符，我们依稀听到泰山土著"嬴姓羊氏"的弦外之音。

嬴城遗址位于羊里镇政府东临的城子县村。[2] 村东北被嬴汶河所怀抱的高台地，属于古城区。经探测所知，其外城长、宽各约400米，有东、南、北、东北4个城门；其内城位于东北角，城墙长、宽各120米，只有一个西南门。今内城东南角尚遗存南北长12米、上宽5米、断面高7.3米的残垣。古城以外的西部、西南部为古冶炼区。在遗址区内外，有大量新石器时代、商周和秦汉时期的石器、陶器、青铜器等遗物出土，还曾有高达10米、直径近20米的冶炼炉渣和钔子堆积。另外，古城遗址附近，有沿嬴汶河分布的其他遗址，如大小增、边王许、张里、大埠头、寨里等村，都出土有北辛文化、大汶口文化、龙山文化、岳石文化以及商周、春秋战国、秦汉等不同时期遗物，说明以嬴城为中心的嬴汶河流域，有着亘古绵长、丰富厚重的历史文化传承。

古嬴城是六七千年前上古时期东夷人中以鸟为图腾的嬴姓部落发祥地；继之，变为嬴姓部落方国都城；西周春秋时期成为鲁国嬴邑（后归齐国）；秦朝时设置嬴县，直到唐贞观元年裁并嬴县，其间县治虽有迁移，但绝大部分时间都以嬴城为治所。

"嬴"是东夷部落少昊族群之姓，[3] 是中国最古老的八大姓（姬、姜、妫、姒、嬴、

———————————————

① 陶莉：《山东莱芜嬴城遗址发现新石器时代遗物》，《中国文物报》，2001年12月7日。

② 王志民、牛志春：《山东区域文化通览·莱芜文化通览》，山东人民出版社2012年版，第20页。

③ 刘节：《释嬴》，《古史考存》，人民出版社1958年版。

姑、姚、妘）之一。远古人类区分族群，要按祖先计算世系。由于人类最初实行群婚制，只知其母不知其父，世系只能按母系计算。计算母系时，最早的女性祖先都取一个标志性名号，此即为姓，故而最古老的姓都带"女"字旁。随着人口繁衍，祖先的姓又变成整个氏族、部落的名号和族徽。当氏族、部落繁衍过多时，为便于区别，又在原有姓的前提下另起一个氏。有了氏的部落继续繁衍，内部又产生新氏，于是原来的氏变成姓。因此"姓→氏→姓"的演化，最初所反映的就是血缘族群的繁衍分化过程。

人类最早取姓的方法，与图腾崇拜密切相关。在母系机制下，人们认为自己的祖先不是人，而是狼熊虎豹、草木虫鱼、日月雷电、山河土石等各种具体的自然物，并将其奉为神灵加以崇拜。按此规律，嬴姓的获取过程，应是先有"嬴"河之名，后有以"嬴"为图腾、族徽、族号的嬴族，并产生了母系嬴姓。进入文明时代，一些非嬴姓之人，也可作为一种荣耀而被赐为嬴姓，亦即郑樵所谓"居于嬴滨者赐以嬴"①；或者后续来到嬴河居住的部族入乡随俗，自己改姓为嬴。

嬴汶河缘何最终定名为"嬴"？事实上，其最早应叫"嬴"河。《说文》："嬴，少昊氏之姓，从女，嬴省声。"说明此乃形声字，"女"为事旁，声旁为"嬴"的简化，亦即不含"羊"旁之"嬴"（也作嬴）。而嬴作为声旁，本来也兼有表意，并非单纯表声。也就是说，嬴起初也是一个象形字，应是水鸟小䴙䴘之象形。小䴙䴘②是一种广泛分布于东部沿海河沼、湖泊中的水鸟，形似野鸭，但比鸭小，体态圆润，羽毛别致，潜水机灵，只会贴水面短飞，其筑巢浮于水面、随水漂移，煞是可爱。六七千年前的汶河流域，是典型的亚热带气候，具有现今江南气派。③ 由于气候温暖湿润，河水丰沛，湖泽河汊众多，嬴汶河密集分布着小䴙䴘。在这里生活的远古先人，朝夕与小䴙䴘为伍，视小䴙䴘为友、为朋、为神，并把它作为自己的图腾，所以《山海经·海内经》记"有嬴民，鸟足"。在众多大汶口文化乃至龙山文化遗址中，都大量出土三足鸟形器，尤其是那种制作精美的白陶鬶，④ 其大小比例、体态、形态、神态，俨然小䴙䴘。更为发人深省的是，至今䴙䴘的别名仍叫"须嬴"或"须嬴"，都与"嬴"有着千丝万缕的联系。由此可知，少昊部落最早的图腾正是小䴙䴘，而非燕子⑤，亦非凤鸟。根据《左传·昭公十七年》"太皞之

① （宋）郑樵：《通志·氏族略·氏族序》，王树民点校本，中华书局1995年版。

② 赵正阶：《中国鸟类志·非雀形目》（上卷），吉林科学技术出版社2001年版，第51~53页。

③ 笔者曾对此做过专门研究。2015年8月应邀参加"第22届国际历史科学大会"，提交会议论文《大汶口文化时期的汶河生态及其旅游复现》，被收入专辑。详见林建宁、周忠高主编：《山东社会科学研究·2015》，山东人民出版社2016年版，第452~463页。作为简述，亦可见拙文《汶河曾经是江南》，《泰山学院报》，2013年7月22日。

④ 关于大汶口文化陶鬶是鸟的象形，已得到学界一致确认，但它具体模拟了何种鸟，则很少有人论及。常见的说法是"三足鸟"或鹰、鸢之类。论见：李锦山：《东夷原始宗教概论》，《东夷古国史研究》（第一辑），三秦出版社1986年版，第46页；安立华《汉画像"金乌负日"图像探源》，《东南文化》1992年第1期；安立华《陶鬶形象初论》，《故宫文物月刊》1994年第11卷12期；王永波、张春玲：《齐鲁史前文化与三代礼器》，齐鲁书社2004年版，第157页。笔者对此类观点均不敢苟同。

⑤ 何光岳先生认为，"嬴氏乃燕氏之同音异字，系以燕为图腾，史学界大都认为燕族最早发源于燕山一带"，见何光岳：《嬴姓诸国的源流与分布》，《信阳师范学院学报》1984年第3期。笔者不敢苟同此说，因为燕、嬴虽音同，但燕族非嬴族之源，而是恰好相反。最初东夷人是自南向北扩展的，后文分子遗传学的研究成果已经予以证实。

墟"在陈、"少暭之墟"在曲阜的地望来看，太昊与少昊并不是前后相继的传承关系，两者至少在相当长时期内是共存关系①，所以凤鸟应是太昊部落的主体图腾，小鹧鸪则是少昊部落的初始图腾。在少昊部落扩张分化以及与其他部落融合过程中，又由小鹧鸪陆续分化出其他鸟类图腾，如《左传·昭公十七年》中郯子所云二十四鸟"五鸟、五鸠、五雉、九扈"，皆为后来之事；而燕子则是更晚的商人图腾。

从连云港将军崖岩画、大汶口陶器刻符、仰韶文化陶符乃至山东大学刘凤君先生所发现的"骨刻文"② 等迹象来看，中国的文字创制经历了漫长过程，直到商代末期的甲骨文已臻于成熟，所以嬴姓部落群在中国文字发展史上也留下了自己的创造印记。最早的少昊部落就是取了小鹧鸪的外形，结合小鹧鸪求偶时的 keke 发声，创造出赢（赢）这个象形字，用作汶河之名。当再把它用作氏族的标志时，因祖先是母系，故而增加"女"旁，便产生了"嬴"字。再后来，随着嬴姓氏族、部落的声名渐盛，反过来"嬴"河取代赢；而赢只起到表意的音符作用，并与其他相关含义组合，陆续出现嬴、嬴、嬴、嬴、嬴、嬴等形声字。这些字或读 ying 或读 luo（上古读 kie，入声调），均属喉牙上古音系，并且都与小鹧鸪的"ke ke"或者螺蠃的"ying ying"叫声相谐。也就是说，这些字曾经通读为"ying"或者"kie"。

"羸"，从"羊"赢声。此形声字的组成显然也不是面壁臆造，而是与赢或嬴人有内在关联。

《说文》："羸，瘦也，从羊赢声。"徐铉解释："羊主给膳，以瘦为病，故从羊。"意即"羸"的本义为瘦羊，它与"美"（或善）的本义正好相对。《说文》："美，甘也。从羊，从大。羊在六畜，主给膳也，美与善同意。"徐铉解释："羊大则美，故从大。"这就是说，肥大的羊，远古人叫"美"或"善"；瘦弱的羊，叫"羸"。这意味着，嬴姓部落在最初畜牧养殖或者在向农耕经济转型时，曾经养殖过闻名天下的瘦羊，或谓"夷羊"，如《国语·周语上》："商之兴也，檮杌次于丕山；其亡也，夷羊在牧。"而韦昭、徐广分别注释"夷羊"为神兽、怪物，则过于虚妄。于是后人在造字时很自然地把瘦羊——夷羊，跟赢产生了联想。这种推测，尚有如下史实作为旁证。

著名学者徐旭升在《中国古史的传说时代》一书中，把中国上古族群分成西部华夏（以黄帝、炎帝为代表）、江汉地区苗蛮（伏羲、女娲、祝融）、东部东夷（太昊、少昊、蚩尤）三大集团，由三大集团交会穿插而最终融合成中华民族的主体，③ 这一观点已得到

---

① 栾丰实：《太昊和少昊传说的考古学研究》，《中国史研究》2000 年第 2 期。

② 2005 年以来，刘凤君先生在山东昌乐、寿光、章丘龙山，以及内蒙古赤峰、陕西关中等地，发现了刻于骨头上的早期刻符，年代距今 3300~4600 年，其定名为"骨刻文"，引起学界关注。参见刘凤君编著《骨刻文发现与研究丛书》之《昌乐骨刻文》《寿光骨刻文》《龙山骨刻文》等（山东画报出版社 2009 年版、2010 年版、2012 年版）。

③ 徐旭升：《中国古史的传说时代》，文物出版社 1985 年版，第 37~121 页。相关论述参见：王献唐：《炎黄氏族文化考》，齐鲁书社 1985 年版；何光岳：《南蛮源流考》，江西教育出版社 1998 年版，第 281 页；王宗仁：《东夷、苗蛮的共同祖先与族称》，《中央民族大学学报》1999 年第 4 期。

学术界公认，并被今天高科技——分子遗传学的研究成果所证实，① 因此东夷部落在中华民族幼年发展史上作出的巨大贡献，日益被当代学者清晰地勾勒出来。而从考古遗存的面貌看，大汶口文化时期泰山南麓汶泗流域，一直是早期少昊部落的活动中心区。②

关于东夷部落中的少昊，古文献中所记人名、时代、事迹以及与其他集团的关系，都显得较为混乱。笔者认为，不应笼统地认为"少昊，实为东方嬴族的祖先或宗神"③，而应作动态理解。少昊最初应是嬴姓氏族或部落的首领，当这个部落繁衍扩大之时，少昊又变成了部落的代称。再后来，不同时代统领嬴姓部落的新首领，同样可以称为少昊，并被神化为权威符号。如《世本》和《帝王世纪》所言"黄帝之子"的少皞（昊），应是姬姓、嬴姓混血后的东夷部落首领；而《左传·昭公十七年》被郯子称为自己"高祖"的少皞，则是最晚的嬴姓部落首领。因此，古文献中屡屡提及的少昊，至少应是分属于三个不同时代的部落首领或部落代称。

在这些传统文献中还说，少皞（昊）名挚，字青阳，又叫玄嚣。笔者认为，所谓"少昊名挚"，应是前后两个少昊之名的张冠李戴，是颠倒现象。有学者认为"挚"通"鸷"，是一种凶猛的"鹰鹯"④，倘若果真如此，则"挚"当可引申为凶猛之义。然而事实上，《说文》解释"挚"的本义却是"悬持"，其最为广泛的引申义是真诚、亲密、友爱，这显然与"凶猛"之义恰好相反。因此，嬴姓最早的那位部落首长少昊，决不可能叫"鸷"，而应该叫挚。《说文》解释：挚是一种羊名，读若"晋"，恰与嬴的古音通转。《周礼·大宗伯》载："以禽作六挚。孤执皮帛，卿执羔，大夫执雁，士执雉，庶人执鹜，工商执鸡。"可见"挚"是祭祀重礼之一，即"执羔"，这显然与羊、贝等祭品密切相关，因而"挚"的初字正是挚，"挚"与挚互通，而与"鸷"则毫无关系。周人的六祭之中，之所以有羊，应是继承了少昊部族的古老祭法。这就提示我们：早期少昊部落之中，必定有专门养羊、献羊的嬴姓氏族存在。这从以下记载还可得到进一步证实。

伯益（又作柏翳、益、翳）是少昊部落的嬴姓传人，大约生活在舜、禹之际，是舜的九官重臣之一，曾协助大禹治水平土，功绩卓著，声名显赫。伯益及其部落在当时最擅长的专业技能就是"调驯鸟兽"。《史记·秦本纪》称，伯益"佐舜调驯鸟兽，鸟兽多驯服"，"为舜主畜，畜多息，故有土，赐姓嬴"，宋人罗泌的《路史》因袭此说。可见，伯益发挥嬴姓部落"调驯鸟兽"的传统绝技，为当时畜牧业发展作出了巨大贡献。只可惜，这个部落所"调驯"的羊，要么因调驯过度，要么刻意为之，要么因经济形态由畜养业向农业转型，结果"调驯"出了许多特色鲜明的瘦羊，被时人调侃，拿来比附造字，于

① 参见：［美］史蒂夫·奥尔森：《人类基因的历史地图》，霍达文译，三联书店 2008 年版；金力、褚嘉祐：《中华民族遗传多样性研究》，上海科学技术出版社 2006 年版，第 1~4 页；褚嘉祐：《中华民族永生细胞库的建立——理论与实践》，上海科学技术出版社 2009 年版，第 57 页；刘爱军：《论大汶口文化骨牙雕筒与良渚玉琮的原初共性》，《山东师大学报》2011 年第 3 期。

② 论见：陈怀荃：《东方地区风、嬴、偃诸姓部落群发展概势——兼论少皞之族与大汶口文化的关系》，《安徽师大学报》1980 年第 3 期；顾颉刚：《鸟夷族的图腾崇拜及其氏族集团的兴亡》，《古史考》第 6 卷，海南出版社 2003 年版。

③ 顾颉刚：《古史论文集》，中华书局 1996 年版，第 459 页。

④ 袁珂：《山海经校注·大荒东经注》，上海古籍出版社 1983 年版，第 338~339 页；同见其《中国古代神话》，华夏出版社 2013 年版。

是便造出了"嬴"字。嬴人所养的羊虽然瘦，却并不意味着他们的养羊业很落后，而是恰恰相反。这就好比南宋的木板印刷业，其"麻沙本"被时人讥讽为粗制滥造，成了"劣本"代名词，但这却从反面证明，福建建阳麻沙镇的木板印刷业在当时极盛一时，影响巨大。嬴人驯羊，理亦如此。一个养羊业极为发达并闻名于世的部族，偶然养殖出了劣质羊——瘦羊，这在名声传播中必然有放大效应，完全符合传播学原理。

嬴姓族群既然有大量驯羊人和养羊部族存在，日久则必有以羊为姓氏的分支。或许今山东莱芜市羊里镇的羊丘山、羊祜大寨以及附近的寨里等地，都曾是当时嬴人驯羊、养羊的中心区域。由此我们推测，莱芜羊里一带应当出现过由嬴姓分化而来的羊氏人群。他们就是泰山本地最早的"嬴姓羊氏"，这比秦朝末年迁徙而来的"姬姓羊氏"要悠久得多。

三、夏商与西周之羊氏皆源于"嬴姓羊氏"

从前述羊续、羊祜所属的姬姓羊氏看，其最早得氏是在晋献公（前676—前651）初立前后，至晋顷公十二年（前514）羊舌氏被晋国六卿灭族，其以姬姓公族名义存在，前后也就160余年。其后的羊氏后裔，或隐姓埋名于晋国，或迁徙避难于他地。总之，姬姓羊氏的再次崛起，应当在春秋末年以后。换言之，如果在晋献公之前的中国版图内已有羊氏族群存在，那么它必然与姬姓羊氏之间没有血缘传承关系；同样，春秋末年以后存在的羊氏也未必都续缘于姬姓，因为"嬴姓羊氏"早在西周以前即已存在，并且在春秋末期仍在赓续。因此在学界，必须纠正一种错误认识，即把一切羊氏都理解为"姬姓羊氏"的前延或后续。

考古学研究与古史传说可大体相互印证，传说中的"五帝时代"前期即黄帝、炎帝、两昊、蚩尤时代，在考古学上"大致与海岱区的大汶口文化时代相当"，而"五帝时代"后期即颛顼、帝喾、尧、后羿、舜、皋陶、伯益、禹、九黎时代，则大体与龙山文化相当。[1] 海岱龙山文化（即典型龙山文化）直接由大汶口文化发展而来，[2] 除最终在东方被岳石文化嫡传以外，另一部分则大规模向西、向南扩张蔓延，并与当地原有文化相互碰撞、融合，形成范围广阔的河南、陕西、山西、河北、湖北等不同区域龙山文化类型，因此龙山文化时期是东夷族群与西部华夏族群、南部苗蛮族群不断迁徙、穿插、交流、通婚、融合的大变革时代，呈现你来我往、你中有我、我中有你的大插花格局。由此可知，如果说大汶口文化是由少昊部落所创造，[3] 那么嬴姓少昊文化在龙山文化时期就开启了第一次全国范围的大规模扩张，嬴姓族人甚至能够播迁到陕甘这些遥远的地区。另一方面，笔者虽然不敢苟同那种炎黄、尧舜皆起源于海岱地区的说法，[4] 但华夏族群通过和平或者战争手段，把势力深入到东夷人的核心区并与之有较大融合，则是无可置疑的。从与尧同

---

① 高广仁、邵望平：《海岱文化与齐鲁文明》，江苏教育出版社2005年版，第112页。

② 栾丰实：《海岱地区考古研究》，山东大学出版社1997年版，第221页。

③ 陈怀荃：《东方地区风、嬴、偃诸姓部落群发展概势——兼论少皞之族与大汶口文化的关系》，《安徽师范大学学报》1980年第3期。

④ 王献唐：《炎黄氏族文化考》，齐鲁书社1985年版；温玉春：《黄帝氏族起于山东考》，《山东大学学报》1997年第1期；景以恩：《炎黄虞夏根在海岱新考》，中国文联出版社2006年版。

时代的商人始祖契、周人始祖弃的神秘来历看，颛顼、帝喾、尧、舜、禹等人，也已经不是纯粹的华夏人或东夷族人，而是不同族群通婚后的混血者。

有东夷嬴人迁徙的地方，就有嬴姓羊氏存在的可能，比如古羌人中的"氐羌"很可能融入了嬴姓羊氏的血统。羌人是分布于黄河上游、四川一带善于养羊的古老部族，一度势力强大，也进入过中原地区，甲骨文中屡有记载。《山海经·海内经》云："伯夷父生西岳，西岳生先龙，先龙是始生氐羌。氐羌，乞姓。"《逸周书·王会解》谓"氐羌以鸾鸟"为图腾。顾颉刚指出，氐羌同为姜姓，是炎帝之后。《史记·六国年表》记"禹兴于西羌"；《吴越春秋·越王无余外传》言"（禹）家于西羌，地曰石纽。石纽在蜀西川也"。倘若如此，大禹于九州治水之时，把汶泗流域养"嬴"羊的嬴姓羊氏迁移到黄河上游，就是顺理成章的事了。因此有人推论，"甘肃新石器时代的文化是在全国经济文化比较发达、与东夷等民族融合成为华夏族的那部分羌族先民的文化"[1]。另据《日知录集释》："羊、芈姓，自祝融。"而芈姓是楚国的祖姓，楚人的先祖与羌族有通婚关系。另外，楚人的图腾是凤鸟，说明楚人又与太昊部落有一定血缘交换。可见，少昊集团的一部分嬴姓羊氏在西迁羌人活动区域时，可能首先与太昊集团发生过交集。

夏朝末年，有籍可查的第一个羊氏名人叫羊辛。《吕氏春秋·审分览·知度》《吕氏春秋·仲春纪·当染》记称：桀用羊辛；桀染于羊辛、歧踵戎。南宋王应麟《姓氏急就篇》、清人张澍《姓氏寻源》均因袭此说。但这里的问题是，羊辛到底是不是嬴姓羊氏？所幸，考古遗存给出了有力回答。1976年在山东兖州县城西颜店镇嵫山的一座小型土坑商代墓中，出土了铜爵、铜觯、陶簋、陶鬲、陶豆、蚌贝等器物。其中，铜觯的内底有"羊父辛"三字铭文，铜爵的錾手内也有一"羊"字。[2] 此"羊父辛"就是指夏桀时的羊辛，而"羊父辛"觯，应是商朝羊氏对自己先祖的追祀用器。值得注意的是，墓葬所在的地点，正好是大汶河南支洸河与泗水的交汇处，这足资证明，夏代羊辛的家乡就是汶泗流域，这里恰是原大汶口文化部族及嬴姓羊氏的活动密集区。因而，夏代的羊辛家族，源于泰山"嬴姓羊氏"，大抵不谬。

《诗经·商颂》之《玄鸟》《长发》篇以及《史记·殷本纪》都记载，殷商人的始祖是契，显然殷商部落是母系氐羌有娀氏与父系东夷玄鸟氏混血演变而来，因此商人与东夷人有着更为直接的血脉传承，这已是学界公论。相土是殷商部族的第三世先祖，王国维认为，泰山乃"相土之东都"[3]，相土的这一统治中心正是现今嬴汶河中下游的嬴城遗址和姚庄遗址[4]。而先商第十四位王南庚时，也曾定都过奄（盍），即今泗水流域的曲阜。奄人是嬴姓部落，是商朝人最亲密的部落方国。[5] 王国维在《殷卜辞中所见先公先王考》中指出：先商第十五位王，在卜辞中写作"羊甲"，位居南庚之次，因而羊甲即阳甲，透

① 陈炳应、卢冬：《古代民族》，敦煌文艺出版社2004年版，第4页。

② 见《兖州文史资料》（第三辑），兖州市政协文史资料委员会，1987年。"羊父辛"觯、"羊"爵等器，现藏兖州博物馆。

③ 王国维：《说契至于成汤八迁》，《观堂集林》（上册），中华书局1959年版，第515~516页。

④ 姚庄遗址位于汉魏泰山郡奉高城遗址北邻，面积庞大，东西宽1000米，南北长1500米，文化层堆积80~100厘米，出土有商周至汉代的鬲、罐、豆、瓦当、板瓦等大量文物，具备"相土之东都"的地望条件和遗址内涵。见《山东省志·泰山志》，中华书局1993年版，第237~238页。

⑤ 栾丰实：《太昊和少昊传说的考古学研究》，《中国史研究》2000年第2期。

露了商人与羊氏之间的隐情。由此可见，在整个殷商时代，嬴姓羊氏有着更为宽松与广阔的生存发展条件和空间，因而现存商代青铜器中，有不少嬴姓羊氏的铭文器物传世。比如除了前述出土于兖州的"羊父辛"觯等器物外，尚有羊父庚鼎（编号 1627）、羊□□尊（5585）、羊□□觯（6184）、羊父辛觯（6315）、羊瓿（6656，6657）、羊爵（7510，7511，7512，7513）、森羊爵（8216，8217，8218）、羊日爵（8219，8220）、羊贝车爵（8804）、羊器（10484）等。① 很显然，这些商代含"羊"族标识的青铜器，不可能与春秋时期才萌生的姬姓羊氏有任何瓜葛，而只能与更古老的嬴姓羊氏有关。

商周之际，嬴姓族人多次被遣散，尤其是周公东征之时。据晋人孔晁《逸周书·作雒解第四十八》，周公东征平定"三监"与东夷人的联合叛乱，"凡所征熊嬴族十有七国，俘维九邑。俘殷献民，迁于九毕"；《孟子·滕文公下》亦云："伐奄，讨其君，驱蜚廉于海隅而戮之，灭国五十。"蜚廉乃嬴姓部落联盟首领伯益的第十一世裔孙，时为商纣王之大臣，因忠于商王室参与了反周活动而被周人剿灭。蜚廉死后，一部分"商奄之民"被强迫西迁到今甘肃省甘谷县西南一个叫"邾虍"的地方。据近年研究新发现，清华大学所藏战国竹简《系年》记载："飞（廉）东逃于商盍，杀飞（廉），西迁商盍之民于邾虍，以御奴之戎，是秦先人。"② 这也同时印证了嬴姓秦人根源于泰山地区的学界观点。③ 嬴人离而不散，迁而不衰，在西周统治下继续繁衍博兴。在这方面，诸多西周时期的含"羊"铭文青铜器，同样为嬴姓羊氏的存在提供了强力证据。比如西周早期的"羊作父乙卣（5267）""森羊觯（6185）""羊父瓿（7210）""羊兽父丁鼎（9006）"，中期的"羊册觯（6171）""木羊册父辛爵（9060）"等。④ 清人张澍《姓氏寻源》卷十六羊氏《辩证》云："羊出自周官羊人之后，以官为氏。《广韵》云：出自羊舌大夫之后。澍按：邾有羊罗与叔向同时，孙愐说不可从。夏桀臣有羊辛，是夏世即有羊氏。又按：零陵蛮有羊氏，羊孙是也，见后《汉书·南蛮传》。""周官羊人"之所以能为周王室养羊并因官而为氏，正是发扬了少昊嬴姓部落传统的"调驯鸟兽"绝技的结果。在这方面，同样是嬴姓赵氏、秦氏祖先的造父，因调训骏马的绝技而有功于周天子，结果被周穆王封于赵城。不难想见，为周王室养羊的官员，本即出自嬴姓。

春秋时期中期，虽然晋国产生了姬姓羊氏，但至晋顷公十二年（前 514）姬姓羊氏却被剪灭了，其后裔四散。这里的问题是，春秋中期至秦朝末年之前，姬姓羊氏是否早已播迁到了泰山地区？换句话说，在此一历史时期泰山地区存在的羊氏族人到底是本地嬴姓羊氏的赓续还是姬姓羊氏移民？这在文献中并没有明确记载。⑤ 按照常理推测，至少在晋顷公十二年（前 514）至秦朝末年这一时段，由于姬姓羊氏是被剪灭对象，处于隐姓埋名状

① 中国社会科学院考古研究所：《殷周金文集成》，中华书局 1984 年版，第 32～326 页。

② 李学勤：《清华简关于秦人始源的重要发现》，《光明日报》，2011 年 9 月 8 日。

③ 参见：傅斯年：《夷夏东西说》，欧阳哲生主编：《傅斯年全集》（第 3 卷），湖南教育出版社 2003 年版；林剑鸣：《秦史稿》，上海人民出版社 1981 年版；何光岳：《东夷源流史》，江西教育出版社 1990 年版；杨东晨、杨建国：《秦人秘史》，陕西人民教育出版社 1991 年版；何汉文：《嬴秦人起源于东方和西迁情况初探》，《求索》1991 年第 4 期；陈新：《伯益考略》，《先秦史研究动态》2002 年第 2 期；柳明瑞：《嬴姓溯源》，中国文史出版社 2003 年版。

④ 中国社会科学院考古研究所：《殷周金文集成》，中华书局 1984 年版。

⑤ 文献中明确记载姬姓羊氏东迁泰山的时间是在秦朝末年，前文已有阐述。

态，因而其大规模迁移泰山是不太可能的，即使有一小部分暗中迁来，也不可能招摇于世。由此我们可以得出结论，在此一时段内，作为彰显家族荣耀的青铜器，凡是出土于泰沂之间、汶泗流域的含"羊"族铭文的器物，都不可能属于姬姓羊氏家族，而最大可能仍属于本地的嬴姓羊氏家族，是嬴姓羊氏家族在泰山地区的香火延续。

春秋末期具有典型意义的"羊"族铜器，在《殷周金文集成》中收录有两件"羊子戈"和一件"羊角戈"：编号 11089 的羊子戈，出土于山东曲阜，现藏于上海博物馆；11090 号羊子戈出土地不详，现藏清华大学图书馆；而"羊角戈"（11210），亦出土地不详，现藏旅顺博物馆。还有一件"羊子戈"，《殷周金文集成》中未予著录，现存山东师范大学历史文化学院文物室。这四件兵器虽有三件出土地不详，但从其中一件出土于山东曲阜以及器物造型、款识、文字、行文风格的一致性来看，四件兵器极有可能都出土于汶泗流域。在这方面，山东地区青铜铭文的地域文字特点，给我们提供了有力佐证。有学者通过考察齐系铭文"艁"的地域特色，认为"'艁'应是鲁、邾、滕等国'造'的专用字"①，而晋系、秦系文字的"造"，均不写作"艁"字。蔡培桂先生在《羊子戈考》一文中认为，山东师范大学所藏羊子戈，"其铭文中所指'羊子'必定是上述春秋中后期羊舌氏家族中的成员之一"，"而此戈却在山东流传，这可能与春秋末年羊舌氏后裔'徙居泰山'有关"。② 这一判断显然是错误的。因为姬姓羊氏是"秦乱，徙居泰山"，而非春秋晚期，况且晋系、秦系文字的"造"从不写作"艁"。因此，这些羊子戈、羊角戈与姬姓羊氏无涉，而只能与泰沂之间、汶泗流域的土著嬴姓羊氏有关。

春秋时期的一些羊氏名人，仍属于嬴姓羊氏范畴，并非姬姓。《左传·宣公二年》记有郑国大夫华元的御手羊斟，他因嫉恨华元未给予自己犒食而故意陷阵卖主。今鲁西南一带，当时为宋国境，也属于嬴姓泰山羊氏聚居区，并且宋国为殷商遗臣微子的封国，羊斟属于嬴姓泰山羊氏，当无异议。更有力的直接证据是，《左传·成公十七年》所记载的晋国将领夷羊五（鱼），《公羊传》解释："夷者何？齐地也。"这就非常明确地说明，羊五是齐地东夷人。为了与此时已经存在的晋国姬姓羊氏相区别，所以时人特别加上了"夷"字。今莱芜嬴城遗址所在，在羊五生活的时代已经由鲁国变为了齐国辖地，所以《公羊传》把这里视为齐国之地。另外，《左传·昭公十八年》还记录了邾国人羊罗。邾国早在夏商时即已存在，是东夷人的混血，初为陆终氏，周初再次被封，变为曹姓。羊罗籍贯为邾国，则必为东夷人无疑。《左传·昭公二十二年》又记有莒国人羊牧之，而《通志·氏族略》称，莒为"嬴姓，少昊之后也"，因而羊牧之也是典型的嬴姓羊氏。2012 年初，在山东沂水县纪王崮（古莒国疆域内）发现一处春秋中晚期诸侯级别的大墓，出土有一件带铭文的铜鼎滕器，有专家隶定为"华孟子鼎"或"芈孟子鼎"。③ 笔者比较发现，其所谓的"华"（或"芈"）铭文，虽跟西周铜器上"羊"的写法不同，却与前述春秋晚期

---

① 张振谦：《〈说文〉古文"艁"字考》，《中国文字学报》（第五辑），商务印书馆 2014 年版。

② 蔡培桂：《羊子戈考》，《山东师大学报》1991 年第 5 期。

③ 参见：山东省文物考古研究所、临沂市文物考古队、沂水县博物馆：《山东沂水县纪王崮春秋墓》，《考古》2013 年第 7 期；山东省文物考古研究所等：《沂水纪王崮春秋墓》，文物出版社 2016 年版；方辉：《华孟子鼎铭文小议》，《中国文物报》，2012 年 9 月 14 日；任相宏、邱波：《山东沂水天上王城出土芈孟子鼎、君季盂铭文考略》，《中国文物报》，2012 年 8 月 17 日；张新俊：《华孟子鼎小考》，简帛网，2012 年 9 月 17 日等。

"羊子戈"和"羊角戈"上的"羊"字较为相似，再结合出土地位于莒国境内，故而该鼎如果被隶定为"羊孟子鼎"，亦无不妥。概言之，嬴姓羊氏在春秋时期依然繁衍有序，与姬姓羊氏的演化轨迹有明显差异。

综上所述，可以推定，以少昊为纽带的东夷嬴姓集团，在成长繁衍过程中，于今嬴汶河中游莱芜市羊里镇一带，曾经分化出一支古老的"嬴姓羊氏"族群，古文献上特别标称其为"夷羊"，笔者则称其为泰山土著"嬴姓羊氏"，以与秦末东迁而来的姬姓羊氏相区别。姬姓羊氏起初之所以选择东迁泰山，单从心理角度看，应当与泰山土著"嬴姓羊氏"有心理认同感和归属感。两宗羊氏名同族异、渊源不同，二者在秦汉以来中国历史上的隐显程度更是天壤之别，然而他们都曾在泰山地区发迹，是泰山区域文化的重要内涵。只有深入打捞出那久被湮灭的"嬴姓羊氏"，才能使两宗羊氏相互发明，推动区域宗族研究深入开展。

（作者单位：泰山学院历史学院）

衡南话本字初考

□　罗积勇

　　湖南省衡南县当地人所说的方言中有一些特殊词语，有些可以在古代文献中找到本字或找到源头，有些表现出与普通话不一样的引申路径，这一切对词汇、训诂学研究来说，都是有价值的。今在弄清衡南话的语音系统与古代汉语语音的对应关系的前提下①，查考古代韵书和其他文献，本着音义相同、相近的原则，试考求衡南话中一些有音无字或仅有记音字的词语的本字。本人多年留意于此，颇有收获，本文择其较为成熟者作一汇报，分为两个部分，第一部分按本字所出文献加以集中；第二部分则专题研究本字在衡南话中义有引申的情况。

一、衡南话本字可追溯到各个历史时期的典籍

　　衡南话的本字有个别的可追溯到先秦两汉，但大部分在《广韵》《集韵》中可找到，还有一部分可在近古汉语时期的文献中找到。

（一）见于先秦两汉者

1. 敹

　　打补丁、缝缀破处，对这一动作衡南话称为 ［diəu²⁴］，音同"料"。章炳麟《新方言·释器》："凡非绽裂而粗率缝之亦曰敹。"丁惟汾《俚语证古》卷六《衣服》："料，敹也。连缀破衣谓之'料'。料字当作'敹'。"②

　　表缝缀的义"敹"，早在《尚书》中就见使用。《书·费誓》："善敹乃甲胄。"孔颖达疏引郑玄曰："敹谓穿彻之，谓甲绳有断绝，当使敹理穿治之。"后世文献中亦有出现，如《新唐书·藩镇淄青横海传·程日华》："朱滔叛，兵屯河间，以故沧、定道阻不相闻。滔及王武俊皆招日华，不纳，即攻之。日华乘城自固。参军事李宇谋曰：'城久围，府兵不为援。今州十县濒海，有鱼盐利自给，此军本号横海，将军能绝易定归天子，自为一

_____

①　笔者曾著有《衡南话方言特征研究》，《长江学术》2011 年第 2 期。
②　丁惟汾：《俚语证古》，齐鲁书社 1983 年版，第 175 页。

州，敕甲训兵，利则出，无利则守，可亢盗喉襟。君能用仆计，请至京师为天子言之.'
日华谓然，乃遣字西，帝果大喜，拜御史中丞、沧州刺史，复置横海军，即以为使，时建
中三年也。"

《说文·攴部》有敕字，但训为"择"。

2. 虔

衡南话中，聪明叫［tɕien²¹³］（音健），非常聪明叫"飞健"。扬雄《方言》记作
"虔"，"虔，儇，慧也"。［tɕien］即扬雄《方言》所记虔。

3. 㸐

把火点燃，衡南话叫"点［nien¹¹］"，火烧着或火正烧着，叫"正在［nien¹¹］"。
字当作"㸐"，《淮南子·说林》："槁竹有火，弗钻不㸐。"《汉书·陈汤传》："卒徒工庸
以钜万数，至㸐脂火夜作。"颜师古注："㸐，古然字。"《汉书·地理志下》："上郡属并
州，县十三……定阳、高奴，有洧水，可㸐。莽曰利平。"颜注："㸐，古然火字。"则认
为㸐为"燃"的古字。然、燃为日纽字，衡南话中变入娘纽。

（二）见于《广韵》《集韵》者

1. 蠚

桐树、枣树上生的一种全身有肉刺、会螫人的虫（像玉荷虫一样），衡南话叫［xo²²］
鸡婆。此［xo²²］之本字为"蠚"。《广韵·铎韵》呵各切："螫也。"《汉书·蒯通传》：
"故猛虎之犹与，不如蜂虿之致蠚。"则此字古已有之。黄侃先生指出蕲春话中有此，张
永言《词汇学简论》指出成都话亦有此音此字①。

2. 筑

衡南话说吃不了了还撑着吃叫［diu²²］。武汉话说硬往里塞（包括吃不了了还撑着吃
这一情况）叫"筑"，念［tsou²¹⁴］。可见，衡南话［diu²²］即"筑"（建筑的筑，古作
築），此字在《广韵》中即张六切，衡南话［diu²²］正合古音。

《广韵·屋韵》张六切："築，捣也。"築即版筑之筑，古代筑城墙须竖夹板填泥捣实
之，故《广韵》以捣训筑。《广韵·晧韵》都晧切："捣，捣築。"此则捣、築连文，亦
可证二字同义。

《广韵·屋韵》侧六切："𡎺，塞也。"北大中文系《汉语方言词汇》（第二版）以𡎺
为武汉话本字。② 其实，𡎺当为築之分化字。

3. 踔

衡南话说少儿始行之蹒跚不稳貌，即因重心不稳而在行进中左右摇晃，称之为

---

① 参见张永言：《词汇学简论》，华中工学院出版社 1982 年版，第 72 页。
② 北京大学中文系语言学教研室编：《汉语方言词汇》(第二版)，语文出版社 1995 年版，第 392 页。

[na³³]。如："他才三岁，走起来是咯[na³³]，是咯[na³³]。""他用积木砌的房子[na³³]了两下，就倒了。""他吃了饭，慢慢地[na³³]到了大队部。"

本字当为"踛"。《集韵·祃韵》乃嫁切："踛，跥踛，小儿始行貌。"踛，泥母，祃韵，去声。衡南话正发此音。

4. 轑

把两股绳搭在一起进行编织，衡南话称此动作为[lao²⁴]。引申之，人将两只脚搭在一起或交叉绕搭，也叫[lao²⁴]，如"叽[lao²⁴]起架二郎腿"。

《广韵·号韵》郎到切："轑……施绞于编也。"正是音[lao²⁴]，义也相合。此字与"缭绕"的"缭"应为同源字，《集韵·篠韵》郎鸟切："缭，《说文》：'缠也。'或作缪。"

（三）见于近古汉语文献者

1. 呂

以舌头将口内食物抵出，衡南话叫[dyu³³]。

清朝翟灏《通俗编·妇女》："《元池说林》：'狐之相接也，必先呂。呂者，以口相接。'按：此传奇中猥亵庾语，乃亦有本。"

衡南话来纽齐、撮口字声母读[d]，故[dyu³³]的本字即"呂"。此"呂"当是后来造的会意字，恰与表"脊椎骨"之义的古字同形。

2. 和

"和[xo⁴⁵]"，有哄骗义，见于衡南话，比如，小孩子哭闹时，用诸如"要是你不哭，我以后就买糖给你吃"等之类话诱小孩不要哭。这就叫"[xo⁴⁵]小孩"。

考：《敦煌变文字义通释》（第四版）"和"字，释义为"哄骗"①。例子有：《降魔变文》："美语甜言和断人。"元朝王实甫《西厢记》第二本第三折："黑阁落甜话儿将人和，请将来着人不快活。"清朝王夫之《薑斋诗话》四十三："足之绝律四句之话；牙行赚客语，皮下有血人不受他人和哄。"《汉语大词典》将这类"和"释为"蒙哄""欺骗"。

3. 剅、窬

衡南话[kəŋ²⁴]，指用头钻入。如：对门牌输了，要[kəŋ²⁴]桌子。

其本字为剅，亦作窬。近古汉语有此词。顾学颉、王学奇《元曲释词》一："剅，用头钻入曰剅，又作窬，同字异体。"关汉卿《调风月》三折："我便以剅墙贼，蝎蜇噤声。"尚仲贤《柳毅传书》二折："钱塘龙逆水忙截，泾河龙淤泥里便窬。"徐渭《豹子和尚》一折："月黑时窬窟剅墙。"向熹《简明汉语史》中编说："这个词现在湖南、四

---

① 蒋礼鸿：《敦煌变文字义通释》（第四版），上海古籍出版社1988年版，第133页。

川、云南等方言里还保存着。"①

二、衡南话本字往往在原义上引申出新的意思

(一) 动作主体泛化

1. 拿

衡南话"拿"可指脚指头的抓紧状态。如："脚脑拿到土里去了。""脚脑拿得紧紧的。""脚脑"指脚趾头。

(二) 形态类似

1. 企

企，古义为举踵，即跐起脚后跟。引申为站立义。衡南用来指称由蹲、踞、坐而站起，叫"［tɕi²¹³］起来"。而跐起脚后跟，衡南话不说"企"，而说"［di³³］"。

2. 定

衡南话中"定"引申为"成为定势""成为习惯"义。如：①孩子到北京上大学去了，我心里［ie²¹³］不定。②他平常用左手拿筷子，现在改用右手，还冇用定。衡南话中"安"也有同样的引申。

3. 箍

箍（［ku⁴⁵］），在本义基础上引申出了两个意义：①桶与脚盆等圆形器皿上的竹篾或铁制圈箍。②拥抱。抱、搂在衡南话中叫"［ku⁴⁵］哒"。

4. 啄

脑袋或锄头敲下去或反复敲，衡南话以［tsuɑ²²］称之。又用作形容词，形容往前突出，如："［tsuɑ²²］出来了""［tsuɑ²²］额头"。
本字当为"啄"。衡南话中称啄木鸟叫"［tsuɑ¹¹］木鸟"，可见［tsuɑ¹¹］是"啄"字。

5. 匴

衡南方言漱口这个意思说成"算口"。本字当为"匴"。《说文》："匴，渌米籔也。"匴是淘米的，故引申有"漱"义。

———————————

① 向熹：《简明汉语史》(中编)，高等教育出版社 1993 年版，第 601 页。

6. 钉

衡阳方言说人执拗，死也不肯改变自己的态度，叫 $[tian^{213}]$。李永明《衡阳方言》不知其字。① 其实，这就是动词"钉"的引申用法。

钉钉子，衡阳话说"$[tian^{213}]$ $[tian^{45}]$ 子"，前一个 $[tian^{213}]$ 正是。像钉子钉住一样，不改变自己的态度，即北方话所说的犟。

7. 炙

烤火，衡南话说成"$[t\varepsilon ia^{24}]$ 火"，$[t\varepsilon ia^{24}]$ 的本字为炙。《说文》："炙，炮肉也，从肉在火上。"这是烧烤义，由此可引申为烘烤，如《论衡·逢遇》："且夏时炉以炙湿，冬时扇以裹火，世可希，主不可准也。"嵇康《与山巨源绝交书》："野人有快炙背而美芹子者，欲献之至尊。"炙背指祖背晒太阳，此炙亦烘烤义之略变。《徐霞客游记·滇游日记十一》："急入其厨，索火炙衣。"

炙，《广韵·昔韵》之石切，为章纽昔韵字。

衡南话声母特征：中古章组分化为 $[ts]$、$[t\varepsilon]$ 两组。其分化条件为：$[ts]$ 组拼蟹、止、通三摄，$[t\varepsilon]$ 组拼其余各摄。故章组昔韵的"炙"在衡南话中声母为 $[t\varepsilon]$。

梗摄开口三等昔韵字的韵母在大多数方言中都读入 $[i]$，但在衡南话中却多读成了 $[ia]$，如"僻""席""赤""尺""射""石""腋"等，与"炙"声韵地位完全相同的"隻"，在衡南话中也读成了 $[t\varepsilon ia^{24}]$。

可见，"$[t\varepsilon ia^{24}]$ 火"为"炙火"。

（三）转品引申

1. 腾

衡南话有一个词念 $[ten^{11}]$，与"邓"同音，义为"两边僵持不下"。如："扁担一头 $[ten^{11}]$ 一个人。"又如："他们两个都不肯干那件事，你推我，我推你，咸 $[ten^{11}]$ 死哒。"

扬雄《方言》七："腾，儋也。注：今江东呼担两头有物，曰腾。"腾为定纽字，故在衡南话中音同邓。腾本指担子两边之物相持平衡，引申指为了达到平衡而在扁担或秤等杠杆类物的一端施加力量。吊在树枝上，意在把树枝往下压，也叫"腾"。引申之，因为劳逸不均，要给某人攀比、扯平，也叫"腾"。

《集韵·去声·四十八嶝》唐亘切："㨂，负檐（怀疑为擔字）也。或从手。"

勇按，最原始的本字当为"等"。

无论是由负担，还是由相等义引申，均为转品引申。

2. 红

恼火、恼恨（某人），衡南话说"$[hen^{11}]$"，如："他 $[ie^{213}]$ 不听话，我实

---

① 李永明：《衡阳方言》，湖南人民出版社 1986 年版，第 295 页。

在［heŋ¹¹］不过，打了他一餐。"可恼、可恨叫"可［heŋ¹¹］"均是"红"之引申义，与"火"引申为发火的道理相同。

（四）借代引申

1. 料

［diau²¹³］，棺材的俗称。其本字为"料"。这是借代造词，以木料做棺材，因称棺材为料，以材料代成品。这种手法古已有之，如《孟子·公孙丑下》："木若以美然。"义指棺材做得太讲究了，僭越了礼制。

2. 板

［pan³³］，棺木的俗称。本字为"板"。此与以"料"称棺材同理。
一种特殊的相邻借代（与避忌有关）。

3. 猫头

猫头，义指斧头。迷信认为，早晨说"龙、虎、蛇、鬼"都不吉利，是"放快"，会招来口角麻烦，甚至祸事。因此，衡南人早晨忌讳说"虎"字，而衡南话声母［x］后如接［u］韵母或［u］介音，则［xu］变为［f］，故在衡南话中，"斧""虎"同音。虎与猫类似，故将"斧头"改称为"猫头"。

据了解，湘潭话将"腐乳"叫"猫鱼"，这与我们衡南话将"斧头"叫"猫头"是一个道理。湘潭话中，"腐""虎"也同音，乳、鱼在湘潭话中音近，故"腐乳"就被叫成了"猫鱼"。

4. 麦子

说人漂亮、有姿容，衡南话说"有［mə²²］子"。"［mə²²］子"的本字就是"麦子"，这原本是类推出来的谑语，本来是要说"肤姿"，因"肤姿"与"麸子"同音，"麸子"是麦子磨的粉，所以就戏称肤姿为"麦子"了。后来用惯了，人们便不知道此词的来历了。

（五）语境赋义

1. 道

衡阳话"道"有猜义。如："我手里捏呷吗咯，你来道一下。"又如："我出呷谜子，看你道不道得着。"

2. 得

"得"引申出"给"义，再引申出"被"义。
衡南话说"得到"，义与普通话同，但"让对方得到"也用"得"表示，这样"得"就引申出了"给"义。

得你（［te^{22} ni^{33}］），义为"给你"。

"得"有给义，"给"又可引申出"被"义，故衡南话"得"也有被义，如："茅草刚盖好，就得风刮跑咕哒。"（意为：茅草刚盖好，就被风刮跑了。）"其口最多，莫得其听到。"（意为：他最多嘴，别被他听到。）

衡阳市话也有如此说法，李永明认为，这个表被动的"得"，翻译为"让"更贴切些①。

近代汉语中早有此"得"字。袁宾《近代汉语概论》举了《五灯会元》卷十二，《窦娥冤》第二折，《水浒传》第四十六回、第七十一回，《警世通言》卷十七等多个例子，② 其中《窦娥冤》一例最有特点，移录如下：

> 我婆婆因为与赛卢医索钱，被他赚到郊外勒死。我婆婆却得他爷儿两个救了性命，因此我婆婆收留他爷儿两个在家。(《窦娥冤》第二折)

袁宾认为："这是一类应该引起重视的被动句。汉语被动句在二十（？十二）世纪之前，一般表示不幸遭遇，但此类得字句恰好相反，多表示合人心意的行为。……（它）与其他被动句在表意上具有互补的作用。"但衡南话中这类得字句没有这个分别，不幸和合意的事均可表。

衡南话"得"由给义还引申出"伸出（手、脚、嘴或工具）做某事"义，可以意译为"用"，如：

> 球不动哒，你得脚勾动下。（意为：球不动了，请你用脚勾动一下。）
> 简点枣子，你得衣兜，其得手捧，一下就抢光哒。（意为：这么一点枣子，你用衣装，他用手捧，一下子就被抢完了。）

3. 造孽

衡南人当自己经受很大的磨难痛苦时，就感慨地说："我前世造哒架吗个孽啰！"意为：不知我前世造下了一个什么样的罪孽（使得我现在受这样的磨难痛苦）。按佛教说法，今生一切痛苦都是由前世的罪孽造成的。

而当表示对正在遭受痛苦的人的可怜时，衡南人就说："造孽哒。"造孽在这里的意思就是真可怜的意思。这是因为语境而引申出的意思。

（作者单位：武汉大学文学院）

---

① 李永明：《衡阳方言》，湖南人民出版社1986年版，第436~437页。
② 袁宾：《近代汉语概论》，上海教育出版社1998年版，第245页。

中古士族的姓望溯源与同姓联结[*]
——以清河崔氏与博陵崔氏为中心

□ 陈 鹏

　　唐代史家刘知幾曰："自世重高门，人轻寒族，竞以姓望所出，邑里相矜。"[①] 正因中古士族"竞以姓望所出，邑里相矜"，谱牒、姓书、家传、碑志多记述姓氏和郡望的起源。学人指出中古谱学家假定"每个家族的始祖都能追溯到上古经典记载的人物"[②]。然谱牒、碑志记载的姓氏起源，往往为后人追述，存在不实的成分，士族是如何构建家族的姓氏起源，还需进一步考察。[③] 此外，中古士族以郡望相矜，他们是如何描述自家郡望生成的？同姓不同望的家族倘享有共同的姓源，对彼此关系有无影响？这些问题仍有讨论的余地和必要。

　　清河崔氏与博陵崔氏均为中古望族，文献表明二者享有共同的姓源，在郡望的形成上也存在着联系。本文拟对中古崔氏的姓望溯源进行考察，以深化对这两个望族的认识，并将此作为个案，对上述问题得出一个初步的认识。

一、"食崔命氏"说的形成

　　早在先秦，《世本》已关注姓氏起源问题；至汉代，《白虎通》《风俗通》《潜夫论》等书也设有专门的篇章。中古时期门第观念盛行，士族对姓氏起源更加重视，谱牒、碑志等文献往往有记载。中古崔氏望族的姓氏起源，主要见于两类文献：一是《元和姓纂》（本文以下简称《姓纂》）、《新唐书·宰相世系表》（本文以下简称《新表》）等的姓书、谱牒；二是崔氏人物的碑志。清河崔氏和博陵崔氏的家谱、家传，当也有记述，但均已亡佚，无

　　* 本文为教育部人文社会科学重点研究基地重大项目"中国中古史籍与史料的整理与研究"（16JJD770004）、吉林大学基本科研业务费种子基金项目"北朝门阀制度与大族世系研究"（2016BS018）阶段性成果。

　　① 浦起龙：《史通通释》卷 5《内篇·邑里》，上海古籍出版社 2009 年版，第 134 页。

　　② 伊佩霞：《早期中华帝国的贵族家庭：博陵崔氏个案研究》，范兆飞译，上海古籍出版社 2011 年版，第 46 页。

　　③ 范兆飞探讨了中古士族如何通过追溯先世来塑造家族自先秦、汉魏至中古的延续性和持久性。见范兆飞：《胙土命氏：汉魏士族形成史论》，《复旦学报》（社会科学版）2016 年第 3 期。

从考察。

西方学者伊佩霞（P. Ebrey）认为"崔氏始祖的传说几乎没有争议"①，但对比《姓纂》和《新表》，可知其说不够准确。《姓纂》引《姓氏英贤传》曰："姜姓。齐太公生丁公伋，生叔乙，让国居崔邑，因氏焉。自穆伯至沃、杼、成、良，代为卿大夫。良十五代孙意如，秦东莱侯，生二子，伯基，仲牟。伯基居清河东武城，仲牟居博陵安平，并为著姓。"②《姓氏英贤传》是南朝齐梁的谱学家贾执的作品，③可知此说至少南朝齐梁即已存在。

《姓纂》称"居崔邑，因氏焉"，这种姓氏形成模式在姓氏学上被称作"以邑为氏"④。唐代博陵《崔回墓志》将崔姓起源之说概括为"食崔命氏"，⑤本文亦用这一词汇来概括姓书、碑志对崔姓起源的记述。

《新表》也将崔姓起源追溯到姜齐（齐太公姜尚），但对崔姓"食崔命氏"之祖的记载却与《姓纂》迥异：《姓纂》称齐丁公之子"叔乙"居崔邑，而《新表》则谓"齐丁公汲嫡子季子让国叔乙，食采于崔，遂为崔氏"，认为"季子"为崔氏"命氏"之祖。⑥《姓纂》是《新表》重要的材料来源，但在这一问题上存在差异，说明《新表》另有所本。

对于《姓纂》《新表》的说法，宋代以降的姓书各有因袭：宋代章定《名贤氏族言行类稿》、明代凌迪知《万姓统谱》从《姓纂》之说，而宋代邓名世《古今姓氏书辩证》、郑樵《通志·氏族略》则从《新表》之说。今本《姓纂》文字多有散佚，不排除其对崔姓起源的记载存在讹误的可能性。然倘考察中古崔氏人物碑志的相关记述，则可发现问题还要复杂一些。中古碑志关于崔姓"命氏"之祖的记载，存在如下四说：

1. 季子说

今6见，见于唐代《崔景晔神道碑》《崔景晔墓志》《崔歆墓志》《崔攀墓志》《崔瑶墓志》《崔璠墓志》，⑦例如《崔歆墓志》称"齐丁公之子季，让位于叔父 [乙]，退食崔邑，因而氏焉"。

---

① 伊佩霞：《早期中华帝国的贵族家庭：博陵崔氏个案研究》，范兆飞译，上海古籍出版社 2011 年版，第 46 页。

② 林宝：《元和姓纂》（附四校记）卷 3，岑仲勉校记，中华书局 1994 年版，第 231 页。

③ 张蓓蓓：《魏晋南北朝贾执谱学研究》，《图书馆理论与实践》2013 年第 10 期。

④ 郑樵：《通志二十略·氏族略第一》，王树民点校，中华书局 2009 年版，第 3 页。

⑤ 吴钢主编：《全唐文补遗》（千唐志斋新藏专辑），三秦出版社 2006 年版，第 132 页。按：本文征引墓志，仅于第一次引用处注明出处，以下不再出注。《全唐文补遗》，除"千唐志斋新藏专辑"外，共 9 辑，均为吴钢主编，三秦出版社出版，第 1~7 辑于 1994—2000 年每年出版一辑，第 8、9 辑分别出版于 2005 年、2007 年。下文征引仅作"《全唐文补遗》第×辑"，不再标明出版社、出版时间等信息。

⑥ 《新唐书》卷 72 下《宰相世系表二下》，中华书局 1975 年版，第 2729 页。

⑦ 上引 6 方碑志，依次见董诰编：《全唐文》卷 318，中华书局 1983 年版，第 3229、3251 页；周绍良、赵超主编：《唐代墓志汇编》，上海古籍出版社 1992 年版，第 933、1495 页；周绍良、赵超主编：《唐代墓志汇编续集》，上海古籍出版社 2011 年版，第 621~622 页；周玲：《〈秦晋豫新出墓志蒐佚〉晚唐墓志整理与研究》，西南大学硕士学位论文，2015 年，第 97 页。

2. 穆伯说

今 13 见，见于北魏《崔猷墓志》《崔鸿墓志》、唐代《崔恕墓志》《崔智墓志》《崔千里墓志》《崔倚墓志》《崔芑墓志》《崔翚墓志》《崔行规墓志》《崔氏（王景元妻）墓志》《崔玄亮墓志》《崔颋墓志》和《崔倕神道碑》，① 例如《崔猷墓志》曰"穆伯因分封命氏"。

3. 叔乙说

今 2 见，见于唐代《崔璘墓志》《崔郸墓志》，例如《崔璘墓志》曰"其先姜姓，齐丁公子叔乙让国居崔邑，因以命氏"②。

4. 丁公说

今 1 见，即后晋《崔氏（崔环女）墓志》称"齐食丁公于崔邑，则其先也"③。

碑志均将崔姓追溯至姜齐，但对于谁是崔氏的"命氏"之祖，却存在上述四说。首先，《姓纂》《新表》关于"叔乙"还是"季子"为崔氏"命氏"之祖的分歧，亦见于中古崔氏碑志。《史记·齐太公史家》曰"丁公卒，子乙公得立"，夏炎认为"乙公"即"叔乙"，叔乙既然继承齐公之位，自不可能出居于崔，《姓纂》可能有脱文。④ 而且，执"叔乙说"的碑志数量极少（仅 2 见），也透露出此说接受度不高。

其次，"穆伯说"屡见于碑志，学者认为是墓志有意"将季子改为穆伯，以避嫡让庶之嫌"⑤。其实，"以邑为氏"的姓氏起源模式，往往是子孙以祖先迁居之邑命氏，以区别本宗，即如唐代博陵《崔镗墓志》曰"其先齐丁公子，食菜于崔地，子孙因氏焉"⑥。按照"以邑为氏"的模式，当是丁公之子（无论是季子，还是叔乙）居崔，其子穆伯以崔为氏。墓志的表述因文体所限，往往就简略为穆伯居崔命氏，"穆伯说"与"季子说"并不冲突。

最后，"丁公说"今仅见一例，且丁公作为齐国君主见于《史记》，可证此说不足为证，或许是撰墓志者略写"食崔命氏"的经过所致。

简言之，综合姓氏谱系文献与碑志的记述，可知中古崔氏将崔姓起源追溯至姜齐，他们认为齐丁公之子季子让国居于崔邑，其子穆伯以崔命氏，崔姓由此形成，季子或穆伯被视作崔姓"命氏"之祖。上文已指出南朝齐梁贾执《姓氏英贤传》已提出此说，而碑志

---

① 上引 13 方碑志，依次见赵超：《汉魏南北朝墓志汇编》，天津古籍出版社 2008 年版，第 66、186 页；《唐代墓志汇编》，上海古籍出版社 1992 年版，第 1513、1717、1928、2054、2298、2318、2434 页；吴钢主编：《全唐文补遗》第 8 辑，第 36 页；《白居易文集校注》卷 33，中华书局 2011 年版，第 1937 页；段卜华：《〈1996—2012 北京大学图书馆新藏金石拓本菁华〉隋唐五代部分整理与研究》，西南大学硕士学位论文，2015 年，第 207 页；《刘禹锡集》卷 3，中华书局 1990 年版，第 38 页。

② 上引 2 方墓志，依次见《唐代墓志汇编》，上海古籍出版社 1992 年版，第 2474 页；周玲：《〈秦晋豫新出墓志蒐佚〉晚唐墓志整理与研究》，西南大学硕士学位论文，2015 年，第 42 页。

③ 陈尚君：《全唐文补编》卷 100，中华书局 2005 年版，第 1251 页。

④ 夏炎：《中古世家大族清河崔氏研究》，天津古籍出版社 2004 年版，第 27~28 页。

⑤ 夏炎：《中古世家大族清河崔氏研究》，天津古籍出版社 2004 年版，第 28~29 页。

⑥ 吴钢主编：《全唐文补遗》第 4 辑，第 219 页。

以北魏延昌元年（512）《崔猷墓志》最早，时间也与贾执《姓氏英贤传》相近。此说大致同时在南北朝出现，形成应更早一些。

无论是姓氏谱系文献，还是碑志，对姓源的记述，均当源自家谱、家传。但家谱、家传之说，早已遭到质疑，唐人颜师古曰："私谱之文出于闾巷，家自为说，事非经典，苟引先贤，妄相假托，无所取信，宁足据乎？"① 清人顾炎武称："氏族之书所指秦、汉以上者，大抵不可尽信。"② "食崔命氏"之说，也很难相信是清河崔氏或博陵崔氏自先秦以来世代相传的家族记忆，而应是魏晋以来，士族重视谱系阀阅，重新构建家族史的结果，问题在于这一重构工作是如何进行的。

上文提到先秦两汉不乏记述姓氏起源的文献，是后世学者讨论姓氏起源的重要依据，也给士族追溯家族起源提供了参考。今存《世本》佚文、《风俗通·姓氏篇》佚文和《潜夫论·志氏姓》均未见崔姓起源相关记载；③《白虎通·姓名篇》则提到"齐有高、国、崔"均出自公族，④ 虽未详述崔姓起源的过程，但既称崔氏出自齐公族，无疑源自姜姓。

《左传》也是后人讨论姓氏起源的重要著作，《通志》即称"凡言姓氏者皆本《世本》《公子谱》二书，二书皆本《左传》"⑤。《通志》在讨论崔氏早期世系时，也曾征引《左传》；⑥ 清人陈立注《白虎通》，亦根据《左传》论证崔氏出自齐公族的观点。这些都提醒我们《左传》对探讨崔姓起源的重要性。《左传》襄公二十五年曰：

> 齐棠公之妻，东郭偃之姊也。东郭偃臣崔武子。棠公死，偃御武子以吊焉。见棠姜而美之，使偃取之。偃曰："男女辨姓，今君出自丁，臣出自桓，不可。"⑦

"崔武子"即崔杼——春秋时期著名的弑君者。他想娶棠公的遗孀，亦即东郭偃之姊，东郭偃反对的理由为"君出自丁，臣出自桓，不可"。据西晋杜预注，"君出自丁"指崔氏系出自齐丁公。

就崔姓起源说形成来讲，《左传》的价值，不仅记载崔氏源自姜姓，是齐丁公后裔的事实，作为一部经典，其社会影响力更值得重视。其对于中古崔氏姓源构建的工作，无疑将起到重要作用。不过，《左传》虽有崔氏出自齐丁公之说，但未记载"命氏"的具体时间，也没提到"季子"或"穆伯"。除崔杼外，《左传》还提到其他崔氏人物：崔夭，见

---

① 《汉书》卷75《眭弘传》颜注，中华书局1962年版，第3153页。

② 黄汝成：《日知录集释》卷23"氏族相传之讹"条，上海古籍出版社2006年版，第1280、1283页。

③ 《世本》的情况要稍作说明：清秦嘉谟辑《世本·氏姓篇》有云："崔氏，丁公生季子，季子生穆伯，穆伯生沃，沃生野，野生武子杼，杼生成明，明奔鲁生良。"但据秦氏自注，此据《新表》，兼采《姓纂》《广韵》等书，但诸书皆未言引自《世本》，秦氏所辑非《世本》原文。见《世本八种》，中华书局2008年版，第182页。

④ 陈立：《白虎通疏证》卷9，中华书局1994年版，第403~404页。

⑤ 郑樵：《通志二十略·氏族略第一》，王树民点校，中华书局2009年版，第3页。

⑥ 郑樵：《通志二十略·氏族略第三》，王树民点校，中华书局2009年版，第89页。

⑦ 《春秋左传正义》卷36"襄公二十五年"，浦卫忠等整理，北京大学出版社1999年版，第1011~1012页。

《左传》僖公二十八年；崔如，见《左传》襄公二十三年；崔杼三子，见《左传》襄公二十七年，且有较详的记载。崔夭、崔如、崔杼应该都是齐丁公的后裔，但他们彼此是什么关系，是丁公的多少代子孙，《左传》都没有记述，杜预注也未补充说明。中古崔氏可依据《左传》找到崔姓起源和名人崔杼，但齐丁公至崔杼间世系，则是需要加以补缀的。

东汉高诱注《淮南子》有云"崔杼，齐大夫崔野之子"①，但"崔野"仅此一见。《左传》提到的"崔夭"，唐人颜师古注《急就篇》"崔"字曰："崔，齐邑名也。丁公之子于此受封，其后有崔夭，夭之支庶苗裔盛焉。"② 颜氏之说似表明崔杼及其子孙是崔夭的后裔，但崔夭在丁公至崔杼间的世系中占什么位置也未说明。事实上，《姓纂》引《姓氏英贤传》曰"自穆伯至沃、杼、成、良，代为卿大夫"，对穆伯至崔杼间的世系记述也不完整，其中"沃"或许是"夭"之讹误。这透露出南朝虽出现"食崔命氏"之说，但穆伯至崔杼间的世系远不够完整。

《新表》对穆伯至崔杼的记载就比较详细了："季子生穆伯。穆伯生沃。沃生野。八世孙夭生杼，为齐正卿。"③ 可以看到，《新表》将《左传》出现的崔杼、崔夭，高诱提到的崔野，《姓氏英贤传》提到的崔沃均纳入这一世系之中，令穆伯至崔杼间的世系趋于完整。但这一世系显然缺乏文献支撑，与《左传》《淮南子》高诱注存在矛盾之处。《新表》之说当为中古崔氏整齐祖先世系、重新排列的结果，而且可能是唐代才出现的。学者指出中古士族谱系中"那些虚实之间、半隐半现的祖先追忆，不排除有人为构造的痕迹，但这些虚幻缥缈的祖先记忆至少反映两点：一是贵族身份的陈陈相因，二是家族血缘的连续不断"④。这正是中古崔氏追溯姓源、整齐先世谱系的目的所在。

二、虚构祖先与崔姓郡望生成

对中古士族而言，姓氏起源昭示着家族渊源悠长，而郡望则是士族门第的标志。岑仲勉先生指出在汉代"郡望、籍贯，是一非二"，后"望与贯渐分"，至中古重门阀，时人多自称其望。⑤ 正是如此，中古士族对自家郡望的生成往往有着详细的记述。

清河与博陵是中古时期崔氏最著名的两个郡望，《姓纂》《新表》记述了这两个郡望的形成过程。二书均将清河崔氏和博陵崔氏的渊源追溯到崔杼之子崔明，称崔明的后裔在汉初分成两支，成为崔氏二望的祖先，其中的关键人物就是崔意如、崔伯基、崔仲牟父子三人。在《姓纂》《新表》的叙述中，春秋时期齐国崔杼一家被杀，崔杼之子崔明逃到鲁国，崔明生子崔良，⑥ 崔良的十五世孙即崔意如，为秦朝东莱侯，崔意如二子伯基、仲牟，即

---

① 何宁：《淮南子集释》卷17《说林训》，中华书局1998年版，第1194页。
② 《急就篇》，《丛书集成初编》第1052册，商务印书馆1936年版，第71页。
③ 《新唐书》卷72下《宰相世系表二下》，中华书局1975年版，第2729页。
④ 范兆飞：《胙土命氏：汉魏士族形成史论》，《复旦学报》（社会科学版）2016年第3期。
⑤ 岑仲勉：《唐史中之望与贯》，《唐史余渖》，中华书局2004年版，第227页。
⑥ 《新表》记述稍有问题，其称崔杼"生子成、子明、子强，皆为庆封所杀"，后文却言"子明奔鲁，生良"，前后明显矛盾，子明实未被庆封所杀。相关讨论，详见夏炎：《中古世家大族清河崔氏研究》，天津古籍出版社2004年版，第35页注①。

清河、博陵二望的初祖①。崔杼被杀、崔明奔鲁之事，见《左传》襄公二十七年，但《左传》没有提到崔明子孙的情况。崔良至崔意如间存在十四世的阙环，也展现出崔氏早期谱系的不确定性。事实上，就是清河、博陵二望生成的关键人物崔意如及其二子伯基、仲牟，也充斥着虚构的成分。

在《姓纂》《新表》等姓书、谱牒之外，崔氏人物的碑志也有郡望生成的相关记载。这些记载当源自崔氏家谱、家传，能够补充传世姓书、谱牒之说，便于我们看清中古崔氏是如何描述和建构清河、博陵二望的形成。下文将以崔意如、伯基、仲牟父子三人为中心，综合姓书与碑志的记载进行讨论。

1. 崔意如

据《姓纂》《新表》，崔意如为秦大夫、东莱侯，是崔氏清河、博陵二望初祖伯基、仲牟的父亲。但考诸碑志，崔意如的名字、官、爵都存在问题。崔意如，见于唐代清河《崔倕神道碑》，博陵《崔璘墓志》《崔同墓志》。② 但唐代《崔羣墓志》曰"秦司徒府君讳庭，长子讳伯基"，谓伯基之父"讳庭"，学者推测"意如"为崔庭的字。③

崔意如的官职，《姓纂》《新表》谓为秦大夫，但称他为"秦司徒"的记述却常见于碑志，上引《崔羣墓志》即为一例，又见于唐代清河《崔行规墓志》《崔瑶墓志》《崔备墓志》《崔景晊神道碑》、博陵《崔绚墓志》《崔藏之墓志》也提及"秦司徒"云云。④ 然秦朝中央并无司徒一官，这无疑是后人建构的，旨在提高祖先身价。

崔意如的爵位，《姓纂》《新表》记作秦东莱侯，《崔倕神道碑》《崔璘墓志》亦称其"东莱侯意如"。但按秦朝军功爵制度，侯爵颇重，倘崔意如封侯，当见于史书。而且，在《姓纂》《新表》和碑志的叙述中，崔意如长子伯基在汉亦封东莱侯，父子于秦、汉皆封东莱侯，类似袭爵，令人无法置信。此外，秦汉无东莱县，东莱郡的设置则在汉景帝时，⑤ 秦朝绝无封东莱侯的可能性。东莱侯和秦司徒的说法，展现了崔意如虚构的一面。

《姓纂》《新表》称崔意如二子伯基、仲牟，分别为清河、博陵二望初祖，亦见于碑志。《崔备墓志》即称秦司徒崔意如"生二子，长曰伯基，次曰仲侔"，至汉高祖时，"伯（基）居清河，仲（牟）居博陵，始大建门户，郁成茂族"。以下将就伯基和仲牟分别讨论。

2. 崔伯基

崔伯基，《新表》谓其名业，字伯基，为汉东莱侯。汉东莱侯伯基，在清河崔氏人物

---

① 林宝：《元和姓纂》（附四校记）卷3，岑仲勉校记，中华书局1994年版，第231页；《新唐书》卷72下《宰相世系表二下》，中华书局1975年版，第2729、2773页。

② 吴钢主编：《全唐文补遗》第9辑，第451页。

③ 夏炎：《中古世家大族清河崔氏研究》，天津古籍出版社2004年版，第38页。

④ 以上6方墓志，《崔藏之墓志》《崔备墓志》，见吴钢主编：《全唐文补遗》（千唐志斋新藏专辑），第224、324页；《崔绚墓志》，见吴钢主编：《全唐文补遗》第8辑，第72页。其余3方墓志，见上文征引。

⑤ 周振鹤：《西汉政区地理》，人民出版社1987年版，第115页。

的碑志中屡屡可见，包括唐代《崔歆墓志》《崔湛墓志》①、《崔莒墓志》《崔羣墓志》《崔备墓志》《崔郸墓志》和《崔倕神道碑》。崔伯基的爵位东莱侯，亦存在问题。上文已指出其父子于秦、汉皆受封东莱侯，不合情理；汉初又无东莱郡，故崔伯基封东莱侯的可能性几乎不存在。更何况汉初的功臣侯，俱见于《史记·高祖功臣侯者年表》和《汉书·高惠高后文功臣表》，而二表没有崔业（伯基）其人，足证崔伯基封东莱侯之说不可信。但值得注意的是，在崔氏二望生成的叙事中，伯基为仲牟之兄，并袭父爵东莱侯，当为嫡长子。换言之，清河崔氏为崔氏大宗，博陵崔氏为小宗。这应当是清河崔氏编纂的叙事。

清河崔氏的形成，《姓纂》《新表》仅言崔伯基居清河东武城，后世形成清河郡望。《崔莒墓志》《崔郸墓志》和《崔倕神道碑》也持类似说法，例如《崔莒墓志》曰"汉高帝封伯基为东莱侯，居东武城，始称清河"。然崔伯基封东莱侯，为何却居清河东武城，《姓纂》《新表》未作说明。考诸墓志，存在两种说法：一种说法是崔伯基封东莱侯，"至汉桓帝时，改东莱为清河郡"，见于《崔羣墓志》。姑且不提东莱郡设于汉景帝时，就地理位置而言，东莱郡与清河郡即非一地；而且清河郡在汉高祖时已设置②，汉桓帝"改东莱为清河郡"之说毫无根据。另一种说法是汉高祖徙大姓于冀州，崔伯基一支徙居清河。前引《崔备墓志》即称汉高祖徙大姓之后于冀州，伯基、仲牟兄弟分居清河与博陵，形成二望；再如《崔扶墓志》曰"汉高帝有天下，徙大姓于清河，遂为清河东武城人"③；《崔氏（李皋妃）墓志》曰"自东莱徙居清河"④。此说将清河、博陵二支分衍，归因于汉高祖迁徙大姓，相对合理，因为宗族分衍往往与成员迁居不同地方有关。不过，史籍虽有汉高祖徙"齐楚大族昭氏、屈氏、景氏、怀氏、田氏五姓"及"燕、赵、韩、魏之后"于长安附近长陵的记载，⑤ 但不存在徙大姓于冀州的任何记述。汉高祖迁徙崔伯基于清河之说，当是中古清河崔氏重新书写家族史的结果，旨在解释东莱侯崔伯基为何家于清河郡东武城。

3. 崔仲牟

崔仲牟，《姓纂》《新表》记述较略，仅称他居博陵安平，后世为博陵崔氏。这或许是因为《姓纂》《新表》之说源自清河崔氏的家谱，以致崔仲牟的记述较简略。从博陵崔氏人物的墓志中，则可发现较详细的记述。就崔业字伯基来看，"仲牟"亦应是字，唐代《崔氏（刘密妻）墓志》称其名为"峰"。⑥《崔氏墓志》是志主外甥辛勖所撰，应有崔氏家谱为据。崔仲牟的官职，《崔萼墓志》作"渔阳守"⑦，由于没有其他材料，今无从判断真伪。《崔震墓志》提到"秦相仲侔"⑧，则是把崔意如的官职（司徒）错误地按到

① 周绍良、赵超主编：《唐代墓志汇编》，上海古籍出版社 1992 年版，第 1657 页。

② 周振鹤：《西汉政区地理》，人民出版社 1987 年版，第 91 页。

③ 吴钢主编：《全唐文补遗》第 8 辑，第 153 页。

④ 吴钢主编：《全唐文补遗》第 1 辑，第 235 页。

⑤ 《汉书》卷 1《高帝纪》，中华书局 1962 年版，第 66 页；《续汉书志·五行志三》注，中华书局 1965 年版，第 3307 页。

⑥ 吴钢主编：《全唐文补遗》第 3 辑，第 164 页。

⑦ 周绍良、赵超主编：《唐代墓志汇编》，上海古籍出版社 1992 年版，第 2045 页。

⑧ 吴钢主编：《全唐文补遗》第 4 辑，第 63 页。

崔仲牟身上了。崔仲牟的爵位，墓志存在二说：一说为"汶阳侯"，见唐代《崔玄隐墓志》《崔璘墓志》《崔德墓志》《崔氏（刘密妻）墓志》《崔氏（王景元妻）墓志》《崔混之墓志》，① 例如《崔璘墓志》称"东莱侯意如少子仲牟汉封汶阳侯"；另一说为"博陵侯"，见唐代《崔氏（崔仁意长女）墓志》②、《崔锽墓志》，例如《崔锽墓志》称"汉博陵侯"为志主远祖。正如崔伯基为汉东莱侯之说不实，崔仲牟为汶阳侯或博陵侯，同样不见于《史记》《汉书》的"功臣侯表"，可证二说皆不实。此外，博陵郡设于东汉（详下文），尤可证博陵侯一说不实。

博陵崔氏郡望的生成，《姓纂》《新表》仅称崔仲牟居博陵安平，后世遂为博陵安平人。至于崔仲牟如何居博陵安平，则未作说明。上文指出崔仲牟封侯有汶阳侯、博陵侯二说。若按汶阳侯说，崔仲牟封汶阳侯，汉无汶阳郡，有汶阳县，属鲁郡，他为何家于博陵就是问题了。从墓志来看，唐代博陵崔氏认为崔仲牟封汶阳侯，但徙居涿郡（安平县），后汉改涿郡置博陵郡，其子孙遂为博陵安平人。《崔氏（王景元妻）墓志》即曰"至廿五代祖仲侔，封汶阳侯，家于涿郡南安平亭，汉桓帝改为博陵郡"，《崔璘墓志》《崔氏（刘密妻）墓志》也有类似说法。③ 这种说法与清河崔氏郡望生成的说法相似，但存在一个地理问题：博陵崔氏世居安平县，安平县在西汉属涿郡，至东汉先后隶乐成国、安平国，最后属博陵郡。④ 是故，汉代博陵崔氏人物，例如崔骃，史书记作"涿郡安平人"⑤。不过，博陵郡是桓帝延熹元年（158）析中山郡置，⑥ 而非改涿郡而设。《崔绚墓志》的说法较合乎史事，其称"司徒少子仲牟始居涿郡，后置博陵郡，而安平属焉"。当然，由于崔仲牟封汶阳侯之说不可信，以此为基础再称他徙居涿郡云云，令人难以尽信。至于博陵侯说，倘仲牟封博陵侯，自可家于当地，《崔氏（崔仁意长女）墓志》即称"建侯于博陵，遂加［家］于博陵焉"。但汉初无博陵郡，崔仲牟何以能"家于博陵"。本文以为崔仲牟封博陵侯、家于博陵之说，可能是撰墓志者省略仲牟封汶阳侯、徙家于博陵之说所致，墓志经常出现这种因略写而致误的情形。

通过以上考察，可以看到姓书、碑志所载崔意如、崔伯基、崔仲牟三人的官、爵、事迹，往往经不起历史事实的检验；清河、博陵二望生成的说法，也充满了后世构建的成分。甚至崔意如、伯基、仲牟父子三人，是否真实存在过，也令人质疑。研究者曾提出中古士族的祖先追述，可划分三个层次：攀附追述的先秦人物、真假参半的汉魏先哲、比较

---

① 《崔璘墓志》《崔氏（王景元妻）墓志》，见上文征引。《崔德墓志》《崔玄隐墓志》《崔氏（刘密妻）墓志》《崔混之墓志》，依次见周绍良、赵超主编：《唐代墓志汇编》，上海古籍出版社1992年版，第836、1500页；吴钢主编：《全唐文补遗》第3辑，第164页；《全唐文补遗》（千唐志斋新藏专辑），第257页。

② 吴钢主编：《全唐文补遗》第1辑，第175页。

③ 《崔混之墓志》《崔氏（皇甫壖妻）墓志》亦称崔仲牟家于涿郡，但未言改涿郡置博陵郡事。见吴钢主编：《全唐文补遗》（千唐志斋新藏专辑），第257、395页。

④ 《汉书》卷28上《地理志上》，中华书局1962年版，第1587页；《续汉书志·郡国志》，中华书局1965年版，第3435页。

⑤ 《后汉书》卷52《崔骃传》，中华书局1965年版，第1703页。

⑥ 《后汉书》卷7《桓帝纪》，中华书局1965年版，第303页。

可信的近世高僧。① 中古崔氏将崔意如与先秦真实存在的人物崔杼、崔明连接起来，令崔氏谱系尽可能完整，使家族看上去源远流长。他们对崔意如父子官、爵、事迹的虚构，旨在令清河、博陵二望的祖先拥有较高的身分，正是中古士族注重阀阅的反映。他们构建了伯基、仲牟分别迁徙他地的说法，则是他们对崔氏清河、博陵二望如何生成不得不给出的说明。

三、中古崔氏的同姓联结

　　在中古崔氏塑造的谱系中，清河崔氏和博陵崔氏有着共同的姓氏起源，二望的初祖崔伯基与崔仲牟被记作是兄弟，因在汉朝分居二地，渐形成清河、博陵二望。毛汉光曾指出中古士族按"支—房—望—姓"的顺序越来越疏远。② 就中古崔氏而言，清河崔氏与博陵崔氏因郡望有别，作为两个郡姓或氏族存在。北朝隋唐所谓"五姓七家"，"五姓"崔卢李郑王，其中崔、李二姓均包含两家，清河崔氏、博陵崔氏无疑是作为两个高门望族存在的。文献中亦存在着清崔、博崔地位高下的描述，例如《金华子》称"崔氏博陵与清河，亦上下其望族"③。再如《北齐书》载崔㥄"以籍地自矜"，谓范阳卢元明曰："天下盛门，唯我与尔，博崔、赵李，何事者哉！"博陵崔暹"闻而衔之"④。这是清崔与博崔对门第高下的争议，还透露出清崔门第似高于博崔。但此说的可靠性，学者们的态度不一。⑤ 其实，二者均为中古士族之佼佼者，故同姓也要分出高下；倘高下立判，反而没有比较的必要了。

　　文献记载了清崔、博崔的门第差异，从崔氏人物的碑志中却可发现二者的联系。我们注意到二者的墓志存在用彼此的祖先作为家族先贤来夸耀的例子。例如唐《崔孝昌墓志》曰："太守寔之立言，司空林之清直，代为冠族，天下宗之。"⑥ 崔孝昌为清河人，而"太守寔"即东汉崔寔，却是博陵安平人，这是清河崔氏用博陵崔氏的先贤来夸耀族姓。清河崔氏成员墓志用汉代博陵崔氏人物作为家族先贤来夸耀的例子，至少还有7例，例如《崔夐墓志》曰"注传古今，铭启座右"，《崔韶墓志》曰"汉储尊道，依盛德而保离宫"，《崔哲墓志》曰"子玉清猷"，《崔虞延墓志》曰"座右垂诫"，《崔迈墓志》曰

　　① 范兆飞：《中古郡望的成立与崩溃——以太原王氏的谱系塑造为中心》，《厦门大学学报》（哲学社会科学版）2013年第5期；《胙土命氏：汉魏士族形成史论》，《复旦学报》（社会科学版）2016年第3期。

　　② 毛汉光：《中古山东大族著房之研究》，《中国中古社会史论》，上海书店出版社2002年版，第189页。

　　③ 刘崇远：《金华子》卷下，《唐五代笔记小说大观》，上海古籍出版社2000年版，第1762页。

　　④ 《北齐书》卷23《崔㥄传》，中华书局1972年版，第334页；

　　⑤ 伊佩霞：《早期中华帝国的贵族家庭：博陵崔氏个案研究》，范兆飞译，上海古籍出版社2011年版，第77~78、99页；周一良：《〈博陵崔氏个案研究〉评介》，《魏晋南北朝史论集》，北京大学出版社1997年版，第521页；高诗敏：《有关北朝博陵崔氏的几个问题》，《首都师范大学学报》（社会科学版）1998年第5期；夏炎：《中古世家大族清河崔氏研究》，天津古籍出版社2004年版，第95~96页；毛汉光：《中古山东大族著房之研究》，《中国中古社会史论》，上海书店出版社2002年版，第202页。

　　⑥ 周绍良、赵超主编：《唐代墓志汇编》，上海古籍出版社1992年版，第1137页。

"甘陵华宗亭伯胄"，《崔嘉墓志》曰"座右题铭，子玉有立身之诚"，《崔璠墓志》曰"《四人月令》，作范于前；座右之铭，遗戒于后"，① 使用了博陵崔氏的夏黄公崔广（商山四皓之一，曾辅佐汉太子）、崔寔（作《四民月令》）、崔骃（字亭伯）、崔瑗（字子玉，作《座右铭》）、崔豹（撰《古今注》）等人的典故。

同样，博陵崔氏也用清河崔氏的先贤来夸耀。唐《崔宜之墓志》曰"琰居八座，林践三阶"，《崔金刚墓志》曰"魏季珪之清直"，《崔璆墓志》曰"琰辅魏室"，《崔蕃墓志》曰"季珪由屏风著"，《崔氏（崔环女）墓志》曰"魏耀伯渊之策"，《崔思忠墓志》曰"林为社稷之器，孟康表之而岂惨"，《崔安俨墓志》曰"季珪既知，丞相得史鱼之重"，《崔同墓志》曰"宦成中尉，季［珪］标抗直之名"，《崔晞墓志》曰"魏之中尉，驰誉于西曹"，《崔安敬墓志》曰"季珪之雅望清规"。② 这些墓志将清崔的崔琰（字季珪）、崔林、崔浩（字伯渊）当作博陵崔氏的先贤来鼓吹。

这种误认祖先、"数典忘祖"的现象，学人已经注意到。伊佩霞发现博崔墓志中错误追认祖先的现象，认为这反映了他们怀疑"自己究竟是不是博陵崔氏的后裔，抑或他本人对自身祖先的历史起源并不关心"；周一良认为这种"数典忘祖"的表现"恰足说明唐代门阀士族的衰落"，门阀制度下的一些习俗随之消失；陈爽则提出这种"昭穆不定、数典忘祖的现象，究竟是出现于唐代，还是北朝后期就已出现，是一个值得注意的现象"。③ 三位学者所论，均有一定道理。但笔者认为可作另一种解释，即清河崔氏与博陵崔氏将彼此视作广义上的同宗或同族，因此得以将同姓不同望的人物视作本家先贤。《新唐书·宗室世系表》追溯陇西李氏与赵郡李氏的谱系，也将他们的祖先记述成兄弟。④《唐国史补》称二者"昭穆不定"，"或孙为祖，或祖为孙"⑤，虽然昭穆不定，但无疑互视为同宗。崔氏二望亦当类似，承认彼此存在着亲缘关系，故可称引彼此先世来夸耀门第。就功利角度来讲，这种"误认祖先"之举，也是十分必要的。从清河崔氏和博陵崔氏的家族史来看，二者显达的时段有别。博崔在汉代多名臣显宦，例如崔寔、崔骃、崔瑗；清崔则

---

① 上引 7 方墓志，依次见《全唐文补遗》第 1 辑，第 195 页；《全唐文补遗》第 2 辑，第 355 页；《全唐文补遗》第 3 辑，第 34 页；《全唐文补遗》第 5 辑，第 387 页；《全唐文补遗》（千唐志斋新藏专辑），第 308 页；邓艳平：《〈秦晋豫新出墓志蒐佚〉初唐墓志整理与研究》，西南大学硕士学位论文，2015 年，第 99~100 页；周玲：《〈秦晋豫新出墓志蒐佚〉晚唐墓志整理与研究》，西南大学硕士学位论文，2015 年，第 97 页。

② 《崔氏（崔环女）墓志》《崔同墓志》，见上文征引。《崔宜之墓志》《崔金刚墓志》《崔璆墓志》《崔蕃墓志》《崔思忠墓志》《崔安俨墓志》《崔晞墓志》《崔安敬墓志》，依次见周绍良、赵超主编：《唐代墓志汇编》，上海古籍出版社 1992 年版，第 1191、1288、2078、2142 页；《全唐文补遗》第 8 辑，第 366 页；《全唐文补遗》第 9 辑，第 360 页；《全唐文补遗》（千唐志斋新藏专辑），第 203 页；邓艳平：《〈秦晋豫新出墓志蒐佚〉初唐墓志整理与研究》，西南大学硕士学位论文，2015 年，第 97 页。

③ 伊佩霞：《早期中华帝国的贵族家庭：博陵崔氏个案研究》，范兆飞译，上海古籍出版社 2011 年版，第 125~126 页；周一良：《〈博陵崔氏个案研究〉评介》，《魏晋南北朝史论集》，北京大学出版社 1997 年版，第 525 页；陈爽：《世家大族与北朝政治》，中国社会科学出版社 1998 年版，第 77 页。

④ 《新唐书》卷 70 上《宗室世系表上》，中华书局 1975 年版，第 1956 页。按：李氏陇西房初祖李崇和赵郡房初祖李玑被说成是秦御史大夫李昙的长子和次子。

⑤ 李肇：《唐国史补》卷上"二李叙昭穆"条，《唐五代笔记小说大观》，上海古籍出版社 2000 年版，第 166 页。

于魏晋多高官名士，例如崔琰、崔林，互相攀引有助于鼓吹阀阅的连续性。

事实上，尽管士人按"支—房—望—姓"关系渐疏，但中古北方士族十分注重同姓关系，有"北土重同姓"之说。① "重同姓"的结果，往往导致同姓家族"通谱系""叙昭穆"。中古时期同姓"合族""通谱"的例子屡见于史，② 今人称作"联宗"或"联姓""同姓联结"③。合族、通谱或同姓联结，有的只是个人或家族间的攀附，但也不乏用家谱记录下来的情形。比如京兆韦氏的韦鼎和韦世康家族，因分居南北，世系不明，后来韦鼎"考校昭穆"，"作《韦氏谱》七卷"。④ 这是同姓望家族通过编修家谱确认不同房支的关系。再如唐代李义府初与赵郡李崇德"叙昭穆"，后李义府遭贬官，史称李崇德将李义府从家谱中"除削"。这是同姓不同望者借助家谱建构亲族关系。

在《姓纂》《新表》等文献中，清河崔氏和博陵崔氏的祖先被说成是兄弟关系。这无疑也是崔氏家谱、家传承认的。考崔氏家谱遗文，今存《崔氏谱》佚文涉及的都是博陵崔氏人物，⑤ 是否包含清崔人物不得而知。文献著录有崔鸿《崔氏世传》，又作《崔氏五门家传》《崔氏家传》，作者崔鸿出自清河崔氏，但《北堂书钞》《太平御览》引崔鸿《崔氏家传》遗文则载有博陵崔氏崔瑗、崔寔的事迹。⑥ 而且，《崔氏五门家传》之"五门"，姚振宗认为指崔氏"郑州、鄢陵、南祖、清河、博陵五房"⑦，前四房属清河崔氏，第五房为博陵崔氏。这也是崔氏家谱、家传将清崔、博崔都包含在内的一个证据。尽管清崔与博崔在北朝以来的关系并不十分密切，但通过家谱、家传可以将二者的世系联系起来，建立起一定程度的亲属认同。崔伯基与崔仲牟，这两个不尽真实的人物，被塑造成清崔与博崔的祖先，并被说成是兄弟关系，可能就是清河崔氏与博陵崔氏协商的结果。这种关系被《姓氏英贤传》《元和姓纂》等姓书、谱牒记录下来，崔氏二望的亲缘认同无疑又得到了强化。

清崔与博崔人物的彼此认同，墓志中也有个案可寻。博陵《崔德墓志》称崔德为"汉汶阳侯之余胄，清河郡之近裔"，即将博崔视作清崔的"近裔"。将此与上文讨论的清崔、博崔互相误认祖先的情形结合起来看，尤见二者对彼此亲缘关系的认同。还可注意的是，唐代清河崔阅撰写的《崔璘墓志》称博陵崔璘临终前，希望其子崔钺能请崔阅来撰写墓志，理由是清崔与博崔胤出同源，且崔阅"必能扬我祖宗之德行"，所以要让崔阅来写墓志。崔钺于是再三恳请崔阅为其父撰述墓志，崔阅"辞让不获"，方撰写了墓志。崔璘希望崔阅为自己撰写墓志，固然是因为崔阅本人有能力，但清崔与博崔的同源共祖的关

---

① 《宋书》卷46《王懿传》，中华书局1974年版，第1391页。

② 黄汝成：《日知录集释》卷23"通谱"条，上海古籍出版社2006年版，第1294~1296页。

③ 王晓丽：《唐五代拟制血亲研究》，张国刚主编：《中国社会历史评论》第1卷，天津古籍出版社1999年版，第41页；钱杭：《论通谱》，《史林》2000年第1期。

④ 《隋书》卷78《艺术传·韦鼎传》，中华书局1973年版，第1772页。

⑤ 章宗源：《隋书经籍志考证》，清华大学出版社2012年版，第168页。

⑥ 《隋书·经籍志》载崔氏《崔氏五门家传》二卷，《新唐书·艺文志》载崔鸿《崔氏世传》七卷，《北堂书钞》《太平御览》引作崔鸿《崔氏家传》。章宗源、朱延祖均认为这些是同一部书。见章宗源：《隋书经籍志考证》，清华大学出版社2012年版，第254页；朱祖延：《北魏佚书考》，中州古籍出版社1985年版，第77~78页。

⑦ 姚振宗：《隋书经籍志考证》，清华大学出版社2014年版，第842页。

系，无疑也是他要考虑的因素，透过此事也可看出清崔与博崔对彼此亲缘关系的认同。

当然，作为中古士族的两大著姓，清崔和博崔房支派多，同望不同房支的亲族亦存在高下之别，像一些家族那样出现"合族"现象不太现实。但同姓的事实和同源的谱系，为二者产生亲缘认同和松散的同姓联结提供了基础。

四、结　语

中古崔氏家族利用《左传》中崔"出于丁"的说法，将崔姓起源追溯到先秦的姜齐，提出齐丁公子孙"食崔命氏"之说；并以《左传》《淮南子》高诱注等文献为基础，重建了齐丁公至崔杼间世系。这一整齐祖先世系的工作展现了崔氏家族的源远流长。在中古以郡望相矜的社会文化环境下，他们还以崔意如、伯基、仲牟父子三人为核心，构建了清河、博陵二望的生成过程。崔氏姓望溯源的叙事，被崔氏家谱、家传、碑志所记录，又收入《姓纂》《新表》等姓书、谱牒。在这一叙事中，清河崔氏和博陵崔氏共享姓氏起源，二望的初祖被记作兄弟关系，在北朝隋唐"重同姓"的社会环境下，二者形成一定程度的亲缘认同。

崔氏家族姓望溯源、重构谱系的工作，几乎所有的中古士族都做过。① 他们都将自家祖先追溯到先秦名人，甚至是传说人物；他们也都着重描述自家郡望生成的过程。本文对中古崔氏的考察，就是通过个案来展示这一点。崔氏清河、博陵二望因姓望起源的渊源建立起的亲缘认同，也展现了中古时期同姓不同望的家族如何认识彼此的关系，如何通过谱系构建彼此的亲缘关系。

（作者单位：吉林大学文学院）

① 西方学者曾指出贵族谱系在开端的传说英雄和历史真实人物之间，往往由一连串的杜撰的人名来填补缺口。这与中国中古士族谱系虽不尽相同，但存在相通之处。参见扬·阿斯曼：《文化记忆：早期高级文化中的文字、回忆和政治身份》，金寿福、黄晓晨译，北京大学出版社 2015 年版，第 43 页。

子思生卒及师承考述[*]

□ 宋立林

　　子思是孔子裔孙，位列儒家道统，被尊为"述圣"，但是由于文献缺略有间，有关子思的很多问题也因此存在众多争议，在近代以来的中国哲学史与中国儒学史著述之中，子思也并未占据应有的地位。而随着简帛文献尤其是郭店楚简和上博竹书的问世，有关子思的研究逐渐为学界所重视。一些儒学史的著述也开始改变了过去"孔—孟—荀"先秦儒学三段论的叙述，将子思纳入儒学史。为厘清有关问题，本文希望能够在前人基础上对子思生卒及其师承作进一步的考述。

一、子思之生卒年考

　　因为子思之生卒年，关涉子思事迹甚夥，如子思是否曾亲受教于孔子，子思是否曾为鲁穆公师等，所以历来争议颇大。

　　钱穆《先秦诸子系年·子思生卒考》条分缕析，辨正旧说，推测子思生于公元前483年，其卒不晚于前402年，享年八十二。[①] 蒋伯潜《诸子通考》亦同意子思寿八十二。[②] 但其推定伯鱼卒于鲁哀公二年，而"孔伋适生于此年"，当前495年；推定子思卒于鲁穆公二年，穆公元年为前407年，则子思之卒当前406年。这样子思年岁则不止八十二，竟有九十岁矣，蒋氏所谓"以哀公二年，孔子年五十九推之，至穆公二年而卒，恰为八十二岁"[③]，不知如何推算得之？蒋氏之说前后矛盾，十分显然。

　　因太史公未提及子思之生年，故其卒年亦未能确定，且所记子思年寿可能有误，这需要通过排比史料，找出合理的答案。

　　蒋伯潜与孔德立等在考证子思生年时，同时否定了《史记》的另一记载，即关于孔伋之父伯鱼的年寿。《史记·孔子世家》云："伯鱼年五十。"二氏皆以为"五十"当为"四十"之误。[④] 若果如此，则子思之生年至少可以提前十年。而孔德立又据颜子之卒年

---

　　* 本文得到第 57 批中国博士后科学基金面上资助项目（2015M572204）的资助。

　　① 钱穆：《先秦诸子系年》，商务印书馆 2001 年版，第 199 页。
　　② 蒋伯潜：《诸子通考》，浙江古籍出版社 1985 年版，第 104 页。
　　③ 蒋伯潜：《诸子通考》，浙江古籍出版社 1985 年版，第 284~285 页。
　　④ 蒋伯潜：《诸子通考》，浙江古籍出版社 1985 年版，第 122~123 页。

以推测伯鱼之卒年，认为颜子当卒于孔子周游途中的鲁哀公四年，即公元前491年，则伯鱼卒年当早于或同于颜子卒年，故至少不晚于前491年，那么子思之生年亦当不晚于此年。①

我们认为，蒋、孔二位的论证存在问题。其论证有个前提观点，即伯鱼当卒于鲁哀公四年，享年四十岁。我们认为，这两点都值得重新思考。《史记》所记"伯鱼年五十"为"四十"之误的可能性不大。因为在战国秦汉古文字中，"五"与"四"写法差别甚大，二者相混或相讹的情况不太可能出现。因此，《史记》所载伯鱼年龄，不能轻易否定。②

通过综合比较各种记载，我们认为，子思之生年当在公元前493—前486年之间。因为《孔丛子·记问》篇，记载了子思与孔子的对话：

> 夫子闲居，喟然而叹。子思再拜，请曰："意子孙不修，将忝祖乎？羡尧舜之道，恨不及乎？"夫子曰："尔孺子安知吾志？"子思对曰："伋于进膳，亟闻夫子之教，其父析薪，其子弗克负荷，是谓不肖。伋每思之，所以大恐而不解也。"夫子忻然笑曰："然乎！吾无忧矣，世不废业，其克昌乎！"

除了这一则材料之外，还有三四条子思与孔子的问答。从这些对话来看，子思之年龄当在七八岁以上，十五岁以下。因为如果太小，自然不会说出这样富有深意的话来；如果年龄太大，孔子则不会称之为"孺子"。《孔丛子·居卫》亦有乐朔称子思"孺子"之语，其时"子思年十六"，或其时乃祖去世不久。也就是说，在公元前479年孔子卒年，子思之年龄当在7~15岁之间。

据《礼记·檀弓》："子思之哭嫂也为位，妇人倡踊。"则知子思有嫂，既有嫂，必有兄长。又《檀弓》："子思之母死于卫，柳若谓子思曰：'子，圣人之后也，四方于子乎观礼，子盍慎诸？'子思曰：'吾何慎哉？有其礼，无其财，君子弗行也。有其礼，有其财，无其时，君子弗行也。吾何慎哉？'"又记："子思之母死于卫，赴于子思，子思哭于庙。门人至，曰：'庶氏之母死，何为哭于孔氏之庙乎？'子思曰：'吾过矣，吾过矣。'遂哭于他室。"③ 据此，子思则非嫡出。伯鱼之嫡子或已早卒且无后，惟余孔伋一子，孔子支脉由斯而传，故《史记》记之。有人以为如果伯鱼有二子，《史记》当有所记载，可司马迁未载，说明伯鱼当只有一子，此处之"嫂"，或指孔子之兄子孔忠子之妻。我们以为，古人所记世系乃至师承谱系，多数为自后往前之追溯，因此往往出现单线传承现象。司马

① 孔德立：《〈孔丛子〉与子思生年问题》，《齐鲁学刊》2004年第2期，第26~30页。

② 戚福康、施建平二位亦是以颜子之死定伯鱼卒年，而同样认为伯鱼卒时为四十岁。但同样不能解答《史记》所记之"五十"何以是"四十"之讹。他们考察后认为，子思之生年当为公元前490年左右，卒年当在公元前405年左右，享年八十六岁。参氏著《子思学源辨正》，《湖南科技学院学报》2010年第1期，第19页。

③ 对于《檀弓》中关于子思的这几条记载，清儒简朝亮认为，这个"子思"并非孔伋，而是孔子弟子原宪。孔德立亦曾引证这一说法。我们认为，这一看法之误十分明显。《檀弓》上明言子思乃"圣人之后"，"哭于孔氏之庙"，则为孔子裔孙孔伋十分显然。见简朝亮：《礼记子思子言郑注补正》，《续修四库全书》，上海古籍出版社2002年版，第192页。孔德立：《早期儒家人道思想的形成与演变——以子思为中心》，巴蜀书社2010年版，第49页。

迁所记孔子世系，亦当如此。他可能根据孔安国等所上溯之世系，故未及伯鱼之另子。

另有一种看法，因史籍只载子思葬母，未见葬父，而疑其为遗腹子。钱宾四即持此说，并指出子思既然有兄，而伯鱼早卒，则子思之生年不能甚前，因此不可能亲受夫子之教。① 我们认为，以载籍未见孔伋葬父来推断其乃伯鱼之遗腹子，有些失当。伯鱼卒时已五十岁，若其嫡子即子思之兄生于其二十岁时，则二子年龄不当相差如此之大。更为重要的是，伯鱼卒于孔子六十九岁时，越四年而孔子卒。从上述分析可知，孔子晚年子思当至少有七八岁以上之年纪。②

而据各种文献，包括出土文献《鲁穆公问子思》证明，子思确曾为鲁穆公师。当然此处所谓"师"不必拘泥理解。最起码可知鲁穆公对子思十分礼敬。而鲁穆公元年，按《史记·六国年表》及《鲁国史》当公元前 407 年③，或依钱宾四、杨泽波、梁涛等推断为前 415 年，同时据《孔丛子·杂训》，鲁穆公即位三年曾向子思请教问题，可知此年子思仍健在。从多种信息看，子思与穆公当有多年之共事交往。显然，《史记》六十二岁之说存在问题，应当是后世传抄致误或司马迁所据材料有误。

子思当享高寿，《史记》六十二岁之说当有误，自清代学者毛奇龄《四书剩言》引王草堂《复礼》、孔继汾《阙里文献考》以来，以至近人钱宾四，都主张当为"八十二"之误。从战国、汉代出土文献可见，"六"字与"八"字确实相近，"六"仅比"八"多上方的一点和一弯横画，下部的一撇一捺完全一致，易于因字形残缺而致讹。故此说可从。

另外，郭沂认为"六十二"当是"九十二"之误，但是检核战国及汉代简帛，可以发现，大部分情况下，"六"与"九"字形差别较大，但是有个别字形确实相近，容易因为墨迹的漫漶而造成讹误。故此说只能存疑，留待参考。因为此说较之"八十二"说尤

---

① 钱穆：《先秦诸子系年》，商务印书馆 2001 年版，第 199~202 页。

② 明代焦竑《焦氏笔乘》卷三"孟子非受业子思"条云："考之孔子二十生伯鱼，伯鱼先孔子五年卒。孔子之卒，敬王四十一年，子思实为丧主，四方来观礼焉。子思生年虽不可知，然孔子之卒，子思既长矣。"（上海古籍出版社 1986 年版，第 92 页）周广业《孟子四考四·孟子出处时地考》引詹氏小辨《子思孟子考》云："伯鱼先孔子五年卒，孔子卒，子思为丧主，知其年已长矣。"（《清经解续编》第 9 册，凤凰出版社 2005 年版，第 1092 页）林按：二人所论皆以孔子卒时，子思为丧主，故其年已长。但孔子卒，子思是否为丧主，未见于载籍，而即使为丧主，亦与其年龄无关。见于《礼记·檀弓》者有一条："子思之母死于卫，柳若谓子思曰：'子，圣人之后也。四方于子乎观礼，子盍慎诸？'"所记者乃子思之母死，非孔子卒。虽然我们认为，孔子卒时，子思年龄绝非甚小，但焦氏、詹氏之说却不足为据。而高专诚等以为"圣人之后"的说法，明显是汉人的表述。因此他认为《礼记》所载多为汉人之说，不可信据。我们认为，在先秦时期，甚至在孔子在世时，目孔子为圣人之说已经出现，绝非至汉代方兴。而近来对《礼记》之研究已经表明，该书所载多为先秦儒家诸子之说，虽经汉人编辑整理，但是并不能据此将之视为汉人之作，而否定其记载的可信性。

③ 参见郭克煜等著《鲁国史》（人民出版社 1994 年版）第 273~277 页所载"战国时期鲁史系年"及第 468 页"鲁国大事年表"。孔德立从此说。而钱宾四之说，见《先秦诸子系年》（商务印书馆 2001 年版，第 178~179 页）。杨泽波《孟子评传》（南京大学出版社 1998 年版）从之，见该书第 24 页。梁涛、刘宝才等《中国学术编年·先秦卷》（陕西师范大出版社 2005 年版）亦从之，见该书第 280 页。对于鲁穆公元年之考辨，此两说孰是孰非，不敢遽下论断。

能使各种矛盾之处得以消融。①

综合以上，我们认为，子思之生卒年因史料不足，不能遽以论断。不过，可以大体推测一个范围：其生年当在公元前493—前486年之间，其卒年当在公元前412—前405年之间。

二、子思的师承

子思的师承问题，史籍中没有明确的记载。自从宋儒提出"孔—曾—思—孟"的"道统说"之后，子思师承曾子的说法便成为一种共识。不过，随着"道统说"的式微，人们对此成说表示了怀疑。子思师承再次成为争论不休的问题。

我们认为，子思从辈分上来说，属于孔子裔孙，当为孔门再传。不过，子思曾经亲受业于孔子。只是年限不长，随着孔子的去世，子思也只能就学于孔子的诸位弟子。② 而在孔子弟子中，曾子与子游可能对子思的影响较大。

关于曾子与子思的关系，较早提到的是唐代韩愈。他说："孟轲师子思，子思之学，盖出曾子。"③ 彼用一"盖"字，显系推测之辞。不过，这一说法得到宋儒的大力表彰，并形成儒家"道统说"，影响深远。近代以来，这一说法虽然遭到多数学者的否定，但如果细致分析，二人存在师承是有可能的，宋儒的说法恐怕亦非空穴来风、向壁虚造。侯外庐《中国思想通史》中对曾子与子思的师承关系予以了重新的考察，并加以肯定，认为"曾子与思、孟的思想的确是在一条线上发展的"④，李耀仙也肯定"孟子学于子思之门人，远源出于曾子"⑤。与侯说一致。但侯外庐对曾子与思孟为儒门正统的说法则予以否定，他说："曾子为孔子之正传之说，则绝非事实"，曾子"在思想实质上，则抛弃了孔学的积极成分，而片面地承继了并且扩大了孔学的消极成分"，因此他对宋儒叶适的

---

① 李健胜不同意"六十二"有误说。但学者多已指出，如果子思年六十二，即使其为伯鱼之遗腹子，亦不能为鲁穆公师。但李健胜指出，子思为鲁穆公师当是鲁穆公为世子时事。但典籍中明确有鲁穆公说"寡人不德，嗣于先君之业三年矣"之语，则该说之误可知。当然，《孔丛子·杂训》之记载，可以"伪书"不足据为由否定之。但综合相关文献，我们认为，尽管《孔丛子》书中可能有诸多伪托之处，但没有理由否定这一记载。李说见其著作《子思研究》（陕西师范大学出版社2009年版，第32页）。笔者曾就此求教于精于古文字的侯乃峰博士，他认为六与九字形相差较大，出现讹误的可能性不大。

② 李健胜认为，学术界一般都认为子思之学出于曾子或子游，但都没有确证，且说法并不统一。利用上博简《孔子诗论》和《论语》中的有关史料，并结合先秦仁学谱系的知识背景，可推知子思可能从学于孔子门人，但其学并不出于曾子或子游，而是继承了孔子的晚年思想。见其《子思从学考释》，《青海师范大学学报》2003年第2期，第57页。我们认为，李氏之排斥曾子、子游对子思之影响的成说，是不妥当的。不过，他指出孔子晚年思想对子思的影响则是正确的。但他对孔子晚年思想的有些把握则可能存在问题。如他将《论语·先进》"莫春者，春服既成，冠者五六人，童子六七人，浴乎沂，风乎舞雩，咏而归"中包含的"情性主张"看作孔子晚年思想，便明显有误。我们知道，"四子侍坐章"中所展现的主要是孔子早期弟子与孔子的思想交流场景。

③ （唐）韩愈：《送王秀才序》，余冠英等主编：《唐宋八大家全集·韩愈集》，国际文化出版公司1997年版，第392页。

④ 侯外庐、赵纪彬、杜国庠：《中国思想通史》第1卷，人民出版社1957年版，第364页。

⑤ 李耀仙：《辟韩非"儒分为八"说》，《先秦儒学新论》，巴蜀书社1991年版，第88页。

"孟子本于子思，子思本于曾子"而以为曾子对于孔子之道"独受而传之，大不可也"的说法表示赞同，以为是"不易的至论"。① 这就表明，侯外庐承认曾子与思孟一系，是为了反对宋儒的"道统说"。李学勤也一直肯定曾子与子思的师承关系，认为宋儒的说法有其根据。② 业师杨朝明对此也进行了考察，肯定了传统的说法。③

尽管史籍中没有明确的记载曾子和子思之间的师承，但是从《孟子》所谓"曾子、子思同道"的说法可见二人关系之非同寻常。加之，在子思与孔子弟子同时出现的史料中，以曾子与子思同时出现居多，亦可从侧面佐证二人之师承的可能性。而从性格气质上看，曾子之"士不可以不弘毅"之说与子思的性格十分相近。另外《大学》与《中庸》确实存在着一定的承继关系，如论慎独、论诚等，皆可见思想的联系。④《孝经》⑤ 论孝与子思所传《中庸》《坊记》等重孝，皆有一致性。《曾子》十篇的思想与《子思》数篇进行比较，亦可见二者存在着密切的关系。当然，我们也不必讳言，二者之间存在的巨大差异。这是很自然的事情。思想的发展，必然导致师徒之间的思想差异，这是非常自然的事情。如果学生与老师的思想完全一致，那就没有思想的进步和发展可言了。⑥

---

① 侯外庐、赵纪彬、杜国庠：《中国思想通史》第1卷，人民出版社1957年版，第360~369页。

② 李学勤：《先秦儒家著作的重大发现》，姜广辉主编：《中国哲学》第20辑，辽宁教育出版社1999年版，第16页。

③ 杨朝明：《曾子与思孟学派学术关联申说》，杨朝明、修建军主编：《孔子与孔子弟子研究》，齐鲁书社2004年版，第429~440页。

④ 郭沂曾论证《大学》与《中庸》思想的密切关系，但他得出子思作《大学》的结论，则显得过于草率。见其《〈大学〉新论——兼评新儒家的有关论述》（《新儒家评论》第2辑，中国广播电视出版社1995年版）与《子思书再探讨——兼论〈大学〉作于子思》（《中国哲学史》2003年第4期）等文的论述。梁涛撰文《〈大学〉早出新证》，考证认为《大学》应成于曾子或其弟子之手。他也认为《大学》与《中庸》存在着密切的关系。他说："《中庸》的思想比《大学》更为成熟，故《大学》应在《中庸》之前。""《大学》与《中庸》思想上具有一定的联系，表现出前后的承接关系。"这可以成立，但他举的例证则不恰当。他说："《中庸》重视'修身'，并由此推向'治天下国家'，显然是受了《大学》'修、齐、治、平'的影响。"他又举《中庸》所引"子曰"的"凡为天下国家有九经"及"好学近乎知。力行近乎仁。知耻近乎勇。知斯三者，则知所以修身。知所以修身，则知所以治人。知所以治人，则知所以治天下国家矣"为例，将"子曰"部分看作子思之思想，显然有误。我们毋宁说是曾子受到了孔子的影响，更为合理。

⑤ 彭林曾撰文考证《孝经》为子思所作，很有启发性。我们认为这一结论有一定道理，可成一家之言。不过，他同时也承认，子思作《孝经》是将孔子与曾子论孝的对话编撰而成。由此可见，曾子与子思之师承关系。见氏著《子思作〈孝经〉说新论》，《中国哲学史》2000年第3期，第66页。

⑥ 刘光胜认为，子思早年受曾子影响较大，但曾子晚年由重仁义转变为重孝，对子思的影响日渐式微。见氏著《子思与曾子师承关系新证——兼谈荀子批判思孟"五行"的深层根源》，《简帛》第5辑，上海古籍出版社2010年版。对于这一观点，我们基本是认可的。不过，刘兄的论证却存在问题。他认为，子思的思想发展大致可以分为前后两个阶段：第一个阶段是以《缁衣》《表记》《坊记》为代表的语录体，主要是以"子曰"的形式阐发自己的思想，为子思思想的准备和酝酿期；第二个阶段是以《五行》《中庸》《鲁穆公问子思》为代表，用独立论著的形式进行自己学派的理论构建，为子思思想的成熟期。我们承认子思思想必然存在一个发展历程，可以分为前后两期。但是如将《表记》等三篇作为子思早年思想资料，忽视了其为"孔子遗说"的性质，则可能将孔子的思想安置到子思的身上。这一观点显然是受到梁涛的影响。对此，我们存在不同意见。如果将"子曰"判断为子思的思想，必须有坚实的证据和有力的论证，否则便属于冒险。

子游与子思有师承关系的记载，最早见于《荀子·非十二子》。荀子在批评了思孟五行之后，说"以为仲尼、子游为兹厚于后世"，这是子思、孟子之罪。不过，这里的"子游"，据清儒郭嵩焘等考辨，应系"子弓"之讹。① 理由是：《荀子》书中多次以仲尼、子弓并提，极尽尊崇。子游是被荀子批评为"贱儒"的，此处不应将子游与孔子并提。我们认为，郭氏这种推断可能有误。荀子推崇孔子、子弓固然属实，但不影响此处作"子游"，因为这里之所以连言"仲尼、子游"是就子思、孟子的思想谱系而言的，而并不表示子思、孟子代表他所推崇的儒家正统"仲尼—子弓"的思想谱系。②

关于子思师承子游的说法，由康有为正式提出。他说："著《礼运》者，子游。子思出于子游，非出于曾子。颜子之外，子游第一。"③ "子游受孔子大同之道，传之子思，而孟子受业于子思之门。"④ "子思、孟子之学传子游、有子之学者也。"⑤ 梁任公也认为，"子思、孟子之学，实由子游而以受于孔子也"⑥。到了郭沫若进一步肯定了这一关系。他说："子思之儒和孟氏之儒、乐正氏之儒应该只是一系。孟氏自然就是孟轲，他是子思的私淑弟子。乐正氏当即孟子弟子乐正克。但这一系，事实上也就是子游氏之儒。"⑦

随着郭店简的问世，学者对二者之间的关系进行了更为深入的考察。姜广辉不仅肯认了子游与子思具有师承关系，而且还认为子游、子思、孟子一脉相承，秉承孔子"天下为公"的思想，主张"君宜公举"，"民可废君"，在早期儒家之中，最富有人民性、主体性，抗议精神最强，是早期儒家的嫡系和中坚。⑧ 我们认为，子游能否属于孔门嫡系，尚值得讨论，不过，子游与子思之间的师承关系，是可以认可的。

林乐昌曾指出："子思之学，远源于孔子，近源为曾子和子游。"⑨ 蒙培元也认为，"子游很可能是思孟学派形成中的重要人物"⑩，梁涛对此表示赞同，他并且指出，不应以非此即彼的思维方式，在曾子与子游之间取舍，实际上，曾子、子游等人都可能对子思有所教育，有所影响。我们认为，这种看法是比较正确的，因此是可取的。

---

① 郭嵩焘云："荀子屡言仲尼子弓，不及子游，本篇后云'子游氏之贱儒'，与子张、子夏同讥，则此'子游'必'子弓'之误。"见王先谦《荀子集解》(中华书局1988年版，第95页) 引。

② 当然，我们也不能排斥此处"子游"为"子弓"之讹的可能。如果是作"子弓"的话，那么子思当与子弓有一定的师承关系了。关于子弓，我们专文有考，兹不赘述。此子弓当是孔子弟子仲弓，即冉雍。冉雍名列孔门四科之"德行"科，深受孔子推重，其能教育子思，亦属可能。只是材料阙如，我们无法确定二者之间的思想关联。

③ 康有为：《万木草堂口说·礼运》，《康有为全集》第2册，中国人民大学出版社2007年版，第316页。

④ 康有为：《孟子微·自序》，中华书局1987年版，第1页。

⑤ 康有为：《孟子微》，中华书局1987年版，第168页。

⑥ 梁启超：《论中国学术思想变迁之大势》，上海古籍出版社2001年版，第28页。

⑦ 郭沫若：《十批判书·儒家八派的批判》，《郭沫若全集·历史编》第2册，人民出版社1982年版，第131页。

⑧ 姜广辉：《郭店楚简与道统攸系》，姜广辉主编：《中国哲学》第21辑，辽宁教育出版社2000年版，第13~15页。

⑨ 韩旭晖：《郭店楚简与早期儒家思想研究的新拓展》，《孔子研究》2000年第5期，第124页。

⑩ 蒙培元：《〈性自命出〉的思想特征及其与思孟学派的关系》，《儒家思孟学派论集》，齐鲁书社2008年版，第16页。

子思作为孔子的裔孙，地位特殊。而孔门弟子与孔子之关系，有"拟血缘性"①，情同父子。孔子去世后，子思年幼，而伯鱼又先孔子卒，在这种情况下，孔门弟子担当起教育、培养子思的任务，实属自然之举。尤其是在孔子刚刚去世的数年中，孔子的弟子大多在鲁为孔子服丧，他们教育年幼的子思乃是情理之中的事情。

那么，除了曾子、子游之外，是否还有其他的弟子对子思施加过教育和影响呢？答案是肯定的。除了学者较为公认的曾子、子游之外，我们上面还提到了有子。其实，据《孔丛子·居卫》有子思"吾闻之子夏"的说法，而且子思学派善于诗学，则子夏对子思有所传授，亦属可能。另外，饶宗颐曾揭示简本《五行》有"重无"的思想，而据《礼记·孔子闲居》有孔子对子夏言"三无"之事，② 二者相通，则孔子这一思想当是子夏传于子思。蒙文通曾经指出："然寻诸儒分为八之事，其一为子思氏之儒，儒之兼取法家，莫著于此。"③ 又云："子思氏之儒，固援法而入于儒者也。"④ 而子夏又是公认的法家学派的源头之一，则子思与子夏之思想间存在巨大关联，又得一旁证。

另外，子张与子思之间也应当存在着师承关系。这一点通过《忠信之道》《从政》等简帛文献与传世文献的对比可以看出，对此我们有专文详细考述。⑤

子思生卒年及其师承的考证，正如诸多其他历史问题的考证一样，并没有足够的铁的证据来定谳，不过我们总是希望能够对已有的各种说法进行梳理，综合考辨，以便得出一个相对接近历史真相的看法。这就是这篇小文的用心所在。

（作者单位：曲阜师范大学中华礼乐文明研究所）

———————————

① 孔子与七十子之间的"拟血缘性"关系的说法受到了台湾佛光大学李纪祥老师的点拨和启发。
② 饶宗颐：《楚简与诗乐》，《饶宗颐新出土文献新证》，上海古籍出版社 2005 年版，第 157 页。
③ 蒙文通：《古史甄微》，巴蜀书社 1987 年版，第 232 页。
④ 蒙文通：《古史甄微》，巴蜀书社 1987 年版，第 234 页。
⑤ 戚福康、施建平二位之《子思学源辨正》一文对此问题进行了考证。他们认为，子思的启蒙教育得益于家人，儿童时期则得到孔子及其某些弟子的教诲，少年时期受到子游的影响较大，青年时期曾子成了他亦师亦友的导师与密友，而中年起与曾子、子游及其他孔子弟子共同总结孔子的儒家学说，使儒学成为一个更有系统的学术派别。而子思之所以能够成为儒学的主要传人，正是源于他多种学术继承和总结的结果。这与我们的看法有相当的一致性。不过，曾子、子游等与子思之关系因为资料缺乏，尚不能作过多的推论。而二位所据推论的很多根据尚有待论证，因此其结论越是具体，偏离事实的危险也就越大。关于子张与子思之间的关系，详参宋立林：《由新出简帛〈忠信之道〉、〈从政〉看子思与子张之师承关系》，《哲学研究》2011 年第 7 期。

礼学研究

韩信同《三礼图说》内容考略[*]

□ 乔 辉

一、韩信同生平说略

韩信同，史书无传。《宋元学案》卷六十四"潜庵学案"："韩信同，字伯循，宁德人。生淳祐十一年（1251）。陈普弟子，主建安云庄书院。至顺三年（1332）卒，年八十二。学者称为古遗先生，又号中村。"[①]《贩书偶记》"经部"卷二"三礼总义类·韩氏三礼图说二卷"，原注："元宁德韩信同撰，嘉庆十八年王氏麟后山房刊。"[②]《广仓学宭丛书·甲类·第一集》载："嘉庆十八年仲夏初吉，《元韩氏三礼图说》，福鼎王氏麟后山房刊……陈寿祺序言：'旧钞《三礼图》一册，卷末有延祐四年霍林陈尚德跋云："伯循注三礼竣，又取先儒图说考订异同。"'谨案伯循，元宁德韩信同，字尚德，号惧斋学者，称石塘先生。"[③] 上海图书馆集部善本书录（五）载清知圣教斋抄本《韩氏遗书》，言曰："韩氏遗书二卷，元韩信同撰。清杜氏知圣教斋抄本。……题'元宁德古遗韩信同存稿，明浮梁后学阎文振辑刊，署宁德县事新安韩士元重刊'。……信同，字伯循，号古遗，又号中村，福宁人。……至顺壬申卒，年八十有一。"[④]《千顷堂书目·卷二十九》载："元韩性同遗书二卷，宁德人，陈普弟子。"

清卢建其修乾隆四十六年《宁德县志·卷二·墓葬》言："韩信同字伯循，号古遗先生，蕉城漳湾镇中村人，是元代著名的理学家。其撰《韩氏三礼图说》二卷，此书取先儒图说，考订异同，清张之洞《书目答问笺疏三》称此书'间补聂氏所未备'。蕉城元代墓葬除理学家韩信同外，尚有处士郑忠、理学家陈普的坟墓。韩氏《三礼图说》有补苴聂崇义《三礼图》之功。"唐圭璋编纂《全宋词》第五册载："韩信同，字伯循，宁德

* 本文为国家社会科学基金项目"历代三礼图文献整理与综合研究"（14YJCZH139）、全国古委会资助项目（教古字〔2015〕138号）、西安科技大学哲学社会科学繁荣发展重点项目（2018SZ03）阶段性成果。

① 黄宗羲：《宋元学案》，中华书局1982年版，第542页。
② 孙殿起：《贩书偶记》，上海古籍出版社1999年版，第26页。
③ 姬佛陀：《广仓学宭丛书》，上海仓圣明智大学，1916年，第2页。
④ 沈津：《元代别集》，《文献》1991年第1期，第213页。

人。生淳祐十一年（1251）。陈普弟子，主建安云庄书院。至顺三年（1332）卒，年八十二。学者称为古遗先生，又号中村。"

韩信同里籍，一说宁德，一说福宁。据史籍，元至元二十三年（1286），长溪县升为福宁州，辖宁德县。明成化九年（1473），福宁县升为福宁州，辖福安、宁德2县。清雍正十二年（1734），福宁州升为福宁府，辖福安、宁德、霞浦、寿宁4县。可知，韩信同乃元代福宁州宁德人。又据《宁德县志》，韩信同乃元代福宁州宁德蕉城漳湾镇中村人。

韩信同著述宏富，除《三礼图说》，其他书大多亡佚。清知圣教斋抄本《韩氏遗书》："按张以宁撰行状云：'其诗文原有十余卷，易、诗、三礼各有旁注，书有集解，史有类纂，皆根据义理，不尚华丽。'然信同诸文稿在其卒后，多所散佚，嘉靖十七年，闵文振知宁德，访之数年，始得残遗，编为二卷，刻于学宫。闵文振序云：'而古遗标注虽非四书之全，抑亦饩羊之存也，乃为校订并搜其讲义，诗文散见诸书流传乡里者，厘为二卷，题曰《韩氏遗书》，捐捧刻置学宫，俾学者因是犹可以知古遗也。'……先生著作甚富，振访求五六年所得止此，不忍使之无传，故托之梓，世之君子倘藏有先生遗墨幸出而续焉，亦景行一快事也。文振识。……韩序云：'兹氏拒儒，有言熠熠，其学本经术，末文艺，师石堂陈先生，溯其源考亭正派也。所蓄书富甚，佚弗传，仅仅遗书两卷，嘉靖乙未岁已刊行在庠，遭辛酉邑毁板烬焉，其裔弗忍祖书湮灭也，方重梓之矣。'……伯循所从受业师也。伯循著书经、讲义三礼、易经，旁注书集解史类，纂诗文十余卷，事见《八闽通志》。及近日卢学士文弨、钱詹事大昕所补《元史·艺文志》，顾独不及此书。今伯循他书尽不可见，而此书反传，异哉！"

综上，韩信同（1251—1332），元代学者，陈普弟子。治学遍涉经、史、集等领域，著述众多，然大多亡佚，仅以《三礼图说》等名世。

二、《三礼图说》内容考

韩信同《三礼图说》，历代艺文志皆阙载。其书为《广仓学窘丛书·甲类·第一集》收录，凡一卷，分为卷上和卷下，今据丛书本考索其部分内容。

卷上《士寝制图》："士之室，前后荐檐曰庋，居中脊柱曰栋，栋庋之间曰楣，前楣至庋曰南堂，当东室曰东堂，当西室曰西堂，后楣至庋曰北堂，前后楣下以横墙间之，上皆有窗，前谓之南墉，南墉各为户，后谓之北墉，北墉极边之直墙曰东序。西序中之直墙曰东埔、西埔，为二室，生居东室。……其中一间，栋下以墙间之为门二户，左曰东户，右曰西户，非如二室户止一扇矣，其内曰东房、西房。……先儒以大夫士东房西室，天子诸侯西室之西又有房，非也。"① （附图）宋代李如圭《仪礼释宫》以为大夫亦有右房，大夫有东西房，则天子至大夫则为西夹之北通为右房，士或为东房西室，故云西夹之北盖为室中。杨复《仪礼旁通图》有"宫庙图""郑注大夫士东房西室之图"，（附图）其"宫庙图"自庙门而入，则为庭，庭后为庙，庙后有寝。庙有阼阶、西阶及两侧阶、东西坫、堂、两楹、东西厢与东西序、室、东西房、东西夹、北堂与北阶。其"郑注大夫士东房西室之图"则标明大夫士有东西房。

---

① 韩信同：《元韩氏三礼图说》，福鼎王氏麟后山房刊，嘉庆十八年，第47~48页。

韩信同认为大夫、士和天子、诸侯都有东西室和东西房，而东西房在中，东西室在外，房室以北是北堂，以南则中间为中堂，东西各有东堂和西堂。在《士寝制图》中堂和北堂中间的东房和西房，未画出轮廓。韩图"两室夹两房"的看法，与之前学者有异。清代学者万斯同、秦蕙田、戴震等"房室"说法与杨复同，皆与韩信同所言不同，可知，韩氏之房室说有独到之处。

卷下"车舆"："舆前后横木皆曰轸，故曰轸方象地。"① 有关"轸"之形制，众说纷纭。《周礼·考工记·舆人》郑玄注云："轸，舆后横者也。"《说文·车部》："轸，车后横木也。"段注："轸，收也。车前后两端横木所以收敛所载也。四方者为舆，前后横者为轸，皆加于伏兔之上以载人物者。"《释名·释车》："枕，横也。横在前如卧床之有枕也。"《方言》卷九云："轸谓之枕。"笺疏："盖舆下前后两端之横木，通谓之轸，故《记·辀人》曰：'轸之方也，以象地。'《白虎通》亦谓王者仰即观天，俛即察地，为舆教之道。若但在车后则轸不方，不得谓之象地，然则言'车后'者，举此以概彼耳。《史记·天官书》云：'轸为车。'《开元占经》引石氏云：'轸四星。'是其义也。"② 《六书故·车部》："轸，舆四面木匚合成舆者也。"③ 戴震《考工记图》卷上："舆下之材，合而成方，通名轸。故曰：'轸之方也，以象地也。'……枕舆下谓之轸。舆下四面材，合而收舆者，说见前。"④ 枕托舆的四框材都可以称为轸，即以前轸、后轸、左轸、右轸为名。考之出土实物，1978 年江苏省淮阴高庄战国墓一次出土了车舆铜饰，其中车轸八件，组成一个圆角方形，舆之前后左右皆有轸；陕西宝鸡茹家庄出土的西周铜轸也是八件，舆之前后左右皆有轸，戴震的释说是正确的。韩信同所言偏颇。

卷下"夏毋追"（《三礼图》有此制，但不知名耳）："毋追即变缁布冠去缺项为武而有綏者也，郑司农作牟，古毋牟通用。牟如敦牟之牟，追如追师之追……所谓有覆杯是也。《汉志》云：'长七寸，高四寸，制如覆杯，前高广，后卑锐。'按古人髻在后，当云'后高广，前卑锐'。"⑤

聂崇义《三礼图集注》卷三《冠冕图》"毋追章甫"："旧《图》云：'夏曰毋追（音牟堆）'，殷曰章甫，周曰委貌（委貌制已见上）。后代转以巧意改新而易其名耳。其制相比，皆以漆布为壳，以缁缝其上。前广四寸，高五寸；后广四寸，高三寸。……又《汉志》云：'长七寸，高四寸，制如覆杯，前高广，后卑锐。所谓夏之毋追、殷之章甫者也。'（毋追有覆杯之状）但古法难识，依文观象，备图于右，庶合遗制。"⑥ 韩氏《三礼图说》：言"按古人髻在后，当云'后高广，前卑锐'。"其说有理。《释名·释首饰》："牟追，牟，冒也，言其形冒发追追然也。"毕沅引郑注云："追犹自也。""自"，俗作"堆"，"追追然"之言"堆堆然"大也，故《白虎通·绋冕》云："夏者统十三月为正，其饰最大，故曰'毋追'。'毋追'者，其言追大也。"⑦ 古之发髻大多在后，堆得大又

---

① 韩信同：《元韩氏三礼图说》，福鼎王氏麟后山房刊，嘉庆十八年，第 20 页。

② 钱绎：《方言笺疏》，中华书局 1991 年版，第 314 页。

③ 戴侗：《六书故》，上海社会科学院出版社 2006 年版，第 646 页。

④ 戴震：《戴震全书》第五册，黄山出版社 1995 年版，第 338、345 页。

⑤ 韩信同：《元韩氏三礼图说》，福鼎王氏麟后山房刊，嘉庆十八年，第 49 页。

⑥ 聂崇义：《三礼图集注》，上海古籍出版社 1989 年版，第 43、44 页。

⑦ 胡从曾：《同源词释例》，《语言研究》1988 年第 1 期，第 153 页。

高，故韩氏所言"毋追"之形制当"后高广，前卑锐"符合文献所言，亦符合常理，为是。《汉志》、旧《图》所言"前高广，后卑锐"不合常理。失之。聂图沿袭旧《图》《汉志》之说，未加甄别，以古法难识为由，其图亦失当。毋追，清人以为《武梁祠》禹像，冠顶锐而下卑为毋追。《后汉书·舆服志下》："委貌冠、皮弁冠同制，长七寸，高四寸，制如覆杯，前高广，后卑锐，所谓夏之毋追，音之章甫者也。"① 韩图"制如覆秠"与文献不符，"秠"当作"杯"，"秠"乃"杯"之形讹。

卷下"周弁"："周弁有五，天文弁星亦中穹而两端直如笄。《释名》曰：'弁如两手相合枓持也，以爵韦为之谓之爵弁，以鹿皮为之谓之皮弁。' 收，收敛其上而小，不同于冠也。郑氏谓所以收敛发，非也。盖弁尊于冠，非常服者。"②

聂崇义《三礼图集注》卷三《冠冕图》"周弁"："案《王制》疏与旧《图》云：'周曰弁，殷曰冔，夏曰收。' 三冠之制相似而微异，俱以三十升漆布为之，皆广八寸，长尺六寸，前圆后方，无旒，色赤而微黑，如爵头然。前小后大，殷冔黑而微白，前小后大。收纯黑，亦前小后大。……又案《士冠礼》云：'周弁、殷冔、夏收。' 注云：'其制之异未闻。' 谓夏殷礼亡，其制与周异同未闻。"③ 张惠言《仪礼图》卷一《衣服》"爵弁"："爵弁者制如冕，黑色但无缫耳。疏云：'冕者，俛也，低前一寸二分，其爵弁则前后平，故不得冕名。'"④

有关"弁"图，出土实物不多。皮弁见于陕西秦始皇兵马俑二号坑出土的骑兵俑，头饰形状犹如覆钵，圆顶，前沿浅短，后沿较深。其状与《后汉书·舆服志》"皮弁制如覆杯"描述相符。山东嘉祥武梁祠石刻壁画有"孔子问老子礼"图，从残存的颜回头饰看，其弁前后平，中间微微隆起，韩图与其近似。

韩信同言"盖弁尊于冠，非常服者"所言为是。据《周礼·春官·司服》《仪礼·士冠礼》、张惠言《冕弁冠服图》，弁为首服之总名，首服之贵者为冕，其次为弁，又其次为冠。《仪礼·士冠礼》言男子二十岁行加冠礼，即"三加"之礼：首缁布冠、次皮弁、又次爵弁。《诗·卫风·淇奥》："有匪君子，充耳琇莹，会弁如星。"郑玄笺："天子朝服，皮弁以日视朝。"可见，弁服仅在特定场合下出现，非常服。

卷下"冕"："冕"包括"天王衮冕""公衮冕""侯鷩冕""伯鷩冕""子毳冕"等冕制之"旒"皆有前无后。有关冕之旒，亦存在异说，或有前无后，或前后皆有。宋代学者杨复、聂崇义等持"前后皆有"说。杨复《仪礼旁通图》之"冕图"："凡冕上玄下缥，前后有旒，低前一寸二分，故取其俛而谓之冕。冕同而服异曰衮冕、曰鷩冕、曰毳冕、曰缔冕、曰玄冕，皆因服之异而名之耳。冕之制虽明而旒玉有多少等降亦不同也。"⑤ 聂崇义《三礼图集注》卷一"冕服图"所言"冕"除"大裘冕"无旒外，其余诸冕之旒都前后皆有。清代学者张惠言等持"有前无后"说。张惠言《仪礼图》卷一《衣服》"冕"："公卿以下从大小夏侯氏说：冕前圆后方，前垂四寸，后垂三寸，三公诸侯及卿大

① 《后汉书》"舆服志下第三十"，中华书局 1965 年版，第 3665 页。
② 韩信同：《元韩氏三礼图说》，福鼎王氏麟后山房刊，嘉庆十八年，第 55 页。
③ 聂崇义：《三礼图集注》，上海古籍出版社 1989 年版，第 49、50 页。
④ 张惠言：《仪礼图》，楚北崇文书局重雕，同治九年，第 18 页。
⑤ 杨复：《仪礼旁通图》，台湾"商务印书馆"1982 年版，第 320 页。

夫皆有前无后。……《大戴礼》'子张问入官篇'：古者冕而前旒所以蔽明也。《礼纬》'旒垂目，纩塞耳，王者示不听谗、不视非也'，则大小夏侯氏说所本也……前旒义取蔽明则无后旒可知……古冕之制当从大小夏侯氏说。"① 韩信同以为旒有前无后。

对此，诸多学者亦有考辨，其中台湾学者王宇清在《周礼六冕考辨》中对郑玄等人所主之"前后皆有旒"之说与江永等人所主之"有前无后"之说进行了较全面的考察，最后得出结论说："（旒制）'前后俱备'说，今见最早的资据出自昭帝时代的欧阳高，所云并无证据。其后郑玄之所言，则因'前后邃延'一语而有误。而'有前无后'说，最早出诸景帝间之《淮南子》及武帝初年之东方朔，并皆言之成理。两者相较，应以'有前无后'说为是。"

有关"冕"图，出土实物不多。山东嘉祥武梁祠石刻壁画有上古尧舜禹图，从残存不甚清晰的壁画看，三者冕图皆未见有旒，且形制有异。山东省博物馆于 1971 年在山东邹城明代鲁荒王朱檀墓中发掘出一件珍贵的九旒冕（现收藏于山东省博物馆），也是前后有旒。丁鼎先生《"冕无后旒"说考论》② 有详考，其说有理。我们以为：冕旒之制，礼文无明确说明，"有前无后"说据蔽明而言，仅是一种推测，"前后皆有"符合冕之形制大小、前后对称的特点，出土实物亦可佐证，故"前后皆有"说可谓切当。

三、结　　语

韩信同《三礼图说》乃三礼图文献之力作，此书取先儒图说，考订异同，持论有据，几无妄说，清张之洞《书目答问笺疏三》称此书"间补聂氏所未备"，可谓中肯之说。清陈寿祺《三礼图说》序言："此书卷帙虽简，然多补聂氏旧图所未备，所摭传注自三礼注疏外兼及毛亨《诗》传、孔安国《论语》注、何休《公羊》注、韦昭《国语》注、杜预《左传》注、孔晁《逸周书》注，训诂则《尔雅》《方言》《说文》《释名》《风俗通》《广雅》《字说》，韵书古传。杂记则《大戴礼》《司马法》《穆天子传》《逸礼记》《易传》《太初篇》《韩非子》《庄子》《尚书大传》、贾谊《新书》《淮南子》《汉志》《唐志》征引雅瞻，条理井井，犹多宗汉儒遗说。"

（作者单位：西安科技大学人文学院）

---

① 张惠言：《仪礼图》，楚北崇文书局重雕，同治九年，第16、17页。
② 丁鼎、于少飞：《"冕无后旒"说考论》，《中国文化研究》2015年春之卷，第86~94页。

礼仪、权力与边疆秩序

——从清代蒙古年班朝觐礼仪说起

□ 彭孝军

中国古代宫廷礼仪操演的目的在于通过一整套象征系统展示天人宇宙图式，进而明辨尊卑等级秩序，彰显统治政权的合法性，实现权力整合。本文试图将"仪式""权力""象征"等人类学概念及其相互作用关系纳入清代年班朝觐礼仪的具体历史场景中加以阐释，以便探明朝觐礼仪的举行对于清政权合法性的建构与清代边疆秩序的稳固所起到的推动作用。本文选取了清代官修礼典、朝鲜使臣所撰《燕行录》，以及马戛尔尼使团来华的见闻记录作为考察文本，尝试从中国与周边两个视角解读清代宫廷礼仪。

受中国古代"天下观"与"华夷之辨"思想的影响，清朝针对藩属国的朝贡体制建设，基本沿袭前代，并无更多创建，甚至规模大为萎缩。相比之下，清朝对边疆地区的开拓以及对边疆安全问题的考量，使得边疆民族首领朝觐制度受到了清统治者更多的关注。近年来，东亚视角下的藩属国朝贡体制研究成为热点，而针对边疆少数民族地区的年班朝觐制度研究则尚显不足。① 相关研究大多局限于论述藩部首领进京朝觐的沿途支应、贡品和赏赐，以及相关管理机构的设置与运行等，对朝觐礼仪展演的政治意涵尚缺乏深入的解读与剖析，这也正是本文的关注点所在。

一、清代官修礼典所见年班朝觐礼仪

清代年班朝觐制度创立于雍正朝，乾隆朝时趋于完备。所谓"年班"，最初只是针对漠南蒙古制定的朝觐制度，清廷对应觐见之王公贵族进行分班，他们需亲自或派人于年底轮班进京朝觐清帝，庆贺元旦。随着清朝对边疆地区的不断征服，年班朝觐制度得以扩展至蒙古、新疆和西藏等边疆少数民族地区，相关制度也更加完善。② 年班朝觐制度的创立

---

① 主要研究成果有：张双智：《清代朝觐制度研究》，学苑出版社 2010 年版；李治国：《清代藩部宾礼研究——以蒙古为中心》，内蒙古大学出版社 2014 年版；赵云田：《清代的"年班"制度》，《故宫博物院院刊》1984 年第 1 期；郝时远：《清代台湾原住民赴大陆贺寿朝觐事迹考》，《中国社会科学》2008 年第 1 期；张亚辉：《六世班禅朝觐事件中的空间与礼仪》，《中国藏学》2013 年第 1 期；柳森：《六世班禅朝觐路线考》，《中国边疆史地研究》2015 年第 1 期。

② 详参张双智：《清代朝觐制度研究》，学苑出版社 2010 年版，第 17~22 页。

与完善，对于清廷加强对藩部王公贵族和边疆地区的管控与怀柔极为重要，下文将根据清代官修礼典的记载，对元旦朝贺与筵宴礼仪进行详细解读。

（一）元旦朝贺礼仪

每年正月初一日，清帝都会在太和殿举行大朝会，接受文武百官、藩部王公以及藩属国使节的朝贺，参加元旦朝贺之礼也是蒙古王公赴京年班朝觐的主要任务。

首先来看朝贺礼的举行场所太和殿，太和殿处于紫禁城中轴线上，是紫禁城内最高、最雄伟的建筑，紫禁城是皇城的中心，皇城是北京城的中心，北京城又是全国的政治中心，于太和殿进行仪式操演，政治象征意义显而易见：清帝于"天下"中心接受群臣朝正月，颁布正朔，象征着天下共主对宇宙时间与空间的绝对掌控，以及对政治秩序的主宰权，清帝需要利用这一重要的政治仪式场域，向蒙古王公展示清廷权威，整合边疆秩序。

元旦朝贺礼仪流程如下：

一、行礼前的准备：正月初一日黎明时分，赴京年班朝觐的外藩王公、台吉、伯克、土司等身穿朝服，于午门外东西两侧分班等候。① 随着午门钟鼓齐鸣，皇帝身着礼服于乾清门出发，乘舆出宫，礼部尚书、侍郎在前导引，后扈内大臣于后跟从，皇帝途经保和殿，至中和殿稍作休息，做典礼前的最后准备。

二、百官朝贺礼仪：随着皇帝起驾太和殿号令的发出，中和韶乐大作，奏："元平之章"，辞曰："维天眷我皇，四海升平泰运昌。岁首肇三阳，万国朝正拜帝阊。云物奏嘉祥，乘鸾辂，建太常。时和化日长，重九译，尽梯航。"皇帝至太和殿升座后，乐止。銮仪卫官进至中阶之右，三传鸣鞭，丹墀内三鸣鞭，之后丹陛乐作，奏："庆平之章"，辞曰："凤凰在薮，麒麟在郊垌，不如国士充陛廷。野无遗贤宗有英，夙夜在公，在公明明。"随后鸿胪寺官分引王公各就拜位，分东西两班朝北面序立，并随鸣赞官的指令按序进退、跪叩、宣读表文，恭贺元旦。之后乐作，王公百官随鸣赞官号令，向皇帝行三跪九叩大礼。

三、皇帝赐坐、赐茶礼仪：皇帝接受朝贺后，赐群臣及外国陪臣坐，王公由殿左右门入位东西楹后，参加年班朝觐的外藩王公在内地王公之下，皆跪，行一叩礼。随后皇帝赐群臣茶，受茶及坐饮毕，群臣百官皆需跪谢皇帝。

四、礼毕回銮：随着銮仪卫官传鸣鞭，众人皆起身，阶下三鸣鞭，皇帝銮驾起，中和韶乐作，奏"和平之章"，随后皇帝还宫，乐止，鸿胪寺官分引王公百官按次序退下，礼部仪制司官将朝贺表文送至午门外亭内，礼毕。②

以上可见，元旦朝贺礼仪的整个流程展示出了各种象征元素，如皇帝和群臣必须在特定的时间节点抵达特定的空间场所，不同礼仪程序衔接转换时鸣钟鼓、鸣鞭的指令信号，

---

① 《钦定理藩院则例》卷16《朝觐》，《故宫珍本丛刊》第299册，海南出版社2000年版，第345页。

② 原文详见来保、李玉鸣等奉敕撰：《钦定大清通礼》卷17《皇帝三大节朝贺之礼》，《景印文渊阁四库全书》第655册，台湾"商务印书馆"1983年版，第261~264页。

群臣固定的拜位、座位，整齐有序的排班、进退，都象征着仪式进程与宇宙有序的时空流转相契合，昭示着清王朝一整年的风调雨顺、国泰民安。宏大深沉的乐章为朝贺仪式渲染了一种神圣庄严的气氛，乐辞表达出清统治者对华夷一统、天下太平的祈盼，典礼进行中频繁跪拜御座上的皇帝，则象征着群臣宾服于天下共主的至上权威。这些内涵丰富的象征元素依循高度结构化和标准化的礼仪程序，年复一年地在紫禁城内上演，重复性的礼仪流程看似繁冗，但其中的象征元素正是引导参与者情绪，对其进行身心规训，使之形成权力认知的重要手段。

（二）筵宴礼仪

蒙古王公远道而来，除了参加最为重要的元旦朝会外，从十二月中旬抵京至正月十五日左右离京期间，清廷会赐宴多次。其中，赐宴场所的选定，相关设施的陈列，以及礼仪程序的精心安排等，都蕴含着深层的政治寓意，下面以中正殿与紫光阁筵宴为例，加以解读。

1. 中正殿筵宴

十二月中旬，应到蒙古王公陆续抵京，十二月二十三日，清廷于中正殿西场子张设大蒙古包，赐宴蒙古王公贵族。① 先来看设宴地点中正殿，中正殿位于紫禁城西北隅建福宫花园南，以它为中心自南向北还建有十座藏传佛教建筑，中正殿区域是紫禁城内唯一一处全部由佛堂组成的建筑群，也是清廷举行藏传佛教活动的中心。② 众所周知，清代蒙古地区笃信藏传佛教，宗教领袖哲布尊丹巴呼图克图甚至能够左右喀尔喀蒙古各部的政治态度，于中正殿招待初到北京的蒙古王公，既体现了清廷对其宗教信仰的尊重和认同，也是政治笼络的一种手段。在西场子设蒙古包赐宴，意在唤起蒙古王公贵族与满洲人的文化习俗共鸣，关外初兴的满洲人在渔猎、行军时也像蒙古游牧民族一样，喜欢住在帷帐之中，正如乾隆朝来华的马戛尔尼使团成员斯当东所言："他们（满洲人）虽然征服了人数众多的文化更高的汉人，采用了汉人许多制度和礼节，但在若干地方他们还愿意保留对他们原有习惯的偏好，过去的鞑靼君主喜爱住活动帐篷甚于木石建成的宫殿。"③ 以上可见，清统治者在继承中原礼制传统的同时，在具体的礼仪象征符号上又适当加以变通，以此彰显满洲民族特色，并用于争取蒙古王公的文化认同。

座次安排方面，在西场子众蒙古包中央最为尊贵的位置是皇帝御座，稍后安设宗教领袖呼图克图之矮床，两旁安设朝廷钦派入坐王等坐褥，其余王公贵族列坐于大蒙古包外，东西相向，呼图克图喇嘛等则列坐于院内东西支搭的蒙古包内。④ 可以看到，宴会座席以皇帝为中心，按照边疆蒙古的宗教等级、王公贵族的爵位等级，层层有序地铺排开来，整

---

① 《钦定理藩院则例》卷 18《宴赉上》，《故宫珍本丛刊》第 299 册，海南出版社 2000 年版，第 373 页。

② 王家鹏：《中正殿与清宫藏传佛教》，《故宫博物院院刊》1991 年第 3 期，第 58 页。

③ 斯当东：《英使谒见乾隆纪实》，叶笃义译，上海书店出版社 2005 年版，第 344 页。

④ 《钦定理藩院则例》卷 18《宴赉上》，《故宫珍本丛刊》第 299 册，海南出版社 2000 年版，第 373 页。

个宴会的座次排列仿佛是清廷与边疆蒙古之间，以及蒙古内部的权力秩序在仪式场景中的展演与确认。

宴会简要礼仪流程如下：由理藩院相关负责人员带领应入座之蒙古王公贵族于中正殿齐集，按品排座。随着皇帝驾临、用茶、赐茶、赐馔、还宫等一系列礼仪程序的进行，蒙古王公皆要频繁行跪拜礼，领取皇帝赏赐后还要于乾清门外行三跪九叩大礼。此外，筵宴过程中还安排了内外札萨克、热河额鲁特及杜尔伯特善扑人进行相扑表演，颇具蒙古特色。① 清廷通过宴饮、赏赐和观赏具有蒙古特色的娱乐节目，增进与蒙古王公的情感交流，显示"皇恩浩荡"，又运用强制性的身体规训——跪拜礼，明辨君臣之间的尊卑等级关系，可谓恩威并施。

2. 紫光阁筵宴

清廷于正月宴请来京的外藩王公始自雍正年间，乾隆二十五年（1760）以前，清帝皆于西苑丰泽园设大幄次，赐宴颁赏，平定伊犁回部后，乾隆帝下令整修紫光阁武成殿，移外藩筵宴于阁下。② 紫光阁位于西苑中海西岸，原本是明清时期皇帝观赏骑射、进行武举考试的场所，乾隆朝历经两次改建后，变为纪念清廷平定西域、金川武功的建筑，进一步将紫光阁的军事用途与满洲尚武精神相结合。重建后的紫光阁富丽堂皇，内部陈列大量与清朝武功相关的纪念物品与图画，例如功臣像、功勋战图、得胜灵纛以及缴获兵器等。蒙古王公每年来京朝觐，都要在元旦朝贺后于紫光阁参加筵宴，参观紫光阁内的战图绘画和具有纪念意义的武器陈设，感受清廷武功之盛，这无疑对于威慑蒙古王公，使之忠顺清廷，有重要的政治意义。

此外，乾隆帝于历年紫光阁赐宴外藩时所作大量诗篇，也显露出清统治者赐宴的政治意图，兹列诸条如下："勒壁画图思伟绩，开筵酒礼款嘉宾。呼韩位在侯王上，汉室偏夸服远人。""紫阁犹然战图绘，旌功益切奠遐怀。""图画诗词焕崇阁，几番回忆惕予情。""和乐不忘诘戎意，战图两壁绘金川。"③ 乾隆帝在宴会上赋诗缅怀清军平定西北战功，意在展示军威，震慑外藩王公，这显然是清廷举行紫光阁筵宴礼仪的一个重要目的。

宴会礼仪流程与中正殿筵宴大体相同，只是相比之下，紫光阁筵宴要更为正式、隆重，此不赘述。

二、外国使节眼中的清宫礼仪

上文大致梳理了蒙古王公贵族进京朝觐时的元旦朝贺与筵宴礼仪进程，并对仪式中的象征要素进行了解读。然而官方典籍偏重于对礼仪程式的记载，难以从中了解到仪式场景

---

① 礼仪流程详参：《钦定理藩院则例》卷18《宴赉上》，《故宫珍本丛刊》第299册，海南出版社2000年版，第373~374页。

② 庆桂等编纂，左步青校点：《国朝宫史续编（上册）》卷44《筵宴八》，北京古籍出版社1994年版，第341页。

③ 庆桂等编纂，左步青校点：《国朝宫史续编（上册）》卷44《筵宴八》，北京古籍出版社1994年版，第342~345页。

的细节，且清廷为宣扬天朝上国威风，对朝觐礼仪内容的记载难免有粉饰之处。而作为与清朝关系最为密切的藩属国，朝鲜每年都要派出使臣进京庆贺元旦，与官方史料相比，朝鲜使节对礼仪场景的观察与记载更为客观，也更注重细节。此外，乾隆朝马戛尔尼使团成员的来华见闻记录虽然无关紫禁城内的元旦朝贺礼仪，但他们对热河觐见乾隆帝、参加宫廷宴会以及万寿节庆典多有记载和评论，考察相关资料，有助于本文进一步了解清代宫廷礼仪的展演效果。

（一）朝鲜使节眼中的元旦朝贺礼仪

朝鲜来华使团按规定由正使、副使、书状官等三十多人组成，实际出使总人数往往达到二百至五百人不等，这些燕行使者对来华见闻的相关记载，即为《燕行录》。其中有关朝鲜使节参加元旦朝贺典礼前的准备工作，以及对典礼场景的细致描写，都是清代官方典籍所看不到的珍贵资料。

徐有闻所著《戊午燕行录》记载了嘉庆三年（1798）腊月二十八日朝鲜使节在参加元旦朝贺礼前，于礼部近处的鸿胪寺学习、演练礼仪的情况，习仪内容如下：

> 通官引三使立于东侧一列，其后正官廿七人立三列，暹罗国立于西侧，按序列立三使臣，无正官。右侧有一领官高呼 BERE（朝鲜语发音），这意同于我国"出来"之语，便随牌整列队伍，左侧又高呼 YAKURE（朝鲜语发音），这意同于我国"跪拜"之语，便一齐跪下，后有左右 MYENGCHAN（朝鲜语发音）交替高呼三遍 HENBIRE（朝鲜语发音），这意同于我国"叩头"之语，大国之叩头不是弯腰，而将两臂伸长，头点地，如此这般三次，后起立，按照号令连跪三回，叩头九次，此称作三跪九叩头。最后又高呼 BEDRE（朝鲜语发音），这意同于我国"退下"之语，便起立向后退两步，转身依次退下。①

从习礼内容来看，清廷对朝鲜使节行跪拜礼、揖让进退的礼仪秩序等要求严格，与前述清修礼典中的记载并无太大出入，可见清廷对于元旦朝贺行礼过程中的身体规训极为重视。

李宜在《燕途纪行》中对元旦朝贺典礼场景进行了细节描写：

> 庭列天子旌旗，门排梨园雅乐，门即太和也。……台边安十二古铜大香炉，高亦过丈，殿檐亦设箫鼓，威仪肃敬。长安门内，浑是黄屋，日华浮动，地皆布砖，尘沙不起。钟鼓和鸣，笙簧齐奏，警跸声高。清主高坐，蕃汉侍臣鹄立成班，行朝谒礼。蒙王三人先行，余从后行礼，副贰以下亦行礼于庭中，叩拜既毕，余从蒙王入坐殿西。……殿制东西十一间，南北五间，总铺甋甋，四翼巍巍，檐用层屋，高际云霄。副贰以下亦许上殿，副贰行台中使坐余后，正官十三坐檐外。……小国管见，来见天

---

① ［韩］民族文化推进会：《国译燕行录选集Ⅶ》，戊午燕行录京仁文化社，1976 年。转引自韩东洙：《18 世纪朝鲜燕行使与北京紫禁城——以仪礼空间之分析为中心》，《紫禁城》2011 年第 3 期，第 23 页。

子威仪，可谓盛哉，而恨不得瞻望。①

从上述描写来看，朝堂内旌旗、香炉、箫鼓等陈设"威仪肃敬"，藩部首领、属国使节按班依序排列、跪拜，礼仪乐章萦绕在巍峨的宫殿周围，这一切礼仪元素为整个仪式空间营造出神秘、威严的气氛，使得元旦朝贺礼仪更显神圣、庄重，亦可再次证实清宫礼仪实践基本上是依循礼典严格执行的。

（二）马戛尔尼使团眼中的宫廷礼仪

历史上著名的马戛尔尼使团于乾隆五十八年（1793）来华，在北京和热河，英使马戛尔尼亲历了清朝宫廷礼仪的严整有序和肃穆气氛，他在回忆热河避暑山庄御前宴会时讲到：

> 此御前宴会自始至终，秩序异常整肃，执事官按序进馔，既恭谨万状，与宴者亦都沉默不喧，全殿上下人等不下数十，而侧耳听之，静寂无声息，足可见东方人对于帝王所具之敬礼，直与吾西人对于宗教上所具敬礼相若也……宴会时，有鞑济（译音）之贡使三人及中国西南回族部落喀尔麦克（译音）所派使臣六人均在座。然皇帝藐视之，各华官亦不甚加以敬礼。余观察诸使臣神情亦卑谦万状，惴惴然唯恐仪节有亏，致陷于刑戮也。②
>
> 上席和撤席的顺序和规则惊人的精确，仪式的每一步都安静和庄重地进行，在某些方面像宗教仪式的庆典。③

宴会后，马戛尔尼感慨道："并今乃得见现世之所罗门大帝矣，盖吾幼年读所罗门大帝故事，每叹其极人世之尊荣，非后世人主所能及。而今之乾隆皇帝，则较之所罗门大帝有过之无不及也。"④ 宴会中群臣的肃静恭谨、西南土司的惊恐万状、上席撤席顺序和规则之精确、朝贺时跪拜礼仪的整齐划一，都令马戛尔尼惊叹不已，由于西方神权与王权两分，马戛尔尼感叹中国臣民对清帝的顶礼膜拜可与西方宗教礼仪相比伦，殊不知中国古代帝王兼有世俗王权与沟通天人之神权，是替天行道的"天子"，清代宫廷礼仪正是要通过营造严肃、神圣的仪式氛围，彰显这一至高无上的皇权。

再来看马戛尔尼的副手斯当东回忆在热河觐见乾隆帝的场景：

> 这些高贵人物每个人都有自己的大批随从人员，都自觉尊贵得了不得，但到了这里，自己夹在人群当中，在皇帝的面前失去他们所有的尊严。大家须要作长时间的等

① 李澍：《燕途纪行》，《韩国汉文燕行文献选编（第八册）》，复旦大学出版社2011年版，第146~148页。
② 马戛尔尼：《乾隆英使觐见记》，刘半农译，百花文艺出版社2010年版，第103~105页。
③ 乔治·马戛尔尼、约翰·巴罗：《马戛尔尼使团使华观感》，何高济、何毓宁译，商务印书馆2013年版，第227页。
④ 马戛尔尼：《乾隆英使觐见记》，刘半农译，百花文艺出版社2010年版，第105页。

候来表示对皇帝的尊敬。……皇帝进大幄以后，立即走至只许他一个人用的御座前面的阶梯，拾级而上，升至宝座。……各王公大臣和外藩使节都有一定的位置，各就各位。……使团其余人员和大批较低级中国官员都站在大幄口外，从那里可以看到帐篷以内一切礼仪。……除了礼节上的繁重而外，还使人感到一种相当于宗教上的敬畏肃静气氛。典礼进行当中，自始至终没有人窃窃私语，听不到一点杂声。这种肃静庄严的伟大气氛是东方的特色，欧洲文明还没有达到这点。①

与马戛尔尼的感触一样，斯当东同样在清"帝国"的宫廷礼仪中感受到了神圣的宗教气氛，而对群臣觐见时的肃静有序以及位次安排的描述，也证实了礼典中礼仪规范的有效践行。

斯当东还对乾隆帝的寿辰庆典进行了描述：

> 参加典礼的各王公大臣藩王和外国使节都先集中在一个大厅里，听候召唤。……在奏乐的同时，一排太监用缓慢严肃的声调朗诵赞美皇帝盛德的诗歌，他们的声调训练有素，能同金石乐器互相配合。……全体祝寿的人根据指挥举行了三跪九叩礼。特使及其随从行深鞠躬礼。大家同朝一个方向叩拜，而皇帝本人，则如天神一样，自始至终没有露面。……对于一个活人崇拜尊敬到这样地步，以致在人们心里产生一种敬畏森严的情绪，到了次日举行欢乐游艺节目时还不能忘怀。②

典礼过程中演奏乐章、行跪拜礼的场景被细致生动地描述出来，近乎令人恐惧的仪式气氛给英使斯当东留下了深刻印象，他敏锐地察觉到："对皇帝所行的这样繁重的敬礼并不只是表面上的形式，它的目的在向人民灌输敬畏皇帝的观念。"③

由于异域文化的差异和隔阂，朝鲜燕行使者与马戛尔尼使团的来华见闻记录或有夸张和理解偏颇之处，但通过他们的记载和评述，我们至少可以断定，清代宫廷礼仪的实际操演具有神圣性、规范性和严格的等级秩序性等鲜明特征。来华使节细致微观的描述正可与清廷官方礼典互相参证，以便于我们更准确地解读清廷政治仪式操演背后对权力合法性与国家认同的建构。

三、权力合法性的建构与国家认同

上文通过考察朝鲜燕行使者以及马戛尔尼使团的来华见闻记录，得以从周边视角了解到清代宫廷礼仪的具体实施效果，下面简要探讨几个问题：作为政治仪式的年班朝觐礼仪何以能够成为有效处理清廷与边疆地区之间权力关系的象征系统？清统治者如何通过礼仪操演实现权力的神圣化、合法化，并促使边疆蒙古接受以清帝为天下共主、多元一体的国家认同？

---

① 斯当东：《英使谒见乾隆纪实》，叶笃义译，上海书店出版社 2005 年版，第 344～345、350 页。
② 斯当东：《英使谒见乾隆纪实》，叶笃义译，上海书店出版社 2005 年版，第 357 页。
③ 斯当东：《英使谒见乾隆纪实》，叶笃义译，上海书店出版社 2005 年版，第 377 页。

（一） 礼仪操演的文化与政制支撑

清代年班朝觐礼仪之所以能够展示、整合清廷与边疆的权力关系，与清朝全面承袭汉文化的文治举措以及对边疆地区的空前开拓这一历史背景密不可分。具体来讲，在文化方面，儒家政治文化传统中的天人宇宙图式以及"天下观""大一统"等思想，为清廷构建边疆统治秩序提供了底蕴深厚的文化环境和丰富的理论支持。体系庞大、严谨的礼仪制度，使清廷得以通过礼仪操演展示这一"天下"秩序，举凡仪式中的礼仪程序、礼器陈设、礼仪建筑、身体规训、典礼氛围诸要素，都源自中原传统礼文化的深厚积淀；政治制度方面，由于清朝加强了对蒙、藏等边疆地区的实际控制，边疆民族政策逐渐由传统的羁縻朝贡转向依靠军事打击使外藩内属，并增加边疆行政建制，试图真正将边疆地区纳入清朝版图。如此一来，在朝觐礼仪中，清帝对边疆少数民族首领便拥有了绝对主动的话语权。

总之，得益于传统礼制以及其他有形或无形的汉文化遗产，清统治者得以在年班朝觐礼仪中充分展示一整套权力的象征系统。重新构筑起来的边疆政治体制，则使仪式中的象征符号有的放矢，名副其实。清朝文治武功之盛，使得年班朝觐制度得以创建并顺利实施，反过来进一步加强了清朝对边疆地区的管控与怀柔。

（二） 权力合法性的建构

在人类历史发展长河中，生存本能使人类不断建构兼具神圣性与系统性的宇宙图式，自成一体的抽象宇宙图式能够帮助人们理解、概括，甚至美化纷繁复杂、难以预测的流变世界，而仪式又将这一抽象宇宙图式通过象征具象化，将关于宇宙的特殊形象和对于这种形象的强烈情感融合在一起。[1] 古代王朝统治者正是利用了人们对宇宙秩序的宗教性情感，通过政治仪式的展演，将政治权力投射到一个宇宙论的层面上，使人们心甘情愿屈服于统治权威。在这一过程中，统治者成功地将人们对强权的屈服转换为对神圣的尊崇，从而实现权力的合法性建构。

具体到本文，元旦朝贺仪式上，清帝安坐于太和殿金銮宝座之上，俯视匍匐在地的群臣百官，即象征着"天子"位居天下中心，沟通天人。群臣于新年伊始朝贺清帝，清帝颁布正朔，则象征着皇帝对时令法则的掌控权。如此一来，作为上天统辖人间的代表，清帝对宇宙时间与空间便拥有了合法的支配权力。此外，礼仪程序的井然有序、整齐划一与宇宙运行的合理有序若合符节。神秘肃穆的仪式氛围，则象征着宇宙秩序的神圣和无可置疑。

总之，借助年班朝觐礼仪的操演，蒙古王公服从清帝权威便不再是一种权力压迫，而更像是为宇宙秩序的合理运行履行自己应尽的义务，是服从天道。因此，皇权以及从属于其下的国家权力系统遂得以神圣化、合法化，边疆秩序也被纳入到整个"天下"秩序之中。

---

[1]　大卫·科泽：《仪式、政治与权力》，王海洲译，江苏人民出版社2014年版，第49页。

（三）边疆蒙古的国家认同

在理性思维并不发达的古代社会，与复杂抽象的权力关系相比，政治仪式更便于人们理解与服从，也更容易在情感上争取国族认同。对于野心勃勃的清统治者而言，想要真正实现包括蒙古地区在内的边疆一统，除了军事和经济手段外，还需要通过朝觐礼仪使边疆少数民族认同以清帝为共主的统一多民族国家。这一政治理念的灌输并非可有可无，时至清代，蒙元帝国虽然已经消亡近三个世纪，然而蒙古人仍旧在心底崇拜他们的英雄先祖，正如法国入华遣使会会士古伯察所言：

> 他们（蒙古人）自两个多世纪以来所享受到的和平似乎使他们那好战的性格变得软弱无力了，但大家还可以发现他们并没有完全丧失对战争冒险的爱好。成吉思汗率领他们征服世界的大战尚未完全从其记忆中丧失。他们在游牧生活的长期闲暇中，非常喜欢谈论这件事，喜欢实现他们设想出的含糊的入侵计划。[1]

蒙古人怀念蒙元昔日荣光，始终是清朝北疆最大的潜在威胁，若想使蒙古人真正臣服清朝，向其灌输多元一体的国家认同理念必不可少，清统治者试图通过年班朝觐礼仪的反复上演，实现边疆蒙古的国家认同，使蒙古人心目中的英雄领袖形象由蒙古汗王转变为满洲皇帝。古伯察记录了道光年间清廷于太庙举行祭祀典礼时，赴京年班朝觐的蒙古王公于路旁跪迎、跪送清帝的场景：

> 一旦当皇帝到达太庙时，当他把脚踏上通向藩部王公们所在的柱廊的第1个台阶时，走在前面的传令官就呼叫："所有人都跪下，天地之主到了。"200名藩部王公立即异口同声地山呼"万岁"。他们在向皇帝拜年之后又都面向地而跪，天子于是就从他们的行列中间经过，进入了太庙中。在皇帝参拜皇室先祖之灵位时，那200名藩部王公则始终跪在地上。只有当皇帝重新经过他们的行列中之后，他们方可站立起来。……这些远离故乡和在横穿沙漠的长途危险中忍受了各种辛苦的头人们长期等待的一切到此为止了，他们为能在皇帝通过的地方跪拜而感到荣幸。我们不明白为什么一方表现得如此卑微，而另一方却又如此高傲。在亚洲民族中，这却是世界上最简单的事，皇帝认真使用其高于一切的权力，鞑靼王公们以崇拜他而感到幸运和荣耀。[2]

四、结　　语

政治权力体现为对现实的构建，尽管清朝在边疆地区实施武力征服，增加行政建制，实行经济开发，然而由于地理、宗教、文化习俗等因素的制约，清廷政治权威事实上很难真正下达到遥远的边疆地区。因此，对边疆民族首领的规训与怀柔便显得尤为重要，他们

① 古伯察：《鞑靼西藏旅行记》，耿昇译，中国藏学出版社1991年版，第156页。
② 古伯察：《鞑靼西藏旅行记》，耿昇译，中国藏学出版社1991年版，第273~274页。

对清政权合法性的认同与否，关系到边疆秩序的稳定。本文通过对蒙古年班朝觐礼仪的解读与分析，可以看到，清廷全面继承了汉族礼制传统，通过跪拜礼仪的身体规训、礼仪时间节点与空间场景的设定、礼仪程序的标准化等象征元素，凸显清帝与蒙古王公之间的主从权力关系。并运用礼仪操演呈现具有汉文化传统特色的天人宇宙图式，实现权力的合法性建构，使外藩蒙古王公自愿尊奉"替天行道"的清帝为天下共主，认同"天下观"理念下的尊卑等级秩序。此外，清廷又通过仪式中具有蒙古民族特色的场景布置和娱乐节目安排，拉近与外藩蒙古王公之间的宗教感情，谋求文化共鸣，可谓恩威并施。总之，清代年班朝觐礼仪操演的最终目的在于树立清帝权威，整合新的边疆秩序，打破以长城作为华夷藩篱的传统政治理念，实现对外藩蒙古前所未有的政治一统。

（作者单位：武汉大学历史学院）

《礼记》中的司法原则*

□　吴默闻

　　礼法合治，德主刑辅，是古代中国治国理政的重要思想。《小戴礼记》(本文以下简称《礼记》)作为集中论述"礼"的文集，并没有专门的篇目阐述"刑"，但其中论及"刑"及其所体现的司法思想的内容占有一定比重。以往学界对《礼记》的研究成果非常丰富，但对其中的刑及其相关的诉、讼等司法思想的研究则仍有较大空间。

　　本文着力探索和阐述《礼记》中蕴含的四个司法原则，旨在拓展对《礼记》的研究乃至先秦儒家治理思想的研究。

一、"慎测浅深之量以别之"的慎刑原则

　　《礼记》各篇都推崇礼义教化、以德治国、慎用刑罚，与先秦儒家一贯的主张一脉相承。一些较轻的罪行和较小的案件，可以得到赦免，"断薄刑，决小罪，出轻系"①。"刑"的标准在因罪量刑，而不在严苛。即使对于极刑，处置也要恰当。"慎刑"的原则贯穿于《礼记》全书，是儒家司法思想的核心内容。"慎刑"对天子的要求，表现在"乃命有司，申严百刑，斩杀必当，毋或枉桡。枉桡不当，反受其殃"②。反映了《礼记》所主张的慎刑思想和量刑原则，并且指出慎刑而不能滥施刑罚的客观原因在于害怕天惩。

　　《礼记》中的慎刑原则，还体现在强调审判时必须考量周全，对主犯、从犯、再犯区别对待。"有旨无简不听。附从轻，赦从重。……凡听五刑之讼……意论轻重之序，慎测浅深之量以别之；悉听聪明，致其忠爱以尽之。疑狱，氾与众共之，众疑赦之。必察大小

　　* 本文为教育部人文社会科学研究青年基金项目"传统文化中礼法合治思想及其现代转化研究"(17YJC710092)、中国博士后科学基金资助项目（2017M612518）、武汉大学人文社会科学研究项目"《礼记》中的礼法合治思想探析"（413000004）的阶段性成果。

　　① 郑玄注，孔颖达正义，吕友仁整理：《礼记正义》卷23《月令第六》，上海古籍出版社2008年版，第659页。

　　② 郑玄注，孔颖达正义，吕友仁整理：《礼记正义》卷24《月令第六》，上海古籍出版社2008年版，第695~696页。

之比以成之。"① 对于只有犯罪动机而没有犯罪事实的案件不受理诉讼，施刑可轻可重时从轻判，对协同犯罪的从犯从轻处罚，对于该赦免的罪行，即使是重罪也应当得到宽赦。

"慎"有审慎、认真的含义，因而"慎刑"具有认真执法，绝不姑息的意涵。之所以要慎刑，固然因为无所不在的上天在冥冥之中进行监督，用可能招致灾殃来威慑司法人员必须慎刑，同时也因为量刑时应怀有仁义道德之心。"刑者，侀也。侀者，成也，一成而不可变，故君子尽心焉。"② 刑，指侀；侀，是成型的意思。一旦成型就不可逆转，人的形体一旦受重刑就会出现无法逆转的改变——残疾，甚至死亡。因此君子在判定刑罚时应当万分慎重、十分尽心，不可随意。慎刑原则蕴含了仁政的思想以及对生命、人体的尊重，毕竟生命和身体都是上天赋予的，因而是神圣的，也是不可再生的。

慎刑原则要求断案定刑时必须合理、适当。断案时，首要的是立足于犯罪事实，不能仅凭动机判断。量刑需审慎，同时也要依据伦理道德、人情事理。断案时应广泛听从不同社会阶层人们的意见，重罪、疑案在初审机关量刑后要经过司寇、正、大司寇、三公逐层再审，直至国家最高统治者天子。直到最终定刑前，天子仍应在情理范围内尽量提出宽赦。然而刑罚一旦确定，即使罪责较轻也不能免除，否则就会减弱刑罚的威慑力，容易造成轻罪层出。重刑一旦施加就会对被施刑者造成无法逆转的结果，因此君子在断案量刑时要尽心竭力。《王制》所记载的量刑过程，体现了客观、慎刑、宽宥而守法的司法原则。

慎刑原则体现了儒家德政的思想。《王制》《缁衣》等对这一思想作了相当充分的阐述。"为上易事也，为下易知也，则刑不烦矣。"③ 如果君主容易侍奉，下属容易为上级所了解，上下级之间能够有效地沟通，则无需烦于刑罚，即可达到治理的目的。可见，德治是顺应民心、事半功倍，使人身心愉悦并能有效达到治理目的的治国方法。德治笃行，则无需刑罚。

先秦儒家之所以追求德政，力求避免刑讼，是因为他们总结了历史教训。"《甫刑》曰：'苗民匪用命，制以刑，惟作五虐之刑曰法。'是以民有恶德，而遂绝其世也。"④ 这说明，只崇尚刑治必然导致道德败坏，乃至亡国的严重恶果。

"《康诰》曰：'敬明乃罚。'《甫刑》曰：'播刑之不迪。'"⑤ 这体现了《礼记》对赏罚严明的推崇，并借用《尚书》指出强调施用刑罚要审慎严明，刑罚的对象是那些不遵守道义的人。

---

① 郑玄注，孔颖达正义，吕友仁整理：《礼记正义》卷19《王制第五》，上海古籍出版社2008年版，第554~555页。

② 郑玄注，孔颖达正义，吕友仁整理：《礼记正义》卷19《王制第五》，上海古籍出版社2008年版，第555页。

③ 郑玄注，孔颖达正义，吕友仁整理：《礼记正义》卷62《缁衣第三十三》，上海古籍出版社2008年版，第2101页。

④ 郑玄注，孔颖达正义，吕友仁整理：《礼记正义》卷62《缁衣第三十三》，上海古籍出版社2008年版，第2103页。"苗民匪用命"在《尚书·吕刑》（即《甫刑》）原文中为"苗民弗用灵"，见顾颉刚、刘起釪：《尚书校释译论》，中华书局2005年版，第1901页。

⑤ 郑玄注，孔颖达正义，吕友仁整理：《礼记正义》卷62《缁衣第三十三》，上海古籍出版社2008年版，第2112页。《尚书·吕刑》的原文是"播刑之迪"，"不"是衍字，见顾颉刚、刘起釪：《尚书校释译论》，中华书局2005年版，第1982页。《缁衣》已对改后的文字作出自己的解释和运用。

由此可见，《礼记》作者虽然更推崇德、礼，但同样重视刑、政、赏、罚，而且主张无论刑罚还是奖赏都应有足够的力度，以达到对人劝戒、惩恶扬善的作用。当然，刑罚的运用仍然必须以德、礼为前提，德、礼仍是天子治世的根本，但刑也已成为推行政、教、治理社会的重要手段。《礼记》对《甫刑》多次征引，分别用来证明刑政的弊端、德治的作用，以及刑的作用对象等，这也从一个侧面体现了作者对刑政的重视。

可见，《礼记》继承了孔子推崇德、礼的主张，但对"刑"的反对态度已不像孔子那样严厉，而是在力主德礼的同时也正视刑在治世中的必要性。从避刑到慎刑，这是从孔子到《礼记》作者对"刑"态度的微妙转变，也体现了从《论语》到《礼记》关于"刑"的思想变化。

二、"决狱讼，必端平"的公正原则

与慎刑原则紧密相关的，是"决狱讼，必端平"的公正原则。公正、合理、适当，是断案定刑必须遵循的原则。断案，首要的是依据事实，不能仅凭主观想象，也不能单凭作案动机来判断。断案量刑需审慎。慎刑的前提是依据事实对案件进行分析判断。

《礼记》中的司法公正原则首先体现在断案量刑的标准上。"凡制五刑，必即天论，邮罚丽于事。"① 但凡决断犯罪的人要受五刑中的哪一种刑罚，必须合乎天理，定罪施罚一定要公正无私地依据犯罪事实本身，而不能徇私或被其他某种情绪左右。前文所言"申严百刑，斩杀必当，毋或枉桡；枉桡不当，反受其殃"中的"当"均指恰当、适当，而恰当的前提就是司法人员审案断案要秉持公平公正的立场，只有公平才能恰当、适当。

断案量刑要做到公平、恰当，还必须多人进行讨论，进行分析、比较、鉴别。特别是对有疑问的狱讼，要多人审核讨论；多人有疑问而不能决断的，就要宽赦被告人。罪大罪小，依照法律判决，分清罪责轻重浅深。前文所引"意论轻重之序，慎测浅深之量以别之"，不仅体现了慎刑的原则，也体现了公平公正的审判原则。

《礼记》中的司法公正原则，也体现在对重罪犯绝不姑息。对于经过审察认定确实有罪的人，就要严格执法，绝不留情。《王制》中的"戮有罪，严断刑"②，表明了严格执法这一原则立场，同时也明确了严惩不贷，绝不姑息的对象是"析言破律，乱名改作，执左道以乱政"，"作淫声、异服、奇技、奇器以疑众"③，"行伪而坚，言伪而辩，学非而博，顺非而泽以疑众"，"假于鬼神、时日、卜筮以疑众"④ 者。对于一些涉及危害国家社会的乱政、惑众的严重行为，一旦确定了罪名，在刑罚处置上是不可以宽赦的。这同样是《礼记》司法公正原则的体现。《王制》中强调对乱政惑众的行为实行重惩，其目的

---

① 郑玄注，孔颖达正义，吕友仁整理：《礼记正义》卷19《王制第五》，上海古籍出版社 2008 年版，第 554 页。

② 郑玄注，孔颖达正义，吕友仁整理：《礼记正义》卷24《月令第六》，上海古籍出版社 2008 年版，第 692 页。

③ 郑玄注，孔颖达正义，吕友仁整理：《礼记正义》卷19《王制第五》，上海古籍出版社 2008 年版，第 555 页。

④ 郑玄注，孔颖达正义，吕友仁整理：《礼记正义》卷19《王制第五》，上海古籍出版社 2008 年版，第 556 页。

在于维护社会秩序的稳定。

不仅如此,《王制》对因犯重罪而遭到刑罚的人,在态度上也十分严厉苛刻。"爵人于朝,与士共之;刑人于市,与众弃之。是故公家不畜刑人,大夫弗养士。遇之涂,弗与言也。屏之四方,唯其所之,不及以政,亦弗故生也。"① 这些人被剥夺了政治、赋税和祭祀等权利,甚至连祭祀中地位最低微的守门人也不得担任,"古者不使刑人守门"②。

《礼记》对待赏罚的态度,可谓泾渭分明。一般说来,无论奖惩,都要分别在朝堂和市集公开进行,以与众共勉。对待受刑之人的态度一言以蔽之,就是"弃"。即剥夺罪人的经济、社会和政治权利,使他们为社会所抛弃。这不仅是对犯罪的惩罚,更是对一般人的警示,警戒人们不敢犯罪,厌恶犯罪,远离犯罪。

《礼记》中的司法公正原则,也体现在不赦轻刑,即"凡作刑罚,轻无赦"③。尽管《礼记》中的各篇作者继承了孔子的思想,主张判罚从轻,但是他们对处置犯罪的主张比孔子更加严厉,认为量刑一旦定下,即使判罚轻微也不得赦免。

执法的举措,除了严厉的刑罚,还有相对轻微的禁令。在当事人所犯过错未达到犯罪的程度时,就不用刑罚,但为了表示惩戒,使用禁令。禁令的主要目的是统一民众的行为。由于禁令本身并不严苛,加之为了达到训诫民众进而统一秩序的目的,因此凡是用禁令来统一民众时,就不赦免罪过。"凡执禁以齐众,不赦过。"④ 严格执法是公平公正的体现,也保障了公平公正。

司法的公平公正是君王美德的重要衡量标准。例如,《祭法》赞美尧能赏赐公平,行刑有法度,又能遵循义禅让于贤人:"能赏均刑法以义终。"⑤ 更重要的是,司法公平关系到民心归属、民众安定。"爱百姓故刑罚中,刑罚中故庶民安。"⑥ 刑罚公平恰当,方能保证社会安宁、国泰人安。可以说,司法公正是实现天下太平的必要条件。《礼记》推崇严格公正的执法原则,其目的在于维护社会秩序的稳定和国家统治的安定。

三、刑讼"必原父子之情、立君臣之义以权之"的宗法人伦原则

《礼记》各篇成文至全书成书的时代处于宗法等级制社会。宗法人伦渗透于社会的各个方面,也毫无例外地贯彻于司法中。刑罚的判定,有许多必须考虑的因素,其中最重要

① 郑玄注,孔颖达正义,吕友仁整理:《礼记正义》卷16《王制第五》,上海古籍出版社2008年版,第486页。

② 郑玄注,孔颖达正义,吕友仁整理:《礼记正义》卷57《祭统第二十五》,上海古籍出版社2008年版,第1887页。

③ 郑玄注,孔颖达正义,吕友仁整理:《礼记正义》卷19《王制第五》,上海古籍出版社2008年版,第555页。

④ 郑玄注,孔颖达正义,吕友仁整理:《礼记正义》卷19《王制第五》,上海古籍出版社2008年版,第556页。

⑤ 郑玄注,孔颖达正义,吕友仁整理:《礼记正义》卷55《祭法第二十三》,上海古籍出版社2008年版,第1802页。

⑥ 郑玄注,孔颖达正义,吕友仁整理:《礼记正义》卷44《大传第十六》,上海古籍出版社2008年版,第1367页。

的就是宗法、人伦。"凡听五刑之讼，必原父子之亲，立君臣之义以权之；意论轻重之序，慎测浅深之量以别之；悉其聪明，致其忠爱以尽之。"① 礼是法制定的依据，是法的核心灵魂所在。纵观中国历史，人们一直追问着法的善恶，将法分为"祥法"和"虐法"，而判断、区分它们的标准，就是礼。一般来说，符合礼义精神的法，就是祥法、善法；不符合礼义精神的法，就是虐法、恶刑。

刑与礼的基础，在于孝道，"乐自顺此生，刑自反此作"②。孝道是礼和乐的源泉，违背孝道行事则是招致刑罚的重要根源之一。司法合宜的根源在于亲爱亲人，并从人伦推广至宗族、国家、百姓，乃至天下。"人道亲亲也。亲亲故尊祖，尊祖故敬宗，敬宗故收族，收族故宗庙严，宗庙严故重社稷，重社稷故爱百姓，爱百姓故刑罚中，刑罚中故庶民安，庶民安故财用足，财用足故百志成，百志成故礼俗刑，礼俗刑然后乐。"③ 可见，刑罚的根本目标在于使天下和美，刑罚恰当源自血缘之亲、宗法人伦的推而广之。司法断案亦需要兼顾天理与人情。"悉其聪明，致其忠爱以尽之。"④

宗法人伦无论对立法执法都有影响。"夫礼者，所以定亲疏、决嫌疑、别同异、明是非也"和"分争辨讼，非礼不决"⑤，表明了礼作为评判分辨是非、审案断案的根本依据的地位。礼是法之本，立法、司法都必须以礼为原则。汉代董仲舒在此基础上，提出了"据义行法"和"春秋决狱"的原则，对中国封建社会的法律裁决产生了久远影响。

先秦儒家法律的本质之一在于使宗法等级秩序合法化。这种人伦高于法律条文的现象尤为显著地表现在复仇问题上。

《檀弓上》和《曲礼上》分别记载了关于复仇问题的两段文字，其大意是，对杀父仇人，即使走遍天涯海角也要杀之以雪恨；对杀害兄弟的仇人，要时刻携带兵器，以便随时杀之。对杀害知己朋友的仇人，除非他躲避到其他诸侯国去了，才可以不再复仇。杀父母之仇未报之际，不做官；杀兄弟之仇未报之际，可以做官，但如果在从事公事时遇到仇人，是不可以复私仇的，因为从事公务是奉君王之命，而君臣关系是宗法人伦中的第一位重要的关系，高于兄弟关系。可见在当时人们的观念中，复仇是人之常情。儒家主张有条件的复仇，即亲属无罪却被他人所杀，经报官通缉后遇到仇人，可以实行复仇。但是公理（君臣关系）仍在私情（亲朋关系）之上，不可公报私仇。

孝、悌、义是中国传统伦理道德规范中的重要人伦内容。它们所体现的是以"五伦"为根基的伦理关系。在以"五伦"为基础的古代中国社会关系中，"复仇的责任也以五伦

① 郑玄注，孔颖达正义，吕友仁整理：《礼记正义》卷19《王制第五》，上海古籍出版社 2008 年版，第 554~555 页。

② 郑玄注，孔颖达正义，吕友仁整理：《礼记正义》卷 56《祭法第二十四》，上海古籍出版社 2008 年版，第 1844 页。

③ 郑玄注，孔颖达正义，吕友仁整理：《礼记正义》卷 44《大传第十六》，上海古籍出版社 2008 年版，第 1367~1368 页。

④ 郑玄注，孔颖达正义，吕友仁整理：《礼记正义》卷 19《王制第五》，上海古籍出版社 2008 年版，第 555 页。

⑤ 郑玄注，孔颖达正义，吕友仁整理：《礼记正义》卷 2《曲礼上第一》，上海古籍出版社 2008 年版，第 19 页。

为范围，而朋友亦在其中"①，责任的程度也随着"五伦"亲疏远近而区别。

不可否认的是，礼之所以优先于法、刑，其实质是为了维护长幼亲疏、尊卑贵贱的等级秩序，其在宗法层面的最核心内容就是"君尊臣卑"。在此原则下建立起的法律体系，首先要体现的自然是统治者的利益与意志，而绝非全然"法律面前人人平等"的现代法治思想。这种法律观是君王至上的法律观，君王的权力高于国家的法律。其审判模式是"家长制审判模式"，即在诉讼程序上贯彻亲属伦理原则。它的内在精神"就是它的'亲伦精神'，就是它以亲属伦理（东方内陆型农业社会的家庭伦理，以'孝'为核心的伦理）为灵魂的特质"②。

与宗法人伦相应的是在刑罚上对老者和幼者的照顾、宽恕。在《礼记》中，有长幼不加罪原则。"八十九十曰耄；七年曰悼。悼与耄虽有罪，不加刑焉。"③ 长幼不加罪的原则体现了仁爱、尊老爱幼、亲亲等思想观念。

宗法人伦在司法原则上的另一个具体表现就是公族特殊性原则。《文王世子》集中记录了公族即君王或诸侯同族的特殊事务，包括教化传承、宗族祭祀等，其中也包括公族犯罪的判罪制刑。

与非公族的犯罪相比，对公族的判罪制刑有以下特点：一是不当众行刑。"公族其有死罪，则磬于甸人。其刑罪，则纤剸亦告于甸人。"④ 公族中如果有人犯了死罪，交由甸人（执掌郊野的官）绞杀，因此可以保全遗体。如果是犯了刺、割等肉刑，也送到甸人那里行刑。"刑于隐者，不与国人虑兄弟也。"⑤ 在隐蔽的地方行刑而不行刑于闹市，是为了不让公众知道，避免国人议论国君兄弟、亲族的过错，以维护公族的尊严。二是不施宫刑。"公族无宫刑"⑥ 既是为了保存公族的颜面，使其免受宫刑这样的奇耻大辱，更是为了保存公族的血脉，使公族不致绝后。三是国君会再三请求刑官宽宥犯了死罪的公族之人，这既是"公为之贬降之礼"⑦，也是履行其义务，有些情况下或许只是走一个过场。《文王世子》对此有详细记载："狱成，有司谳于公，其死罪，则曰：'某之罪在大辟。'其刑罪，则曰：'某之罪在小辟。'公曰：'宥之。'有司又曰：'在辟。'公又曰：'宥之。'有司又曰：'在辟。'及三宥，不对，走出，致刑于甸人。公又使人追之曰：'虽然，必赦之。'有司对曰：'无及也。'反命于公。"⑧ 显然，国君再三请求刑官宽宥犯了重罪

① 瞿同祖：《中国法律与中国社会》，商务印书馆2010年版，第82页。

② 范忠信：《中西法文化的暗合与差异》，中国政法大学出版社2001年版，第216页。

③ 郑玄注，孔颖达正义，吕友仁整理：《礼记正义》卷2《曲礼上第一》，上海古籍出版社2008年版，第24页。

④ 郑玄注，孔颖达正义，吕友仁整理：《礼记正义》卷29《文王世子第八》，上海古籍出版社2008年版，第859页。

⑤ 郑玄注，孔颖达正义，吕友仁整理：《礼记正义》卷29《文王世子第八》，上海古籍出版社2008年版，第863页。

⑥ 郑玄注，孔颖达正义，吕友仁整理：《礼记正义》卷29《文王世子第八》，上海古籍出版社2008年版，第859、863页。

⑦ 郑玄注，孔颖达正义，吕友仁整理：《礼记正义》卷29《文王世子第八》，上海古籍出版社2008年版，第860页。

⑧ 郑玄注，孔颖达正义，吕友仁整理：《礼记正义》卷29《文王世子第八》，上海古籍出版社2008年版，第859页。"公"指国君。

的公族之人，只是做出一种姿态，显示国君的宽仁之心和亲亲之情。四是国君为因罪被处死者穿素服，居住宫外，不听乐，到异姓的庙中哭丧。这既表明骨肉亲情并未断绝，也表明为了避免使祖先蒙羞而疏远被处死者，"为忝祖远之也"。①

即使公族看上去有一些特权，但公族判罪的最高原则仍然是公正执法，与百姓无异。虽然根据《王制》对司法流程的记载，国君具有最高司法裁决权，如果国君确实认为公族犯罪者应该得到赦免，是能够采取实际行动赦免其罪行的；但是根据《文王世子》的记载，虽然国君再三向司法官请求对犯了死罪的公族之人从宽处理，但是并未改变判罪和行刑的结果。"公族之罪，虽亲不以犯有司。"② 这是为了端正法纪，并以事实说明公族犯法，与庶民同罪，藉此告诫和教育百姓。"正术也，所以体百姓也。"③

讨论公族特殊性这一原则，不可避免地要涉及"礼不下庶人，刑不上大夫。刑人不在君侧"④。这段话是否意味着礼与刑各有其特定的实施对象呢？

自《礼记》成书起，对"礼不下庶人，刑不上大夫"的理解向来有争议。学者们从不同角度讨论了"礼不下庶人，刑不上大夫"的实质。就文本而言，"礼不下庶人，刑不上大夫"的前文是"国君抚式，大夫下之；大夫抚式，士下之"⑤，因此就其具体语境下的意义，"礼不下庶人，刑不上大夫"指庶人没有过宗庙时的下车之礼，肉刑不得加诸大夫。⑥ 也有学者认为，刑最初施加于奴，大夫以上的人不可以为奴，因此不可以被施刑。"刑之始，乃以为奴婢而侪诸异族，大夫以上，不可以为奴，故亦不容施刑也。"⑦ 而自汉儒起，古今学者对"礼不下庶人，刑不上大夫"的讨论，都已超越了《曲礼上》的具体文字，而将其作为礼和刑关系的一般原则来加以理解和阐释了。

多数学者认为西周时礼与刑的区分并非绝对，礼既然是普遍的行为规范，庶人断无不受礼制制约之理；而如果贵族、大夫弑君犯上、越礼逾制，也逃不脱惩之以刑的命运。古时有许多"刑上大夫"的例子，因此"刑不上大夫"并不符合实际情况。如东汉许慎认为，士与大夫仅在行刑地点上有所区别，"无刑不上大夫之事"⑧。东汉郑玄认为，"刑不上大夫"指的是不公开处刑士大夫，例如郑玄说"凡有爵者，与王同族，大夫以下，适

---

① 郑玄注，孔颖达正义，吕友仁整理：《礼记正义》卷 29《文王世子第八》，上海古籍出版社 2008 年版，第 863 页。

② 郑玄注，孔颖达正义，吕友仁整理：《礼记正义》卷 29《文王世子第八》，上海古籍出版社 2008 年版，第 862~863 页。

③ 郑玄注，孔颖达正义，吕友仁整理：《礼记正义》卷 29《文王世子第八》，上海古籍出版社 2008 年版，第 863 页。

④ 郑玄注，孔颖达正义，吕友仁整理：《礼记正义》卷 4《曲礼上第一》，上海古籍出版社 2008 年版，第 101 页。

⑤ 郑玄注，孔颖达正义，吕友仁整理：《礼记正义》卷 4《曲礼上第一》，上海古籍出版社 2008 年版，第 101 页。

⑥ 参见俞荣根：《儒家法思想通论》（修订本），广西人民出版社 1998 年版，第 120 页。

⑦ 吕思勉：《先秦史》，中国友谊出版公司 2009 年版，第 335 页。

⑧ 陈寿祺撰，王丰先整理：《五经异义疏证》；皮希瑞撰，王丰先整理：《驳五经异义疏证》，中华书局 2014 年版，第 359 页。

甸师氏，令人不见"①。因此，"刑不上大夫"是符合实际情况的。由此可见，两者对"刑不上大夫"的解读却有相同之处，即士大夫犯罪仍然会被处刑，只是处刑的地点不公开，以维护贵族和皇权的颜面。通常认为，此处的"刑"指"五刑"，即墨、劓、剕、宫、大辟五种重刑，均为肉刑。刑罚是惩治恶习，约束民众的强制手段，与礼相辅相成。作为士大夫，本应有礼的规范和修养，是不应该触犯刑律的。

还有一种说法是，"刑不上大夫"之"刑"指刑辱，② 即刑罚和刑讯手段给当事人带来的羞辱。儒者"可杀而不可辱也"③，对于有一定身分地位和自尊心的士大夫来说，刑讯的羞辱恐怕比刑罚本身更加令人难以承受。因此，"刑不上大夫"的制度设计，无论对于维护士大夫的尊严，还是对于统治者笼络官员人心，都是有益的。

礼的规定对象是君子，即士大夫。"礼不下庶人"，是因为礼的规制严格，程序复杂，种类繁多，各种礼的施行，不可避免地要耗费人力物力。因此礼，特别是盛大的礼仪，是不对普通百姓作硬性要求的。对寻常百姓来说，行礼只需量力而行。而对于士大夫来说，礼是他们必须遵循的准则。可见，通过礼的施行，既划定了社会阶层，也体现了针对不同阶层的要求。

正如公族的人犯罪仍要受到刑罚惩处一样，如果士大夫犯了需要用刑罚来惩处的恶行，同样要受到惩罚，并且从此不再是士大夫，也失去了侍奉君王的资格，"刑人不在君侧"。这点与公族不同。公族人即使犯罪，也依然保持着公族的身分，并且在行刑时会顾及公族的颜面而不公开处刑，一些极刑也可能会适当避免。但是，士大夫的身分并非一成不变，遵德守礼是士大夫身分的必要条件。

《礼记》司法思想对宗法人伦的重视，与它所继承以孔、孟为代表的儒家思想并无二致。它主张礼治、德治和人治，反对激进的社会变革观和严刑峻法、缘法而治等治国主张。无论礼治、德治、人治，都强调统治者的自我约束，强调民众遵德守礼，即"有耻且格"④。《礼记》司法思想的目的在于促成而不是破坏社会的和谐。⑤

四、"春夏宽刑，秋冬决狱"的司法时令原则

古代的许多司法行为都与时令紧密联系，《月令》对此有系统建构，其主要特点是春夏宽刑，秋冬决狱。其中与司法有关的农历月份及其与司法关联的内容如下：

孟春正月，万物苏生。"乃命大史守典奉法"⑥，体现了以仁为本，施行德政的宗旨和守先待后的遵德守礼精神。

---

① 郑玄注，孔颖达正义，吕友仁整理：《礼记正义》卷4《曲礼上第一》，上海古籍出版社 2008 年版，第 359 页。

② 参见吕友仁：《〈礼记〉研究四题》，中华书局 2014 年版，第 137 页。

③ 郑玄注，孔颖达正义，吕友仁整理：《礼记正义》卷 66《儒行第四十一》，上海古籍出版社 2008 年版，第 2222 页。

④ 程树德撰，程俊英、蒋见元点校：《论语集释》卷 3《为政上》，中华书局 1990 年版，第 68 页。

⑤ 参见《法理学》，人民出版社、高等教育出版社 2010 年版，第 210 页。

⑥ 郑玄注，孔颖达正义，吕友仁整理：《礼记正义》卷 22《月令第六》，上海古籍出版社 2008 年版，第 618 页。

仲春二月，莺飞草长。"命有司省囹圄，去桎梏，毋肆掠，止狱讼。"① 暂缓司法活动，是要给予人们休养生息、调整身心的时间。

孟夏四月，蛙类鸣叫，瓜蔬生长。应当"断薄刑，决小罪，出轻系"②，以适应立夏时节需要集中有限人力从事农业生产的客观要求。

仲夏五月，蝉鸣花开。应少安毋躁，相应地对重刑犯予以宽待，"挺重囚，益其食"③。与仲夏时节的万物滋长、生命绽放相应，司法政令也体现了对劳动力的重视和涵养。

孟秋七月，秋意渐起，白露夜降。"命有司修法制，缮囹圄，具桎梏，禁止奸，慎罪邪，务搏执。命理瞻伤、察创、视折、审断，决狱讼，必端平，戮有罪，严断刑。"④ 与自然之气开始变得严厉相适应，决断狱讼、执行刑罚不可稍有宽贷，宽纵懈怠。

仲秋八月，秋风萧瑟。于是，刑当罚罪，市当均平，税当减免，老当颐养。"乃命有司，申严百刑，斩杀必当，毋或枉桡。"它体现了严刑和慎刑的思想。

季秋九月，白霜始降，叶落草枯。"乃趣狱刑，毋留有罪。"⑤ 天子下令督促司法官员加紧清理积压的案件，审案定刑，不得遗留有未经审理的罪犯。

孟冬十月，河水开始结冰，大地开始上冻。"是察阿党，则罪无有掩蔽。"⑥ 国君命令百官检举惩处贪官污吏和徇私枉法的司法官吏，使那些犯罪的人不能得到庇护。

仲冬十一月，天寒地冻。此时需要"筑囹圄"⑦，以便来年关押新的犯人。

以上内容集中了依四时而行司法政令的原则，它明晰地建构了天子在一年中的各个时节发布相应的司法、政令的内容。这一制度设计，体现了"春夏宽刑、秋冬决狱"的司法时令原则。

总之，宽政令、省刑罚、布德施恩、行庆施惠，安及万民与万物复苏、莺飞草长的春季相对应；审理小案、判决轻罪与万物生长、草木茂盛、生命绽放的夏季相对应；戮有罪，严断刑与秋气肃杀、万木凋零的秋季相对应；赏罚抚恤、检查整饬、修典议政则与万籁俱寂、修养待发的冬季相对应。国法与天道虽有区别，但却高度吻合，充分体现了中国古人的天人合一观念和智慧。同时，这种理念和举措也体现了古人"受命于天"的君权神授观念和"恭行天罚"的天惩观念。其原因在于，"我国是一个古老的农业国，农业生

---

① 郑玄注，孔颖达正义，吕友仁整理：《礼记正义》卷 22《月令第六》，上海古籍出版社 2008 年版，第 631 页。

② 郑玄注，孔颖达正义，吕友仁整理：《礼记正义》卷 23《月令第六》，上海古籍出版社 2008 年版，第 659 页。

③ 郑玄注，孔颖达正义，吕友仁整理：《礼记正义》卷 23《月令第六》，上海古籍出版社 2008 年版，第 666 页。

④ 郑玄注，孔颖达正义，吕友仁整理：《礼记正义》卷 24《月令第六》，上海古籍出版社 2008 年版，第 692 页。

⑤ 郑玄注，孔颖达正义，吕友仁整理：《礼记正义》卷 25《月令第六》，上海古籍出版社 2008 年版，第 717 页。

⑥ 郑玄注，孔颖达正义，吕友仁整理：《礼记正义》卷 25《月令第六》，上海古籍出版社 2008 年版，第 721 页。

⑦ 郑玄注，孔颖达正义，吕友仁整理：《礼记正义》卷 25《月令第六》，上海古籍出版社 2008 年版，第 732 页。

产在很大程度上取决于天时，人们的生产及其他社会活动如军事、文化、司法都受季节时令的影响。加之统治者宣扬'受命于天'、'恭行天罚'的神权思想，以论证其统治的合理性。这一迷信思想在司法上的反映就是'秋冬行刑'"①。《月令》继承了春秋时期"赏以春夏，刑以秋冬"② 的思想并加以详细阐述，认为春夏万物滋长，秋冬肃杀蛰藏，是永恒的自然法则。继西汉董仲舒宣扬"天人感应"的神学目的论并将"秋冬行刑"说神化之后，后世封建统治者逐渐将"秋冬行刑"加以制度化。

综上所述，《月令》详细阐述了王朝统治的法令应如何效法自然。其中关于君王应根据不同的节气行使不同的政令，春夏赏庆、宽刑，秋冬行刑、决狱，即为"司法时令说"。它根植于靠天吃饭的农耕社会，表达了人们对上天即自然的敬畏。无论是慎刑原则、执法公平原则、宗法人伦原则、司法时令原则，都源自天道。司法时令原则体现了效法自然的思想，还贯彻了先秦儒家法律思想的核心理念"和谐"，其中包括人与自然的和谐。

司法时令原则是《礼记》司法观的重要内容，它对春秋以降的中国传统司法制度也产生了深远影响。春夏省狱减刑，秋冬断狱行刑，这是自古以来秉承的传统，经《月令》的传承而制度化、法典化。作为中国古代"法自然"思想的重要组成部分，司法时令原则像一条隐形的线索，贯穿在中国古代的法自然思想观念中。效法自然思想对中国古代立法也产生了深远的影响，它在后世的刑法中集中表现为"主张法律的宽简，强调法律的规定性和稳定性，反对朝令夕改"③。

综上所述，《礼记》中的司法原则符合儒家慎刑、仁政的思想，同时也有法家严格执法理念的影响。虽然它的具体内容已经不适用于现时代，但其基本精神对当今社会仍有借鉴作用。

（作者单位：武汉大学马克思主义学院）

---

① 武树臣：《"秋冬行刑"的是与非》，http://blog.sina.com.cn/s/blog_5350caaf0100a6ok.html。
② 杨伯峻：《春秋左传注》，中华书局 2009 年版，第 1120 页。
③ 《法理学》，人民出版社、高等教育出版社 2010 年版，第 210 页。

《诗经·鄘风·定之方中》春秋城建礼制管窥*

□ 叶铸漩

　　《诗经·鄘风·定之方中》小序曰："美卫文公也。卫为狄所灭，东徙渡河，野处漕邑。齐桓公攘夷狄而封之。文公徙居楚丘，始建城市而营宫室，得其时制，百姓说之，国家殷富焉。"《小序》以为是诗当卫文公徙居重建城池而作。考《左传·闵公二年》"二月，狄人伐卫。……及狄人，战于荥泽。卫师败绩。遂灭卫。……文公为卫之多患也，先适齐，及败，宋桓公逆诸河宵济。卫之遗民，男女七百有三十人，益之以共滕之民，为五千人。立戴公以庐于曹"，后《左传·僖公二年》传文虽言"二年，春，诸侯城楚丘而封卫焉"，然，经文"二年。春，王正月，城楚丘"后有孔疏云"先城楚丘，将以封卫。言城楚丘不言城卫，卫未迁也"。① 案，《书·咸有一德》有"仲丁迁于嚣"孔颖达疏"发其旧都谓之迁"，故《左传》孔疏云"卫未迁也"言卫未移徙其都，因此可以判断卫在遭狄人灭亡后，在楚丘兴建的并非都城，而只是普通的城池而已，那么其中所涉及的城建礼制也当属于普通城池的建设礼制。

　　案，该诗首章首句"定之方中，作于楚宫"，毛传云："定，营室也；方中，昏正四方；楚宫，楚丘之宫也。仲梁子曰'初立楚宫也'。"毛云："定，营室也"，"营室"当为一词。考《尔雅·释天》"营室谓之定"后有郭璞注："定，正也。作宫室皆以营室中为正。"② 又，《国语·周语中》"营室之中"韦昭注"定谓之营室"，是春秋时以营室正中为正。《史记·天官书》"营室为清庙，曰离宫、阁道"，司马贞索隐引《元命包》云："营室十星，埏陶精类，始立纪纲，包物为室。"③ 考《甘石星经》"室宿"条云："营室二星，主军粮；离宫上六星主隐藏……一名宫，二名室，明国昌、动摇、兵出起。……离宫……以时占之……土星守，主阴造宫室，起土功，将军益封。"《开元占经》引甘氏曰：

---

　　* 本文为国家社科基金重大项目"《诗经》与礼制研究"（16ZDA172）阶段性成果。

　　① 杜预注，孔颖达疏：《春秋左传正义》，阮元校刻：《十三经注疏》卷 12，中华书局 1980 年版，第 1788、1791 页。

　　② 郭璞注，刑昺校定：《尔雅注疏》，阮元校刻：《十三经注疏》卷 6，中华书局 1980 年版，第 2609 页。

　　③ 司马迁：《史记》卷 27《天官书》，中华书局 1959 年版，第 1309 页。

"营室动，有土功事。"又引郗萌氏言曰："将有土功之事，则占于营室。"又引《圣洽符》曰："营室主土，天子庙。"① 是"营室"于地而言当土功之星。毛传"方中"云"昏正四方"，是当依"营室"为土功之星而言。按，《左传·庄公二十九年》"冬，十二月。城诸及防。书时也。凡土功……水昏正而栽"，杜预注云："谓今十月，定星昏而中，于是树板干而兴作。"孔颖达疏："五行北方水，故北方之宿为水星。言水昏正者夜之初昏，水星有正中者耳。非北方七宿皆正中也。……水昏正，谓十月定星昏而正中时也。郑玄诗笺云：'定星昏中而正谓小雪时。'小雪，十月之中气。《月令》仲冬之月，昏东壁中室十六度，日行一度。是十月半而室中，十一月初而壁中。"② 杜预以夏历十月对释《左传》周历十二月，故孔颖达疏以郑玄诗笺小雪之释，明冬季营室昏时当出现在天空正中。《吕氏春秋·孟冬纪》引文亦言"是月也……命司徒……坿城郭"，后高诱注："坿，益也。令高固也。"则是句当明言孟冬之月（夏历十月）可以修筑加固城池，而此时营室星也确实正当昏时星空的正中。这说明，营室星（定星）的空间位置对人们土功城建活动的开展是间接的通过"孟冬之月"这一时间信息完成的，这可以理解为人们因为冬天的到来而需要一定的土功城建活动。然考《尚书·洛诰》"予惟乙卯，朝至于洛师。我卜河朔黎水，我乃卜涧水东、瀍水西，惟洛食；我又卜瀍水东，亦惟洛食。伻来以图及献卜"③，又《诗经·大雅·绵》"周原膴膴，堇荼如饴。爰始爰谋，爰契我龟。曰止曰时，筑室于兹"，是西周时营建城池，并未有以"营室星（定星）"昏时正中为动工时间标准的礼法制度，故可以判断，以营室星（定星）的星空位置来确定土功城建时间的原则当出自春秋时代，而这一基本的原则也成为春秋时代城建活动的首要制度。

其后"揆之以日，作于楚室"句，毛传曰："揆，度也。度日出日入以知东西，南视定，北准极，以正南北。室犹宫也。"毛以"日"定东西，"定星"定南北。然前句郑笺有云"定星昏中而正，于是可以营制宫室，故谓之营室。定昏中而正，谓小雪时，其体与东壁连正四方"，明定星只是确定土功城建的时间，这与上文的考论是完全相同的。但毛氏以定星为土木工程确定南北方向的天文依据，以现有文献来看，并未有足够的证据证明这一点。案，《诗经·大雅·公刘》"笃公刘，既溥既长，既景乃冈，相其阴阳，观其流泉"，毛传云："'既景乃冈'考于日景，参之高冈。"郑笺释曰："厚乎公刘之居豳也。既广其地之东西，又长其南北；既以日景定其经界于山之脊，观相其阴阳寒暖所宜，流泉浸润所及，皆为利民富国"，是公刘营豳当是以日影确定东西南北。又《周礼·冬官·考工纪》"匠人"条曰："匠人建国……置槷以县，视以景。为规，识日出之景与日入之景。昼参诸日中之景，夜考之极星，以正朝夕。"郑玄注曰："槷，古文臬，假借字。于所平之地中央树八尺之臬以县正之，视之以其景，将以正四方也。"④ 按，"槷""臬"上古皆

① 瞿昙悉达撰，常秉义点校：《开元占经》卷61，中央编译出版社2006年版，第623页。

② 杜预注，孔颖达疏：《春秋左传正义》，阮元校刻：《十三经注疏》卷10，中华书局1980年版，第1782页。

③ 孔氏传，孔颖达疏：《尚书正义》，阮元校刻：《十三经注疏》卷15，中华书局1980年版，第214页。

④ 郑玄注，陆德明释文，贾公彦疏《周礼注疏》，阮元校刻：《十三经注疏》卷41，中华书局1980年版，第927页。

月部、疑母、入声,① 是音全同,可假借。《穀梁传·昭公八年》"以葛覆质以为槷",范宁注曰"槷,门中臬",是郑训得之,而建国营城以日定东西南北则明矣。后贾公彦疏更有云"前经已正东西南北,恐其不审,犹更以此二者('日中之景'和'极星')以正南北",则以"日"为测量地面城建东西南北的依据就更加明确了。因此,可以认定,春秋时代人们在土功城建作业时是延续着西周以来的制度以"日"为测量城市、宫室基建方位的基准,虽然《周礼·冬官·考工记》有言"夜考之极星",但那只是对白天依据"日"测量结果的复核,同时可以确定的是,春秋时期城建时基建方位的确定与营室星(定星)无任何关系。然而,这里的考证只是说明了营室星(定星)和日(太阳)在土功城建过程中城池规划、季节选择及方位确定层面的决定性作用,但诗句中"作于楚宫""作于楚室"却无法得到通过营室星(定星)与日(太阳)的直接测量以施工的事实。考《周礼·冬官·考工记》:"攻木之工,轮、舆、弓、庐、匠、车、梓。"《礼记·曲礼下》"曰土工金工石工木工",郑玄注云"木工,轮、舆、弓、庐、匠、车、梓也",其后孔颖达疏云"匠,能作宫室之属",② 是兴作宫室者当为"匠",其自为百工之一。《墨子·法仪》"百工为方以矩,为圆以规,直以绳,正以县。无巧工不巧工,皆以此五者为法。巧者能中之,不巧者虽不能中,放依以从事,犹逾已。故百工从事,皆有法所度"③,则可以明确"匠"作为百工之一,在营造宫室时是以"矩""规""绳"等符合个体建筑原理的工具为标准的,而与前文所讨论的营室星(定星)及日(太阳)并无关系。那么,"定之方中,作于楚宫;揆之以日,作于楚室"中"定之方中"与"揆之以日"二句与后面"作于楚宫"和"作于楚室"二句就不能构成直接的因果联系,而这两句也只能解释为"规划城池,而后去兴建楚丘的宫室"。由此,作为当时的城建礼制,我们可以认定,"通过营室星(定星)以确定施工时间'冬季'"和"以日(太阳)为客观标准进行城建规划"是一定的,而其中"施工时间"则具有文化意义的规定性。

"树之榛栗,椅桐梓漆,爰伐琴瑟。"郑玄对此笺注云:"树此六木于宫者,曰其长大可伐以为琴瑟。言豫备也。"毛传郑笺皆无"伐"字独训,而郑笺述义概明其义曰"其长大可伐以为琴瑟"。按,伐,《诗经·召南·甘棠》"勿翦勿伐",毛传曰:"击也。"又《小雅·采芑》"钲人伐鼓",毛传亦云:"击也。"考《说文》,义亦"击也"。然,《左传·庄公二十九年》"凡师有钟鼓曰伐",孔颖达疏:"击鼓斩木俱名为伐";《吕氏春秋·上农》"山不敢伐材下木",高诱注:"伐,斫也";《春秋·隐公二年》"郑人伐卫",范宁注引传例云:"斩树木,坏宫室曰伐",而遍考先秦两汉"伐"义,皆关本义或有由本义引申者,无可与琴瑟合用义。④ 毛以"击"义释他篇"伐"字,以毛氏传注体例,是句"伐"字亦当训"击"或至少与"击"义相近之义如"斩木"者,但"伐"字对象不当为琴瑟,而只能为前句所述"榛、栗、椅、桐、梓、漆"六种树木,故郑笺为是。然观前文,楚宫、楚室既作,而后文又有登高考察之举,则这里自当为营建城池中的树木

---

① 唐作藩:《上古音手册(增订本)》,中华书局 2013 年版,第 108 页。
② 陆德明释文,孔颖达等疏:《礼记注疏》,阮元校刻:《十三经注疏》卷 4,中华书局 1980 年版,第 1261 页。
③ 孙诒让:《墨子间诂》卷 1,孙启治点校,中华书局 2001 年版,20~21 页。
④ 宗福邦、陈世铙、萧海波主编:《故训汇纂》人部,商务印书馆 2003 年版,第 93 页。

抑或称之为疆理的环节。考《诗经·大雅·公刘》"止基乃理，爰众爰有。夹其皇涧，遡其过涧"，郑笺云："作宫室之功止，而后疆理其田野，校其夫家人数，日益多矣，器物有足矣。皆布居涧水之旁。"是公刘营建宫室之后当继以对田野垦荒疆理的工作，但是这一工作的内容却是始终指向有利器用民生的目的。这在《诗经·大雅·绵》中有着更为明确的表达："曰止曰时，筑室于兹。乃慰乃止，乃左乃右，乃疆乃理，乃宣乃亩"，郑玄笺曰："民心定，乃安隐其居，乃左右而处之，乃疆理其经界，乃时耕其田亩"，古公亶父确定周原作为城建对象并完成了"筑室"以后，就立刻展开对民众有利的土地利用活动。按，《周礼·冬官·考工纪》"匠人"条云："匠人营国，方九里，旁三门。国中九经，九维，经涂九轨。""旁三门"后，郑玄注云："营，谓丈尺其大小。"又贾公彦疏引郑氏云："国家谓城方。公之城盖方九里……"① 合而观之，则所言"方九里"当是已经完成了上文所谈的城建土功在方位层面的测量。"国中九经，九维，经涂九轨"后郑玄注曰："国中，城内也；经纬谓涂也。经纬之涂皆容方九轨。"是可明周时匠人营国的顺序当是先规划城建对象，再有效整合城中土地使之有利可用（即，兴修道路）。考，《吴越春秋·吴太伯传》云："太伯起城，周三里二白步，外郭三百余里，在西北隅，名故吴。人民皆耕田其中。"《阖闾内传》又云："子胥乃使相土尝水，象天法地，造筑大城，周回四十七里。……城郭以成，仓库以具……"② 是可明至少春秋时期"有效整合城中土地并利用之"确为城建规划之后的首要工作。合以前面所引述的城建规划完成后的史实，该诗中植木以为琴瑟之准备也自然地可以被纳入"有效利用土地"的表现形式内。按，《诗经·郑风·女曰鸡鸣》"琴瑟在御，莫不静好"毛传云："君子无故不彻琴瑟"；《礼记·乐记》"丝声哀，哀以立廉，廉以立志。君子听琴瑟之声，则思知义之臣"，孔颖达疏："言丝声含志不可犯，故闻丝声而思其事也"；《左传·昭公元年》"君子之近琴瑟，以仪节也，非以慆心也"，杜预注："为心之节仪，使动不过度"；《荀子·乐论》"君子以钟鼓道志，以琴瑟乐心"，是"琴瑟"当为君子仪节立志之载体，其所传达出的道德层面价值观在当时是有纯粹道德和严格礼法的积极作用的，故"爰伐琴瑟"在前述的"有利器用民生"方面则更多的是倾向于营造楚丘后的礼法重建活动。虽然"礼法"的重建工作在城建中属于精神层面的营构，但其前期植树工作则明显地使土地得到了有效的利用。这里，我们可以将前文提到的耕种、开荒、修路与重建礼法进行比较，可以发现，在周代（春秋时期以大的历史时期来说亦是周代）的社会现实中，这四个方面于城池的统治者而言都是同等重要的，故在城建规划完成之后，这四个方面中的任何一个，理论上都是可以首先实施的。然不论首先实施哪一个方面，却都可以归结为"对土地快速有效的基础利用"。

"升彼虚矣，以望楚矣。望楚与堂，景山与京。降观于桑。卜云其吉，终然允臧"与前句，毛传："虚，漕虚也，楚丘有堂邑者。景山，大山；京，高丘也"，郑笺则云："自河以东，夹于济水。文公将徙，登漕之丘，以望楚丘。观其旁邑及其丘山，审其高下所倚，乃后建国焉。慎之所至也。"毛氏似以"虚"为漕虚并楚丘有堂邑者，言漕及楚丘并

---

① 郑玄注，陆德明释文，贾公彦疏：《周礼注疏》，阮元校刻：《十三经注疏》卷41，中华书局1980年版，第927页。

② 赵晔撰，徐天祐音注：《吴越春秋》卷第1、卷第4，江苏古籍出版社1999年版，第4、31页。

为故墟，而郑氏则依诗句分释为"漕之丘"和"楚丘"，是郑氏以"漕"为虚，而楚丘尚未开发以待建城。孔颖达疏，于"传虚漕至高丘"条后云："知墟漕墟者以文公自漕而徙楚丘，故知升漕墟。盖地有故墟，高可登之以望。……升墟而并望楚堂，明其相近，故言楚丘有堂邑。楚丘本亦邑也，但今以为都，故以堂系楚丘而言之。"孔氏亦从郑说分释"漕墟"与"楚丘"而以两地相近圆合毛传。然孔以"楚丘亦邑，今以为都"，则未安。按，《左传·僖公二年》"二年，春，诸侯城楚丘而封卫焉"，又《左传·闵公二年》"僖之元年，齐桓公迁邢于夷仪，封卫于楚丘"①，是楚丘时未城，而考诸"邑"义，《史记·五帝本纪》"二年成邑"，张守节正义曰："四井为邑"；《周礼·地官·小司徒》"四井为邑"，郑玄注："四井为邑，方二里"；《管子·小匡》云："六轨为邑"；《周礼·春官·家宗人》"家宗人"，贾公彦疏："诸侯之卿大夫同姓，邑有先君之主则曰都，无曰邑；天子之臣同姓，大夫虽有先君之主亦曰邑也"②，则"邑"之为义，必先有城郭，而后可成。然考先秦文献，唯《左传·僖公二年》诸侯共城"楚丘"时为"楚丘"城建之首次。又，《诗地理考》"东徙渡河漕邑"条，王应麟引陈氏言："齐桓公存三亡国。必若救卫，庶几于公矣。《春秋》'狄入卫'，不言灭，'庐于曹'，不言迁。'齐侯使公子无亏戍曹'，不言救"③，是卫时未亡国，故不当言"以楚丘为都"，况楚丘在鲁僖公二年诸侯"城楚丘"前并非"邑"，是以当从郑笺分之以释"漕虚"及"楚丘"。那么，"升彼虚矣，以望楚矣。望楚与堂，景山与京"句全义就当完全依从郑笺了。然"卜云其吉，终然允臧"，毛传曰："建国必卜之。故建邦能命龟，田能施命，作器能铭。……"则是当对前文所选之"楚丘"作吉凶的判断。这里，毛以"建邦能命龟"释"卜"，故以毛氏之训而论"卜云其吉"之"卜"当为"以龟甲占卜"。按，《史记·龟策列传》："自古圣王将建国受命，兴动事业，何尝不宝卜筮以助善！唐虞以上，不可记已。自三代之兴，各据祯祥。涂山之兆从而夏启世，飞燕之卜顺故殷兴，百谷之筮吉故周王。王者决定诸疑，参以卜筮，断以蓍龟，不易之道也。"又言："周室之卜官，常宝藏蓍龟；又其大小先后，各有所尚，要其归等耳。"④考《左传·僖公二十五年》："胡偃言于晋候曰'求诸侯莫如勤王。诸侯信之，且大义也，继文之业。而信宣于诸侯，今为可矣。'使卜偃卜之，曰'吉。遇黄帝战于阪泉之兆。'公曰'吾不堪也'，对曰'周礼为改。今之王，古之帝也。'公曰'筮之。'筮之，遇大有之睽，曰'吉。遇公用享于天子之卦也……'"⑤《左传·僖公四年》亦有云："初，晋献公欲以骊姬为夫人，卜之不吉，筮之吉。公曰'从筮'，卜人曰'筮短龟长，不如从长。'"⑥是可明至少春秋时龟、蓍两种占卜方式是并存的，且同为人所常用。考《周礼·春官·大卜》："大卜，掌三兆之法……掌三易之

① 杜预注，孔颖达疏：《春秋左传正义》，阮元校刻：《十三经注疏》卷12、卷11，中华书局1980年版，第1791、1789页。

② 宗福邦、陈世铙、萧海波主编：《故训汇纂》邑部，商务印书馆2003年版，第2318页。

③ 王应麟：《诗地理考》卷第1，王京州、江合友点校，中华书局2011年版，第211~212页。

④ 《史记》卷128《龟策列传》，中华书局1959年版，第3223~3224页。

⑤ 杜预注，孔颖达疏：《春秋左传正义》，阮元校刻：《十三经注疏》卷16，中华书局1980年版，第1820页。

⑥ 杜预注，孔颖达疏：《春秋左传正义》，阮元校刻：《十三经注疏》卷12，中华书局1980年版，第1793页。

法……掌三梦之法。以邦事作龟之八命……以八命者，赞三兆三易三梦之占。以观国家之吉凶，以诏救政。"① 是大卜所用占卜之术当有"三兆之法""三易之法""三梦之法"。而"以八命者，赞三兆三易三梦之占"句郑玄引郑众注曰："以此八事命卜筮蓍龟参之以梦"，可明大卜在对具体事件占卜时需要将"蓍""龟""梦"三者互相参考以得到最终结果。其后又对"龟"法作了较为详细的说明："凡国大贞，卜立君、卜大封，则眂高作龟。大祭祀，则眂高命龟。凡小事，莅卜。国大迁，大师则贞龟。"按，"凡小事，莅卜"句后贾公彦疏："凡大事卜，小事筮。若事小，当入九筮，不合入此大卜。大卜云小事者，此谓就大事中差小者，非谓筮人之小事也。小事既大卜莅卜，则其余仍有陈龟。"② 按，"卜"，《说文》"灼剥龟也"；《书·洪范》"择建立卜筮人"，孔安国传："龟曰卜"；《易·系辞上》"以卜筮者尚其占"，李鼎祚集解引虞氏曰："龟称卜"③，故这里所说的"卜"只是"龟"法。是以，可以明确，这里只是说明"龟"法的一些具体操作，并未涉及"龟"法的唯一适用场合。又《占人》中经文明言"凡国之大事，先筮而后卜"，郑玄注："当用卜者先筮之，即事有渐也。于筮之凶则止不卜。"以此结合《大卜》经文及郑玄注文可见经文中的"大事""小事"并没有极为明显的分界，而被经文的作者处理为"大事"范畴内部的要素，那么贾疏以"大事卜，小事筮"明确分别"筮"与"龟"的使用场合就是不合《周礼》原文义的了。由此，国之大事从占卜的层面来说，皆是先"筮"后"卜（龟法）"，上文所引史料也印证了这一结论。而所谓"大事"，贾公彦在疏释《占人》"凡国之大事"时指出"大事者，即大卜之八命及大贞、大祭祀之事。大卜所掌者皆是大事"。《大卜》经文言："以邦事作龟之八命，一曰征、二曰象、三曰与、四曰谋、五曰果、六曰至、七曰雨、八曰瘳。"郑玄注云："征亦云行巡守也；象谓有所造立也，《易》曰'以制器者尚其象'；与谓所与共事也；果谓以勇决为之。若吴伐楚，楚司马子鱼卜战，令龟曰'鲋也以其属死之，楚师继之'尚大克之吉是也。"④ 由此，前文所讨论的"建邦"或"开展城建工程"之前的占卜活动就应当属于"邦事八命"之"象"而进一步属于"国之大事"。那么，《定之方中》"卜云其吉，终然允臧"句毛传"建邦能命龟"在符合"卜"字训诂的同时也暗示了"命龟"之前"筮"环节的存在。而在现实的操作中却已经无法看到"命龟"环节中"筮"的痕迹了。考《诗经·大雅·绵》"周原膴膴，堇荼如饴。爰始爰谋，爰契我龟，曰止曰时"；《尚书·召诰》"太保朝至于洛，卜宅。厥既得卜，则经营"⑤；《尚书·洛诰》"予惟乙卯，朝至于洛师。我卜河朔黎水，我乃卜涧水东、瀍水西，惟洛食；我又卜瀍水东，亦惟洛食。伻来以图及献卜"皆证明了这一点，由此来看《定之方中》"卜云其吉，终然允臧"一句，亦当省略了"龟

---

① 郑玄注，陆德明释文，贾公彦疏：《周礼注疏》，阮元校刻：《十三经注疏》卷24，中华书局1980年版，第802~803页。

② 郑玄注，陆德明释文，贾公彦疏：《周礼注疏》，阮元校刻：《十三经注疏》卷24，中华书局1980年版，第804页。

③ 宗福邦、陈世铙、萧海波主编：《故训汇纂》卜部，商务印书馆2003年版，第281页。

④ 郑玄注，陆德明释文，贾公彦疏：《周礼注疏》，阮元校刻：《十三经注疏》卷24，中华书局1980年版，第803页。

⑤ 孔氏传，孔颖达疏：《尚书正义》，阮元校刻：《十三经注疏》卷15，中华书局1980年版，第211页。

法（卜）"之前"筮"的过程。这样，我们就可以知道，在《定之方中》中，"楚丘"城建最终方案的确定，是先考察地形以形成决策者的想法，而后通过由"筮"到"卜"的过程最终确定，这是与当时礼法程序完全一致的。

至此，我们可以将上述通过《鄘风·定之方中》一诗得出的春秋时期城建的规则作一条分缕析的梳理：第一，土功城建的时间选择在冬季；第二，以日（太阳）为基准作出城建的总体规划；第三，需要对目标城建内的土地给予有效且基础性的利用；第四，考察目标城建地后通过筮、卜最终确定计划。这四个规则，依据上文的考察，则可以发现在当时都是必须遵循而不可违背的。《左传·昭公二十五年》"礼，天之经也，地之义也，民之行也"；《国语·周语上》"昭明物则，礼也"。又《荀子·劝学》"礼者，法之大分，类之纲纪也"；《礼记·曲礼上》"必告之以其制"，郑玄注曰："制，法度也"；《吕氏春秋·节丧》"以军制立之"，高诱注："制，法也。"[1] 故以上文所考察的结论来说，这四个春秋时期城建的规则，也就不得不从规则而上升为礼制，从礼法的层面规范和维系国家社会了。

（作者单位：武汉大学文学院）

---

① 宗福邦、陈世铙、萧海波主编：《故训汇纂》示部、刀部，商务印书馆 2003 年版，第 1613、228 页。

阳明学研究

王阳明家训思想研究*

□　欧阳祯人　张翅飞

　　王阳明的家训思想属于阳明心学整体思想的一个组成部分，是其心学思想的一个投射。王阳明的家训思想，现在一般人认为主要体现在《示宪儿》的"三字经"中①，毫无疑问这是重要的家训文献。但是笔者以为，研究王阳明的家训，还必须把王阳明的家信纳入进来，尤其应该从王阳明的整体人生和整个心学思想出发，从他成长的家风家教的背景中寻找资源，结合阳明教育学生、倡导乡约的教育思想，系统、深入、全面地讨论，我们才能够看到王阳明家训思想的全貌，才能抓住问题的实质和重点。

一、王阳明能够成长为一代大儒的原因

　　王阳明的六祖叫王纲，文武全才，与刘伯温是朋友。七十岁时担任兵部郎中。曾祖父王世杰，号槐里子，著有《易春秋说》《周礼考证》和《槐里杂稿》。祖父王天叙，也是一位特殊人物：

　　　　先生名伦，字天叙，以字行。性爱竹，所居轩外环植之，日啸咏其间。视纷华势利，泊如也。客有造竹所者，辄指告之曰："此吾直谅多闻之友，何可一日相舍耶？"学者因称曰竹轩先生。
　　　　早承厥考槐里先生庭训，德业夙成。甫冠，浙东西大家争延聘为子弟师。凡及门经指授者，德业率多可观。槐里先生蚤世，环堵萧然，所遗惟书史数箧。先生每启箧，辄挥涕曰："此吾先世之所殖也。我后人不殖，则将落矣。"乃穷年口诵心惟，于书无所不读，而尤好观《仪礼》《左氏传》、司马迁《史》。雅善鼓琴，每风月清

　　*　本文为 2016 年度教育部人文社会科学重点研究基地重大项目"阳明心学的历史渊源及其近代转型研究"（16JJD720014）阶段性成果。
　　①　王守仁《示宪儿》："幼儿曹，听教诲：勤读书，要孝弟；学谦恭，循礼义；节饮食，戒游戏；毋说谎，毋贪利；毋任情，毋斗气；毋责人，但自治。能下人，是有志；能容人，是大器。凡做人，在心地；心地好，是良士；心地恶，是凶类。譬树果，心是蒂；蒂若坏，果必坠。吾教汝，全在是。汝谛听，勿轻弃。"见王守仁：《王阳明全集》（中）卷二十，吴光、钱明、董平、姚延福编校，上海古籍出版社 2012 年版，第 625 页。下面的引文与此出处相同者，不再注明版本信息。

朗，则焚香操弄数曲。弄罢，复歌以诗词，而使子弟和之。识者谓其胸次洒落，方之陶靖节、林和靖，无不及焉。

……先生容貌环伟，细目美髯。与人交际，和乐之气蔼然可掬。而对门人弟子，则矩范严肃，凛乎不可犯。为文章好简古而厌浮靡，赋诗援笔立就，若不介意，而亦未尝逸于法律之外。所著有《竹轩稿》及《江湖杂稿》若干卷，藏于家。①

这段文字很重要。因为从这段文字中，走出了一位状元和一位新建伯。这段文字给了我们很多信息。第一，自古以来，王家就有良好的家风家教："早承厥考槐里先生庭训，德业夙成"，这非常重要。这一点，影响了王华，更影响了王阳明的成长。没有良好的家风，王阳明要成为一代伟大的思想家和军事家，这是不可能的。第二，王天叙爱好大自然，喜欢竹子，淡泊名利。后来王阳明在贵州龙场修筑的君子亭四周就种植了大量的竹子，并且用四个字概括竹子的品格：德、操、时、容。这是有深远的原因的。闲雅淡泊，以俭养德，其实是王阳明人生取得重大成功的根本原因。第三，曾祖父槐里子给王天叙遗留下来很多书籍。这对状元与新建伯的诞生与成长，创造了不可或缺的条件。至为重要的是，从王世杰到王天叙在物质上都不是很宽裕："环堵萧然。"全部的遗产只有几箱子书籍。尤其是王天叙刚好又特别喜欢读书："穷年口诵心惟，于书无所不读。"志趣、胸襟、境界，固然重要，毕竟一定的先决条件也是十分重要的。最为重要的是，王天叙不是腐儒，他是有见识，有传承，有多种著述的思想者。他的著述成为传家之宝。没有这种传统，王华就不可能考取状元，王阳明更不可能考取进士。第四，王天叙是一个极有艺术修养的人："雅善鼓琴，每风月清朗，则焚香操弄数曲。"后来王阳明在龙场也弹琴，在他的诗文中存在大量有关弹琴的内容。王阳明像孔子、司马徽、诸葛亮、庞统、周敦颐、朱熹等一样，也是一代琴家。琴者，禁也。上下与天地同和。王阳明征战沙场，屡建奇功，其实与古琴有深刻的联系。不仅如此，王阳明同时也是书法家、画家、会唱歌，尤其写得一手好文章，王阳明至少是有明一代最有名的文章高手之一。这些都与王阳明的祖父与父亲奠定的雄厚基础密不可分。第五，王天叙的职业是教书："甫冠，浙东西大家争延聘为子弟师。凡及门经指授者，德业率多可观。"而且教学的效果还很好。这一点刚好又被王阳明彻底传承了下来。王阳明人生自以为最为得意的地方，正在于自己集天下英才而教育之。② 作为教育家的王阳明，其实是以一代思想家、军事学家为基础的，因此，这个教育家完全不同寻常。王天叙"容貌环伟，细目美髯。与人交际，和乐之气蔼然可掬。而对门人弟子，则矩范严肃，凛乎不可犯"，这是一位老师的形象，这对后来成为教育家的王阳明的影响同样是非常重要的。这使人自然而然想起王阳明《教条示龙场诸生》："立志、勤学、改过、责善。"③ 我们从这些教学原则中，可以体会出王阳明与他的祖父王天叙有着来自灵魂深处的传承关系。第六，至为重要的是，这段文字的最后有这样的话："所著

---

① 王守仁：《竹轩先生传》，《王阳明全集》（下）卷三十八，第1142~1143页。

② 王守仁：《赣州书示四侄正思等》："读书讲学，此最吾所宿好，今虽干戈扰攘中，四方有来学者，吾未尝拒之。所恨牢落尘网，未能脱身而归。今幸盗贼稍平，以塞责求退，归卧林间，携尔曹朝夕切磋砥砺，何异乐如之！"［《王阳明全集》（中）卷二十六，第815~816页］

③ 王守仁：《教条示龙场诸生》，《王阳明全集》（中）卷二十六，第804页。

有《竹轩稿》及《江湖杂稿》若干卷，藏于家。"《竹轩稿》与《江湖杂稿》，也许不是什么名著，但是，王天叙并没有急于拿着自己的手稿出版发行，为自己在这个浮躁的世界上沽名钓誉。笔者的意思是，这是一个殷实的、有底蕴的、有传承的家族。这些著作，毫无疑问，对王阳明的影响是十分深远的。

在这个家庭里，王阳明首先享受到的是王家世世代代诗书传家的家风。王阳明十一岁就能够写出相当不错的诗歌，这无论如何都是在书香门第的家庭耳濡目染的结果。王阳明一生最大的特点之一，就是能够写一手好文章。他的文章深情厚义，入木三分，如果不是这样的家庭熏陶，就是不可想象的事情。而且，王阳明的文章与诗歌创作，都直接受到了竹轩先生的影响："为文章好简古而厌浮靡，赋诗援笔立就，若不介意，而亦未尝逸于法律之外。"王阳明的诗风文风，确实与之相去不远。其次，王阳明在这个家庭里感受到的是一个极富光荣历史的家族，所以，立志，成了王阳明长期以来一直思考的一个问题。为什么要立志？这是书香门第的脸面和惠命传承。这个问题，时时刻刻摆在王阳明的面前。尤其是"学做圣贤"的志向在他心中扎根的时候，他家族的优势就越发显示出来了。再次，王阳明在家里由于受到祖父的隔代庇护，所以，王阳明在思想上相当自由。他少年时代豪侠任性的一面就是在这样一种环境下培养起来的。王阳明的父亲王华虽然在关键时刻总是给王阳明至关重要的提点和教育，但是在通常的生活中，对其约束较少，任其自由。中国古代的父亲，往往易子而教。这是从孔子以来的传统，它的真正好处，不仅仅在于使父子保持良好的关系，而且还在于让孩子生活得自由自在，没有真正的血亲压力。从次，王阳明的祖父与父亲在王阳明十岁时就安排其进京生活，笔者认为，这是刻意的培养。因为这样一来，王阳明的眼界就此打开，王阳明后来广交朋友，尤其是与前后七子都有深入的交往，为他日后深刻理解力和领悟力的养成打下了良好的基础。王阳明的少年时代，是他意气风发、充满自由的时期。我们从王阳明十一岁时留给我们的两首诗歌中，可以看出他性情浏亮、思想健康、想象丰富、对人生充满遐想："山近月远觉月小，便道此山大于月。若人有眼大如天，还见山小月更阔"，"金山一点大如拳，打破维扬水底天。醉倚妙高台上月，玉箫吹彻洞龙眠"。视野开阔，视角转换，奇特高妙，简直就有心学的方式路径。这充分说明了竹轩公与王华教育孩子的成功。最后，仔细斟酌王阳明的人生，笔者深以为，成就王阳明一生的根本动力，是他的孝道：

> 近得书闻老父稍失调，心极忧苦。老年之人，只宜以宴乐戏游为事，一切家务皆当屏置，亦望时时以此开劝，家门之幸也。至祝至祝！事稍定，即当先报归期。①

这种类似的文字，在《王阳明全集》中经常见到。王阳明十分思念家中的父老与亲人。又如，王阳明完全没有想到他会被贬谪到贵州龙场。在龙场，他念念不忘的是他的老家："蛮烟喜过青杨瘴，乡思愁经芳杜洲。山在夜郎家万里，五云天北是神州。"（《居夷诗·罗旧驿》）"尺素屡题还屡掷，衡南哪有雁飞回？"（《居夷诗·兴隆卫书壁》）"此日天涯伤逐客，何年江上却还家？"（《居夷诗·晓霁用前韵抒怀》之一）"乘兴最堪风雪夜，小舟何日返山阴？"（《居夷诗·雪夜》）"奔走连年家尚远，空余魂梦到柴门。"（《居夷诗·

---

① 王守仁：《又与克彰太叔》，《王阳明全集》（中）卷二十六，第816页。

再经武云观书林玉玑道士壁》)他仿佛被整个世界抛弃了，强烈而沉痛的思乡情怀深深地埋藏于《居夷诗》的字里行间。对自己的遭遇，他其实还是可以超越的，但是真正念念不忘，而且觉得刻骨铭心的，是自己的亲人："采蕨西山下，扳援陟崔嵬。游子望乡国，泪下心如摧。浮云塞长空，颓阳不可回。南归断舟楫，北望多风埃。已矣供子职，勿更贻亲哀！"（《居夷诗·采蕨》）设身处地，我们可以通过阳明的文字，感受到阳明当时置身龙场，孤苦无助的悲催心情。更看到了王阳明因自己没有尽到孝心而十分痛苦。这就是他的孝道。在儒家经典《孝经·开宗明义》第一章，借孔子的口写道："身体发肤，受之父母，不敢毁伤，孝之始也。立身行道，扬名于后世，以显父母，孝之终也。"这里所谓的"立身行道"，就是一个人的事业。王阳明无时无刻不专注于他的"道"："溪石何落落，溪水何冷冷。坐石弄溪水，欣然濯我缨。溪水清见底，照我白发生。年华若流水，一去无回停。悠悠百年内，吾道终何成！"（《居夷诗·溪水》）把"孝"与"道"结合在一起了（"立身行道，扬名于后世，以显父母，孝之终也"），这是王阳明拳拳服膺，念念于道，最后成功的根本原因。

不过，王阳明的成功，还有一个重要的因素，这就是他的理论对手的成就。谁是他的理论对手呢？朱熹。自从王阳明碰到娄一斋以后，王阳明就开始追求圣贤境界。圣贤可学而至，念兹在兹。他真正潜心研究了朱熹的著作。然后格了七天竹子，预期的效果没有得到，还因此而大病了一场。接下来，生命无形的大手把他抬了起来，使他成为国家公务员，然后让他遭遇宦官刘瑾。一连串的人生灾难，马上就把推向了贵州龙场。置身贵州西北万山丛棘中，蛇虺魍魉，蛊毒瘴疠，野兽作伴，举目无亲，投告无门。阳明仰望寰宇，试问苍天："圣人处此，更有何道？"[1] 孔子孟子、老子庄子和禅宗的思想在他心中交融，历史的烟云在云贵高原的青山绿水之间飘摇，陆九渊与朱熹鹅湖论辩的故事，始终都在耳际回想。艰难困苦的生存环境、自食其力的生活方式，老稚来视的贵州少数民族情感，云贵高原清新爽目的山山水水都在在激发了王阳明心中的梦想。"忽中夜大悟格物致知之旨，寤寐中若有人语之者，不觉呼跃，从者皆惊。始知圣人之道，吾性自足，向之求理于事物者误也。乃以默记《五经》之言证之，莫不吻合，因著《五经臆说》。"[2] 王阳明因此而转换了角色，超越了朱熹。理论的对手虽然与家风家教没有直接的关系，但是，它来自心中的追求与超越。这同样是家风家教在他心中激发出来的人生动力导致的结果。

二、阳明"立志说"浅析

王阳明家训的核心内容，是他的"立志说"。这是由王阳明心学思想决定的必然结果。在《王阳明全集》中，"立志"一词，被王阳明反复运用，经常给自己的学生谈起。这是《王阳明全集》的关键词。从家训的角度上来讲，王阳明的"立志说"主要体现在他给他的弟弟王守文撰写的《示弟立志说》一文中。这封信在后来与王正宪的思想交流中，王阳明还让王正宪去万守文那里抄录该信，反复诵读，牢记于心。这当然是一篇重要的家训著作。顾名思义，这篇文章特别强调在做人的过程中，在学习的过程中，立志，是

---

① 《年谱一》，《王阳明全集》（下）卷三十三，第1007页。
② 《年谱一》，《王阳明全集》（下）卷三十三，第1007页。

最重要、最根本的立足点。

阳明多次讲到过立志。在《王阳明全集》中，与他的心即理、致良知相一致，相关的论述俯拾即是：

问立志。先生曰："只念念要存天理，即是立志。能不忘乎此，久则自然心中凝聚，犹道家所谓结圣胎也。此天理之念常存，驯至于美大圣神，亦只从此一念存养扩充去耳。"①

又曰："立志用功，如种树然。方其根芽，犹未有干；及其有干，尚未有枝；枝而后叶，叶而后花实。初种根时，只管栽培灌溉，勿作枝想，勿作叶想，勿作花想，勿作实想。悬想何益！但不忘栽培之功，怕没有枝叶花实？"②

唐诩问："立志是常存个善念，要为善去恶否？"曰："善念存时，即是天理。此念即善，更思何善？此念非恶，更去何恶？此念如树之根芽，立志者长立此善念而已。'从心所欲不逾矩'，只是志到熟处。"③

（先生曰：）"种树者必培其根，种德者必养其心。欲树之长，必于始生时删其繁枝；欲德之盛，必于始学时去夫外好。如外好诗文，则精神日渐漏泄在诗文上去；凡百外好皆然。"又曰："我此论学是无中生有的工夫，诸公须要信得及，只是立志。学者一念为善之志，如树之种，但勿助勿忘，只管培植将去，自然日夜滋长，生气日完，枝叶日茂。树初生时，便抽繁枝，亦须刊落。然后根干能大。初学时亦然，故立志贵专一。"④

大抵吾人为学紧要大头脑，只是立志，所谓困忘之病，亦只是志欠真切。⑤

何廷仁、黄正之、李侯璧、汝中、德洪侍坐，先生顾而言曰："汝辈学问不得长进，只是未立志。"侯璧起而对曰："琪亦愿立志。"先生曰："难说不立，未是必为圣人之志耳。"对曰："顾立必为圣人之志。"先生曰："你真有圣人之志，良知上更无不尽。良知上留得些子别念挂带，便非必为圣人之志矣。"洪初闻时，心若未服，听说到此，不觉悚汗。⑥

立志之说，已近烦渎，然为知己言，竟亦不能舍是也。志于道德者，功名不足以

① 王守仁：《传习录·语录一》，《王阳明全集》（上）卷一，第10页。
② 王守仁：《传习录·语录一》，《王阳明全集》（上）卷一，第13页。
③ 王守仁：《传习录·语录一》，《王阳明全集》（上）卷一，第17页。
④ 王守仁：《传习录·语录一》，《王阳明全集》（上）卷一，第29页。
⑤ 王守仁：《答周道通书》，《王阳明全集》（上）卷二，第50页。
⑥ 王守仁：《传习录下》，《王阳明全集》（上）卷三，第91页。

累其心；志于功名者，富贵不足以累其心。但近世所谓道德，功名而已；所谓功名，富贵而已。①

书来，意思甚恳切，足慰远怀。持此不解，即吾立志之说矣。"源泉混混，不舍昼夜，盈科而后进。放乎四海，有本者如是。"立志者，其本也。有志而无成者矣，未有无志而能有成者也。贤弟勉之！色养之暇，怡怡切切，可想而知，交修罔怠，庶吾望之不孤矣。地方稍平，退休有日；预想山间讲习之乐，不觉先已欣然。②

夫恶念者，习气也；善念者，本性也；本性为习气所汩者，由于志之不立也。故凡学者为习所移，气所胜，则惟务痛惩其志。久则志亦渐立。志立而习气渐消。学本于立志，志立而学问之功已过半矣。此守仁迩来所新得者，愿毋轻掷。③

呜呼！此身可以为尧、舜，参天地，而自期若此，不亦可哀也乎？故区区于友朋中，每以立志为说。亦知往往有厌其烦者，然卒不能舍是而别有所先。诚以学不立志，如植木无根，生意将无从发端矣。自古及今，有志而无成者则有之，未有无志而能有成者也。远别无以为赠，复申其立志之说。贤者不以为迂，庶勤勤执谦枉问之盛心为不虚矣。④

之所以有此多引，主要是王阳明对这个问题不厌其烦，对很多知己的朋友学生反复提及。笔者为了交代他在家训中也强调这一点，则不能不从他的哲学根源上、从他的教育体系上理清这个问题。整合上面的表述，笔者有下面几个方面的心得：

第一，立志，就是"念念要存天理"，就像道家的结圣胎。凝聚于心中，像种树的根，植根于深沃的土壤之中，风吹沙打不迷。"志于道德者，功名不足以累其心；志于功名者，富贵不足以累其心。"⑤ 阳明甚至说："后世大患，尤在无志。"⑥ 没有立志的人，是断断不能成就自己价值和幸福人生的。

第二，立志，就是立圣人之志，就是为人之本。因此，贵在专一。只要真正具备了这种高远的志向，那么，"良知上更无不尽"，没有任何"些子别念挂带"。通体透明，果真如此，无往而不胜了。

第三，进德修业，关键在于立志。只要灌溉肥沃，真切立志，则干、枝、花、叶、果，不愁不枝繁叶茂。一切的事业，都是从"立志"上扩充去。因此，只要立志了，事业就成功了一半。

第四，我们事业不成功的原因都是因为没有真切立志的原因导致的。没有真切立志的

① 王守仁：《与黄诚甫》，《王阳明全集》（上）卷四，第139页。
② 王守仁：《寄薛尚谦》，《王阳明全集》（上）卷四，第145页。
③ 王守仁：《与克彰太叔》，《王阳明全集》（中）卷二十六，第812页。
④ 王守仁：《寄张世文》，《王阳明全集》（下）卷二十七，第827页。
⑤ 王守仁：《示弟立志说》，《王阳明全集》（上），第219页。
⑥ 王守仁：《示弟立志说》，《王阳明全集》（上），第220页。

原因，则为"习气所移"。这里指的习气，就是我们喜怒哀悲之气，就是我们为外界所牵引的邪气，更是不良的人生习惯。只有不断地铲除这些习气，立志才有可能。

第五，立志与功名的获得，完全是不同的两个概念。立志者，一定能够获得功名。没有立志者，一定不能获得真正的功名。立志者的功名，就是进德修业，就是善信美大圣神。与功名并非完全一样。只有功名成为我们的人生修炼道场，这个功名才能够成为有价值的存在。

在王阳明的家训中，全面阐述"立志"思想的文献，集中体现在他给他的弟弟王守文撰写的《示弟立志说》一封信中。后来在给正宪的信件中，阳明也提及此信，可见这封信的重要。这封信的内容，可以概括为以下几个方面：

第一，人所以为人、为学，都必须要"立志"。不立志，则"犹不种其根而徒事培拥灌溉，劳苦无成矣。世之所以因循苟且，随俗习非，而卒归于污下者，凡以志之弗立也"①。所以，人如果不立志，是绝对不可能成就我们的"学"的。在阳明看来，"立志"是人所以为人的标志。

第二，所谓立志，就是要"求为圣人之志"。就是追求"纯乎天理而无人欲之私"的性情境界。当然，这是一个追求的方向，并不是说，我们一定要做成孔子孟子，而是向他们学习。反过来讲，如果我们不向孔子孟子学习，那我们学什么呢？所以，立志，是必须的。阳明指出："源不浚则流息，根不植则木枯，命不续则人死，志不立则气昏。是以君子之学，无时无处而不以立志为事。"② 没有立志的人，精气神全无，不堪设想。

第三，"务去人欲而存天理"，有它自己的方法。这个方法就是"必先诸正觉，考之古训"，就是要拜师学习，要努力把"古训"搞清楚。"言之而听之不审，犹不听也；听之而思之不慎，犹不思也；是则虽曰师之，独不师也。"③ 务必要彻底弄清楚，而且不能够停息。所以，对我们每一个人来讲，学习都是必须的。

第四，在学习的过程中，就是要尊师重教，要以"尊崇笃信"之心，面对老师。务必除去"轻忽慢易"之意。只有这样，才能够专心致志，才能够学到我们一并该学习到的东西。阳明引用了《礼记·学记》的话："师严，然后道尊，道尊，然后民知敬学。"在这样的状态下，"正目而视之，无他见也；倾耳而听之，无他闻也。如猫捕鼠，如鸡覆卵，精神心思凝聚融结，而不复知有其他，然后此志常立，神气精明，义理昭著"④。这是十分精到的表达。

第五，考之训诂，就是依据古代的《五经》《四书》，通过古代圣贤撰写的经典学习，去人欲而存天理。攻读圣贤经典，就像饥者之于食，病者之于药，暗者之于灯，跛者之于杖。这是人所以为人的精神食粮，完全不可或缺。

第六，立志，是一件非常不容易的事情，有一个漫长的过程。私欲，在不断地萌生，时时刻刻在拷问着我们的天理，在拷问我们"立志"的程度。人生一世，"盖无一息而非立志责志之时，无一事而非立志责志之地。故责志之功，其于去人欲，有如烈火之燎毛，

① 王守仁：《示弟立志说》，《王阳明全集》（上），第219页。
② 王守仁：《示弟立志说》，《王阳明全集》（上），第219页。
③ 王守仁：《示弟立志说》，《王阳明全集》（上），第219页。
④ 王守仁：《示弟立志说》，《王阳明全集》（上），第220页。

太阳一出，而魍魉潜消也"①。所以，志没有立起来，则一切人欲之私随时搅扰我们，志一立起来，则"魍魉潜消"。

这些文字的表述，虽然与其在《传习录》等文献中思想是完全一致的，但是，更加具体，更加生动，更加深入人心。家训的意味明显加强了。在"立志"的具体操作上，王阳明在龙场讲学时为他的学生所撰写的《教条示龙场诸生》，②异曲同工，更富于系统性、操作性。虽然不是家训，但是，与家训的内容完全一致，对我们理解阳明的家训思想具有重要的启示：

> 诸生相从，于此甚盛。恐无能为助也，以四事相规，聊以答诸生之意。一曰立志；二曰勤学；三曰改过；四曰责善。其慎听毋忽！

相对于《示弟立志说》来讲，《教条示龙场诸生》其实还没有前者深刻。但是，《教条示龙场诸生》体用兼备，条分缕析，更便于学生照章执行。《教条示龙场诸生》首先强调了"立志"的重要，如舟之舵，马之衔，至关重要。然后，提出了谦默自持，笃志力行，勤学好问的好学精神，尤其是提出了"不以聪慧警捷为高，而以勤确谦抑为上"的重要观点。也就是说，在王阳明看来，"立志"，必须以"勤学"为基础，为前提。不勤学的人，肯定不可能立志。"旷废隳惰，玩岁愒时，而百无所成"，当然是不"勤学"的结果。所谓"勤学"，在阳明看来，其实就是改过从善。人不可能不犯错误，但是，只要勇于改正错误，"能一旦脱然洗涤旧染，虽昔为寇盗，今日不害为君子矣"，阳明身上没有顽固的道学气，能够面对真正的人性。放下屠刀，立地成佛。一方面，英雄不问来路；另一方面，即使是寇盗，只要"洗涤旧染"，依然不损害他成为君子。阳明的心胸是极其慈悲、恻怛、诚恳的。尤其难能可贵的是，阳明提出了师生之间、学友之间，彼此切磋砥砺，与人为善的"责善"原则。阳明指出，学友之间，不能够揭人隐私，"痛毁极诋，使无所容"，而是要"悉其忠爱，致其婉曲，使彼闻之而可从，绎之而可改，有所感而无所怒"，与人为善。阳明的教诲既针砭明朝的世风，又与儒家先圣"以文会友，以友辅仁"（《论语·颜渊》）的教诲相一致。

在《颁行社学教条》中，阳明要求在乡约教育中，"各官仍要不时劝励敦勉，令各教读务遵本院原定教条尽心训导，视童蒙如己子，以启迪为家事，不但训饬其子弟，亦复化喻其父兄；不但勤劳于诗礼章句之间，尤在致力于德行心术之本；务使礼让日新，风俗日美，庶不负有司作兴之意，与士民趋向之心，而凡教授于兹土者，亦永有光矣"③，对童蒙的教育，应该像对待自己的孩子一样。启迪家事，移风易俗，化喻父兄，训饬子弟，诗礼章句，德行心术，都要教授。所以，《教条示龙场诸生》虽然不是家训，但是，同样展现了阳明的教学方法与教学原则，与他的家训思想、乡村教化，互为表里，对我们理解他家训思想中"立志"思想的执行、贯彻套路，具有很大的帮助与启迪。

---

① 王守仁：《示弟立志说》，《王阳明全集》（上），第220页。
② 王守仁：《教条示龙场诸生》，《王阳明全集》（中），第804~805页。
③ 王守仁：《颁行社学教条》，《王阳明全集》（中），第517页。

三、王阳明教育王正宪的内容

王阳明的一生要么异地为官，交游讲学，要么戎马倥偬，漳赣闽粤，真正直接面对孩子教育的时间并不多。但是，王阳明依然非常关心他的孩子的成长。不过，王正宪这个孩子让王阳明确实很不省心。① 王阳明经常直接或者间接去信教育正宪。正宪的教育，王阳明是委托自己的得意弟子冀元亨、魏廷豹、钱德洪、王汝中等人帮忙教育的。这几位都是阳明最得意的弟子，学问也是好生了得。从这个豪华阵容来看，阳明对正宪的期望还是很高的。但是，后来可能是对正宪有失所望，② 阳明对正宪的期待似有所变化："正宪读书，一切举业功名等事皆非所望，但惟教之以孝弟而已。"（《又与克彰太叔》）③

王阳明的家书、家训，是我们研究王阳明家训思想的主要内容。他的《示宪儿》的"三字经"，当然是十分重要的内容。阳明写道："幼儿曹，听教诲：勤读书，要孝弟；学谦恭，循礼义；节饮食，戒游戏；毋说谎，毋贪利；毋任情，毋斗气；毋责人，但自治。能下人，是有志；能容人，是大器。凡做人，在心地；心地好，是良士；心地恶，是凶类。譬树果，心是蒂；蒂若坏，果必坠。吾教汝，全在是。汝谛听，勿轻弃。"④ 这段三字经，可以分疏成以下至少十个方面的内容：

第一，读书要与孝悌美德的修养相结合。

第二，为人谦虚，依循礼仪。

第三，为人严谨，节制饮食。

第四，不要游戏，不要玩物丧志。

第五，为人诚实，不要撒谎，不要贪图钱财。

第六，不要任情使性。

第七，凡是发生矛盾，首先都要从自己身上找原因。

第八，真诚地谦恭做人，磨炼砥砺，树立人生志向。

第九，为人要宽厚，不要尖刻刁钻，才能成就自己的事业。

第十，为人处世，最重要的事情是心地善良。

这些内容，总的来讲，与中国古代其他的家训，如颜之推的《颜氏家训》、《钱氏家训》、范仲淹的《家训百字铭》、朱柏庐的《朱柏庐治家格言》、曾国藩家训等，没有什么根本性的区别。下面，笔者根据阳明的各种家书，总结出阳明教育王正宪的具体情况而表达出来的独特内容：

首先，我们看到在上面的三字经中，阳明首先提出了"勤读书，要孝弟"。把读书与

---

① 《年谱一》载："正宪字仲肃，季叔易直先生衮之孙，西林守信之第五子也。先生年四十四，与诸弟守俭、守文、守章俱未举子，故龙山公为先生择守信子正宪立之，时年八龄。"[《王阳明全集》（下）卷三十三，第 1014~1015 页]

② 阳明在给钱德洪、王汝中的信中写道："正宪尤极懒惰，若不痛加针砭，其病未易能去。父子兄弟之间，情既迫切，责善反难，其任乃在师友之间。"[《与钱德洪王汝中》，《王阳明全集》（上）卷六，第 189 页]

③ 王守仁：《又与克彰太叔》，《王阳明全集》（中）卷二十六，第 817 页。

④ 王守仁：《王阳明全集》（中）卷二十，第 625 页。

孝弟，放在一切教育的前面，这是很有特色的。阳明十分重视"孝弟"，当然也十分注重读书。"读书"与"孝弟"，互相激发。这是古代家训里面比较少见的思路。一般来讲，古代家训往往是说"耕读传家""诗书传家""唯读唯耕"，用"读书"与"孝弟"相互激发，这是王阳明的贡献。这一特殊的表述，可能与王阳明"知行合一"心学是有直接关系的。纵观《王阳明全集》，王阳明确乎是十分注重孝弟的。在其《训蒙大意示教读刘伯颂等》一文中王阳明写道：

> 今教童子，惟当以孝弟忠信礼义廉耻为专务。其栽培涵养之方，则宜诱之歌诗以发其志意，导之习礼以肃其威仪，讽之读书以开其知觉。今人往往以歌诗习礼为不切时务，此皆末俗庸鄙之见，乌足以知古人立教之意哉！①

对孩子的一切教育，务必以孝弟为当务之急。这里的表述很明显，孝弟，是一切的根基与核心。其他的教育都是围绕着这一核心目的而进行的。上文所引阳明曰："正宪读书，一切举业功名等事皆非所望，但惟教之以孝弟而已。"(《又与克彰太叔》)固然，文中有对正宪的失望之忧，但是，"惟教之以孝弟而已"一句，则是把一切家训的核心都点出来了，因为这是做人的最后底线。

第二，王阳明的家训与众不同处，在于他把心学与家训结合起来了。其实，不论是强调立志，还是强调孝弟，都与"心学"有关。所以，阳明的家训其实万变不离其宗，还是讲"致良知"：

> 汝近来学业所进吾不知，汝自量度而行，吾不阻汝，亦不强汝也。德洪、汝中及诸直谅高明，凡肯勉汝以德义，规汝以过失者，汝宜时时亲就。汝若能如鱼之于水，不能须臾而离，则不及人不为忧矣。吾平生讲学，只是"致良知"三字。仁，人心也；良知之诚爱恻怛处，便是仁，无诚爱恻怛之心，亦无良知可致矣。汝于此处，宜加猛省。家中凡事不暇一一细及，汝果能敬守训戒，吾亦不必一一细及也。②

在这段文字中，阳明已经说得很清楚，你的学问现在怎么样，你自己看着办。有钱德洪、王汝中们在你的身边，你可以如鱼之于水，时时亲就。如果最后成绩不好，实在上不去，不如别人，也不足为虑，不要担忧。关键问题是"致良知"，才是最重要的。王阳明在这里的"致良知"有一些什么内容呢？

什么是"良知"？在阳明的家训之中，应该有特别的意义。首先，孝弟，就是"诚爱恻怛"之"仁"。当然，"诚爱恻怛"的核心，就是"孝弟"。孝弟的核心，当然就是"仁"。用《论语》的话来讲，就是"君子务本，本立而道生。孝弟也者，其为仁之本与！"(《学而》)孝弟，就是"仁"的根本。其次，"致良知"的前提就是"诚爱恻怛"，否则就没有良知可"致"了。所以，换句话来讲，致良知的前提，就是加强修养，尤其是以"孝弟"为核心。再次，在这方面必须"猛省"——加强自我反省，时时警醒，勇

---

① 王守仁：《训蒙大意示教读刘伯颂等》，《王阳明全集》(上) 卷二，第76页。
② 王守仁：《寄正宪男手墨二卷·又》，《王阳明全集》(中) 卷二十六，第818页。

于忏悔。

第三，王阳明对王正宪的教诲，特别强调为人的谦逊、低调，一定要克服心中的"傲"气。后来，甚至不再要求正宪参加科举考试，很有可能是阳明自己后来看到了官场实在是太险恶了，已经让他心灰意冷。他真的不希望正宪再次经历自己已经或者正在经历的政治险境。阳明的要求实在是很特殊：

> 家中凡百安心，不宜为人摇惑，但当严缉家众，扫除门庭，清静俭朴以自守，谦虚卑下以待人，尽其在我而已，此外无庸虑也。正宪辈狂稚，望以此意晓谕之。①

> 只要戒饬家人，大小俱要谦谨小心。②

> 今人病痛，大段只是傲。千罪百恶，皆从傲上来。傲则自高自是，不肯屈下人。故为子而傲，必不能孝；为弟而傲，必不能弟；为臣而傲，必不能忠。象之不仁，丹朱之不肖，皆只是一"傲"字，便结果了一生，做个极恶大罪的人，更无解救得处。汝曹为学，先要除此病根，方才有地步可进。"傲"之反为"谦"。"谦"字便是对症之药。非但是外貌卑逊，须是中心恭敬，撙节退让，常见自己不是，真能虚己受人。故为子而谦，斯能孝；为弟而谦，斯能弟；为臣而谦，斯能忠。尧舜之圣，只是谦到至诚处，便是允恭克让，温恭允塞也。汝曹勉之敬之，其毋若伯鲁之简哉！③

阳明把这件事情看得非常严重。否则怎么可能用了"不宜为人摇惑，但当严缉家众"一语？由此可见，阳明所面临的官场十分的险恶。从家训的角度上来讲，我们看到了什么呢？

首先，阳明说，克服心中的"傲"，关键是要做好子之"孝"，弟之"悌"，臣之"忠"。这依然是以孝悌为中心，才能够克服自己心中的"傲"。只要心中有了一个"傲"，不仅仅是有己无人，不仅仅是不能涵化异己，自己不能成就事业，就连基本的修身都不再可能了。

其次，只有克服心中之"傲"，我们心中的"谦"才能随之而来。"非但是外貌卑逊，须是中心恭敬，撙节退让，常见自己不是，真能虚己受人。故为子而谦，斯能孝；为弟而谦，斯能弟；为臣而谦，斯能忠。尧舜之圣，只是谦到至诚处，便是允恭克让，温恭允塞也。"站在王阳明的角度，设身处地地想，阳明心中的苦楚，实在是很深的。

再次，关于家庭生活，阳明提出了"清静俭朴以自守，谦虚卑下以待人"的观点。这在中国古代家训中，不能算作新颖。但是，在阳明的思想世界里，却有独特的意思。"清静俭朴以自守"是指的生活方式，也是指的思维习惯，更是包荒涵弘，凝聚精气神的至善法宝。子曰："易简之善配至德"（《周易·系辞传》），此之谓也。"谦虚卑下以待人"，这是处事自保的手段，更是涵摄万物的姿态。这里有以黑守白，以柔克刚，以静

---

① 王守仁：《又与克彰太叔》，《王阳明全集》（中）卷二十六，第816页。
② 王守仁：《寄正宪男手墨二卷·又》，《王阳明全集》（中）卷二十六，第820页。
③ 王守仁：《书正宪扇》，《王阳明全集》（上）卷八，第235~236页。

制动的意思。在中国古代的教训中，这种以静制动的内容，以帝王家训、名臣家训为多，《钱氏家训》《曾国藩家训》就有相关内容。一般来讲，这应该是中国官场特别的副产品。

（作者单位：武汉大学中国传统文化研究中心）

对沟口雄三"两种阳明学"说的批判性考察[*]
——以王阳明思想中的"理"为例

□ 陈晓杰

一、"两种阳明学"

王阳明的思想与学说历来被归为"心学",这当然是源于其主张"心即理""良知即天理"的缘故,也就是说,"(天)理"并非外在于人心、散在于万物之中,而是源自人之本心("良知"),人的本心就是"理"的最终根源。然而对于"理"本身究竟意味着什么,王阳明很少有正面的阐述,却总是以"A 即天理"或者"A 即天理之明觉",这显然是以"理"释心,所以学界即便有讨论到王阳明对"理"的理解,也通常认为是以朱熹的"理"思想为默认前提。

值得注意的是,已故日本学者沟口雄三(本文以下简称"沟口")曾在 20 世纪发表过一篇颇有影响的论文《两种阳明学》,他认为,虽然中日两国的阳明学都很强调道德法则与动力内在于人心,但实际上依然存在着很大不同。沟口所提出的在思想史乃至经济史中以"理"的再构筑为主线来理解阳明学的问题意识与特点,确实值得深思。其主要观点(与本文关系不大的内容一律省略)如下:"理"在我之本心亦即良知中本来具足,这也意味着对于"定理"的否定(第 69 页)。所谓"定理",即外在的具有权威性的既成之理,朱子学虽然也主张"内"(居敬)、"外"(格物穷理)两面工夫并进,但在明代的朱子学者事实上都仅仅是"我之内在依从于外在的定理",从而造成了内在主体的责任缺失(第 70 页)。阳明学反对此形式化"定理"观,主张从变化无穷的现实出发,重新探索和确认(沟口称之为"再生")与现实相应之"理",但是此"再生"之主体并非"无限定

* 本文为 2016 年度教育部人文社会科学重点研究基地重大项目"阳明心学的历史渊源及其近代转型研究"(16JJD720014)阶段性成果。

沟口雄三:《二つの陽明学》,《理想特集——東洋の再発見》,东京理想社 1981 年版,第 68~80 页。此文有中文翻译,收录于《沟口雄三著作集:李卓吾·两种阳明学》,三联书店 2014 年版。本文直接依据日文版进行引用和翻译,页码也依据日文版。

的‘我’，而是作为天理之体现者的良知之‘我’”（第70页）。反观江户时期的日本阳明学，例如大盐中斋的核心观点“归太虚”思想，“太虚”在宋明理学的脉络中是以“理为媒介的中国的特殊的天人合一观”①（第75页），而大盐中斋则认为“无人欲，则天在心，心即天……故人心中之事，便是人心中之理”，“理”并非人所本具，而是在“心”通过去除欲望、达到纯粹无妄的“诚”之状态下才能从心中流出（第77页），因而这种“天人合一”观并不以“理”为媒介，也缺乏人与人之间的横向贯穿关系，只有作为个体的人与天之间的直接合一。这种纯粹主观而内在的“心学”把握，在幕末以后的阳明学者思想中得到延续（第79页）。

以下，本文将从三个方面来检讨王阳明的“理”观念，以期对沟口的上述观点做出回应。

二、“心即理”还是“理即心”

沟口认为王阳明否定朱子学式的“定理”，并试图发掘“理”（在现实世界中展开时所呈现出）的多样性，又认为王阳明的天人合一思想依然是以“天理之贯流”为前提。由此可以看出，沟口事实上依然认定，王阳明虽然反对朱子学的诸多主张，但对于“理”的本质规定并未做出挑战。上述观点作为学界常识，可能需要做出重新检讨，本文接下来即对王阳明的“心即理”命题为切入点，进行结构分析。

“心即理”，从语式上属于“A即B”，众所周知，在中国哲学的话语中，“即”是一个相当麻烦的词语，虽然在若干情况下，“即”字可以理解为我们今天所说的“等于”，但例如广为人知的佛教思想“烦恼即菩提”，说的显然就不是“烦恼”等于“菩提”，在天台宗，此思想在“一心三观”中展开，即人在当下观心中妄念纷飞之“妄心”，而直下即悟到“空”“假”“中”乃至“三千”之“念”（“一念三千”）均由此心所现，从而证得缘起自性空之义，“菩提”并非“烦恼”之彼岸的超越性实体或者世界，无“烦恼”则亦无“菩提”可言。②禅宗思想也讲“烦恼即菩提”，在理解上与天台宗有所不同，但依然否定“菩提”之彼岸性、实体性（同样“烦恼”也无实体性）。

回到宋明理学的脉络来看，“A即B”的说法在大多数情况下同样不可作“A等于B”之解。③“心即理”的说法当然与程颐、朱熹所主张的“性即理”有关，我们理解“心即理”，其实在很大程度上也是依赖于程朱理学大量的“性即理”论述来进行的。那么“性即理”命题的特点是什么呢？如果我们注意观察“即”两边的“性”与“理”，就会发现一个重要的特征——“理”的内涵与外延都远远大于“性”。以程颐为例，程颐的“理”思想按照市川安司的研究，即有“必然之理”“自然之理”“盛衰之理”“生息、止

①　沟口举张载的“太虚即气”来进行说明，然而张载并不以“理”来把握“太虚”，这几乎是学界常识。

②　对此，可参看吴汝钧《天台智顗的心灵哲学》（台湾“商务印书馆”1999年版，第69~77页）对“智顗”所说“无明即法性”以及“一念三千”的阐释。

③　例如心学家喜从浑一的角度把握心性理气已发未发等概念，说“理即气”“气即理”，意思是：“理”与“气”在理想状态（或者本然状态）下，是相即不离的，“理”是“气”之“理”，“气”是“理”的运用或者展现。

息之理""事物之理",① 这几种"理"很难作进一步化约,例如程颐说:"且譬如小人多行不义,人却不说,至君子未有一事,便生议论,此是一理也。至白者易污,此是一理也。"② 这种不符合儒家理想的现实状态,程颐也称之为"理"(在朱熹则称之为"变理",王阳明喜从"至善"角度把握"理",大概不会认为此可称之为"理")。这样一种"理"显然是很难与下面就会提到的性善论之理进行统合的。至于朱熹,他在大幅度继承程颐"理"思想的基础上,一方面加入了大量对于"气"的讨论,这反映了朱熹对于现实层面之诸多不合理与多样性的思考,另一方面由于导入周敦颐的"太极"思想,使得其对于"理"的体悟更向实体化的方向发展——即便朱熹自己反复强调"理"并非"一物"。

"性即理"之"性",无论是程颐还是朱熹,都主要是从孟子的人性论出发来进行阐释。在孟子看来,"人之性"不同于"牛之性""马之性",因为人有恻隐羞恶辞让是非的四端之心,故仁义礼智内在于人心,此仁义礼智在程朱看来就是人的"义理之性"("食色"等生理层面需求与特征则归之于"气质之性")。"性即理"严格地说,主要是在此性善论的脉络背景下进行把握的——人的义理之性,就是人之理。亦即是说,只有在特定的情况下(性善论),"理"等同于"性"(因为在其他情况下"理"之所指都超出"性"概念的范围),由此才可说"性即理"。

对于王阳明的"心即理",我们按照与"性即理"同样的思路来分别考察"心"与"理"在王阳明思想中之所指。"心"这一概念在中国哲学中具有非常重要的地位,王阳明对于"心"的把握,部分继承了先秦以来儒学的传统,例如以心为"主宰":"心者身之主宰,目虽视而所以视者心也……故欲修身在于体当自家心体,当令廓然大公,无有些子不正处。"(《传习录》③,第317条)又以心为"知觉":"心不是一块血肉,凡知觉处便是心,如耳目之知视听,手足之知痛痒,此知觉便是心也。"(《传习录》,第322条)这两层含义,在朱熹那边其实是作为对于"心"的主要规定而存在的:"心者人之知觉,主于身而应事物者也"(以灵明之"知觉"解"心",可以上溯至荀子)。然而,朱熹是从形而下的层面来谈心的"主宰"与"知觉"的,如果王阳明同样只是站在经验世界的高度把握"心",似乎就不能说"心即理"(在此我们姑且认为"理"字与程朱理学无本质差异,即具有超越性与普遍性)。

问题的复杂性就在于,王阳明谈"主宰"与"知觉"可以上提至超越性层面,也可以仅仅停留在经验层面(因此有不正之心而需要"正之",后述):

①所谓汝心,却是那能视听言动的,这个便是性,便是天理。有这个性才能生。这性之生理便谓之仁。这性之生理,发在目便会视,发在耳便会听,发在口便会言,

① 市川安司:《程伊川哲学の研究》第二章"理之多样性",东京大学出版会1964年版,第69~85页。

② 《二程集》卷十八《伊川先生语四》,中华书局1981年版,第238页。

③ 本文使用的王阳明著作版本如下:《传习录》使用陈荣捷编纂的《传习录详注集评》,台湾学生书局1983年版,本文以下在引用时仅给出此版本中的条目编码,记为"《传》某某条";《王阳明全集》使用吴光等编校的上海古籍出版社1992年版本,本文以下引用时不再注明版本信息。

发在四肢便会动，都只是那天理发生。以其主宰一身，故谓之心。这心之本体，原只是个天理，原无非礼，这个便是汝之真己。（《传习录》，第 122 条）

在这里，"心"作为人的"真己"，是"天理"生发出来，并通过耳目口、四肢，从而支配人的知觉乃至一切行动，此"主宰一身"，实际上可以说是"天理"对于"身"之"主宰"，这显然是在形而上的高度把握"主宰"与"知觉"之"心"。

"心"还有一层含义，即"活动性"：

②澄问"操存舍亡"章曰："'出入无时，莫知其乡。'此虽就常人心说，学者亦须是知得心之本体亦元是如此，则操存功夫，始没病痛。不可便谓出为亡，人为存。若论本体，元是无出入的。若论出入，则其思虑运用是出，然主宰常昭昭在此，何出之有？既无所出，何人之有？程子所谓腔子，亦只是天理而已。虽终日应酬而不出天理，即是在腔子里。"（《传习录》，第 48 条）

孟子所说的"出入无时"，是指常人之心时常处于杂念纷飞、"心猿意马"的状态，但是王阳明却说"心之本体亦元是如此"，这里的"本体"是"本然状态"之义，心在本然状态下就是有"出入"的，意思就是心本身会活动和发用。但是王阳明接下去又说"若论本体，元是无出入的"，"思虑运用"是"出（入）"，"主宰"则不会有"出入"，此处"本体"应当作"体用"之"体"，"体"无所谓"出入"，"用"则有"出入"，作为"本体"，"心"可以说无动无静，但也可以说"恒动恒静"①，所以本体之心是超越动静出入的绝对实体。王阳明将此本体之心的"昭昭在此"称之为"不出天理"，在此"天理"似是以"不出＝无动无静"为特征，但是结合"定者心之本体，天理也，动静，所遇之时也"（《传习录》，第 41 条）的说法来看，"天理"也同样是贯穿动静的。这一点从材料①所说的"天理发生"也可以得到佐证。

王阳明虽然对于"理"很少有正面阐释，但他的言谈中所出现的大量"心即理"说法，从最根本的意义上来看，无疑是为了将"心之本体"或"良知"上提到普遍超越性的层面，吴震称之为"良知天理化"②。但不容忽视的是，我们从上述材料中所发现的理之"主宰"乃至"活动性"特征，都并非上承朱子学的思想。姑且不论朱熹之"理"是否如牟宗三等学者所言"只存有而不活动"，但朱熹之"理"不能产生"气"，不能直接对"气"进行支配，此当无异议。"能视听言动"也好，"出入无时"也罢，这些本都是同时作为形而上/形而下的"心"的特点。王阳明之"理"之所以具备活动性与主宰义，是通过"A＝B，A 具有 C 之特征，所以 B 也具有 C 之特征"而得。

由此我们再来看在王阳明的著作中多次出现的以"条理"释"理"的用例：

（A）心，一而已。以其全体恻怛而言谓之仁，以其得宜而言谓义，以其条理而言谓之理。（《传习录》，第 133 条）

---

① "恒照则恒动恒静，天地之所以恒久而不已也。"（《传习录》，第 151 条）
② 吴震：《传习录精读》，复旦大学出版社 2011 年版，第 219~223 页。

（B）《大学》所谓厚薄，是良知上自然的条理，不可逾越，此便谓之义；顺这个条理，便谓之礼；知此条理，便谓之智；终始是这条理，便谓之信。（《传习录》，第276条）

（C）理也者，心之条理也。是理也，发之于亲则为孝……而莫非发于吾之一心。（《王阳明全集》卷八"书诸阳伯卷"，第277页，1524年所作）

（D）礼也者，天理也，天命之性，具于吾心，其浑然全体之中，而条理节目森然毕具，是故谓之天理，天理之条理谓之礼……是故君子之学也，于酬酢变化语默动静之间，而求尽其条理节目焉，非他也，求尽吾心之天理焉。（《王阳明全集》卷七"博约说"，第266页，1525年所作）

上述四条均为王阳明晚年所言，资料（A）、（C）是非常罕见的直接解释"理"的材料：作为"心之条理"的"理"在此与"仁/义"等德性一样都属于心的本质属性，说"理发之于亲则为孝"其实有语弊，因为资料（C）接下来就说"莫非发于吾之一心"，所以不如改为"本心发之于亲则为孝（之理）"（依据《传习录》第2条"以此纯乎天理之心，发之事父便是孝，发之事君便是忠"等材料也可得出此结论）。"条理"在此可以分梳出两层意思：一是"心"本体上的"条理"，二是"心"在发用时所展现出来的轨迹之"条理"，此第二层意思，王阳明又称之为"礼"，资料（B）中说"顺这个条理，便谓之礼"，意思就是依循此本心＝良知中本有的条理［此处"条理"可改为"纹（文）理"，意思会更加明晰］而在现实世界中呈现出此本不可见之"条理"，资料（D）中看似有语病的"天理之条理谓之礼"，也同样是这个意思。然而，无论是"条理"还是作为"理"之外化的"礼"，在此显然都作为"心"之下位概念而存在。

通过上述分析，可以初步得出如下结论：王阳明使用"心即理"，一方面通过作为官学正统的朱子学"理"之权威性，来提升"心"以及"良知"的地位，从而达到"良知天理化"，与此同时，王阳明通过对"心"的"知觉""主宰"以及活动性之阐发，却间接性地影响了其"理"观念的内涵，从而使本来缺乏活动性与主宰义的"理"表现出活动性与支配性，此其一。在极少数对于"理"的正面阐释中，王阳明频繁使用"心之条理"来进行界定，这无疑是对朱熹的作为宇宙终极原理乃至实体化倾向的"理"的反动，既然"理"和"仁义礼智"之德性都被归入"心""良知"之下，那么对王阳明而言，他在晚年将良知本体化乃至宇宙化的倾向（后述），也可以说是大势所趋，此其二。综合以上两点，再结合程朱学的"性即理"句式，我们不得不说，在王阳明这里，"心即理"只是一个幌子，即借助"理"抬高"心"至超越普遍性的高度，但实质上却是"理即心"——"理"之内涵由"心"所规定，并且从属于"心"。通过"哥白尼式的回转"，王阳明确立了"心之本体＝良知"的最高地位，但是随之而来就产生了更多的问题。

三、"格物"说中的独我论

沟口雄三认为，中国式（包括王阳明在内）的"天人合一"是建立在以下基础上的：每个人都先天（a priori，但此用法明显出于对康德学说的误解）内在地具有天理，人与人之间也因此作为天理之共有者而具有横向的联系，天理即是贯穿人与人之间的横向纽带

（第 77 页）。以下即以王阳明的"格物"说为例来检验沟口说的有效性。

早在正德年间，王阳明即提出其独特的"格物"观：

（E）先生又曰："格物，如《孟子》'大人格君心'之'格'，是去其心之不正，以全其本体之正。但意念所在，即要去其不正以全其正，即无时无处不是存天理，即是穷理。"（《传习录》，第 7 条）

（F）身之主宰便是心；心之所发便是意；意之本体便是知；意之所在便是物。如意在于事亲，即事亲便是一物；意在于事君，即事君便是一物；意在于仁民爱物，即仁民爱物便是一物；意在于视听言动，即视听言动便是一物。所以某说无心外之理，无心外之物。（《传习录》，第 6 条）

按照资料（E），人心本无不正，但因为私欲之遮蔽等因素而成为"不正"，"格物"就是要纠正人心之不正以恢复其"本体"（此处"本体"可作"体用"之体也可作"本然状态"之体）。资料（F）则指出，人心所发动的意念，其所在就是"物"，"意"要去侍奉双亲，则"侍奉双亲"就是"一物"，若如此，"格物"所针对的就是意向行为中的意向主体。在这种极度内化的"格物"论解释下，所谓"去其不正以全其正"，这个"其"到底是指什么？是指念头？还是指"（作为意向性之对象的）事物"？还是二者兼而有之？如果"其"是指"物"，罗钦顺就说："有如《论语》川上之叹，《中庸》鸢飞鱼跃之旨……试以吾意著于川之流、鸢之飞、鱼之跃，若之何正其不正以归于正耶？"（《与王阳明》，《困知记》附录）① 由此看来，"其"如果包含"事物"，则至少应当去掉自然界事物。

那么对于一般人伦世界，又该如何理解与评价王阳明的"格物"说？以"事父"为例，此即"我（主体）—事父（行为）—父亲（对象）"三项，事父当然是为了尽孝，王阳明频繁提出以下这种设问方式："孝之理"究竟是在父亲身上，还是在我之心？"假而果在于亲之身，则亲没之后，吾心遂无孝之理欤？"既然父母去世之后我心也应当有"孝之理"，所以"孝之理"就应当是在我心之内。然而这种设问其实并不能真正驳倒朱熹，盖在朱熹看来，"孝之理"不为尧舜存，不为桀纣亡，是亘古亘今的，所以"孝之理"既在我之心，也在父亲乃至一切人之心，并且不以个体之消亡存否为转移。在早年与弟子徐爱的问答中，徐爱就提出疑问："如事父一事，其间温凊定省之类有许多节目，不知亦须请求否？"王阳明则认为，"温凊定省之类"必须要在"头脑"，也就是本心或者良知的主导下进行，所以关键在于如何把握此"头脑"，要使得此心"纯乎天理之极"，由此，在"事父"之意念发动时就能"冬时自然思量父母的寒，便自要去求个温的道理；夏时自然思量父母的热，便自要去求个凊的道理"。如果忽视对于自己内心的省察，"只是那些仪节求得是当，便谓至善，即如今扮戏子，扮得许多温凊奉养的仪节是当，亦可谓之至善矣"（《传习录》，第 4 条）。这种强烈的道德动机论主张，无疑是为了扭转沟口所说的朱子后学的弊端，亦即只顾依循外在"定理"之标准而忽视内心之自我纯化与磨练的问题。但是我们在此不禁要问：即便内在动机纯粹，难道就没有可能出现我们今天所说

---

① 陈来：《有无之境》，人民出版社 1992 年版，第 135～149 页。

的"好心办坏事"的局面吗？所谓"温清定省之类"，在王阳明看来"可一日二日讲之而尽，用得甚学问思辨？"将问题看得似乎实在太简单了，乃至于我们看到，在回答顾东桥的书信中，王阳明轻描淡写地写道：

> 若鄙人所谓致知格物者，致吾心之良知于事事物物也。吾心之良知，即所谓天理也。致吾心良知之天理于事事物物，则事事物物皆得其理矣。致吾心之良知者，致知也。事事物物皆得其理者，格物也。是合心与理而为一者也。（《传习录》，第135条）

似乎只要我能够致自己的良知，一切问题就自然可以迎刃而解，"事事物物皆得其理"在此就没有任何工夫论的意义，而只是作为"致良知"的"效验"而存在。

孟子讲过这样一则故事："曾子养曾晢，必有酒肉；将撤，必请所与；问有余，必曰'有'。曾晢死，曾元养曾子，必有酒肉；将撤，不请所与；问有余，曰'亡矣'，将以复进也，此所谓养口体者也。若曾子，则可谓养志也。事亲若曾子者，可也。"（《孟子·离娄上》）曾子每次侍奉父亲，在饭后都必定会问此余下之酒肉要给谁，"恐亲意更欲与人也"，而曾元侍奉父亲曾子，则虽有言无，"其意将以复进于亲，不欲其与人也"①。曾元之动机不可谓不善，然而却只落得"养口体"之名，就是因为在孟子看来，曾元并未了解父亲曾子的真实想法。我们很难说曾元的做法是对还是错，因为或许一个普通人就会觉得，来之不易的酒肉没有必要给别人，儿子为了尽孝全部留给自己，是完全天经地义的事情。在这里就牵涉一个重要问题——虽然人人都知道"儿子应该侍奉父亲以尽孝"，但是如何才算是"尽孝"，或者用理学的话说，如何才能完成此"孝之理"而没有缺憾，则未必只是由行为主体的意念之纯正与否所决定的，在这里必然要与作为意向对象的"父亲"发生关联。然而在王阳明的"格物"说中，这层意思可以说几乎是完全缺失的。在他看来，"如何去尽孝"和"礼乐度数"之类都只是细枝末节的技术性问题，只要本心纯乎天理，致其良知，这些就很容易在"致良知"的实现过程中得到解决。

再举一个例子。舜作为儒家遵奉的圣人，却有一个极恶的父亲瞽瞍以及弟弟象，二人都非常憎恨舜，恨不得杀之而后快，在这样的艰难处境下，舜依然不怨不悔，孝父爱弟，舜后来做了天子，瞽瞍与象又如何？《尚书·尧典》的记载是"蒸蒸乂，不格奸"，意思是说"尧不以天下与丹朱而与舜，舜能使瞽瞍不格奸，周公能致辟于管蔡，使不为乱，便是措置得好了"②。王阳明对于舜之尽孝，也曾数次提及：

> 舜只思父提孩我时如何爱我，今日不爱，只是我不能尽孝，日思所以不能尽孝处，所以愈能孝。及至瞽瞍底豫时，又不过复得此心原慈的本体。所以后世称舜是个古今大孝的子，瞽瞍亦做成个慈父。（《传习录》，第294条）

> 舜征庸后，象犹日以杀舜为事，何大奸恶如之。舜只是自进于义，以义薰蒸，不去正他奸恶。凡文过掩慝，此是恶人常态，若要指摘他是非，反去激他恶性。舜初时

---

① 朱熹：《四书章句集注》，中华书局1983年版，第285页。
② 朱熹：《朱子语类》卷十五，中华书局1986年版，第307页。

> 致得象要杀己，亦是要象好的心太急，此就是舜之过处。经过来，乃知工夫只在自己，不去责人，所以致得克谐。(《传习录》，第296条)

这两段意思大致相近，说的都是舜面对极恶之至亲，自己欲尽孝，却未能得到瞽瞍与象的肯定，由此乃知工夫只在于自己身上，只考虑如何更能尽孝，而不责备父亲与弟弟，最终就能达到"瞽瞍底豫"与"克谐"的效果。在此，作为意向对象的瞽瞍与象并非工夫之对象，而只是确认工夫是否完成与圆满之基准而存在（所以"格其不正以归于正"至少在"事亲"这种场合下，"其"应当不包含"作为意向之对象的亲人"）。也就是说，如果我试图尽孝于父母，却受到父母的呵斥，那我就一定要思考我到底哪里做错了，我是否动机有所不纯，而不是考虑自己的父母兄弟本身是否有问题。当然，这种在待人接物时"躬自厚而薄责于人""君子求诸己"的态度，自孔子以来就一直是正统儒家的基本立场，但像王阳明这样如此无视对象本身的特征、仅以己心之纯粹与否作为工夫之始终，不得不说是非常极端的。在这种近乎宗教自虐式的"严于律己"的精神中，从一开始"孝之理存在于双亲身上还是你的内心？显然是内心"，到实践的展开过程中"没有得到预期的效果？那显然是你自己的内心的问题"，再到最后"致吾心良知之天理于事事物物，则事事物物皆得其理"，自始至终，作为意向对象的"亲"都没有任何积极意义，只是作为意向发动的对象以及"效验"衡量基准而存在，在这种独我论中，似乎很难找到沟口所说的贯穿人与人之间的横向性关系以及作为沟通桥梁的天理的存在（"天理"在此仅仅意味着主体之内心的纯粹至善而已）。相比之下，倒是朱熹因为主张"格物"与"致知"是内外相合的关系（虽然预设了"内"与"外"的终极一致性），"物"至少没有像王阳明那样被轻易回收到"意之所在"，从而陷入独我论的闭合圈中，从而确保了人与人、人与物之间的横向关系的可能性。

四、王阳明的"天人合一"

沟口所理解的中国阳明学之"天人合一"，是以"理"作为贯通天人（纵向）乃至贯通人我（横向）之纽带，而日本阳明学则根本缺乏此等"理"意识。在上一节探讨过人我关系之后，本部分继续探讨纵向的"人"与"天"之关系。

事实上，在早年回答弟子"道一而已，为何古人论道往往不同"的疑问时，王阳明就指出，之所以人对于"道"的理解有所不同，是因为人"各以其一隅之见认定向里寻求"的缘故，只要向内"见得自己心体，即无时无处不是此道……心即道，道即天"（《传习录》，第66条）。这里所说的"心即道，道即天"当然是从形而上的超越层面而言，至于为何如此，王阳明并未明说，类似的材料例如《传习录》第38条"性一而已：自其形体也谓之天，主宰也谓之帝，流行也谓之命，赋于人也谓之性，主于身也谓之心"，这依然是上提与纵贯式的谈天帝命性心，由此我们并不能得出"人"与"天"乃是由"天理"之贯穿而联系在一起的结论。

在提出"致良知"宗旨之后，王阳明的思想一方面渐趋成熟，一方面对于"良知"的高扬，使得良知呈现出某种本体化乃至宇宙化的倾向：

③良知之虚，便是天之太虚；良知之无，便是太虚之无形。日月风雷山川民物，凡有貌象形色，皆在太虚无形中发用流行，未尝作得天的障碍。圣人只是顺其良知之发用，天地万物，俱在我良知的发用流行中，何尝又有一物超于良知之外，能作得障碍？（《传习录》，第 269 条）

④朱本思问："人有虚灵，方有良知。若草木瓦石之类，亦有良知否？"先生曰："人的良知，就是草木瓦石的良知。若草木瓦石无人的良知，不可以为草木瓦石矣。岂惟草木瓦石为然，天地无人的良知，亦不可为天地矣。盖天地万物与人原是一体，其发窍之最精处，是人心一点灵明。风雨露雷、日月星辰、禽兽草木、山川土石，与人原只一体。故五谷禽兽之类，皆可以养人；药石之类，皆可以疗疾：只为同此一气，故能相通耳。"（《传习录》，第 274 条）

⑤先生曰："你看这个天地中间，什么是天地的心？"对曰："尝闻人是天地的心。"曰："人又什么教做心？"对曰："只是一个灵明。""可知充天塞地中间，只有这个灵明，人只为形体自间隔了。我的灵明，便是天地鬼神的主宰。天没有我的灵明，谁去仰他高？……天地鬼神万物离去我的灵明，便没有天地鬼神万物了。我的灵明离却天地鬼神万物，亦没有我的灵明。如此，便是一气流通的，如何与他间隔得！"又问："天地鬼神万物，千古见在，何没了我的灵明，便俱无了？"曰："今看死的人，他这些精灵游散了，他的天地万物尚在何处？"（《传习录》，第 336 条）

沟口在"两种阳明学"中曾举资料③为例，认为"此太虚、良知也是以中国式的天人合一观为基础，要而言之，一切事物均在天理之贯流中"（第 75 页）。遗憾的是，该资料中并未出现"（天）理"、或者近似于"理"的概念（例如"规矩""天则"）资料③所表达的意思无非是：良知与"太虚"一样，都具有"虚"与"无"的特质，但是此"虚"与"无"并非空无一物，而是正因为"虚"而能化生万有，万有产生之后也不会阻碍良知/太虚。如果说这种说法仅仅是在比拟的意义上，那么我们尚且可以理解为这是意向构成层面的"心外无物"说，但是"天地万物，俱在我良知的发用流行中"，则此良知似乎有宇宙终极实体的意味。

接下来看资料④，弟子朱本思询问草木瓦石是否也有良知，这其实是宋儒"枯槁是否有性"讨论的延续，王阳明的解答思路完全与朱熹不同，他似乎不从构成论的角度来看问题，而说"人的良知，就是草木瓦石的良知。若草木瓦石无人的良知，不可以为草木瓦石矣。岂惟草木瓦石为然，天地无人的良知，亦不可为天地矣"。这种说法，看似与著名的"南镇观花"（第 275 条）一样，是以意向性的角度进行理解：如同"物"是"意之所在"一样，"天地"也是"意之所在"的天地，如果没有人的意向所指，则天地草木瓦石的存在就无法得以确认。然而问题在于，紧接着王阳明却说风雨露雷等"与人原只一体。故五谷禽兽之类，皆可以养人；药石之类，皆可以疗疾：只为同此一气，故能相通耳"。"同此一气"的说法表明，王阳明是从实然的角度来把握"一体"。然而，禽兽之类可以为人所食，但虎狼本强于人，人为虎狼所食，似乎也可以说"皆可以养虎狼"，这种目的论式的把握完全可以倒转过来。不过，"盖天地万物与人原是一体，其发窍之最精处，是人心一点灵明"的说法可以打消上述质疑。王阳明的意思似乎是：天地万物本同此一气（并非"同此一理"），但是人作为万物之最灵，具有天地发窍之最精华的部分，即"良知"，良知作为最高实体，可以统摄天地万物，草木瓦石乃至天地的价值、意义，也就必须通过良知才能得到体现，这其实可以说是从本体论的角度来证成价值论（可比较朱熹说"理在气先"，此"先"并非本体论意义之"先"，但却是逻辑在先、价值在先）。

再来看资料⑤，本段材料讨论"天地之心"的问题，儒家自古以来就有"人者，天地之心"的说法，王阳明指出，人之本心就是"灵明"，此灵明充塞天地之间。"天没有我的灵明，谁去仰他高？"这种说法看似也是意向性的"心外无物"，实则与资料④一样，都是本体论、价值论合一的说法，值得注意的是，王阳明接下去说"天地鬼神万物离去我的灵明，便没有天地鬼神万物了。我的灵明离却天地鬼神万物，亦没有我的灵明"，意思是说，良知虽然是最高实体，但此实体并不能脱离天地万物而独立存在，其存在的方式就是不断的活动（在此意义上，王阳明良知之"实体"义接近于莱布尼兹的"实体"理念），所以王阳明才会在最后说，死人是没有灵明的，当然也就没有他的天地万物。

从上述材料来看，我们不仅无法找出任何沟口所说的天理贯穿"人"与"天"的痕迹，反倒是发现，在"良知天理化"（"心即理"）之后，不仅"天理"本身的意义被彻底消解，而且天地万物的自在问题也被化解为万物的价值问题，而在此价值体系中，作为宇宙最高实体的良知即决定并赋予现实世界以相应的价值与意义。

五、结　　论

对于日本阳明学的"理"意识的缺乏，在沟口雄三以后，小岛毅①等学者也相继指出这一点，乃至近来还有学者怀疑自"御用学者"井上哲次郎开始鼓吹的所谓"近代阳明学的谱系"的虚构性（很多所谓日本"近代阳明学者"其实只是对阳明学有所共鸣而已）。这可以说是日本思想史研究在破除作为意识形态之附庸之后、以实证主义为主导下完全可以预想到的研究成果。然而，认为中国阳明学以"理之再生"为主要问题意识，由此将中日两国阳明学的差异极度扩大化的做法，在笔者看来也是值得怀疑的。在中国的阳明学内部存在着诸多差异，也确实有"稳健派"或者"良知修证派"的士人注重"理"或者外在规矩的意义，然而沟口等学者所认定的"阳明学思想依然建构在'理'之基础上"命题，却完全是由对于王阳明本人乃至"良知现成派"的士人的思想为依据而得出的结论，因此本文即以王阳明本人的"理"观念为线索而展开讨论。王阳明的"心即理"思想，是通过"良知天理化"来确立良知本体的绝对性。王阳明对于"理"的阐述的贫乏，与他对于"本心""良知"的丰富阐释形成鲜明对比，通过"心"的内容的深化（主宰性、活动性），"理"也获得了相应的特质；在王阳明中后期的思想中，"理"更被压缩到"心之条理"的地位，"理"的稀薄化与"良知"的立体化是一体两面的过程。在王阳明的工夫论中，"格物"从朱子学的"格尽天下之物"变成"正自己所发之意"（在后期则是"在事事物物上致良知"），作为意向对象的"物"并没有实质性意义，而只是作为"格物"完成与否的基准摆在那里，因而并不存在所谓的沟通人我之理的中介性，而只有极其严苛的对自己的道德本心的审视与磨练而已。从人我关系再上升到

---

① 小岛毅：《近代日本の陽明学》，东京讲谈社 2006 年版。

天人关系来看，王阳明也同样没有以"天人一理"来贯通"天"与"我"的意思，倒是
1520 年提出良知说之后，良知逐渐变成宇宙最高本体与最高价值，乃至天地万物之安立
与意义都必须依赖于我之良知，这样一种高度的独我论思想，从正面来说，当然可以使得
人产生更强的责任感，是宋明理学"万物一体"精神的延续；但这样一种将一切赌注都
押在自己的良知的做法，也完全可能产生相反的效果，这也就是刘宗周等稳健派士人所猛
烈抨击的"今天下争言良知矣。及其弊也，猖狂者参之以情识，而一是皆良；超洁者荡
之以玄虚，而夷良于贼，亦用知者之过也"①。在刘宗周乃至大多数阳明学研究者看来，
王阳明之良知说本是为挽救明代朱子学之流弊而言，所以"玄虚"与"情识"之弊病都
是"不孝弟子"之"人弊"而已，然而，就本文对王阳明"理"思想的相关考察来看，
王阳明对此可能也是难辞其咎的。最后，仅以《稽山承语》中所记载的一段话作为结语：

> 道无形体，万象皆其形体；道无显晦，人所见有显晦。以形体而言，天地一物
> 也；以显晦而言，人心其机也。所谓"心即理"也者，以其充塞氤氲而言谓之气，
> 以其脉络分明而言谓之理……今夫茫茫堪舆、苍然隤然，其气之最粗者欤。稍精则为
> 日月星宿风雨山川……至精而为人，至灵至明而为心。故无万象则无天地，无吾心则
> 无万象矣……天地万象，吾心之糟粕也。要其极致，乃见天地无心，而人为之心……
> 古人之言合德合明，如天如神、至善至诚者，皆自下学而言，犹有二也。若其本体，
> 惟吾而已，更何处有天地万象。②

（作者单位：武汉大学国学院）

① 刘宗周：《刘宗周全集》，浙江古籍出版社 2007 年版，第 278 页。
② 转引自陈来：《中国近世思想史研究》，三联书店 2010 年版，第 627~628 页，由"此乙酉十月
与宗范、正之、惟中闻于侍坐时者"，可知该条为王阳明 1525 年所言。

从《译异编》看耿定向的佛教观

□ 李兰兰

中晚明以来，儒学与佛道两家的互动交融进一步增进，成为非常普遍的文化现象，达到了中国传统社会的最高峰。在泰州学派学者那里，儒、佛、道三教的融合得到了更大的发展，赵贞吉、罗汝芳、杨起元、焦竑、管志道、陶望龄等都有此倾向①。这一互动趋势比较符合时代与思想发展的要求，一方面促使思想本身的生命力发展；另一方面也影响了中晚明阳明学发展过程中的一些特有的问题意识。想要更为深入和全面地考察耿定向的思想，不能绕过对耿定向与佛学佛教的关系，以及耿定向的三教观和思想立场的分析。

耿定向（1524—1596），字在伦，号楚侗，学者称天台先生，一生学无常师。根据天台自己的说法，对其思想有直接影响的是，仲弟耿定理、罗近溪、胡庐山等。② 定理是李贽的知己好友，并与方湛一、邓豁渠、何心隐等交好；近溪"早岁于释典元宗，无不探讨"；庐山接受佛教"三界唯心"的见解。晚明时，阳明学流派纷呈，虚浮之风泛滥，天台"重忧之，为防甚力"③，并被当时的士人认为是儒家的卫道者，"楚老有实见实力，又勇于卫道，确然迥澜之柱也"④。身为一个大官僚学者，耿定向积极讲学，弟子门人众多，面对佛教的日益兴盛，他站在儒家的立场上维护和坚守儒家之道。卫道的方式之一就是辨别儒佛，尤其是对"异端"人物邓豁渠等，耿定向有很多的批评。在他看来，佛教是异端，但他又不否定佛教的价值。天台究竟对佛教的态度如何，学界尚未有专门的讨论。本文通过对耿定向"儒佛之辨"的原因与内容、对佛学的认识的分析等，以期揭示耿定向的思想特征，同时也从一个侧面反映晚明一般阳明学者的佛教观。

---

① 除陶望龄外，黄卓越将其他五人都定义为王学左翼，并称在近百年中，这一脉大致上包括了五代人的发展："第一代即王阳明本人，第二代的领袖为王畿、王艮，第三代为徐樾、王襞、王栋、颜均、赵贞吉等，第四代为罗汝芳、耿定向、何心隐等，第五代为杨起元、周汝登、李贽、焦竑、管志道等。"而这一学脉在传递迭进的过程中，最为明显的一个态势就是"越往后去，入佛也就越深"。参见黄卓越：《佛教与晚明文学思潮》，东方出版社1997年版，第7页。

② 参见《耿天台先生文集》卷六《与子健》、卷四《与蔡见麓》、卷十九《书赠刘调甫周思极》。耿定向：《耿天台先生文集》，台湾文海出版社1970年版，下文同，简称《天台集》。

③ 焦竑：《澹园集》卷三十三《天台行状》，台湾伟文图书出版社1977年版，第1605页。

④ 王世贞：《弇州山人续稿》卷二〇一《管金宪》，台湾文海出版社1970年版，第9052页。

一、耿定向对佛教的基本态度

耿定向对佛教的认识主要集中在《译异编》①（完成于万历十四年，六十三岁），在这一部分的十四篇文章中，他通过对佛教主要经典的语句和内涵的注解来表达对佛教的态度，并进而对佛学与儒学思想加以比较。值得注意的是，《译异编》之"译"与《绎石经大学》《绎中庸》《绎论语》《绎孟子》及《绎五经大指》之"绎"不同，它典型地反映了天台对于佛教与儒家经典的不同态度。在他看来，佛书中有着精深的义理，因此在翻译的过程中需要加入译者的识见，而不能停留于对原典的解读，如他所说，他在《译异编》中要做的是"译其语言以通中国"。张学智指出，"'译'者，绅绎引申之意；'异'者，异端或曰异域之书之意。'译异'就是通过对佛书某些语句和意义的引申来阐发儒学思想"②。"绎"则是演绎，是指出于实际的需要而有意地改变原文的表达方式或是加入绎者自身的理解的新的表达方式，③绎者可以抽绎一部分的内容，却不必加入自身的识见。这一不同体现了耿定向在拟定标题时的深思熟虑，也透露了天台诠释佛经的总体思路。

从《译异编》的篇名来看，在天台的思想里，佛家的思想是不同于儒家思想的异端。自始至终，耿定向持守儒家立场，并以卫道者自居，因此天台对佛教经典的注解，是站在儒家立场上对佛家教义的诠释，对此他也有着很高的自觉。④在《译异编》的小引中，他说道：

> 昔宋儒有言："佛书精微者不出吾书，其诞妄者吾不信也。"吾曰："否否！读佛书者，视心迷悟如何耳。如心诚悟，亡论精微者，得我同然，即中诞妄者，亦视若《易》之象、《诗》之兴、《庄》《列》之寓言，殆将求之语言之外矣。如心苟迷，岂独妄诞者不之信，即中精微者，亦只取润四寸间耳。彼氏有言：'心悟转法华，心迷法华转'，信哉其言之也。余素不佞佛，亦不辟佛，恃此心能转佛书耳。乃儒家者流，其辟佛之说无虑千亿，诸无当余衷。"⑤

首先，"不佞佛，亦不辟佛，恃此心能转佛书耳"，是耿定向对佛教的基本态度，在他看来，重要的是读佛书时的心是迷是悟，若是"心诚悟"，那么无论是精微的道理还是其中荒诞的部分，都能得以理解和取用。这是天台的佛教观比较开放的一面，他还认为，"此

---

① 陈永革指出，"天台所谓的'意译'，乃是一种功能还源论的思考，不属于信仰还源论的立场"，并且，"耿天台的功能还源具有双重结构。它既是儒家功能的还源，同时也是佛教功能的还源"。参见陈永革：《阳明学派与晚明佛教》，中国人民大学出版社 2009 年版，第 133、134 页。

② 张学智：《明代哲学史》，北京大学出版社 2000 年版，第 279 页。

③ 天台自言"译"之用法："贤跋余《译异编》云：'圣人之道犹人之名天，中国谓之天矣，匈奴则谓之撑犁云此。'此其引喻亦甚切当，余以'译'名编，意亦若此。"参见耿定向：《天台集》卷三《与焦弱侯》之七，台湾文海出版社 1970 年版。

④ 吴震指出，"天台的企图是，从儒家的角度对佛家教义作一番新的诠释"。参见吴震：《阳明后学研究》，上海人民出版社 2003 年版，第 401 页。

⑤ 耿定向：《天台集》卷十一《译异编序》，台湾文海出版社 1970 年版，第 1133~1134 页。

心能转佛书"，既表明了天台对良知心体的自信，又在一定程度上肯定了阳明心学的立场，他试图用良知心体来解读佛书，使得佛书为其所用。其次，"近溺异教者，波荡横流，未可底止"（《译异编》），儒佛之辨不得不分别，一是因为儒家和佛教有着不同的处世态度；二是因为当时的人们大多沉溺于佛教，造成了不良的社会影响。耿定向的这一价值取向是一以贯之的，特别是后半句"恃此心能转佛书耳"，足以代表他对佛教的态度，对他的门人弟子也有很大的影响。

从这段话的背景来看，它针对宋儒辟佛的言论而发。这一言论认为，佛书中的精微之理是儒家经典中固有的，而佛经中的诞妄之说也不足为信，因此儒者不必也不该读佛书。耿定向否定了这一言论，在他看来，儒者倘若心诚悟，则佛书中的精言微论与诞妄之说皆能为我所用，得我同然。在《译异编序》中，天台继而云："匪独凭首袒背，膜拜趺坐，偈咒赞呗，果报轮回之粗迹也，即其教指以寂灭为宗，视吾教以仁为宗者，其指归亦有间矣。试观今之域中，君君臣臣、父父子子、长长幼幼、内内外外，人纪所以不斁而天常所以不坠者，孰使之然哉？礼乐刑政实维之，而古先圣人之仁可识矣。"[1] 佛教与儒家的区别不仅在于外在的形式（教规仪式等），而且在于内在的宗旨。从中国社会的现实来看，礼乐刑政是维系天常人纪、世教人心的主要方式。耿定向看到了佛学义理和修行与儒家的共同之处，也指出了它们之间的差异所在，他主张去粗取精，辩证地看待佛学，并充分发挥儒家的优越性。

《大事译》是耿定向讨论儒家与佛教关系的另一篇文章。《大事译》一文作于万历十九年（1591）冬，这一年耿定向六十八岁，晚年的思想更为包容。晚年的耿定向坚决地辞官，回到家乡黄安，友朋故交胡直、罗汝芳的相继离世，对于二弟耿定理的缅怀等，使得他的情绪十分低落。这时的耿定向对于佛教的评价有了一定的转变，一来经历了半生的官场斗争；二来经由徐思中的启发和引导。如他所说，"耿子山居，朋旧凋谢，缅怀二仲遐哉邈矣。里中徐生思中，自幼抱出尘之思，常以穷经余力，讨究内典，颇能得意于言外，不为法华转者。时时起予谓：'释氏之道，足翊教善世，与吾道无悖，彼悖而蹈且离者，盖乱业之夫，承传失其本指也。'而生时聆予语，则亦忾然有省于吾孔氏之道，足该彼教"[2]。所谓"大事"，也可以说成是"为人之本"。

> 道一而已，余未尝为佛学，未多研佛乘，第省之自心自性如是，仰思尼父之心之性如是，惟文中子称佛圣矣，度其心其性亦必如是。若于此心此性外加添些子，即神奇玄妙，予不谓然；如于此心此性内欠缺些子，即是方便利益，予不敢谓然……凡为学佛者，诸如徐生语是得我心同然者，予又何异焉！门弟子因记之为大事译。[3]

在阐述儒家与佛教的关系时，借用"道一"这一名词可谓由来已久，并且，"道一"

---

① 耿定向：《天台集》卷十一《译异编序》，台湾文海出版社 1970 年版，第 1134 页。

② 耿定向：《天台集》卷八，《大事译》，台湾文海出版社 1970 年版，第 860~861 页。

③ 耿定向：《天台集》卷八，《大事译》，台湾文海出版社 1970 年版，第 876~877 页。

可用来证成全然不同的宗教立场。① 在《正蒙·乾称》中，张载论及儒佛之别时说："道一而已，此是则彼非，此非则彼是，固不当同日而语。"而在王阳明那里，"道一而已……释氏之所以为释，老氏之所以为老，百姓日用而不知，皆是道也，宁有二乎？""道一无二"的说法被用来证明儒家与佛教是可以共通的。显然，耿定向这里的"道一而已"同于王阳明的用法，具体来说，"道"的内容指向的是"心性"，在他看来，孔子的心性是"道"在人身上的体现，佛的心性也是如此，此心此性内外完满，不需增添。在这一意义上，作为儒家学者的耿定向与学佛之人徐思中的观点是一致的。

另外，耿定向也认识到，儒学与佛教毕竟是不同的，"道一"在不同的地域有着不同的体现。"盖尝谓道在天下，必寄托于人。粤惟三代以上，道在君相，尚矣。自是寄于穷巷下位，若孔颜思孟，终老不遇，而道实属焉，然故皆中华产也。自是若瞿昙、大士、惠能则故产于西竺、南海、岭南诸处，是道旁落于异域矣。"② 虽然道只有一个，道需要在人的身上得以体现，但佛教是道落在异域的结果，与中国本土的思想学说有所区别，反映了一种民族文化的主体意识和自觉意识。笔者认为，这是耿定向将佛学看作"异端"的原因之一，即因为佛学是来自"异域"的。从明末的三教关系发展来看，"异端"一词在阳明学者的话语中发生了很大的变化，由指向佛道转向了指向非正统的儒学和非正统的佛道。③ 这从下面两段话中也可得到反映，"夫佛老谓之异端者，非其本体性命异也，亦非其工夫作用异也，只是发端处微有差耳。若吾孔孟之端，合下便是为万世生民而发，今其言论俱在，究竟脉路明明白白，如日中天。夫高明如兄，自能辩之"④，"儒佛几微辨，先正言之悉矣，不暇称引，知此是非好恶，本心古今人有同然也"⑤，耿定向明白地指出，佛老之所以是"异端"，只是"发端处"与儒家"微"有不同而已，孔孟儒学之"发端处"是为万世生民；而佛老的发端则是"只图自了"。

面对佛教思想的挑战，耿定向以孔孟的仁学及心性之学为核心，对佛教思想作了深入的考察和融摄，以期重判儒佛，匡正阳明后学的种种流弊，并通过孜孜不倦的讲学活动，使当时的人们回归对儒家学说的信奉。另一方面，耿定向也极为强调发展"实学"，注重在现实生活中践行儒学，而不仅仅局限于道德心性修养的完善。从这一意义上说，佛书可以阐儒、补儒，同时也要舍弃佛教的宗教修持、宗教仪节和虚寂寂灭等教义。此外，在耿定向的观念里，释氏并没有落入虚无寂灭之中，对于佛教来说，所谓的"大事"追根到底和儒家之教是一致的，都希望"归于善"。天台感叹到，"由此以谈释氏大指，无非欲人同归于善耳。子舆曰：'君子莫大乎与人为善。'如此，则释之明大事信大矣乎！"⑥ 佛氏并非完全是出世的宗教，并非遗弃人伦物理。正是基于这样的共同点，耿定向认为又不

---

① 陈立胜：《王阳明三教之判中的五个向度》，《宗教与哲学》第二辑，社会科学文献出版社 2013年版，第124页。

② 耿定向：《天台集》卷十九《书孝节传》，台湾文海出版社 1970年版，第1890页。

③ "传统的正统与异端之辨在阳明学者的思想中发生了重点的变化，正统与异端之辨由传统的儒家与佛道之间更多地向真儒与俗儒、身心之学与口耳之学之间倾斜"，参见彭国翔：《阳明学者的正统与异端之辨》，《中华文化论坛》2003年第1期，第126页。

④ 耿定向：《天台集》卷三《与胡庐山》，台湾文海出版社 1970年版，第312页。

⑤ 耿定向：《天台集》卷四《与刘调甫》，台湾文海出版社 1970年版，第429页。

⑥ 耿定向：《天台集》卷八《大事译》，台湾文海出版社 1970年版，第883页。

能严守儒佛之辨。

二、耿定向对佛教经典与教化的认识与评价

《译异编》共十四篇，从篇名来看，涉及《心经》《维摩诘经》《楞严经》《法华经》《坛经》等经典，以及"出离生死""出世经世""情欲性命"① 等佛教命题。限于篇幅，以下仅选取其中《心经译》《坛经译》《净土译》等篇来介绍耿定向对于佛经的认识和主要观点。

耿定向在解说《心经》时指出，"余玩释典，《心经》中'照见五蕴皆空'一语，此佛谛大指也。惟空故觉圆，惟空故无住……善读佛书者，实会得《心经》此一语，则十二部五千余卷皆剩语矣。吾儒自尧舜以来，相传正印惟一中耳。子思子直指曰：'喜怒哀乐未发之谓中'。白沙诗云：'吾儒自有中和在，谁会求之未发前？'未发前作何气象？孔之空空，颜之屡空，皆是物也"②。"空"是佛教经典中阐发的大旨，《心经》中的"照见五蕴皆空"一语无疑是佛法的大旨。并且，《圆觉经》《金刚经》《楞严经》等都是此一语的推衍。因着空才会完满，才会无住无妄③，这和儒家传统里的"中"有着异曲同工之妙。耿定向关于"空"与"中"的关系的论述，引用了子思子和陈白沙，这种解读佛经的方法，延续着佛经初入中国时的"格义"法，这一方法尽管受到了很多的批评，却依然有着它自身的价值。以儒家之"中"来对比佛家之"空"在一定意义上是不妥的。儒家肯定人伦事物的真实存在，并尤为重视工夫践履，因而儒家之"空"侧重于"发而中节"；而佛家则认为世间万物是因缘和合的产物，万物是无自性的，故而佛家之"空"重于"未发之前"。对于佛学而言，这一未发之前的"空"是其理论展开的基础，这也是天台所未能正视的。

需要指出的是，耿定向对佛教的认识与评价，既是因应社会现实的需要，匡正时弊；也是为了维护儒学的正统，使儒学焕发新的活力。因此，天台对于佛教出世法的肯定，一定意义上取决于佛学佛教对于儒家的学说是否有益，也就是说，这种佛学观有着很强的实用性。职是之故，耿定向认为，"此执幻想断见以为空，而不知反之本心，其恻隐羞恶真机之不容已者，乃真空也。彼灭绝种性以为空也者，不直非吾儒之空，殆亦非释氏所为空也。盖闻释门如来盖棺曰，犹启手谕亲；即贫如赵州，负亲织履，以养终身焉；曹溪之参访弘忍也，贷金供母，而后走黄梅，其孝行何如哉？是知离孝言空，亦大雄氏所呵者"④。"空"与"孝"是不能分离的，"空"不是固执断见，也不是灭绝种性，真正的"空"需要返回到本心上去，这种对于"空"的认识自然地使得佛教的"空"观念与儒家的思想观念相接合。这种认识同样体现了"恃此心能转佛书耳"的选择和取向。

———————————

① 从"守中译"的内容来看，这一篇关于"养生""调息"的论述属于道家道教的内容，故本文不论。

② 耿定向：《天台集》卷十《心经译》，台湾文海出版社1970年版，第1092~1093页。

③ 《般若波罗蜜多心经》中是这样讲"空"的，"是诸法空相。不生不灭，不垢不净，不增不减，是故空中无色，无受想行识。无眼耳鼻舌身意。无色声香味触法。无眼界。乃至无意识界。无无明。亦无无明尽。乃至无老死。亦无老死尽。无苦集灭道。无智亦无得"。

④ 耿定向：《天台集》卷十九《题东菴僧孝空卷》，台湾文海出版社1970年版，第1850页。

六祖《坛经》在中晚明的阳明学者中有着广泛的影响，在耿定向看来，《坛经》中对于心性问题的阐发是极为确当的，而在儒家的思想中，心性也是最为核心的命题。

> 尝语吾儒之教因有显无，所谓费而隐也。释家则归无摄有，有隐而隐矣。即惠能呈偈云：本来无一物，斯理更何以加。第颂言无一物，不免又有无一物者在，只如孔子云泛爱众而亲仁，如此方是无一物。……有能自反躬如此证果者，即为执鞭所欣愿也。①

从儒佛不同之处来说，儒家的经典教法是因有显无，由无入有，虽有而无，因费而隐，从而使人从事于有的实践；佛教则是归无摄有，因隐而隐。因此，儒家和佛教在"有无"的问题上是有根本不同的。天台批评佛老"见虚无便不虚无，盖着了一见，便忠信薄而骄泰生，将亡而为有，虚而为盈矣"，并崇尚"即庸常浅言中可绎思已。如日入则事父兄，出则事公卿，丧事不敢不勉，不为酒困，何有于我"的儒者的境界。而时下的儒者则虽推崇"无一物"，却尚存"无一物"之见，不免又有无一物在，所以并未能真的领悟"无一物"之旨。与之相反，孔、颜、禹、稷等人虽不言无一物之旨，却在反躬实践中体证仁体，切实领会了有无、实虚之关系，故较释家为高明。

由于修行方法的简便易行，到了明朝末期，净土宗已广泛地深入民间，李贽对于净土宗有着很深的研究，并崇信净土法门，万历二十六年李贽曾撰有《净土决》，并认为该书是救世之良药。那么，净土宗与儒家在思想观念上有无共同之处？在《净土译》中，耿定向指出，"苟实识吾心即宇宙，宇宙即吾心，则'东海有圣人出，此心同，此理同，即谓东方为净土可也；南海北海有圣人出，此心同，此理同，即谓南方北方为净土可也'。……吾儒之学在止至善。至善，吾仲尼万世之净土也"②。借用陆象山的论说，来表明佛家所说的"净土"与儒学中所讲的"至善"是一致的，也即二者追求的目标是相同的。在耿定向的思想观念中，不容已之仁心是人人同具的，此心自然显发，合之于天。"净土"在人的心中，那么，从自己的本心上探求就能找到净土，由此，"净土"就不专属于西方。

此外，在耿定向看来，"佛氏家，禅主传心，其名曰宗；经主说法，其名曰教。教之敝，至于溺经文，牵句义，而迷蔽原本。宗之敝，至于驰空见毁仪律，而堕入狂魔。二家盖更相消已。今吾儒或诋仲晦格物之说而束书游谈，或谬子静立大之旨而不识本心，亦若是已。噫！宗教之支，释道之衰也；朱陆之呶呶，亦吾道之晦已乎？"③ 或是诋毁朱熹的学问支离而束书不观；或是误解了陆九渊的先立其大的为学宗旨而不能体认本心，陷于朱陆之别的争论不休，那么，儒家广大深邃的本来面目就不能得以揭示。与儒家相仿，佛教衰落的主要原因，是"教"和"禅"的分离，禅门不立文字，主传心；而教门以对佛经佛典的解释论证为主。

---

① 耿定向：《天台集》卷十《坛经译》，台湾文海出版社1970年版，第1100页。
② 耿定向：《天台集》卷十《净土译》，台湾文海出版社1970年版，第1108页。
③ 耿定向：《天台集》卷十《宗教译》，台湾文海出版社1970年版，第1091页。

三、耿定向对生死与情欲性命的认识与评价

在生死的问题上，儒家无疑是重视前者的，并希望通过道德修养的提高来超越生死，注重对生命当下意义的探索，因此，"未知生，焉知死"不是对死的无视，而是强调了知生才能知死，从知生到知死这一了悟生死的途径。"始自太虚来，终还太虚去，原始反终，本自无生，亦自无灭，一切众生，总皆如是。"① 耿定向在讨论生死问题时，诉诸《易传》中的"原始反终"，众生的生死不过是气的周流不息，无生无灭，在这一意义上，人当能实现自我的生死解脱。而在佛教看来，死意味着构成生命因缘的离散，并揭示了生命本质之"无"的空寂性。② 正是在此意义上，耿定向区别了儒家与佛教的生死解脱之道。

此外，在同一篇文章中，耿定向还肯定了好生恶死之念。"孟子曰：'生，我所欲也。'即如弘忍禅者，见虎而怖，亦不免有这个在矣。盖好生恶死，贤愚同情，即欲不着，焉得不着耶？"③ 也就是说，"好生恶死"这一念头和做法是出于人之常情，人人都会有的，无论贤愚，即使是高僧大德也会有同样的心理，这并非是由于贪生怕死或自私。彭国翔指出，在中晚明的阳明学中，出脱生死不再是出于贪生畏死的自私心理。王阳明已经认为，"人于生死念头，本从生身命根上带来，故不易去"；耿定向进一步肯定了好生恶死乃人之常情。焦竑指出，"未悟生死，终不能不为生死所动。虽曰不动，直强言耳，岂其情乎？"秉承了耿定向的这一立场并明确肯定了生死之念的正当性。④ 怖死之心乃是人的自然心理，儒家的出离生死、道人的修玄、佛家的超脱皆起于人的怖死之心。因而，通过了悟生死，就能真正做到不为生死所动。儒佛看似相互矛盾，实际上又有着相统一的地方。

佛教在中国的蓬勃发展，与其教义的改变有着很大的关系，其中很重要的一点，就是中国化佛教在出世与入世的问题上有了一定的变化，耿定向作有《出世经世说》与《出世经世译》两篇文章，他承认在此问题上儒佛并不相悖，并把违背伦常、遗弃伦物的行为斥为悖离佛教原旨的邪行，并非佛法的真义：

> 胡正甫曰："……止于出世，故释氏所以未尽；虽经世而未尝不出世，故圣人所以为全。"余曰："否。稽古至圣上贤，未有不出世而能经世者。徒志经世而未知出世，皆随世以就功名者耳。其下混世，又其下希世，不足算也。……所谓经世须出世者，盖如此。虽然真能出世者，亦自有经世用。即释氏广大慈悲之教，我国家存之不灭，谓其亦足导俗善世用也。乃若惟求了己生死，而遗伦弃物，视世若无干涉者，此

---

① 耿定向：《天台集》卷七《出离生死说》，台湾文海出版社1970年版，第719页。
② 彭国翔：《良知学的展开—王龙溪与中晚明的阳明学》，三联书店2005年版，第478页。
③ 耿定向：《天台集》卷七《出离生死说》，台湾文海出版社1970年版，第720页。
④ 参见彭国翔：《阳明学者的生死关切》，《哲学评论》第四辑，武汉大学出版社2006年版，第174~175页。

则禅那之下者耳，何以称焉？"①

胡直（1517—1585，字正甫），江右王门学派的代表人物之一，他认为儒释之别的关键在于"经世"与"出世"，耿定向却认为，无论是从历史经验还是从现实需要来看，至圣贤达之士往往"出世而能经世"。"出世"并非是佛教的专利，真能出世的人，自然有经世之用。佛教的出世之学，若是沦为只求了悟个人的生死，进而遗伦弃物，与世了无干涉，就并非是佛学所追求的。儒佛看似相互矛盾，实际又有着相互统一的地方。对于生死与人世的探讨和关切，难免会引出情欲性命的问题。

> 友问李子曰："众生以情欲为情欲，佛以情欲为性命，如何？"予曰："何异佛言乎？孟子尝言口之于味，目之于色，鼻之于臭，四肢之于安佚，性也，但曰有命焉；则摄有归无矣！佛氏解究情欲所自主为性命，便自不堕于情欲，非恣情纵欲之谓也。彼恣情纵欲者固不知性命，乃离情绝欲以求性命者，斯又为边见，非知性命者也。"②

耿定向在解释"佛以情欲为性命"这句话时，引用了《孟子》中关于"性命"的一段话。在他看来，耳目口鼻的声色臭味之欲是人的本然之性，生生之性，由此而向根源处探求一步，必有合乎天则的道理，而不能随意去放纵。那些恣情纵欲的人来说，就和告子相似，没有意识到天命的存在。除此之外，离情绝欲以求性命，这也是一种偏见。耿定向并不否认情欲的合理性，在这一意义上，他认为，情欲产生于性命，但又不能沉溺于情欲。对情欲的正视和肯定，是晚明思想发展的一大特色，尤其是在李贽等人那里，人的个性得到很大程度的解放，也由此可以看出耿定向思想的开放性，他并不是一个迂腐古板的卫道士，他积极吸收外来的思想，并加以自身的批判吸收。在耿定向的思想观念里，佛教有着与儒家思想相一致的地方，因此，在"意译"佛书的时候，无论是对于《心经》《坛经》等佛教经典还是对于出离生死等佛教教化的解读，耿定向始终站在儒者的立场上，这是不能逾越的底线。从这一意义上来看，李贽、邓豁渠等人物背离了儒家的宗旨和学问，慨然以"异端"自居，这就不免引起了耿定向的不满和批判。

四、对李贽、邓豁渠等"异端"人物的批判

对于杂入佛道的人，耿定向直言不讳，当面指责王龙溪"拜胡清虚别求住世法"的行为（《观生纪》）；对友人胡正甫"窥孔颜博约之旨，尽弃异学"（《三迁图序》），耿定向则表示高度赞扬；因"李卓吾鼓倡狂禅，学者靡然从风，故每每以实地为主，苦口匡救"，担心李贽的怪诞行为会影响门人子弟，遂与之交恶。以讲学为职志的耿定向有着很强的社会责任感和担当意识，"近为乡里后生之耳目，远为四方友朋之宗依，正身齐家居乡治官者，一毫不慊于本心，而曰自求解脱以图快活，吾不能矣"③。

---

① 耿定向：《天台集》卷十《出世经世译》，台湾文海出版社1970年版，第1111~1113页。
② 耿定向：《天台集》卷十《情欲性命译》，台湾文海出版社1970年版，第1114页。
③ 耿定向：《天台集》卷六《与同志》，台湾文海出版社1970年版，第621页。

李贽的异端表现，是耿定向与李贽关系交恶的主要原因。李贽桀骜不驯，弃官出家，崇奉释氏，讲学日盛后从其游的人很多，这就不免引起了耿定向的担忧。尽管耿定向对于佛教所持的态度是十分包容的，他并不否认佛教的智慧，然而他又是谨慎的，故而站在儒家的立场上，耿定向警惕陷溺于佛教的行为。这是因为在他看来，"此心转佛书"而不能为佛书所转，陷溺于佛教显然属于后者。到了晚年，耿定向与李贽的关系日益缓和，并得以和解，又在很大程度得益于佛教的机缘。吴震指出，"事实上，天台、卓吾在佛教问题上所持的态度非常相近。甚至可以这样说，对佛教的共同兴趣，乃是两人在思想上的一个接合点"①。从二人的往来书信中可以看出耿定向对李贽崇佛的态度的微妙变化。

> 或曰："张媪止子远游书，亦世俗凡情耳，何当卓吾赞叹如是？"曰："母之念子，子之依母，直此本心，圣凡同也。试问天下善知识，除却此类慈孝心，别有本心否？除却本心，更有别股圣学佛法否？……惟卓吾生平割恩爱、弃世纷，今年至七旬矣，乃能返本如是。若予今乃弥留待尽之日，所谓人穷反本者，以此闻卓吾赞叹张媪言，亦大声欢喜如是也。"②

王僧若无是经由耿定向的介绍拜入李贽门下的，为此耿定向曾作《颜子为舜解》加以勉励，称"大雄氏之普度众生，弘法于大千世界也，会下之迦叶、普贤，亦孔氏之颜，尧之舜也，彼其所以接引众生者，想亦惟是"③。没过多久，王若无计划离家远游，若无之母来书劝止，言辞恳切，李贽读后大为感动，随即写下《读若无寄母书》，称赞若无的母亲，并感叹到，"言出至情，自然刺心，自然动人，自然令人痛哭，想若无必然与我同也，未有闻母此言而不痛哭者也"（《焚书》卷四《读若无寄母书》），李贽联想到自己的经历，难免悲从中来。卓吾的这篇书信，有人质疑，不过是"世俗凡情"，为何李贽如此赞叹？天台却指出，母子之间的慈孝之情，是发自于本心的，若是本心无法表露，又怎能学佛呢？晚年的卓吾在天台看来，已然返本，能从本心出发。这一回答也十分动情明理，在天台的观念里，孝慈心、本心与学佛是并行不悖的。

耿定向曾作《里中三异传》，"是皆可监已，故传之"，为三异人作传的目的是为了引以为鉴，起到警惕世人的效果。邓豁渠就是被耿定向严厉批判的学佛之人。邓豁渠与耿定理、李贽志趣相投，嘉靖四十四年（1565），邓豁渠将自己的言论整理成《南询录》出版，这引起了耿定向的极大不满，尤其是对于书中"色欲，性也，见境不能不动，既动不能不为。羞而不敢言，畏而不敢为者，皆不见性"等语，耿定向说道，"余览此，甚恶之。曰：'是率天下人类而为夷狄禽兽也'"，"如其言，将混而无别，纵而无耻，穷人欲灭天理。致令五常尽泯，四维不张，率天下人类而胥入于夷狄禽兽矣"，批评极为严厉。④

---

① 吴震：《阳明后学研究》，上海人民出版社 2003 年版，第 403 页。

② 耿定向：《天台集》卷十九《读李卓吾与王僧若无书》，台湾文海出版社 1970 年版，第 1864、1867 页。

③ 耿定向：《天台集》卷七《颜子为舜解》，台湾文海出版社 1970 年版，第 823 页。

④ 吴震指出，"天台对阳明后学中出现的所谓'异端'人物及其思想的批判攻击可谓毫不留情，其目的是欲纠正心学运动内部所产生的诸种弊端"。参见吴震：《阳明后学研究》，上海人民出版社 2003 年版，第 407~408 页。

五、结　语

耿定向的交游广泛，他的思想有着复杂的面向，到了晚年，他对于佛教的态度更为包容。在他看来，佛教虽然是异端思想，却有着与儒家相契合的地方。同时耿定向始终是一个儒家学者，坚守着儒家的立场。他对于佛教的基本态度是"恃此心能转佛书耳"，源自于对良知本心的高度的自信，在他对于佛经的解释、对于生死与情欲性命等的看法、对于异端人物的批判等方面，都体现了这一基本态度。本文通过对耿定向的《译异编》及相关篇章的分析，认为虽然耿定向对佛教思想与精神的认识有不够深入细致的地方，① 但毋庸讳言，他对佛教的认识和评价有一定的理论和时代意义，具有一定的代表性。

耿定向的弟子门人众多，他积极推动阳明后学的讲学运动，对佛教的看法和态度也一定程度上影响了其弟子后学。以融会三教为职志的管志道曾受业于耿定向，他认为三教在义理上是圆融无碍的，佛教的教理和儒家的圣人之道相结合才能达到"大道之世"。焦竑是耿定向很赏识的一位学生，他认为禅学就是儒学，极力整合儒家和释氏，消除儒、释之间的明确界限，从而以佛经之理来阐明儒学之旨。"佛言心性，与孔、孟何异？其不同者教也。……今辟佛者，欲尽废其理，佞佛者又兼取其迹，总是此中未透脱故耳。"② 道同教异，道只有一个，"道是吾自有之物，只烦宣尼与瞿昙道破耳，非圣人一道，佛又一道也"③。但是，儒释之教是不同的，佛教来自于异乡，故外在的教法、风习等有别。焦竑还批评了"辟佛"和"佞佛"这两种对佛教的态度。辟佛之风自唐宋以来大为盛行，且多为大儒，焦竑认为这类人或于佛理本无所得，或不真知佛。④ 至于佞佛之人，则对佛教不加批判地接受，对于儒学和佛学都没有深刻的认识。这种说法与耿定向的观点有一脉相承的地方。

耿定向作《译异编》，也撰有僧侣或居士的传记，但他对佛教的了解主要通过读佛书，没有"出入佛老而后归之六经"的历程，与佛教人物的交游也较少，这在一定程度上使得他对佛教的认识受到了限制。例如，佛教反对贪欲、淫欲等种种物质之欲，并将其说成是"障"或"碍"。耿定向却肯定了情欲的合理性，并指出情欲产生于性命，但又不能沉溺于情欲。晚明的一些儒家学者，由于缺乏对佛教思想及其内在精神的准确把握，其对佛教的认识在一定程度上有失于理论的针对性。

此外，耿定向救世心切，着眼于对佛学时弊的批判，这就使得他的批评存在着有失偏颇的地方，对此，天台后来有所反省，"由余固陋，原未学佛，未尽佛乘，而友朋溺之者

---

① 同时代人周思久认为《译异编》只达到"声闻"的层次，耿定向则自言颇具苦心。参见《天台集》卷三《与周柳堂》，台湾文海出版社 1970 年版，第 355 页。

② 焦竑：《澹园集》卷四十七《崇正堂答问》，李剑雄点校，中华书局 1999 年版，第 719 页。

③ 焦竑：《澹园集》卷四十九《明德堂答问》，李剑雄点校，中华书局 1999 年版，第 745 页。

④ 焦竑：《澹园集》卷四十七《崇正堂答问》，李剑雄点校，中华书局 1999 年版，第 719、92 页。

又深，故其心苦，其词微婉如是"①。尤其是在耿定向写了《大事译》后，他对佛教的态度引起了弟子刘元卿等人的质疑，刘元卿为此作了《大事译质疑录》，耿定向深知"知我罪我"皆从此书出，依然苦心匡救，这种义无反顾的精神实得因于其强烈的责任感和对自身学问的自信。

（作者单位：中南大学马克思主义学院）

---

① 耿定向：《天台集》卷五《答钱庐陵》，台湾文海出版社 1970 年版，第 526 页。

文本与文献

顾炎武考据学准则辨析[*]

—— 以《谲觚十事》为例

□　司马朝军　王献松

顾炎武（1613—1682）之所以能够被后世尊为清代学术的开山之祖，主要是因为他对清代主流学术——考据学的开创性推进。考据学虽然并不源于清代，顾炎武也并非第一个以考据成就而著称的学者，但顾氏在考据学方法上的推进，使其成为考据学史上的重要人物。

《谲觚十事》一文是顾炎武针对李焕章《与顾宁人书——辩正地理十事》①　而作。李焕章（1614—1688），字象先，号织斋，山东乐安人。明诸生，明亡后，隐居不出。李氏此札原文虽不可见，但顾炎武在《谲觚十事》中对原札中辩正地理的十条内容皆有引及，顾氏谓：“（李氏）所辩十事，仆所著书中有其五事，然李君亦未尝见，似道听而为之说者，而又或以仆之说为李君之说，则益以征李君之未见鄙书矣。”②

顾炎武《谲觚十事》一文虽然旨在与李焕章质疑辨难，但其在对李氏考据论据问题、态度问题的批评过程中，也展现了顾氏考据学方法的原则。本文主要分析了《谲觚十事》一文展现的考据学论据原则与态度原则，并结合现代学术状况，对其原则作方法论上的反思。

一、顾炎武考据学的正面准则

考据学主要是通过论据来证明观点、考辨讹误，论据是考据学的基础，某一具体的考据结论是否能够成立，论据起着非常重要的作用。所以，考据学家对于论据的文献来源，必须非常谨慎。文献在内容上，既有类型的不同，又有时代的先后，而不同的文献作为论据起到的论证力度也是不一样的。

---

* 本文为国家社科基金重点项目“清代文人专题研究”（13AZD047）阶段性成果。

①　光绪间张昭潜认为此札为他人伪作：“好事者或冒先生名，作为尺牍，竟自刊布，以与亭林辩正地理。”（张昭潜《织斋文集序》）张维华则考辨此札确实为李焕章所作（张维华：《顾炎武在山东的学术活动及其与李焕章辩论山东古地理问题的一桩学术公案》，《山东大学学报》1962 年第 4 期），笔者认同张维华观点。

②　顾炎武：《谲觚十事》，《日知录集释》附录一，浙江古籍出版社 2013 年版，第 1907 页。

（一）重古书

顾炎武在与李焕章讨论具体的问题时，也提出了一些论据方面的原则。如第一事中李焕章称：

> 来札①："孟尝君封邑在般阳，不当名薛，薛与滕近。《孟子》篇中'齐人将筑薛'。"此足下泥古之过，汉淄川郡即今寿光，今淄川即汉淄川郡所属之般阳。孟尝封邑在淄川，今寿光地，墓在寿光西四十里朱良镇，后人以淄川之般阳为淄川，如以琅邪之临沂为琅邪，乐安之博昌为乐安。孟尝封邑偶名同薛国耳。不然，今肥城有薛王城，考其地去滕颇远，当何说也？②

顾炎武称其所著"《日知录》有辩'淄川非薛'一事"（见《日知录》卷三十一"《史记》菑川国、薛城之误"条），并详加引用，顾氏于此后论曰："仆所论如此，乃言'孟尝君之薛不在般阳'，不曰'孟尝君封邑在般阳，而不当名薛也'。李君之辩，既已失其指矣。凡考地理，当以《水经》《皇览》《郡国志》等书为据，昔人注书皆用之。若近年郡邑志乘，多无稽之言，不足信。今曰'孟尝君墓在寿光'，其昉于何书邪？《史记·孟尝君传》：'滑王即位三年，封田婴于薛。'《正义》曰：'薛故城在今徐州滕县南四十四里。'今曰'孟尝封邑偶同此名'，是古人所传皆非也。又《汉书》有菑川国，无淄川郡，而般阳县自属济南。今曰'汉淄川郡所属之般阳'，李君既博考地理，何乃舍近而求远，并《史记》《汉书》而不之考邪？"③ 李氏考证行文之中，其论证并无文献依据，不知其论据从何而来，如其谓"孟尝君墓在寿光"就不知缘据何书，令人生疑。而顾氏之考据，则以《史记》《汉书》《水经注》《皇览》等与所考证之对象有直接关联的文献为依据，有理有据。这就为考据学在论据方面提出了方法论上的原则：考据当以文献为据，不能臆断。即顾氏所谓"凡考地理，当以《水经》《皇览》《郡国志》等书为据"。

从顾炎武提到考证地理当以《水经》《皇览》《郡国志》等书为论据，我们可以看到，考证地理，当以古书为据。凡地理之书，多重沿革，后世所修方志，必以前代之书为损益，在此过程之中，难免出现讹误或曲解，因此，在对地理的考证中，当以古书为据。如顾氏所举《水经》为首部记载我国水系的著作，北魏郦道元曾为之作注，时代较早且较为完备，后世治地理者皆奉为圭臬。而《皇览》则是我国首部类书，其中亦有记载地理的内容，只是此书很早就亡佚，只有部分佚文存于古书之中，顾氏举《皇览》作为考证地理时论据之书的代表，更可见其"尚古"的思想，凡于古有征，虽只言片语，亦有取焉，顾炎武此条引《日知录》驳正李焕章观点时，即引及《皇览》。而顾炎武对"近年郡邑志乘"则持否定态度，谓其"多无稽之言，不足信"。顾氏在第五事辨"景公碑"时，就曾论道："因叹近代士人之不学，以本邑之人书本邑之事，而犹不可信，以明白易见之

---

① 顾炎武原注："据李君谓仆与之札。"本文中独立引文为李焕章原札内容，其中李氏所谓"顾炎武论点"居引号之中。
② 顾炎武：《谲觚十事》，《日知录集释》附录一，浙江古籍出版社 2013 年版，第 1907~1908 页。
③ 顾炎武：《谲觚十事》，《日知录集释》附录一，浙江古籍出版社 2013 年版，第 1909 页。

碑而不之视，以子孙而不识其先人。推之天下郡邑之志，如此者多矣。"① 也可见其对于"近年郡邑志乘"的批评态度。

（二）重正史

考证地理，当以正史为据。顾炎武所据《郡国志》即《后汉书·郡国志》，顾氏引《日知录》驳正李焕章观点时，亦引及该书以及《史记》《汉书·地理志》等，可见顾氏举《郡国志》之意，应理解为正史中对地理问题的记载。顾氏对正史的重视，也与其反对以齐东之语为论据的观点相呼应。

顾炎武除从正面提出正史作为考据论据的原则外，还从反面对考据征引"别史"作为论据的现象提出了批评，如第八事中李焕章称：

> 来札："泰山无字碑，非始皇，乃汉武时物。"《别史》："始皇移徂徕，命李斯篆文如琅邪之罘碑。因阻暴风雨，大怒，罢。"此可信者。汉武何故立无字碑，未敢以足下言为是。②

李氏依据《别史》所载秦始皇因暴风雨而罢篆书碑文之事，以证泰山无字碑为秦始皇所立，而驳顾炎武谓泰山无字碑乃汉武帝所立之说。顾炎武称其所著"《日知录》有考'泰山无字碑'一事"（见《日知录》卷三十一"泰山立石"条），并详加引用，文中引及《史记》《后汉书》等，顾氏于此后论曰："李氏似未见仆此论，不知其所谓'别史'者何书？将考千载以上之事，乃不征《史记》而征'别史'乎？"并进一步论证李氏"所引'别史'不过二十余字，而谬妄已有数端"③。首先，顾炎武对李氏所据"别史"的来源提出质疑。就顾炎武所见历代典籍而言，其中并无名"别史"之书者，"别史"只是史部典籍中的一个类型，并非具体某部史书。如果李氏论据来自"别史"类中某一史籍的话，那就应标出具体书名，不当以"别史"含混称之。如果李氏所引"别史"文字并无文献来源的话，那么李氏就有自造证据之嫌。安致远（1628—1701）《与李象先辩答顾宁人书》中亦批评其引书不著书名，含混不清，曰："汉去古未远，此可信者。而足下风雨暴罢之言，所引何书耶？足下书中所引用皆云'别史'、'古史'，不著书名，足下博物弘览，当今侨、札，固无书不读，岂鄙正史为寻常不足道，而故以僻奥之书相炫斗耶？"④ 也是对李氏论据来源的质疑。其次，顾炎武对以《史记》为代表的正史与李氏所谓"别史"进行了区分，认为考史事，当以正史为主，而不可依据别史。也就是说，即使李氏所据材料确为别史中的某一具体史籍，也不足以否定顾炎武依据《史记》得来的观点。可见，顾炎武在史籍作为论据方面，是"重正史，轻别史"的。这正是顾氏对其"考据当以正史为论据"的观点进一步深化。

----

① 顾炎武：《谲觚十事》，《日知录集释》附录一，浙江古籍出版社 2013 年版，第 1913~1914 页。

② 顾炎武：《谲觚十事》，《日知录集释》附录一，浙江古籍出版社 2013 年版，第 1915 页。

③ 顾炎武：《谲觚十事》，《日知录集释》附录一，浙江古籍出版社 2013 年版，第 1916~1917 页。

④ 安致远：《纪城文稿》卷四，《清代诗文集汇编》第 107 册，上海古籍出版社 2012 年版，第 568 页。

（三） 重阙疑

顾炎武在与李焕章辩驳之前，就提出了考据中一个重要态度——"阙疑"："若方舆故迹，亦于经史之暇，时一及之。而古人之书，既已不存，齐东之语，多未足据，则尤所阙疑而不敢妄为之说者。"① 即在所考据的问题论据不足以得出确定的结论时，或论据中有不同观点而未能得出具体结论时，不能够妄下判断，而应该将问题暂时悬置，以待发现新的材料进行进一步论证。如第十事中李焕章称：

> 来札："太公封营丘，地泽卤，人民寡，因上古封建，各有其国，未便夺其地，遂就其隙封之，非不置太公于上游也。"古史万国，商三千，周千八百，当伐纣时不知其如何变置。殷都朝歌，千里内不免改王畿为侯国；周都镐京，千里内不免改侯国为王畿。洞水东、瀍水西皆诸侯，营洛后能各守其地乎？王以东方诸侯附纣者众，故封太公以弹压耳，足下乃过信《货殖传》，未敢以足下为是。②

顾炎武《日知录》卷七"象封有庳"条论及太公封齐之事，而与李氏所言顾氏"来札"不同。顾炎武引该条以证，并补论"周封太公"之事曰："《汉书》曰：齐地，虚危之分野也。少昊之世有爽鸠氏，虞、夏时有季蒯，汤时有逢公柏陵，殷末有薄姑氏，皆为诸侯，国此地。至周成王时，薄姑氏与四国共作乱，成王灭之，以封师尚父，是为太公。而《史记》以太公为武王所封，当武王之时，而太公至国修政，人民多归，齐为大国矣。考《左氏传》，管仲之对楚子，展喜之对齐侯，并言成王，不言武王。而郑康成注《檀弓》，谓：'太公受封，留为太师，死葬于周。'又《金縢》之书有二公，则太公在周之明证。二说未知孰是。李君'变置'、'弹压'之论，恐亦是以后世之事而测量古人也。"③

周封太公，《史记》以为是武王所封，《汉书》以为是成王所封，二说不同。顾炎武虽考之《左传》《檀弓》《金縢》，但仍以谨慎之态度，谓"二说未知孰是"，不敢妄下判断，阙疑以待进一步考证。这就是顾氏在考据遇到观点不一的材料，而又不能判断孰是孰非时所采用的阙疑态度。

同时，顾炎武还批评了李焕章"以古测今"的态度："李君'变置'、'弹压'之论，恐亦是以后世之事而测量古人也。"李焕章在解释周封太公于齐的原因时，认为这是周王朝在灭商之后，出于政权稳定的考虑而做出的决定。商灭周兴，东方诸侯曾经依附商纣，又距周之政治中心较远，容易反叛，所以封太公于齐，以起到弹压震慑的作用。而顾炎武则认为李氏此论，是以后世之事来推测古人行事的原因，并无文献依据。从顾炎武的这一批评，我们可以看出，顾炎武反对在考据中以今测古，在没有文献作为论据的情况下，是不能对古代史事进行推测的。

---

① 顾炎武：《谲觚十事》，《日知录集释》附录一，浙江古籍出版社2013年版，第1907页。
② 顾炎武：《谲觚十事》，《日知录集释》附录一，浙江古籍出版社2013年版，第1918页。
③ 顾炎武：《谲觚十事》，《日知录集释》附录一，浙江古籍出版社2013年版，第1919页。

(四) 重目验

在第五事中李焕章称:

> 来札:"景公墓在临淄东南十二里,淄河店桓公墓旁。"又曰:"在长白山下,今长山境内。"又云:"周景公墓。景姓稀少,更无多为官者,必景延广。延广,陕州人,后晋出帝,与桑维翰同时,非周臣。又不当云周景公墓。"考《五代史·周列臣传》:"景范,邹平人,世宗显德中官宰相,显德六年罢。"故云"周景公墓"。墓在邹平,今割入长山界。在临淄淄河店者,春秋周齐景公墓,非周世宗景公墓也。①

顾炎武谓其《金石文字记》中有"后周中书侍郎景范碑"一文,并引其文以证此碑为后周景范之墓碑,非晋景延广之墓碑。今考顾氏《山东考古录》中亦有"辨景相公墓"一条,二者略同,皆未如李氏所言,误"景相公"为景延广。顾氏于引《金石文字记》之后,并记其与马骕访"景相公碑"一事,称:"此仆在邹平,与邑人宛斯马君亲访其墓而录之者,不知李君何所闻之,而剿为己说。且与齐之景公何涉,而横生此一辩?又此墓旧属长山,今割入邹平,今反曰旧属邹平,今割入长山。又景相,长山人,今反曰邹平人。知李君之道听而途说也。"② 对待论据应该讲求目验,顾炎武与马骕访碑一事,就充分体现了顾炎武考据学实践中非常注重目验。纸上得来终觉浅,绝知此事要躬行。他不是书斋型的学者,他的学问是跑出来的,从田野考古中看出来的。

与此同时,顾炎武认为考据不可道听途说。他在开篇即宣称:"其所辩十事,仆所著书中有其五事,然李君亦未尝见,似道听而为之说者,而又或以仆之说为李君之说,则益以征李君之未见鄙书矣。"③ 可见,李焕章所辩顾炎武地理考证十事,就是依据道听途说之言而来。而在本条中,李氏更是依据道听途说之言,误倒景相公墓之古今隶属沿革。

二、顾炎武考据学的负面准则

(五) 轻俚俗

顾炎武在正式辩驳李氏观点之前,就提出了"齐东之语,多未足据"的观点:"若方舆故迹,亦于经史之暇,时一及之。而古人之书,既已不存,齐东之语,多未足据,则尤所阙疑而不敢妄为之说者。"④ 在这里,顾炎武即强调在考证的过程中应该避免使用"齐东野语"等志怪小说作为考证地理的论据。这是顾炎武从文献来源的角度对论据进行的区分,凡是那些得自底层传闻的材料,大多不能作为论据来证明自己的观点。同时,这也是顾炎武从否定的层面对何种材料不适合作为论据的界定。

---

① 顾炎武:《谲觚十事》,《日知录集释》附录一,浙江古籍出版社 2013 年版,第 1912~1913 页。
② 顾炎武:《谲觚十事》,《日知录集释》附录一,浙江古籍出版社 2013 年版,第 1914 页。
③ 顾炎武:《谲觚十事》,《日知录集释》附录一,浙江古籍出版社 2013 年版,第 1907 页。
④ 顾炎武:《谲觚十事》,《日知录集释》附录一,浙江古籍出版社 2013 年版,第 1907 页。

（六）轻佛道

顾炎武还对宗教类文献作为论据提出了自己的看法。如第七事中李焕章称：

来札："黄冠别说，劳山有吴子宫，是吴子夫差请《灵宝度人经》处。"春秋，吴伐齐，至艾陵。艾陵，齐南境，今郯城，去劳六七百里，甚为牵合难据。足下未读道书，道书云："许旌阳弟子吴猛，东昌人，入劳请《灵宝度人经》。"吴子，吴猛，非夫差。道家所居皆曰宫，不仅王侯也。①

李焕章此条与顾炎武辨劳山吴子宫一事。李氏认为，顾炎武误以吴子宫是因"吴子夫差请《灵宝度人经》"而得名，并引"道书"，谓吴子宫是因许旌阳弟子吴猛请《灵宝度人经》而得名，非吴子夫差。顾炎武诸书之中并无关于"劳山吴子宫"的论述，所以顾氏反驳道："此道家荒唐之说，不足辩。《莱州府志》'传疑'一条云：'春秋时，吴王夫差登劳山，得《灵宝度人经》。'今欲去其年代而改为吴猛，庸愈乎？按《晋书》：'吴猛，豫章人。'晋时亦未有'东昌'之名也。"②

在这里，顾炎武提出了他在考据学方法上的一个重要原则："此道家荒唐之说，不足辩。"即在考据过程中，是不能以道家（实际指道教）等宗教文献作为论据的。顾炎武在反驳李氏观点时，引及《莱州府志》《晋书》，引《莱州府志》证明传闻亦有"夫差请《灵宝度人经》"一事，引《晋书》证明李焕章谓吴猛为东昌人之误。顾氏所引为方志、正史，这与李氏引道书适成对照，可见顾氏以儒家为本位的正统思想已影响到其对考据学方法的运用。顾炎武的这一考据学方法观念对后世影响极大，有清一代考据学家，大多以正经正史为论据，少有引及佛、道教文献者，其考据学之对象亦以经史以及先秦两汉子书为主，更少对宗教类文献的考证。可见，顾炎武考据学的方法论，在论据方面，对佛道书是极其排斥的。

（七）反剿袭

从前面"重目验"条的论述中，可以看到考据学者在从事考据时应持之态度：考据不可剿他人之说以为己说。顾氏已通过亲自访求到的景相公墓碑文证明该墓为景范之墓，而非景延广之墓上，而李氏则将顾氏考据成果据为己有，用以攻击顾氏。此外，考据不可横生枝节。对"景相公墓"的考证本应集中在该墓是景范墓，还是景延广墓上，而李焕章插入临淄淄河店之"齐景公墓"非景范墓一事，实在突兀，属于横生枝节。

从顾炎武对李焕章的批评可以看出，顾炎武认为在考据过程中，既应该有诚实的态度，不能剿袭他人的考据成果而据为己有。

（八）反妄改

如第九事中李焕章称：

---

① 顾炎武：《谲觚十事》，《日知录集释》附录一，浙江古籍出版社2013年版，第1915页。
② 顾炎武：《谲觚十事》，《日知录集释》附录一，浙江古籍出版社2013年版，第1915页。

来札："俗以丈人为泰山。唐明皇封禅，张说婿韦晤晤扈驾，以说婿，增三级。后帝忘其故，问群臣，伶官黄幡绰曰：'泰山之力也。'因以丈人为泰山。"不知春秋时，已有丈人峰，孔子遇丈人荣启期处也，未敢以足下言为是。①

李焕章此条与顾炎武辨"以丈人为泰山"事。李氏认为顾炎武以唐明皇封禅事为后世称丈人为泰山之出处，而李氏则认为，春秋时泰山已有"丈人峰"，是"孔子遇丈人荣启期处"，这才是后世称丈人为泰山之出处。顾炎武反驳道："此俚俗之言，亦不足辨。乃谓'春秋时有丈人峰'，其何所据？《列子》：'孔子游于泰山，见荣启期，行乎郕之野。'无'丈人'字。夫纪载之文，各有所本，今欲实此峰之名，即添一'丈人'字；欲移吴门于曲阜，即去一'阊'字。用心之不平如此，而谓天下遂无读《列子》《论衡》二书之人哉？"②

顾炎武诸书之中并无关于"俗以丈人为泰山"的论述。他认为，像李焕章这种考证问题缺乏相关文献作为论据，而只以所谓俗语作为依据的论证，是不值得进行考辨的。并且李氏谓"春秋时有丈人峰"，也缺乏文献作为依据，李氏又以丈人峰为孔子遇荣启期处，顾氏据《列子》文，谓其中并无"丈人"二字，此二字实为李氏妄添，以证成己说。

从这里我们可以看出：第一，顾炎武非常强调在考据过程中的文献论据问题，没有文献作为论据支撑的论证是不成立的。顾氏之所以对俚俗之言不予关注，也主要是因为这些俚俗之言大多难以从文献上找到依据。第二，顾炎武认为，在依据文献进行论证的过程中，绝对不可以根据论证的需要而妄改论据，而李氏在此条中于"荣启期"前加"丈人"二字以证明春秋时丈人峰因此得名，以及第四条改"吴阊门"为"吴门"以移吴国之阊门于鲁，都是妄改论据的做法。

在上文论述的第九事中，顾炎武对李焕章妄改论据的做法提出了严厉的批评，末尾称："用心之不平如此，而谓天下遂无读《列子》《论衡》二书之人哉？"可见，在考据的过程中，顾炎武认为应该采取客观的、实事求是的态度，即所谓"平心"，而不能为了达到论证事先预设论点之目的，而妄改证据。

三、对顾氏考据学准则的辨析

（一）顾氏考据学准则的局限

从上文对顾炎武考据学论据原则的归纳中，我们可以看出，顾炎武的观点是以儒家为本位的，在考据过程中，注重运用古书、正史等居于正统地位的典籍作为论据，而轻视齐东之语、佛道之书、俚俗之言，这些方面的典籍，在顾炎武看来是不能作为论据来进行考据的。顾炎武《日知录》中有关考据的条目，大多以十三经、历代正史、先秦两汉诸子书等为论据，而对齐东之语、佛道之书、俚俗之言等文献则相当排斥，即是其论据原则的

———————————

① 顾炎武：《谲觚十事》，《日知录集释》附录一，浙江古籍出版社 2013 年版，第 1917 页。

② 顾炎武：《谲觚十事》，《日知录集释》附录一，浙江古籍出版社 2013 年版，第 1917～1918 页。

体现。

对于顾炎武在考据学上强调运用古书以及正经正史作为论据的观点，笔者是认同的。因为，古书以及正经正史的产生时代相对较早，其可信度高，在考据的论据中占据着重要的地位。但是，笔者也认为，顾炎武在考据学的论据上一味排斥齐东之语、佛道之书、俚俗之言等文献，并将其与古书以及正经正史等文献对立起来的做法，是有其局限性的。这是因为：

第一，并非所有的问题都可以从古书和正经正史中得到证明。古书和正经正史等正统主流文献作为论据自然有其优势，但这些材料毕竟是有限的。而考据学所面对的问题却是丰富多样的，并非所有的问题都能从文献中得到解答，而能从古书和正经正史中得到证明的问题则更少。所以，严格将论据限定在古书和正经正史等书中，只能使某些原本可以通过其他途径得到证明的问题，依然处于悬而未决的境地。

第二，古书和正经正史中的问题并非都有考据学的价值。某一问题是否在考据学上具有价值，不是从证明该问题的论据来判断的，而在于问题本身是真问题还是伪问题，是大问题还是小问题。如果以古书和正经正史等文献为论据证明的问题本身就是伪问题，那么该考据自然也没有价值。

第三，并非只有古书和正经正史等文献才有考据学的价值，齐东之语、佛道之书、俚俗之言等文献也有一定价值。某一文献是否能够作为论据，用以考据，并不在于这一文献本身的性质，而在于其所要进行考据的对象，即考据所要证明的问题。如果将考据学严格限定在史实考据上，顾炎武的论据原则是值得提倡的，毕竟很多齐东之语、佛道之书、俚俗之言很难作为论据用以证明史实，因为这些典籍相较古书和正经正史而言，其可信度较低。但是，在考据学的其他方面，例如对民俗、俗语、民间信仰等问题的考据，这些文献未必就不能作为论据来证明问题，如果能够运用新方法、新理论，这些材料仍能在考据学上发挥作用。

所以，笔者认为，如果只以古书和正经正史等文献为论据，而排斥齐东之语、佛道之书、俚俗之言等文献，势必大大缩小考据学的范围，使很多有价值的问题得不到考据学上的证明。顾氏提出的观点大多就具体问题而发，其论据原则并不具备普遍适用性。在考据学实践中，我们不能将之作为考据学的不二准则，而应该具体问题具体分析，根据考据时所面对的问题，而对不同论据的可信度进行区分，以使各类论据能各尽其用，以达到证明问题的目的。所以可以说，顾炎武在《谲觚十事》中提出的论据原则是有一定的局限性的。

（二）顾氏考据学准则的价值

尽管顾氏考据学准则中的两条有一定的局限性，但大部分极具借鉴价值。

第一，考据毕竟是以论据为基础而进行证明的，而论据毕竟是有限的，并不是所有的问题都能够通过现有的文献得到证明。而且，即使在所论证的问题材料充足的情况下，也可能出现论据之间相互矛盾的情况。在这样的情况下，如果无法进行明确的判断，最好的方法就是阙疑存疑，暂且将问题提出，不强行做出论断。所以，顾炎武在考据学中重阙疑这一条是极有价值的。由于古今之间存在着一定的差异，在没有证据的情况下，就采用"以古测今"的方法对考据的问题进行推测，就有可能造成错判，而采用"以古测今"的方法推测出的观点，也未必与事实相符。因此，如果在证据不足的情况下，以推测的方式，强行对问题作出论证，其结论的可信度就要大打折扣，甚至与事实相反。

第二，考据是一个发现问题，通过论证进而解决问题的过程，而解决问题的过程，是具有原创性的。所以，我们在考据的过程中，如果要证明的问题前人已有考证，即使未能完善，也应该尊重其劳动成果，采取引证的方式来加以展现，不能掩人之善，更不能掠人之美，剿袭他人之说以为己说。考据成果的"后出转精"就是指在尊重前人成果的基础上，进一步推进问题的考证，而剿袭他说在考据学上则是极其"不德"的行为。考据所面对的问题一般都是比较直接的单一的问题，在论证过程中只要能通过对论据的梳理，达到证明观点的目的就可以，没有必要在本问题之外横生枝节，使人看不清论证的问题所在。考据要以论据为基础，论据应有文献依据，而不能以道听途说之言，作为论据。

第三，考据是人的行为，难免受到主观因素的影响，但是为了使考据的结论可信，在考据的过程中，应该尽量以"平心"要求自己，以客观的、实事求是的态度对待面临的问题和使用的材料。在对问题进行论证的过程中，我们最好不要提前预设问题的结论，以免在材料的梳理过程中有所侧重，而使结论出现偏差。在无法避免对结论提前预设时，我们也应该以材料与论证过程为主，在论证的结果与预设结论出现偏差时，宁可放弃预设结论，也绝不能为了证成预设的结论，而故意隐匿、曲解甚至妄改证据。

四、结　语

顾炎武在考据学上提出的少数准则虽然有一定的局限性，但在清代以正经正史为主的考据学中，还是有很高的适用性的，他的几条准则对乾嘉考据学的兴盛起到了重要作用，如代表乾嘉考据学最高成就的高邮王氏父子，其文献考据成果《读书杂志》《广雅疏证》《经义述闻》《经传释词》等，都集中在对早期古书与正经正史的考据。而顾炎武对齐东之语、佛道之书、俚俗之言等文献的排斥，也造成了清代考据学对这些方面文献研究的冷落，这也就为近现代以来学界在古代小说、佛道文献、民俗学的研究方面留下了巨大的空间。

顾炎武在考据过程中强调的态度问题，也对清代学术风气产生了重要影响，如清代学者普遍对辨伪问题比较关注，《四库全书总目》中就有许多对古代典籍抄袭问题的批评，① 而清代学术史上关于著作权的公案，如"戴震、赵一清《水经注》校本案""《日知录集释》作者案""《书目答问》作者案"等，都受到当时学者的极大关注，这些都表明了清代学术界对剿袭他说行为的反对。

（作者单位：上海社会科学院历史研究所、安徽大学徽学研究中心）

---

① 参见司马朝军：《四库全书总目研究》附录一《〈四库全书总目〉辨伪书目》，社会科学文献出版社 2004 年版。

张澍稿本十种考述

——以法国国家图书馆藏本为中心

□ 陈恒新

　　张澍（1776—1847），字百瀹，凉州府武威县人。是清代姓氏学研究的集大成者，也是敦煌学研究的先行者，在辑佚学、方志学、文学等方面都有突出的成就。主要研究著作有《养素堂文集》《姓氏寻源》《姓氏辩误》等。清代著名学者钱仪吉称赞张澍说："君于经史纂述甚富，其《诗小序翼》搜采极博，而《姓氏五书》尤为绝学。"党晴梵说："前清一代，西北学人，湛深经史者，天生李（因笃）而外，当以张介侯为巨擘。"① 梁启超论其学术成就："甘肃与中原窎隔，文化自昔朴僿，然乾嘉间亦有第一二流之学者，曰武威张介侯（澍）。善考证，勤辑佚，尤娴熟河西掌故。"②

　　法国国家图书馆（本文以下简称法图）藏张澍稿本，是伯希和途经西安，在西安段记翰墨堂碑帖铺购得，共八十四册。另外，陕西省博物馆（本文以下简称陕博）藏有张澍稿本三十七种，台北图书馆（本文以下简称台图）藏九种，台北傅斯年图书馆（本文以下简称傅图）藏六种，上海图书馆藏四种，中国国家图书馆（本文以下简称国图）藏三种，清华大学图书馆、湖北省图书馆、四川省图书馆各藏一种。相关研究有王重民《阅张介侯遗稿记》，李鼎文《陕博入藏张澍遗稿》，牟实库《记张介侯未刊遗稿》，朱捷元、穆海亭《清代著名学者张澍的一批遗稿》，崔云胜《张澍研究》等。以下以法图藏张澍稿本为中心，加以考证。

一、《续敦煌实录》

　　张澍是敦煌学研究的先驱，《续敦煌实录》为其敦煌学成就最集中的体现。王重民《阅张介侯遗稿记》说："敦煌为通西域之孔道，自与西域交通以来，人文渐盛，世家大族，颇有稍显于两汉三国之世者。逮晋室南迁，六朝递嬗，五凉三秦，建国西夏，诸世族之贤者。或仕中朝，或佐霸主。惜载记丧失，多不可考。介侯是书，征引博洽；言敦煌人

---

①　党晴梵：《党晴梵诗文集·华云杂记》（下卷），陕西人民教育出版社 2007 年版，第 84 页。
②　梁启超：《饮冰室合集·文集》（第十四册），中华书局 2015 年版，第 3735～4080 页。

物者，宜莫先于是矣。"① 张永明评价此书说："《实录》和《续录》是一部人物志，既有众多历史人物的本末，也有大量历史事件的始终，也可以说是自东汉至五代的一部纪传体敦煌史。它展示出了敦煌文化产生的广阔历史背景，汉魏和五凉时期的敦煌，文化兴盛，居河西之冠，在中国文化史上大放异彩，人才辈出，郁若邓林，无疑是重要原因之一。"② 崔云胜在《张澍〈续敦煌实录〉的特点与价值》一文中从体例、内容等四个方面对《续敦煌实录》作了较为客观的评述。③

（一） 法图藏本和台图藏本的关系

据王重民《阅张介侯遗稿记》一文著录，法图藏 "《续敦煌实录》三卷首一卷"。李鼎文、张永明、崔云胜等人认为《续敦煌实录》"共有两种稿本，一为三卷本（另有卷首一卷）已为伯希和劫往巴黎；一为五卷本（另有卷首一卷）现藏陕西省博物馆"。

据《记张介侯未刊遗稿》④ 记载张澍存留《续敦煌实录》遗稿有：

> 《续敦煌实录》五卷，六册，清抄本，朱墨批点并有眉批，第一册封题《敦煌实录》，七页。
> 又《续敦煌实录》一部，一至五卷。卷一，一册十六页；卷二，一册二十页；卷三，一册三十二页；卷四，一册二十四页；卷五，一册三十页。
> 又《续敦煌实录》一部，一册，不分卷，百二十七页，毛边十行本每行二十五字，清抄本，无目录，有眉批，飞签。

1962 年，张澍的后人将家中张澍遗稿捐赠给了陕博，共二十多种。朱捷元、穆海亭据陕博藏张澍遗稿写成了《清代著名学者张澍的一批遗稿》⑤ 一文，文中提到陕博藏有两种稿本：

> 《敦煌实录草稿》稿本，不分卷，合一册，共九十五页。用蓝格纸抄写。每半页十行，每行二十五字。封面题《敦煌实录草稿》。内容为摘录有关敦煌人物事迹。
> 《续敦煌实录》定稿本五卷五册，另卷首一册，共六册。

陕博藏本为张澍后人所捐赠，与牟实库所抄录张澍留存遗稿目录两相对比，张澍遗稿中另有一部五卷本不知所归，且没有三卷本留存。考台图藏《续敦煌实录》五卷，残存卷四、卷五。屈万里、刘兆祐主编《明清未刊稿汇编》收录《张介侯所著书》中影印此书。

① 王重民：《阅张介侯遗稿记》，《金陵学报》1940 年第 1~2 期，第 171~188 页。
② 张永明：《敦煌学的先驱者——张澍》，《甘肃社会科学》1989 年第 6 期，第 57~67 页。
③ 崔云胜：《张澍研究》，天津古籍出版社 2009 年版，第 106~119 页。
④ 《文献》丛刊编辑部编：《文献》十六辑，书目文献出版社 1983 年版，第 139~149 页。
⑤ 朱捷元、穆海亭：《清代著名学者张澍的一批遗稿》，《人文杂志》1983 年第 6 期，第 87~91 页。

经对比法图藏本和台图本，我们发现：二者行款相同，字体相同，为同一人所抄；且无行格、无界栏，九行二十七字，正文有朱墨批点，并有眉批、飞签。二者目录，及内容，并没有重合的部分。法图本卷一至卷三、台图本卷四至卷五与陕博五卷本内容大致相合。由此可以判断，二者原为一书的两部分。

（二）李鼎文点校本《续敦煌实录》与法图、台图合璧五卷本的关系

西北师范大学图书馆藏有陕博五卷本的复印本。李鼎文据此稿本点校出版，赢得学界好评，张永明曰："李校此书，堪称善本，为近年来敦煌学研究的一大创获。"①

关于陕博五卷本与法图、台图合璧五卷本（本文以下简称合璧本），崔云胜认为台图本是"张澍晚年在原来五卷本（注：陕博本）基础上仍然进行添加、修改和完善"的。因为台图本与陕博本"两相对照，后者比前者新增人物计有曹俊、盖元、黄隽、庞娥亲、阴克、阴浚、阴世隆、阴据、阴预、马鲂、马岌、马权、马基、宣度、王鸾、范汪、唐怀克、唐九征、唐辉、吕兴、白孝德、竺昙猷、竺昙摩罗刹23人"②。另外法图本与陕博本相对比，新增的人物有张越、张魁、张勃、张参、索绥、索永、索纬、宋辑、汜衷、汜德瑜、令狐丰等。经比对合璧本与陕博五卷本，我们发现，合璧本在陕博本基础上，增加了一部分作者亲笔按语。例如《魏书本传》张澍按语"刘昞字作景，避唐讳……彦明亦作延明"后，合璧本有一条补充材料，为张澍亲笔所写，"明《西凉录》群僚以年谷频登，百姓乐业，请勒铭于酒泉，暠许之，于是使儒林祭酒刘昞为文刻石颂德。又酒泉宫之西北偶有槐树生，命刘昞等为文"。合璧本在陕博本基础上又作了修订。

李鼎文提到陕博本书前"续敦煌实录序"，谓张澍辑佚《敦煌实录》"原书存者仅十七条"；而《养素堂文集》卷三所载为"十九条"。考合璧本、傅图藏本书前序俱为"十九条"。

鉴于《续敦煌实录》清稿本，在李鼎文点校本所据底本基础上，增辑了大量的条目和内容，此书有必要在李鼎文研究基础上，重新选择底本与校本，加以整理。

（三）傅斯年图书馆藏《续敦煌实录》稿本两种

经查傅图，藏有《续敦煌实录》四卷卷首一卷，两种。二者同函。

第一种，无行格、无界栏，十行二十二字，有朱墨笔校语。为定稿本所据之底稿本。

第二种，无行格、无界栏，十行二十二字，将作者朱墨笔校语，抄录入原文，二者内容相同。此稿为定稿本。

第一种稿本卷一，"张奂"正文后有张澍按语："《御览》傅斡《与张叔威书》曰：吾与足下义结纩素，恩比同生，此四行接书于行内。"定稿本将作者按语抄录入原文。可以推知傅图藏本第二种稿本为定稿本。

在卷次编排方面，傅图藏本将合璧本卷三和卷四的位置作了对调。张澍稿本在卷次编排方面调整较为普遍，例如，《姓韵》有四十六卷本、一百卷本等，《姓氏寻源》有十七卷本、三十二卷本、四十四卷本等，《姓氏辩误》有十卷本、十二卷本、二十六卷本、二

① 张永明：《敦煌学的先驱者——张澍》，《甘肃社会科学》1989 年第 6 期，第 57~67 页。
② 崔云胜：《张澍研究》，天津古籍出版社 2009 年版，第 106~119 页。

十九卷本等。

在内容方面，傅图本和合璧本大致相合，与陕博五卷本相比，增加了大量的条目和内容。合璧本中张澍新增之按语，傅图本大多抄录入原文。可知傅图本是在合璧本基础上抄录而成，张澍在此基础上，又作了进一步修订，增加了一部分按语。

通过以上分析可知，陕博藏《敦煌实录草稿》为初稿，陕博藏《续敦煌实录》为二稿，法图与台图合璧本为三稿，傅图藏本第一种为四稿，第二种为定稿本。从初稿到定稿，张澍在修订过程中，不断地补充新材料，且在卷目编排上作了一定调整。

二、《姓韵》

《姓韵》是张澍"姓氏五书"的第一种，未有刻本刊行。现存《姓韵》稿本有：

（1）《姓韵》四十七卷，蓝格纸抄写，每半页九行，每行二十二字，现藏陕博。

（2）《姓韵》不分卷，十二册，每册封皮上题某声、册数、韵目，存上声、去声、入声。现藏陕博。

（3）《姓韵》不分卷，存上声、去声、入声。现藏上海图书馆。

（4）《姓韵》不分卷，字体不一，或楷书或行书誊抄，正文有圈点、批校。首尾俱有残缺。全书分上平声十五韵，下平声十五韵，按平水韵分类，依次从上平声一东上至下平声十五咸。藏于傅图。

（5）《姓韵》九十九卷，卷二至卷九十二标注了明确的卷次，后六卷卷首只注明"姓韵卷"，而未注明明确的卷次。现藏于国图。

（一）中国国家图书馆藏《姓韵》的来源

《阅张介侯遗稿记》："《姓韵》则今已归国立北平图书馆，存卷二至卷九十三，余未检视，不知残缺多少。"王重民遗稿《关于〈姓韵〉》一文提道："北京图书馆藏本分为九十九卷（《善本乙库书目》作九十二卷，误），卷一缺，但有后人补抄的总序、自序和凡例等。"[①]

李鼎文在《陕博入藏张澍遗稿》一文中提道："《姓韵》稿本一百卷，在抗日战争前曾流落在北京琉璃厂书肆，见孙殿起《贩书偶记》卷六，后归北京图书馆。"[②] 朱捷元、穆海亭因袭李鼎文之说："据孙殿起《贩书偶记》卷六说，张澍的《姓韵》稿本一百卷，在抗日战争时期曾流落在北京琉璃厂书肆，后归北京图书馆收藏，但有残缺，只存卷二至九十三。"[③] 李鼎文等人认为国图藏本即一百卷本，是北京图书馆（即国图）从北京琉璃厂购得，且为残本。

据《贩书偶记》著录："《姓韵》一百卷，武威张澍撰，底稿本，墨格，版心刊'养

---

① 王锦贵主编，北京大学信息管理系编：《王重民先生百年诞辰纪念文集》，北京图书馆出版社2003年版，第454页。

② 李鼎文：《陕博入藏张澍遗稿》，《文物》1963年第12期，第41~42页。

③ 朱捷元、穆海亭：《清代著名学者张澍的一批遗稿》，《人文杂志》1983年第6期，第87~91页。

素堂'三字。"① 李鼎文等人判断国图藏本是从北京琉璃厂购得依据于此。首先，王重民遗稿《关于〈姓韵〉》一文提道："北京图书馆有《姓韵》稿本三十三册，是向达从西安买回来的。"向达与王重民是在北平图书馆的同事，盖不误。其次，国图藏本正文部分版心并没有"养素堂"三字。正文标明的卷数是卷二至卷九十三，卷九十三至正文末并未分卷。张澍《姓氏寻源》《姓氏辨误》等姓氏学著作，卷次按照平水韵（从一东至十七洽）排列，国图藏本姓氏止于"十七洽"。可知，此稿本为九十九卷本，并非一百卷本。

九十九卷本外，另有《贩书偶记》所言一百卷本。《养素堂诗集》卷二十二有《陶云汀制军召饮请涧行署》诗，自注云："君欲为余刻《姓韵》，即席倩学坡廉访核其字数，计需四千金。因笑曰：此大东道，力不能办。"② 说明此书刊刻前已经定稿，由于财力所限，未能刊印。盖定稿本为一百卷。

傅藏本按平水韵上平声、下平声分类，与陕博四十七卷本《姓韵》、国图本前四十六卷相合。陕博不分卷本《姓韵》、上图本与国图本卷四十七至卷末，内容相合。由此可知《姓韵》早期稿本，并未分卷，而是按平水韵排列。

（二）徐兴海、张天池、袁宪《姓韵》整理本前言补正

据朱捷元、穆海亭《清代著名学者张澍的一批遗稿》著录："《姓韵》清稿本，四十七卷。用蓝格纸抄写，每半页九行，每行二十二字。还附有《补姓》；清稿本，廿五卷。"③ 李鼎文《陕博入藏张澍遗稿》："《姓韵》稿本也有残缺，如卷四十三、四十四即全缺。"④

张天池、袁宪《姓韵》整理本前言说："李鼎文所提到缺卷，系张澍本人编目顺序上错误所致，误将卷四十三编为卷四十二，卷四十四误编为卷四十五，卷四十六编为卷四十七，故出现了朱穆之文误为四十七卷之说。"⑤

国图藏本是在陕博本四十七卷本基础上重新修订而成，在编目顺序上重新作了调整。张澍作品卷次调整较为普遍，例如《姓氏辨误》，有十卷本、十二卷本、二十六卷本、二十九卷本，从初稿本到定稿本，随着新材料的辑佚和考证的深入，内容不断增加，或析一卷为两卷，或析一卷为三卷，所以会在卷次方面做出调整。张澍在编目顺序方面，有前后不一的情况，而不能称之为错误。李鼎文，朱捷元、穆海亭之文并没有错误。

《贩书偶记》曰："《姓韵》……又见残本，无卷数，属张澍手稿，有上平、下平两卷。"⑥徐兴海等《姓韵》整理本前言说："这个残本没有见到过。"考傅图藏本每半页十行，每行二十四字，小字双行同。正文有圈点，张澍手校；后半部分为张澍手迹。《贩书偶记》所记《姓韵》稿本与傅图所藏稿抄本大致相同。

---

① 孙殿起：《贩书偶记》，中华书局 1959 年版，第 157 页。
② 张澍：《养素堂诗集》卷二十二，清道光十五年枣华书屋刻本。
③ 朱捷元、穆海亭：《清代著名学者张澍的一批遗稿》，《人文杂志》1983 年第 6 期，第 87～91 页。
④ 李鼎文：《陕博入藏张澍遗稿》，《文物》1963 年第 12 期，第 41～42 页。
⑤ 陕西省古籍整理办公室编，徐兴海等校点：《姓韵》（前言），三秦出版社 2003 年版。
⑥ 孙殿起：《贩书偶记》，中华书局 1959 年版，第 157 页。

三、《姓氏寻源》

张澍创作此书，有感于"人殷殷而受氏，或爵或邑、或山或水、或字或名、或冒或徙，不得其真，知为谁之考妣？同一姓而出殊，同一郡而望区，数典而忘祖，籍谈焉免其抑揄，岂不悲哉！"追根溯源，探寻诸姓的起源，"考辨了历代姓氏著述的是非，纠正了姓氏专著与史书在某些姓氏源流方面的谬误"①。

法图藏《姓氏寻源》十七卷本和四十四卷本两种，依平水韵编次，依姓隶韵。《阅张介侯遗稿记》："《姓氏寻源》定稿四十四卷，此清稿本。按刻本四十五卷予未见。此仅四十四卷者，殆有叙录一卷欤？"考《姓氏寻源》有四十五卷张氏自刊本。

四十四卷稿本与刻本相校，其一，在内容方面，增辑了新的材料，并加以考证。例如，四十四卷本卷一"东丘氏"："澍按当是居于丘之东者，以东丘为氏。"四十五卷刻本考"东丘氏"曰："居东丘者，以所居为是，郏县人有东丘姓，见《姓苑》。"可见刻本在四十四卷本基础上又增辑了新的材料，并加以修订。四十五卷刻本考"玉氏"在四十四卷稿本基础上考证罗泌《路史》之说："罗泌之说无据，盖以楚为颛顼后，其臣有子玉也。"其二，在次序上，作了一定调整，四十四卷稿本"东山氏，东谢氏，东卢氏，侏氏，东丘氏"依次排列，四十五刻本卷排列顺序为"东丘氏，东丹氏，东山氏，东卢氏，东谢氏，侏氏"。其三，在卷次上作了调整，四十四卷本卷三十六为"二十四敬至三十陷"，刻本将此分为卷三十六、卷三十七两卷。

另，傅增湘曾见残本，"《姓氏寻源》，清张澍撰，存三十二卷，张澍原稿本，宏远堂见"②。盖有十七卷本、四十四卷本外另有三十二卷，也未可知。

四、《姓氏辩误》

《姓氏辩误》法图藏十二卷本、二十九卷本两种。《阅张介侯遗稿记》："是初稿与定稿之间，尚有分为二十六卷者。"后来，王重民见到叶景葵收藏《姓氏辩误》十卷，认为此本"当在十二卷本前"。可知，《姓氏辩误》几经增辑修订，有十卷本、十二卷本、二十六卷本、二十九卷本。

上海图书馆藏十卷本《姓氏辩误》，有叶景葵跋：

> 介侯著《姓氏五书》三百余卷，道光庚戌先刊《寻源》《辩误》二种，兹检枣华书屋原刊本与此稿核对，字句不同处较多，此稿写定以后又经随时修正耳，癸酉正月景葵识。
>
> 所列姓氏有，刻本有而此稿本无，此疑黏附之纸或多脱落；而有此稿有而刻本无者，此为初稿无疑。

---

① 籍秀琴：《中国姓氏源流史》，文津出版社 1998 年版，第 373 页。

② 傅增湘：《藏园群书经眼录》，中华书局 1983 年版，第 866 页。

上海图书馆本为初稿本。法图十二卷本，朱墨笔批点，飞签较多。十二卷本校改增辑处，二十九卷本俱已修订，并抄入原文。例如：十二卷本"东阳氏"后有飞签"东关氏"，二十九卷本抄入原文。二十九卷本在十二卷本"冬闫氏"条目后补充"优孟为楚贤臣"。

法图二十九本，有飞签，朱墨笔批校。清道光间武威张氏初刻本《姓氏辩误》为三十卷，刊刻时，对卷次又作了修订。

二十九卷本十一至卷二十九与三十卷本卷十二至卷三十卷卷目相同，两版本差别之处见表1。

表1

	二十九卷本	三十卷本
卷一至卷七	同	同
卷八	十二文、十三元	十二文、十三元、十四寒、十五删
卷九	十四寒、十五删	一先
卷十	一先至六麻	二萧至四豪
卷十一	七阳上	五歌至六麻
卷十二	七阳下	七阳上
卷十三	八庚至十蒸	七阳下
卷十四	十一尤	八庚至十蒸
……		

五、《辽金元三史姓录》附《西夏姓氏录》

法图藏《元史氏姓录》三卷，初稿本；《西夏姓氏录》不分卷。《阅张介侯遗稿记》曰："然则辽金二史姓录，介侯前无所因，或竟未成书欤？"考陕博藏《辽史氏姓录》两种，《金史氏姓录》两种，《元史氏姓录》一种，《西夏姓氏录》两种。

（1）法图藏《元史氏姓录》三卷，初稿本。《阅张介侯遗稿记》曰："此书因未臻完备，故未有清录本；抑别有清稿，为余所未见耶？"考陕博藏《元史氏姓录》四卷，蓝格清稿本。每半页九行。可知王重民判断不误。

（2）法图本《西夏姓氏录》一卷，罗振玉据此刻入《雪堂丛刻》。墨笔抄写，有张澍朱笔校语。无界栏、行格，每半页九行，每行二十四字。张澍请人据初稿本抄写后，用朱笔作了校改和补充，在张澍按语后补充了新的材料。王重民认为法图藏本为清稿本，据《西夏姓氏录》序，此书曾收录西夏碑后诸臣姓名，但法图藏本没有，说明法图藏本并非最后的定稿本。考陕博藏有《西夏姓氏录》二卷，蓝格，半页九行；盖据法图本誊清，为刊刻前的定稿本。

张澍弱冠之时开始从事姓氏研究，起初有"稿本五巨册，积数十万言"，数十年后不断增辑"裨益者五六倍"。后来，张澍在钱仪吉的建议下，将其姓氏学著作"比物而错辞，厘文而析类。既蹛旧体而尽列之，补前未有五百余姓，曰《姓韵》。辽金元诸氏，译音无正字，别为条系之曰《三史姓录》。复为《姓氏寻源》，反气民之始。为《姓氏辩误》，匡百家之违。……录其题存其旨，以《古今姓氏书目考证》终焉。是为张氏《姓氏五书》"（钱仪吉《姓氏五书》总序）。张澍姓氏五书相辅相成，从不同方面来研究姓氏学。

六、《姓氏五书》与《三古人苑》

湖北省图书馆藏《三古人苑》不分卷，手稿本，无行格，无写定字数，"引系草稿本，有的一人二见，或只列人名、书名而未录引文，亦有错字、脱字等，都未改正。也无序言、目录"①。是从《诗》《书》《礼》《易》《风俗通》《搜神记》等一百一十多种古籍中辑出三古时人物六百二十余名。全国图书馆文献缩微复制中心影印并出版此稿本，书前有刘烈学、阮娅菲前言。孟永林撰文《影印稿本〈三古人苑〉前言〉补正》对其前言作了补正，另撰有《稿本〈三古人苑〉与张澍〈姓氏五书〉刍论》一文，考述《三古人苑》与《姓氏五书》的关系。孟永林认为《三古人苑》仅存手稿本，"并无《人苑》其他版本"，并进一步断定"《人苑》确为张氏的未竟之稿"。②

首先，傅图藏《三古人苑》八卷。第一卷为太昊伏羲，第二卷为炎帝神农，第三卷为轩辕黄帝，第四卷为金天少昊，第五卷为帝喾，第六卷为唐尧，第七卷为虞舜，第八卷为夏虞。其次，傅增湘《藏园群书经眼录》著录有稿本《三古人苑》十卷，三古人物"自太昊至夏"③。傅增湘在1912年给张元济的信中写道："京肆所见前函不及者。附书数种，若欲得之，侯示再与谐价也。"其附书中有"抄本《姓氏寻源》三十二卷不全。抄本《三古人苑》十卷"。其后并注曰："皆张澍稿本未刻。"④ 据此可知，《三古人苑》有八卷本、十卷本。孟永林所言："《三古人苑》实为张氏姓氏学滥觞之作，在撰写《姓氏五书》的过程中，《人苑》成了张氏的资料渊薮，张氏再没有厘定整饬亦是情理中事"⑤，不攻自破。再次，张澍稿本存世众多，例如《续敦煌实录》现存五个稿本。《姓氏辩误》，有十卷本、十二卷本、二十六卷本、二十九卷本。《姓氏寻源》有十七卷本、三十二卷本、四十四卷本。鉴于张澍的著作，带有辑佚性特点，从初稿到定稿，不断补充新的材料，卷次的编排，会不断细化。同理，《三古人苑》从初稿本不分卷，到八卷本，以至十卷本，卷次亦存在不断细化的过程。

---

① 阳海清等编：《（中南、西南地区省、市图书馆）馆藏古籍稿本提要》，华中理工大学出版社1998年版，第71页。

② 孟永林：《稿本〈三古人苑〉与张澍〈姓氏五书〉刍论》，《史林》2011年第3期，第78~189页。

③ 傅增湘：《藏园群书经眼录》，中华书局1983年版，第811页。

④ 张元济：《张元济傅增湘论书尺牍》，商务印书馆1983年版，第4页。

⑤ 孟永林：《稿本〈三古人苑〉与张澍〈姓氏五书〉刍论》，《史林》2011年第3期，第78~189页。

七、《凉州府志备考》

《凉州府志备考》，原名"凉州文献征"，征引颇丰，辑录大量关陇文献，是研究古凉州历史地理的重要资料。

法图藏《凉州府志备考》不分卷，初稿本。无界栏，行格，每半页九行，行二十三字。分地理、山、水、古迹、职官、大事、遗事、物产、祥异九部分。

陕博藏《凉州府志备考》三种：其一，《凉州府志备考》不分卷，手稿本。每半页八行，每行二十四字。分人物、职官、艺文、物产、遗事记、大事记、流寓七部分。其二，《凉州府志备考》三十六卷，蓝格稿本，每半页九行，行二十五字。分为人物八卷、地理山水四卷、大事记四卷、遗事记二卷、流寓一卷、物产一卷、古迹一卷、祥异一卷、职官六卷、艺文八卷。其三，《凉州府志备考》三十八卷，后附《西夏纪年》二卷。三十二册。蓝格抄本，每半页十行。分为地理山水四卷、物产一卷、祥异古迹一卷、职官七卷、大事记三卷、遗事记二卷、人物八卷、流寓一卷、艺文十一卷。

法图本分类与次序编排，与陕西省博物馆藏本俱有不同之处。

法图本，"祥异"最后一条："凉州杨树生松，陆勋《集异志》：晋海西公太和元年，凉州杨树生松，天戒若曰'松者不改柯易叶，杨者柔脆之本'，今松生于杨，岂非永久之叶，将集危亡之地邪，是时张天锡称雄于凉州，后降苻坚。"三十八卷本《凉州府志备考》未见此条目。说明从初稿到定稿，增删之处很多。初稿本保留了一部分原始资料。

八、《诗小序翼》

法图藏《诗小序翼》四卷卷首一卷，《阅张介侯遗稿记》："《养素堂文集》卷三有是书序，文字较手稿本为详，或全书别有清稿。"《贩书偶记》："《小序翼》二十七卷卷首一卷，清武威张澍撰，原稿本。"① 上海图书馆藏《诗小序翼》二十七卷卷首一卷，有叶景葵跋：

> 观第十一卷末引谢枋得语夹签，知此为介侯手校定本，当系晚年之笔。不知身后已付刊否，亦不知海内尚有副本否。其底稿恐已流至海外矣。壬午重阳景葵读。

上海图书馆藏本为清稿本，《续修四库全书》据此影印。叶景葵认为"底稿恐已流至海外"，考壬午年即公元 1942 年，王重民《阅张介侯遗稿记》写于 1937 年，已发表多年，叶景葵所言底稿盖指法图藏本。另，国图藏《诗小序翼》四卷卷首一卷。

傅增湘《藏园群书经眼录》评述此书曰："取毛《传》、郑《笺》、韦昭《国语注》、孔颖达《疏》、以及宋人吕氏祖谦、严氏粲、范氏处义、苏氏辙、黄氏壎、李氏樗、曹氏粹中、王氏应麟并国朝顾炎武、陈启源、徐文靖诸人论《诗》，有与《小序》相发明者，

---

① 孙殿起：《贩书偶记续编》，上海古籍出版社 1980 年版，第 10 页。

咸采辑之；至郝敬、何楷虽多新说，择其与序附丽者著之。"① 以证"小序"为子夏所作，"作为专解'小序'之书，仍当以此为首"②。该书遍引前人论说，并详加考索，颇为缜密。

卷首《题辞》曰："赐进士出身、前翰林院庶吉士、知四川屏山县事。"张澍清嘉庆十八年二月，抵四川屏山任职，时年三十三岁；嘉庆二十年离任，时年三十五岁，此书当作于张澍屏山任职期间。据叶景葵跋，张澍晚年当重新分卷，并加以校订。

九、《帝王世纪》辑本

法图藏两种：其一《帝王世纪》初稿，上下两册，不分卷；其二《帝王世纪》八卷，清稿本。上海图书馆藏《帝王世纪辑注》八卷，定稿本，为叶景葵所捐赠。

据王重民考证，此书是在章宗源《隋书经籍志考证》中辑佚《帝王世纪》基础上增辑而成。详加考证，补正《帝王世纪》佚文，并注明出处来源。

张澍《帝王世纪》序曰："予观皇甫之邃于经，如孔安国，故其说往往本于《古文尚书》；熟于纬，如郑康成，其说祥符则本于《书中侯》；其精于历法，如刘子骏，故作《年代历》与此书相附以行；其谙于地理，如裴季彦，故于都邑考核尤详。"皇甫谧精于谶纬之学，多引谶纬，张澍亦大量引用谶纬来补注。

明清辑佚之风盛行，《帝王世纪》辑本有宋翔凤《帝王世纪集校》、钱保塘《帝王世纪续补》《帝王世纪考异》、顾观光《帝王世纪》两种、徐宗元《帝王世纪辑存》等。王重民《阅张介侯遗稿记》论宋翔凤、钱保塘、张澍三家曰："宋、钱二家辑拾缀之功，过于考证，介侯则考证特为精密。"

十、《续黔书》

《续黔书》八卷，张澍纂，初名《黔中纪闻》。法图藏初稿本八卷、定稿本八卷两种，定稿本与清嘉庆九年刻本内容相同，知刻本据此定稿本付梓。

张澍工于考证，李慈铭《越缦堂读书记》论此书曰："考证详密，文章尔雅，每取古事，比附俪语，博丽自喜，情恉斐然。其中如《茂学篇》勉黔士以学，辞极诙瑰。《竹王》《盘瓠》二条，《化虎》一条俱证佐纷纶。其辨建制沿革，亦皆精确。"③

法图藏本还有《养素堂文集》《养素堂诗集》《二酉堂丛书》(21 种)、《文字指归》《韵学一得》《小学识别》《叠字韵》《天文管窥》《消夏录》《鹑野诗征》共 42 种，具有重要的文献学价值：

其一，法图藏张澍的稿本共有 42 种。另外，陕博藏有张澍稿本 37 种，台图藏 9 种，傅图藏 6 种，上海图书馆藏 4 种，国图藏 3 种，清华大学图书馆、湖北省图书馆、四川省图书馆各藏 1 种，法图藏本约占现存稿本的三分之一。法图藏本是张澍稿本研究的重要

---

① 傅增湘：《藏园群书经眼录》，中华书局 1983 年版，第 43 页。

② 夏传才：《诗经学大辞典》(上)，河北教育出版社 2014 年版，第 482 页。

③ (清) 李慈铭：《越缦堂读书记》，上海书店出版社 2000 年版，第 521 页。

补充。

其二，张澍的著作从初稿到定稿几易其稿，例如《续敦煌实录》现存稿本有六种，《姓氏辩误》现存稿本有四种，《凉州府志备考》现存稿本有五种。张澍著作具有辑佚和考证两个特点，随着新的材料的发现和考证的深入，内容会不断增加，同时也有对内容的删减，从初稿到定稿，内容发生了很大变化，体现在卷次编排上，会有很大调整，例如法图藏二十九卷本《姓氏辩误》在十二卷本基础上，增加了大量内容。从初稿到定稿，可以考见其成书过程，窥见张澍学术研究的方法，对于学术研究具有重要的指导意义。

其三，张澍作品，现已点校出版的《姓氏寻源》《续敦煌实录》《凉州府志备考》《姓韵》等，法图藏本对其底本和校本的选择上，具有重要参考价值。例如岳麓书社出版的《姓氏寻源》据清道光十八年枣华书屋刻本点校出版，法图藏本对此具有重要的校本价值。

其四，法图藏张澍的稿本对于全面把握张澍的学术贡献，乃至清代学术史的总体面貌，具有重要意义。

（作者单位：山东理工大学文学院）

《黄侃手批〈尔雅义疏〉》所见"相反为训"*

□ 刘礼堂 张子帆

一、"相反为训"的由来和演变

"一词兼有相反二义"是词汇学的问题,"相反为训"被部分学者认为是训诂条例,本是两个不同层面的问题,语言学家却渐有混淆之势。

"相反为训"的源头来自郭璞所注《尔雅·释诂》和《方言》,所谓"义相反而兼通","诂训义有反复旁通,美恶不嫌同名","此训义之反复用之是也"。

> 《尔雅·释诂》:"治、肆、古,故也。"
> 《尔雅·释诂》:"肆、故,今也。"郭璞注:"肆既为故,又为今。今亦为故,故亦为今,此义相反而兼通者。"
> 《尔雅·释诂》:"徂、在,存也。"郭璞注:"以徂为存,犹以乱为治,以曩为显,以故为今,此皆诂训义有反复旁通,美恶不嫌同名。"
> 《方言》卷二:"逞、苦、了,快也。自山而东或曰逞。楚曰苦。"郭璞注:"苦而为快者,犹以臭为香,乱为治,徂为存,此训义之反复用之是也。"

"相反为训"的说法有一个演变过程,最初的关注点是"意义相反",后来演变为一则训诂条例。郭璞首先发现了某种似乎相冲突的语言现象,但没有当作训诂条例,更没有提升为语言理论。历代对"反训"均有论述,总结有如下意见①:

(1)"相反为训"作为训诂条例。如:钱大昕、陈玉澍。

(2)字义相反(美恶同辞)。如:洪迈、贾昌朝、李治、杨慎、焦竑、俞樾、邓廷桢、朱骏声、俞樾、刘师培、吴曾祺、黄侃。

---

* 本文部分内容曾在"纪念黄侃先生诞辰 130 周年国际学术研讨会"上宣读。

① 可参见,王宁:《训诂学原理》,中国国际广播出版社 1996 年版,第 113~118 页。马启俊:《"反训"这个术语不能成立》,《古汉语研究》1995 年第 2 期,第 42~45 页。

（3）修辞上的反用。如：李治。

（4）相反而相因（相反而相成）。如：段玉裁、王念孙。

二、学者关于"相反为训"的讨论

钱大昕首先使用了"反训"这个词，不过只是用来释"窒"字。《潜研堂答问》卷四："窒本训塞，反训为空，犹乱之训治，徂之训存也。"① 陈玉澍《尔雅释例》卷二有"相反为训例"专释"相反为训"。

> 《释诂》："徂、在，存也。"注云："以徂为存，犹以乱为治，以囊为曏，以故为今，此皆诂训义有反复旁通，美恶不嫌同名。"蒙案此谓"相反为训"，《释诂》、《释言》、《释训》此类尚多，郭注所举未尽，如哉，始也；在，终也。"在"即"哉"也，始、终相反为义。……落，始也；落，死也。始即生也，与死相反。……愉，乐也；愉，劳也。劳苦与安乐义反。豫，乐也；豫，厌也。厌恶与爱乐义（笔者按：盖漏"相反"二字）。又纂，忧也；纂，喜也。忧与喜义反。念，思也；勿念，勿忘也。忘与思义反。鞠，盈也；鞠，穷也。穷尽与盈满义反。康，静也；康，安也；康，苛也。苛扰与安静义反。……逮、暨、及，与也。暨，不及也。不及与与（笔者按：当为"不及与及"）义反。育，长也；鞠，穉也。鞠即育也，穉、幼与长义反。……茅，明也。"茅"即《释天》之"雾"，郭以"茅"为"蒙昧"，既为"昧"又为"明"者，以相反为义。……可无疑《释草》"蘦"，大苦之为甘草矣，而荣而实者谓之秀，郭本作不荣而实者谓之秀，两说不同，亦可援此例而两存之。②

陈玉澍提出"相反为训"作为一条训诂法则，黄侃先生有《〈尔雅释例〉笺识》，深受其影响，对其"相反为训"的观点多有继承。将"相反为训"视为训诂法则，现当代多数学者是不认可的，将其理解为"一词兼有正反两义"则为部分学者所接受。王宁先生有"反义同词"的看法。伍铁平先生《论反义词同源和一词兼有相反二义》一文，运用西方语言学理论来辨析传统意义上的"反训"，并列举了其他语言中的"一词兼有相反二义"的例子，认为存在"一词兼有相反二义"的现象。马景仑先生《"反训"与"正反同词"浅论》认为"反训"作为训诂术语不妥当，指出"正反同词"是一种客观存在的语言现象，举出的例证有"落""逆""乞"等。蒋绍愚先生在《古汉语词汇纲要》第五章第二节专论反训，"'反训'这种现象存不存在？我们的回答是肯定的。但反训的界域必须严格划定，即：一个词同时兼具相反二义。如果不是同一个词，或者不是共时的语言现象，或者并非真正是相反二义，就不能叫'反训'"③。徐世荣先生有专著《古汉语

---

① 钱大昕：《潜研堂答问》，陈文和主编：《嘉定钱大昕全集》（增订本）第 9 册，凤凰出版社 2016 年版，第 72 页。

② 陈玉澍：《尔雅释例》，刘晓东、杜泽逊主编：《清经解四编》第 14 册，齐鲁书社 2015 年版，第 522~523 页。

③ 蒋绍愚：《古汉语词汇纲要》，北京大学出版社 1992 年版，第 156 页。

反训集释》。张清常先生认为:"旧日所谓'反训'的例证,实际上是一大堆未经整理的多项混合体,把它们剖析清楚,区分时代早晚及使用场所,意义自然明白。"① 郭锡良先生有《反训不可信》一文。

笔者以为古人所言"反训"并非单一的语言现象,而是对不同语言现象的笼统概括。零星语言现象的归纳不能作为语言系统的基本原理。

三、《尔雅》的训释与"相反为训"

《尔雅》是经学的附庸,也是解经的渊薮。《尔雅》作为经典故训的总结,脱离语境,以字训字,必然有义位的差异,有时所收故训在具体语境中甚至涉及义素的差别。既已脱离经文,故训就难以理解,僵化孤立,不能附经而生动起来,细腻感也就丧失了,细腻意义的把握,不但离不开本句、本段,甚至离不开本章和整本书,必要时甚至要与同时代的经典对读,只是层次感会不同。《尔雅》的训释驳杂,成于众手,有本义、引申义、假借义,有词义的概括、描写,有的意义经典通行,有的意义极生僻,语例很少。

脱离了具体语境,"字"被单独提出,按同义词组排列,又只取一条义项("二义同条"是例外),且将历时层面累积的材料作共时分析,难免会出现混乱。

先秦经典的注家多采用的是"随文训释"的方式而非字典定义式的描写。"随文训释",依赖语境,独立性不足,体现了注家对文本的理解和阐释,因而不算一种绝对客观的语言解释。不同时代的注家对于字义和字义之上的文化形态的阐释的偏重又有所不同,因而有可能出现解经者不拘于文字,甚而故意误读以申其主张,或道德,或政治。②

相较之下,《尔雅》所传故训来自众经师,汇聚了不同流派的训释,其释义更具客观性。如对《诗经》的训解既包含毛诗,也有三家诗,与《毛传》相比,《尔雅》所收故训更广泛。《尔雅》的训释不过度阐发,掺杂道德、政治成分较少,且其训释方式大体规整(各篇训释方式有所不同),训释样式精简,词汇学的研究价值很大。同时,保存了很多珍贵的故训,将先秦经典注家中的训释与《尔雅》的训释相比较,反复抽绎,自然有所得。因为《尔雅》搜集了大量不同时期的语言材料,这些历时累积的材料和《尔雅》独特的训释方式,在一定程度上造就了"相反为训"的误解。既然后人"反训"的看法来源于《尔雅》,那么厘清《尔雅》注家关于"反训"的看法,有助于我们正确看待"反训"现象。

四、所谓"反训"的几种类型

传统意义上的"反义",我们在此用最大的范围来界定。讨论"反义"时,需在共时

---

① 张清常:《〈尔雅〉研究的回顾与展望》,《语言研究》1984年第1期,第70页。
② 如《毛诗故训传》之"经夫妇,成孝敬,厚人伦,美教化,移风俗"的道德化解经倾向,影响了字义的训释。《邶风·静女》:"静女其姝。"毛传:"静,贞静也。女德贞静而有法度,乃可说也。"笔者按《毛传》乃增字为训。"静"当读为"妌",为"清纯""纯洁"之义,"静女"为"纯洁可爱"的女子,绝非"贞静"之女子。

层面的同一层次的语义场中。如"生""死"为反义,"存""亡"为反义,若说"生""亡"是反义就让人觉得很奇怪,这组词不在一个语义场,"生存"和"死亡"则是一对反义词。

所谓的"反训",一般包括如下几种情况①:

(1)一个词有两个相反的义位。(笔者以为在共时层面几乎不存在)

(2)词义的扩大或缩小。如"臭""祥"。

(3)动词的施受同词。如"假(借入、借出)""贷(贷入、贷出)"。

(4)修辞上的"倒反辞"。如"冤家"可指情人;"可憎"能表可爱。

(5)反问句的实际意义和字面意义。

修辞和反问句,黄侃先生的批注中未涉及,况且将修辞、语气、语法方面的问题放在"语义"角度来讲,恐怕有不当之处。以下广为古人认可的"反训字",经清代学者和现当代学者的考证,辨析大致已清晰。所谓"臭之为香",是混淆了历时层面和共时层面所致。臭本指气味,《广韵·宥韵》:"凡气之总名。""臭"之"恶臭"义是后来分化出来的。作词义辨析的第一步就是分别历时与共时层面,如此,则不会把"古义"和"今义"的对立看作"相反为训"。所谓"以乱为治","乱"的本义是"整理杂乱的丝束",引申为"纷乱",后来"乱"作动词用的意义被"治"取代,而"乱"作形容词的意义通行,实则是词义引申的问题,之所以被误解,是两个义位本来就是相因而生。所谓"以徂为存",究其实,还是没弄清假借是用字问题。所谓"以故为今",属于"义位错位",混淆了连词"今"和实词"古"。② 有论者以存在"反向引申"的语言现象为理由,肯定"反训"的正当性,但这并不是"反义同词"的根据,两者没有必然的联系,是两个问题,不可混为一谈。又有人以偏义复词的形成来说明"反训"的现实性,其实偏义复词正是为了加强、固化某一相对的下位义。

五、《手批》中"相反为训"的考证与辨析

《尔雅·释诂》:"徂、在,存也。"郭璞注:"以徂为存,犹以乱为治,以曩为曏,以故为今,此皆诂训义有反复旁通,美恶不嫌同名。"《黄侃手批〈尔雅义疏〉》(本文以下简称《手批》):"郭注所言是也。《尔雅》:'哉,始;在,终。落,始;落,死。繇,忧;繇,喜。育,长;育,稚。鞠,盈;鞠,穷。念,思;勿念,勿忘。茅,明'皆是此例。"③ 黄侃先生认可郭璞的说法,在《手批》里有十数例先生均认为是相反为训。

---

① 此分类为总结各家意见而成,可参见,王宁:《训诂学原理》,中国国际广播出版社1996年版,第110~122页。蒋绍愚:《古汉语词汇纲要》,商务印书馆2005年版,第140~158页。

② 以上"反训字","臭""乱""徂""故"黄侃先生批注中有涉及,具体考证可参看,郝懿行:《尔雅义疏》,上海古籍出版社1983年版。齐佩瑢:《训诂学概论》,商务印书馆2013年版,第164~182页。王宁:《训诂学原理》,中国国际广播出版社1996年版,第110~125页。郭锡良:《汉语史论集》(增订本),商务印书馆2005年版,第510~518页。蒋绍愚:《古汉语词汇纲要》,商务印书馆2005年版,第140~158页。

③ 本文所录黄侃先生的批注,来自中华书局影印版《黄侃手批〈尔雅义疏〉》和台北石门图书公司影印,潘重规所录《黄季刚先生遗书》第三至五册,同时参照了中华书局出版,黄焯所辑,黄延祖重辑的《尔雅音训》。

1. 错将"假借"作"反训"

（1）《手批》："悦、愉，乐也。愉，下文云：'劳也。'或云相反为义。声转为'念'。《说文》'念'下引《周书》：'有疾不念。念，喜也。'"

黄侃先生所谓"或云相反为义"，指陈玉澍而言。且不论"乐"与"劳"是否为反义。"愉"训"乐"常见，"愉"训"劳"其实是假借。

《释诂》："愉，乐也。"

《释诂》："愉，劳也。"郭璞注："劳苦者多惰愉，今字或作窳，同。"

王世伟《尔雅注疏校勘记》："'窳'宋刊《释文》，影宋蜀大字本，宋刊监本，吴元恭本同。宋刊单疏本，雪窗本字从'宀'。阮元《校勘记》云：'懒人恒在室中，故从宀，今《释文》亦误作窳，盖因《说文》脱'窳'字，故诸书误以穴部字当之。'"

笔者按，《说文》无"窳"字。文献中"窳""窳"多相乱。

《说文·瓜部》卷七："瓟。本不胜末，微弱也。从二瓜。读若庾。"段玉裁《说文解字注》："本者，蔓也。末者，瓜也。蔓一而瓜多，则本微弱矣。故污窬之窳，惰懒之窳皆从此。"

顾野王《大广益会玉篇》："瓟。弋主切。劳病也。"

《毛诗·大雅·召旻》："皋皋訿訿，曾不知其玷。"毛传："……訿訿，窳不供事也。"陆德明《释文》："窳，音瘐。裴骃云：'病也。'《说文》云：'懒也。'"

《说文·穴部》："窳。污窬也。从穴，瓟声。朔方有窳浑县。"

《史记·五帝本纪》："陶河滨，河滨器皆不苦窳。"裴骃《集解》："窳，病也。"张守节《正义》："窳音瘐。"

慧琳《一切经音义》卷九十四"惰窳"注引《尔雅》"窳，劳也"。

《释诂》："瘉，病也。"郝懿行《尔雅义疏》："……瘉者，《诗》：'胡俾我瘉'，'交相为瘉'。毛传并云：'瘉，病也。'通作'愉'。下文'愉，劳也。'劳亦病。《龙龛手鉴》卷四引《尔雅》旧注云：'瘉，劳病也。'是瘉、愉同，又通作愈。《诗》：'忧心愈愈。'《释训》作'瘐瘐'。《汉书·宣帝纪》注：'瘐或作瘉。'是矣。"

《经义述闻》卷二十六："'愉之言瘉也。'上文曰：'瘉，病也。'凡劳与病事相类。故上文曰：'劬、劳、癏、瘉、瘅，病也。'此曰：'邛、勤、愉、痒，劳也。'《小雅·小旻》传曰：'邛，病也。'义并相通。《尔雅》训愉为劳，而郭乃云'劳苦者多惰愉'，其失也凿矣。"

笔者按，"愉"与"窳"不是一个词。"愉"表"乐"义，"窳"或"瘉"是"劳""病"之义。"愉"训"乐"又作"念"是一类。"瘉"训"病"又作"瘐"是一类。所以，本条"相反为训"不能成立。

2. 错将"引申"作"反训"

（2）《手批》："鞫，盈也。《释言》：'鞫，穷也。'相反为训。"

《释言》："鞫、究，穷也。"郭璞注："皆穷尽也。见《诗》。"

《释诂》："鞫、訩、溢，盈也。"郭璞注："《诗》曰：'降此鞫訩。'"

《小雅·节南山》："昊天不傭，降此鞫訩。"毛传："鞫，盈也。"郑笺："盈，犹多也。"马瑞辰《毛诗传笺通释》："……盈即窘字引伸之义。《说文》：'窘，极也。'讻当读如日月告凶之凶，谓凶咎也。《说文》：'凶，恶也。'鞫凶犹言极凶，与大戾同义。"

《说文·幸部》："鞫，穷理罪人也。"段注："……《文王世子》注曰：'读书论法曰鞫。'按'鞫'者，俗'鞫'字，讹作'鞫'，古言'鞫'，今言'供'，语之转也。鞫与窘一语之转，故以窘治罪人释鞫，引申为凡窘之称。《谷风》《南山》《小弁》传曰：'窘也。'《公刘》传曰：'究也。'《节南山》传曰：'盈也。'按此字隶作'鞫'，经典从之，俗多改为鞫，大误。"

段玉裁认为，"鞫"是俗"鞫"字，"俗多改为鞫"。笔者按"鞫"训"穷"是假借。"鞫"本义是穷治罪人，引申有"穷"义。《说文·穴部》："窘，极也。"又引申为"盈"（"多"义）。《小雅·节南山》："降此鞫讻。"毛传："鞫，盈也。"又《齐风·南山》："曷又鞫止。"毛传："鞫，穷也。"笺："鞫，盈也。""鞫"训"窘"，引申为"盈"，隶书作"鞫"，俗改写为"鞫"，故"穷"与"盈"是引申关系，非相反为训。

（3）《手批》："淈，治也。淈，《说文》训'浊'，《尔雅》训'治'，义相反。"

《释诂》："淈，治也。"郭璞注："淈，书序作'汨'，音同。"

《说文·水部》："汨，治水也。"段注："《天问》：'不任汨鸿，师何以尚之。'王云：'汨，治也。鸿、大水也。'引伸之，凡治皆谓汨。"

《说文·水部》："淈，浊也。从水屈声。一曰滑泥。一曰水出貌。"

笔者按：淈本训为"治"，引申为"搅令浊"。慧琳《一切经音义》卷九十四："淈，搅令浊也。"有后起字"汨"，训"治"。《释诂》所训为本义，《说文》训"浊"是引申义。《说文》所谓"一曰滑泥。一曰水出貌"，盖为后人据《字林》所增。

"淈"的"浊"义为"涽"所取代，后此义不再通行。"淈"的"治"义则为"汨"所取代。"治"是本义，"浊"是引申义，二者是引申关系，非"相反为训"。《说文·水部》："涽，乱也。一曰水浊貌。从水圂声。"《说文·水部》："浊，水，出齐郡厉妫山，东北入巨定。从水蜀声。"段注："浊，浊水。引吕忱曰：'浊水，一名涽水。'"

3. "义位错位"导致的"反训"误解

（4）《手批》："康，乐也。康，下文云：'静也'，'安也'，并与乐义同。又下文云：'苛也。'或云相反为义。"

《释诂》："康，乐也。"

《释诂》："康，静也。"郭璞注："皆安静也。"

《释言》："康，苛也。"郭璞注："谓苛刻"。《尔雅正义》："……康、苛皆细小之物，故假借以为烦碎之名。"《尔雅义疏》："……康者，《释器》云：'康谓之蛊。'康亦细碎，与苛扰义近，声又相转。"

笔者按"康"假借为"糠"，因"糠"之细碎引申为苛刻。《说文·艸部》："苛，小草也。"段注："引伸为凡琐碎之称。"又《说文·禾部》："糠，谷皮也。""糠""苛"均有"细小"义。以"谷之皮"而言，"康"为假借字，"糠"为本字。《释言》以"康"训"苛"，是以"谷之皮"对应"小草"，并非以"康乐"对应"苛责"。此条郭璞注《尔雅》时已误，黄侃先生承郭璞之误而误。

4. 黄侃先生"声训"不严谨所致

（5）《手批》："哉，始也。'哉'声通'在'，下文云：'在，终也。'是相反为训。声又通载，《释天》：'唐虞曰载。'注：'取物终更始。'是哉、在、载兼包终始二义。"

《释诂》："哉，始也。"郭璞注："《尚书》曰：'三月哉生魄。'"

《释诂》："在，终也。"

《释天》："唐虞曰载。"郭璞注："取物终更始。"

黄侃先生认为"哉""在""载"均是反训。"哉"训"始"，"在"训"终"。哉、在、载均得音于"才"，相通假，但并非同一字。从这条批注中，可以窥见先生的"字观"，《手批》中有大量"同字并见"的看法。《尚书·康诰》："惟三月哉生魄。"孔安国传："周公摄政七年，三月始生魄，月十六日，明消而魄生。""哉"训"始"。《左传·成公十六年》："多怨而阶乱，何以在位。"《左传·昭公十二年》："将何以在。""在"均训"终"。"哉"训"始"，不训"终"。"在"训"终"，不训"始"。《豳风·七月》："七月鸣䴗，八月载绩。"毛传："载绩，丝事毕而麻事起矣。"孔颖达疏："八月之中，民始绩麻。"可知，"载"训"始"。"载"训"始"，又训"岁"，故曰"取物终更始"，但"载"不训"终"。此三字无一字有"始""终"二义，倘若一字有"始""终"相反二义，不是会造成混乱吗？

5. 经文错误和误读

（6）《手批》："念，思也。念声转为惢。《典引》蔡注：'惢，思也。'《释训》：'勿念，勿忘也。'相反为训。"

《释训》："勿念，勿忘也。"郭注："勿念，念也。"《尔雅义疏》："……勿者，与无同。无念者，《诗》：'无念尔祖。'传：'无念，念也。'《孝经》《释文》引郑注：'无念，无忘也。'"

《毛诗·大雅·文王》："无念尔祖，聿修厥德。"《诗三家义集疏》："鲁'无'作'毋'。"《毛诗·魏风·硕鼠》："硕鼠硕鼠，无食我黍。"《诗三家义集疏》："鲁'无'作'毋'。"

笔者怀疑《释训》"勿念，勿忘也"，来自齐诗或韩诗，毛诗作"无"，鲁诗作"毋"，疑齐、韩或作"勿"。"无""毋""勿"通假。"勿"句首语气词。这一条显然是黄侃先生误读《释训》经文所致。

《礼记·祭义》："曾子闻诸夫子曰：'天之所生，地之所养，无人为大。'"

《左传·成公十二年》："如天之福，两君相见，无亦唯是一矢以相加遗，焉用乐！"孔颖达正义："子反意，言晋楚并是大国，不肯相朝，唯战乃相见，其相见之时，唯当用是一矢以相加陵，相遗与耳，无为用此乐也。"

上述两例"无"均作句首语气词。

《小雅·节南山》："弗问弗仕，勿罔君子。"《经传释词》："勿，语助也。《诗·节南山》曰：'弗问弗仕，勿罔君子。'勿罔，罔也。言弗问而察之则下民欺罔其上矣。传曰：'勿罔上而行也。'则与'弗问弗仕'之文不相承……僖十五年《左传》曰：'史苏是占，勿从何益。'勿从，从也。言虽从史苏之言，亦无益也。杜注曰：'虽复不从史苏，不能益祸。'失之与他处训无者不同。"

笔者按：王引之所言允当，"勿"为语助。

六、"相反为训"的实质

作为训诂条例的"相反为训"不可信，"一词兼有相反二义"是否可信？讨论"一词兼有相反二义"之前，我们先定下两条规则。

1. 两条规则

（1）须在共时层面作比较。

或问何谓共时？此处所言"共时"不能提供确切的数值，皆相对而言。若一词已分化出相反的义位，则必须将两时段作区分，不可混淆。如"臭"之"臭味"义于何时固定存在？此时是否另有造字？其所始时代必须与此前作分别。

（2）分别字词。

传统语言学家大多以字为基本单位，往往字词不分。在黄侃先生对《尔雅义疏》的批注中，可以发现大量"同字并见"的条目，明明不是同一个字，黄侃先生说是同字，可见先生对于字、词概念的区别并不明晰。古人对"词"的概念的忽视自有其原因，先秦时代的语言毕竟和现代汉语差异太大，单音节词占了绝对优势，不过双音节词在先秦时代也是不容忽视的。在"反训"的辨析中，须明字、词的区别。如果有语言符号的使用者，偶然将两个意义相反的词借用了同一个汉字，而它们各有本字，这种偶然的借用并不是相反为训，这种情况可以看作使用者的用字问题，这俩词原本就是"二"而不是"一"。即便本字渐废，借字通行，在此借字的义位里，一般也不会有两个为大众所习知的相反的义位，或许在一个短的时期存在着对立的两个义位，但这种情况不会长久，必然会有一个义位消亡，或者被其他词所取代，从而保证语言系统的明晰性。正是黄侃先生的"字观"导致了一部分"反训"的误解。如《说文·八部》："介，画也。"段注："画部曰：'画，畍也。'按'畍'也，当是本作'介'也。介与画互训。田部'畍'字盖后人增之耳。介、畍古今字。"又《说文·大部》："夻，大也。"段注："此谓分画之大。《方言》曰：'夻，大也。东齐海岱之间曰夻，或曰幠。'按经传多假借为之。"又《说文·艸部》："芥，菜也。"段注："借为草芥，纤芥字。"有人认为介有"大""小"两个相反的义位，实则不然，"介""畍""夻""芥"诸字本义并不相同，我们将这些字放在一起讨论，恰恰忽视了它们的使用背景和各自出现的时间。在如此长的语言演变过程中，这些字或隐或显或变换身分，表示"大"的意义用"夻"字，表示"小"的意义用"芥"字。"芥"表示"小"的意义一般也不能单独使用，往往以成词的方式出现，如"纤芥""芥视""草芥"。如果有使用者偶然借用"介"来表示这两个词，我们不能因此说"介"是"相反为训"，因为各有本字，是偶然的个人用字问题。

文字系统在使用中不断发展，当出现了"区别字"时，表示这个义位在文字的使用中已经具备了独立的身分，成为一个新字，当然这个新字的字形可以是新造的，也可以"偷用"不活跃的"旧字形"，如果没有造新字，表示语言系统容忍这一语言事实，即"字和词的矛盾"。好处是少了一个符号，将"一个符号"的增加或缺失放在整个语言系统中考量，意义就显得更重大。我们还不能全盘看清这对整个语言系统的影响，语言系统作出了自己的选择，不由个人。

2. 语言的"偶然性"与"相反为训"

笔者以为，语言的使用是超越性的，是第一法则。语言的本质是符号，符号是为了使用，只有在使用了之后才能说符号是什么或者可能是什么，因为若不使用，这符号对你便没有意义。语言是一种实践行为，在于族群的使用，允许杂质存在，语言拥有偶然性，那或许是它更新的刺激物。一个字出现相反的两个义位就是一种偶然性，可能会导致语言系统的变动。设想一个字有两个完全相反的义位，在使用过程中，不可避免地会造成表达的混乱，影响语言使用的效率。因此，使用者自然会避免使用这种可能造成混乱的字，或弃用某一义位，或发明新字以代替，这种字极少，使用频率又很低，出现时间很短暂，是一种偶然行为。

许多"反训字"的反义义位其实是"历史的误会"，并未在共时层面产生过语义冲突，或者说即使有也迅速被取代。所以，面对似是而非的"反训"，需要作具体细微的辨析，更不可将"相反为训"作为一则训诂条例无条件地推演。

3. "义位错位"

字在语境中是以义位为单位出现的，一个字一般不止一个义位，因此就可能出现"义位错位"的现象。

义位错位（或称"义位错置"）。设想 A 字有两个义位：A1、A2。B 字有两个义位：B1、B2。A1 与 B2 意义相近，A2 和 B1 意义相反（此处相近、相反均取最大范围而言）。以"苦""快"为例。苦1：苦急。苦2：痛苦。快1：快乐。快2：快急。

"苦"和"快"有人认为是"反训"，王宁先生已经有很好的辨析。① 在语境中使用者一般不会混淆"苦"和"快"，郭璞的混淆正是因为脱离语境，且以字为基本单位而非义位来解释这种"看似的混乱"，就出现了所谓的"反训"，实则是对"苦"和"快"义位的误读。假设某两词在语境中确实出现了混乱，我们知道语言系统对歧义句的容忍是有限度的，出于明晰性的要求，必然会造新字或改造旧字，用一种最经济、最清晰的方式使A1、A2、B1、B2 区别开来，或者抛弃 A1、A2、B1、B2 中的某些成员，用其他的符号代替。当然 A、B 两字的变动也和整个语言系统相关，这需要就具体情况而言。

在郝懿行的《尔雅义疏》和黄侃先生的批注中，均可以看见不少"辗转相训"的例子。设想 C 字，有 C1、C2 两个义位，D 字有 D1、D2 两个义位，E 字有 E1、E2 两个义位，由 C1＝D1，D2＝E2，不能推出 C1＝E2，这是辗转相训容易犯的错误，因为 D1、D2 两个义位只用一个汉字 D 表示。若再将"辗转相训"和"相反为训"结合起来用，训释就显得枝蔓无边，随心所欲，无不相通了。词义的训释，具体到义位就能避免"辗转相训"的危险，也不会有"义位错位"的误解。

---

① 王宁：《训诂学原理》，中国国际广播出版社 1996 年版，第 119~120 页。

七、结　论

上举第一例黄侃先生错将"假借"作"反训"，其实各有本字。第二例和第三例未区分语言的共时和历时状态，错将"引申"作"反训"。第四例是"义位错位"导致的"反训"误解，先生承郭璞之误而误。第五例是先生"声训"不严谨所致，无语例支撑。第六例是先生误读经文所致。

这些所谓的"相反为训"，大致可归为五类：第一，错将"假借"作"反训"。第二，错将"引申"作"反训"。第三，"义位错置"导致的"反训"误解。第四，"声训"不严谨所致。第五，经文错误和误读。

为何在自然语言的使用中很少见到"一词兼有相反二义"的现象？郭璞所举的例子来自《尔雅》《方言》，这类以字为基本单位的"字书"脱离了语境，以字训字，不精确到义位，加上古代注家的错误训解造成了混乱和误会，复有后人的误解、曲解，固执地为之作辩护。清代声韵学大盛，善言假借又常常不分字词，更有以"声音"凌越语言事实的现象，种种原因造成了一种似是而非的"相反为训"的错误认识。

黄侃先生为训诂大家，以过其法眼断定为"反训"的十数例而言，无一例真正称得上为"反训字"，无一例一字之中兼有相反的两个义位。可见，"反训"的说法大可怀疑，退一步而言，即便在某一短暂时期，真有"反训字"，也必不能长久共存，语言系统会本能地将其排除以制止紊乱。因为先生心中有个"相反为训"的"法则"，当遇到某字似乎有相反的意义时，就急于断定是"反训"而不及进一步的考释，从"或曰相反为训"这种表达就可窥见一斑（笔者按：此处或曰盖指陈玉澍）。先生受到当时学术潮流的影响，《手批》又只是读书笔记，未来得及作进一步辨析，因而出现了误解。"相反为训"作为训诂条例绝不可信。"一词兼有相反二义"一般也不存在，不可将复杂的语言现象简单化、笼统化。

（作者单位：武汉大学历史学院、武汉大学文学院）

科举与社会

中国古代殿试策的社会学考察

□ 陈文新 潘志刚

　　策作为中国古代一种文学体裁，不仅具有文学审美价值，而且具有经世之用。策运用于国家人才选拔，成为一种考试文体，对中国古代社会产生了深远的影响。试策分策问和对策两个部分。试策在隋唐以后逐渐完善的科举制中分为乡试策、会试策和殿试策①三级。相较其他级别试策，殿试策更多的是站在宏观层面看待问题，需要应试者站在国家角度下提供行之有效的策略方法或见解，一定程度上，殿试策可以视为国家的智库。②"社会学是使用科学方法，持守科学态度，以研究人类社会：主要论及社会之构成要素，其起源、发展、成熟与变迁；论述诸社会事象如社会制度、社会系统、社会活动、社会关系、社会运作程序、社会团体等；并想在诸社会事象中寻求或建立普遍性公律、原则、原理等的科学。"③ 社会科学中的"结构—功能论"是一套宏大阐释理论，社会学"功能主义者一般来说都把社会看作是一个由相互联系的各个部分所组成的系统"④，试图在社会平衡、稳定的前提下分析社会组成部分和社会结构的功能，较其他社会学理论更切合于中国古代殿试策的研究。从社会学"结构—功能论"角度切入考察中国古代殿试策，可以看到殿试策作为社会系统（殿试活动）中的一个组成部分主要发挥着维护社会有序运转的功能：帝王借助殿试策宣扬其文化价值观，向广大知识分子征求国家治理的方针政策，并将优秀的人才招纳进政府机构中为国家服务，维护社会的稳定和平衡。下面分别展开论述，恳请大家指正。

一、宣扬政治文化价值观念

　　文化指的是一个国家占主导地位的民族心理、价值观念和行为规范。价值观念是

---

　　①　本文所讨论的中国古代殿试策是广义上的概念，不仅包括科举制度下的殿试策，而且包含察举制度下的殿试策。

　　②　参见陈文新、彭娟：《社会科学知识体系视野下的明代殿试策解读》，《江西师范大学学报》（哲学社会科学版）2017 年第 5 期。

　　③　杨懋春：《社会学》，台湾"商务印书馆"1983 年版，第 5 页。

　　④　［美］华莱士、［英］沃尔夫：《当代社会学理论：对古典理论的扩张》（第六版），刘少杰等译，中国人民大学出版社 2008 年版，第 38 页。

"人们关于基本价值的信念、信仰、理想系统"①。文化价值观简单地说，即一个国家、地区大多数人认同的占主导地位的价值观。中国古代帝王在殿试策问中不遗余力地宣扬其文化价值观念，将自己的意志灌输给国家最优秀的一批士子们，使他们认同自己的文化价值观念，服从于自己设定的统治思想。文化价值观念的重要性可见一斑。美国社会学家帕森斯将一般行动系统分为文化系统、社会系统、人格系统、行为有机体四个子系统，他认为文化系统关注社会共享价值观，相同的价值观经过社会化能够转化为社会成员的价值观，从而使全体成员具有共同的信念，可以形成一体。② 由于朝代更换、帝王交替、时代变化等因素，各朝代、帝王制定殿试策宣扬的文化价值观念多有不同，然而"明君能臣""社会和谐"两个核心的文化价值观念为历来殿试策所共有。

先看"明君能臣"文化价值观念。在殿试策问中，历代帝王都会竭力塑造自己美好的形象，标榜自己是一位贤明君王，且朝着更为优秀的方向发展。一是以虚怀若谷的姿态来营造这种形象。如汉文帝在殿试策问中批评自己"朕既不德，又不敏，明弗能烛，而智不能治，此大夫之所著闻也"③。历史上的汉文帝是一位明君，他在殿试策问中自谦则是主动向士子们降低身分，表示对知识分子的尊重，鼓励应试者大胆、直言治国谋略。这样的做法无疑塑造了他贤明的形象。汉文帝的这种谦虚姿态得到了继承和发扬，如唐贞观二十年（646）丙午科进士策问中，在叙述唐尧之世的风俗后言道："缅怀长往，有慓深衷，伫听诸贤，以祛心疾。"④ 考官的态度就是唐太宗的意思。二是展示帝王勤劳、恭敬的一面，同样在塑造君主贤明的形象。如乾隆二十二年（1757）丁丑科殿试策问说："朕缵承大统，临御万邦，宵旰忧劳，勤求民隐。惟恐一夫失所，有负上天为民立君之意，是以二十二年以来，兢兢业业，罔自暇逸，亟欲登斯民于衽席之安，措天下于荡平之路。"⑤ 乾隆帝用"宵旰忧劳""勤求民隐""兢兢业业""罔自暇逸"等词语来说明他勤劳、恭敬、有责任，这样的说辞不免夸张，但非常有益于宣扬乾隆是一位贤明的君主。而他晚年更是不吝于夸奖自己。乾隆五十八年（1793）癸丑科殿试策问中有云："虽年逾八旬，未敢少耽安逸，缅唐虞之心绍，溯孔孟之微言，期康阜于闾阎，励夙谦于夙夜。"⑥ 乾隆说自己即使到了八十多岁，仍旧勤勤勉勉，不敢荒废政事。但历史事实并非如此，乾隆晚年把朝政交给和珅操持，给继任者嘉庆帝留下了民变吏腐、国库空虚的烂摊子。可见不管帝王尽责或者昏庸，在殿试策问中，帝王一定是勤勤恳恳的敬业者形象。之所以如此，一方面，贤明是帝王的职责，也是帝王的目标。他们不能做一个不合格的帝王，历来王朝的衰败经验告诉帝王们只能做贤明的君主，最好是成为尧、舜、禹那样的君王，帝王绝不能昏庸，否则亡国亡身、遗臭万年。另一方面，通过宣扬贤明君王的文化价值观念有益于维护帝王的统治地位和获得士子们的拥护。帝王的统治地位需要得到臣民的认可。贤明君王对士子的吸引力尤大，因为在士子们看来，只有在贤明的君主下为官，才有发挥才能的空间

---

① 李德顺：《价值论》，中国人民大学出版社 2007 年版，第 199 页。
② ［美］华莱士、［英］沃尔夫：《当代社会学理论：对古典理论的扩张》（第六版），刘少杰等译，中国人民大学出版社 2008 年版，第 27 页。
③ 班固：《汉书》卷 49《晁错传》，中华书局 1962 年版，第 2290 页。
④ 杨寄林主编：《中华状元卷·大唐状元卷》，山西教育出版社 2001 年版，第 6 页。
⑤ 《清高宗实录》卷 538（第 15 册），中华书局 1986 年版，第 799 页。
⑥ 《清高宗实录》卷 1427（第 27 册），中华书局 1986 年版，第 86 页。

和实现抱负的可能。为了吸引、收拢士子，帝王有必要在殿试策问中极力营造他们美好的形象。

与"贤明君王"相对应的是殿试策对"能臣"这一价值观念的肯定与宣扬。在殿试策问中，帝王会通过赞扬士子的学识和才能来传达"能臣"价值观。如顺治四年（1647）丁亥科殿试策问说："尔多士家修廷献，正在今日，务各出己见，逐条献策，勿用四六，不限长短。毋得预诵套词，拘泥旧式，重负朕意。朕寤寐真才，不啻饥渴，多士宜深体恪遵，明切敷对，朕将亲览焉。"① 皇帝认可应试者的知识水平，勉励他们各抒己见证明自己是一位能臣。明清时代，贡士一般被视为准官僚，故皇帝在殿试策问中会通过认可应试者的地位来宣扬"能臣"观念。如顺治三年（1646）丙戌科殿试策问云："内外臣工，朕所与共理天下者也。"② 又如乾隆二十五年（1760）庚辰科殿试策问云："公卿大夫与朕共襄治理者也，食德服畴之侣，宜何如启佑而安辑之？"③ 皇帝将应试者视为"与朕共襄治理者"，即是认定他们的能力，已经把他们看作能臣。而应试者则是以人才自居的，从政为官注定了要以"能臣"为目标。所以，"能臣"既是统治者对士子们的期待，也是士子们的毕生追求。

"明君能臣"是殿试策参与者彼此双方的要求，其最终目标是将国家、社会管理得更好，从而使国家长治久安，社会变得和谐。

"社会和谐"文化价值观念的实质是中国古代经典《礼记·礼运》篇提出的大同社会观念，④ 是中国古代帝王治理天下的终极目标。帝王在殿试策中将和谐社会比附于尧、舜、禹时代，现存可见的殿试策几乎都有上古三王的影子。宋神宗在元丰五年（1082）壬戌科殿试策问中说："礼所以辨上下，法所以定民志，三王之时，制度大备……降级后世，陵夷衰微，秦汉以来无足称者……道之不行也久矣，斯文之不作也亦久矣。亦将姿其废而莫之救钦，将因今之才而起之也？"⑤ 宋神宗推崇上古三王时代的礼法制度，将此作为他治理国家的蓝图。宋神宗通过殿试策将社会和谐观念输送给该科殿试士子，告诉他们自己作为国家最高统治者的责任在于恢复上古三王时代的礼法制度，勉励士子日后将此作为为官的一个方向。又如明朝洪武四年（1371）辛亥科，该科殿试策问中的"古先帝王"，指的是上古圣王尧、舜、禹；"古先帝王之盛节""古先帝王之敬天勤民"是指尧、舜、禹优良品格；"汉之贤良，宋之制举""汉代之士俗，赵宋之伦理"，指历史上的汉、宋两朝都学习上古三王和谐社会的治理。朱元璋拟制这份殿试策问的目的在于告诉士子：自己要使大明朝成为像尧、舜时期那样稳定、和谐的社会。

帝王宣扬的"社会和谐"价值观念被士子们所认同和推崇。如康熙六年（1667）丁

① 《清世祖实录》卷31（第3册），中华书局1986年版，第255页。

② 《清世祖实录》卷25（第3册），中华书局1986年版，第220页。

③ 《清高宗实录》卷612（第16册），中华书局1986年版，第876页。

④ "大道之行也，天下为公。选贤与能，讲信修睦。故人不独亲其亲，不独子其子。使老有所终，壮有所用，幼有所长。……是故谋闭而不兴，盗窃乱贼而不作。故外户而不闭。是谓大同。"参见郑玄注，孔颖达疏：《礼记正义》卷二十一《礼运第九》，阮元校刻：《十三经注疏》，中华书局1980年版，第1413页。

⑤ 李维新等：《天下第一策——历代状元殿试对策观止》，中州古籍出版社1998年版，第9~10页。

未科状元缪彤在其殿试对策中说："帝王之统御天下，而绵历服于无疆也，必有其为治之本也，必有其致治之要焉……唐虞三代之盛，所以庶政毕修……是尧、舜三代之丰功茂烈，不难再见于今日者也。"① 缪彤在殿试对策篇首即表态，对康熙帝提出的价值观表示认同，认为康熙帝可以实现尧、舜、禹三代那样的治世。接下来，他针对康熙所问逐条陈述自己的治理谋略。缪彤的意思不言而喻，康熙帝能够成为像尧、舜那样的贤明君王，而自己则会是那个辅佐他实现和谐社会的能臣。

通过向系统成员传输社会价值观和促进系统成员之间信用关系的产生，可以保持系统价值体系的完整性和保证成员与系统之间的一致性。② 借助殿试策，君臣之间对"明君能臣"和"社会和谐"两个核心价值观念进行交流，形成了大家都认可并共享的文化价值观。新进官员在文化价值观念上与统治者保持一致，有利于统治阶层一体化，保持庞大的政府机构正常运行。

二、为国家治理提供谋略

殿试策作为一种考试手段，一方面考验士子作为能臣的资质，另一方面，更主要的则是向士子们征求治国谋略，并将答卷中的良谋妙策应用于国家治理，推动和谐社会的实现。统治者的这个意图在殿试策问中表现得较为直接。乾隆十年（1745）乙丑科殿试策问云："多士宜有以奋发敷陈，启迪朕蔽，其有深悉时政得失、直言极谏者听。"③ 乾隆帝鼓励士子"奋发敷陈"，贡献自己的谋略，并允诺"听"用其中的一些意见。顺治帝则在殿试策问中明确表示相信士子的能力，会"采择""施行"士子所呈的策略："尔诸士怀家修而际廷献，其详切敷陈，以真学问为真经济，毋事浮袭，朕将采择而施行焉。"④

殿试策题来源于政府运作时所遇到的问题，帝王会将部分问题纳入殿试策问中，而士子在殿试对策中则须结合社会实际提出自己的认识，或是提交切实有效的解决办法。汉代董仲舒的"天人三策"为汉武帝提出了解决君权的神圣性、教育教化等问题的建议，可以说为汉代的兴盛提供了切实有效的策略。又如明朝开国首科文殿试，朱元璋亲自拟定"得人才""敬天勤民""明伦厚俗"三大问题。此时的明帝国刚从战火中建立，如何获取人才来帮助皇帝管理国家？作为皇帝的朱元璋，如何不违上天厚德赢得百姓认同和拥戴？如何让天下百姓顺从皇帝的统治并让他们过上好生活？这些都是国家恢复秩序、走向稳定的重大问题，但这些问题仅凭朱元璋一人来思考并不能很好地解决，故他迫切希望听到来自社会普通阶层最真实的声音和有效的谋略。该科所答殿试对策，吴伯宗的卷子被取为第一。针对"得人才"一问，吴伯宗提出"敷奏以言而观其蕴，明试以功而考其成"，主张设科目来求取优秀人才；针对"敬天勤民"一问，他认为皇帝要学习上古尧、舜、

---

① 李维新等：《天下第一策——历代状元殿试对策观止》，中州古籍出版社1998年版，第435~436页。

② ［美］华莱士、［英］沃尔夫：《当代社会学理论：对古典理论的扩张》（第六版），刘少杰等译，中国人民大学出版社2008年版，第32页。

③ 《清高宗实录》卷239（第12册），中华书局1986年版，第82页。

④ 《清世祖实录》卷90（第3册），中华书局1986年版，第708页。

禹等帝王的作为，以身作则；针对"明伦厚俗"一问，吴伯宗以为"惟在于崇学校以兴教化"，提倡文治、尚学。① 吴伯宗的建议构成一套治国体系：他认为皇帝要管理好百废俱兴的国家，使整个社会走上正常的轨道，必须通过学校来教化万民，通过科举考试来选拔人才，与此同时，皇帝也要学习上古贤明帝王德行，积极实施这些措施，让被选拔的人才来帮助他治理国家。吴伯宗提出的大政方针非常切合明朝开国国情，为明朝近三百年的统治基业作出不小的贡献。

殿试策问提出的问题都是国家、社会面临的重大问题，若不妥善处理则影响社会的正常运转。顺治三年（1646）丙戌科殿试策问指出："前代朝臣，分门别户，植党营私，蒙蔽把持，招权纳贿，朋类则顿生羽翼，异己则立坠深渊。"② 该科是清朝定鼎中原后举行的首次殿试，策问指出的问题是要取鉴前朝朋党倾轧导致国家灭亡的教训。此外就是统治者的自我警醒。八旗领主地位平等，旗下臣于旗主，惟旗主之命是遵，是朝廷的间接臣仆。八旗领主制度本质上是一种小团体，清朝建立初期，朝廷存在多股政治势力，形成了不同的小团体，不利于政治上的统一。故清政府在首科殿试策问中提出明朝党争问题有着明确的现实针对性。③

需要提出的是，殿试策虽起着提供谋略的作用，但士子们的认识未必都能切中关键点，士子们的殿试对策有时并不能提供切实有效的方案。乾隆七年壬戌科殿试考耗羡一题。耗羡在清初称火耗。火耗指的是征收的税银畸零散碎、经火镕销成锭有所折耗，遂于赋税正额外多取一些以补折耗之数。征收的耗羡除弥补赋税损耗外，其余多用来补贴官吏的生计。康熙朝实有此事而无此称名，雍正朝此事影响较大，以致民间传言"康熙年间有清官，雍正年间无清官"。耗羡关涉到赋税征收还有官吏养廉问题，处理不当则影响国家财政和吏治，是乾隆朝颇为棘手的一个问题。乾隆帝在殿试策问中以此事发问，并晓谕读卷官注意留心察看，选取那些"可备采择者"以呈御览，④ 然而是科没有出现颇为中意的殿试对策：

> 办理耗羡一事乃当今之切务。朕凤夜思维，总无善策，是以昨日临轩试士，以此发问。意诸生济济，或有剀切敷陈，可备采择见诸施行者。乃诸贡士所对，率皆敷衍成文，全无当于实事。想伊等草茅新进，未登仕籍，于事务不能晓彻，此亦无怪其然。今将此条策问发与九卿、翰林、科道阅看，伊等服官有年，非来自田间者可比，可悉心筹画，各抒所见，具折陈奏，候朕裁度。⑤

————————————————————

① 吴伯宗：《吴状元荣进集》卷1《殿试状元策一首》，原国立北平图书馆甲库善本丛书（第701册），国家图书馆出版社2014年版，第199~204页。

② 《清世祖实录》卷25（第3册），中华书局1986年版，第210页。

③ 参见孟森：《明清史讲义·八旗制度考论》，商务印书馆2011年版，第451、464页。

④ 该科殿试，乾隆帝"谕大学士等，今科殿试制策内羡余一条，系时事中之切要者，读卷官务须留心阅看，以觇士子平素之学问经济……如果能确有所见恺切敷陈、可备采择者，朕将见诸施行，即字画不甚工致，亦应拔取进呈，以备亲览，可传谕读卷诸臣知之"。参见《清高宗实录》卷164（第11册），中华书局1986年版，第65页。

⑤ 《清高宗实录》卷164（第11册），中华书局1986年版，第68页。

由于士子对耗羡一事接触很少，不甚了解，而且此事涉及面广，较为复杂，不易解决，故乾隆帝将该科策问发给朝廷官员们，让他们来出谋划策。虽然该科殿试对策未能贡献良谋妙策，但通过殿试策把这个问题发布出去，士子则知晓国家时下存在的问题，日后为官会注意处理此事。

三、选拔和控制优秀人才

美国社会学家默顿将知识分子定义为致力于生产和传授知识的人，并将他们分为两大类，一类是在科层组织中行使咨询职责与技术功能的知识分子，另一类是不从属于科层组织的知识分子。两者的区别在于，科层组织的知识分子为机构的决策者履行职员的职责，后者服务对象则是公众。① 而"知识分子与管理社会的权威有效合作，不仅仅是社会稳定的需求，也是社会发展和融合更多社会阶层的要求"②，所以人才与政府彼此不可分离，人才需要进入政府发挥其才智，而政府更需要吸纳人才维持其统治和运作。殿试策在这方面发挥着巨大的作用。

元人王恽在《论科举事宜状》一文中说："李唐之制，其取士科目不常。率相时置科，以待非常之士。其初试、殿试，止以策问取人。如时务则试方略，止五道，直言极谏等策。秀才则博学宏辞。及道侔伊、吕，才堪郡县、下笔成章、茂材异等，皆其选之首也。故得士之多，唐最为盛。以某愚见，审量时势，必欲急得人材以收实用，莫若以时务对策，直言极谏，切中利病，有经画之略者为首选……如此，当国计者，上可以副朝廷用儒之实，下可以待俊造非常之士，尽遗贤于网罗，收实用于中外，则文治之功、隆平之化可计日而待矣。"③ 王恽道出中国古代统治者对用殿试策来选取人才的认识。在汉代，察举制下的"贤良"一科即需经过殿试策的考察，晁错、董仲舒、公孙弘、杜钦、鲁丕等人均是通过殿试策选拔出来的贤良人才，对社会的发展和历史的进程产生了重要的影响。据《新唐书·选举志》记载，唐代科举名目繁多，④ 陈飞认为唐代科举科目几乎没有不考试试策的，这意味着唐代选拔的各类人才大多接受并经过了殿试策的考察，宋至清代的进士亦是如此。

中国历朝历代都将得人作为第一要务，得人就能得治世，统治者十分重视从读书人中选拔优秀的人才来帮助其管理国家和社会。学界对中国古代各朝殿试取中的人才数量做过不少工作。据统计，唐代共有进士6442人。⑤ 宋代，自宋神宗熙宁三年罢考诗赋后，北

---

① ［美］默顿：《社会理论和社会结构》，唐少杰等译，译林出版社2008年版，第312~315页。

② ［美］希尔斯：《社会的构建》，杨竹山、张文浩、杨琴译，南京大学出版社2017年版，第179页。

③ （元）王恽：《秋涧集》卷89《论科举事宜状》，《景印文渊阁四库全书》第1201册，台湾"商务印书馆"1986年版，第285~286页。

④ 唐代"其科之目，有秀才、有明经、有俊士、有进士、有明法、有明字、有明算、有一史、有三史、有开元礼、有道举、有童子。而明经之别，有五经，有三经，有二经，有学究一经，有三礼，有三传，有史科"，参见《新唐书》卷44《选举志上》。

⑤ 参见余英时：《朱熹的历史世界：宋代士大夫政治文化的研究》，三联书店2004年版，第218页。

宋中晚期至南宋末，殿试几乎都只考殿试策，而宋代每年进士人数大约有 200 人，① 可见宋代经过殿试策选拔的人才甚夥。明清两代，据朱保炯、谢沛霖主编的《明清进士题名碑录索引》统计，两朝共举行了 201 科殿试，取中进士共 51624 人。② 江庆柏《清朝进士题名录》的统计较为准确，清代共有 26849 名进士。③ 其他如元代，虽然举行殿试科数较少，但也有进士 1139 人。④ 此外，还有博学宏词科、武举等经过殿试策试的人数。这么多的人才接连不断地从国家底层被输送到政府的各个职位上，为政府管理注入新鲜血液，维护了帝王的统治。这一过程不仅促进了整体社会阶层的流动，而且缓和了统治阶级与被统治阶级的矛盾，有益于国家的稳定和社会的发展。

对士子而言，他们寒窗苦读十数载，为的是获取科名从而进入统治阶级内部施展自己的才华，为治理天下贡献自己的力量。然而明代以来，统治者通过殿试策限制了知识分子的主观能动性，使得他们形成一种卑微、顺从的心态，这种心态有利于皇帝对一批批优秀知识分子的控制，保证统治阶级内部的稳定。

这种限制见于明清殿试对策所形成的格式，它对士子具有一定的驯化作用。明清时期的殿试对策收尾有固定的格套。士子正文之后必须以"干冒宸严，不胜恐惧战栗之至。臣谨对""臣干冒天威，不胜战栗之至。臣谨对""臣末学新进，罔识忌讳，干冒宸严，不胜战栗之至陨越之至。臣谨对"等句子来结束写作。从这些格式套路可以体味应试者矛盾的心态：一方面殿试策问要求他们"悉言无隐""直陈无隐""直言"，另一方面殿试对策格式却要求他们秉持卑微、恐惧、战栗的姿态。这种形式对新进官吏来说无疑是一次人格压迫。相较而言，明代以前的殿试对策就显得活泼、自由。宋绍兴二年壬子科状元张九成的殿试对策末尾云："臣或志在爵禄，不为陛下一言，臣欺谁，欺天乎！故臣虽进一言，退受鈇钺之诛，于司败，不忍欺天，以此昧心也！惟陛下幸舍其愚。臣谨对。"⑤张九成在对策中较为诚实地袒露了心声，不掩盖自己求名图利的目的，显得光明磊落。宋绍兴五年乙卯科王应辰的对策说："此臣所以愿陛下力行凡求诸己之道也。臣不胜惓惓，惟陛下留神省察，实万世无疆之休。臣谨对。"⑥ 王应辰在殿试对策中直接对皇帝提出要求的行为，在明清时代是不可思议的。又如元代元统二年甲戌科李齐的殿试对策说："伏惟陛下留意，则非惟天下之幸，抑亦祖宗之望也。臣谨昧死上愚对。"李齐为了让元顺帝听从自己的建议竟然搬出元代祖宗来压制皇帝，可见士子坚毅的气节。不可否认，殿试策的确为政府输送了大批优秀的人才，但明清以来，经过殿试策的驯化，大批优秀知识分子变成了权威的附庸，成为听话的政府管理者，方便了帝王对士子们的控制。

综上，社会学视角下，中国古代殿试策是社会系统（殿试活动）中的一个组成部分，中国古代帝王借助殿试策宣扬其文化价值观，特别是"明君能臣"和"社会和谐"两个

---

① 参见余英时：《朱熹的历史世界：宋代士大夫政治文化的研究》，三联书店 2004 年版，第 212 页。

② 朱保炯、谢沛霖主编：《明清进士题名碑录索引·序言》，上海古籍出版社 1979 年版。

③ 江庆柏：《清朝进士题名录》，中华书局 2007 年版，第 3 页。

④ 参见袁世贵、张文军：《浅谈辽金元三朝的科举制度》，《首都博物馆丛刊》（第 11 辑），北京燕山出版社 1997 年版，第 50 页。

⑤ 李维新等：《天下第一策——历代状元殿试对策观止》，中州古籍出版社 1998 年版，第 32 页。

⑥ 李维新等：《天下第一策——历代状元殿试对策观止》，中州古籍出版社 1998 年版，第 47 页。

核心价值观，有益于统一士子们的思想，形成君臣一体化，使政府机构能够在皇帝的控制下有序地运转。殿试策作为一项考试科目，在考察士子的智慧与能力的同时也向广大知识分子征求国家治理的方针政策，皇帝可以从他们的殿试对策中选择良谋善策运用于社会治理。殿试策为历代政府筛选出一批批优秀的人才，维护了帝王的统治。明清时代，帝王对吸纳进政府机构中的人才加以控制，殿试策对知识分子起着驯化作用，大批优秀知识分子变成了权威的附庸。然而这些优秀且听话的人才更有利于统治者管理好国家机器，维护社会的稳定和平衡。

（作者单位：武汉大学文学院）

从《辞学指南》看王应麟的科举文修辞思想[*]

□ 刘 彦

　　《辞学指南》是宋末学者王应麟所写的系统论述词科肄习方法、考试试格及制度沿革的专门著作。作为迄今唯一一部研究宋代词科的专书，它在文化历史、政治制度、文学文献等方面的学术价值早已被古今学人所关注挖掘。但是作为一部教举子学作科举文章的著作，书中所反映出来的王应麟有关科举文修辞的思想却鲜少有人专门研究。王应麟在"会集群言"的基础上，"以己意发之"，并结合文章评点，建构了自己独特的科举文修辞思想体系。本文通过对《辞学指南》①的细致整理，总结王应麟的科举文修辞思想，以期对其有一个较为全面的认识和客观允当的评价。

一、修辞的准则：主张文质相胜、意为辞先

　　内容和形式的关系问题是文学创作首先应该注意的问题。《辞学指南·序》说："盖是科之设，绍圣颛取华藻，大观俶尚淹该，爰暨中兴，程式始备。"官方注重的是词科文章的形式和技巧方面。受此影响，士子"文字日趋于工，譬锦工之织锦，玉人之攻玉，极天下之组丽瑰美"②。针对这种形式主义的文风，王应麟提出"文质相胜"的主张。具体来说，就是主张词科文章内容和形式的和谐统一，既要有好的内容，又要有好的辞采。这一思想可以从他引用吕祖谦的话中更清楚地反映出来，"作文固欲多，不甚致思则劳而无功，不若每件精意作三两篇。……皆须意胜语赡，与人商榷，便无遗恨，则能事毕矣"（《辞学指南·作文法》）。吕祖谦这里提出词科文章须"意胜语赡"，内容要高人一等，辞采要丰富严密，指的就是思想内容与语言表达形式的统一。王应麟在谈论颂文的言语风格时，也表达了他这种"文质相胜"的主张，"于铺张扬厉之中有雍容俯仰、顿挫起伏之态，乃为佳作。若止将华言绮辞一向堆叠，而无风味韵致，亦何足取哉？"（引真德秀语，

　　* 本文为国家教育部全国教育科学"十二五"规划课题"阳光喔语文教育体系的历史论证——科举文章的作文基本素养测评"（FHB120495）阶段性成果。

　　① 本文所依《辞学指南》的版本是北京中华书局 2010 年版《王应麟著作集成》本。

　　② （宋）刘克庄：《后村先生大全集》，四部丛刊本，卷九十四。

《辞学指南·赞》)王应麟认为颂文虽为颂德之体，也须要文质并重。在品评词科文章时，王应麟也认为只有辞意皆妙者才是上乘之作，如孙觌所作举文《代高丽王谢赐燕乐表》，他的评价是"此表辞意俱胜可为定格"（《辞学指南·表》）。

词科文章应以内容与形式的统一为好，但王应麟特别强调内容的主导作用，主张"以意为主""意在辞先"。他在《辞学指南·作文法》中引杜牧的话说："文以意为主，气为辅，以辞采为兵卫。"他认为好的文章应以思想内容为主，辞采要为内容服务。杜牧在《答庄充书》中对这句话还有更详细的阐释："苟意不先立，止以文彩辞句，绕前捧后，是言愈多理愈乱……是以意全胜者，辞愈朴而文愈高；意不胜者，辞愈华而文愈鄙。是意能遣辞，辞不能成意：大抵为文之旨如此。"① 如果思想内容确立不好，只有华辞美句堆叠，文章就会散乱无章。思想内容的好坏决定了文章品格的高下。文章只有确立了思想内容才能合理地遣词造句，单是辞藻的堆砌是不能成就文章精彩的思想内容的。王应麟十分反对那种不顾内容，只顾剪接堆砌奇文华藻的做法，"文人好奇者，或为缺句断章，使脉理不属。又取古人训诂希于见闻者，衣被而说合之，反复咀嚼，卒亦无有。此最文之陋也"（引张耒语，《辞学指南·记》），他认为这样作出的文章"脉理不属"，最是陋而无味。这也反映出他是把思想内容放在主导地位的。

在这个思想基础上，王应麟品评词科文章优劣的第一标准便是思想内容而非辞采形式。如绍兴二十七年周必大试博学宏词科，作《代交趾进驯象表》，其首联先说："效牵灵囿，备法驾之前驱。"王应麟评曰："已见象为有用。"周必大接着又说："名应周郊之五路，克协驭仪；耳闻舜乐之八音，能参率舞。""靡惮奔驰，幸舍鸾飞之跕跕；无烦教扰，俾陪兽乐之般般。"王应麟评曰："曲尽驯象生意。""就试之士仅能形容画象及塑象，俱不见驯服生动态度，惟益公说出象之步趋来庭之意，遂中首选。"（《辞学指南·表》）王应麟认为周必大当年之所以能名列第一，是因为他的这篇表文思想内容高于其他应试者，更切合"驯象"及外来归化的主题。

当然，王应麟在强调思想内容为主的同时并没有忽视辞采。词科设置的初衷是为朝廷选拔文采博异之士，最初的宏词科"颛取华藻"，其主要的着眼点即是"辞"，后来的词学兼茂科、博学宏词科虽然渐重学问，但对于"辞"并未偏废。辞采一直是词科考察的重要对象，王应麟谈词科作文同样重视辞采。他鼓励举子多诵读经、史、子、集中的重要著作，从中选择可用的语辞分类编册，以备词科考试之用。如"《诗》《书》须节一遍，以备四六之用。长句作一处节，四字作一处，两字作一处"（引吕祖谦语）、"四六全在编类古语"（引谢伋语）等（《辞学指南·编文》）。王应麟对于那些辞采储备丰富，能用比较完美的语言来表达内容的作者，是深加赞赏的，比如他自己，"向年尝见临安进野蚕茧及丝绵纱绢，因谓同学者曰：'万一以此命题，中间将何铺叙？'皆相顾无语。某后拟一联云：'屦丝纤纩，无惭禹贡之供；冰素方空，不数齐官之献。'丝绵纱绢四者皆全"（《辞学指南·表》）。他认为自己作的联句"丝绵纱绢四者皆全"，辞采丰赡，颇为得意。王应麟重视辞采，但极力反对过度藻饰，"琢刻藻绘，弥不足贵。如彼璞玉，磨砻成器。奢者为之，错以金翠，美质既雕，良宝斯弃"（引李德裕《文箴》语，《辞学指南·语忌》）。他反对这种雕饰过度的华丽文章，提出变革词科文风。他说："朱文公谓是科习谄谀夸大

———————————

① （唐）杜牧：《樊川集》，四部丛刊景明翻宋本，卷十三。

之辞，竞骈俪刻雕之巧，当稍更文体，以深厚简严为主。"（《辞学指南》序）

总之，王应麟认为词科文章必须先以内容为主，理至然后求文之工，藻饰应适可而止。文质相胜、意在辞先，才是好的文章。这实际上是对古人"文质相称、华实相扶"传统修辞观的继承。如王充的"外表内里，自相副称"，刘勰更为具体、系统的"文附质""质待文"观点。王应麟提倡改革词科文风，他所订立的这种"文质相胜""意在辞先"的词科文章修辞准则，实可以看作他自己的一种变革尝试。

二、推陈出新的修辞追求

王应麟认为词科文章贵在创新。作为场屋文章，囿于文体和程序，词科文章可供发挥的余地并不大，应试者只能"螺蛳壳里做道场"，在这一片窄小的天地里勾心斗角，使出全部智慧、浑身解数争锱铢之轻重，求些许之创新。王应麟在谈词科文章的语言时，引用了陆机的话"谢朝华于已披，启夕秀于未振"（《辞学指南·语忌》），这两句话鲜明地表现了他在词科文章上力戒雷同、推陈出新的修辞追求。

王应麟主张的创新是在继承基础上的创新。他主张向古代的经典和优秀的文学作品学习，通过模拟而有所出新。在总论词科作文法、词科语言表达时，王应麟多次援引前辈之说，"镕冶经典之范，翔集子史之术。洞晓情变，曲昭文体。然后能莩甲新意，雕画奇辞"（引《文心雕龙》语，《辞学指南·语忌》）、"文章根本皆在六经，非惟义理也。而机杼、物采、规模、制度无不具备者"（引王景文语，《辞学指南·语忌》）、"古人作文多模仿前人，学之既久，自然纯熟"（引朱熹语，《辞学指南·作文法》），他认为词科作文当先"涵咏六经之文，以培其本云"（《辞学指南》序），通过模拟前人文章，吸收其精华，而达纯熟可观。这是继承，是创新的基础。王应麟又引李文饶的话："譬诸日月，虽终古常见，而光景常新。"（《辞学指南·作文法》）可见他提倡的是继承基础上的创新，而不是因袭雷同。"怵他人之我先"（引陆机语，《辞学指南·作文法》）、"唯陈言之务去"（引韩愈语，《辞学指南·作文法》），王应麟要求士子在作文时应毫不客气地抛弃古人已经用烂的陈词滥调，要在汲取前人优秀作品精华的同时，勇于创新，把继承和创新结合起来。至于如何创新，王应麟也给出了方法，比如"四六须要古人好语换却陈言"（引廖明略语，《辞学指南·语忌》），再比如提出的折中法，"古之能为文章者，真能陶冶万物。虽取古人之陈言入于翰墨，如灵丹一粒，点铁成金"（引黄庭坚语，《辞学指南·语忌》），古人的"陈言"可以用，但要通过自己的加工熔铸，在自己的文章中呈现出新意。

三、主张精细严密的修辞技巧

词科对文章的形式和技巧要求十分严格，陈振孙说："绍圣后置词科，习者益众，格律精严，一字不苟措。"[1] 王应麟顺应这种要求，主张精细严密的修辞技巧，也就是说词科文章在运用语辞、谋篇布局、安排声韵、使用修辞手法等方面要严格规范，符合体制。

---

[1] （宋）陈振孙：《直斋书录解题》，上海古籍出版社1987年版，第526页。

（一） 重视锤字炼句

王应麟特别重视炼字。他提出词科文章用字要"避复"，"善为文者，富于万篇，贫于一字。一字非少，相避为难也"（引《文心雕龙·练字》语，《辞学指南·语忌》）。王应麟认识到了避免重复的困难。他又提出文中要有"稳当字"，"作文自有稳字，古之能文者才用便用着"（引朱熹语，《辞学指南·语忌》）、"人之属文，有稳当字，第初思之未至也"（引宋子京语，《辞学指南·语忌》）。何谓"稳当字"，王应麟没有详论，钱锺书先生在其《谈艺录》里有精当的解释："曰'安'，曰'稳'，则'难'不尽在于字面之选择新警，而复在于句中之位置贴适，俾此一字与句中乃至篇中他字相处无间，相得益彰。"[①] 可见"稳当字"，当是指古人所说的"句中眼"。强调文中要有"眼"，是对我国传统修辞理论的很好继承。王应麟重视炼字，还体现在他对语言忌讳的注意，他认为词科文章用字须"照顾时语时忌"（引吕祖谦语，《辞学指南·表》）。他在《辞学指南·语忌》篇中罗列了许多用字犯讳的例子，如"杨文公（亿）……又尝戒门人为文宜避俗语，既而公作表云'德迈九皇'，门人郑戬曰'未审何时得卖生菜。'公笑而易之"。"九皇"与"韭黄"同音，犯俗嫌。又如"张文潜谢表用'我来自东'，彭汝霖谓表用'我'字大无礼"，表中称"我"，不符合臣子的身分，是不尊上无礼的表现，也是犯讳的。

王应麟不仅重视炼字也重视炼句，他主张"立片言而居要"。他引陆机的话："立片言而居要，乃一篇之警策。虽众辞之有条，必待兹而效绩。"（《辞学指南·语忌》）提出在词科文章中要注重提炼精句作为全篇的"警策"，把它放到重要的位置上，对整篇文章起到提纲挈领的作用，从而收到画龙点睛的效果，也能让文章"易入人眼"。在品评词科文章时，王应麟也常常留意文章的"警句"。如孙觌《代高丽王谢赐燕乐表》中有"登歌下管，天地同流，鼓瑟吹笙，君臣相说"一联，王应麟认为是"此表警句"。又如评林虙《谢赐修都城记表》时，他认为"天造地设，示根本于华夷；阳曜阴藏，壮规摹于今古"一联是该表的警句。

（二） 强调谋篇布局严谨

王应麟特别强调词科文章格式的规范，其细致程度是前人无法达到的。他在《辞学指南》中介绍每一种文体时首先介绍的就是该文体严格的固定格式，有些文体可分为不同的小类，他对每一小类的格式也作了规定，而在每一小类中，他又根据创作主体和内容的不同加以区别，其严密程度可见一斑。王应麟对词科文章的具体结构布局问题，包括如何开头、如何转承、如何结尾，等等，也提出了严谨的程序。以制为例：王应麟引用吕祖谦的话，非常详细地交代了制的写作步骤，章法一丝不苟："制头四句或兼说新旧官，或只说新官。……其四句下散语须叙自旧官迁新官之意。""制头四句四六一联，散语四句或六句。具官某一段，颂德先须看题。一段说旧官，一段说新官。'吁戏'用一联，或引故事，或说大意。后面或四句散语，或止用两句散语结，不须更作联，恐冗。"如此谋篇布局已是细致入微，王应麟又进一步申说，如在"颂德先须看题"下，说："先大概说两句，然后仔细形容，如'沈毅而敷敏，端方而裕和。敏识造微，懿文贯道。风力肃明，

---

① 钱锺书：《钱锺书论学文选》（第四卷），花城出版社 1990 年版，第 387 页。

器资魁杰'是也，不可便使事、引古人譬喻之类。"（《辞学指南·制》）这种程序化的写作模式，虽有刻板之嫌，但法度谨严，实用性很强。

（三）要求声律精准谐和

词科主要试四六，王应麟明确提出词科四六的声律必须精准谐和。他引吕祖谦的话："凡作四六，须声律协和，若语工而不妥，不若少工而浏亮。"（《辞学指南·作文法》）他认为四六声律谐和，读起来清楚明朗，比一味追求语言形式的工整要好。王应麟也注意从声律的角度品评词科文章，如在评点孙觌《镇洮军节度使除大尉制》"令闻令望，屡达余听"一联时，他认为此句的瑕疵在于其音韵不够严谨，"望字不当用侧声"（《辞学指南·制》）。王应麟还举出反面的例子来说明词科四六声律谐和的重要性，如"陈自修试词科，拟制一语聱牙，被黜"（《辞学指南·制》），陈自修作词科制文因一处言语音律不协就被罢黜了，王应麟用这个例子提醒应试者写作词科文章时必须注意声律的谐和，否则其结果将是灾难性的。

（四）主张用典切当精工

用典是王应麟在《辞学指南》中谈论最多的一种修辞格。他认为词科文章的用典要切当精工。这主要表现在四个方面：首先，用典要符合文体风格的要求。比如，表一类的敷奏之文，王应麟认为要用一些比较常见而为人所共知或易知的古语、熟事，避开那些艰深冷僻的语典、旧事。他说："大抵表文以简洁精致为先，用事不要深僻，造语不要尖新，铺叙不要繁冗，此表之大纲也。"（《辞学指南·表》）表文的使命在于"标著事序使之明白"，语言风格要求简洁明了，所以其选用典故"不要深僻"。其次，用典要切合题旨。比如词科表文的用典，种类极多，王应麟认为词科表文用典要根据内容而定，什么内容的表文用什么内容的典事，要符合对象与文意。他举"进书"一门来谈这个问题，"进书一门，诸书体制各不同。《玉牒》乃纪大事之书，《国史》乃已成纪传之书，《实录》乃编年之书，《宝训》则分门，《日历》则系日，《会要》则会粹，各是一体。若出《进玉牒表》，须当纯用玉牒事，不可以他事杂之。举此一端，其余皆然。若泛滥不切，可以移用，便不为工矣"（《辞学指南·表》）。再次，用典要精心剪裁以符合四六格律要求。王应麟认为四六用典必须考虑上下联长短、平仄、虚实等属对的要求，精心剪裁融合，以求文字妥帖、对仗工稳。"前人援引经语欲合律度，截长为短，避重就轻，一字之间，必加审订"（引倪思语，《辞学指南·作文法》）、"四六之工在于剪裁，若全句对全句，何以见工"（引谢伋语，《辞学指南·作文法》）、"一以经语对经语，史语对史语，诗语对诗语，方妥帖"（引谢伋语，《辞学指南·作文法》）。最后，用典还应注重程序化。在《辞学指南》中，我们可以看到在词科文体规范程序中，用典被视为写作时必不可少的构成要素。王应麟注意从程式角度讨论应在文章何处用典，用什么典，以及用典的目的是什么。比如，在谈制文叙新除处的时候，他认为应用典故作一联，"推原所为之官除授之意，用古事为一联尤好，如莫侍郎《步兵制》：'法黄帝之兵，允赖为营之重；资汉人之技，莫如用步之强'。最妙"（《辞学指南·制》）。

四、继承前人的文体理论，提出独特的科举文体风格的审美要求

王应麟在《辞学指南》中非常重视文体风格问题，他通过"综罗"文体大家如陆机、刘勰、朱熹、吕祖谦、真德秀、倪思等的文体理论提出自己对科举文体风格的看法。

首先，对于词科文章总体的风格，王应麟的观点很明确，他援引朱熹、刘勰的看法，认同"风骨"说。"前辈文有气骨，故其文壮。今人只是于枝叶上粉泽尔。"（引朱熹语，《辞学指南·语忌》）朱熹此语将前人与今人的文章作了对比，前人重视作品的气骨，而今人只是刻意追求作品的形式。对比彰显态度，显然王应麟认为词科作文要有气骨。气骨，刘勰又称"风骨"，他认为风是"化感之本源，志气之符契"[1]，风是感动人的力量，是人的情志和才气的具体表现。作品内容空洞，没有才气，就没有感动人的力量，就没有风。"怊怅述情，必始乎风"，表达感情有了风才能深切动人。"情之含风，犹形之包气"，抒情有了风就有了生气，也就有气韵，写得生动。对于骨，刘勰认为是对构辞的要求，"沉吟铺辞，莫先于骨"。文章若要有骨，就必须"析辞必精""捶字坚而难移"，即用辞要极精练。若"瘠义肥辞"，文章就会臃肿不挺拔，而没有骨。文章要表情生动、文辞精炼，才能称得上有风骨、有气骨。王应麟认为理想的词科文章，应是风骨再加上文采，也就是要文章既表情生动，又文辞精炼，还要有光耀的文彩。"风骨乏采，则鸷集翰林；采乏风骨，则雉窜文囿。若藻耀而高翔，固文章鸣凤也。"（引《文心雕龙·风骨》语，《辞学指南·语忌》）文章有风骨但缺乏文采，就好比高飞在天上的鹰隼；有文采但缺乏风骨，又好比在园林中乱窜的五彩缤纷的野鸡；在这里，鹰隼是高于野鸡的，也就是风骨高于文采。又有风骨又有文采的，就好比是凤凰，既文采照耀又能高飞，这才是王应麟理想的文章。这也反映出王应麟"文质相胜""意在辞先"的修辞观。

在分论各类文体的风格时，王应麟始终秉承着一种理念：以体制为先。他十分注意辨析各类文体风格的"同中之异"。比如同为"王言体"的制、诏、诰三种文体，"曰制、曰诰，是王言也，贵乎典雅温润"（引真德秀语，《辞学指南·制》）。王应麟认为三种文体的风格总体上要求"典雅温润"。但同时，王应麟又提道："范厚夫作《冀王制》云：'周尊公旦，地居四辅之先；汉重王苍，位列三公之上。及我仁祖，加礼荆王。顾惟冲人，敢后叔父。'自然平正典重，彼工于四六者却不能及。"（引朱熹语，《辞学指南·制》）"体正而有伦，辞约而居要，终始明白，所以为诰。"（引钱翊语，《辞学指南·诰》）"两汉诏令词气蔼然，深厚尔雅，可为代言之法。"（引真德秀语，《辞学指南·诏》）三种文体因其具体用途的不同，其体制各有区别，文体风格也各有差异。王应麟认识到这一点，他认为用于任命三品以上官员的制文，因场合庄重，文体风格还要自然庄重；用于回复任命某官请求的诰文，文体风格又要求简约明白；而用于帝王直接发布行政事务命令的诏文，因注重实用性，往往掺杂帝王感情，文体风格还要求感情深切浓厚。

王应麟认为词科各文体在遵循基本风格的前提下，还应有作者个人的风格特点。比如制、诰、诏等为王言，"贵乎典雅温润"，但因代言之人不同，亦可有不同的风格，"张乐全高简纯粹，王禹玉温润典裁，元厚之精丽稳密，苏东坡雄深秀伟，皆制词之杰然者"

---

[1]　周振甫：《文心雕龙今译》，中华书局 2013 年版，第 264 页。

(引李邴之语,《辞学指南·制》)。又比如表文风格大抵"以简洁精致为先",但也有不同的个人风格,"四六有作流丽语者,须典而不浮。汪彦章《贺神降万岁山表》云:'恍若壶天,金成宫阙;浩如玉海,虹贯山川。'有作华润语而重大者,最不多得。曾子固云:'钩陈太微,星纬咸若;昆仑渤澥,涛波不惊。'"(《辞学指南·表》)这里指出了汪藻、曾巩所代表的两种不同的表文风格。王应麟认为这样既遵循基本风格又兼有个人特点的文章才是佳作。

五、结　语

通过上述论述,可以看出王应麟的科举文修辞思想主要有三个特点:第一,大多没有明确提出,而是通过"会集群言"、品评程文间接侧面地反映出来。第二,既有革新的一面,又有严守的一面。革新的一面包括:继承中国传统修辞理论来指导科举文写作,提出"文质相胜""以意为先";力戒雷同、有所创新;文有"风骨"、辞采相照等观点,用一般文章的修辞理论来指导科举文的创作,对宋代科举文风的改革意义重大。严守的一面,如:考虑科举文的实际情况,谨守科举文体和程式上的规定,主张精细严密的修辞技巧。第三,其科举文修辞理论涉及面较广,几乎包括修辞的各个研究对象。内容与形式、词语、句子、篇章、声律、文体风格,以及用典等修辞手法,都是他谈论的内容。

虽然《辞学指南》不是一部专门性的修辞学著作,但它所反映的王应麟的科举文修辞思想却是系统的,在修辞学史上有一定的价值。科举文向来不受待见,大多专论修辞的著作很少论及科举文修辞。当然也有一些论科举文章写作的著作,比如,论经义的,有元代陈绎曾《文说》、倪士毅《作义要诀》、王充耘《书义矜式》等;论八股的,有明代李贽《说书》、黄宗羲《明文海》(选)、清代顾炎武《日知录》(选)、王夫之《夕堂永日绪论》、刘熙载《经义概》、梁章钜《制义丛话》等;论试律的,有清代梁章钜的《试律丛话》等,这些书中关涉许多修辞的问题。除了经义,宋代科举中的词科还试四六(也包括散文),四六在宋代第一次成为一种科举考试的文体,王应麟的《辞学指南》则是专论四六写作的,也涉及修辞的问题。可以说,在科举文修辞史这条线上,王应麟《辞学指南》是一个非常重要的组成部分。今天我们对王应麟的科举文修辞理论进行整理、研究,可以说是对科举文修辞的一个探索,也弥补了中国修辞学史的一块缺失。

(作者单位:武汉大学文学院)

论明代馆阁文人的文学活动及其意义*

□　江俊伟

在明代科举鼎盛的背景之下，馆阁文人的写作生涯具有哪些特质？其文学活动意义何在？这些问题较为复杂，只有深入当时科举与文学互动的具体历史情景，考索相关文献资料，才有可能从纷繁复杂的历史进程中找到较为切题的答案。希望我们的尝试可以获得预期的效果。

一、明代馆阁文人的文学活动

明代馆阁文人的职业取向，与科举制度密切相关。就培养机制而言，明代馆阁文人接受的是以四书五经等儒家经典为主的科举教育。科举教育的宗旨不是培养专业的作家和学者，而是培养各个层级的文官。丰富的常识、健全的理解力和良好的涵养是文官选拔的三个必要条件，而科举考试以四书五经为基本教材，就是为了满足文官选拔的这些基本要求。就选拔机制而言，随着科举制度成为明代占支配地位的选官制度，馆阁文人的选拔路径与台阁重臣的选拔路径基本并轨。既然科举考试以选拔各级文官为主要目的，又以"代圣人立言"的八股文、"观士子经世之学"的"策论"等为主要考试文体，这就决定了明代馆阁文人的选拔并非仅以辞章一较短长。就升迁机制而言，明代自英宗朝后，形成了"非进士不入翰林，非翰林不入内阁"①的定制，明代馆阁文人的重要来源——"庶吉士"，更有"储相"之誉。这种受科举考试名次影响的升迁机制，使明代馆阁文人转型为首辅阁臣成为一条有现实可能的路径，也成为当时馆阁文人共同的职业取向。不只馆阁文人本人的职业期许如是，皇帝陛下对于这些"天子门生"的职业期许，也往往并不满足于以文字"粉饰太平、歌功颂德"的层面。同时不少明人确信，来自于翰林院的内阁首辅，其综合素养总体上较其他阶层更高。朝廷和社会一致认可馆阁文人的这一职业取向，并为这种职业取向的实施创造条件，馆阁文人作这样的人生规划也就顺理成章了。甚

　＊　本文为教育部人文社会科学重点研究基地重大项目"科举文化与明清知识体系研究"（16JJD750022）阶段性成果。

　①　（清）张廷玉等：《明史》卷七十，中华书局 1974 年版，第 1702 页。

至可以说，一个馆阁文人如不这样规划人生，反倒令人感到讶异。

侍奉君侧并主要以文学侍从为皇帝服务的馆阁文人，其文学活动主要包括"典型馆阁写作"与"非典型馆阁写作"两个方面。

所谓"典型馆阁写作"，指无论在哪个朝代，只要有类似馆阁文人群体或个体存在的境况下都会发生的写作活动。这类馆阁写作活动与馆阁文人身为文学侍从这一职业定位直接相关，是其日常职守中必须完成的内容。其中尤为典型的，包括应制、唱和、献诗献颂等。对这些馆阁写作进行观察，不仅有助于把握明代馆阁文学活动的一些具体细节，亦可藉以对馆阁文人生存的历史情景作一二合理揣测。值得关注的至少有三个方面。其一，皇帝本人的辞章水平与好恶对馆阁文学活动的兴衰具有决定性的作用。以明代馆阁文人廖道南生活的嘉靖年间为例，当时的明世宗嘉靖皇帝"喜为诗文"[1]，经常作诗赐予臣下，并给予那些应制诗较为出色的臣下以不同恩赏。皇帝本人的这一爱好对于馆阁文人的写作热情无疑有着显著的激励作用。仅以廖道南一人的馆阁写作来看，从嘉靖七年至二十年，除去守制几年不算，几乎每年皆有馆阁写作。在此背景之下，嘉靖年间涌现出一批如严嵩、顾鼎臣、夏言、严讷及李春芳这样被称为"青词宰相"的文臣也就不足为怪了。其二，馆阁文学活动相对频繁的时段，皇帝与馆阁文人之间良性互动，关系较为融洽，如明宣宗时期，屡以御制诗、鲥鱼、醇酒、盛宴赏赐馆阁文人的情况便是实证。[2] 有明一代，像宣宗这样给予馆阁文人较高礼遇的情形并非特例。如明成祖朱棣曾"赐六部尚书、侍郎金织文绮衣各一袭，特赐翰林院学士解缙，侍读黄淮、胡广，侍讲杨荣、杨士奇、金幼孜衣，与尚书同"，并寄语"君使臣以礼，臣事君以忠""君臣各尽其道"。[3] 可以这样说，在皇权高度凌驾于士大夫阶层之上的明代，部分皇帝与馆阁文人的关系也有温情脉脉的一面。而这恰是馆阁文学活动得以繁盛的重要环境因素。其三，馆阁文人的荣誉感对馆阁文学活动的影响亦不容忽视。以廖道南为例，其馆阁写作只在丁忧离阙期间才暂时中断，甚至在离职后仍旧保持着某种惯性的延续，如嘉靖二十年（1541）献给世宗的《显亲达考颂》《清北八箴》《平南九歌》等。这是一种持续不已的使命感，还是受某些现实利益的驱使？廖道南本人的一段话，为我们理解这种心理提供了一些信息：

> 臣道南自弱冠登第，首被简注，纡琚入馆，荐荷宠渥，编摩史垣，献纳讲幄，几二十年。显陵甘露降则锡以宝罂，泰时卿云见则贶以瑶篇，徽士召还、平台祗谒则赉以金绮，内殿捧主、禁掖修书则劳以珍馔。圣心渊轸，御札咨询，有同馆诸儒所不获与而特眷焉者。[4]

---

① 《明实录·明世宗实录》卷七十二，"中研院"历史语言研究所 1962 年版，第 1632 页。

② 如《馆阁漫录》卷二载：宣宗宣德四年（1429）赐杨士奇、杨荣、金幼孜"鲥鱼醇酒"并"加赐御制诗"，宣德六年（1431）"以御制诗赐"蹇义、杨士奇、杨荣等人。参见（明）张元忭：《馆阁漫录》卷二，余来明、潘金英校点：《翰林掌故五种》，武汉大学出版社 2009 年版，第 359~362 页。

③ （明）张元忭：《馆阁漫录》卷一，余来明、潘金英校点：《翰林掌故五种》，武汉大学出版社 2009 年版，第 345 页。

④ （明）廖道南：《殿阁词林记》，余来明、潘金英校点：《翰林掌故五种》，武汉大学出版社 2009 年版，第 85 页。

秦汉以降常有所谓"皇恩浩荡"之说，这当然是奉承皇帝的套话，但也不排除，在一些臣民的套话中，确乎包含了几分真实感受：那些有幸成为皇帝近侍的馆阁文人，往往将"同馆诸儒所不获与而特眷焉者"视为毕生的荣耀。由于这种荣誉感与中国传统文人所特别珍视的"得一知己足矣"的感情有其相同和相通之处，而与世俗意义的趋炎附势明显不同，所以，当一个馆阁文人因感戴于帝王的青目而从事这种写作时，无疑具有较高程度的自发性和荣誉感。

所谓"非典型馆阁写作"，是相对于"典型馆阁写作"而言的，并非历朝历代馆阁文人群体或个体都必须承担的职责。具体到科举盛行、"简儒臣充文学侍从之官"①的明代，除应制、唱和、献诗献颂等馆阁文学活动及奉旨拟诏等公务外，馆阁文人的职业生涯还可以延伸到其他领域。曾任翰林学士等职的丘濬，关于馆阁文人经常担任的翰林馆职有一段概述，其中包含了较为丰富的内容："翰林居禁密地焉，天子亲臣，其职务之大者曰进讲，曰编纂，曰校文。"②所谓"进讲"，即为皇帝研读经史而特设的御前讲席。这种以引导皇帝成为"明君"为宗旨的御前讲学活动，其范围以儒家经典著述为主，明代尤以进讲《尚书》和《大学》居多，③盖《尚书》记载上古三代帝王之言动，与经筵的现实情境相近，而《大学》则在北宋以降的理学体系中居于核心地位。所谓"编纂"，指主持或参与编纂带有"盛世修典"性质、有助于营造盛世文化景观或构筑国家意识形态的大型官修典籍。如明成祖永乐九年辛卯（1411）下诏重修《太祖实录》、明世宗嘉靖六年丁亥（1527）敕纂《大礼全书》、明世宗嘉靖八年己丑（1529）敕修《会典》等，杨士奇、廖道南等人都有参与编修《实录》或《会典》之类官修典籍的经历。所谓"校文"，即负责主持各级科举考试。对于馆阁文人或承担一部分馆阁文人职能的文臣来说，一旦获得主持科举考试的机会，就不仅掌握了对广大考生的黜陟之权，还可凭借国家体制的力量主导文坛风气。北宋名臣欧阳修曾利用主持科举考试的机会革除"太学体"之弊，推动古文复兴，便是广为称道的一个范例。而一部分明代馆阁文人，也试图在这一领域有所作为。如杨士奇曾借出任会试考官的机会，大力推行自己的文学主张，"务先典实之作，以洗浮腐之弊"④。又如明世宗嘉靖十一年壬辰（1532）正月，曾任翰林学士的礼部尚书夏言，以岁当会试，条奏科场三事，所奏第一条"变文体以正士习"⑤，从"醇正典雅，明白通畅、温柔敦厚"等不同角度对八股文写作提出了明确要求⑥。

综上所述，馆阁文人以进讲向皇帝宣讲与朝政相关的儒家经典教义，以编纂参与建构

---

① （明）陈懿典：《陈学士先生初集》卷二，《四库禁毁书丛刊》集部第78册，北京出版社1997版，第661页。

② （明）丘濬：《琼台诗文会稿》卷十四，《丛书集成》三编第38册，台湾新文丰出版公司1997年版，第259页。

③ （明）黄佐《翰林记》卷九《讲读合用书籍》云："儒臣进讲《四书》，以《大学》为先，《五经》以《尚书》为先。"参见黄佐：《翰林记》，中华书局1985年版，第122页。

④ （明）黄佐：《翰林记》卷十四《试录程式文字》，中华书局1985年版，第183页。

⑤ （明）夏言：《南宫奏稿》卷一《正文体重程序简考官以收真才疏》，《景印文渊阁四库全书》第429册，台湾"商务印书馆"1986年版，第420页。

⑥ （明）夏言：《南宫奏稿》卷一《正文体重程序简考官以收真才疏》，《景印文渊阁四库全书》第429册，台湾"商务印书馆"1986年版，第422页。

国家意识形态；以科举校文主导一朝文风走向，其职业生涯具有丰富多彩的内容。尽管馆阁文人的这些活动始终是在皇权的笼罩之下进行的，但士大夫献身于天下国家的情怀也常常伴随着这一过程，有时也确有几分崇高和神圣感。杨士奇《宣德二年进士题名记》云："仰惟国家取士非一途，而士必以科第为荣者，天子亲擢之也。今朝廷宠科第，廷试有录以示中外，题名有碑以示永远，夫岂徒显其名哉？固将推所学，见诸功业及诸天下也。名之所在，使后人睹之，而思其所立，歆艳爱慕之无已，荣莫大焉。不然，碌碌无称，或所行非所学，后将有指其名而疵议之者矣。此系其立志与否。呜呼！可不勉欤？"① 杨士奇这些话，当然是说给所有进士听的，而那些进士中有幸成为馆阁文人的，志向无疑应更为高远一些。这种志向的核心内容，即经世济民，建功立业，造福于国家和百姓。儒家的"三不朽"大业，是历代读书人人生规划的核心内容，明代的馆阁文人也不例外。

二、明代馆阁文学活动的意义与局限

作为一个特殊的文人群体，馆阁文人的文学活动具有怎样的意义和局限？这样提问，实际上是要回答以下问题：馆阁文人的人文素养总体水准如何？如何评判那些"歌功颂德、点缀升平"的作品？如何评价那些"朝廷大制作"？如何处理馆阁文学活动与整个社会的文学风尚之间的关系？

明代馆阁文人或兼事馆阁文学创作的台阁重臣，是一群主要由科举制度选拔出的儒生。这种特殊的教育背景与出身情况，是考察其人文素养的首选角度。

明代有一项重要规定：科举以四书五经为基本考试内容。这一规定的宗旨，是以国家体制的力量来强化儒家经典在国民教育中的功能。之所以偏重儒家经典，乃是基于一个基本事实：《论语》《孟子》等儒家经典是秦汉以来中国传统社会维系人心、培育道德感的主要读物，并一再被证明成效显著。我们经常表彰"中国的脊梁"，一个毋庸置疑的情形是，秦汉以降，"中国的脊梁"大多是在儒家经典的教育下成长起来的。就明代的情形而言，四书五经对士人阶层的品行所产生的整体影响也是巨大的："当变故之秋，率多仗义死节之士；值权奸之际，不乏敢言直谏之臣。贤士大夫之公评，士庶之清议，是非井然，一有不当于人心，群起而议。"② 对明代士大夫所具有的道德感和正义感，不宜评价过高，但也不宜评价过低。在风标不俗的明代士大夫中，自然也包括了一部分馆阁文人或馆阁文人出身的台阁重臣。至于台阁重臣中最有人望的"三杨"，其人品尤常为后人所称道。当然，"三杨"这样的名臣，并不具有普遍性，但有这样一批名臣，却也表明，对馆阁文人或馆阁文人中的台阁重臣一笔抹煞是不妥当的。

馆阁文人及其作品，往往被概之以"歌功颂德，粉饰太平"等评论，那种不屑一顾的口气足以引发一部分读者的鄙薄。然而事实上，事情还有另外一面。在特定的时空背景下，雍容大度的气象，高华典重的辞藻，其实也是不可缺少的。我们常说"开国气象"，我们常说"汉唐盛世"，与"开国气象"和"汉唐盛世"联系在一起的那些作品，与杜

① （明）杨士奇：《东里文集》，中华书局 1998 年版，第 11 页。

② （明）高攀龙：《高子遗书》卷七，《景印文渊阁四库全书》第 1292 册，台湾"商务印书馆"1986 年版，第 441 页。

甫的《秋兴》一类作品一定是风貌迥异的。人生需要仪式感，群体需要仪式感，王朝也需要仪式感。至于馆阁文人的创作，更不仅与时代相关，还与特定的空间有关，帝王是它最重要的读者。当他们与帝王应酬时，其作品内涵中，一部分要素是所有应制之作都应具备的，一部分要素则是带有个人烙印的情感。如杨荣、杨溥、杨士奇等人，历成祖、仁宗、宣宗、英宗四朝，不仅是明代较为安定繁荣的这段历史时光的直接见证人，也是"盛世鸿业"的亲身参与者。作为馆阁文人或谓由馆阁文人而被选拔为台阁重臣者，"遭遇列圣太平雍熙之运，声明文物之时"，"抒其所蕴，以鸣国家之盛"①，既是其职守所在，是与帝王应酬之需，但也不是被迫的。士大夫阶层有志于兼济天下，有能力获得帝王的青睐，乃是兼济天下的基本前提。自孟子以降，"得君行道"就是传统士大夫阶层占主导地位的价值理念。由此衍生的创作心态，一如杨荣《杏园雅集图后序》所言：

> 惟国家列圣相承，图惟治代，以贻永久，吾辈忝与侍从，涵濡深恩，盖有年矣。今圣天子嗣位，海内宴安，民物康阜，而近职溯望休沐，聿循旧章。予数人者得遂其所适，是皆皇上之赐，图其事以纪太平之盛，盖亦宜也。②

所谓"盛世"，所谓"鸿业"，一方面是他们所要"润色"的内容，另一方面也是他们自幼即努力认同的事业，其作品因而有其社会心理基础和身分认同基础。从这个层面来说，明代"馆阁文人"的创作确乎多为"乾坤喜气溢天颜，大将中原奏凯还"③"圣主尊居四海安，天教戎虏自相残"④ 之类颂圣之辞，虽然格调不高，却是其身分认同的需要，而这种身分认同，乃是帝制时代"兼济天下"的必要前提：馆阁文学如此，与馆阁文学创作关系密切之台阁体所含蕴的"富贵福泽之气"⑤ 亦是如此。这类馆阁之作，雷同之处甚多，却也时有可读之作。如明代第一位状元吴伯宗《荣进集》所录《长江潦水诗十二韵应制》：

> 巴蜀已消雪，长江潦水浑。洪涛涵日月，巨浪浴乾坤。
> 回拥三山出，雄驱万马奔。大声如拔木，远势泻倾盆。
> 浩荡川原混，微茫岛屿蹲。漫漫连两岸，渺渺接千村。
> 毂转盘涡急，云蒸湿气屯。浮游多浴鹭，变化有溟鲲。
> 已足沾畴陇，还应赴海门。朝宗长不息，灌溉意常存。

---

① （明）胡俨：《两京类稿序》，《"国立中央图书馆"善本序跋集录》集部（二），"国立中央图书馆"1994 年编印，第 347 页。

② （明）杨荣：《文敏集》卷十四，《景印文渊阁四库全书》第 1240 册，台湾"商务印书馆"1986 年版，第 205 页。

③ （明）魏观：《大将军徐丞相平定中原振旅还朝上御龙江亭命儒臣各赋一诗迎之观应制二首》，章培恒等主编：《全明诗》第 1 册，上海古籍出版社 1990 年版，第 536 页。

④ （明）廖道南：《殿阁词林记》，余来明、潘金英校点：《翰林掌故五种》，武汉大学出版社 2009 年版，第 226 页。

⑤ （清）永瑢等：《四库全书总目》卷一百七十，中华书局 1965 年版，第 1484 页。

惠泽流今古，阴阳顺晓昏。滔滔南国纪，永护九重尊。①

是诗作为应制之作，风格高华，当得起"雍容典雅，有开国之规模"② 的称誉。

　　明代馆阁文人的应制之作，其特殊的写作情景和写作需要，提醒研究者注意：对这一类诗文的评价，有必要参考历史上衡估大雅和颂诗的标准，而不宜简单对应于国风和小雅的传统。《诗经》时代曾有风、雅、颂之别。关于风、雅、颂的分类依据，朱熹《诗集传序》指出：所谓风，"多出于里巷歌谣之作"，大多属民间情歌；所谓变雅，多为"贤人君子"心忧天下之作；而雅颂则多为"朝廷郊庙乐歌之词"。③ 大雅用之于朝廷，颂用之于郊庙，根据朱熹的说法，这其实就是《诗经》中的"台阁体"。雅颂在后世的延伸即"朝廷郊庙"所用的"乐章"。属于雅颂一脉的"乐章"，其宗旨不在娱人，而在于发挥政教功能，礼乐中蕴含的礼治、礼法、乐教、政教等内容，才是执政者关注的重心。或者说，传统意义上的制礼作乐，旨在创造一种肃穆庄重的氛围并藉以建立政教的威严。以明代为例，清初朱彝尊《静志居诗话》卷一专列"乐章"一类，收录明代的《庆成宴》《太庙时享》《太学释奠》等篇，均与朝廷的祭祀典礼相关。这类承袭雅颂统绪的乐章，从未大规模地进入民众的欣赏视野，作为国家体制的一个组成部分，它需要发挥的主要是仪式功能。其实，典礼和典礼所造成的庄严感，在任何时代都有其必要性。如果那是一个名副其实的盛世，则其价值就更不宜忽略。从这样的角度来看杨士奇的若干四言诗，如《平安南诗》《平胡诗》，才能恰当认定其价值。这些诗尽管不一定是典礼所用，但其风格、功能确与雅颂相近。

　　至于三杨等台阁文人的"朝廷大制作"及其"应世之文"，其价值则不在于营造仪式感，而在于为国家治理提供方略，或为具体方略提供高水准的说明，或对朝廷意图加以阐释。这一类文字，因为不符合现代散文的标准，长期以来被摒于研究视野之外。这其实是不妥当的。假如我们放弃"纯文学"的单一标准，而对"杂文学"多一些"同情之了解"，结论会显然不同。黄淮《少师东里杨公文集序》云："（公）历事四圣熙洽之朝，凡大议论大制作，出公居多。肆其余力，旁及应世之文，率皆关乎世教，吐辞赋咏，冲淡和平，飒飒乎大雅之音，其可谓雄杰俊伟者矣。公之立心制行，本之以忠贞亮直，持之以和厚谦慎，以故清议咸归重之。洪惟我朝自太祖高皇帝肇开文运，儒雅彬彬辈出，以公述作征诸前烈，颉颃下上，能几人焉？方之当时，齐驱并驾，复几人焉？谓之间世之才，其信然哉。"④ 黄淮这里谈的，主要就是杨士奇的"大议论大制作"及其"应世之文"，而评价如此之高，虽不免有溢美之处，也不能据此就说明代所有的"朝廷大制作"及应世之文都是珠玑，但至少可以见出杨士奇所作确有值得称道之处。对于这些作家作品，随意臧否是不得体的。

　　① （明）吴伯宗：《荣进集》卷二，《景印文渊阁四库全书》第 1233 册，台湾"商务印书馆"1986 年版，第 236~237 页。
　　② （清）永瑢等：《四库全书总目》卷一百六十九，中华书局 1965 年版，第 1477 页。
　　③ （宋）朱熹：《诗集传》卷首，上海古籍出版社 1980 版，第 2 页。这里所用"雅颂"一语，根据约定俗成的惯例，指正雅（大雅）和颂，不包括变雅（小雅）在内。
　　④ （明）杨士奇：《东里文集》卷首，中华书局 1998 年版，第 1 页。

说到馆阁文学活动与整个社会的文学风尚之间的关系，可以提及晚明陈懿典的《皇明馆阁文抄序》：

> 晚近登坛自命狎主齐盟者，每卑馆阁为应制体，合诸草泽以争胜。文称西京，诗拟初盛，而谓非此即不及格。独不思两司马、刘向、杨（扬）雄、班固皆身在承明、天禄、石渠之间，摩诘、青莲俱列供奉之班，乌得谓应制为降格，而文人不在金马门也。我明中天启运，右文兴理，二百年来，官重馆阁之选，文重馆阁之体，国家有大典制、大述作，俱由兹以出。而天下才俊聪明之士，有鼎甲庶常所不及收者，则冠带绅弁之伦，能者甚众。又有科目方内所不能尽者，则山林羽释之中，能者不少。合此两者以与词垣竞，则众寡之形分，而和平典重与纵横牢骚者又异，何怪世之贬周而尊汉也。虽然，庙堂之上，纶綍之重，必不可以莽亢之气、悲壮之音用者。藉令击剑弄刃之技而陈于干羽之舞，则不典；山龙黼黻之章而杂以肇帨之文，则失裁。何也？才不尽于馆阁之人，文不尽于馆阁之体，而在馆阁则才不可逞，体不可越也。不见相如谕蜀之檄、子美明堂之赋，乃不与《子虚》曼衍、《曲江》之哭、《秋兴》之哀同调也？由斯以谭，则文章之变虽不可胜穷，才人之致虽无所不有，而要之合馆阁则八骏之绝尘应于和鸾，离馆阁则千里之长风不免蹄啮，其地使然也。①

陈懿典所说的"诸草泽"，指的是前七子一类郎署文人，正是他们取代了台阁重臣在文坛的领导地位。20 世纪 50 年代后期，茅盾在分析文人作家内部的现实主义与反现实主义（形式主义）的斗争时，举了好些例子，其中一个是讨论明代的台阁体和前七子。"'台阁体'是怎样的产生而且成为当时的文学'正宗'呢？'台阁体'是在这样的环境下产生的：永乐成化间大约八十多年的比较太平，和一定的经济繁荣；洪武、永乐两代对于文人的大杀戮（其实不只是洪武和永乐，明朝的皇帝几乎没有一个不是杀过多少文人的，翻开明史文苑传，就可以看到，凡是有声望、有气节的文人，十之八九都不得善终，至少也像杨升庵那样廷杖充军，以至于死）；制艺取士的制度一方面束缚了文人的思想，让他们终生的精力消耗于'代圣贤立言'，又一方面给一块敲门砖，使他们死心塌地地来钻这圈套。所谓'台阁体'，说得'雅'一点，是雍容典雅，说得不客气，就是'今天天气，哈哈哈'。这种以阿谀粉饰为主题，以不痛不痒、平正肤廓为风格的文学，在那时，不但是文人们明哲保身的法宝，也不失为夤缘求进的阶梯。因此，从永乐到成化，虽然有少数卓特之士唾弃这所谓'台阁体'，然而当时滔滔者天下皆是，台阁体俨然成为'正宗'和'主流'。""可是到了弘治年代（十五世纪末），形势已经大变。这个皇朝，对外不能御侮，对内不能养生，可是荒淫暴虐，却依然如故。稍有正义感的文人，都不能再容忍那阿谀粉饰、不痛不痒的文风。'前七子'的复古运动，正是针对着这种情况而发生的。在李梦阳等大声疾呼以前，李东阳也是'台阁体'的反对者，可是茶陵派（即李东阳为首的一派）虽不同于'三杨'，但还是姜弱，不足以一新耳目。治重病得用猛药。'前七子'正因此故为偏激，有'文必秦汉、诗必盛唐'的主张。我们不能把'前七子'的复古运

---

① （明）陈懿典：《陈学士先生初集》卷二，《四库禁毁书丛刊》集部第 78 册，北京出版社 1997 版，第 656 页。

动，看成仅仅是'文体'改革运动，而必须充分估计它的政治改革和思想解放的意义。"① 茅盾的这段话，立场与前七子一致，而陈懿典则致力于为台阁体辩护，理由是：以应制为核心的台阁体有其特殊的功能，特殊的要求，"在馆阁则才不可逞，体不可越"。金克木《八股新论》一文曾说："中国作品中大多对话中的'应'，而且多半是'应试'或'应世'即'应酬'、'应景'，很少自发说自己独有的话如《老子》的，尤其是'代笔'为他人说话更是如此。《文心雕龙》中论的《章表》《奏启》《议对》《书记》都是对话的一方说话，着重文辞和作法，必须考虑对方的地位和关系，而且常是代笔。越到后来，套话越多，力不从心，辞不达意，往往半吞半吐，半真半假，要言藏于废话之中。"② 对于"应"的作品，陈懿典的态度与金克木看起来大为不同：陈懿典偏于肯定，金克木偏于否定。其实二人的差别不大。陈懿典偏于肯定，是就馆阁文体而言的：就馆阁各种用于朝政和宫廷的应用文体而言。陈懿典强调不能"不典"，不能"失裁"，确有其合理性，因为这是其职能所在，是"'代笔'为他人说话"的特定要求使然。金克木偏于否定，是不满这种形成于馆阁的文学风尚影响到了馆阁之外甚至整个社会。所以，如果我们要对馆阁文人尤其是台阁重臣的文学活动加以批评的话，重点在于，他们热衷于将这种"歌功颂德、点缀升平"的口吻、风格推广到所有的写作活动中，并以此影响整个社会的文学风尚。台阁体作家如果能将其职业写作与非职业写作区别开来，如果允许社会的文学风尚在馆阁风尚之外自由形成，也就不会有太多的弊病了。

（作者单位：武汉大学台湾研究所）

---

① 茅盾：《夜读偶记》，百花文艺出版社1958年版，第21~22页。
② 参见启功、张中行、金克木：《说八股》，中华书局2000年版，第144~145页。

清代财政与社会转型

清代榷关的设置与关税征收的变化[*]

□ 陈 锋

一、榷关的设置及相关问题

明清榷关可划分为户部关和工部关，在榷关管理上，表现出三个特征：一是管理部门不同，榷关分别由户部和工部管理；二是征收货物类别不同，一般来说，户部关以征收日常百货通过税为主，工部关则主要征收竹木、船税等；三是关税归属不同，户部关所征之税上交户部，工部关所征之税上交工部。同时，由于传统社会中央财政与皇室财政划分不清晰，关税有时上交内务府，成为皇室收入一项重要来源。

清代征收关税之榷关，在清代前期，除江南海关、浙江海关、广东海关外，主要是内地"常关"，属于户部的称为"户关"，属于工部的称为"工关"。关于户部关与工部关的区分，乾隆《大清会典》曾称："凡天下关津榷务，户部掌之，其隶工部者，专税竹木，商旅辐辏之地，间榷船货，皆因地制宜。"① 这恐怕是一般所谓工关主要征收竹木、船货的来由。倪玉平称："关有户关、工关之别，前者隶于户部，税款岁输户部供国用，后者隶于工部，主要征收竹木税和船税，税款专佐工部营缮之需。"②

清代的榷关数目，历朝不同，以户部管辖的关居多。

户部管辖的关，起初全部由户部贵州清吏司管辖，康熙《大清会典》载：

> 贵州清吏司，分管贵州布政司、贵州都司，带管崇文门、左翼、右翼、张家口、杀虎口、天津关（旧为河西务，康熙元年改）、临清关、芜湖关、淮安关、扬州关、浒墅关、凤阳关、西新关、湖口关（旧为九江，康熙二十一年改）、赣关、北新关、

———————

* 本文为国家社科基金重大招标项目"清代财政转型与国家财政治理能力研究"（15ZDB037）、"中国古代财政体制变革与地方治理模式演变研究"（17ZDA175）阶段性成果。

① 乾隆《大清会典》卷七十五《工部·都水清吏司》。
② 倪玉平：《清朝嘉道关税研究》，北京师范大学出版社 2010 年版，第 3 页。

太平桥关、江南海关、浙江海关、广东海关、本部三库。①

如上，康熙年间户部管辖的为崇文门、左翼、右翼、张家口、杀虎口、天津关、临清关、芜湖关、淮安关、扬州关、浒墅关、凤阳关、西新关、湖口关、赣关、北新关、太平桥关、江南海关、浙江海关、广东海关等20个关。

雍正《大清会典》载：

> 贵州清吏司，分管贵州布政司（旧有贵州都司，康熙二十六年裁），带管崇文门、左翼、右翼、张家口、杀虎口、天津关（旧为河西务，康熙元年改）、临清关、芜湖关、淮安关、扬州关、浒墅关、凤阳关、西新关、九江关、赣关、北新关、太平桥关、江南海关、浙江海关、福建海关、广东海关。②

如上，雍正朝的户部关有21个，比康熙朝多了福建海关，另外，雍正朝将"湖口关"改回到最初的名称"九江关"。

嘉庆《大清会典》载：

> 贵州清吏司……凡门关之税，皆颁其政令……凡户关之属二十有四，京城崇文门、左翼、右翼，通州坐粮厅，直隶天津关、山海关、张家口，山西杀虎口、归化城，山东临清关，江苏江海关、浒墅关、淮安关兼庙湾口、扬州关兼由闸、西新关，安徽凤阳关、芜湖关，江西九江关、赣关，福建闽海关，浙江浙海关、北新关，广东粤海关、太平关。其杀虎口、临清关、芜湖关由闸所设之工关，俱归工部管理，户关之直隶天津海税，归福建司，奉天、凤凰城中江归山东司，湖北武昌厂、游湖关归湖广司，四川夔关、打箭炉归四川司，广西悟州厂、浔州厂归广西司查核。③

如上嘉庆时的户部关有24个，增加了坐粮厅、山海关、归化城，另外，还有隶属工部的杀虎口、临清关、芜湖关由闸，隶属福建清吏司的天津关，隶属山东清吏司的奉天、凤凰城中江，隶属湖广清吏司武昌厂、游湖关，隶属四川清吏司的夔关、打箭炉，隶属广西清吏司的悟州厂、浔州，共有36个关。

这里除了关数的变化外，值得注意的还有隶属关系或管理关系的变化，除原有的贵州清吏司管理诸关外，福建清吏司、山东清吏司、湖广清吏司、四川清吏司、广西清吏司也有了管理之权。这种管理关系的变化，应该与关税起解的变更有关系。前此学者已经有所注意，如倪玉平引述何本方的论文称："湖广司、四川司、广西司所属诸关税银全部解送藩库，作为官吏养廉及兵饷之用，奏销附入地丁钱粮奏销册，说明这部分税款主要用于地

---

① 康熙《大清会典》卷十七《户部》。
② 雍正《大清会典》卷二十三《户部》。
③ 嘉庆《大清会典》卷十六《户部》。

方事务，可见，从税银的使用看，这几个关可以算作地方关。"① 因隶属关系或管理关系
的变化，或税银使用的变化，就认为这些关成了地方关，不一定准确。笔者认为，由于关
税起解的变更，而导致隶属关系或管理关系的变化，与所谓的"中央关""地方关"无
涉。如上述"户关之直隶天津海税，归福建司"，嘉庆十三年定，天津海税额征银40000
万两，"以二万六千两解部，以一万四千两解直隶留充公用，盈余银尽收尽解，无定额，
直隶总督委天津道管理"。之所以改归福建司，是由于福建司"掌核直隶、福建两布政司
之钱粮"②。又如"四川夔关、打箭炉归四川司"，夔关、打箭炉关在初设关时，收入很
少，夔州权关，"设自康熙六年，正额税银一千五百四十一两六钱九分二厘五毫，遇闰增
银一百二十二两六钱七分六厘。原系夔州府知府尽收尽解，雍正五年十二月内，四川巡抚
宪德疏称，夔关税课日多，已不下于他省钞关，应请照各省监收之例，按年遴员更换，以
慎考核。雍正六年部议，以雍正七年为始，照浒墅淮关之例，派差监督一员，据实征
收"。打箭炉权关，"设自康熙四十年，定炉之后，每年正额税银五千三百一十六两六钱
九分八厘九毫，派差监督一员征收，自行启奏开销"③。以后征收日多，嘉庆年间，"夔
关额征正税银七万三千七百四十两有奇，钦定盈余银十一万两，除留支夔州协巫山营、梁
万营、忠州营、大昌营、盐厂营、石柱厅官俸、养廉、兵饷、役食、杂费银六千八百四两
有奇，余银解司，归地丁奏销造报。打箭炉关钦定额征正税银二万两，盈余尽收尽解，除
支给达赖喇嘛茶价脚银及喇嘛口粮、同知养廉役食银六千八百五十余两。兑支兵饷，归入
兵马奏销造报"④。

我们还注意到，历朝的权关数，在各种论著中说法不一。祁美琴说："从顺治二年到
八年，清廷在明代钞关的基础上，通过合并、划拨、裁革商关等，又先后重建和新增了京
师的崇文门、左翼、右翼，直隶的天津、张家口、龙泉，辽东的奉天，山西的杀虎口，山
东的临清关，江南的淮安关、凤阳关、芜湖关、扬州关、西新关、浒墅关，浙江的北新
关，江西的九江、赣关，福建的闽安关等19个户部钞关，这个数字相当于明末的2倍
（应该是1倍之误）。康熙年间增建直隶的坐粮厅、山海关，辽东的中江，湖北的武昌，
四川的打箭炉、夔关，广东的太平关、粤海关，福建的闽海关等11处。雍正年间增加了
广西的梧州、浔州二厂。乾隆年间分别增建山西的归化城、多伦诺尔2处，共计34
处。"⑤ 这种说法是否经过了认真研究，不能断定。倪玉平的看法与祁美琴相同⑥。廖声
丰说："从顺治二年到顺治九年，清政府先后重建了20个关，它们是崇文门关、左翼关、
右翼关、临清关、淮安关、凤阳关、芜湖关、北新关、浒墅关、张家口关、扬州关、西新

<hr/>

① 倪玉平：《清朝嘉道关税研究》，北京师范大学出版社2010年版，第3页。参见何本方：《清代
户部诸关初探》，《南开学报》1984年第3期。

② 嘉庆《大清会典》卷十三《户部》。

③ 雍正《四川通志》卷十六《榷政》。

④ 嘉庆《大清会典》卷十四《户部》。

⑤ 祁美琴：《清代权关制度研究》，内蒙古大学出版社2004年版，第14页。另外，该书第362~
363页附有"清代户部贵州清吏司所属权关变化情况表"，列有明末关10个，顺治八年以前关19个，康
熙二十九年以前21个，雍正十年以前23个，嘉庆十七年以前24个，光绪朝26个。可以参看。

⑥ 倪玉平：《清朝嘉道关税研究》，北京师范大学出版社2010年版，第3页。注明是依据郭蕴静：
《清代商业史》，辽宁人民出版社1994年版。

龙江关、闽安关、赣关、九江关、杀虎口关、独石口关、龙泉关、奉天关、太平关。五个工部常关，它们是芜湖工关、荆州工关、龙江工关、杭州工关、清江厂。康熙年间又增建坐粮厅关、山海关、中江关、武昌关、夔关、江海关、浙海关、闽海关、粤海关、打箭炉、渝关、天津海税等12个户部关。增加潘桃口关、杀虎口关、武元城关、砖版牌（应为'闸'）、龙江关、宿迁关、瓜仪由牌（应为'闸'）、南新关、辰关、渝关等10个工部关。雍正年间设立梧州、浔州两户关。乾隆年间设立多伦诺尔、归化城、辰关三户部关。以上共50个户部和工部常关，其中户部关35处，工部关15处。"① 邓亦兵认为，清代前期各朝税关数量不一，顺治朝38处，康熙朝38处，雍正朝36处，乾隆朝40处。②

以上诸家所说可以参考，但仍有研究的余地。笔者认为，以各关的征税情况来探讨清代前期的権关数比较可靠。乾隆《大清会典·户部》在记载关税时，除记载各关的关税数额外，同时列出了各关关名，引述如下：

凡直省关税，以乾隆十八年奏销册计之，税入四百三十二万四千有五两有奇。

京师崇文门税入十万二千百七十五两，左翼、右翼均万两，通州万二千六百四十七两。

直隶天津关七万四千五百六十九两，山海关三万二千二百两，龙泉、紫荆、独石等关口四千三百有六两，张家口二万两，杀虎口万六千九百十有九两（内工关银七千六百四十两，税解本部，考核由工部，凡工关同），潘桃口七千六百四十五两，古北口二千六百六十九两，胡纳胡河二千三十两，辉发莫钦二百八十两，白都讷二百有七两（均工关）。

奉天四千八十八两，中江三千二百九十四两。

山东临清关四万三千三百有五两（内工关四千五百七十二两）。

山西武元城千二百三十一两（工关）。

江苏海关七万七千五百有九两，浒墅关四十九万五千二百二十六两，淮安关三十二万五千一百六十三两（内宿迁工关四万八千八百八十四两，系淮安关兼管），扬州关二十万一千九百有八两，西新关十有二万九千九百十有五两（内龙江工关五万七千六百有七两，系西新关兼管）。

安徽凤阳关二十八万七千九百二十两，芜湖关三十一万六千八百二十五两（内工关七万一百四十六两）。

江西九江关三十五万四千二百三十四两，赣关九万六百八十二两。

福建海关三十一万四千四百四十八两，闽安关二万三千三百六十五两。

浙江海关八万七千六百五十四两，北新关二十一万六千五百六十二两（内南新工关三万二百四十七两，系北新关兼管）。

湖北武昌厂五万三千九百六十七两，荆关四万一千六百十有七两（工关）。

湖南辰关万六千四百二十二两（工关）。

四川夔关（旧名渝关）十有六万三千一百十有四两（内工关五千两），打箭炉一

① 廖声丰：《清代常关与区域经济研究》，人民出版社2010年版，第31~32页。
② 邓亦兵：《前代前期关税制度研究》，北京燕山出版社2008年版，第34~35页。

万九千六百七十五两。

广东海关五十一万五千一百八十八两，太平关十有三万七千二百九十七两。

广西梧厂六万三千有八两，浔厂四万五千八百二十两各有奇。①

据以上所引，出现的关名共有48个，即：崇文门、左翼、右翼、通州（即坐粮厅）、天津关、山海关、龙泉、紫荆、独石、张家口、杀虎口、潘桃口、古北口、胡纳胡河、辉发莫钦、白都讷、奉天、中江、临清关、临清工关、武元城、江苏海关、浒墅关、淮安关、宿迁工关、扬州关、西新关、龙江工关、凤阳关、芜湖关、芜湖工关、九江关、赣关、福建海关、闽安关、浙江海关、北新关、南新工关、武昌厂、荆关、辰关、夔关、夔关工关、打箭炉、广东海关、太平关、梧厂、浔厂。

乾隆《大清会典·工部》列有工关税额和工关关名，为了比较，引述如下：

凡工关税额，以乾隆十八年奏销册计之，岁入二十七万千五百四十六两有奇。潘桃口七千六百四十五两，古北口千十有二两，杀虎口七千六百四十六两，武元城千二百三十一两，宁古塔辉发穆钦等处三百七十两各有奇，砖版闸四千五百七十二两（临清关兼管），龙江关五万七千六百有七两（西新关兼管），宿迁关四万八千八百八十四两（淮关兼管），瓜仪由闸七千六百六十六两（扬关兼管），芜湖关七万一百四十六两，南新关三万二百四十七两（北新关兼管），荆关万七千十有九两，辰关万二千五百两，渝关五千两（夔关兼管）。②

这里记载的"砖版闸"，为户部记载的"临清工关"，只有扬州关兼管的"瓜仪由闸"在上引户部的记载中没有出现。如果加上"瓜仪由闸"，乾隆十八年统计的户部和工部关数为49个。从中也可以清楚看出，工部关为潘桃口、古北口、杀虎口、武元城、辉发穆钦、砖版闸、龙江关、宿迁关、瓜仪由闸、芜湖工关、南新关、荆关、辰关、渝关等14个。

在探讨榷关设置时，值得注意的还有几个问题：

第一，清初各关的变化较大，处于反复的归并调整之中。如，江宁的龙江关、西新关，顺治二年，将新江关并入西关，合称"西新关"，康熙十年，又将西新关税务归并龙江关。又如，淮安除中河关及淮安钞关外，有淮关板闸，康熙三年，将淮关板闸裁并。③

第二，除公认的榷关外，一些小的"厂、桥"是否统计在"关"的数额内，值得商榷。如广东，在康熙和雍正《大清会典》中，只列有广东海关（粤海关），乾隆和嘉庆《大清会典》中列有粤海关、太平关，但在地方志中，还有抽税的其他关口，南雄府有太平桥，韶州有遇仙桥，连州有洸光厂，桂林府有东门桥，平乐府有平乐府桥，富川县有富

---

① 乾隆《大清会典》卷十六《户部·关税》。按：乾隆《大清会典则例》卷四十七《户部·关税上》所记相同，但更加细致，在后面讨论关说征收时，将加以引述。

② 乾隆《大清会典》卷七十四《工部·都水清吏司》。

③ 乾隆《江南通志》卷一百零五《职官志》。

川县厂等，各抽税不等，这些"厂、桥"所抽之税列在"杂税"项下，不在关税的统计之内，① 也就不把其称之为"关"。四川除夔关、打箭炉关外，其他也明确记载为"榷关"：保宁府阆中县榷关，"设自康熙十九年，每年正额杂税银一百零八两七钱六分五厘九毫，遇闰增银一十二两八钱七分七厘八毫，系阆中县知县征收，解交藩库"。广元县榷关，"设自康熙十九年，每年正额杂税银一千四百八十一两七钱四分八厘九毫，遇闰增银一百四十三两二分八毫，系广元县知县征收，解交藩库。自雍正五年，因人物繁殷，商贾辐辏，详请尽收尽解，每年除正额外，其赢余多寡不等"。雅州府榷关，"设自康熙二十一年，每年正额杂税银二百八十六两四钱七分六厘，遇闰增银四十一两七钱九分九厘，系雅州府知府征收，解交藩库，自雍正四年清查关税，奉文尽收尽解，每年除正额外，其赢余多寡不等"②。这些榷关，因主要是地方征收，没有统计在关税内，也就不把其统计在榷关数目内。

第三，户部关与工部关的区分，主要是沿袭明代，其管理和税款的解交，在清代都有变化。如芜湖有户、工二关，"工部抽分，设于明成化七年，户部钞关，设于崇祯三年。国初因之，分遣两部司官管理。康熙十年，并工关于户关，岁遣部属一员。雍正元年，归并安徽巡抚，令地方官兼管"③。如乾隆《大清会典》称："凡工关解饷，潘桃口、古北口、杀虎口岁入节慎库，余输户部，岁要其成定殿最以闻。"④

第四，所谓的"户部关"和"工部关"，也时有变动。如，江苏龙江关，"在江宁县西仪凤门外，今移上新河。旧管收工部税务，另设户部钞关。康熙二十八年，并两税为一，民商称便"⑤。由于这种"户部关"和"工部关"的变动，一般所说的户关主要征收日常百货通过税，工关主要征收竹木、船税等，有时不能明确区分，如江苏龙江关，"抽分口岸，有上新河大关、下关、大胜关、河定桥、东坝、芮嘴、和含二套口、龙潭、沙漫洲、仪征河口、镇江口等处，抽收竹木簰筏等项船契、石灰、芦料、牙钞等项。明代系南京工部堂官札差委员外郎管理，国初因之。历差工部司官，每岁更替。康熙六十一年，令地方官兼收。雍正元年，归并江苏巡抚兼管。雍正六年，江宁织造管理"⑥。这种管理关系的变动，不会导致抽收类别的变动。

各关在大关之下，又设有"司""务""口"等，以分理。如江南西新关，"明代有西关收落地税，专差户部主事管理，辖都税、江东、龙江、朝阳、聚宝五司，抽收出入商税，又有新江关抽通济、太平、神策等门民间各商进城之税，并浦口、江浦、石碛、王沟、赵沟、观音门等口岸客商所贩各畜入城之税，及五城田地山荡租银，系内监经收。国朝顺治二年，内院洪承畴题准新江关并入西关，名西新关，差户部司官督理，其抽分设有都税司大使一员，司出城杂税，龙江司兼管江东司大使一员，聚宝司兼管朝阳司大使一员，司入城杂税。茶引所大使一员，专司茶税。又有抽收落地钞船契等项及五口岸抽分厂

① 雍正《广东通志》卷二十二《贡赋》。
② 雍正《四川通志》卷十六《榷政》。
③ 乾隆《江南通志》卷七十九《食货志·关税》。
④ 乾隆《大清会典》卷七十四《工部·都水清吏司》。
⑤ 乾隆《江南通志》卷二十五《舆地志·关津一》。
⑥ 乾隆《江南通志》卷七十九《食货志·关税》。

观音门下关各处牛羊等项"。如江海关，"江海抽分，设于康熙二十四年，抽收一切航海税钞，每年轮差部员。六十一年，归并江苏巡抚兼管，委地方官监收。其所辖各海口计二十二处，分隶苏、松、常、镇、淮、扬六府，泰、通二州，除淮属庙湾等四口，于雍正七年奉文归并淮关外，现存刘河、施翘河、黄田澜港、滆缺、任家港、吴淞、七了、白茆、孟河、黄家港、小海口、石庄、吕四、徐六泾、福山、新开河、当沙头等处"①。

各关有各种严格的考核之例，按照乾隆《大清会典则例》的记载，略有三端②：

一是任期考核。顺治五年题准："关差考核称职，方准回部，有不称职者，该督抚据实题参。"顺治十一年题准："关差一年为满，凡到任回部，均量地远近，限定日期，崇文门限前官任满第二日到任，本任满第二日回部，河西务限六日，临清关二十日，淮安关五十日，扬州关五十五日，西新关六十二日，芜湖关、凤阳关六十七日，浒墅关七十一日，北新关、九江关八十六日，赣关百有十日，太平关一百三十五日，违者核参。"康熙十一年题准："关差回京，原领专敕精微批文，亲缴部科，违限一月以内者免议，一月以外照例交部议处。"康熙五十五年议准："嗣后各省关差一年差满，阙欠钱粮，题请展限补阙额者，交与该部，照溺职例革职。其所欠银交与该旗，着落家产追赔。如有迟滞，不将任满回京日期于两月前具呈考察，及收税册籍不交纳者，将出差官暂停升转，俟考察具题完日，方许照常升用。"

二是征税考核。顺治十年题准："令各关差刊示定例，设柜收税，不得勒扣火耗，需索陋规，并禁关役包揽报单。"顺治十一年覆准："各关纳银数多，给票数少者，许商民首告议处。"顺治十四年题准："关税照部颁条例刊榜，竖立关口，便商输纳。"康熙四年覆准："地方官征收关税，以受事日为始，扣至一年，督抚题报考核。"康熙八年题准："关税欠不及半分者，罚俸一年，半分至一分以上者，降一级，二分以上者，降二级，三分以上者，降三级，四分以上者，降四级，皆调用。五分以上者，革职。阙额钱粮，免其追赔，溢额不准议叙。如有事故，以离任日为止，作分数考核。"康熙十四年题准："各关欠不及半分者，降职一级留任，余照前例。全完者记录一次，溢额每千两者，加一级，至五千两以上者，以应升先用。部差官员，不令督抚管辖，如地方荒歉，河道壅塞，自行报部，移咨督抚察覆考核。"康熙十六年题准："各关额税银二万两以上者，仍照前例议叙。万两以上者，额税全完记录一次，溢额半分以上加一级，一分以上加二级，一分半以上加三级，二分以上加四级，三分以上以应升先用。数多者递准加级。"

三是奏销考核。康熙八年题准："至商不令亲填簿册，及不给红单者，罚俸一年，如将部颁税簿用关差印填送，或将税簿红单不按季报部者，罚俸半年（收税单簿报部限期，天津关二十日，临清关二十五日，淮安关、扬州关、浒墅关三十五日，芜湖关、西新关四十日，北新关四十五日，九江关五十五日，赣关六十日）。"

二、关税税额、税目、税则与征收程序

从单纯的财政角度着眼，关税税额、税目、税则与征收程序是非常重要的。同时，税

① 乾隆《江南通志》卷七十九《食货志·关税》。
② 参见乾隆《大清会典则例》卷四十八《户部·关税下》。

额、税目、税则、征收程序这四个方面也非常复杂，在有限的篇幅内将其讲清楚并不容易。乾隆《大清会典则例·户部·关税上》在记述"直省关税"时，实际上涉及了税额、税目、税则三个方面。

就税额而言，上引既有各关的税额，也有总的税额，乾隆十八年，关税的税额总数已经达到 432 万余两，与清初顺治、康熙、雍正年间相比，已经有了很大的提高。清代前期各朝的关税税额及其在财政收入中的比例，可以参见表1①：

表1　　　　　　　　　　清代前期关税税额与其他财政收入的比较　　　　　　　　单位：万两

时　间	总额	田　赋		盐　课		关　税		杂　税	
		岁入	比例(%)	岁入	比例(%)	岁入	比例(%)	岁入	比例(%)
顺治九年	2438	2126	87	212	9	64.2	2.6	35.8	1.5
康熙二十四年	3190	2727	85	276	9	120	3.78	67	2.1
雍正三年	3653	3007	82	443	12	135	3.7	68	1.9
乾隆十八年	4174	2938	70	701	17	430	10.3	105	2.5
乾隆三十一年	4225	2991	71	574	14	540	12.8	120	2.8
嘉庆十七年	4013	2833	71	579	14	481	11.9	120	3
道光二十一年	4245	2943	69	747	18	435	10.2	120	2.8

其他学者的统计，略有不同，除许檀、经君健的统计在前列表中已经展示外，邓亦兵统计为：顺治九年 100 万两，康熙二十一年 200 万两，康熙二十五年 122 万两，康熙三十一年 138 万两，雍正三年 135 万两，乾隆十四年 238 万两，乾隆十八年 432 万两，乾隆三十一年 540 万两，嘉庆四年 456 万两，嘉庆九年 440 万两，嘉庆十六年 460 万两，嘉庆十七年 481 万两，道光十一年 416 万两，道光二十一年 421 万两。② 可以互相参考。

关税除解交部库作为财政的重要支撑外，还有开支办公杂项、部科饭银、内务府银、养廉银、工食银、河工银等种种用途，廖声丰在他的著作中已有较好的分析③。

就关税税目而言，在左翼、右翼税关的税收来源中，有八旗买受田房的契税银，有市场买卖牲畜的商税银，在坐粮厅，有铺店银，在奉天，有市场交易的牛、马、驼、骡、驴、羊、猪税银以及屠户、饭铺银，在梧厂，有落地税银，这些税目，都不是一般意义上的关税银，而是属于商税和杂税。当然，主要的还是各类商品的过关税银，包括了按梁头征收的船税（船料），按斤、个、件、连、副、双、只、条、把、篓征收的日用杂货，按匹、包、箱、盒征收的衣物，按担、石征收的粮食，按根、块征收的木材税，按簰、甲征收的竹木税，按引征收的盐税等。

就关税税则而言，不同的货物有不同的征收标准，其中，以按梁头征收的船税，最为

---

① 参见廖声丰：《清代常关与区域经济研究》，人民出版社 2010 年版，第 70 页。另参见何本方：《清代商税制度刍议》，《社会科学研究》1987 年第 1 期。

② 邓亦兵：《清代前期关税制度研究》，北京燕山出版社 2008 年版，第 419~420 页。

③ 参见廖声丰：《清代常关与区域经济研究》，人民出版社 2010 年版，第 71~78 页。

繁杂，所谓的"梁头"，是"量船之广狭"或"量船之宽阔"。如浒墅关，"大梁头船，前后量面广、腰广、底广与深长，因乘加五算。活梁头江驳船，量两边齐钉花与深长，因乘加五算。活梁头江肥船，量阔搭一边、放一边，与深长因乘加五算。活梁头内江船，量阔两边齐钉花与深长，因乘加四算。正江小栏水船，量阔两边齐钉花与深长，因乘加四算。小江肥船，量阔搭一边、放一边，与深长因乘加四算。正江摆江船，量阔两搭不放，与深长因乘加三算。外江船，量阔顶一边搭一边，如焦湖采石，四川三处船，量阔搭一边，放一边，齐钉花与深长，因乘均加三算。山船，前后两签，深两签，量阔与长，乘加三算。邵伯山船，前后两签，深居中，量阔与长，乘加三算。山肥船，在椗前量一宽与深长，因乘加三算。老太湖船，量阔两搭不放，与深长因乘加三算。新太湖船，量阔在椗门搭一边，放一边，与深长因乘随深加算，三尺起至三尺五寸，深加三算，三尺六寸起至四尺五寸，深加四算，四尺六寸以上，加五算。划滩荡板光福尖头船，同前签量，随深加算。扁浅划滩船，量阔两搭不放。盐阔头船，装米货，量阔两搭不放，与深长因乘加四算"。不同的船（大梁头船、活梁头江驳船、活梁头江肥船、活梁头内江船等），有不同的算法和征税标准。过江西九江关的船则是另一种算法，不管是辰船、驳船、大浆船、大广船、大襄船、竹山船，还是抚船、大斗船、大雕子船、方稍船、大黄船、大敝梢船、大座船、大扁船、大划船、大鸦尾船、雕子船，均是"料船分各类，均量宽深及长，以别号数，以定税之重轻"。

就关税的征收程序而言，最重要的是征收簿册制度的建立。乾隆《大清会典》记载："凡关津之征，每岁豫作空白册申部，部于册内编定年月，钤印发还。一曰亲填簿，商贾到关输税，令揭其货物，按次月日，亲书于册，不得假手吏胥。一曰循环簿，一留署，一发关，据商贾所书货物，分析其应税之数，亦按次月日，备书于册，循发则环留，环发则循留，司关者随时计度而钩考之。一曰稽考簿，以循环簿所书一岁征收之数，分记而总结之，亦按次月日，备书于册，一送部，一存关，一自收，执亲填簿、循环簿于岁终缴部，稽考簿于任满缴部，由部覆核之，以待奏销。"① 工部关亦如此，"凡司关，岁领部册，曰循环簿、亲填簿、稽考簿，皆排次月日，按实备书，条析无遗，岁终申部，以待覆核，法与户部各关同"②。

以上三种簿册的实行，经过了一段历程，顺治十一年，有"给票"之例："十一年覆准，各关纳银数多，给票数少者，许商民首告议处。"顺治十三年，有商民"亲自填簿"之例："各关当堂设柜，设梁头货物条例，商民亲自填簿，输银投柜，验明放行，隐漏者治罪。"③

其他还有刊榜告示、禁止需索、船头烙号等，顺治"十年题准，令各关差刊示定例，设柜收税，不得勒扣火耗，需索陋规，并禁关役包揽报单"。顺治"十四年题准，关税照部颁条例刊榜，竖立关口，便商输纳"。康熙"八年议准，各关刊榜，除去钞贯字样，明载征银数目，收税单一样填写二纸，一留商人，一送部察核"。康熙"十八年谕，各关额外横征，差役四出，扰害商民者，该部严禁访参"。康熙"二十三年覆准，福建、广东许

---

① 乾隆《大清会典》卷十六《户部·关税》。
② 乾隆《大清会典》卷七十四《工部·都水清吏司》。
③ 乾隆《大清会典则例》卷四十八《户部·关税》。

用载五百石以下船出海贸易，地方官登记人数，船头烙号，给发印票，令防守海口官弁验票放行，拨船巡哨，如有双桅八桨，载五百石以上大船出洋，夹带禁物及文武官弁借端需索者，皆从重治罪。其进海口内桥津地方贸易舟车等物，停止征税"①。

三、关税征收的沿袭与变化

清初关税的征收，沿袭明代而有所变化。在顺治元年十月的上谕中指出："关津抽税，原寓讥察，非欲困商。顺治元年准通免一年，自二年正月初一日以后，方照故明初额起税，凡末年一切加增，尽行豁免。其直省州县零星抽取落地税银名色，概行严禁。"②是时，谕令仅具空名。稍后，顺治二年六月的上谕中也有涉及："河南、江北、江南、浙江等处人丁地亩钱粮及关津税银、各运司盐课，自顺治二年六月初一日起，俱照前朝会计录原额征解，官吏加耗重收，或分外科敛者，治以重罪。凡加派辽饷、练饷、召买等项，永行蠲免。"③ 而专门把关税作为"恩诏"的一条再次予以颁布，时在顺治四年（1647）二月，诏云：

> 关津抽税，原寓讥察，非欲困商。明末迭增，数倍原额，已经户部题定，照万历年间原额及天启、崇祯递增额数一半征收。杭州南、北二关先已差官，其余自顺治四年正月初一日以后，俱照此例一体抽收。④

顺治五年十一月颁布的"大赦天下诏"，措辞不同，意旨一样：

> 各关抽税，俱照万历年间旧例，其天启、崇祯年间加额除免一半，不得踵行明季陋规，分外多抽，及多设委官巡拦，以察税为名，肆行科扰。⑤

显而易见，仅此诏令上表现出来的政策导向，关税已是袭承了万历年间的全部及天启、崇祯年间加征的一半。而事实上，所谓的"天启、崇祯年间加额除免一半"，也不曾执行，如陈支平所指出的，清初的市征税率比明代高得多，清初对明代关税的沿革，是明减暗增。⑥ 有关档案材料也揭示了这一点，顺治六年，户部尚书巴哈纳就曾称："各关抽征税料，俱照明季旧例。"⑦ 顺治十三年，"因钱粮入不敷出，又经户部议奏，加增盐课、关税等项，以抵不敷兵饷"⑧。

---

① 乾隆《大清会典则例》卷四十八《户部·关税》。
② 《清世祖实录》卷九，顺治元年十月甲子。
③ 乾隆《浙江通志》卷七十六《蠲恤二》。
④ 《清世祖实录》卷三十，顺治四年二月癸未。参见乾隆《浙江通志》卷七十六《蠲恤二》。"原寓讥察"中的"寓"字，《浙江通志》为"属"字。
⑤ 《清世祖实录》卷四十一，顺治五年十一月辛未。
⑥ 陈支平：《清代赋役制度演变新探》，厦门大学出版社1988年版，第39页。
⑦ 档案，顺治六年十月十八日巴哈纳题本，见《历史档案》1982年第4期。
⑧ 档案，顺治十七年六月十二日车克题：《为酌拨十七年兵饷事》。

我们只要对照乾隆《江南通志》卷七十九《食货志·关税》所载江南各关平料、加平料、补料、加补料新旧征收则例即可以看出明清的沿革（见表2~表5）：

表2　　　　　　　　　　　**明代万历年间江南关税（船钞）征收则例**

船只尺寸	平料征收标准	加平料征收标准	补料征收标准	加补料征收标准
五尺	钞一十贯，该钱二十文，折银七分	—	钞二十贯，该钱四十文，折银一钱四分	—
六尺	钞二十贯，该钱四十文，折银一钱四分	钞三十贯，该钱六十文，折银二钱一分	钞四十贯，该钱八十文，折银二钱八分	钞六十贯，该钱一百二十文，折银四钱二分
七尺	钞三十贯，该钱六十文，折银二钱一分	钞四十五贯，该钱九十文，折银三钱一分五厘	钞六十贯，该钱一百二十文，折银四钱二分	钞八十贯，该钱一百八十文，折银六钱三分
八尺	钞三十五贯，该钱七十文，折银二钱四分五厘	钞六十贯，该钱一百二十文，折银四钱二分	钞七十贯，该钱一百四十文，折银四钱九分	钞一百二十贯，该钱二百四十文，折银八钱四分
九尺	钞五十贯，该钱一百文，折银三钱五分	钞七十五贯，该钱一百五十文，折银五钱二分五厘	钞一百贯，该钱二百文，折银七钱	钞一百五十贯，该钱三百文，折银一两零五分
一丈	钞八十贯，该钱一百六十文，折银五钱六分	钞一百一十五贯，该钱二百三十文，折银八钱零五厘	钞一百六十贯，该钱三百二十文，折银一两一钱二分	钞二百三十贯，该钱四百六十文，折银一两六钱一分
一丈一尺	钞一百一十贯，该钱二百二十文，折银七钱七分	钞一百六十五贯，该钱三百三十文，折银一两一钱五分五厘	钞二百二十贯，该钱四百四十文，折银一两五钱四分	钞三百三十贯，该钱六百六十文，折银二两三钱一分
一丈二尺	钞一百四十贯，该钱二百八十文，折银九钱八分	钞一百九十五贯，该钱三百九十文，折银一两三钱六分五厘	钞二百五十贯，该钱五百六十文，折银一两九钱六分	钞三百九十贯，该钱七百八十文，折银二两七钱三分
一丈三尺	钞一百七十贯，该钱三百四十文，折银一两一钱九分	钞二百二十五贯，该钱四百五十文，折银一两五钱七分五厘	钞三百四十贯，该钱六百八十文，折银二两三钱八分	钞四百五十贯，该钱九百文，折银三两一钱五分
一丈四尺	钞二百贯，该钱四百文，折银一两四钱	钞二百五十五贯，该钱五百一十文，折银一两七钱八分五厘	钞四百贯，该钱八百文，折银二两八钱	钞五百一十贯，该钱一千零二十文，折银三两五钱七分

表3　　　　　　　　明代崇祯五年江南关税（船钞）征收则例

船只尺寸	平料征收标准	加平料征收标准	补料征收标准	加补料征收标准
七尺	银二钱一分	银三钱一分五厘	银四钱二分	银六钱三分
八尺	银二钱四分五厘	银四钱二分	银四钱九分	银八钱四分
九尺	银三钱五分	银二钱二分五厘	银七钱	银一两零五分
一丈	银五钱六分	银八钱零五厘	银一两一钱二分	银一两六钱一分
一丈一尺	银七钱七分	银一两一钱五分五厘	银一两五钱四分	银二两三钱一分
一丈二尺	银九钱八分	银一两三钱六分五厘	银一两九钱六分	银二两七钱三分
一丈三尺	银一两一钱九分	银一两五钱七分五厘	银二两三钱八分	银三两一钱五分
一丈四尺	银一两四钱	银一两七钱八分五厘	银二两八钱	银二两五钱七分
一丈五尺	银一两五钱四分	银一两九钱九分五厘	银三两零八分	银三两九钱九分
一丈六尺	银一两六钱八分	银二两二钱零五厘	银一两三钱六分	四两四钱一分
一丈七尺	银一两八钱二分	银二两四钱一分五厘	银三两六钱四分	银四两八钱三分
一丈八尺	银一两九钱六分	银二两六钱二分五厘	银三两九钱二分	银五两二钱五分

表4　　　　　　　　顺治十二年江南关税（船钞）征收则例

船只尺寸	平料税银	加平料税银	补料税银	加补料税银
七尺	四钱二分	六钱三分	八钱四分	一两二钱六分
八尺	四钱九分	八钱四分	九钱八分	一两六钱八分
九尺	七钱	一两零五分	一两四钱	二两一钱
一丈	一两一钱二分	一两六钱一分	二两二钱四分	三两二钱二分
一丈一尺	一两五钱四分	二两三钱一分	三两零八分	四两六钱二分
一丈二尺	一两九钱六分	二两七钱三分	三两九钱二分	五两四钱六分
一丈三尺	二两三钱八分	三两一钱五分	四两七钱六分	六两三钱
一丈四尺	二两八钱	三两五钱七分	五两六钱	七两一钱四分
一丈五尺	三两零八分	三两九钱九分	六两一钱六分	七两九钱八分
一丈六尺	三两三钱六分	四两四钱一分	六两七钱二分	八两八钱二分

船只尺寸	平料税银	加平料税银	补料税银	加补料税银
一丈七尺	三两六钱四分	四两八钱三分	七两二钱八分	九两六钱八分
一丈八尺	三两七钱二分	五两二钱五分	七两八钱四分	十两五钱

表5　　　　　　　　　　**康熙二十五年江南关税（船钞）征收则例**

船只尺寸	平料税银	加平料税银	补料税银	加补料税银
七尺	一两七钱	八两一钱	九两一钱	十一两一钱
八尺	三两一钱	十一两二钱	十二两二钱	十六两二钱
九尺	四两二钱	十四两三钱	十五两三钱	二十四两三钱
一丈	五两三钱	十六两四钱	十七两四钱	二十九两四钱
一丈一尺	七两四钱	二十两五钱	二十一两五钱	三十四两五钱
一丈二尺	八两五钱	二十四两六钱	二十五两六钱	三十九两六钱
一丈三尺	九两六钱	二十八两七钱	二十九两七钱	四十四两七钱
一丈四尺	十两七钱	三十三两三钱	三十三两八钱	四十九两八钱
一丈五尺	十一两八钱	三十八两九钱	三十九两九钱	四十九两八钱
一丈六尺	十二两九钱	四十二两一钱	四十二两一钱	五十九两一钱
一丈七尺	十四两一钱	四十六两二钱	四十七两二钱	六十三两二钱
一丈八尺	十五两二钱	五十一两三钱	五十二两三钱	六十七两三钱

　　江南关税的征收，在明代宣德年间设置钞关后，曾经规定"量舟大小修广而差"，其额谓之船料。嘉靖年间又规定，"各钞关丈量船只，止以成尺为限，此外零数不许逐寸科取"。清初沿袭了明代的这种科征办法。表2~表5清楚地表明，虽然万历年间有钞、钱的征收标准，但在折银后即以银两为统计标准后，崇祯年间的科则与万历年间的科则约略相当，清初顺治年间以及康熙年间的则例与明代相比要高出许多。以船只的尺寸一丈为例，崇祯年间的则例为：平料征收五钱六分，加平料征收八钱零五厘，补料征收一两一钱二分，加补料征收一两六钱一分。顺治年间的则例为：平料征收一两一钱二分，加平料征收一两六钱一分，补料征收二两二钱四分，加补料征收三两二钱二分。康熙年间的则例为：平料征收五两三钱，加平料征收十六两四钱，补料征收十七两四钱，加补料征收二十九两四钱。如是，清初顺治年间比明末高出了一倍，康熙年间又比顺治年间高出了数倍。清初对关税的重科已是显而易见。①

　　不惟如此，顺治初年在局势动荡、商贾裹足、关税经常欠征的情况下，为了保证关税

---

　　①　当然，各省以及各关的情况也并不一致，这也是需要注意的，如山东临清关，"明季旧额七万六千二百七十一两零。顺治十三年，减五万一千九百七十一两零。至康熙二十五年，增五千三百八十四两"。清初的税额要比明末低很多。参见乾隆《山东通志》卷十二《田赋志·杂税》。

的足额，清廷还曾命户、工二部在原有汉官关差外，增派满洲关差，① 这些满洲关差一经到任，为非作歹，"加倍需索，不顾商人贫苦"，"有余者自润，不足者横征"②。因此，顺治八年曾有旨令裁去满官，加以整顿：

> 榷关之设，国家藉以通商，非以苦商。关税原有定额，差一司官已足，何故滥差多人？忽而三员，忽而二员。每官一出，必市马数十匹，招募书吏数十人，绍兴棍徒谋充书吏，争竞钻营，未出都门，先行纳贿；户部又填给粮单，沿途骚扰，鞭打驿官，奴使村民，恶迹不可枚举。包揽经纪，任意需索，量船盘货，假公行私，沿河一带，公然与劫夺无异，商贾恐惧不前，百物腾贵。……朕灼知今日商民之苦，着仍旧每关设官一员，其添设者悉行裁去，以后不得滥差。③

此谕是在指摘关差弊端的基点上，宣扬"朕通商爱民至意"，并要求有关部门"实心遵守"。若确如此，大可值得肯定，但随即户部出于弥足财力的考虑，又专上题本指出："各处税课，前差满官之时，起解甚多。一从撤去满官之后，税课甚绌"，"关税各有定额，额外横征则病商，额内短少则病国"，因此要求"仍差满官，从今收税，不但税难漏脱……而国课可充"。在这种呼吁之下，又得到顺治帝的认可。④ 财政上的考虑当然压过商民的利益。于是，前此弊端也就仍难避免。如康熙四年上谕所指称："各省钞关之设，原期通商利民，以资国用，非欲其额外多征，扰害地方。近闻各处收税官员希图肥己，任用积蠹地棍，通同作弊，巧立名色，另设等秤，于定额之外恣意多索，或指称漏税，妄拿过往商民拷诈，或将民间日用细琐之物及衣帽等类原不抽税者，亦违例抽税，或商贾已经报税，不令过关口，故意迟延勒掯，遂其贪心乃已。此等弊端甚多，难以枚举，违背国法，扰害商民，殊为可恶。"⑤

而且，在具体的关税征收中，又有着"关外之关""税外之税"等种种私征滥派及关政弊端。顺治八年，礼科给事中李人龙曾指摘关税五弊：一为"单书之弊"，二为"盘货之弊"，三为"包揽之弊"，四为"关牙之弊"，五为"量船之弊"，即所谓"上单则高下其手，盘货则巧捏漏报，包揽则假公济私，寻税则搜及境外，量船则越例倍征"。江宁巡抚上官铉也指摘关税三弊：一为"保家之弊"，二为"巡兵之弊"，三为"委官之弊"，所谓"关政之害多端，而保家、巡兵、委官三者为甚"⑥。顺治十六年，兵科给事中杨雍建又奏称："土官镇弁，创设私税，地不及二百里，抽者数处，以致商贾困匮。"⑦

关税征收中的这些弊端，除了关差选非其人、吏治不清外，亦与当时清廷倡立"抽

---

① 《清世祖实录》卷三十，顺治四年二月丁丑。
② 《清世祖实录》卷四十八，顺治七年四月壬子；卷五十四，顺治八年闰二月乙丑。
③ 《清世祖实录》卷五十四，顺治八年闰二月乙卯。
④ 档案，顺治九年六月二十一日车克题：《为复差满洲官员事》。
⑤ 乾隆《江南通志》卷七十九《食货志·关税》。
⑥ 见《历史档案》1982 年第 4 期。按："上官铉"刊作"上官铉"，当是刊误。见《清史列传》卷七《上官铉传》，又参见《清朝文献通考》卷二十六《征榷一》，浙江古籍出版社 1988 年版，第 5076 页。
⑦ 《清世祖实录》卷一百二十三，顺治十六年正月癸卯。

税溢额议叙例",鼓励关税经征者多抽关税,以筹措军需,有密切的联系,正如康熙四年"罢抽税溢额议叙之例"时所谕称的,"各省设立关税,原期通商,以裕国用,向因钱粮不敷,故定例将抽税溢额者加级、纪录,以示鼓励,遂使各差冀邀恩典,因而骚扰地方,困苦商民"①。而到了康熙十四年,由于军需紧急,一度被废除了的抽税溢额议叙之例又被再次被捡拾,规定:征收关税,"至一年额税全完者,纪录一次,溢银一千两者加一级,溢银二千两者加二级,溢银三千两者加三级,溢银四千两者加四级,溢银五千两以上者以应升之缺先用"②。

邓亦兵在《清代前期关税制度研究》中,已经对关税溢额银(盈余银)作了系统的研究,③可以参看,不再赘述。

清初沿袭明代的钞关,于海港及内陆水陆交通要道设置关卡,征收所经货物的通过税与船税,总称关税。鸦片战争后,开广州、福州、厦门、宁波、上海等为通商口岸,设立海关,称为"新关"或"洋关",自此内地关税与国境关税分开,旧有税关即被称为"常关""旧关"。常关从国内贸易征收的关税称常关税或常税,海关从中外进出口贸易征收的关税称海关税或洋税(海关税将在后文叙述)。但是,"常关"与海关有时又难以截然分开。如福建,"闽海关有洋、常税之分,洋、常关之别,又有本为常关而归税务司兼办者"。前后变化非常复杂:"康熙二十二年平定台湾,靖海侯施琅始请设关税,明年户部始派员监督闽海关务,时报部仅福、厦二口。雍正七年,增报南台等子口二十处,此后由巡抚兼管,监督专官均无定。乾隆元年,归福建总督监管,三年,总督监辖闽浙,遂由福州将军监管。七年后,定征税十九处,皆内地税钞。道光十九年,白门议抚立五口通商之约,于是福、厦二口始征洋税。咸丰九年,福州口设新关,派税务司专收洋税,于是始分洋关、常关。同治元年,厦门亦设新关。光绪二十四年,总理衙门奏将三都澳自行开埠设关,归福州税务司监管,于是全省通商口岸洋关悉归新关征收。二十七年,庚子和议,成全权大臣奏以通商口岸常关并归税务司兼办,仍由监督派员随同经理,是年十月,经前任将军景星奏明以福州、厦门、东冲三口隶税务司,于是税务司始兼管常关,而监督权力所直接管理者只泉州、涵江、铜山、沙埕四处,为硕果仅存。"④"常关"与海关的变化以及管理者的变化,值得特别注意。

一般说来,户关主要征收衣物税、食物税、用物税、杂货税四类,收入上缴户部,列作国用;工关征收竹木船钞,篮篓箱桶等税,但其收入上缴于工部,用以建造粮船、战船或作修缮之用。义和团起义,八国联军攻占北京,清政府签订《辛丑条约》,将距海关五十里以内的常关移归海关税务司管辖,其收入也指定为庚子赔款的担保。从此,常关又被分为距海关五十里以内常关、距海关五十里以外常关和内地常关三种。后二者由清政府常关监督署管理,皆照例征收。宣统二年,工关撤销,移归度支部,户工两关遂均隶属于度支部。

清初常关税制章法比较系统、严格。清政府多次制定各关征收税则,规定税率标准,

① 《清圣祖实录》卷十四,康熙四年正月己亥。
② 乾隆《江南通志》卷七十九《食货志·关税》。
③ 邓亦兵:《清代前期关税制度研究》,北京燕山出版社 2008 年版,第 107~146 页。
④ 《福建全省财政说明书·关税类沿革利弊说明书》第一章"总说"。

"令各关刊示定则，设柜收税，不得勒扣火耗、需索陋规，并禁关役包揽报单"①。并定"关差考核法"。但到晚清时这些规定均成了一纸具文。

常关关税征收范围分为三部分，一是货物税，主要有衣物税、食物税、用物税、杂货税等。二是船税，即于通行舟船地方兼征之。三是依地方而兼收房捐、牲畜税与木税等。常关税征收则例十分复杂，如衣服税以匹计，以卷计，以筒、件、个、副、条、斤计；食物用品及杂货以斤计，以篓计，以石、套、把、件、块、提、根计。在有的地方，常关还兼收房税、牲畜税、车驮税、船契税、牙税、铺房税、盐税、木税等。由于内地有些关卡常设常罢，故常关税的征收也时征时停。总的看来，常关征税方法各关不尽一致，税率也不统一。依户部则例，康熙、雍正、乾隆诸朝均颁订有税率，以从价百分之五为标准。

晚清时常关税则已极不合时宜，因此各地各关采特定税率，极不统一。如同治四年，"湖北新关竹木税，遴本省道府一员督征。先是粤海关额征，常、洋不分。至是，定货由华船装运者为常关，额征五万六千五百余两，赢余十万两。再有赢余，尽征尽解"。光绪八年，"定芜湖关税额十三万六千余两"②。可见，在常关税的征收过程中，又多实行不完全的包税制。

在战乱岁月，由于商贾裹足，常关税收"尽弃于地"，所征税收为数甚微，无足轻重。据有关文献记载，鸦片战争期间，由于"英逆夷船在洋游弋"，致使"南北货船，多有观望不前"，"商贾难以互通"，在这种情况下，作为商品流通税的关税，自然无从征取。粤海、闽海、浙海、江海、津海以至山海各关收入锐减，其甚者陷于绝收。英军还深入长江，直至南京，商贩多畏避歇业，"江路梗塞"，"凡南北一切商船……俱成绝路"，以至芜湖关"以每年之旺月，直成无税之空关"。③ 战事平息之后，常关税收有所恢复，道光二十一年，达到421万两。咸丰以降，常关税收入因新设海关而致减少，再也达不到400万两的水平。光绪初年的常关税收入如表6之所列④：

表6　　　　　　　　　　　光绪初常关税征收情况　　　　　　　　　　单位：两

常关名	额征	盈余	备注	小计
天津	48000	20000	另解内务府 12000	80000
山海	61000	129000		190000
东海	60000~70000			70000
镇江	92000	71000		163000
江海	23000	42000		65000
九江	172000	367000		539000

① 赵尔巽编：《清史稿·食货志六》，中华书局 1976 年版，第 3674 页。
② 赵尔巽编：《清史稿·食货志六》，中华书局 1976 年版，第 3685 页。
③ 参见彭泽益：《十九世纪后半期的中国财政与经济》，人民出版社 1983 年版，第 18~19 页。
④ 《清朝续文献通考》卷 66《国用四》，浙江古籍出版社 1988 年版，第 8226 页。

续表

常关名	额征	盈余	备注	小计
浙海	35000	44000		79000
闽海	73000	113000		186000
江汉	未详			
粤海	56000	100000		156000
临清	36000	11000		47000
户关	29000	11000	7600（铜斤水脚）	47600
工关	4500	3800		8300
凤阳	90000	17000	现未开征	
芜湖	227000	120000	现未开征	
龙江西新	98000	88000	现未开征	
淮安	254000	110000		364000
浒墅	191000	230000	现未开征	
赣关	46000	38000		84000
太平	52000	75000		127000
杀虎口	16000	15000		31000
张家口	20000	40500		60500
崇文门	102000	100000		202000
合计	1189500	1290300	19600	2499400

由表6可知，在光绪初，常关税收入为249万余两。据刘岳云《光绪岁入总表》，光绪中叶，常关税收入亦大体如是，如表7所列①：

表7　　　　　　　　　　　**1885—1894年常关税收入统计**　　　　　　　单位：两

年份	数额	年份	数额	年份	数额
光绪十一年	2409293	光绪十五年	2602862	光绪十九年	2844374
光绪十二年	2636212	光绪十六年	2640669	光绪二十年	2773123
光绪十三年	2658528	光绪十七年	2558413		
光绪十四年	270978	光绪十八年	2523449		

① 《清朝续文献通考》卷66《国用四》，浙江古籍出版社1988年版，第8227～8228页。

显而易见，光绪十一年至光绪二十年，常关税收入始终徘徊在 240 万两至 290 万两之间。与光绪初相较，并无明显增减。至光绪二十九年，常关收入为 390 万两，① 又有所增加。

（作者单位：武汉大学历史学院暨泰山学院）

① 《清朝续文献通考》卷 68《国用六》，浙江古籍出版社 1988 年版，第 8249 页。

河夫之役与山东省财政变革[*]

□ 凌　滟

一、前　言

　　运河作为明朝国家漕粮运输的载体，现实功能和政治意义均甚关紧要，长期的操作与维护因此实为必要，"河工全赖人夫"[①]，故而河夫之役成为需要。明代的运河线路贯穿山东省南北，沿河需要各类河夫相应负责运道疏浚、堤岸修补、闸座控制等，而这成为运河所经地区民众的一大负担。

　　山东濒河州县长期处于负任蒙劳之中，李波指出明代山东河夫之役集中在西三府：兖州、东昌、济南府，嘉靖时有将其摊派到东三府的建议，但遭到东边的抵制而作罢。[②] 蔡泰彬则统计了沿河州县河道夫役钱粮，证明在一条鞭法改革后濒临漕河的州县依然受困于河役。[③]

　　当前关于河夫的研究趋向细化，主要集中于其职责、组织的变化方面。蔡泰彬详述明代运河上不同地段的河夫种类及其承担的相应职责。姚汉源在著作中也观照到河夫，在陈述其在明清两代的类别变动之外，还统计了不同时期各管河单位（闸、卫、州、县）所辖的夫数，并注意到清代部分河夫被河兵取代的这一变化。[④] 吴欣深入研究河工的组织结构及其招集方法，指出明代河夫分为老人/小甲负责和闸官负责两类，中期以后老人逐渐被革；河夫的来源分别是徭夫、募夫和借派的白夫，清代浅铺多改为河兵，其他类型河夫也改为雇募。[⑤] 其学生赵珍则以泉夫为例作细致的阐发：明代泉老—泉夫的管理形式，在

---

　　[*] 香港特别行政区大学教育资助委员会·卓越学科领域计划（第五轮）（AoE/H-01/08）"中国社会的历史人类学"、国家社科基金重大招标项目"清代财政转型与国家财政治理能力研究"（15ZDB037）阶段性成果。

　　① 潘季驯：《河防一览》卷十四，《景印文渊阁四库全书》第 576 册，上海古籍出版社 1987 年版，第 477 页上。

　　② 李波：《明代山东东、西三府之间的赋役之争》，山东大学硕士学位论文，2012 年。

　　③ 蔡泰彬：《明代漕河之政治与管理》，台湾"商务印书馆"1992 年版，第 421~463 页。

　　④ 姚汉源：《京杭运河史》，中国水利水电出版社 1998 年版，第 667~701 页。

　　⑤ 吴欣：《明清京杭运河河工组织研究》，《史林》2010 年第 2 期。吴欣：《明清时期京杭运河浅铺研究》，《安徽史学》2012 年第 3 期。

后期改变为泉老/小甲—泉夫，清代形成泉老—总甲—小甲的定式，而这种变动是与两朝的基层组织管理方式的变化同步的；两朝调发夫役都是佥、募并举，总体呈裁革夫数的趋势。①

总的看来，当前有关河夫之役的研究或大或小。大方向上指出明代河夫徭役的征发经历了里甲杂役、均役法、一条鞭法三个阶段的改变。② 小维度的研究则在此基础上，探讨河夫组织、招募方式的转变。

然而，赋役制度变化下的河夫之役，不止限于其组织结构、招募方法的变动，还牵扯财政，这点尚未能引起学界足够的关注，这就是本文想切入的主题。笔者试图从一个中层的维度讨论它，故而选择一个省域作为范围，既可以看到一个州县范围内夫役调发的具体信息，又可以在全省范围内看到不同府、州县之间的调剂与争夺。

选择山东省部分原因在于明隆庆五年（1571）该省曾刊行《山东经会录》一书，该书是由巡抚、布政使主持编纂的官方文书，共 12 卷（14 册），记录本省各府州县的税粮、均徭、里甲、驿传、马政、盐法的数额、因革及附录，"因革"展示了各名目赋役征收办法的变动；"附录"收有关于各征收办法的言论，可一窥地方上对于征收办法变革与否的各种考量。该文献目前藏于日本，作为内藤湖南的旧藏为学者岩见宏接触，并撰文向学界推介。③ 大陆学界此后亦逐渐在研究赋役或山东地方商业时援引该文献，其中"均徭"名目下有关河夫材料为笔者提供了关于山东省财政的新知。

通过前述学术史回顾，我们已知山东省内河夫赋役沉重，且地区间分担不均，本文旨在考察该省是如何通过财政手段纾解这一状况的。

二、就近编佥：初设河夫役及其增补减改

运河开通之时所需大量河夫是应急调发杂役以自愿趋事的。彼时里甲役的"杂役"中有"土木水利工事之役"一项，因事编佥，开河夫役就出自此项。④ 编佥的原则，自洪武十八年（1385）以后，按照丁、粮、资产三者综合评定的户等为标准（驿递除外）。⑤ 岩井茂树指出杂役并非所有编户都必须承担的，而是有实力的人户被佥点，而被征发力役的是户籍上登录的成年男子（丁）。⑥ 永乐九年（1411），工部尚书宋礼奉命开会通河及疏浚河南黄河，佥派了山东济南、兖州、青州、东昌四府十五万丁夫。应役丁夫之外，又有一万五千位来自登州、莱州的自愿趋事之人。⑦ 自愿效力是由于朝廷给予米、

① 赵珍：《明清时期会通河段泉夫及泉源管理研究》，聊城大学硕士学位论文，2011 年。

② 蔡泰彬：《明代漕河之整治与管理》，台湾"商务印书馆"1992 年版，第 418~421 页。

③ 岩見宏：《山東經會録について》，《明代史論叢：清水博士追悼記念》，日本大安，1962 年；第 197~220 页。

④ 山根幸夫：《明代徭役制度の展開》第一章第四节，日本东京女子大学学会 1966 年版。

⑤ 谷口规矩雄：《明代徭役制度史研究》第一章第二节，日本同朋舍 1998 年版，第 26~27 页。

⑥ 岩井茂树：《中国近代财政史研究》，社会科学文献出版社 2011 年版，第 221~223 页。

⑦ （明）王琼：《漕河图志》卷二"诸河考论"，姚汉源、谭徐明点校，水利电力出版社 1990 年版，第 112 页。

钞，并蠲免户内当年的租税之优待。①

由上亦可看出，调发开河河夫秉持就近佥派的原则；佥派夫数不足，则补加雇募的形式。这两条原则也应用于运河开通之后的河道维护。

大运河开通之后，河夫成为常设，种类各异。现存对漕河河夫的记载，最早见于弘治九年（1496）管理河道工部郎中王琼所纂的《漕河图志》中：

> 漕河夫役：在闸者，曰闸夫，以掌启闭；溜夫，以挽船上下。在坝者，曰坝夫，以车挽船过坝。在浅铺者，曰浅夫，以巡视堤岸、树木，招呼运船，使不胶于滩沙；或遇修堤浚河，聚而役之，又禁捕盗贼。泉夫，以浚泉。湖夫，以守湖。塘夫，以守塘。又有捞沙夫，调而无定。挑港夫，征用有时。若计工重大，则发附近军民助役，事毕释之。②

据上文，不同名目的河夫具有不同的职责。掌握闸板启闭的为闸夫，拉挽船只的称作溜夫，用车拉船过大坝的叫坝夫，泉夫挖泉，湖夫守湖，塘夫护塘，浅夫因"浅"处设铺而得名，职务多样，主要是疏浚淤泥，同时巡视堤岸、树木，兼以拉船、捕盗。

引文末另有"计工重大"之例，即是说日常维护河道的夫役之外，若有临时性用工量大的运河水利工程，还会调动附近军民一齐参与。山东河道上频率最高的"计工重大"之役叫做"南旺大挑"：南旺是山东运道地势最高处，河水容易浅涩，"挑"即疏浚河道，挑走河内泥沙。兹以最早可稽大挑相关的嘉靖文献说明：南旺大挑三年两次，在漕运暂停的冬季时节，正月十五左右关闭运道南北的闸门，禁绝河水注入，二月初一正式入河挑挖淤泥并修理浸在水中的闸座，三月终止，大约用夫一万六千人。③

《漕河图志》在总括漕河夫役之后，还详细列举了各州县的河夫种类及夫数，由此我们可以得知初设时的河夫之役，是由运河沿岸的州县卫所承担的。以山东省为例，承担河夫之役的州县依次为：德州、德州左卫、恩县、临清州、临清卫、青平县、博平县、堂邑县、聊城县、阳谷县、东阿县、寿张县、东平州、东平守御千户所、汶上县、嘉祥县、巨野县、济宁卫、济宁州、滋阳县、宁阳县、鱼台县、邹县。④ 其中并不在运河旁的东平、宁阳、滋阳等县，是因济运的泉水或自然河流在其境内之故而设泉夫、坝夫或闸夫等，即亦与运河相关联。

需要注意，虽然这些河夫在运河沿岸普遍存在，但有些河夫只设于特定的某处，蔡泰彬指出，塘夫在江淮五塘，坝夫在仪真、瓜州车船坝上，湖夫仅昭阳湖设，其他三湖派遣

---

① 《明太宗实录》，"永乐九年四月癸卯"条，"中研院"历史语言研究所 1962—1968 年版，第 1466 页。

② （明）王琼：《漕河图志》卷三"漕河夫数"，姚汉源、谭徐明点校，水利电力出版社 1990 年版，第 133 页。

③ （明）刘天和：《问水集》卷一，《中国科学技术典籍通汇·技术卷》3，河南教育出版社 1994 年版，第 257 页上。

④ （明）王琼：《漕河图志》卷三"漕河夫数"，姚汉源、谭徐明点校，水利电力出版社 1990 年版，第 140~150 页。

捞浅夫负责；捞浅夫仅山东境内特有，调动得比较机动。① 根据《大明会典》，挑港夫只存在于瓜州、仪真。② 此外，河夫名目，其所承担夫役之内容都随需要而变动，例如，正德时修河有征调拽筏夫的记录，即增加了"拽筏夫"的名目；③ 万历时河书的记载中，浅铺夫还要负责巡视运道并掩埋漕河内被遗弃的尸体④。

　　《漕河图志》成书于弘治时期，故而还记录了河夫役设立后初步的变动。比如，采办物料之责逐步转嫁到河夫身上。虽然成化时就有与运河相关修坝的工程记录是："财不取之于民，唯以堰夫岁办桩草折纳米粟懋易"⑤，不过此时由于夫办物料非常态，才被特地记录下来。而弘治时《漕河图志》载：

　　　　先是，修理闸坝之类应用物料，取给有司库藏，或概征于民多。至后期，其岁用桩草、榖麻，就令闸、浅人夫采办。因所费甚多，有一夫岁征草千束者，后袭为例。……成化十三年，敕工部郎中……乃得不拘常额，量用多寡，定拟征派。本色但取足用，折色惟务从轻。⑥

最初，修理闸坝的物料征于民间或州县库藏，后来逐渐由闸夫、浅夫采办。自此，河工物料成为河夫役的一部分，民征变为夫办。这一夫役的变化并非如河书所载一蹴而就，兹以运河附近的戴村坝（坐落于山东省济宁市东平县）工程为例，它是为拦截汶河并将其导入运河所建的，故而夫役被纳入运河管理体系。虽然《漕河图志》记载河夫已肩负物料之采办，但书中所载戴村坝的河夫役尚不见这一安排："戴村修坝，本州老人一名，夫一百五十名；汶上县老人一名，夫一百五十名。"⑦ 而正德初年《东泉志》中戴村坝的夫役安排更改为："修坝夫三百名，本州一百五十名，汶上县一百五十名，岁办桩木九百根，草九千束，树六百株。"⑧ 即，弘治到正德年间，戴村坝所处的两州县各承担一半夫役安排及其夫额均没有变动，但增加了河夫们的采办物料之责。

　　逐渐地，物料之责已不局限于闸夫与浅夫，物料也不限于采办，还兼收割官湖与运堤上的水产植物之劳。据《北河纪》记载，每年入秋，沿河的州县卫所管河官应督命官夫

　　① 蔡泰彬：《明代漕河之整治与管理》，台湾"商务印书馆"1992年版，第384~404页。

　　② （明）申时行、赵用贤：《大明会典》，《续修四库全书》第792册，上海古籍出版社1995年版，第376页下。

　　③ （明）王廷：《重修府河记》，张桥：《泉河志》卷六，《原国立北平图书馆甲库善本丛书》第400册，国家图书馆出版社2014年版，第168页。

　　④ （明）谢肇淛：《北河纪》卷六"河政纪"，《景印文渊阁四库全书》第576册，上海古籍出版社1987年版，第661页上。

　　⑤ 《兖州府金口堰记》（成化九年，1473），张桥：《泉河志》，《原国立北平图书馆甲库善本丛书》第400册，国家图书馆出版社2014年版，第153页上。

　　⑥ 王琼：《漕河图志》卷三"漕河经用"，姚汉源、谭徐明点校，水利电力出版社1990年版，第159页。

　　⑦ 王琼：《漕河图志》卷三"漕河夫数"，姚汉源、谭徐明点校，水利电力出版社1990年版，第145页。

　　⑧ 王宠：《东泉志》卷二，《天津图书馆孤本秘籍丛书》第7册，中华全国图书馆文献缩微复制中心，1999年，第791页。

收割各湖及运河堤岸的芦苇、蒿、蓼类水红等草，每夫一天采二十束、晒干二十斤，直到割尽为止，以备河工埽料之用。①

引文中"成化十三年……本色但取足用，折色惟务从轻"还预示了物料折银的趋势，但这一直是个长期而缓慢的过程，成化十三年（1477）只是一个开端：实物物料的需求一直都在，据前所述，承担物料责任的河夫种类在逐渐增多，在必要需求之外的部分逐渐改为折色。

"河夫初皆就近编佥，后因灾伤频仍，递为更改。"② 河夫差役重，又多物料之责，政府也采取了一些减负措施。就河夫本身来说，"裁夫"可谓是最直接的手段。弘治十四年（1501）山东巡抚徐源将蒙阴县、沂水县、峄县各泉夫老暂行革去，因为黄河经过徐、吕二洪有水可资，等不经过之日再行计议。③ 不过，此处裁革事出有因，该地已与运河不发生关联，故而可以减去这一负担，此时裁夫范围极其有限。

对沿河州县直接减负之外，还有跨区域的辅助手段，在《漕河图志》中称作"协济"：

> 济宁卫：浅铺五，每铺小甲一名，夫九名，共五十名。协济捞沙夫二百名，俱金乡人。
>
> 济宁州：天井闸，闸夫三十名，本州人。溜夫一百五十名，济宁卫军余。④

"协济"意为协助调济，这包括两个面向：一是跨地域就近调动，由临境州县承担一部分夫额，比如济宁卫的捞沙夫有200名是其南边的金乡县承担的；二是不同性质丁夫之间的调剂通融，比如济宁州应调发的150名挽船的溜夫，本是民夫，但由济宁卫的军余（军户内正军之外的余丁）来承担。总体来说，其方法是就近调遣用夫宽裕的州县卫所协助负担较多的沿河之地。

虽然协济之例记录在案，但并非制度上的定例，协济之安排经常会变动。下文我们将得知，协济范围会变广，而被调动来协济运河夫役的州县也有理由申请取消协济。

简言之，运河开通以后，设置河夫役以负责河道的运作和维护。夫役依照户等佥点征发"丁夫"，属于里甲役中的"杂役"。遇到短期性的大工程，则需要额外调发附近军民参与。但河夫设置之后并非固定下来，其类目、人数、职责及应役方式都随着运河的需要、赋役制度及社会背景的改变而变动。比如河夫逐步增加采办物料之责，或兼以其他任务。由于就近佥派，运河沿线州县的负担较他处繁重，故而有司也采取了一些减负手段，比如裁夫和协济，但范围及数额都极其受限。当役法变革，河夫役不局限于力役之后，纾

① 谢肇淛：《北河纪》卷六"河政纪"，《景印文渊阁四库全书》第576册，上海古籍出版社1987年版，第662页。

② 王宗沐：《山东经会录》卷九《均徭附录》，第四十三（b）页，日本京都大学法学部图书室馆藏，请求号：S344‖Sa。

③ 王宠：《东泉志》卷三，《天津图书馆孤本秘籍丛书》第7册，中华全国图书馆文献缩微复制中心，1999年，第809页下~810页上。

④ 王琼：《漕河图志》卷三"漕河夫数"，姚汉源、谭徐明点校，水利电力出版社1990年版，第147、156页。

解手段的范围得以扩展，这即是下一小节所要展开论述的。

三、哀多益寡：役法变动与纾解河夫役

河夫之役随着均徭法的实施，也逐渐发生变动。随着国家统治机构日趋复杂，徭役负担增大，不定期、不定量的金点问题迭出：政府征发超额、服役无人接替等，赋役改革势在必行。① 正统时江西首创把杂役中服务于官府的经常性的差役划分出来，归于"均徭"名目下（河夫正在均徭之中），形成了里甲、均徭、杂役三分的徭役总目。相应的，在编派方法上也做出区分。② 山东的施行大概始自成化末，③《兖州府志》记载该府"弘治元年，令各处审编均徭"④。

均徭法的基本内容是，确定各级政府需要金派差役的项目、轻重等级和名额，由官府审定各户等级，编定所当差役，编成均徭文册，各户应差有确定的轮役周期（因地而异）而不再是临时金点。⑤ 金派原则因地制宜，分别依据"地、社、户、丁"，来金派不同类型的夫役，"闸溜夫、捞浅夫、守口夫、坝夫"这些运河夫役的调发原则是"以丁出役"。正德以后，按照出丁还是出钱不同，有了区分的惯例：出人力者谓之力差，纳银者谓之银差。⑥ 运河夫役即是"力差"。

但力差也并不一定保持劳役状态，嘉靖元年（1522）南京贵州道监察御史奏请河南、山东河夫折银，皇帝准奏：

> 河南、山东修河人夫每岁以数十万计，皆近河贫民，奔走穷年不得休息，请令管河官通行合属地方，均派上中二则人户征银、雇役，便。工部覆议，从之。⑦

监察御史认为，河南和山东修河之河夫高达数十万人，都是秉持就近原则金发的贫民，每年奔走于河边，无法休息，影响生计，故而请求将河夫之役折银，摊派给较有财力的上、中二则之家，再用以雇佣役夫，两相便宜。此建议也得到工部支持，故予以实行。

文中所谓"上、中二则人户"，是华北役法中审定各户等级的一大特色：门等。因元代造成的南北税制差异，南方适应了唐末以来的两税法，以丁田为主要衡量标准，而保有

---

① 谷口规矩雄：《明代徭役制度史研究》第二章第一节，日本同朋舍 1998 年版，第 37~47 页。

② 梁方仲：《论明代里甲法和均徭法的关系》，《梁方仲经济史论文集》，中华书局 1989 年版，第 593 页。按：岩井茂树认为均徭是把固有杂役中除去与驿传有关的差役的分派方法。

③ 谷口规矩雄：《明代華北における銀差成立の一研究—山東の門銀成立を中心にして》，《東洋史研究》1961 年 20 卷 3 号。

④ 朱泰、游季勋裁正，包大爟纂修：《万历兖州府志》卷二十六《民役》，《天一阁藏明代方志选刊续编》第 55 册，上海古籍出版社 1990 年版，第 11 页。

⑤ 刘志伟：《在国家与社会之间》，中国人民大学出版社 2010 年版，第 98~99 页。

⑥ 刘志伟：《在国家与社会之间》，中国人民大学出版社 2010 年版，第 123、125 页。

⑦ 《明世宗实录》，"嘉靖元年九月丙辰"条，"中研院"历史语言研究所 1962—1968 年版，第 550 页。

租庸调制遗存的北方,其基准是门和丁。① 弘治时山东恢复了确定门等的"九则法",即依据现银、宅地、家畜、(商人的)债券将户从上上至下下分为九等。② 而丁也是依照所属之户的财产大小来定的等级税,兼人头税、财产税为一。③

故而,此次嘉靖修河夫改革的意义不仅在于折银雇役,还在于将原本"以丁出役"的河夫金发方法改为按"门等"摊派,即趋向按"户"征收,那么就意味着"银差""力差"可以互相转化。尤其是嘉靖二十年(1541)前后,银差、力差各项均可折银后,两者分别有了"门银""丁银"的称呼。④ 如此一来,省级范围内计算各府州县赋役负担,银差、力差互相抵补以尽力达到负担均衡的举措,成为可能。

此处修河夫调发自河南、山东两处,故而应为"黄河",由于黄河长期处于漕河的管理体系之中,此时运河也部分借道于黄河,⑤ 修河夫之役折银可以视作运河夫役折银的开端。

河夫役所修之"河",所指黄河、运河并非泾渭分明,可见于嘉靖初的《与夏德树论河夫书》:

> 近闻议者欲以修河夫之役分派东方……修河之设夫久矣,止于近河而不及于近海者,前人自有所见耳。盖东方濒海,土沙多碱,军灶半于民户,起运粮重,邑无不税之田,而僻在一隅,不通舟车,民鲜生理……如沿海二十四卫所递年修城之夫,不知几千万,此又西府之所无者。……况河道之利,他处不可得沾,而河道之害,顾欲移之他处,可乎?此殆不通之论也。昨者执事发下各府查议,意已有在。仆林下人,不敢与闻,但本土休戚,所闻不忍默默而已。今郭守所议,亦不出此。⑥

经考订,该疏为嘉靖四年(1525)毛纪(官至大学士)写与山东巡抚王伯圻(王尧)的。当时漕河为黄河频繁改道所扰,河工繁重,故而减轻西府负担的议论日益纷纷。⑦ 河夫役本身差重:要牵挽舟车,又需疏浚筑塞,还负责闸、堰、堤、湖的供役,又是就近科派,于是山东省内西三府(兖州府、东昌府、济南府)负担较重,其中济南府主要应泉夫之役,兖州、东昌为重,兖州尤重。又逢河患丛生,修河之役愈发沉重。就有了将修河夫之役平摊到全省六府的呼吁。

---

① 山根幸夫:《明代華北における役法の特質》,《明代史論叢:清水博士追悼記念》,日本大安,1962年,第222、245页。

② 谷口規矩雄:《明代華北における銀差成立の一研究—山東の門銀成立を中心にして》,《東洋史研究》1961年20卷3号。

③ 梁方仲:《明代一条鞭法年表》,《明代赋役制度》,中华书局2008年版,第254页。

④ 谷口規矩雄:《明代華北における銀差成立の一研究—山東の門銀成立を中心にして》,《東洋史研究》1961年20卷3号。

⑤ 蔡泰彬:《明代漕河之整治与管理》,台湾"商务印书馆"1992年版,第307页。

⑥ 毛纪:《与夏德树论河夫书》,严石禧纂修:《莱州府志》卷十三《艺文志》,《中国地方志集成·山东府县志辑》第44册,凤凰出版社2004年版,第275~276页。

⑦ 李波:《明代山东东、西三府之间的赋役之争》,山东大学硕士学位论文,2012年,第49~53页。

　　但这一建议遭到了东三府的抵制。写这篇"书"的毛纪，为东三府之莱州府掖县人，因反对大礼议而致仕归乡，但一度为朝廷重臣的他，其为本土利益而发之声还是相当有分量的。引文中反对平摊的还有"郭守"（莱州府知府郭五常），可以推想反对之声来自一批利益相关的官员。

　　反对者的理由是，东边原本田土碱性高，产出薄，税粮又重，而且地处偏远生计少，他们也有西边不负担之役，比如修理卫所城墙之劳。而不承担河夫之役最充分的理由是，他们没有分享到运河带来的利益（主要是交通便利带来的繁荣）。我们不确知谁发挥了关键作用，结果就是山东巡抚平摊河夫之役的计划不了了之。

　　基于文中"河道之利，他处不可得沾"的考量，在嘉靖二十八年（1549），当年的均徭审定企图纾缓沿河州县之役时，河夫被划归"府派"。所谓"府派"，与"省派"相对，是山东省为达到均平目的所创名目：

　　　　凡役关乎壹省者则合壹省而均派，关乎壹郡则合壹郡而均派。而又酌定州县大小、人户丰疲分别上中下三等，剂量衰益以适于中。①

关乎一省的役由全省分担，称作"省派"，关乎一府则全府摊派，叫作"府派"，但这样的分配不是数额上的绝对相同，而是基于各州县贫富的等级（根据州县的大小、州县人户的财力分为上中下三等）来差额实现公平。

　　此次均平徭役中，"然以河工列之于府派"②，即河夫役在一府范围内平均分派。于是兖州府开始计量府内各州县均摊的河夫额，以期使府下各州县夫役负担趋向公平。其表现就是跨区域的"代编"。

　　"代编"与前文"协济"应为同一类型的协助：原本没有河夫负担的州县跨地域承担沿河州县之夫役。之所以改称"代编"，应与嘉靖中期以来力差普遍折银化有关，当力差趋同于丁银时，原先协济需要临境州县卫所调动人夫，如今承担夫额等同于征银的话，就不必局限于地域，代编州县将所需周济地区的夫额编入本县均徭征收中即可。不过"代编"之州县总会想法设法告归其代编之额。兹以隆庆元年（1567）代编了济宁州、济宁卫、鱼台县运河夫役额的曹县之告申为例：

　　　　又据曹县申，嘉靖二十四年以来节奉明文行县代编济宁州师家庄闸夫叁拾伍名……鱼台县南阳闸闸夫陆拾名，济宁卫捞浅夫叁拾名……济宁州大南门桥桥夫并停役夫共拾捌名，本县先年地颇膏腴，且无额外之征，又适黄河，货物丛集，故民叨窃殷庶。今节经黄河泛溢，沙壅地薄，且去年春旱夏蝗、入秋淫雨两月不止，兼以黄河泛涨田禾房屋淹没……合无俯念灾民，将代役济宁等处夫役照数归还。

　　　　具申两院，札行本府，看得该县人丁共计……若合壹府均摊，则该县之民例该编

────────────────

①　王宗沐：《山东经会录》卷八《均徭因革下》，第九十一（b）至九十二（a）页，日本京都大学法学部图书室馆藏，请求号：S344‖Sa。

②　王宗沐：《山东经会录》卷九《均徭附录》，第二十九（b）页，日本京都大学法学部图书室馆藏，请求号：S344‖Sa。

夫叁佰伍拾柒名，今止编夫贰佰肆名。①

曹县是山东省西南靠近黄河的一个县，虽与济宁州、鱼台县相近，同属于兖州府，但并不接壤，故而弘治时的《漕河图志》中协济的安排中尚无曹县。嘉靖二十四年（1545）以来该县因民力较宽而代编了济宁州师庄闸闸夫35名、鱼台县南阳闸闸夫20名、济宁卫捞浅夫30名以及济宁州桥夫并停役夫共80名，应役夫与停役夫的区别如前所述，在于编银数目的不同。

代编州县自然不乐于承担这额外之差银，于是曹县以司空见惯的灾伤为由，申告两院（巡抚及巡按御史），请求归还代编。两院拒绝了曹县告归之请，其根据即是财政上的平摊考量：若按"府派"来计算，兖州府内州县均摊河夫役，该县如今代编之额还远没有达到其应承担的额度。该道理充分地驳斥了曹县，即说明"府派"已是为河夫差重州县减负的指导原则。

除此之外，山东省也采取过缓解兖州府之负累的直接手段。比如，嘉靖二十四年（1545）"曾改兖州府料价东四郡，正谓兖州河工偏累，故少改料价以宽之"。即因为兖州府河夫多差重，少收其所承担的料价（给户部、工部、礼部的上供物料折银），但当时就有人说弥补的这部分不及十分之一。②

稍后，更有直接针对河夫之减负措施：停役、裁革。文献的记录里，停役较早实施：

> 总理河道察院议处夫役，以苏民困。查将河夫空闲不全役者，减其差银作为停役。自嘉靖叁拾年为始……银五钱，听候大挑调用，工完即便放回，并免别项征调。……坝夫肆百肆拾伍名内，戴村坝肆拾名，旧每名改征银五两，亦解该州贮库，听取河道取用，今作停役，编银五钱，听候大挑；其余肆百伍名存留见役，照旧每名编银贰两。③

嘉靖时期的河夫安排已经额大于求，故而嘉靖三十年（1551），总理河道决定将空闲之额改为停役，这并非完全停止应役，而是不应其原有的全职之役，只留待"计工重大"的"大挑"之时，调动上工疏浚河道、修理闸座一月有余。因核心目的是"为苏民困"，总理河道更进一步的动作是减少编银。以戴村坝为例，均徭法下力差也可折银之后，原先改征银夫每名编银五两，此时保留现役的减为二两，改作停役的只编银五钱，以缓解运河沿线的河夫重担。

嘉靖末河书中有了进一步的"裁革夫"之记录，依旧以文中多次提及的戴村坝为例：

---

① 王宗沐：《山东经会录》卷九《均徭附录》，第四十六（b）至四十七（a）页，日本京都大学法学部图书室馆藏，请求号：S344 ‖ Sa。

② 王宗沐：《山东经会录》卷九《均徭附录》，第二十九（b）页，日本京都大学法学部图书室馆藏，请求号：S344 ‖ Sa。

③ 王宗沐：《山东经会录》卷七《均徭因革上》，第三十三（a）页，日本京都大学法学部图书室馆藏，请求号：S344 ‖ Sa。

　　莱芜县：原额泉夫二百五十名，老人十名，裁革夫四十七名，老人九名……

　　戴村坝：原额修坝夫三百名，本州［东平州］一百五十名，汶上县一百五十名，岁办桩木九百根，草九千束，柳栽六百株，今渐裁革。停役夫十二名，议改征银夫五十名，每名每年征银二两，贮兖州府洪备库。①

材料中，莱芜县所承担之泉夫直接裁革了夫额 47 名，管理泉夫的老人 9 名。戴村坝的夫役安排则略为复杂：裁革内容语焉不详，无确定的裁革夫额，更令人信服裁革的是物料采办之责，针对河夫的是停役及改征银夫之安排。征银夫顾名思义是不用应役而改为纳银之夫，而折纳的银可以由官府用来雇夫，若依照前小节修河夫之例，则是征纳于上、中二则即前六等人户中。

　　要之，河夫役设立后，官府也一直试图纾解沿河州县这一沉重负担。适逢均徭法改革，运河夫役虽然归为"力差"，但逐渐显露折银化趋向。在此背景下，嘉靖中后期，河道部门对县级的河夫之役先后采取了折征（纳银折色）、停役（保留名额，只应大挑之役，编少许银钱）、裁革（裁去河夫名额）三个措施。此外，还有减少河夫役最重的兖州府之上供物料银、府内非沿河州县代编沿河州县夫额等措施。在减负的尝试中，逐渐产生了平摊的理念，以衰多益寡的原则调剂负担。然而，由于东西府之间的博弈，河夫役被划归为在一府范围内均摊，减负力度有限。最终，在天时地利人和之际，实现了全省范围内的均摊，这是下一小节试图探讨之内容。

四、同任其劳：开南阳新河、胶莱河与平摊河夫役

　　前文所述，东三府民众反对平摊河夫役的核心说辞是："河道之利，他处不可得沾；而河道之害，顾欲移之他处，可乎？"若要实现全省均摊，其依据必须要能够充分驳斥这点。

　　嘉靖三十二年（1553），山东巡抚再次努力改变兖州府独受河夫之困的现状，他主张将河工归于"省派"，其理由是："河工为漕运而设，当合壹省之民同任其劳。"时值南阳新河开通前，运道仍需借道黄河，而河患丛生，河道事务孔多，难见河道之利，害处则匪浅。②

　　此时的通融均摊方法与嘉靖二十四年减少料价类似，但是在"省派"原则指导下计算的：计算六府银差、力差及河夫之数，河夫仍于兖州府编金，抵还先前所减之负——改派济南、青州、登州、莱州四府料价银后，相较于其他各府，兖州府仍负担超额的编差银。于是，这部分数额则转与该府原先需要承担的省派，诸如药材、野味、京班等及布、

---

　　① 张桥：《泉河志》卷三，《原国立北平图书馆甲库善本丛书》第 400 册，国家图书馆出版社 2014 年版，第 135 页上、143 页下、144 页上。

　　② 王宗沐：《山东经会录》卷八《均徭因革下》，第九十三（a）页，日本京都大学法学部图书室馆藏，请求号：S344‖Sa。

按、运司柴薪，将其分派给坐派数额少的府来承担。①

出现的问题是继任之官员弗察其例，济、青、登、莱四府只知道这部分差是兖州府推来的，却不知是用以抵补河夫之数，虽然均徭则例上明白写着不是代编，各府却告复不已，告复申辞里都写道："因是代编，系一时权宜之计"，不到三四年已经归还了1/4，并在持续归复之中。②

各府佯装不知分派是为抵补河夫役，其进一步的拒绝理由暴露了这点，也点破了其深层的思考："河夫具系力差，而以银差相易，其重不啻三倍于彼。"③ 为何作为力差的河夫役，转化为银差时，变重了三倍呢？笔者的理解是：力差原额较轻，但其实它有后续失责的赔偿、费用的供给等，④ 所以以银差抵补时可能增加了额度。河道部门在允许地远之河夫免除亲身应役，改编银差时的操作方法："其窵远难于应役者，免其力差，于银差内倍加数目征解"可为佐证。⑤ 承担分派的各府只考虑账目上数字的差异，所以认为不公平。

若要实现省内均摊河夫役，须得堵住悠悠众口，这就需要两个方面的操作：无河夫役或轻河夫役之府认可河工成为"省派"；财政上原本归为"力差"的河夫役能部分转化为银差，直接与其他府的银差对接，进而均摊，以避免别府对力差乘以倍数的不信服。

这两个操作得以实行的契机是南阳新河的开通，总河趁机奏请河夫改革。南阳新河是嘉靖四十五年（1566）工部尚书朱衡修筑完成的新运道（山东省鱼台县南阳镇——江苏沛县留城），新河奉行"以运避黄"的指导原则，减少漕河对黄河的依赖，由昭阳湖西边挪至东边，并且以湖为黄河溃决的缓冲区。⑥ 新河开通后，河道部门认为自此一劳永逸，多种河夫之役事闲可裁，彼时为大挑调发的停役夫也超员，积年的市棍之徒一人包揽数差，诓骗工食银之事屡见不鲜，于是朱衡建议裁省之夫改编银差。⑦ 隆庆三年（1569），总河翁大立以"新河已成，当以民瘼为急"再次请裁，朱衡声援道：新河开通之后，舟楫可日行百余里，徐州到济宁也不过三日天，故闸官与各夫徒株守河滨，漫无事事。而裁汰的夫役改成银差，征解在山东省，可以储作河渠之费。⑧ 当年，山东布政司照议实施。

这次的裁革不止是在数字上减轻民瘼，其新意是将部分河夫役（裁革夫）在财政计量上转化为银差：

① 王宗沐：《山东经会录》卷八《均徭因革下》，第九十二页，日本京都大学法学部图书室馆藏，请求号：S344 ‖ Sa。

② 王宗沐：《山东经会录》卷九《均徭附录》，第三十（a）页，日本京都大学法学部图书室馆藏，请求号：S344 ‖ Sa。

③ 王宗沐：《山东经会录》卷八《均徭因革下》，第九十三（a）页，日本京都大学法学部图书室馆藏，请求号：S344 ‖ Sa。

④ 刘志伟：《在国家与社会之间》，人民大学出版社2010年版，第125页。

⑤ 王宗沐：《山东经会录》卷八《均徭因革下》，第九十三（b）页，日本京都大学法学部图书室馆藏，请求号：S344 ‖ Sa。

⑥ 蔡泰彬：《明代漕河之整治与管理》，台湾"商务印书馆"1992年版，第99~100页。

⑦ 王宗沐：《山东经会录》卷九《均徭附录》，第二十二页，日本京都大学法学部图书室馆藏，请求号：S344 ‖ Sa。

⑧ 《裁冗费以便民疏》，陈子龙：《皇明经世文编》卷二百九十七"朱司空奏疏"，台湾国联图书出版有限公司1964年版，第542~543页。

其隆庆五年，应免编者照题准事例免编；应裁革者具改为银差；停役夫照旧编在
力差项下，听候大挑调拨。①

山东省布政使司决定，隆庆五年（1571）开始，免去编夫的准例豁免夫额，应该裁革的
改为银差，停役夫则依旧算在力差项目下，并听候大挑时的起派。由于隆庆四年六月新河
冲决，故而这个决议改在了五年实施。与嘉靖时的减负措施不同的是有了免编者、裁革者
的区划，免编者是彻底免于河道夫役安排之中，裁革夫则保留名额，成为银差，按"门"
金派而非按"丁"。

河夫役通过裁革分化为银差和力差，那么就解决了作为"力差"的河夫役无法与他
府"银差"对接的难题，于是省级财政内通融平摊河夫役在技术上变得可行：

力差，责令兖、东二郡徭户亲当，或系代役照依旧规打讨；银差，派于济、青、
登、莱四郡，责令征银解赴河道，转发兖、东所属，就于附近地方雇募夫役，与正身
一体听差。如此，在兖东之民可省河夫之累，而青莱四郡虽以推差告扰，亦有难为辞
者矣。②

自此之后，力差、银差的承负之府也产生分化：依旧作为力差的现役河夫及停役夫还是由
兖州府、东昌府的徭户承担，既可以亲身赴役，也可以自行付打讨（官府规定的代役者
向正户索取的工食银两，数额因县而异③）雇人代役。已经划归银差的裁革夫所应编之
额，则派给济南府、青州府、登州府、莱州府征银，再转发给兖州府、东昌府，令州县有
司就近雇募河夫。如此一来，兖、东二府可稍缓河夫役之负累，青州等四府则因这次制度
上去掉"代编"名目，成为财政上需要承担的"银差"而难以推辞。

那么，布政使如何说服这四府承担分派来的河夫银差呢？嘉靖初河夫分摊之议因东三
府的极力抵抗而作罢，此时怎样能让东府民众不再持因无河道之利而拒绝承担河道夫役的
态度？

方今议开海运胶莱之役，未知其所，就然使揆谋定策，必于可行。东人岂肯以贤
劳而独任乎？④

当时因黄河一再的险情，在山东东部半岛开胶莱运河以通海，进而重开海运之议甚嚣尘

① 王宗沐：《山东经会录》卷九《均徭附录》，第二十九（a）页，日本京都大学法学部图书室馆
藏，请求号：S344‖Sa。

② 王宗沐：《山东经会录》卷九《均徭附录》，第三十（b）至三十一（a）页，日本京都大学法
学部图书室馆藏，请求号：S344‖Sa。

③ 申斌：《明朝嘉靖隆庆时期山东均徭经费初探：基于"山东经会录"的分析》，陈春声、刘志
伟主编：《遗大投艰集：纪念梁方仲教授诞辰一百周年》，广东人民出版社2012年版。

④ 王宗沐：《山东经会录》卷九《均徭附录》，第三十一（a）页，日本京都大学法学部图书室馆
藏，请求号：S344‖Sa。

上。山东布政使王宗沐虽然倡导海运，但对开胶莱运河通海是持反对态度的，他认为"漕河必不可弃也"①。不过这不妨碍他趁机利用这个言论，东府之人未知开胶莱河与否，畏惧彼时河差之重，如若现在不答应均摊，待开胶莱运河时，兖州府、东昌府、济南府亦不会予以支援。不愿独任其劳的东人，应不抗拒均摊河夫役。

最后的结果是运河见役夫原编 10700 名，今存 5270 名。② 裁革、免编夫额近半。

质言之，南阳新河开通以避开黄河险情后，河道裁汰河夫之请终于获允。此次河夫役变革中有停役夫、免编夫、裁革夫之名目，前两者依旧为力差，后者划归银差。山东布政使借开胶莱河以通海运之议纷纭未定之时机，使得东边济南、青州、登州、莱州四府愿意承担银差部分，力差则依旧在兖州府、东昌府。至此终于完成了全省范围内分派河夫役。

五、结　语

运河开通之后，就近金派河夫，随后又增加物料之负担，河夫所承担之责范围亦逐步扩大，沿河州县负担亦日益沉重。在漕河初行所需人手甚多，且河夫为力役的阶段，政府及河道的减负手段都与人身直接相关，局限于减少泉夫额数及调动附近州县夫役协济，收效不大。

在均徭法施行到嘉靖时期，力差、银差都趋向折银。正是力差的折算，使得各地可以量化本郡县承担的徭役负担，沿河州县的负累更加显而易见。在纾解河夫负累的过程中，逐渐衍生出平摊的理念。然而持着"河道之利，他处不可均沾"的理据，东府之民众拒斥了平摊河夫役的安排，河工由此被归入"府派"，在一府范围内均摊。兖州府大致采取了减少河夫、停役夫编银数目、裁革夫额及代编的措施，在府范围内部分减轻河夫之差。

嘉靖末，为缓解兖州府河差而分派东府承担其料价银，遭到东边的抵制。除了不沾河道之利的原因之外，其核心理由还有河夫为力差，却要其承担增加数倍额度后的银差。为消弭这一困难，在南阳新河开通后，河道奏请裁革河夫，裁额直接在财政上划归银差，与东四府对接。同时，山东省布政使又利用开胶莱河议论纷纭之际，东府也存在开河、修河的潜在负担，未来亦可能需要西府协济的政治时机，从而说服东府接纳河夫的分派。由此，河夫役在省级财政内通融调拨，趋向均摊。

（作者单位：北京师范大学历史学院）

---

① 樊铧：《政治决策与明代海运》，社会科学文献出版社 2009 年版，第 120~121 页。
② 王宗沐：《山东经会录》卷八《均徭因革下》，第八十九（b）页，日本京都大学法学部图书室馆藏，请求号：S344‖Sa。

西方财政理论在清末中国的传播及影响*

□ 马金华　刘　锐

　　清末是我国近代社会发展的一个转型时期，是中国传统制度向近代制度转折的肇始期，它从社会经济的各个方面开始了中国近代化的艰难转轨。从先秦时期始至 20 世纪上半叶而止，三千年来中国传统的古典财政思想到清朝末年已难以为继，不得不参照西方财政思想和财政体制进行改革。伴随着清末财政体制改革的酝酿和展开，传统的中国旧财政理论逐渐退出了历史舞台。在西方经济学诸说特别是财政思想腾涌国门的影响下，撇开传统的"国计""邦计""度支""会计"思想而独立形成的近代财政理论在中国传播开来，近代财政研究也在清王朝财政百孔千疮、危机四伏中，在企图清理、改革财政的实践推动下艰难起步。

一、西方财政理论在清末传播的兴起和途径

　　中国是一个具有悠久历史的文明古国，很早就出现了诸多理财家以及丰富的理财思想，但立足于农耕文明和封建专制制度之上的中国古代理财思想只能算是财政思想的萌芽，不能算是系统的财政理论。1915 年梁启超在《大中华杂志》所撰的《论中国财政学不发达之原因及古代财政学说之一斑》一文中指陈六个制约我国财政学发达的因素为：（1）侈谈道义而耻言功利的传统，不善治财货为主体的学问；（2）封建王朝诛求无艺，无秩序规则足资披讨；（3）重农抑商的经济政策专注农业取财一途，无甚奥衍繁赜之学理；（4）货币无定制，财政无准确会计可言；（5）专制国权践踏民权，竭泽而渔，财政实无研究之价值；（6）社会经济缺乏紧密联系，财政失措尚未达到牵一发以动全身的重要性。梁氏所言揭示了中国古代系统财政理论研究匮乏的原因。但到清末，当整个国家的崩溃危局集中体现在财政危机上，传统赋税结构的根本转变和君主立宪制度的鼓吹客观上推动了我国近代财政的研究，西方财政理论开始广泛传播到国内，对我国近现代财政理论

　　* 本文为国家社科基金重大招标项目"清代财政转型与国家财政治理能力研究"（15ZDB037）阶段性成果。

的形成产生了直接的影响，财政研究亦在清末骤然形成爆发之势。

清末近代西方财政理论在我国的传播，有三个传播路径：一是西方驻中国官员、商人、记者和学者开始关注中国的财政危机并予以研究报道；二是广大爱国留学生纷纷译注西方宪政理论，财政学说作为宪政理论的副产品介绍来到中国；三是进入 19 世纪，新教传教士重新进入中国，带来了包括经济学在内的大量新知识，他们向中国传播西方科学技术知识的同时，财政学说作为"格致"之学的一部分介绍到中国。如同其他经济学说和词汇一样，近代西方财政理论在我国的传播途径实际上走的是一条"导源西籍，取径东瀛"的道路，经过日本的翻译和转入，日本的财政理论对中国财政起了直接和关键的影响。早在 19 世纪后期，江南制造局翻译馆便有传教士傅兰雅主持并由张相文等翻译的《列国岁计政要》问世。由林纾主持的《译林》（1901—1902）开始连载日本世川洁《理财学》和织田一的《国债论》。《东方杂志》开辟"财政""外国财政""各省财政"三个专栏，财政多由留学生和日本专家撰文，后两个专栏则专门介绍国际国内的财政状况及政策演变。同时和稍后的《申报》《国民报》《游学译报》《浙江潮》《江苏》《民报》等刊物专辟"法政""经济""理财""财政"等栏目，在介绍西方宪政制度时对其财政理论推崇备至。《时报》（1904.12.11）也发表了留日学生的《论统合预算财政法》，引用日本浅井虎夫《支那法制史》的观点，认为中国面临"既非中央集权又非地方分权"的政治危局，应着手统一财政进而维护中央集权，始终把财政置于政治范畴来考虑。此后，日本财政研究会在《北洋学报》1906 年第 7 期发表《财政学中新发明大义》，针对中国当时的经济危机，着眼于财政在社会经济中的功能谈了七个问题：（1）租税、公债之性质定义；（2）干涉主义与放任主义；（3）金为根本、银为活用的两本位制利益；（4）兴实业须用国民资本；（5）生财三要（易地、变形、保藏）和三宝（人力、土地、资本）；（6）铁路宜归国家所有之理由；（7）银行制约之新法。《民报》（1906—1907）刊登了留日学生朱执信等人介绍德国华格纳（即瓦格纳）《财政学》和日本小林丑三郎《比较财政学》的连载文章，特别论述了华格纳在税收方面提出的"四项九端"原则。当时商务印书馆还出版了一系列日本法政译著，其中有不少财政学专著，如何津瞿等著的《货币论》《政法理财讲义》和田中穗积所著《公债论》。1907 年湖北法政学堂出版了系列法政丛书，其中即有叶开琼、何福麟等编辑的《财政学》，也是日本财政理论的翻版。在清末宪政运动中颇出风头的留日学生汪荣宝，与叶澜著有《新尔雅》一书，其中即有《释财政》一节，所释税收、支出、预算、公债诸概念及分类无不照搬日本留学笔记。留日学生李景和、曾彝进等翻译日著《官制篇》一书，以较大篇幅讨论中央会计与地方会计关系，即预算理论，也反映财政问题及财政理论已成为宪政变革中的重大现实课题。[①]

二、西方财政理论在中国传播的主要内容

笔者主要从税制理论、预算理论及财政分权理论三个方面管窥中国财政思想早期近代化的历程。

---

① 龚汝富：《清末清理财政与财政研究》，《江西师范大学学报》1999 年第 2 期。

（一） 西方税收理论的传播

税收是财政学的最主要的组成部分。中国近代税制改革思想，系以西方财政学为理论依据，其产生和发展，与西方财政理论在中国传播的进展密切相关。而这种传播要追溯于鸦片战争以后，中国思想界的先进人物开始向西方寻求救国救民真理的过程。特别是 19世纪 60 年代以后，在 "向西方学习" 这一历史潮流的推动下，关心和传播西方财经知识的人越来越多。他们中的佼佼者有冯桂芬 （1809—1874）、郭嵩焘 （1818—1891）、王韬 （1828—1897）、薛福成 （1838—1894）、郑观应 （1842—1922）、马建忠 （1845—1900）、黄遵宪 （1848—1905）、陈炽 （？ —1899）、张謇 （1853—1926） 等人。其中郭嵩焘、黄遵宪尤其值得一提。

郭嵩焘是中国近代史上一位有影响的外交家、思想家，中国首任驻外公使，早期洋务派的重要成员。他在国内时，曾长期主持粮食、盐务、筹饷等经济事务，对中国财政赋税中存在的弊端了解甚深。而太平天国军兴之后，清政府遇到了前所未有的财税危机，也亟须寻找拯救危机的出路。为此，郭嵩焘一到西方，便认真考察西方财税情况，以求取人之长，补己之短。(1) 关于财税总量情况。一个国家的税收总体规模，能集中反映该国经济实力的强弱。郭嵩焘在其日记中多次记录了西方财政收支情况。例如英国，是当时首屈一指的经济大国，拥有雄厚的财税实力。1878 年，英国的财政收入高达 79763298 镑，支出为 78903495 镑，收支相抵结余 859803 镑。其主要收入项为：关税、酒税、印税 （包括银票及遗产等项）、地亩及房租税、入息税、信局税、电报局税、地课、国家借出债息、杂税。税收收入占其财政总收入绝大部分。他举例说，英国的利息收入名目繁多，数量惊人，增长极为迅速。1865 年英国入息才 308 兆镑，而到 1875 年，利息收入竟高达 571 兆镑。这就为英国税务机关征收利息所得税 （郭嵩焘称之为 "入息税"） 提供了非常厚实的税源。（2）关于税收政策。郭嵩焘详细了解了西方国家的税目设置及税率调整情况。关于这一点，他引用曾任日本户部尚书的井上馨所谈的情况，他说，日本 "岁入五千方圆，取之商税者三百万，余皆地税。西洋各国皆然；经制所入，皆地税也"，"英国课税惟茶、烟、酒三事，余则听商人营运，物税则"。他还研究了英法两国的关税。他说："法国关税分为三等。日用之物，民生所不能缺者，其税薄；粉饰铺排，及非衣食应有之需，其税厚；物之与国人争利者，其抽税与国内时价等，欲以绝其来也。"[1] 这反映了法国财税部门通过灵活运用关税杠杆以引导消费行为及调控外贸活动的情况。此外，郭嵩焘还介绍了英国财税部门的一些具体做法。如西文的票据管理、税收征管制度等。

在政治思想上与维新派接近的黄遵宪，曾出任外使十五年，悉心考察欧美日本的文化制度，著有《日本国志》。书中对日本明治维新以后的赋税制度表示推崇。一是日本地税的改革情况，日本于 1873 年废除幕府时期以土地收获量为课税标准的旧税制，征收地价税；二是关于日本地方税制的建立情况，日本于 1878 年实行地方税制，划分地方税，制定地方税则，实行地方自治。这两点内容，前者对孙中山地价税思想有过一定启发作用，后者对清末民初的国地收支划分具有一定影响。对于中国的赋税问题，他的主要见解之一是主张重税，认为如属取之于民用之于民，则重税 "非惟无害，而损富以益贫，调盈以

---

① 郭嵩焘：《郭嵩焘日记》第三卷，湖南人民出版社 1982 年版，第 525 页。

济虚，盖又利存焉"①。这种观念显然是受西方近代财政思想影响的产物。

19 世纪末期的思想家大多只具有通俗的西方财税知识，而不具备专业性的理论知识。进入 20 世纪以后，研究财经问题的学者大多开始从国外财经科学原著直接吸取知识营养，从而加快了西方税制思想在中国传播的步伐。代表人物有严复、梁启超等人。

被誉为"五四"以前向西方寻求"真理"的四大代表人物之一的严复（1854—1921）对西方资产阶级经济学著作的涉猎范围相当广。从严译《原富》的"按语"看来，他阅读过英国的李嘉图、马尔萨斯、穆勒父子、马克洛赫、马歇尔和罗哲思；美国的加宙；德国的李士特；法国的巴师夏等诸多经济学家的著作。他于 1897—1900 年译成、1902 年出版了亚当·斯密的《原富》，该书的第五篇专论君主或国家的收入，斯密在此提出的西方财政学史上著名的公平、确定、便利、经济四大税收原则，被严氏译为"平""信""便""覆"，对国人的思想有一定的影响。他批评了"薄税敛"的传统教条，认为财政征课应以"赋无厚薄唯其宜"为原则，所谓"宜"并不在于税率本身的高低，而是以人民的负担能力为转移，主张国家应积极地"为民开利源，而使之胜重赋"②。

梁启超（1873—1929）则是 20 世纪初中国财政学界最多产的作家之一。在 1905 年至 1913 年，他撰写了大量的财经论著，不仅数量超过了与其同代的任何一位学者，而且涉猎范围也相当广泛。在赋税方面，他信奉亚当·斯密的赋税原则理论，批判了"因民所急而税之"的传统观点，主张实行轻税、"人群主义"的"平税"政策。他谈到过租税转嫁问题，介绍过西方的分税制理论，对公债与租税的关系作过一定的理论分析。在其《政闻时言·湘乱感言》一文中，他说："田赋虽征诸地主，而负担实转嫁于佃丁也；原金虽征诸行商，而负担实转嫁于小贩及消费物品之贫氓也。"梁启超认为一切租税都是可以转嫁的，这符合各资产阶级学派当时所公认的原则。特别值得一提的是，他还提到，所得税、遗产税、地价差增税（即土地增值税）等税种是"最良之税则"，"足以均贫富之负荷"。③ 这是中国近代对优良税制的较早探讨。

近代中国向西方寻求真理的代表人物康有为、孙中山等人，也对西方税收理论和政策作了一定的阐述。特别是身为政治家的孙中山，他的有关税收论述主要是为其经济纲领（民生主义）服务的，他在财税领域里的主要思想成果是平均地权和征收地价税主张的提出，对推动中国的财政体制建设作出了贡献。

（二）西方预算理论的传播

在人类历史上，传统财政制度向现代财政制度变迁过程中，预算制度的现代化是财政制度现代化的起点和核心内容。古代中国，财政收支及财政监督之权均操之君主，国家财政的收入和支出没有严格的程序和手续，更没有审批的机关。财政收支往往因皇帝或大臣的随意性而变化，因而不可能产生完整系统的国家财政管理制度来规范皇室财产、生活开支与国家财政收支活动。因此，也就不可能产生严格意义上的国家预算制度和思想。中国近代预算思想和预算制度也是伴随着近代西潮东渐而从西方舶来的。

---

① 黄遵宪：《日本国志》卷十七《食货志三》。

② 严复：《原富》，上海商务印书馆 1930 年版，第 893 页。

③ 梁启超：《饮冰室丛著》第十种《政闻时言·湘乱感言》。

　　早在 19 世纪末，一些曾经到过西方的清廷驻外使馆人员和留学生就开始片断地向中国引入西方预算知识，有些人还主张仿效西方，建立中国的近代预算制度。中国近代著名的思想家、企业家郑观应在其 1893 年刊行的名著《盛世危言》中建议颁行"度支清账"（即国家预算）。结合中国量入为出原则，他还建议："凡一出一入编立清册，综核比较为赋财出入表。出有逾者节之，不可任其渐亏也。入有余者储之，不可供其虚耗也。"① "预算"这一财政名词当时还未被广泛采用，但郑观应在其《盛世危言·度支》一文后附录了一篇时人论文，题为"俄国出入度支总数考"，提到"预算"二字。可见，他较早地认识到这一问题的重要性。曾任驻日本公使馆参赞和驻美国旧金山领使馆总领事的黄遵宪在其 1895 年刊行的《日本国志》中介绍了西方的预算制度："泰西理财之法，预计一岁之入，某物课税若干，某事课税若干，一一普告于众，名曰预算。及其支用已毕，又计一岁之出，某项费若干，某款费若干，亦一一普告于众，名曰决算，其征敛有制，其出纳有程，其支销各有实数，于预计之数无所增，于实用之数不能滥，取之于民，布之于民；既公且明，上下平信。"② 值得注意的是，"预算"这一词汇，《日本国志》一书取材于日本，亦是从日本舶来的。近代中国的首任驻外公使郭嵩焘，在出使西方期间，广泛考察西方预算制度，他说："西洋制用之经，均先核计一年出入总数何款应从减，何款应增，预为之程，至年终视所核计者有无赢绌及意外之费，而筹所以弥增之"，"西洋制国用，岁一校量出入各款，因其盈绌之数，以制轻重之宜，一交议院诸绅通议，而后下所司行之。三代制用之经，量入以为出，西洋则量出以为入"。这说明西方编制预算的原则是量出以为入，与中国刚好相反。在实施程序上，西方的预算，先由议会讨论审定，有关部门再负责落实执行。有了这个机制，西方国家在税收总量的确定、税源选择和税种税率安排等方面，能够做到有规可循，有法可依，使得政府的征税活动具有相当的稳定性和可预见性，有效防止了征税过程中的随意行为和政府权力的滥用。对此，郭嵩焘给予高度评价，正是此种制度，"而后知其君民上下，并心一力，以求制治保邦之义，所以立国数千年而日致强盛者此也"③。这里，郭嵩焘把西方国家的预算管理体制与该国的民主政治制度联系了起来，显示了郭嵩焘对西方观察的卓越识见。维新派主要代表人物康有为在戊戌变法期间所作的《日本变政考》中，主张仿效西方，实行预算公开。他说："西泰国计，年年公布，有预算决算之表……今吾户部出入，百官无得而知焉……是益以愚我百官而已。"④ 光绪帝采纳变法人士意见，诏令改革财政，编制预算决算，此诏固随变法失败未及施行，而"预算"一词却因此为人们所悉知。⑤

　　大体说来，19 世纪末中国思想界对于西方预算制度的介绍仅停留在常识的水平上，未能进入到理论领域。20 世纪初，随着大批留学生走出国门负笈东洋，中国对西方的预算制度和预算理论了解的人越来越多，认识也不断深化。与此同时，清末预备立宪将建立

　　① 　夏东元：《郑观应集》（上），上海人民出版社 1982 年版，第 578 页。
　　② 　黄遵宪：《日本国志》卷十七《食货志三》。
　　③ 　郭嵩焘：《郭嵩焘日记》第三卷，湖南人民出版社 1982 年版，第 4477 页。
　　④ 　陈光焱等：《中国财政史》，中国财政经济出版社 2001 年版，第 109 页。
　　⑤ 　邹进文：《清末财政思想的近代转型：以预算和财政分权思想为中心》，《中南财经政法大学学报》2005 年第 4 期。参见陈锋：《晚清财政预算的酝酿与实施》，《江汉论坛》2009 年第 1 期。

国家预决算制度作为财政改革的重点。预决算制度改革实践的需要，也推动着当时思想界对预算的认识深化和系统研究。

1906 年 11 月 6 日，《南方报》刊载《论中国于实行立宪之前宜速行预算法》一文，对西方预算制度作了有一定理论深度的介绍。该文认为政府在财政方面要取之于民，用之于民，就必须建立预算制度取信于民，接受百姓监督："所谓预算者，国家预定收入、支出之大计划也。盖国用之收入，收之于民也。收入自民，故不能不求民之允诺，不能不示以信用。预算者，示民以信用之契据也。国用之支出亦以为民也，支出为民，故不得不邀民之许可，欲民许可，不得不受其监督。预算者，授民以监督之凭证也。"关于如何建立预算制度，该文认为，关键在于区分经常预算和临时预算及确定预算权限："预算之要点，全在经常预算与临时预算之分，而特别会计所以备要事特定之用，追加预算所以备意外无定之供，又有预备以为之补助，则组织之机关于是乎备。而预算案编成之权限其要点在发案权与定议权之分。发案权属于政府，定议权属于议会。政府对于预算费常有要求增加岁入之意，议会对于预算费常有要求核减岁出之心。"这里作者认识到预算的编制权属于政府，议定权属于代议机构议会，它们之间相互制衡、互相监督，这在当时是一个不同凡响的见解。对于在中国如何建立预算，他建议："预算之法，须经宪法规定，议会协赞。今我国宪政未行，议会未立，果将依何法以行预算乎？不知预算之发案权既操自政府，则凡所有收入支出各款，经常特别各项必须报告全国，自不致有出纳极滥之弊。即使编成之预算案，我国民有不能承认者，议会虽未成立，而既有议定权之性质则监督财政为应尽之义务，我国民自可公举代表，向政府要求增损，初不必俟宪法颁布，而始行预算之法也。"① 可见，他推行在中国采取渐进式改革方式来逐步完善预算制度。

1907 年 1 月 20 日，《时报》发表《论中国整顿财政当以何者为急务》，引用日本经济学家高野岩和法国经济学家波利耍（音译）的忠告，呼吁速行预算，并号召国民关心财政问题。4 月 21 日，《时报》又发表《论国民当知预算之理由及其根据》一文，对为什么要制定预算及预算性质作了理论分析。关于预算的本质，该文认为，应注意四点：(1) 预算案之根据自租税承诺权而来，"欲维持国家之生存发达，不得不征收租税以应支用。然租税之负担在于国民，非得国民之承诺而徒恃强制力以征收之，未免为无理之举动。故立宪国家所以必待议会承诺者，盖恐国家流于专断有伤人民之感情也"。(2) 预算制度是专制政体向民主政体过渡过程中君民冲突、民权发达的结果："各国之立宪也，莫不因君民冲突，乃由君主让其权力之一部于人民。而其始也，亦莫非因人民之要求而得之。租税之承诺权，其得之也亦同。"(3) 预算之目的在于公示于民，接受人民监督："租税征之于民，用之何途，但使国民知之，若但供政府之浪用，纳税者其能无怨望乎？我国以财政困竭之故，百端罗掘以济要需，然其充何者之费用，吾民不得而过问也。今拟编制预算案，是欲公示于民矣。"(4) 预算的作用在于对政府支出形成约束力："国家之所以编制预算案者……凡立宪国家制定以后，收入支出皆不得越其范围，是谓有'拘束力'。此拘束力者非政府自拘束之，而议会拘束之也……凡立宪国家之预算案大抵皆首先提出于下议院，谓之'先议权'，盖以纳税者为全国民而下院议员大率由国民直接选举，岁出入之增减于其担负有密切之关系故也。"该文的结论是："预算一事乃政府引起，我国民对于政

---

① 《论中国于实行立宪之前宜速行预算法》，《东方杂志》1907 年第 1 期。

府而行使其监督权者也。国民如放弃其责任而不尽其监督之责，是谓自弃其天职。"① 从这篇论文的内容可以看出，作者对预算的本质、作用等的认识已达到相当高的水平。

思想上认识的深化必然反过来推动行动上的进步。国人对西方预算制度的深入了解，也反过来推动着官方实行体制的改革。1908 年福建道监察御使赵炳麟上《统一财权整理国政》折，就预算制提出建议，他说："应由度支部收发，不得各自为计。每年责令各衙门分造概算书及预定经费要求书，送度支部办理，如是则各部财政可一。然后通盘算定，事先预筹海陆军经费应如何指定，京外官薪俸如何平均，振实业，广教育，应如何补助以收其效。"② 1910 年，清政府在基本清查各省财政收支的基础上，仿效西方国家制定预决算的新型财政体制，决定试办全国财政预算。编制的程序是：地方先由各省文武大小衙门局所预算宣统三年出入款项，编造清册，送清理财政局，由清理财政局汇编全省预算报告册，编竣后经督抚核准上报度支部；在京各衙门亦按照度支部颁定册式分别编制成各自的宣统三年出入款项预算报告。接着由度支部在汇核各省及各部预算的基础上，编制成宣统三年岁入、岁出总预算。而后，总预算案经内阁会议政务处核议，送资政院开会议决。那么预算情况到底怎样呢？1909 年初度支部奏陈统一财政办法时有如下沉痛之语："臣部有考核外省庶政议准议驳之权，此无论旧制新章，同一事理。乃近年各省关涉财政之件，例如新筹一款，往往事前既不咨商，用后亦不关白，常有巨款出纳，日久竟不报部，莫可究诘……且有款已挪用，无从弥补，明知正项必不能拨，并不咨商，径行具奏，以冀仰邀俞允，迨阅邸抄，而臣部始知有其事！"③ 由此可见，中央政府对地方财政收支无法控制，地方督抚常视中央执掌财政的度支部为形同虚设。所以在清理财政的实际运作中度支部只好上奏请饬各省督抚将"何项应入国税，何项应入地方税，详拟办法，咨明度支部分别核定"④。这样，就把中央与地方财权划分的标准下放到地方，出现各省编制地方财政预算计划时，自行其是，任意增减，弄虚作假的现象。其结果是因各省税种划分标准不一，河南所列地方税达 56 项之多，甘肃列 66 项之多。最后，在清政府和各省督抚通过发行公债和举借外债来弥补财政赤字后，又与资政院和咨议局发生了种种冲突，后者无法制约行政部门的借债权限，⑤ 使得预算名存实亡。

宣统二年（1910）清政府试办之宣统三年预算案发表后，梁启超发表《度支部奏定试办预算大概情形折及册式书后》一文，对清政府颁布的预算草案的收支不适合问题进行猛烈抨击，谓："预算非他，实一国行政之悌鹄也。无论何种政务，行之必需政费。而立宪国之所以有预算者，则除预算表岁入项下遵依法律所收诸税则外，行政官不得滥有所征索；赊预算表岁出项下所列诸款目外，行政官不得滥有所支销，此立宪国之通义也。故无论采量入为出主义，抑采量出为入主义，要之其第一著必期于收支适合。而编制预算案之所以其难其慎，非大政治家莫克胜任者，则正以此调合收支之手段，非通筹全局确立计

① 《论国民当知预算之理由及其根据》，《东方杂志》1907 年第 7 期。
② 王先谦：《东华续录》卷二百一十六，公记书庄，1899 年，第 12 页。
③ 彭雨新：《清末中央与各省财政关系》，《中央银行月报》1947 年第 9 卷第 1 期。
④ 朱寿朋：《光绪朝东华录》第五册，中华书局 1958 年版，第 5957 页。
⑤ 转引自周育民：《晚清财政与社会变迁》，上海人民出版社 2000 年版，第 416 页。

划不能为功。而全国人欲观政府施政方针者，皆于预算案焉觇之。"① 虽然这场改革由于清政府的覆灭而中断，但它为民国时期中国预算制度的现代化奠定了基础，在中国预算史上具有十分重要的地位。这一时期也是中国传统预算思想向现代预算理论转型的重要过渡时期，在中国预算思想史上同样具有非常重要的地位。

（三）西方中央与地方财政分权理论的传播

将国家财政划分为中央财政与地方财政（亦称国地财政），是西方现代财政理论和实践发展的重要历史成果。正确划分中央财政与地方财政，确定两者的财政收支范围，即划定哪些收支归中央，哪些收支归地方，明确划分中央与地方政权之间和地方上下级政权之间在财政管理上的权限和职责的主要内容，对于理顺中央地方的财政关系，促进国民经济的健康稳定发展，均具有重大意义。据有关资料介绍，早在18世纪末，西方国家就对国家与地方的财政收支按其税种进行了划分，实行分税制。美国自1878年通过宪法成立联邦共和国以来，一直实行分税制，现今已是世界上实行分税制最彻底的国家之一。日本在明治维新以后也实行过分税制。到19世纪中叶，欧洲的一些国家都已先后实行分税制，把它作为分级财政管理的重要形式。从时间上推移，西方国家实行分税制经历了一二百年的历程，已经发展成为一种比较完善成熟的制度。

古代中国，长期处于封建帝制统治下，实行高度的中央集权的政治体制。与此相应，财政亦高度集权于中央，一切财政收支原则上完全由中央政府统筹办理，地方政府只是中央政府的派出机构，其职权并不固定，中央可以随时变更，因此法律上并不存在地方财政。至于地方所需军政费用，则由中央拨付。由此，中央对全国财政高度垄断，各省在财政上不得不依赖中央，听命于中央。但从嘉庆以后，中央权威开始走下坡路，太平天国运动更动摇了清代中央集权的封建财政体制。戊戌变法期间，资产阶级改良派曾企图仿西方的做法对清朝的财政制度进行改革。如康有为在给光绪帝的变法大纲《应诏统筹全局折》中，提出了中央设立"十二局"的主张，其中就有专司财政的度支局，度支局掌管的项目内容就有银行、纸币发行、印花税、证券、公债发放和一些税收等。显然，这个新的理财机构与过去的清廷财政机构在职能上就有很大不同，具有了近代资本主义的色彩。1898年，何启、胡礼垣共同署名发表了《新政始基》一文，宣传资产阶级的理财主张。文中特别提出：中国财政应划分中央和地方财政，并举出20余种归地方的税项和属地方费用支出的"十事"同时还针对清政府财政收支缺乏透明度的问题，提出了统计数字的重要性，"故夫财之有数也，犹户之有枢也，犹射之有的也，犹屠之有会也；一得其枢万户皆开，一破其的万矢皆废，一中其会万理皆解"。当然，这些财政改革伴随着政治改革的失败而宣告结束，但财政体制改革的思想却随着历史潮流的进步更加深入清廷内部。

清末，封建财政体制已面临崩溃的边缘，宪政运动蓬勃兴起，西方财政划分思想更深入影响清廷上层。1905年9月，清政府为推行君主立宪制，派载泽、端方等五名满汉大臣分赴欧美日本考察政治，历时半年。回国后，考政大臣奏请立宪。端方在《请改定官制以为立宪预备折》中主张中国仿效西方，确定中央与地方权限。他指出："各国行政，大概可分为中央集权地方分权二种。中央集权，例如日本，例如美国，中央政府仅掌军

---

① 转引自赵丰田：《晚清五十年经济思想史》，哈佛燕京学社1939年，第298页。

事、外交、交通、关税荦荦诸大政，其余大小诸务，悉归各省巡抚自行办理。二者各有所长，不容轩轾，要皆各有其职守，而不能越出于范围……治泱泱之中国万不能不假督抚以重权，而各部为全国政令所出，亦不能置之不理，视为具文。诚宜明定职权，划分限制。"① 面对中央政府事实上日益受制于地方财政之实际情况，清政府要员们不得不开始仿照西方的财政体制，在光绪三十四年（1908）正式提出划分国家税与地方税，企图理顺中央与地方财政的关系。1907 年颁布的《清理财政章程》，表达了财权统一于中央的意图。1908 年福建道监察御使赵炳麟上《统一财权整理国政》折，就分税制提出建议。他说："一切租税，分作两项，一国税，以备中央政府之用，二地方税，以备地方行政之用。改布政使为度支使，每省一员，统司全省财政出入，征收国税和地方税，直接度支部，仍受督抚节制。遵照奕劻等所编外官制，限一年内将各州县主计官一律设立，归度支部管辖，分收各州县租税。各省地方进款若干，用款若干，责成度支使每年详细报部，其国税听部指拨，地方税即留为各该省之用。租税界限分明，疆臣无拮据虑，出纳造报确实，部臣有统核之权，如是则各省财政可一。"紧接着，1908 年宪政编查馆与资政院在预备立宪筹备事项中提及订颁国家税、地方税章程的三项条款，计划先于 1910 年厘定地方税章程，1910 年，中央及各地分别设立了清理财政局，整理财政，调查各省出入总额，准备进行国税与地方税的划分。1911 年颁布地方税章程，厘定国家税章程，1912 年颁布国家税章程，是为税项划分之滥觞。虽然此举纯粹是为了解决中央的财政危难，却第一次触及带有现代性的财政划分制度。

每个国家的国情不同，税种和税制情况不一，因此清政府财权划分改革中，不能完全照搬西方国家的模式，必须就厘定国家税和地方税问题上，从中央到地方形成一套完整的方案。为此，1910 年 1 月 30 日，度支部进呈的《清理财政章程》规定各省清理财政局的职责之一是对如何划分中央税和地方税向度支部提出建议："将来划分税项时，何项应属国家税，何项应属地方税，分别性质，酌拟办法，编订详细说明书，送部候核。"② 后来，在各省清理财政局编订的财政说明书中，确有些涉及中央税与地方税的划分问题。如当时的税收大省江苏编订的《江苏苏属财政说明书》认为税收的划分应与国家行政体制相协调。该说明书指出："行政统系多一级，税项统系亦多一级。我国现行章制，中央为一级，省为第二级，府厅州县为第三级，城镇乡为第四级。钦定行政纲目，分配事务，区为直接官治、间接官治、地方官治、地方自治四级。中央一级纯属直接官治，省一级兼有间接官治、地方官治，府厅州县一级兼有地方官治、地方自治，城镇乡一级纯属地方自治。税法统系应以国家地方为两大纲，而地方税中再分官治、自治二级，官治为上级，浑其称曰地方收入；自治为下级，别其名曰地方自治收入。"③ 但在预备立宪中，清政府各级官员关于如何划分国地税收的讨论比较肤浅，往往拘泥于先定国税还是先定地方税，观点不一，矛盾重重。

1910 年 9 月 5 日，度支部提出："国家税与地方税，名义虽分，征权则一……地方

① 故宫博物院明清档案部编：《清末筹备立宪档案史料》，中华书局 1979 年版，第 367 页。
② 故宫博物院明清档案部编：《清末筹备立宪档案史料》，中华书局 1979 年版，第 1030 页。
③ 江苏省财政志编纂办公室：《江苏财政史料丛书》，北京方志出版社 1999 年版，第 221~223 页。

税……自非与国家税同时厘定，则地方税即恐无所依据以为准则。"① 1911 年 2 月 9 日，
度支部在《试办全国预算拟暂行章程并主管预算各衙门事项》折提及国家税与地方税的
划分："中国向来入款，同为民财，同归国用，历代从未区分，及汉之上计，唐之上供，
留州，但于支出时区别用途，未尝于收入时划分税项。近因东西各国财政始有中央地方之
分，然税源各别，学说互歧，界划既未易分明；标准亦殊难确当。现既分国家地方经费，
则收入即不容令其混合，业经臣部酌拟办法通行各省，列表系说，送部核定，并于预算册
内令将国家岁入，地方岁入详究性质，暂行划分。"② 该折所提到的国家税地方税划分办
法制定于 1911 年 1 月。公元 1911 年 9 月 30 日，度支部在一奏折中又提到该部已经开始
正式厘定国家税。地方税章程，准备送内阁复查后，交资政院审议。可是，这一改革却遭
到了各省消极抵制，加剧了中央与地方的矛盾。最终，以这一收财权于中央为原则的划分
国地两税改革受挫，财政分权改革仅开端绪，清廷就寿终正寝了。

三、西方财政理论对清末中国的影响

清末，西方财税思想在中国的传播经历了一个由浅入深的过程。1900 年以前中国向
西方学习主要停留在经济方面，政治体制包括国家财政体制并未根本触动。但由于国门开
启，一批先进的中国人有机会通过各种渠道开始观察和了解西方近代财政体制和财政理
论，认识到中国有必要学习西方先进的财政制度和财政思想。从此，中国人逐渐接触西方
近代财政理论，中国财政思想在内忧外患中开始了历史性嬗变。由于他们自身知识结构和
视野的局限，也由于中国经济发展水平和财政体制落后的制约，西方财政理论和思想在中
国传播基本上还处于引进财税常识阶段，尚未深入到理论领域。1900 年以后，西方财政
思想开始独霸中国经济讲坛。在传播内容上深入到包括财税理论层面。据不完全统计，
1900 年至辛亥革命，中国共出版 16 部经济学专著，涉及西方财税理论和制度的主要有两
部，即：黄可权编《财政学》(1907 年出版) 及张锡之、晏才杰等译《比较财政学》(1909
年出版)。黄可权所编的《财政学》是笔者所知的国人出版的较早的财政学原理一类的译
著，该书系根据日本早稻田大学教授松崎藏之助及神户正雄所著两种财政学讲义编译而
成，分"财政学总论""经费论""岁入论"三编（原著"公债论"未曾译出），在"岁
入论"中，对租税的分类理论、租税原则论、累进课税理论、租税的转嫁理论及近代各
主要税种的有关理论和制度等作了介绍。《比较财政学》的原著作者为日本著名财政学家
小林丑三郎，该书分财政学总论、国家经费论、国家收入论、国家公债论、国家财务论、
财政史论六编，其特色是重视各国财政制度及各派学说的比较。该书以德国财政学家瓦格
纳 (1835—1917) 的租税原则论为理论构架，详细阐述了租税诸原则、租税分类理论、
各种税系理论的优劣。该书原著出版于 1905 年，反映了 19 世纪末西方财政学的理论研究
和进展。③

进入 20 世纪初，清政府在政治体制领域开始移植西方君主立宪政体，这场政治体制

---

① 故宫博物院明清档案部编：《清末筹备立宪档案史料》，中华书局 1979 年版，第 1057 页。
② 故宫博物院明清档案部编：《清末筹备立宪档案史料》，中华书局 1979 年版，第 1044~1045 页。
③ 夏国祥：《清末民初西方财政学在中国的传播》，《江西财经大学学报》2004 年第 6 期。

改革的一项重要内容是引入西方近代财政体制，实行中央与地方财政分权和建立预算制度。财政改革实践的需要，推动着财政理论研究的深化。加之当时国内出现留学日本的留学潮，大批青年学子负笈东洋，使他们有机会亲眼目睹近代资本主义财政体制，有条件大量接触近代西方财政学文献。正是在以上因素的影响下，清末最后几年，近代财政思想通过日本大量输入，从此中国财政思想改变了原来新旧财政思想并杂难分伯仲的局面，中国传统的财政思想在与外来的财政思想的斗争中败下阵来，西方近代财政学说广泛传播开来。这一时期是中国财政思想史上一个承前启后的过渡时代，是为中国未来财政思想起飞而服务创造前提的阶段。同时，清廷在日益窘急的财政危机中面对财政问题和财政学说，在无法逃避的情况下转而采取了积极主动的态度，企图借清理改革财政、试办预算、划分财权以挽危局于狂澜，在客观上推动了近代财政研究的仓促起步。其主要表现在：

第一，大量翻译、搜集西方财政理论资料，注意吸取列国财政方面的经验教训。光宣之际，驻外使节的一个重要使命就是搜集所在国的宪政成果和理财成就汇报国内以供参考。如宣统元年（1909）驻义国（意大利）公使钱恂在其《二二五五奏疏》中对意大利的财政收支结构、预决算情况、国债发行利弊以及我国裁厘增税讨论在国外的反响等反馈了详实的材料。清廷继1905年派载泽、端方五大臣考察东西洋宪政之后，于1908年派唐绍仪及随员九人专门考察日欧八国财政，为行将试办的国家预算提供参考。唐考察之后不仅带来了大量列国财政资料，而且提供了详细的考察报告，对缓解当时财政提出了"画一币制""定虚金本位""造币""修改税则""保护民间财产""国有营业"等经营财政要点。盛宣怀在1909年《致出使日本国大臣胡维德》中也提道："弟已在沪设东文译书会，以丁福保、刘成志主之，现将弟所带回《明治财政史》付译。"

第二，开设财政学堂，招考财政学生，将财政学纳入国民教育之范围。担任清理财政处帮提调的刘世珩在上奏光绪的《财政条议》中提出了设立财政学堂（或名经济学堂）的建议，内设银行、税务、邮政、货币、商工、路矿六科，外设银行调查处、银行职业讲习科、银行研究所，1909年财政学堂设立后即面向全国招考学生。在各省设立的法政学堂和北京的贵胄学堂，除法制经济和理财学外，财政学正式纳入教学内容。《北洋法政学报》（1910）发表《论国民宜亟求财政常识》，呼吁宪政国民应当具备起码的财政常识，"苟于财政学懵无所知，则监督曷由得当然而"。

第三，广泛关注讨论中国财政问题，大兴财政研究之风。财政是政治经济最集中的表现，因而，在清理财政、试办宣统三年预算的过程中，朝野舆论更加广泛关注财政问题，为此展开了激烈的争议。（1）财政性质问题。《浙江潮》1903年第6期发表了署名"经济研究生"的《经济问题与财政问题》，指出财政问题虽与经济问题具有密切的联系，却存在根本区别，"盖国家财政含有强制的及不得止的二义，它更具有政治意义"，"财政问题者决于政治方针，非政治方针迁就于财政之范围也"。（2）财政收支的分类及征税之原则。1902年，金邦平译《欧洲财政史》和1907年黄可权编译的《财政学》以及与张锡之、晏才杰等3人编译的《比较财政学》（1909）、安徽法学社根据京师法律学堂财政学讲义整理出版的《财政学》（1911），皆宗师日本进行划分：①以预算安排来划分收入包括经常收入与临时收入；以国家取得收入的依据分为公收入（税收等）和私收入（官业收入）；以享用主体划分为国税与地方税；以纳税与负税是否同一划分为直接税与间接税；以纳税对象划分为所得税、营业税、关税、消费税、盐税、交通税（动产与不动产转移

税）等。对国债收入也别以有期、无期和国内、外国及中央与地方之划分。②支出主要
划分为经常费、临时费和征收费、政治费等。经常费与临时费也是后来宣统三年预算支出
中的基本分类方法。对于组织收入即征税原则，阿拉巴德《理财便览·总论》引用英国
亚当斯（即亚当·斯密）观点而扩为征捐六则：公利、易征、公道、利益确实、百姓有
能纳之力、百姓有愿输之诚公利者，当时经世派所编辑的改革税政的文字中，其原则也多
与此相合。（3）清理财政和筹划预算问题。对于清末清理财政过程中产生的混乱局面，
舆论界一片讥诮。如《广益丛报》先后发表《监理官之反被监》（1909 年 8 月 1 日）和
《清理财政之研究》（1909 年 8 月 25 日），对此进行了热烈讨论。对于这次预算竟然得出财
政赤字高达五千万两之巨的结果，梁启超称其为贻笑天下的"亘古未闻之预算案"①。

　　通过剖析清末西方财政理论在中国的传播和影响历程，我们可以清楚地发现，作为近
代经济学重要分支的财政学，在我国开始研究的起步阶段，就与我国政情发生了密切的联
系，关注现实经济问题和政治变革，成为我国近代宪政理论的重要组成部分。由此可见，
财政首先是一个政治问题，脱离国体和政体的具体国情侈谈财政改革，只能是治标不治
本。其次，财政归根结底是个经济问题，财政是一个国家的心脏，而作为财政最重要组成
部分的税收则是一个国家的血液，它们共同维系着国家机器的运转。最后，财政学作为西
学东渐的"舶来品"，从一开始就带有洋买办的特色。尤其是日本的财政理论，对我国财
政学研究的发端，产生了直接的导向作用，使得我国最早的一批财政研究论著都深深地打
上了日本国烙印。当前我们正处在一个财政体制的变革时期，在分析借鉴西方财政理论的
同时，应尽快建立起适应我国国情、具有中国特色的新财政理论体系。

（作者单位：中央财经大学财政史研究所）

---

　　① 转引自龚汝富：《清末清理财政和财政研究》，《江西师范大学学报》1999 年第 2 期。

晚清湖南乡村治理与乡村自治[*]

□　王继平

　　近代中国乡村社会的研究，在 20 世纪 80 年代以前，主要研究集中在农村土地兼并和赋税剥削方面，是为研究各地农民起义的社会背景服务的。20 世纪 80 年代以来，社会学在中国得以复兴和发展，以社会学的方法研究中国乡村来说，乡村社会研究成为学术界普遍的趋势并形成了一批成果。[①] 但主要集中在北方（华北、西北、东北）地区。就一般研究状况而言，南方地区的乡村历史与社会研究比较薄弱。湖南是中国中部地区的内地省份，也是较为典型的农业社会，因此，从近代中国乡村社会研究来看，它具有区别沿海地区、华北地区、西部地区的不同特点，因而具有研究范本的意义。大概近代湖南在军事、政治上有较为重要的地位，故湖南的历史学者长期以来关注的是近代湖南的政治、军事诸方面的研究，如湘军、太平天国、维新运动尤其是辛亥革命的研究，于近代湖南乡村社会鲜少关注，研究比较薄弱，成果也差强人意。[②] 弥补目前近代中国乡村社会研究中，长江以南地区乡村社会研究特别是湖南近代乡村社会研究的不足，以期引起学界对处于南北交界地带的中部乡村社会在近代社会转型过程中的变化及其特征的关注。

---

　　* 本文为国家社会科学基金项目"近代湖南乡村社会研究"（12BZS080）阶段性成果。

　　① 20 世纪 80 年代以来，社会学在中国得以复兴和发展，以社会学的方法研究中国乡村来说，乡村社会研究成为学术界普遍的趋势并形成了一批成果。《历史研究》《近代史研究》等重要史学杂志和相关的专门学术刊物发表了一批有关近代乡村史研究的论文，《史学月刊》甚至推出了乡村史研究专栏。一批有分量的近代乡村史研究论著纷纷面世。

　　② 关于湖南乡村社会研究，主要成果有刘泱泱的《近代湖南社会变迁》是比较早的研究成果，主要是用历史学的方法，对近代湖南社会进行了整体的研究；许顺富的《湖南绅士与晚清政治变迁》则考察了绅士阶层与晚清湖南政治运动的关系；熊英的《湘军与近代湖南社会》着重研究了湘军兴起与晚清社会经济的变化。社会史的研究，在 21 世纪初，由周秋光先生和他的研究生们从慈善史研究向社会史研究拓展，形成了以硕士论文为形式的研究成果，并在此基础上撰写了《湖南社会史》（湖南人民出版社2013 年版），系统研究了包括乡村社会在内的近代湖南社会史。杨鹏程先生对近代湖南的自然灾害及其防治也进行了深入研究，形成了《湖南灾荒史》等研究成果，也是湖南社会史研究领域的标志性成果之一。此外，还有一些零散的论文，主要是研究生的学位论文，从不同侧面研究湖南城乡社会生活的某些方面。从整体上系统考察湖南近代乡村社会的成果，目前还比较缺乏。

一、晚清湖南乡村组织

清代的乡村行政组织变动频繁，系统复杂，南北情形不同，各地名称各异。一般来说，里甲是乡村征收钱粮的系统，保甲则是乡村维护治安的组织，都不具备国家政权的性质，只是乡村"绅治"的外在形式。

清初沿袭明制，在全国推行里、甲制度，"计丁授役，三年一编审，嗣改为五年。凡里百有十户，推丁多者十人为长，余百户为十甲，甲十人。岁除里长一，管摄一里事。城中曰坊，近城曰厢，乡里曰里。里长十人，轮流应征，催办钱粮，勾摄公事，十年一周，以丁数多寡为次，令催纳各户钱粮，不以差摇累之"①。里甲制之外，清代地方还同时推行保甲制。雍正四年（1726），保甲法开始在全国大部分地区实行。史载："保甲之法，十户立一牌头，十牌立一甲长，十甲立一保正。其村落畸零及熟苗熟童，亦一体编排。"②保甲的功能主要是维护地方治安，所谓缉盗、防匪。

康熙年间，湖南几次审编丁户，造报赋役黄册，编排里甲。③初定 3 年一编审，后改 5 年。以 110 户编为一里，推人丁多的 10 户为长，其余 100 户编成 10 甲，每甲 10 户。60 岁以上者役册除名，免征赋役。16 岁以上者造报役册，计征赋役。鳏寡孤独不服役者称畸零，④在 100 户之外，附于里甲册之后。里长 10 年轮换一次，以人丁多少为序，管摄一里的征赋派差，催缴各户钱粮差役。清初据湘潭、茶陵、衡阳等 50 州、县汇总，共编 1019 里，26 都、8 厢。顺治十二年（1655），除湘潭、武陵、沅江 3 县由原 72 里并为 58 里外，其他州、县没有变化。康熙三十五年（1696），在 43 州县内增编 98 里、6 厢、11 坊。康熙六十年，仅浏阳一县增 3 里，其余 49 州县未变。至此，50 州县里、厢、坊总数为：1106 里，26 都，14 厢，11 坊。⑤与清初比较，增加 87 里、6 厢、11 坊。雍正、乾隆年间，里甲又经多次编审。嘉庆二十一年（1816），据辰溪、善化（今望城）等 68 州县汇总：共编 1386 里，32 都，18 保，15 厢，14 坊。⑥浏阳县在明洪武初年（1368），全县编 71 里。其后赋重民逃，仅存 50 坊、里，康熙年间增至 60 里。⑦长沙县在清初编为 15 里、3 厢；顺治十三年改编 12 都、3 厢，每都、厢各 10 甲，每甲分 10 柱，自一柱至十柱，大差九空一当，粮不出甲，差不过都。⑧华容县在清初"废坊编为 6 里，里 10 甲，今定 7 里，里 11 甲"，"里曰一都至七都"。⑨

乾隆三十七年（1772），湖南废除编户与审定新生人口，推行保甲制。稽查户口，以

---

① 赵尔巽编：《清史稿·食货志二》，中华书局 1976 年版。

② 《清世宗宪皇帝实录》卷四十六。

③ 湖南省志编纂委员会：《湖南省志》，中国文史出版社 1993 年版。本节关于湖南里甲、保甲的一般情况的叙述，均采自该书。

④ 同治《浏阳县志》卷五"食货一·户口"。

⑤ 乾隆《湖南通志》卷二十三"食货·户口"。

⑥ 光绪《湖南通志》卷四十八"食货·户口"。

⑦ 同治《浏阳县志》卷五"食货一·户口"。

⑧ 嘉庆《长沙县志》卷三。

⑨ 光绪《华容县志》卷一"都甲"。

保甲册为据。"保甲者为防奸设也。"① 编排保甲，户给门牌，书其家长之名与丁男之数，出则注所往，入则注所来。以 10 户为牌，牌有头；10 牌为甲，甲有长；10 甲为保，保有正。门牌每年更换一次。户口迁移随时换发。牌头、甲长三年一更代，保正一年一更代。甲内如有盗窃、邪教、赌博赌具、窝逃奸拐、私铸私销私盐、贩卖硝磺、并私立名色、敛财聚会，或有面生可疑、形迹诡秘的人，皆令查报。各府、州、厅、县所辖城厢、市镇、村屯居民，从缙绅至商贾、农工、吏役、兵丁皆挨户编审。寺观亦发门牌，以查僧道之出入。客店则立一簿，书寓客姓名、行李，以便稽查。保正、甲长、牌头须以"诚实、识字、勤慎练达有身家之人充任"，限年更换。"查访盗贼，据实举报，按名给赏；徇情隐匿，即予警惩。"② 道光十二年（1832），以编查保甲有名无实，谕诏有（藩）司："今后毋得玩视，以使匪徒无立足之地。"同治四年（1865），又上谕群臣："整顿保甲，以清治源，敢蹈以前积弊，其严处之。"③ 此时已办团练，与整编保甲、稽户口、诘奸宄相并进行。湖南全省审编保甲的总况，已无从查考，部分州县确已按例编定，里甲逐渐改名都甲、都团。醴陵县于嘉庆十八年（1813）编查烟户人丁，门牌邑令，共编 24 都、103 境，有保正 103 名，甲长 456 名，牌头 4188 名。④ 善化县在嘉庆十九年（1814），家给门牌，每 10 家为 1 甲有甲长统于保正，城乡一律，"奸人无所容"⑤。太平天国运动前后，湘南地区会党活动日趋频繁，永州、郴州、桂阳州等地议定团练章程，严行保甲制度。郴州、宜章二州县，为广东客商往来要道，脚夫肩挑贩运经过的甚多，地方官置循环簿，令各夫行将往来人夫进行登记稽查，随时盘诘。⑥ 同治七年，浏阳县册载牌长 9235 名，甲长 2940 名，保正 121 名。⑦

在实际实行过程中，由于习惯和其他原因，乡村组织名称各县并不统一，有称都（坊）、甲的，也有称里、甲的，或袭明制，或依习俗。此择若干县列举如下：

长沙县：据同治《长沙县志》载：

> 长沙旧制十五里三厢，因屡罹兵焚，都甲成败不一，田粮荒熟不等，顺治十三年，知县朱明魁编为十二都三厢，俱系额递充当甲役，后因西山夫草供亿难堪，遍点花户苦累不均。康熙十三年……知县俞牲始从舆议详定审编通计，阖邑熟垦粮二万一千七百石有零，仍照十二都三厢名色，每都厢各十甲……粮不出甲，差不出都，额递始免重累，花户亦得均平，行之有年，官民两便。至吴逆之乱（按：指三藩之乱），田亩尽荒，军需旁午，供应浩繁。恢复之后，仍当里役挨管催征积弊多端，民苦多支，屡奉各宪禁革里役。康熙二十八年……知县向登元始详请永革里役，一切摊派止

① 同治《浏阳县志》卷五"食货一·户口"。
② 赵尔巽编：《清史稿·食货志》，中华书局 1976 年版。
③ 同治《浏阳县志》卷五"食货一·户口"。
④ 嘉庆《醴陵县志》卷六。
⑤ 《善化县志》卷三"疆域·乡里都甲"。
⑥ 《清宣宗实录》卷三百四十九"道光二十一年甲寅谕"。
⑦ 同治《浏阳县志》卷五"食货一·户口"。

照由单，钱粮花户自行上纳。十数年来，强无躲闪，弱无包赔，愚民乐业，田价倍增。①

由此可以看出，作为完钱粮、应徭役的里甲（都甲）组织，在实施过程中，或因编户不均，或因战乱，或因里役勒索，里民不堪其苦，各级政府不得不采取各种办法加以改良。作为乡村组织的里甲制度也因此废弛。

善化县："旧辖四乡：曰永康、曰忠臣、曰长乐、曰兴化。明初编一十六里，后改为十里。"清初为10都、5厢，1都、2都、3都、4都、5都编湘江之东；8都、9都、10都编湘江之东南；6都、7都编湘江之西；改上厢、下厢等5厢为1厢、2厢、3厢、4厢、5厢。三藩之乱后，田荒丁逃，仅编为6都。到康熙六十年，始恢复10都，"每都设立保正，以应差遣，以防贼盗奸邪。嘉庆十九年，家给门牌，每十家为一甲，有甲长，统于保正。乡城一律，奸人无所容"②。这里除了提及都坊（厢）组织外，还提到了保甲制度的实施情况，这是湖南地方志史料中比较少见的材料，说明雍正年间开始推行的保甲制度，各地进展不一，但在湖南也是推进的。

湘乡县："顺治十一年（1654），沅抚袁廓宇奏请权立均都法，以熟粮七百八十石为一都"③，湘乡知县依"均都法"，将全县按田亩册簿平均分都，但这些"都"只是征收赋税的单位，并没有在实地上划分都坊范围，"遂成纸上割裂之坊都，非复陌上鳞次之坊都"。康熙三十五年（1698），知县李玠"始矫其失，循区编都"，计设44个都，3个坊，"仍立12乡以统之"。（参见表1）④

表1　　　　　　　　康熙三十五年（1698）湘乡县以下组织表

乡名	所辖都坊	
	个数	都坊名称
宣化	3	迎恩1坊、悦来2坊、景清3坊
常乐	4	东风1都、湘西2都、大育3都、凤音4都
万全	4	同风5都、莲花6都、兴仁7都、兴让8都
雍睦	4	归德9都、潭台10都、白龙11都、归厚12都
状元	4	南熏13都、弦歌14都、鹤山15都、碧溪16都
常安	4	珍涟17都、壶天18都、胜岩19都、宣风20都

① 同治《长沙县志》卷之三"疆域"，《中国地方志集成·湖南府县志辑》，江苏古籍出版社、上海书店、巴蜀书社2002年版，第32页。

② 光绪《善化县志》卷之三"疆域"，《中国地方志集成·湖南府县志辑》，江苏古籍出版社、上海书店、巴蜀书社2002年版，第37~38页。

③ 同治《湘乡县志》卷一"地理"，《中国地方志集成·湖南府县志辑》，江苏古籍出版社、上海书店、巴蜀书社2002年版，第202页。

④ 同治《湘乡县志》卷一"地理"，《中国地方志集成·湖南府县志辑》，江苏古籍出版社、上海书店、巴蜀书社2002年版，第202页。

乡名	所辖都坊	
	个数	都坊名称
兴乐	4	梓门 21 都、永新 22 都、铜梁 23 都、荷塘 24 都
沐导	4	同德 25 都、乐郊 26 都、望春 27 都、瞻云 28 都
庆善	4	评事 29 都、诚和 30 都、尚义 31 都、黄山 32 都
清乐	4	常丰 33 都、新安 34 都、和安 35 都、锦石 36 都
神童	4	丰乐 37 都、云下 38 都、延福 39 都、乐善 40 都
集祥	4	清溪 41 都、纯化 42 都、崇信 43 都、敦行 44 都

都以下设区，区下设牌。所以湘乡县以下的组织为乡、都（坊）、区、牌。

但到了咸丰年间，湘乡县又废乡改里，实行里都制，全县分为上里、中里、首里。上里辖 13 个都，中里辖 16 个都，首里辖 18 个都、坊。①

湘潭县："明代分城中为二坊，附郭为二厢，各统于乡都，四境八乡二十一都，都大者设里长七，小者一。国朝罢里长，仍编十八都为十甲。近岁军兴，乡各立团，团各制名，然无称用之者。"② 可知在光绪年间，湘潭县以下组织是乡、都、甲。但乡只是地理区划，并未设治，"然今乡民亦不知乡里名，惟以都分"③。据民国二十六年（1937），《中国行政区域志资料调查表》载湘潭县情况，约在康熙、雍正时期，湘潭县"划分都甲，全县合二十一都，都各十甲，自一起至十八，再四都与五都及十七都各分上下，故都尉二十一，县城总市后，别有三十都，殆明制也，俗称二十一都半，所谓半都，或指此耳。各都位置，或以次列，或不以次列，其幅员为相连或不相连，错综纠纷，后之人罔识其划分意义"④。

醴陵县：宋代析醴陵县为六乡十六里，⑤ 明改乡里为坊都，洪武初年划醴陵为四十二坊都，以后多有变化，成化八年为二十五坊都。"清顺治十四年（1657），知县张法孔匀都坊，仍之。康熙二十一年（1682）改编为三十都百有八境，以都系乡，以境系都（境以下为段、为爪、为社、为团、为甲，随俗而异），以定征科册籍。"⑥ 由此可知，醴陵县以下组织亦为都、甲制。

岳阳县：明洪武二年（1369），岳阳划为 3 乡 2 厢 46 里 3 村（村为特设区域）；隆庆

---

① 湘乡县志编纂委员会：《湘乡县志》，湖南出版社 1993 年版，第 51~56 页。

② 王闿运等撰：《湘潭县志》卷一"疆域三"，光绪十四年刊。

③ 王闿运等撰：《湘潭县志》卷一"疆域三"，光绪十四年刊。

④ 湘潭市地方志编纂办公室编：《湘潭修志有关史料汇编》（内部资料），1987 年 7 月，第 77 页。

⑤ 醴陵乡（上丰仁里、依仁里）、金水乡（金水里、崇仁里）、明月乡（开祥里、云泉里）、省元乡（封仁里、兴城里）、魁䃋乡（下丰仁里、滚秀里、金桥里、石下里）、黄泽乡（黄泽里、平乐里、永宁里、铜渚里）。见民国《醴陵县志》。

⑥ 民国《醴陵县志》，《中国地方志集成·湖南府县志辑》，江苏古籍出版社、上海书店、巴蜀书社 2002 年版，第 129~130 页。

年间（1567—1572），改里为都，全县辖 3 乡 2 厢 24 都 52 村。清初，设 3 乡 2 厢 34 都 14 镇 5 河泊所及穆湖、旧江 2 个特设村。光绪十七年（1891）调整为 3 乡 2 厢 45 村 5 河泊所（见表 2）：①

表 2

乡	村
延寿乡	林溪、杨梅、游源、石泉、白果、万石、铜桦、太平、新桥、荷塘、古塘、旧江、马家、穆湖、一厢、二厢
石潭乡	新塘、青岗、范塘、南平、黄陵、潼溪、老家、大陂、潭林、桦林、南分、枯陂、鲁家、白洋、柘港
永宁乡	岩岭、洪山、花角、龙里、湖田、湛田、官桥、上游、山溪、高仓、黄泥、小湄、饶村、白水、公田、白箸
河泊所	古冢、杨林、鯿山、鱼苗洋、虾须

衡阳县："衡阳为衡州附郭县，原编户四十五里，有上十五里、中十五里、下十五里。以西乡为上十五里，南北交互为中十五里，割南益东为下十五里。盖以土田之瘠腴辨上下也。……乾隆二十一年，分设清泉县。……而衡阳则自一都至二十二都、又自四十都至四十二都、城内则正街以西、城外西厢仍隶矣。"衡阳县在明朝县以下设都、里，"明制编都有太平、政平等名目，各分里甲，康熙年间偏抚（按：指偏沅巡抚）赵申乔仿衡山例，废里改区"②。

沅陵县：沅陵县明清两代均为都里制，明代全县分为 12 都，58 里；清康熙三十年（1691），仍分 12 都 53 里。③

茶陵州：茶陵在明洪武初分 4 乡 100 里，坊厢 1；永乐十年并里为 52；景泰三年再并里为 33，坊厢仍旧，均系于乡，后改里为都。清顺治十二年，并为 24 都；康熙二十一年，拓为 25 都，坊厢归并于都，皆为民籍，外有屯籍 8 区。④

从上述各州县情况来看，第一，清代县以下组织名称并不统一，存在着里甲、都甲、都里等差异，或因明制，或为习惯。正如张研先生在研究了各地清代县以下行政区划之后，得出"层次不一、名称驳杂"的结论。⑤ 在湖南，由于顺治年间为着编民纳粮的急需，朝廷采纳了偏沅巡抚袁廓宇的奏议，实行"均都法"，按粮食的产量划分都甲（里），由于实行中袁廓宇"限期严迫"，州县根本无法根据实际情况来编民划都，一如湘乡知县

① 岳阳县志编纂委员会：《岳阳县志》，湖南人民出版社 1997 年版，第 49 页。
② 乾隆《衡阳县志》卷一"形势"，《中国地方志集成·湖南府县志辑》，江苏古籍出版社、上海书店、巴蜀书社 2002 年版，第 31~32 页。
③ 沅陵县志编纂委员会：《沅陵县志》，中国社会出版社 1993 年版，第 52 页。
④ 同治《茶陵州志》卷四"地界"，《中国地方志集成·湖南府县志辑》，江苏古籍出版社、上海书店、巴蜀书社 2002 年版，第 37 页。
⑤ 张研：《清代县以下行政区划》，《安徽史学》2009 年第 1 期。

南起凤那样，"均分悬榜为定"，因此出现了"纸上割裂之坊都，非复陌上鳞次之坊都"①；也出现了湘潭县所谓各都位置，或以次列，或不以次列，其幅员为相连或不相连，错综纠纷，后之人罔识其划分意义"的情况②。初创时的匆忙潦草，加之湖南又经历了"三藩之乱"的田荒丁逃的动乱，再加上地权的变动、人丁的迁徙，以编户纳粮为目的的都、甲组织，逐渐与实际情况相距甚远。加上里役的盘剥中饱，都、甲组织的弊端日见其深。其间也进行过一些改革，如实行征粮截票、由单、滚单等措施。但是随着清朝摊丁入亩这一重大赋税制度的改革，乡村组织的变革也就成为必然。第二，与都甲组织同时运行的还有保甲组织。清世祖入关之后，清政府就颁布了编置牌甲的命令，以便于编立人户册。"其法，州县城乡十户立一牌长，十牌立一甲长，十甲立一保长。户给印牌，书其姓名丁口。出则注所往，入则稽所来。其寺观亦一律颁给，以稽僧道之出入。其客店令各立一簿，书寓客姓名行李，以便稽查。"③《大清会典事例》中记载："凡保甲之法，户给印单，书其姓名习业，出注所往，入稽所来，十户为牌，立牌长，十牌为甲，立甲长，十甲为保，立保长，自城市达于村乡，使相董率遵约法，察奸宄，劝嬂行，善则相共，罪则相及，以保安息之政。"④ 清入关开始实行的是总甲法，在全国推行保甲法是雍正四年（1726）。但实行的效果并不如意，一是承平日久，以缉盗匪、查户口为主要职责的保甲制，在所谓康乾盛世时期并没有什么特别的需要；二是在乡村同时运行两套制度是耗费人力和资金的事情，因此，在很多地方，实际上征赋役和缉盗匪是一个机构同时进行的。一般来说，管理农村土地与人户、负责征收赋役的组织就成为乡村社会的基本组织。虽然，朝廷为了既保证赋役征收，又维持乡村社会秩序，是希望两者并行不悖的，但难免出现矛盾。茶陵州的情况就证实了这一点。

宜允肃在康熙朝前期任湖南茶陵州知州。彼时，茶陵在康熙初期"数十年来，并未举行保甲"。宜允肃上任之初，即已竭力举行，"令里团编造烟册，举素行服人者为保长"，"行之数月，始贴然，册无讹，牌旋给"⑤。从"设十家连作之法"⑥ 和告示中所言"牌甲长烟民人等"语中可知，茶陵的保甲组织也是十进制的牌甲制。钱粮征纳，茶陵仍然由保甲组织执行。宜允肃在公文中说："自卑职到任之后，力行照粮当差之法，每里设立排年，使排年督催花户，里长督催排年，而里长无独累之苦。"同时还实行了"由单"法，花户自封投柜。为使花户不拖欠钱粮，设立"木早，列十甲欠数，欠多者用朱圈为圈头，使其执早赴比"。而此前茶陵的钱粮征收，"照粮当差之法久废，比较专责里长，全不分任排年，兼催花户"。致使"甲长有代赔之苦，差役有需索之弊，豪强有包揽并吞之奸"⑦。在设立保甲组织之后，茶陵也出现了同样的情况，许多乡村公务派办给保甲组织，"事无大小，物无巨细，具向取办"。宜允肃不得不以告示明文规定，"后甲长照旧专

① 同治《湘乡县志》卷一"地理"，《中国地方志集成·湖南府县志辑》，江苏古籍出版社、上海书店、巴蜀书社 2002 年版，第 202 页。

② 湘潭市地方志编纂办公室编：《湘潭修志有关史料汇编》（内部资料），1987 年 7 月，第 77 页。

③ 赵尔巽编：《清史稿·食货志》，中华书局 1976 年版，第 3481 页。

④ 光绪《大清会典事例》卷 9，商务印书馆宣统己酉五月再版，第 6 页。

⑤ 宜允肃：《石阳政略》卷一《详文·条陈利弊六款》。

⑥ 宜允肃：《石阳政略》卷一《详文·条陈利弊六款》。

⑦ 宜允肃：《云阳政略》卷一《详文·详覆催科大略》。

管巡逻、稽查奸宄，得以他事干累。监仓则有捕役、禁子；告示则发铺司张贴，不得问甲长……"此外凡需买物件、宴会等皆不许派办给甲长。① 这反映了一个事实，即保甲组织设立以后，多里甲事务、催征钱粮、编审户口等也随之成为保甲组织的职责。孙海泉研究认为，清代在赋役制度变革以前，地方基层组织这种混行的情况非常普遍，这一方面说明，里、甲组织弊端良多，积重难返，难以正常发挥基层组织的管理作用，容易被新的基层组织取代；另一方面说明，在一个地方上，设立两种并行的且都能发挥作用的基层组织，其实是很难做到的。在清代农村，州县所需办理的公务并不十分复杂，主要是赋税征收，以及与此相关的土地与人户的管理，社会治安大多依靠这类组织。因此，能够管理农村土地与人户、负责征收赋役的组织，就自然成为基本的农村基层组织。其他的社会职能也大多由这个组织来承担。由于具有能够真实掌握驻地居民情况，编查登记详细人口数目，以及居住相近，便于督察等优势，保甲组织在地方上一经出现，便常被用来执行地方公务。因此，清前期里甲与保甲的并行，趋势是里甲渐趋废除，保甲屡受"重用"。② 其实，保甲制度在晚清越来越受到清政府的重视，还与乾隆末期日益激烈的社会矛盾和会党、农民起义有关。

由于会党和太平天国的兴起，乡村保甲组织广泛建立，其权力得以强化，并相应建立起团练武装，在某些地方，成为乡村政权的主体。而在湖南，光绪年间（1875—1908），湖南部分州、县的基层政权组织已有乡、村（团）的划分。桃源全县划为6乡、2坊，下辖34村；南洲厅（今南县）划分为5乡，下辖109团。③ 类于北方，特别是华北地区之所谓乡地组织。

二、晚清湖南乡村治理

中国传统乡村治理，正如研究者指出的，在唐代中叶以前是纳入国家科层性官僚体系的，"以士大夫治其乡之事"，乡里组织首领人员（如汉之三老、啬夫，北魏之三长）的性质是乡官，唐中叶以后，乡里组织的首领人员（如宋之里正、户长，元之里正、主首，明之粮长、里长）系"以民供事于官"，属于"役"，社会地位卑贱，职责主要是应付官差。清代里甲长、保甲长和乡地等均属"民役"而非"乡官"，仅仅在催缴赋税、征发徭役、查报案件等方面支应官差，而地方公益、自卫、教化、教育、民事调解等乡里公共事务，则由士绅、宗族等私人势力以及某些临时性、自发性会社承担。因此，清代的乡里公共职能系统，就分裂成为各具利弊的两种机制：一方面是乡地、保甲等，它们由政府统一督建，近似现代行政那种普遍化、科层化特征，然而其首领人员却属于"贱役"，流品在平民之下，"不足为治"；另一方面是士绅和宗族领袖，他们因其"乡望"而具有现代行政人员那种受到社会尊重的地位，但却属于没用公职身分的私人势力，没有被纳入（或

---

① 宜允肃：《云阳政略》卷五《告示·为严禁甲长之累以杜陋弊事》。

② 孙海泉：《清代地方基层组织研究》，中国社会科学院博士学位论文，2002 年。

③ 湖南省志编纂委员会：《湖南省志》，中国文史出版社 1993 年版。

联为）普遍性的组织机构。① 这种乡村组织结构，必然造成乡村治理的二元结构。

晚清乡村治理，从结构上来说，是一种所谓"二元治理结构"：官治与绅治。就治理主体而言，存在着三个平行的治理系统：一是职役组织（乡地、里甲、都甲等），主要职能是征收赋税以及应付各种官差；二是士绅、宗族、各种民间团会等，主要从事地方教育、教化、公益事业等社会职能；三是保甲和团练，承担人口管理、缉盗防匪等地方治安职能。团练在嘉庆年间举办，太平天国运动时期进入鼎盛时期，是所谓官倡绅办。后两种系统是由绅士主导的，故谓之"绅治"。

里甲组织在清代赋役征收制度设计中，只是催科的角色，无论是在早期还是晚清时期。正如杨国安先生指出的那样："在里甲制下，地亩和人户既是赋役征派的依据，又是里甲组织本身存在的基础。地亩和人户的变动既影响到赋税的完纳，同时又对里甲组织的基础形成冲击，里甲组织与赋役征收是相互依存的关系。随着均徭法，赋役折银化、定额化，以及一条鞭法，摊丁入亩等赋役政策的出台，里甲赋役职能被削弱，故而其被保甲所替代是一种必然的趋势。我们同时必须看到，保甲组织尽管在清代逐渐取代里甲而演化为乡村社会的基层组织，但与里甲制不同，在钱粮征收上，在保甲制下一切赋税出自田亩，保甲组织自身又不似里甲是一种役制单位，它重在'督催'而不在'征收'，所以我们发现，里甲制度虽在名义上被废除，里甲长亦不复存在，但里甲组织中掌管赋役事务的里书、粮书却依然保留下来，并且在清中后期地方基层赋税征收中扮演着不可或缺的重要角色。"②

清代赋役制度设计，是所谓"自封投柜"，是指每届钱粮开征，州县于衙署设置银柜，粮户亲身赴县，将其应纳之银包封投柜。这种粮户直接输纳、官民相接的征收制度源自明代后期的"一条鞭法"改革，它替代的是里甲制下里长、粮长等解运税粮的间接征收制度。与自封投柜相匹配的催科制度另有"滚单"与"三联串票"，所谓滚单，即州县催征钱粮，各里粮户以五户或十户为一单，每户名下注明田亩、钱粮若干，以及每限应完数额（钱粮分十限完纳），该单给予甲内首名，令其挨次滚催，听民自封投柜，一限若完，二限接催，如有一户沉单，不完不缴，即查出究处。滚单制下，各粮户须依次按限纳粮，一户不缴，即影响他户完纳；三联串票，即为钱粮征纳之依据，其内开列地丁钱粮数目，用印钤盖，粮户完纳后，就印字中截票为三，一存州县，一存差役应比，一付花户。串票为花户完粮凭证，亦属州县催征之依据。③

但这种粮户（花户）自封投柜的方式，于粮户或官府来说，都有些成本过高。虽有"数在一两以下，住址去县较远"之小户，其钱粮可"交与数多之户附带投纳"，不必亲身赴县的规定，仍然是不方便的方法。特别是晚清以降，里甲废弛，粮册散佚，县以下基层组织混乱无统一规则，因此，实际的征收方式各省不尽相同。湖南的方式，据清末的调

① 魏光奇、丁海秀：《清末至北洋政府时期区乡行政制度考略》，《北京师范大学学报》(社会科学版) 2004 年第 2 期。

② 陈锋主编，杨国安著：《明清两湖地区基层组织与乡村社会研究》，武汉大学出版社 2004 年版，第 184~185 页。

③ 周健：《清代中后期田赋征收中的书差包征》，《中国社会历史评论》第十三卷，天津古籍出版社 2012 年版，第 387~388 页。

查，大约有三种方式：①

> 书征书解，官只望得平余，亏欠皆书包缴。此等州县大都年清年款，毫无蒂欠。然所有飞洒之来历、隐匿之处所及逃亡、故绝之不尽无著该书，均有密籍而为之。州县者转莫得而考察，只知年得平余若干，不知平余之何以有若干也。

> 书征官解与书征书解大略相同，不过既征之后，胥缴于官，听官之自行批解而已。

> 官征官解则征收用款一切皆取之官，书受工食、分串票之利。所有亏欠，书无责成。此等处往往民欠甚多。

> 故论征收之法，官征官解便于民而不便于官，盖民不畏官之催科而畏书之勒索，且书之从中隐匿包庇亦有焉；书征书解便于官而不便于民，官倚书为包纳，书即视花户为产业，官坐享成功，而书之侵渔含混厚利加收流有不可胜言者。②

从目前的材料来看，湖南各州县的钱粮，基本上是由书包缴的。所谓书，最早是里甲组织中负责催缴钱粮的职役，又称里书、甲书、册书、庄书、图书、社书、经造、粮书等，"凡承充粮册、分掌各甲粮户谓之册书"③。具体方法大致是，州县户房（户科）将全境赋役分为数目不一的区域（或称"柜"），交由里书负责向粮户征收，亏欠由里书包赔。如同光年间，湖南桃源征收钱粮共分8柜，每柜设一"书总"，各乡则有"散书"数百人，分管粮册，又称"粮书"，协助总书催缴。④ 所以湖南的钱粮乃是"册书赴乡催取汇缴"，所以晚清各州县里书、甲书、粮书、粮差之类人数众多，道光二十年（1840）前后，湖南安化有甲书200余人；咸同年间，湖南零陵有粮书400余人；光绪初年，湖南衡阳、清泉有粮差1000人左右；光绪二十五年（1899），湖南桃源有粮书数百人。⑤

里书、粮书依靠什么来证实赋役呢，理论上是以县署之实征册为依据，但实际上经过太平天国运动之后，图籍损毁严重，各州县依据不一，如长沙府各县则是：

> 查（长沙）各县田赋征收处，原用之征收册籍大抵为前清康熙五十三年编纂之蓝花册籍。印刷之格式用蓝色，详载花户姓名，故曰蓝花册籍。每本共有二百五十项。每页载一户地名、按亩科银、旧管、新收、开除、实在等条目。但因兵灾迭经，蓝花册籍散佚殆尽，偶有收藏至今者，亦受虫蚁之剥蚀，毁坏不全，遂致征收田赋无

---

① 关于晚清湖南乡村钱粮征收研究，陈锋主编、杨国安著《明清两湖地区基层组织与乡村社会研究》（武汉大学出版社2004年版）和周健《清代中后期田赋征收中的书差包征》（《中国社会历史评论》第十三卷，天津古籍出版社2012年版）均有精到的论述。本处材料均引自陈书。

② 《宣统湖南财政说明书》"湖南丁漕总说"，陈锋主编：《晚清财政说明书》，湖北人民出版社2015年版。

③ 民国《蓝山县图志·财赋》。

④ 冯锡仁奏，光绪二十五年，录副03/6265/043。转引自周健：《清代中后期田赋征收中的书差包征》，《中国社会历史评论》第十三卷，天津古籍出版社2012年版，第395页。

⑤ 周健：《清代中后期田赋征收中的书差包征》，《中国社会历史评论》第十三卷，天津古籍出版社2012年版，第397页。

所凭藉。各县有以旧时粮书所藏之秘本为根据者，有参考历年券票存根办理者。在当时固属权宜之计，厥后历年编造征册皆以此为根据。此项征册只载花户姓名，正银若干两，小数至厘位为止。及花户、地名，其用堂名别号者甚多，而真实姓名者实属寥寥之无几也。①

由里书之类人员承包的钱粮交纳方式，的确存在里书中饱私囊、勒索粮户的弊端，但在晚清国家权力尚未完全进入乡村的时代，钱粮中介人制度，确实是保证钱粮如期如数征收的唯一办法，赋役不仅是国家治理乡村的权力象征，尤其关系州县官员们治理乡村的政绩。

社会公共事务包括教育、社会救济、道德教化，也是乡村治理的重要内容，而这些事务，则是由乡绅们来主持的。晚清湖南乡绅是一个特殊的阶层，因其在镇压太平天国起义的过程中发展和膨胀起来，成为地方不可小觑的势力，他们从事救灾捐赈、兴办学务，设馆授徒，修建社学、义学，维修官学校舍、水利、桥梁、津渡等公共工程职责，参与管理、组织育婴堂、恤嫠局、粥厂、义仓、社仓等地方公益事业。

义学是古代乡村教育的重要部分，"义学者，即以补官学之所不及"②。清代义学之设，系根据康熙四十一年（1702），"定义学小学之制"，及康熙五十一年（1712），"令各省府州县多立义学，聚集孤寒，延师教读"之规定而办理。③学生多为贫寒子弟，免费上学。一般来说，义学或由宗族举办，或由官绅共同捐资举办，或由乡绅独立捐资办理。清代湖南义学始于顺治年间，盛于康熙时期，至嘉庆、道光年间，已经遍及各州县。④据统计，嘉庆时期湖南官、私义学总数已经超过 530 所。⑤以郴州府为例，"清初，各县遵照朝廷旨意，由地方官府拨款或由地方士绅募捐，在城乡创办义学，招收贫寒子弟免费入学，乾隆四年（1739）起，永兴县由士绅先后设立金陵义学 13 所"⑥。永兴为了方便本地或本族子弟入学，县内不少地方办有义学。学生免费入学，办学经费以田地租收入为主，油麻、高亭一带多按地域创设。最早的义学为乾隆四年由高亭绅士李如璧等倡导建立的金陵义学，其次有金陵文塔书院（实为义学）、濂溪义学等。在义学创办过程中，乡绅的捐助是重要的资金来源。如清泉县的西湖书院，即是"知县傅学灏率绅士刘梭等重建

---

① 李之屏：《湖南田赋之研究》，萧铮主编：《民国二十年代中国大陆土地问题资料》第 11 辑，台湾成文出版社 1977 年版。

② 王韬：《征设乡义学序》。

③ 李鸿章等：《钦定大清会典事例》卷三百九十五《学校·各省义学》，《续修四库全书》第 804 册，上海古籍出版社 2002 年版。

④ 关于清代湖南义学的研究，郭晓灵的硕士论文《清代湖南义学研究》（湖南师范大学，2014 年），对清代湖南义学的发展状况作了较为全面的研究，李红婷《依附与控制：族塾义学时代的乡村学校与社区关系》，则对清末民初的湖南郴州永兴县大金村的李氏宗族祠堂创办的族塾义学作了很好的个案研究（《湖南师范大学教育科学学报》2011 年第 4 期）。

⑤ 郭晓灵的硕士论文《清代湖南义学研究》（湖南师范大学，2014 年）认为清代湖南各府、州、县先后设立义学共计 463 所。

⑥ 郴州地区地方志编纂委员：《郴州地区志》，中国社会出版社 1996 年版。

以为义学，捐俸为修金。乾隆十七年，知县德贵率邑绅士增修，视旧加扩，焕然一新”①。“乾隆十六年，知县德贵劝绅士捐置北乡段汉冲田种四十二亩，粮二石六斗八升。在北四区，各县义学，每年纳租五十六石，内除下河上仓脚钱。”② 武冈州的江口义塾“在小坪十二团村，建萧先焴妻刘氏遵夫遗命捐六百石谷田为之，倡庠萧麟瑞、萧容甲、萧光楚、萧从良、谢连珠、谢辅南等分捐集事禀官立案”③。邵阳县的申氏义学则是“监生申锦、申及甫、耆民申望重等建，捐田近三百亩，以为修脯膏火之费”④。其他各州县情况大同小异，乡绅是义学资金的主要来源。

仓储是乡村社会救灾赈灾的主要手段，一般分常平仓、社仓和义仓三种形式。常平仓为官方所办，且一般在州县城市附近，“乡民不便”，故有义仓之设，义仓一般“于各都适中之地”建之。⑤ 湖南社仓、义仓自顺治年间即已经开始设立，如长沙县“自雍正元年起至乾隆四十五年止，共存贮十都百甲本息社谷一万二千一百二十七石五斗二升二合七勺”⑥。太平天国被镇压下去以后，作为善后措施之一，湖南重建社仓、义仓成为热潮。据 1863 年湖南各府县禀报，各地民仓积谷 610282 石，未缴者 89134 石。光绪年间，全省社仓积谷为 735629 石。⑦ 晚清湖南社仓、义仓之完备充实，乡绅所起作用是很大的。一般来说，社仓、义仓之设，或为官倡，而乡绅实主其事，不仅绅士捐输义谷，管理也是乡绅为主。最初社仓义仓的管理，是由地方官“择举殷实地方绅士充任社总”，“社总会同都甲牌保分别丰歉照例倡放，造册报官查案办理，以防影射侵渔之弊”。⑧ 但同治、光绪年间，湖南绅权膨胀，官与绅为了争夺包括仓储在内的地方公共事务的控制权引发矛盾，湘潭县积谷局就是一个显著的案例。⑨ 同治二年（1863），湘潭县士绅倡议成立积谷局，作为社仓、义仓的管理机构，乡绅们自称是“潭邑积谷总局为四乡积谷之总机关，盘查仓谷之盈虚，稽核仓长之侵蚀，追偿借户之拖欠，调停积谷之诉讼”。并开始排斥地方保甲参与义仓管理，“典守义谷，贵在仓长。乃查向来乡间竟有收放概听保甲，仓长漠不置问者，以致日久弊生，藉滋朦混。不思保甲只供驱使，积谷重务岂可任其一手操纵？嗣后轮择仓长必须自为经理，以专责成”⑩。

除义学、义仓等公共事业外，乡绅们或协助官府，或独立主持诸如修缮道路、救济孤

① 张修府等纂：《清泉县志》“学校志·书院”，同治八年刻本。

② 张修府等纂：《清泉县志》“学校志·书院”，同治八年刻本。

③ 潘清等纂：《武冈州志》卷二十七“学校志”，光绪元年刻本。

④ 张镇南等纂：《宝庆府志》卷九十三“礼书七”，道光二十五年刻本。

⑤ 同治《长沙县志》卷十“积贮”，《中国地方志集成·湖南府州县志辑》第 4 册，江苏古籍出版社、上海书店、巴蜀书社 2002 年版，第 144 页。

⑥ 同治《长沙县志》卷十“积贮”，《中国地方志集成·湖南府州县志辑》第 4 册，江苏古籍出版社、上海书店、巴蜀书社 2002 年版，第 144 页。

⑦ 张人价：《湖南之谷米》，《湖南民国经济史料选刊》，第二册，湖南人民出版社 2009 年版，第 400 页。

⑧ 同治《长沙县志》卷十“积贮”，《中国地方志集成·湖南府州县志辑》第 4 册，江苏古籍出版社、上海书店、巴蜀书社 2002 年版，第 144 页。

⑨ 参见王日根、陈瑶：《晚清湘潭民仓与地方政治的变迁——基于〈湘潭积谷局志〉的分析》，《社会学研究》2009 年第 5 期。

⑩ 《湘潭县积谷局志》卷四，1926 年刊，湘潭县档案馆藏，第 62、12 页。

鳏、妇幼等社会事务。仅以湘潭县的情况即可见一斑。湘潭县的公共事务机构著名的有所谓"四堂三所",即丽泽堂、育婴堂、皆不忍堂、保节堂四堂和斋宿所、习乐所、礼器所三所,主要涉及科举教育、道德教化与社会救济等公共事务。① 丽泽堂等机构以募捐之资金置田,以田租和息银资助穷困士子参加科举考试;育婴堂、皆不忍堂和保节堂先是设立于城中的社会救济机构,而到光绪年间,乡村和市镇中也出现很多由士绅捐资设立的类似组织,育婴堂收养被遗弃之婴儿,尤其是女婴;皆不忍堂是收埋遗尸的机构;保节堂则收纳青年寡妇参与生产劳动以养家糊口。据陈瑶研究,同治中期,凡节妇贞女贫乏者,人月助给钱一千,共节妇名额百三十四、贞女一,公田二百六十余亩,屋地园塘二百三十一所。②

　　宣讲圣谕、嘉奖善行,对乡民进行道德教化,是清政府进行乡村社会治理的重要方面,也是乡绅的重要任务。清政府采取的方式,与明朝在形式上具有相同之处,即普遍推行的乡约,不过清政府更注重讲解圣谕的宣讲制度,主要做法是宣谕旨,意在教化乡民。"先是顺治九年颁行《六谕碑文》曰:孝顺父母,恭敬长上,和睦乡里,教训子孙,各安生理,无作非为。"③ 方法是:"凡直省州县乡村巨堡及番寨土司地方,设立讲约处所,拣选老成者一人,以为约正,再择朴实谨守者三四人,以为值月,每月朔望,齐集耆老人等,宣读圣谕广训,钦定律条,务令明白讲解,家喻户晓。"④ 或"令五城设立公所讲解开谕以广教化,直省府州县亦皆举行乡约,各地方官责成乡约人等每月朔望聚集公所宣讲"⑤。且"其乡约正副不应以仆隶、奸胥蠹役充数,应会合乡人,公举六十岁以上、业经告给衣领、行履无过、德业素著之生员统摄。若无生员,即以素有德望六七十岁以上之平民统摄。每遇朔望,申明诚谕,并旌别善恶实行,登记簿册,使之共相鼓舞"⑥。这也就是说,宣讲必须是乡绅主持,而不是地方里甲职役为之。康熙九年十月,发布诏令,提出了所谓《圣谕十六条》:"朕惟至治之世不以法令为亟,而以教化为先,其时人心醇良,风俗朴厚,刑措不用,比户可封,长治久安,茂登上理,盖法令禁于一时而教化维于可久,若徒恃法令而教化不先,是舍本而务末也。近见风俗日敝,人心不古,嚣凌成习,僭滥多端,狙诈之术日工,狱讼之兴靡已,或豪富凌轹孤寒,或劣绅武断乡曲,或恶衿出入衙署,或蠹棍诈害善良,萑苻之劫掠,时闻仇忿之杀伤……朕今欲法古帝王尚德缓刑,化民成俗,举凡敦孝弟以重人伦,笃宗族以昭雍睦,和乡党以息争讼,重农桑以足衣食,尚节俭以惜财用,隆学校以端士习,黜异端以崇正学,讲法律以儆愚顽,明礼让以厚风俗,务本业以定民志,训子弟以禁非为,息诬告以全良善,诫窝逃以免株连,完钱粮以省催科,联保甲以弭盗贼,解仇忿以重身命,以上诸条着通过晓谕八旗并直隶各省府州县乡村

---

　　① 陈瑶:《晚清湘潭公共事务与地方政治》,厦门大学硕士学位论文,2008年。
　　② 陈瑶:《晚清湘潭公共事务与地方政治》,厦门大学硕士学位论文,2008年。
　　③ 《景印文渊阁四库全书》第632册,上海古籍出版社1988年版,第451页。
　　④ 李鸿章等:《钦定大清会典事例》卷三百十八《礼部·风教·讲约一》,《续修四库全书》第804册,上海古籍出版社2002年版。
　　⑤ 《景印文渊阁四库全书》第632册,上海古籍出版社1988年版,第451~452页。
　　⑥ 李鸿章等:《钦定大清会典事例》卷三百九十七《礼部·风教·讲约一》,《续修四库全书》第804册,上海古籍出版社2002年版,第314页。

人等切实遵行。"① 雍正二年（1724），朝廷颁布《圣谕广训》，"令各州县于大乡大村人口稠密之处，俱设乡约之所，于举贡生员内拣选老成有学行者一人，以为约正；再选朴实谨守者三四人，以为直月，每月朔望，齐集乡之耆老，里长及读书之人，宣读《圣谕广训》，阐明大义，详示开导，务使乡曲愚民咸生孝友敦睦之思"②。乾隆皇帝同样"严饬各地方官于各乡里居民中，择其素行醇谨通晓文义者，举为约正，不拘名数，令各就所近村镇，恭将《圣谕广训》勤为宣讲，诚心开导，并摘所犯律条，刊布晓谕"③。光绪二年（1876），朝廷仍然要求各地行乡约之法："宣讲《圣谕广训》，巨典昭重，自应认真举办，乃近来各地方官往往视为具文，实属不成事体！着顺天府、五城，实力奉行，并着各直省督抚学政，督饬地方暨教职各官，随时宣讲，毋得有名无实。"④ 湘乡绅士王鑫曾作《洙津区乡约》，将宣讲作为乡约的第一条："《圣谕十六条》尽善尽美，普天之下，共凛然于大哉王言矣。……约正之设，遍及山陬海澨，诚欲其代宣圣化，变浇风为纯俗。"⑤

宣讲的方式，一是在乡村社学、义学等各种学校中，主要针对各类学术；二是定期在乡约所（清代的乡约所普遍设在地方上的祠宇、寺庙、庵观中）。或在人口稠密处对乡民进行宣讲，为了吸引更多人听讲，强化教育的效果，对宣讲有不少鼓励办法，如讲生每人每月有薪水五千文等，为了宣讲的实用性，增添了律例中涉及命盗、抢劫、抗官、夺犯诸款的解释。

地方大臣也撰写相关材料，颁发州县进行宣讲。湖南巡抚卞颂臣还写了《圣谕广训直解》一书，令各府州县宣讲，还规定所属九府四州六厅学官选择地方绅士，每月定期某日在城乡市镇人烟稠密处认真宣讲。为便于监督，他又令州县官会同学官按月让某人在某地宣讲几次，逐一开报。⑥ 通过各种形式的宣讲，政府在思想、意识形态方面对乡村精神层面进行有效的治理。

但是，在晚清这样一个转型的社会，乡村教化也随着晚清社会的变迁，特别是西学的传播和新思潮的激荡，乡民接受教化的渠道和内容多元化了，新式报刊出现，基督教、天主教也深入乡村，这种宣讲的效果逐步消解，有地方官员奏称"每见一州一邑之内，不过一二乡约遇朔望之日，循讲约之故事，徒饰虚文。及见听之者寡，而讲之者亦怠"⑦。因而，"朔望宣讲圣谕，久已视为具文，今并无圜听之人矣"⑧。

---

① 《圣祖仁皇帝圣训》卷六《圣治一》，《景印文渊阁四库全书》第 411 册，上海古籍出版社 1988 年版，第 215 页。

② 《世宗宪皇帝朱批谕旨》卷一百二十六之二十《朱批田文镜奏折》，《景印文渊阁四库全书》第 424 册，上海古籍出版社 1988 年版，第 619 页。

③ 李鸿章等：《钦定大清会典事例》卷三百九十八《礼部·风教·讲约二》，《续修四库全书》第 804 册，上海古籍出版社 2002 年版，第 331 页。

④ 李鸿章等：《钦定大清会典事例》卷三百九十八《礼部·风教》，《续修四库全书》第 804 册，上海古籍出版社 2002 年版，第 340 页。

⑤ 王鑫：《洙津区乡约》，《江忠源集·王鑫集》，岳麓书社 2013 年版。

⑥ 卞颂臣：《（光绪）抚湘公牍》卷一 "札九府四州六厅"。

⑦ 中国第一历史档案馆藏档案：《军机处录副奏折（内政类·道光朝）》，054 号。

⑧ 汤成烈：《风俗篇四》，《皇朝经世文续编》，葛士浚辑，清光绪二十八年（1902）天章书局石印本。

乡村治理的另一方面，是加强乡村的社会治安，确保乡村社会秩序的稳定，这是通过保甲和团练来进行的。保甲在清初即开始实行，团练则是随着嘉庆年间白莲教起义，特别是太平天国起义之后而建立的。雍正四年（1726）七月，吏部遵旨议行保甲法，"保甲之法，十户立一排头，十牌立一甲长，十甲立一保正。其村落畸零及熟苗熟僮，亦一体编排"。保甲之制最初是为了户口稽查、预防盗匪。但随着清代赋役制度的变革，保甲的功能逐步扩大。康熙五十一年（1712）规定"盛世滋丁，永不加税"，雍正二年（1724）开始实行摊丁入亩，使得里甲制度逐步失去作用，里甲虽未被废止但是已形同虚设，逐渐为保甲制度所代替，保甲承担着由单一的乡村治安组织逐步取代为乡村基层政权的角色。一般认为保甲是乡村治安组织，但王先明先生认为，它亦承担着劝善惩恶的教化作用。① 例如保甲长有宣谕教化本地乡民的责任，向知县"举善恶"（如"读书苦斗之士""耐贫守节之妇""乐善好施之人""孝顺之子孙"等善迹，保长要向知县公举）②、"惩劣迹"（对违背乡约，素行不俭者，保长需向官府检举）。更重要的是平时保甲长还要负责执行官府的禁令，向百姓宣讲法律，俾其遵守。因此，保甲制的一个重要内容就是株连互保，一家有犯，周家同坐，"保甲之法，一家有犯，连坐十家"③。

湖南在乾隆三十七年（1772）推行保甲制。稽查户口，以保甲册为据。"保甲者为防奸设也。"④ 编排保甲，户给门牌，书其家长之名与丁男之数，出则注所往，入则注所来。以 10 户为牌，牌有头；10 牌为甲，甲有长；10 甲为保，保有正。门牌每年更换一次。户口迁移随时换发。牌头、甲长三年一更代，保正一年一更代。各府、州、厅、县所辖城厢、市镇、村屯居民，从缙绅至商贾、农工、吏役、兵丁皆挨户编审。寺观亦发门牌，以查僧道之出入。客店则立一簿，书寓客姓名、行李，以便稽查。保正、甲长、牌头须以"诚实、识字、勤慎练达有身家之人充任"，限年更换。"查访盗贼，据实举报，按名给赏；徇情隐匿，即予警惩。"⑤ 由于承平日久，保甲松弛，道光十二年（1832）和同治四年（1865），又两次整顿保甲。湖南全省审编保甲的总况，已无从查考，部分州县确已按例编定，里甲逐渐改名都甲、都团。醴陵县于嘉庆十八年（1813）编查烟户人丁，门牌邑令，共编 24 都、103 境；有保正 103 名，甲长 456 名，牌头 4188 名。⑥ 同治七年，浏阳县册载牌长 9235 名，甲长 2940 名，保正 121 名。⑦

咸丰年间，太平天国兴起，清政府在八旗、绿营望风披靡的情况下，要求各地创办团练，曾国藩命为湖南团练大臣。在他的倡导下，湖南团练办得很有起色。省城长沙设团防总局，巡抚主其事，府、州、县设分局，知府、知州、知县主其事，以下设大

① 参见王先明、尤永斌：《略论晚清乡村社会教化体系的历史变迁》，《史学月刊》1999 年第 3 期。

② 徐栋编：《保甲书·成规上·保甲事宜稿》。

③ 继昌：《行素斋杂记》，卷上，上海书店 1984 年版，第 34 页。

④ 同治《浏阳县志》卷五"食货一·户口"，《中国地方志集成·湖南府州县志》，江苏古籍出版社、上海书店、巴蜀书社 2009 年版。

⑤ 赵尔巽编：《清史稿·食货志》，中华书局 1976 年版。

⑥ 嘉庆《醴陵县志》卷六。

⑦ 同治《浏阳县志》卷五"食货一·户口"，《中国地方志集成·湖南府州县志》，江苏古籍出版社、上海书店、巴蜀书社 2009 年版。

团、团，各保设团数目不一，分设团长（保）、团正、团佐（团）主其事。其他各州县亦办理有成。

道州："城乡有团各有练长，练长由百姓报充，由来旧矣。一姓举报一人，或数人，多寡视族之大小，故一乡有多至十数人，少则六七人不等。察其行事之公私与稽查之勤堕分别奖惩。设立总簿，于每月朔赴州应点。所发门牌各注年貌户口及作何生理，每户悬牌一面，十家设一牌长，严连坐之法，互相稽查，十乡之内联之如一家，仍令练长按户查验，遇有停留面生之人许即送州究办。"①

长沙："乡团皆遵示办理，或一甲一团，或数甲一团，各地相地势适中之处设立总局，自团总以下次有团长、团佐、什长诸名目……六十以下十五以上，无论贫富贵贱，一律出丁，不得推诿。"②

湘乡："团练之法，无论地之广狭，人之多寡，或十余家一团，或数十家一团，或百余家数百家一团，又合一族一团，合数族一团，小团、大团总相联属……十五岁以上五十岁以下者为壮丁。……团练之法与保甲之法相辅而行。"③

善化："善化乡分十都，都分一百二十一团，或数甲一团，或一甲一团，各因地制宜，就团内适中之处设立总局，竖立高杆旗号。自团总以至团佐什长类择勤慎廉明之士充之。"④

安化："十六岁以上五十岁以下，无论绅士之家，有无田卒，均列名充当，外来留棍及素不认识者，不得冒充。"⑤

蓝山："邑四境俱以立团，大姓自为一团，零户数村一团，山民僻远数十家一团，俱以营伍部署之。城内商民别为一团，凡丁壮年十八岁以上五十以下者，家各一人或数人。分南团、西团、东一团、东二团、北一团、北二团，是名六团……无事则各安生业，有事则互卫身家。"⑥

新化："清同治元年，以练团御匪，分全县为十六团，九都八村，外加十五都五村、八都一村及石马三斗一村，共十五村，为大同团。大同团居县治之东岸，广六七十里，长一百二十里。"⑦

巴陵：团分合团、附团，"团有合团、有附团。附团者独立不能成团，附就近之大团以资捍卫"⑧。

团练一般是官倡绅办，故湖南团练一开始就掌握在乡绅手中。湘军的诸多将领如江忠

① 光绪《道州志》卷六"兵防"，《中国地方志集成·湖南府州县志》，江苏古籍出版社、上海书店、巴蜀书社 2009 年版。
② 同治《长沙县志》卷十五。
③ 同治《湘乡县志》卷十五。
④ 光绪《善化县志》卷十五"兵防"。
⑤ 同治《安化县志》卷十六。
⑥ 民国《蓝山县志》卷五。
⑦ 新化《长塘李氏家史》卷二《地理志·方域》。
⑧ 光绪《巴陵县志》卷十五。

源、刘长佑、罗泽南、王鑫等，也都有在乡村办团练的经历。因此，团练成为咸同时期湖南乡村治理的重要主体和资源，在相当大的程度上取代了保甲，成为咸丰、同治年间湖南乡村社会控制的力量。尤其是湖南乡绅势力依靠镇压太平天国的军功即捐输之功，成为乡村社会巨大的势力。绅权极度膨胀，甚至导致官绅之间矛盾冲突，构成咸同时期湖南乡村治理特有的现象。

太平天国运动结束后，湘军大部分裁撤，省内团练也逐渐废弛，而随着湘军与其他民间武装的裁撤或解散，散兵游勇与会党活动骤兴，对乡村造成威胁。作为善后措施之一，清理、重建保甲成为重要的任务。同治十年（1871），时任湖广总督的李翰章与湖南巡抚王文韶拟清查保甲，获得清廷批准。王文韶在省城长沙设立保甲总局，各州县亦设分局，仿照十家联牌法，由地方廉正绅士挨户稽查。如善化县就制定了《善后保甲简明章程》，在全县实行。该章程规定：

> 在城外分铺分坊，在乡分里分甲，即于每段地境之内，择公正廉明绅耆数人举为总首，优以礼貌，专以责成，所举得人，自然指臂有助；
>
> 地段既分定，以十户为一牌，立一牌首，择明白晓事有家计者充之；
>
> 分牌既定，每户填门牌一张，首载家长姓名、年岁、籍贯所在、里铺作何生理，户内丁口，分别男女，载明大小若干；
>
> 门牌填定，即着十家联保，如有一家为匪，准九家首告，徇隐连坐；
>
> 牌既分填，备循环正册各一本，又备循环另册各一本，所填各户门牌即照填于正册，惟待查自新等户汇载另册，亦照所给门牌填明庶便稽查。①

此外，章程还规定了各户联保的方法和责任，并规定各户需出壮丁一名，定期训练，充作团丁，都有都团，甲设甲团，数团设局，由此构成了乡镇严密的保甲网络。同治年间湖南的保甲整理旨在恢复自咸丰年间以来被太平天国革命运动所破坏的乡村秩序，即所谓"善后"，省城长沙成立了善后总局，各州县亦成立了善后局。因此，作为善后的保甲整理对于恢复太平天国运动之后的湖南乡村秩序还是起到了一定的作用，对咸同时期湖南保甲废弛、团练独大局面的改观有一定的意义。

晚清湖南乡村治理与其他直省一样，是一种官府主导、乡绅力为的官绅结合的二元结构。就钱粮征收来说，虽为里书、粮书等职役把持，职役上下其手、中饱私囊的现象十分严重，但州县官府始终会控制其结果。在乡村教化、公共事业建设，以致地方治安的维护方面，虽然处处都有着乡绅及其乡绅组织（保甲、团练、社学、社仓、义仓）甚至乡绅的联合组织（如湘潭县的民间仓储联合组织——积谷局）的身影，但作为国家权力代表的州县官府，始终处于主导地位。当然，自咸同以来，湖南乡村士绅的势力膨胀，官绅之间矛盾的激化是一种基本的趋势，这也说明了晚清乡村治理二元结构面临的挑战，亦揭示了清末湖南乡村基层组织建立的趋势及清末乡村自治的必然趋势。

---

① 光绪《善化县志》卷十五"兵防"。

三、清末湖南乡村行政组织及其乡村自治

晚清县以下具有国家公权力的行政区划的划分及其行政组织（机构）的设定，有一个从都甲（保甲）等准官治和绅治结合的结构到具有"普遍性的组织机构"的过渡时期。① 魏光奇先生对这一过渡的组织机构有详细的论述，可以参考。②

由于曾国藩的倡导，团练组织非常发达，士绅主持的团练确如魏光奇先生所指出的那样，"具有普设性"，"并广泛履行地方保卫之外的其他职能"。这些组织或仍旧称之为"团"，或如上海和广东某些地区一样，称之为"公所""公局"。据民国《醴陵县志》载，该县自咸丰年间即在乡村建立了公所、公局之类的组织。兹据县志所载列表如下（见表3）：③

表3

名称	所在地	事业	创办年月
九都公所	县城东门丁家巷	自治	清
吴党公所	治南碧山镇泉塘	自治	清光绪
月旦公所	治东丁家坊	自治	清咸丰间
大林境九团公所	治东	自治	清光绪间
崇仁公局	治东水口	自治	清光绪间
企石公所	治东企石社	自治	清
芷泉祀所	治南三都里	自治	清咸丰
务本堂	治西湖下	自治	清咸丰五年
乐丰公局	治西攸坞总桥	自治	清光绪二十年
六合公局	治西庙山嘴	自治	清光绪初
三都公所	治北关王庙	自治	清
十四都同乐公所	治北檀木桥	自治	清同治间
官庄三合公所	治北官庄	自治	清光绪
豫思公所	治北潭塘	自治	清光绪二十年

---

① 魏光奇先生认为所谓"普遍性的组织结构"具有两层含义：一方面应像保甲、乡地那样具有普遍化、科层化特征；另一方面其首领人员又应像士绅那样具有较高的声望地位。这种乡村公共职能系统就是现代意义上的区乡行政。参见魏光奇、丁海秀：《清末至北洋政府时期区乡行政制度考略》，《北京师范大学学报》（社会科学版）2004年第2期。

② 魏光奇、丁海秀：《清末至北洋政府时期区乡行政制度考略》，《北京师范大学学报》（社会科学版）2004年第2期。

③ 民国《醴陵县志》，《中国地方志集成·湖南府县志辑》，江苏古籍出版社、上海书店、巴蜀书社2002年版，第168~173页。

名称	所在地	事业	创办年月
亲睦公所	治北大口坪	自治	清光绪十八年
善宜公所	治北小桃花	自治	清同治十年

表 3 系采自《醴陵县志》"建置志·公所·公益机关表"。原表所列自清至民国时期，包括会馆、药局等，"事业"分为三类："教育""集谋公益""自治"。虽然没有文字说明，但从"事业"分类为"自治"来说，当是士绅主持的"具有普设性；并广泛履行地方保卫之外的其他职能，因而开始兼有地方行政机构的性质"，无疑是向现代乡村行政组织过渡的机构。①

进入 20 世纪，清末的乡村行政组织，其最初形式并非县以下一级正式的、职能全面的行政区划，而是为履行某种单一行政职能而划定的区域，即学区和警区。地方自治兴起后才出现了职能全面的城、镇、乡自治区划。

学区的划分乃是清末新式教育兴起的结果。1901 年 9 月，清政府下令将各州县书院改为小学堂，开启了晚清教育和学制的改革。为了统一规制，光绪三十二年（1906）清政府颁布了《劝学所章程缮具清单》，其中规定"各府厅州县应就所辖境内划分学区，以本治城关附近为中区，依次推至所属村、坊、市、镇，约三四千家以上即划为一区，少则两三村，多则十余村，均无不可。在本治东即名东几区，在本治西即名西几区，推之南北皆然。由第一区至数十区，可因所辖地之广袤酌定"②。湖南在清廷颁布劝学所章程之后，即开始在各府州县设立劝学所。劝学所及学区首先在长沙、善化、湘潭、醴陵等发达州县成立，次第推广。1906 年，长沙、善化、湘潭、醴陵等县成立劝学所，醴陵劝学所设总董 1 人，劝学员 4 人。③ 溆浦县在 1909 年成立，设总董 1 人，劝学员 6 人（6 都各 1 人）。④

与劝学所成立同时，各县也相应划分学区。⑤ 慈利县的学区划分如表 4：⑥

———————————

① 晚清湖南团练与保甲发达、绅权膨胀、乡绅左右乡村政权和公益事业的情况较为普遍。由于民国时期湖南地方志修撰极少，相关档案整理开放程度有限。从目前的资料来看，如醴陵县这种以公所、公局形式存在的过渡性乡村行政组织是否具有普遍性，笔者尚不能贸然作出整体性判断。但团练特别是乡村总团逐步取代地方都甲组织，成为实际上的地方行政组织则是普遍存在的。

② 沈云龙主编：《学部奏咨辑要》，《近代中国史料汇刊》三编，第十辑，台湾文海出版社 1968 年版，第 63 页。

③ 民国《醴陵县志》，《中国地方志集成·湖南府县志辑》，江苏古籍出版社、上海书店、巴蜀书社 2002 年版，第 44~45 页。

④ 民国《溆浦县志》，《中国地方志集成·湖南府县志辑》，江苏古籍出版社、上海书店、巴蜀书社 2002 年版，第 135 页。

⑤ 由于民国时期湖南仅有几个县撰修并出版过地方志，关于学区划分的资料非常少见，从为数几个县的县志来看，有的县并没有划分，如溆浦县是按都设置，每都设 1 位劝学员，共 6 位。醴陵则按 4 乡设置，每乡 1 人。

⑥ 民国《慈利县志》"学区表"，《中国地方志集成·湖南府县志辑》，江苏古籍出版社、上海书店、巴蜀书社 2002 年版，第 296~297 页。

表4

学区	所领地名
第一区	上二都、三都、五都、二十四都、下六都
第二区	一都、中二都、下二都
第三区	中六都、上六都、七都
第四区	四都、下九都、填补二十四都
第五区	八都、上九都
第六区	二十三都、二十五都、填补二十二都、十七都一区
第七区	二十一都、二十二都
第八区	十四都、十七都二区、前十九都、二十都
第九区	后十九都、中十九都
第十区	十七都三区、十五都

　　学区是清末县以下第一次划分的单一职能行政区划。[①] 但这种行政职能的授权，并不是学区一成立就具备的，最初的劝学员，是由士绅担任，虽然需禀县委派。1909年，府厅州县自治章程颁布以后，劝学所的地位和职权在法律上发生问题。1910年，资政院议决地方学务章程，规定府厅州县自治职成立之前，由劝学所代行府厅州县自治职对于地方学务应有之职权，"府厅州县及城镇乡之分三区以上者，得设学务员长一人，于其分区得设劝学员若干人"[②]，确定了劝学所为府厅州县官教育行政辅助机关，同时，劝学所长及劝学员由地方长官申请提学使派定，劝学所应办事务须经该管长官核定，所有文件，亦以长官名义行之，经费由该管长官筹定，并须造具预算决算，呈请审核。因此，劝学所及学区即成为清政府行政结构内具有教育职能的区划。

　　除学区之外，清末筹备立宪时期，还成立了另一个单一职能的区划——警区。1907年，清政府颁布《各省官制通则》，规定各州县"应将所管地方酌分若干区，各置区官一员"，"掌理本区巡警事务"。[③] 次年4月，清政府民政部拟定《各省巡警道官制》，重申了这一规定。[④] 1909年以后各省巡警道陆续设立，各州县警务机构一般称警务公所，由巡警道委派区官，作为区乡一级警务行政首领；委派巡官、巡长作为区警首领。一些地方还保留地方推举产生的警董，负责筹集警款。1908年，湖南在省会设立巡警道署，巡警道为正四品官。各府（除省城长沙府外）警务局和州、县警务分局相继改为巡警局，巡警局按区域划分警区。警务公所作为巡警道的办事机构，设总监1人，归巡警道直接管

　　① 魏光奇、丁海秀：《清末至北洋政府时期区乡行政制度考略》，《北京师范大学学报》（社会科学版）2004年第2期。

　　② 《地方学务章程实施细则》，沈云龙主编：《学部奏咨辑要》，《近代中国史料汇刊》三编，第十辑，台湾文海出版社1968年版。

　　③ 故宫博物院明清档案部：《清末筹备立宪档案史料》上册，中华书局1979年版，第510页。

　　④ 《大清法规大全》，台湾考正出版社1972年版，第833页。

辖。公所外设东、南、西、北、外南、外北及水陆洲等 7 个警务区，每区设区长 1 人，区巡官 1 人，书记 1 人，守卫兵 6 名，设 27 个警务段，共有警务人员 1071 人。① 其他府厅州县也相继设立了警务公所，划立警区，也有的与地方自治筹备机构合署办公，如湘乡县按《城镇乡自治章程》，分别在上、中、下三里设立公务总局，各都、市设立公务分局。总局设局绅（亦称总干事员）、警务长、会计员、书记员各 1 人，各都、市分局设议绅 1 人、干事员（都总）若干，组成总局会议。② 作为较为单一的基层区划，警务公所和警区的主要职能是卫生管理、交通管理以及公共场所管理，主要包括戏园、妓院、茶楼酒肆、客栈等。据宣统二年（1910）《湖南各府厅州县现办警务事实统计表》记载：全省 13 个府、州除长沙府设置警务公所外，其余 12 个府、州均设巡警局。全省 75 个厅、州、县亦设立巡警局，共划分警区 152 个。③

具有全面行政职能的县以下行政区划的设立始于清末筹备立宪时期，即所谓自治区划。

清末，清政府迫于内外压力，更重要的是为了"消弭革命"，先是派大臣出国考察宪政，遂决定实行预备立宪，地方自治成为筹备立宪的重要内容。

光绪三十四年十二月二十七日（1909 年 1 月 18 日），《城镇乡地方自治章程》颁布，计 9 章共 112 条。根据章程的规定，清政府推行的地方自治并非真正的宪政意义上的自治，按照章程规定"自治之事渊源于国权，国权所许而自治之基乃立，由是而自治规约不得抵牾国家之法律，由是而自治事宜不得抗违官府之监督，故自治者乃与官治并行不悖之事，绝非离官治而孤行不顾之词"④，因此城镇乡地方自治章程开宗明义即规定了自治定义："地方自治以专办地方公益事宜辅佐官治为主，按照定章，由地方公选合格绅民，受地方官监督办理。"⑤ 将自治限定于专办公益、辅佐官治，可见其自治是极为有限的。

按照清政府的制度设计，城、镇、乡皆为自治之初级，将县之下级地方分为城镇乡，城为府、厅、州、县治之城厢地方，镇为人口满五万以上之市镇村庄屯集等地方，乡之地方与镇同，惟人口不满五万。其区域皆以各地方固有之境界为准。至此，具有全面行政职能的县以下行政区划成立。

根据章程规定，城镇乡自治的要点如下：

城镇乡自治之事权为办理本地方之教育、卫生、道路、工程、农工、商务、慈善、公共营业，因办理以上诸事项之筹集款项，以及因本地方习惯向归绅董办理，素无弊端等事项。

城镇乡自治组织，以县知事为监督，县知事对之有纠正检查等权，并有呈请省行

① 长沙市地方志编纂委员会：《长沙市志》第四卷，湖南人民出版社 1999 年版；湖南警务公所编：《湖南警务文件杂存》，湖南省图书馆藏。

② 湘乡县志编纂委员会：《湘乡县志》，湖南出版社 1993 年版，第 609 页。

③ 湖南省地方志编纂委员会：《湖南省志·公安志》。

④ 《宪政编查馆奏核议城镇乡地方自治章程并另议选举章程折》，《大清法规大全》"宪政部"卷三。

⑤ 《宪政编查馆奏核议城镇乡地方自治章程》第 102 条，《大清法规大全》"宪政部"卷三。

政长官、解散城镇乡议事会董事会及撤销自治职员之权。乡之组织如下：

乡之自治组织其自治议决机关为议事会，其组织及职权与城镇议事会同，惟议员之名额按照人口之数为比例。乡之人口不满二千五百者，议员六名，人口至四万以上者，议员十八名。

其执行之机关则为乡董、乡佐。各乡设乡董一名，乡佐一名，由乡议事会从本乡选民选举，呈请县知事核准任用，乡董、乡佐任期二年，为有给职。乡董、乡佐职权与城镇董事会同……乡董对于应办各事可定执行方法，乡佐则为乡董之辅佐，此外可设文牍庶务等职。①

城镇乡地方自治章程第二条，明定城镇乡成立之条件，"凡府、厅、州、县治城厢地方为城，其余市镇村庄屯集等地方人口满五万以上者为镇，人口不满五万者为乡。城固为市，而镇亦与市同"②。

城镇自治之范围，规定如下：

（一）学务；
（二）卫生；
（三）道路工程；
（四）农工商务；
（五）善举；
（六）公共营业；
（七）因办理自治事宜筹集款项等事；
（八）其他因本地习惯向归绅董办理素无弊端之各事。

地方自治应受地方官监督办理，监督之权亦有规定。监督之方法，计有查明并纠正自治机关有无违背章程之处，令其报告办事成绩，征其预算决算表册，地方官随时亲往检查，将办理情形按期申报督抚，由督抚汇咨民政部，最后，地方官有申请督抚解散议事会、董事会，及撤销自治职员之权。解散或撤销后，应分别按章改选，议事会应于解散后两个月以内，董事会应于解散后十五日以内，重行成立。若议事会及董事会同时解散撤销者，应于两个月以内先行招集议事会，所有选举、开会事宜，由府厅州董事会代办，新董事会应于议事会成立后十五日以内重行成立。监督权之严厉可以见之。③

城镇之组织包括：

董事会。城镇之组织有行政机关与立法机关，行政机关称为董事会。推事会设总董一名，董事一名至三名，名誉董事四名至十二名，董事以各该城镇议事会议员

① 钱端升等：《民国政制史》（下），上海人民出版社2011年版，第621~622页。
② 《宪政编查馆奏核议城镇乡地方自治章程》第102条，《大清法规大全》"宪政部"卷三。
③ 钱端升等：《民国政制史》（下），上海人民出版社2011年版，第621~622页。

二十分之一为额，名誉董事以其十分之二为额。总董事及名誉董事均须为本城镇选民。总董由本城镇议事会选举正陪各一名，呈由地方官申请督抚遴委；董事由议事会选举，呈请地方官核准任用；名誉董事由议事会选任，无须呈请上级机关加委或核准。

总董、董事任期两年，期满改选；名誉董事任期亦为两年，每年改选半数。总董及董事为有给职，名誉董事为无给职。

总董职权相当于市长，综理董事会一切事件，而为董事会之代表；凡董事会公文函件，均用总董名义，董事会会议时，以总董为议长。董事则辅佐总董分任董事会事件，名誉董事则参议董事会应行议决之事。

董事会之职权列举如下：

（一）议事会议员选举及其议事之准备；

（二）议事会议决各事之执行；

（三）以律例章程或地方官示谕委任办理各事之执行；

（四）执行方法之议决。

议事会。城镇之立法机关称为议事会，议员以二十名为定额，城镇人口满五万五千者，得于定额外增设议员一名，自此以上每加人口五千得增议员一名，但至多以六十名为限。

议员全由选民选举，凡居民具备下列资格者即为选民，（一）有本国国籍者，（二）男子年满二十五岁者，（三）居本城镇接续至三年以上者，（四）年纳正税或本地方公益捐二元以上者。

居民"素行公正众望允孚"者，虽不备上述第三、第四款之资格，亦得以议事会之议决作为选民，若纳正税或公益捐较本地选民内纳捐最多之人所纳尤多者，虽不备第二第三款之资格，亦得作为选民。凡有下列情事之一者，不得为选民，（一）品行悖谬营私武断确有实据者，（二）曾处监禁以上之刑者，（三）营业不正者，（四）失财产上之信用被人控实尚未清决者，（五）吸食鸦片者，（六）有心疾者，及（七）不识文字者。

此外，凡为（一）现在本地方官吏者，（二）现充军人者，（三）现充本地方巡警者，（四）现为僧道及其他宗教师者，均不得有选举及被选举权。

议员以二年为任期，每年改选半数。议事会设议长及副议长各一名，主持会务。议员，议长及副议长，均为无给职，惟正副议长得支公费。

议事会之职权如下：

（一）本城镇自治范围内应行兴革整理事宜；

（二）本城镇自治规约；

（三）本城镇自治经费岁出入预算及预算正额外预备费之支出；

（四）本城镇自治经费岁出入决算报告；

（五）本城镇自治经费筹集方法；

（六）本城镇自治经费处理方法；

（七）本城镇选举上之争议；

（八）本城镇自治职员办事过失之惩戒；

（九）关涉城镇全体赴官诉讼及其和解之事。①

为了协调议事会与董事会之间权限，章程规定：

> 议事会于董事会所定执行方法，视为逾越权限，或违背律例章程，或妨碍公益者，得声明缘由止其执行。若董事会坚持不改，得移送府、厅、州议事会公断，若议事会不服公断时，得呈由地方官核断；若再不服时，由地方官申请督抚交该省咨议局公断。

> 在他方面，董事会对议事会亦有相似权力：董事会于议事会议决事件，视为逾越权限，或违背律例章程，或妨碍公益者，得交议事会复议。若议事会坚持不改，得移交府厅州议事会公断。董事会不服公断时，得呈请核断及公断，其程序与上段所述者同。

> 由上观之，议事会与董事会权力相互平行，但议事会有选举董事会职员及监察其执行事务之权，并得检阅其各项文牍及收支账目，而且总董、董事及名誉董事都须经由议事会选举，盖因议事会为民选机关。②

根据清政府预备立宪办理事项的规定以及城镇乡地方自治选举章程，地方自治应在七年内完成。1908 年，宪政编查馆拟定预备立宪《逐年筹备事宜清单》，对地方自治的实施步骤作了统筹规划。规定：第一年（1908），颁布城镇乡地方自治章程，第二年（1909），筹办城镇乡地方自治，设立自治研究所，颁布州县地方自治章程；第三年至第五年，筹办、续办城镇乡地方自治和厅州县地方自治；第六年城镇乡地方自治一律成立；第七年厅州县地方自治一律成立。③ 地方自治筹备主要包括设立筹备机关，造就自治人才，筹定应用经费，调查户口区域，清厘公款公产，改良固有团体，以及举办宣讲所白话报等事项。据有关资料统计，各省筹办城镇乡下级地方自治，成立城镇乡议事、董事两会，选举乡董乡佐情况，城会成立 1000 余属，占当时府厅州县城厢数的 60%。许多地方同时成立了镇乡议事会、董事会并选举乡董。④

湖南于 1908 年 12 月设地方自治筹办处，⑤ 初由咨议局筹办处兼理，咨议局选举结束后，即完全掌理地方自治之事；⑥ 各县均设地方自治筹备公所，以将各该县“一切事件，组织完善，以植自治初基”⑦。各厅、州、县成立地方自治筹办所，详定《全省地方自治研究所章程》《各厅、州、县筹办地方自治公所章程》《各厅、州、县筹办地方自治公所附

---

① 钱端升等：《民国政制史》(下)，上海人民出版社 2011 年版，第 686~688 页。

② 钱端升等：《民国政制史》(下)，上海人民出版社 2011 年版，第 688 页。

③ 《清末筹备立宪档案史料》上册，中华书局 1979 年版，第 61、67 页。

④ 根据宣统三年各期《政治官报》《内阁官报》所载各省督抚及宪政编查馆奏折统计。

⑤ 《湖南巡抚岑春其奏筹办资议局选举事宜第一届办理情形折》，《政治官报》，宣统元年闰二月十九日，第五百十八号。

⑥ 《东方杂志》1909 年第 5 期，第 244 页。

⑦ 《详报第一次备核各属筹办地方自治成绩文》，《湖南地方自治筹办处第二次报告书》，复印本，藏湖南省图书馆。

设宣讲所章程》《各厅、州、县筹办地方自治公所办理白话报章程》，并确定城的区域：除长沙、衡阳等9府无本管地方，株洲厅甫经移设暂归湘潭办理外，其余6厅，4直隶州，67州、县均经核定，各以城厢地方及附城街市划为城之区域，指定省会首县长沙、善化及湘潭、洪江等处繁盛地方，先行筹设议事会、董事会。从宣统二年五月一日起，以60天时间，调查各县城户口，审查选民资格。符合下列3条方为选民：

    （1）本国国籍，年满25岁以上之男子；
    （2）居住本城镇乡连续3年以上；
    （3）年纳正税或本地方公益捐2元洋钱以上。

有下列情事之人，不得当选民：

    （1）品行悖谬，营私武断确有实据者；
    （2）曾处监禁以上之刑者；
    （3）营业不正者（其范围以自治规约确定）；
    （4）失财产上之信用，被人控实，尚未清结者；
    （5）吸食鸦片者；
    （6）有心疾者（包括疯癫、痴呆，不知世故的人）；
    （7）不识文字者。[①]

    镇乡区域，均以人口多少为标准，但因人口不实，镇、乡区域无从划分。当时四乡基层政权多沿旧制，名称很不统一，称都、团、区、里的都有，实际上还是保甲制。湖南地方自治筹办处当时通饬各州、县地方官会同地方绅董，认真清理旧有保甲团体，巩固原有组织，以立自治初基。[②] 醴陵县在宣统二年析全县为15自治区划，设立自治公所，但未完成城镇乡的自治组织的选举。[③]

    为培养自治人才，自治筹办处设立自治研究所，招收学生研习自治理论与实践："定明研习八个月为毕业之期，檄伤各厅州县，遴选品学较优，富于经验，素有乡望之士绅，申送考选，其名额视各该属区域之广狭，人口之多寡，别为上中下三类，分定数目，条列资格，令其依限选送。"[④] 该所先后举办两期，毕业学员417人。除省城外，各厅州县亦设有自治研究所，学员人数共2000人以上。[⑤] 在湖南地方自治筹办处的统一督促下，各

———————————————————

    ① 《宁乡县地方自治白话报》，宣统二年八月。
    ② 《湖南地方自治筹办处第二次报告书》，复印本，藏湖南省图书馆。
    ③ 民国《醴陵县志》，《中国地方志集成·湖南府县志辑》，江苏古籍出版社、上海书店、巴蜀书社2002年版，第133~134页。
    ④ 《抚部院奏报筹办地方自治设立自治研究所办理情形折》，《湖南地方自治筹办处第一次报告书》，宣统年间排印本，藏湖南省图书馆。
    ⑤ 《清末筹备立宪档案史料》，中华书局1979年版，第749页。

属均"类能按照定章，次第兴办"①。筹备完成之后，即行选举城镇议事会和董事会、乡议事会和乡董乡佐、厅州县议事会和参事会。湖南各属情况不一，办理有先有后，按湖南地方自治筹备处的规定："繁盛城镇各自治会，限于宣统三年五月成立，中等城镇及各城自治会限于宣统三年闰六月成立，其余各镇乡自治会，限于宣统三年十一月一律成立。至于厅州县地方自治事宜……限于宣统四年五月，厅州县各自治会一律成立。"② 由于1910年4月长沙发生规模较大的抢米风潮，巡抚岑春蓂因办事失当，激成民变，革职查办，由杨文鼎署理湖南巡抚。故自治事项有所延误。到辛亥武昌首义时，湖南还没有全部完成城镇乡自治的工作，主要是长沙、湘潭等所谓"繁盛"之区得以完成，至于其他府厅州县的城镇乡自治，到民国元年才得以初步完成。

从目前的材料来看，长沙、善化、湘潭等所谓繁盛之区的城镇乡自治组织成立以后，尚未来得及开展活动武昌起义和长沙响应即已发生，而已成立之长沙、善化、湘潭等县的城镇乡董事会、议事会存在至民国建元后继续履行城镇乡自治的职能，直到"二次革命"发生，湖南宣布独立后，袁世凯政府宣告解散才停止活动。③

议事会成员，大部分是具有传统功名或创办实业的地方知名人士。如湘潭城厢议事会中，就包括十三总"徐钰昌"号的徐运锦、锦湾"瑞丰昌"号的何邦达、锦湾"万和祥"号的萧远耀、十一总河街"文乾盛"号的文思安、十五总正街"怡义和"号的王洪信等数名工商界人士。④

从已成立的城镇乡议事会的规则来看，规定还是很细致的。此据《长善城议事会议事细则》略加分析。该细则8章74条，分总纲、会议时期、整理会场、议事日表、议事、读会、讨论、表决、请愿、速记录及议事录、附则。详细规定了会议的类别（常会、临时会议）、会场纪律（会前请假规定、签到、着装等）、议事规则、讨论问题方式、表决程序，等等，比较严谨和细致，例如议案的提出，《细则》规定：

> 董事会提出之议案，照章应距开会10日以前用印刷或缮写，通知议事会，由议长分给各议员。
>
> 议员有五分之一以上署名，得提出议案，并述其理由，先交议长，由议长分给各议员。
>
> 既经讨论之议案，非经议会承诺，不得随意撤回，但议案在未经讨论之前提出者，得自行撤回修正之。议员撤回之议案，其他议员及赞成该案者，均得更新提出之。

---

① 《详请两院奏咨备核各属本年正月起至六月止筹办自治成绩由》，《湖南地方自治筹办处第三次报告书》，宣统年间排印本，藏湖南省社会科学院图书馆。

② 《湖南地方自治筹办处第三次报告书》，宣统年间排印本，藏湖南省社会科学院图书馆。

③ 如湘潭城议事会（按《城镇乡地方自治章程》规定，湘潭城是与湘潭县所属镇乡同级但只包括城厢地方的自治区域），在宣统三年，1911年8月17日成立，但在1912年4月8日才召开第一次常会，并获湖南都督府民政司核准。参见周磊：《湘潭城厢议事会试析》，《湘潭老城故事》，湖南大学出版社2008年版。

④ 周磊：《湘潭老城故事》，湖南大学出版社2008年版，第225页。

> 凡议案已经否决者，本会期内不得再行提出。①

关于表决，亦有详细规定：

> 表决时，除议长外，副议长与议员同为表决，但非在场之议员，概不得加入表决之数。
>
> 表决之方法，或用起立，或用签字，或用举手，或投票，或呼名，由议长随时择用，均以到会议员过半数所决为准，若可否数同，则取决于议长。
>
> 议员不得请更正自己之所表决。
>
> 凡表决于讨论后，即日行之，但事关重大，必须详细讨论者，议长欲行表决时，有议员三分之一申述异议，得犹豫至次日，以过半数表决之。
>
> 凡表决后之议案，无论何人，不得再申异议。但发现议案中有相互窒碍，或与现行法则有抵牾者，不在此限。②

由上可知，晚清湖南乡村自治的推动还是比较着力的，至少在制度层面的展开，与设计者的初衷吻合，它使得乡村一部分乡绅，特别是年轻而又具备新观念的那一部分开始通过自治的方式，参与乡村的政治生活，开启了乡村政治的现代进程。以湖南地方自治筹办处附属自治研究所第二届 180 名学生的结构来考察，其中出身师范学堂、中学堂等新式学堂的共 11 名，其余均为附生、廪生、增生、监生、候补官员等传统出身的为 169 人，占 93.88%，以年龄论，最大的 64 岁，最小的 25 岁，其中，60 以上的 1 名，50~59 岁的 1 名，40~49 岁的 32 名，其余 146 名均为 30 岁以下的，占 81%。③ 这些学员结业后回乡后，成为地方自治的骨干力量，不仅促使乡绅群体的转换，也推动了地方政治参与的转型。

（作者单位：湘潭大学历史系）

---

① 李铁明：《湖南自治运动史料选编》，湖南师范大学出版社 2012 年版，第 252~253 页。

② 李铁明：《湖南自治运动史料选编》，湖南师范大学出版社 2012 年版，第 255 页。

③ 据《湖南地方自治筹办处附属自治研究所第二届学员成绩表》统计，表载李铁明：《湖南自治运动史料选编》，湖南师范大学出版社 2012 年版，第 31~39 页。

文化的近代转型

近代中外关系史研究的区域视角

□ 李少军

近代中外关系史，是中国近代史的一个重要方面，也与相关国家的近代史交叉，其学术研究，从长时段来看，经历了多种因素影响下的变化发展，其视角，正如论者早已指出的那样，由主要反映相关重大事件，而侧重于外国侵华及由此引起相关社会力量关系的变化，进而又将近代中外政治、经济、文化多方面关系逐步纳入视野。在此过程中，逐步取得了丰硕的研究成果。而依管见，在此基础上，注意采取区域视角，对于拓展和推进近代中外关系史研究，或有必要。以下拟从三个方面说明理由、看法，就教于大方。

一、近代中国各区域对外关系有异同是不可忽视的历史现象

所谓区域视角，按笔者想法，是指在近代中国版图内，在观照国家层面对外关系基本格局的前提下，深入了解和揭示不同区域与外国关系的异同，由此细化、充实近代中外关系史的叙述与认识，并发现、提出对近代中外关系乃至于当时中国社会值得重视的新问题。而区域视角在学术研究中必要性之有无，说到底，是由近代中国各区域在对外关系上是否确有异同决定的。

近代中国各区域在对外关系上的相同点，从根本上说，是由中国作为一个专制主义中央集权的统一国家步入近代对外关系决定的。近代欧美日强加给中国的不平等条约体制及所获得的种种权益，是逼迫或诱使当时的中国国家政权接受、承认的，在中外政府之间修改乃至于废除之前，除了那些本身有明确范围限制的约定之外，对中国各个区域都是有效、适用的。在清朝被推翻后，中国很快出现地方实力派混战的局面，但列强的条约特权（实际上还往往超出），在各地方军阀统治的区域，也仍继续被遵守而通行。近代中国无论哪个区域，从总体上说，都受制于沦为半殖民地这个基本性质，概莫能外。

但是，近代中国各区域对外关系，又的确是有很大差异的。

这首先由于中国是幅员辽阔的大国，不同区域的地理交通状况有很大不同，因而与外国发生直接关系不可能同步。在近代以前，沿海边塞与内地对照，对外关系就有直接、间接之别；且即使同为沿海边塞，与外国关系的疏密之分也很突出。16世纪以后，西方对华扩张从广东逐渐波及东南沿海、北方沿海，一步步从沿海沿江向内地推展，并在对中国相邻国家殖民扩张取得进展的基础上，染指中国陆地边疆。正因为如此，在近代，中国东南沿海、北方沿海、陆地边疆、长江流域、东北地区、其他内地，与外国发生多方面的直

接关系，在时间上，就有明显的早晚之别。如果以通商口岸的设立作为外国对华扩张进展的一个重要尺度，则南京条约规定开设五个通商口岸，较之于沿海沿江其他通商口岸的设立要早近二十年，相对于别处通商口岸的设立，时间差更大。由此，这些通商口岸及其周围地区，与外国关系，自然也就有较大差异。

其次，近代中国各区域，社会经济发展水平、通商条件、天然资源分布、与外国的地缘关系也有很大差别，从而列强在华追逐实际利益，对中国各区域自然也有不同的侧重，而不可能表现一律。如上海，因依托中国社会经济发展水平最高的长江三角洲地区，具有成为全国最大物流中心的地利，开埠后就迅速成为欧美对华经济扩张最重要的枢纽，而超过了对欧美直接贸易历史最悠久的广州。在长江流域，虽有若干个通商口岸先后设立，但列强对它们的经济扩张也决非平均用力，作为九省通衢、周边还有巨大棉纺织品市场和丰富的棉、铁、煤等资源的汉口，在列强眼中及其实际的经济扩张中，重要性一贯仅次于上海而远过于长江流域其他通商口岸。至于与外国地缘关系不同所导致的区域差异，最典型的事例，莫过于东北、西北边疆与沙俄的关系，台湾、东北与日本的关系，在中国对俄、日关系中一贯占突出地位了。

再次，近代欧美日列强对华各有图谋，相互既协同又争夺对抗，各自凭借其强项优势，逐步形成在华特殊利益，彼此间还有复杂而变化不居的同盟、对手关系，而这些，往往与中国特定的区域相联系。列强或独自、或联合对华发动区域范围不等的战争，划分势力范围，日本在英美支持下与沙俄分踞东北，民初日英联手抢夺德国在山东的地盘，都是例证。而这些情况，都使相关区域的对外关系迥异于别地，并深刻影响了其社会状况。

最后，近代中国社会剧变，专制皇权衰落瓦解与各派势力崛起，新兴工商业发展，对各区域而言，尽管长期没有使它们摆脱半殖民地社会的共性，但无疑也引起它们对外关系的变化，并使彼此在这方面差异增大。辛亥革命以后，清朝退出政治舞台，无力统一国家的各种势力、派别，分别立足于一些区域持续对抗，且各自与上下其手的外国形成这样那样的联系，其所在区域的对外关系较之于清末，内涵的复杂性及与其他区域的差异都增大了很多，是众所周知的现象。从长江流域来说，列强所处的局面，是与清末很不相同的各自为政、动荡不断、反帝运动日益高涨，这不仅增多了列强交涉的对手和需要应对的事项，更重要的是促使列强中根基最深的英国，越来越借助于日本之力来维护自身利益，而日本则趁机大肆强化了扩张力度与幅度，长江流域对外关系格局随之发生深刻变化，英、日海军在江上近乎并驾齐驱，成为新的突出特点。再从新兴工商业来说，在甲午战争后、特别是第一次世界大战期间加快了发展，由此，主要着眼于夺回日货所占工业品市场的商战，就以1915年反对日本强加二十一条为契机，成为抵制日货运动频发的一个重要动因。抵制日货运动的范围很广，而从日本的感受来说，其经济利益所受冲击，在不同区域也有分别，大的冲击主要来自中国新式工矿企业发展最快的长江流域。

综上述，近代中国各区域对外关系有同有异，其根源很深，与多种因素相关。

那么，从对外关系看，所谓中国各个区域究竟怎样区分呢？笔者认为，这应视相关研究所涉及的具体问题而定，不应强求一律。从与特定外国关系的深浅轻重来说，从外国对华战争波及的地域范围来说，从特定涉外问题（如边界、租界、驻军等）的有无及大小来说，从外国在华占有工业品市场与对特定资源的依赖程度来说，都只能根据研究对象的实际情况，以合适的尺度来划分区域。

此外，近代列强在对华关系上，是否曾明确划分区域呢？这也是一个应该探明的问题。就笔者关注较多的日本而言，其在华划分区域是毋庸置疑的。众所周知，近代日本对华最早注重的区域，为东北、蒙古（所谓满蒙）、台湾及作为通商口岸的上海、广州，还有香港、澳门。而在1871年与中国建立邦交之后，除上述区域之外，来华日本人的足迹迅速延伸到长江流域乃至于西南、西北，还有条约规定开设的其他通商口岸，而对中国地方作"北清""南清"的区分，从19世纪80年代就在日本见诸一般书籍了。① 日本人所谓"南清"，从那时以迄于19世纪末，往往是将东南沿海（连同广西）与长江流域都包含在内的。② 后在清末十年中，以所谓"中清"来称呼上海至汉口长江中下游为主的地区，在日本出版物、官方报刊上，也越来越多见了；③ 1911年年底日本陆军决定派兵到汉口非法驻扎，将该部命名为"中清派遣队"④，可见所谓"中清"在此时已被日本视为必以其陆军染指的重要区域了。到民国时期，日本在东北、蒙古之外，依然以北、中、南来区分中国主要区域，只是逐渐将"清"字换成了"支那"而已。

二、区域视角对近代中外关系史研究的必要性

既往的近代中外关系史研究，从研究对象的层级来看，主要是聚焦于相关方的国家层面，虽然也不同程度地涉及层级相对较低的事项或人物，且有一些论述特定区域与外国关系的专著，但对区域视角在近代中外关系史研究中的必要性，不一定有特别的考虑，故这个问题似还有进一步探讨的余地。下面，主要就研究中国各区域与外国关系的必要性提出一些想法。

（一）区域视角有助于确切把握近代中外关系的脉络

从近代中外关系的历程看，中国国家与区域之间层面虽有高低之别，但在涉外问题上，何者在何时处于焦点，并非凝固不变，而往往在变动之中，如不重视区域视角，就会妨碍对近代中外关系史脉络的深入了解和确切把握。

近代中西关系的演变，是从经贸往来、西学东渐而逐步扩展到国家政府间关系，而贸易往来、西学东渐在相当长的时间内，区域性特点十分突出，中国对外体制开始受到西方国家冲击，也是从特定区域开始的。这就决定了相关区域在早期中西关系中的突出地位，而从区域视角进行研究，对揭示历史真实就很有必要。具体来说，鸦片战争前，清政府竭

---

① 参见沼田正宣《日清貿易新説》，東京，有隣堂，1887年。

② 参见《義和団事変関係一件·各地警備》，5—3—2—0—18之2，藏日本外務省外交史料館；大阪商船株式会社编：《南清視察復命書附録》，大阪，1900年；岡崎高厚：《南清漫遊記》，神户，著者1900年発行。

③ 依目前所见，1906年印行的小山久左衛門《南清製糸業視察復命書》，即以"中清"指上海与汉口之间区域；同年东京六合館出版的梶川半三郎《実業之支那》，分"北清""中清""南清"三个区域，来叙述日本对华贸易状况；日本政府报纸《官報》第7775号（1909年5月28日）刊载驻上海总领事永泷久吉的报告《中清地方製茶状況》，"中清"一语在该报首次出现。

④ 见《中清派遣隊編成の件》（軍務局步兵課，1911年12月12日），陸軍省—清国事件—M44—1—30。

力回避与西方国家打交道而限广州一口对外通商，西方国家很长时间也难以直接影响清廷，因而以贸易为主的中西关系，在绝大多数时间，实际上集聚于广东地区，中西之间的种种矛盾冲突，也首先是在该区域发生、积累，而清廷也一直习惯于将这些矛盾冲突作为区域问题，让广东官府附带处理。英国自1793年派马戛尔尼使华，试图将对华关系上升到国家层面，未成；1834年又以单方面在广东派驻政府官员来打破既往对华关系格局，仍未达目的（即使在鸦片战争后，英法美等国公使驻华，绝大多数时间也还是与兼任五口通商大臣的两广总督打交道）。因此，叙述鸦片战争前中西关系过程，广东地区的相关情况自然是主体内容；而涉及清廷的，则主要是其相关制度、政策与发生争端时对广东官府的指示。直到英国对华挑起战争，清廷才进入中西矛盾的焦点位置，而广东集聚中西关系的区域特点，也因东南沿海、长江下游等地区被卷入战争而减弱。完全可以说，如不充分了解和把握长期集聚于广东的中西关系状况，就写不出血肉丰满的鸦片战争前中西关系史，也不会对其特性及后来的走向达致深刻的认识。

此外，众所周知，晚清专制皇权逐渐削弱、地方权力逐步膨胀，民国时期进而出现地方割据势力，当时的这种趋势与现实，增大了中外关系的复杂性，要深入了解和确切把握中外关系脉络，着眼于国家层面固然仍很重要，但从区域视角考察更不可缺少。如清末鼓励出洋留学，特别是赴日留学，是清廷面向全国推行的政策，但从实情来看，因各区域疆吏的态度、举措、影响力存在差异，而并不平衡。长江流域赴日留学浪潮，在全国各区域中最高，对此，如果离开身为湖广总督、对其他省份也有很大影响的张之洞，至少是不能充分解释其原因的。再如北洋政府时期，在列强围绕其特殊利益所在区域的问题进行的交涉中，地方官府的重要性、对交涉结果所起的影响，从总体上看，较之于晚清时期都呈增大趋势。

还有一种情形：近代外国迫使中国官府承认其权益，并竭力实现其权益，而究其结果，在不同区域，有时差异很大，如不深入探讨相关区域的特定情况，就不能明了、解释产生差异的缘由，更谈不上由此增进认识。如甲午战争后日本以近乎最后通牒的手段，强逼清政府同意其在若干通商口岸设立专管租界，在苏州、杭州、沙市、汉口、重庆都如愿以偿，唯独在上海这个中国最重要的通商口岸，却最终放弃。要弄清其由来，最关键的是明了当时上海地方的相关情形。事实是，那时在上海，便利地面已被英美纳入扩大租界的范围，而日本对英美还十分依赖，绝不敢强行在便利地面设界，探查其他地面后，又认为无利可图，因而最终只得不了了之。

（二）区域视角有助于全面把握近代中外关系局面

近代中外关系的错综复杂，须多视角考察和探讨，才能全面把握其局面。就此而言，区域视角的必要性也是毋庸置疑的。

中国与列强关系是多方面、多头绪、各有特性而又彼此交错，无需赘言，即使是中国与其中某一国的关系，内涵也决不单纯（当然，中国与不同对手国关系的复杂程度也有差异），样态不一，或明或暗，或震动遐迩或波澜不惊。与国家层面相关、引起中外广泛关注的重大交涉、冲突乃至战争，还有直接发生这些情况的一些区域，自易成为相关研究的焦点、热点；但对那些相对较为平稳的区域，及其实际存在却多半没有通过剧烈冲突体现出来的对外关系样态，也不能任其成为考察的盲点、记述的欠缺，以致有损对整体局面把握的精准。拿近代中日关系史来说，对两国间历次战争、重大交涉、中国民众反抗运动以及清末的文化交流等牵动全局的问题，对被日本变为殖民地的台湾，及其一贯作为在华扩张重点区域的东北、华北，关注者很多，已经并还在继续推出扎实而有分量的研究论著。但也不能以此为限，因为近代中日关系涉及政治、经济、军事、文教等各方面，日本对华扩张有多种目标，相应地，做法也不尽相同，而从区域视角看，其涉足的空间范围也远不止于台湾、东北、华北，还有很多其他区域。如日本与长江流域与东南沿海，都有长期、密切而多角的关系，包括竭力扩大海军所占地盘（也伺机取得陆军的立足点），通过不平等条约框架下的贸易扩大市场、获取资源，对当地社会进行渗透，等等，而挑起战争、冲突、交涉事件，在全面侵华战争前，则不像在东北、华北那样多，彼此关系在总体上显得相对平稳一些。究其缘由，在于日本对这些区域扩张的侧重点及所用方式、面对的国际关系，与在东北、华北有异。而由此展现的，正是当时中日关系的另一些样态。就此作深入的考察、研究，不仅有助于更全面地揭示、恰当把握中日全面战争前的关系内涵，而且对于阐明日本后来以最大兵力、海陆空协同对长江流域展开进攻，同时在东南沿海地区攻城略地，中日在这些区域长期搏斗的历史根源，也是不可缺少的。

要全面把握近代中外关系史展开过程，对种种样态都应作深入考察，但实际上，往往是层级越高，特定时间内对各方视听吸引力越大的样态，越易于成为研究焦点，相关论述对人们评判中外关系的影响度也越深；而层级不高、其时舆论关注度低、不是热点话题的样态，则往往不被注意，难以得到应有的重视。从民国时期中外关系研究状况来说，近年来在外交史方面取得了较大进展，有关北洋、国民政府外交成就的论述比较多见，有助于克服以往相关论著的偏差，从这个侧面推进了对这个时段中外关系的探讨，笔者也从中受益良多。但通过对近代长江流域与日本关系的研究，笔者又看到：日本势力对长江流域的扩张，也正是在民国时期从各方面大为推进的，只是这个过程在不短的时间内没有成为人们关注、媒体议论的焦点，即使日本陆军从 1912 年 1 月 1 日起非法驻扎汉口十年半、日本海军逐步将重庆至上海之间的重要口岸都作为常泊港、在长江流域有一支舰队，这些就性质说决非小事的情况，至今也很少人提及；至于日本在长江流域最看重的对铁矿石资源的获取，直到全面抗战爆发，除了在九一八事变爆发后一度受些影响外，一直畅行无阻，1933 年后，对日输出量居然还连续 3 年上升；在上海的日本纱厂，即使在九一八事变后，所呈现的趋势还是不断增大产能，相对于中国本国纱厂占有明显优势。此外还有一个问题：1927 年，英美法日意为了抵制中国国民革命、北伐战争，都向上海非法派驻军队。当然，类似的情况，在八国联军战争时也曾发生，即英法德日非法在上海驻军。但形成对照的是，八国联军时的外国非法驻军，在 1902 年撤出了上海，而 1927 年驻扎的，日本不必说，英美军队直到 1941 年太平洋战争爆发前，也都在上海，其间它们彼此都有军营，还划分所谓防区。对于数国在上海如此长期非法驻军，笔者尚未见到南京国民政府与相关国家交涉的资料，其具体过程，至今还多有不明之处。这些史实，对于审视民国时期中外关系，当然也是必须考虑的。同一时期，在其他的区域，外国扩张的实际情形如何？大概也还有不少待发之覆。总之，在肯定民国时期政府外交成就的同时，也关注上述没有上升到国家层面而主要在一些区域呈现的并不使人轻松的实态，这样把握当时中外关系局面，至少更平衡一些。

再者，近代中外关系史上，在同一时段、同一区域地方，出现截然不同的事态，并不鲜见，但成为各方关注焦点的某区域事态，在当时甚至后来，易于占满观察者的视野，遮蔽其他区域全然相异的事态，从而妨碍全面把握，也是研究中常遇到的问题。如 1932 年的"一·二八"事变中，中日双方在上海及其郊区展开激战、烽火连天，中外共见共闻；但从更大范围来看，别地中日关系状况如何？相关叙述往往忽略不论，或只注意别地声援十九路军抗战的一面。可是实际上，据笔者所见当时日本海军的报告，此间在长江流域及东南沿海其他口岸，包括南京在内，都有日舰实行所谓警备，特别是在汉口，日本海军第 24 驱逐队组成的陆战队与上海海军特别陆战队汉口分队官兵一共 210 人，还以防卫为名，于 1932 年 1 月 28 日至 2 月 2 日，在日租界构筑内外线阵地、拉起铁丝网。[1] 然而，这些口岸的官府与军队，都完全没有与日舰敌对的姿态，而是竭力与之保持和平关系，并抑制民众的反日动向。[2] 显然，要准确把握"一·二八"事变前后中日关系的局面，是不能不充分了解各区域相关状况的。

（三）区域视角有助于完善有关近代中外关系的一些重要观点

这个方面，可以联系近代列强在华势力范围这一重要观点来说明。

大致在十九二十世纪之交，列强在华势力范围开始成为中外舆论的话题，且至今这也是近代中外关系史重要的话题之一，相关论断有很大影响力。关于这个问题，无论是相关实情的叙述，还是基本判断的得出，当然都是离不开从区域视角细究深研的。但回顾相关学术前史，似乎还是泛论居多，而对各国在华势力范围逐个进行的实证研究，则难得一见，这不仅有碍于相关观点内涵的充实，而且还不免使人们在认识上出现一些似是而非的讹误。比如，近代长江流域是英国的势力范围，可谓人们耳熟能详的通说，但除了英国势力进入该区域最早、英国与清政府有一些约定、英国在各国与长江流域的贸易中长期占优势地位之外，我们至今还不大了解其他具体情况；相关研究者虽大多看到长江流域这个所谓英国的势力范围，与被俄日分踞的东北、德国视为其势力范围的山东等存在差别，但对这种差别的具体内涵究竟是什么、其根源何在，也未必明其原委。据笔者了解的情况，至少在甲午战争之后，在长江流域的外国势力，无论是在经济、政治、军事、文化哪个方面，英国都没有处于绝对操控的地位；德国直到"一战"爆发前，对长江流域扩张势头都很强；美国的扩张力度也呈逐步增强趋势。即使是长期对英国依赖性很强的日本，对长江流域的扩张也是持续、全面展开的：在清末，其对长江流域各省政界、学界的影响力至少不亚于英国；其在该区域的海军力量，在辛亥革命爆发时已与英国相差不远，"一战"前后更成为英美也要借助的最大外国武力，到 1932 年"一·二八"事变，日本海军又在该区域终结了与英美的协调关系；而在九省通衢的汉口，日本陆军非法驻扎时间之长，美俄德法意自不必说，英国也远不及之；就航运而言，以日清汽船会社为代表的航运势力，清末已与英国怡和、太古洋行分庭抗礼；从贸易来看，英国殖民地印度机纺纱在两湖的市

---

① 见《漢口日本租界防備設備構築経過並所見》（日本海军联合陆战队指挥官佐藤康夫 1932 年 4 月 10 日报告），藏日本防卫厅研究所，海军省—公文备考—S7—60—4307。

② 参见日本海军省 1932 年编印的《上海事変勃発後に於ける支那各地状況》对"一·二八"事变期间镇江、南京、苏州、杭州、芜湖、九江、大冶、汉口、沙市、宜昌、长沙、福州、厦门、汕头、广州情况的叙述。

场，也在清末就被日本机纺纱夺取，从日俄战争结束到中日全面战争爆发，日本在长江流域的外贸对手中，一直处于与英美抗衡的地位；而日本官商相互携手，从清末就开始对长江流域进行各种名目的投资贷款，其范围遍及各省，对象涉及官府机构与民间企业等，也很令人惊异。上述这些情况，与很多人关于近代英国以长江流域为势力范围的印象或想象，差异或许极大。概而言之，近代长江流域与列强关系的复杂性，远过于好些其他的所谓外国势力范围，其缘由与影响，也是值得关注的。由此看来，对近代长江流域作为英国势力范围这一通说，如何作出恰当阐释、是否要加以校正，还大有重新思考的余地，而深入研究近代长江流域与欧美日各方的各种关系，至少可使之进一步完善。

（四）区域视角在近代中外关系史之外，还很有助于相关区域近代其他问题的研究

近代中国社会变迁，与外国的关联日益密切，而从区域角度考察近代中外关系史，自然与当时相关区域社会不可能截然分开，无论在政治、经济、文化哪个方面，撇开对外关系而不能充分揭示和理解的历史现象，在许多区域都大量存在。须特别指出的是：近代一些外国政府向中国部分地区派驻领事，委以报告多方面情况的任务；不少外国人对中国一些区域分别进行有特定目的的考察、调查及间谍性质的活动；欧美日等国在华企业在一些区域进行多种经营活动过程中，也有收集所需信息、分析相关行情、记载经营事项等的制度。由此，即使从区域角度看，相关外文史料也为数很多。其所涉及的史实，往往并不限于对外关系本身，也程度不同地反映相关区域社会的各种情况；其视野、记述内容及其连续性，也往往有不同于国人记述之处，可与相关中文史料比照印证，或补其散佚缺漏。仅从笔者所见近代日本各方有关长江流域的资料文献来说，其牵涉该区域社会状况之广、之细、之连贯，就是远超预料的。严中平、汪敬虞分别主编的《中国近代经济史》，是学界公认的有分量的论著，而其给读者的深刻印象之一，就是大量运用了以英文为主的外文史料。由此得到的启示，就是近代中外经济关系与中国社会经济本身的变化，原本是联系在一起的，从区域视角研究近代中外关系，多方发掘中外文史料，对区域社会等的其他方面的研究也会大有裨益。

三、从区域角度将近代中外关系史研究做深做细

在近代中外关系史研究中，那些层面高、影响面广的课题，当然仍应高度重视、大力去做，但采取区域视角而向下延伸，也是学术上做深做细的趋势和要求。近年来，虽说也有若干采取区域视角的专著面世，但从总体情况来看，这方面仍是明显的薄弱环节。如笔者所见长江流域各省（也包括通商口岸城市）的近代史、地方志等，涉及对外关系的叙述，与其他方面的内容相比，大多显得粗略，与原本繁杂的历史面貌颇不相称，有的叙述，甚至还难以经得起严格的学术检验。此外，还有一些在近代中外关系史上地位特殊之区，原本早该推出有分量的相关学术论著，然而实际情况也未必尽如人意。

导致上述状况的因由不一而足，最根本的一条，是研究的基础性条件，即广泛发掘、充分占有基本史料，曾因种种因素而受到很大限制。对近代中外关系史研究来说，相关外文档案等的特殊重要性无需赘言，然而以往在不短的时间内，研究者却很难大量得见、获

取这类基本史料。在这种条件下，从区域视角研究近代中外关系史，往往遭遇无米之炊的困窘。但值得欣慰的是，这些年来，发掘和搜集近代中外关系基本史料越来越便利了。

首先，我国随着经济实力不断增强，支持学术研究的力度不断增大，如清史工程以及现在的抗日战争研究工程，得到国家投入的巨额资金，使发掘、搜集、出版藏于国内外的各种相关史料，有了既往不可想象的便利。同时，一些高校、近代史研究所等研究机构，近年来购置国内外相关数据库与图书资料，也为数不少。至于相关研究者到各地乃至于出国搜集史料，所受经费的制约也大有缓解。其次，相关国家（笔者有较多了解的是日本），对于公开历史档案、图书资料并通过各种方式（包括挂网、建数据库等）方便研究者利用，采取了很有力度的措施办法。这样，不少长期可望不可即，甚至无从知晓的基本史料，终为研究者得见、掌握了。

因上述缘故，从事近代中外关系史研究的条件之好，的确是今非昔比了，从区域视角作研究的最大障碍，也随之消除了不少。研究者完全有可能发掘、运用各种史料，了解和掌握大量尘封的史实，发现和探讨新的问题，关键在于是否真下苦功夫，潜心研讨。笔者认为，现在应特别强调的是，充分运用各种史料，对相关问题作细致的考察研究，借此使那些曾因人们知之不多而被忽视的重要问题显现出来。这里，以"一·二八"事变和八一三事变的研究为例，来加以说明。

这两次事变，是中日之间的两次战争，但就考察、研究的现状来说，还是不那么细致的。

第一，尽管人们都了解这两次事变是日本海军在上海挑起的，但是，相关论著似乎又都没有细究何以是日本海军而非其陆军来充当挑起战端的元凶，就连在两次事变中都打头阵的日本上海海军特别陆战队究竟是什么来历，很长时间也没有作为问题来对待。讲"一·二八"事变，对日本方面，注意力集中在其与九一八事变呼应、配合制造伪满，以及战争展开过程与结果上，而对日本海军及其陆战队，基本上只是视为日方战力之一，并且往往还因为后来日本陆军成为中国军队主要对手，而更强调与日本陆军的战争；讲八一三事变及由此扩大而来的淞沪会战，思路与着眼点也基本相同。概而言之，对这两次事件的研究，都没有深究当时日本海军所充当的角色以及本来颇不简单的根源，所以是谈不上细致的。

第二，没有细究"一·二八"事变与八一三事变的特性。根据已见史料，这两次事变在当时世界上都算是最现代化的海陆空协同作战，而这种战法，在1938年武汉会战中，日军又继续大力运用。但是，笔者所见相关论著，对日军在两次事变中实行海陆空协同作战的具体情况，考察大多不够细致，一些相关问题，诸如日本在"一·二八"事变之前有无进行这种复杂战争的经历，在"一·二八"事变中怎样借海陆空协同占据优势，如何总结经验、为以后进一步运用这种战法创造条件，后在八一三事变乃至于淞沪会战、武汉会战中，其海陆空协同作战较之既往是否有新的变化，在"一·二八"事变刺激兴起的中国的航空救国浪潮中，国民政府在加快空军及相关设施建设的同时，对如何根据本国实际条件来应对日本海陆空协同作战故伎重演，有无专门深入的研究和相应的举措，等等，不大见到具体论述。

近年来，中日战争中的空战（在"一·二八"、八一三事变中都是重要组成部分，且长江流域是主要战场）在学界内外都引起很多关注，但从学术角度看，相关叙述总还是给人以浮泛之感，话题基本上都是围绕一些飞行员的表现、空战战绩展开，而对彼此作战意图、战略战术的运用，则很少有扎实的分析论述。有些论著，连当时日本空中武力分海陆军两方面、在对华战争中彼此分工又相互合作的情况，都不甚了然，对日本的海陆空协同作战就更谈不上有什么真知灼见了。

对相关问题作细致的考察研究，与所谓碎片化、缺乏问题意识，是必须严格区分的。细致考察研究的价值，说到底，还是由细见大，借以展现乃至于凸显细节背后的重要问题。如上述，日本海军在"一·二八"和八一三两次事变中行动突出，看似上海一地的现象，但底里却是其近代以来对长江流域及东南沿海长期扩张这一重大问题，而以往考察研究不细致，原本是人们对此一直缺乏了解而忽视的反映，现在基于多种史料作细致考察和研究，将其重大的底里揭示出来，自是推进研究的应有之义。此外，对始于"一·二八"，而在八一三事变等战争中被日军继续大力运用的海陆空协同作战作细致考察，牵涉到对日军战略战术及中国军队应对之方的估量，在学术上的意义也绝不止于翔实精细。

从区域角度将近代中外关系史的研究做细，还涉及研究者分工的问题。因为即使就区域而言，对外关系头绪往往也很纷繁，研究工作决非个别人所能包揽。如在长江流域，与英俄美德法意比日等国都有关系，仅从发掘和解读史料来说，就需要掌握不同外语的研究者分别去做，而这种基础性工作，至今也还未见有多大进展；虽然从总体上看，掌握英文的研究者相对居多，但依管见所及，已发掘并运用的有关外国在长江流域各方面活动的英文档案及其他史料，还为数甚少，就连近代英国海军在长江流域历时八十来年的扩张游弋，也还未见基于原始档案等研究其历程的论著；至于其他方面，有待填补的空白就更多。长江流域如此，其他区域，即使对外关系不无繁简之别，但有待发掘的史料、还须探究的问题，也还有很多。如果对近代中外关系所波及的每个区域，都有研究者本着各自的专业素养去发掘相关史料，据以发现和研究新的问题，填补空白，深化或完善既往的研究，就一定能使近代中外关系史研究得到拓展和推进。

（作者单位：武汉大学历史学院）

文化自信视域下的张之洞《劝学篇》再审视*

□ 谭绍江

张之洞撰写的《劝学篇》是反映近代中国思想界状况的代表性著作，学界的研究也由来已久，成果丰硕。① 这些成果较多地挖掘了《劝学篇》反映的阶级立场问题、"中体西用"思想、教育思想以及文化保守主义等内容，但对其中蕴含的"文化自信"思想价值之挖掘尚不多见。② 在"文化自信"成为社会思潮的今天，通过解读这部作品，探寻百多年前（亦是中国社会重要转型时期）国人对"文化自信"的思考，由历史照进现实，庶几对于今天的"文化自信"研究有所裨益。

一、《劝学篇》对"文化自卑"与"文化自大"的批判

近代中国的最大问题就是如何应对西方文化强势入侵的问题。张之洞认为当时人们的思路存在两个极端现象："图救时者言新学，虑害道者守旧学，莫衷于一。旧者因噎而食废，新者歧多而羊亡；旧者不知通，新者不知本。不知通则无应敌制变之术，不知本则有非薄名教之心。"③ 从文化碰撞角度看，他所批判的"新者"和"旧者"分别走入了"文化自卑"和"文化自大"两个歧途。

先来看"新者"的"文化自卑"问题。在张之洞看来，这些人不懂得，他们所谓的可以抛弃的"旧"，维系着社会之所以成立之根本，其所包含的是中国传统社会的核心价

* 本文为 2015 年度教育部人文社科项目"近代国人文化自信心态的百年流变及启示研究"（15YJC710034）阶段性成果。

① 参见祝婷婷：《百年张之洞〈劝学篇〉研究述评》，《社会科学战线》2012 年第 12 期，第 104~108 页。

② 从文化自信视角来研究张之洞及其《劝学篇》的专门论著尚不多见，张艳国教授著有《简析张之洞中国文化自信论》，《江汉论坛》2010 年第 1 期，第 81~90 页。该文主要研究张之洞"中国文化自信"的历史渊源，亦颇有启发。

③ 张之洞：《劝学篇》，苑书义、孙华峰、李秉义主编：《张之洞全集》第 12 册，河北人民出版社1998 年版，第 9704 页。

值观、文化的灵魂。抛弃之就意味着放弃本有文化，沦为彻底的文化自卑。具体看来，张之洞在文中所批判的"文化自卑"可以按照严重程度分成三层。第一层是"无知"的自卑。这种"文化自卑"者对中学、西学皆不明就里，但却盲目地"贵洋贱华"。张之洞称其为"贵洋贱华之徒"，是因为他们对于"泰西政治、学术、风俗之善者懵然不知，知亦不学，独援其秕政敝俗，欲尽弃吾教吾政以从之"。① 可以看出，这一类人头脑简单，他们只起哄一般追逐西方文化的末流，专以追慕西方，贬低自己文化为爱好。他们有些做法甚至到了可笑的程度，所谓"饮食服玩，闺门习尚，无一不摹仿西人，西人每讥笑之"②。这一类的"文化自卑"危害尚浅，主要是成为社会笑柄。第二层是"无志"的自卑。这种"文化自卑"者对西学有所了解，并非完全无知，主要问题在于他们没有志气振兴自己的文化，一味推崇外来文化。张之洞的分析则是从人类普遍、通约的文化高度来展开的。文中指出，"故凡有血气，咸知尊亲。盖政教相维者，古今之常经，中西之通义"③，也即，只要是人类，都肯定有"尊亲"一类的追求人伦秩序要求，这是普遍价值观。中国文化在这方面表现为圣人所制定的"礼"："圣人为人伦之至，是以因情制礼，品节详明。"④ 从表现形式和具体内容看，可能西方文化与此相异，但若看其作用、功能的发挥，则中西文化共同点更多："西人礼制虽略，而礼意未尝尽废，诚以天秩民彝，中外大同，人君非此不能立国，人师非此不能立教。"⑤ 这里所说的"礼意""天秩民彝"正是从人伦秩序的功能、作用来说，离开这个东西，即使西方社会也无法"立国""立教"。那么，反过来讲，中国社会也需要自己的文化作为"立国""立教"的根基，"如中士而不通中学，此犹不知其姓之人，无辔之骑、无柁之舟"⑥。可见，无志的"文化自卑"危害较"无知"者大，他们可能导致中国自身发展方向的迷失。从这个意义上讲，"其西学愈深，其疾视中国亦愈甚，虽有博物多能之士，国家亦安得而用之哉？"⑦ 按照无志的"文化自卑"者的努力方向，中国未来之发展可能与国人美好之愿望将背道而驰。第三层是"无耻"的自卑，即借贬低中国而乱中取私利。这一类人实际上无论对于救国的问题还是文化本身都无兴趣。他们对国家之局势与发展完全无动于衷："而昏墨之人，则视国家之休

---

① 张之洞：《劝学篇》，苑书义、孙华峰、李秉义主编：《张之洞全集》第 12 册，河北人民出版社 1998 年版，第 9716 页。

② 张之洞：《劝学篇》，苑书义、孙华峰、李秉义主编：《张之洞全集》第 12 册，河北人民出版社 1998 年版，第 9716 页。

③ 张之洞：《劝学篇》，苑书义、孙华峰、李秉义主编：《张之洞全集》第 12 册，河北人民出版社 1998 年版，第 9708 页。

④ 张之洞：《劝学篇》，苑书义、孙华峰、李秉义主编：《张之洞全集》第 12 册，河北人民出版社 1998 年版，第 9716 页。

⑤ 张之洞：《劝学篇》，苑书义、孙华峰、李秉义主编：《张之洞全集》第 12 册，河北人民出版社 1998 年版，第 9716 页。

⑥ 张之洞：《劝学篇》，苑书义、孙华峰、李秉义主编：《张之洞全集》第 12 册，河北人民出版社 1998 年版，第 9725 页。

⑦ 张之洞：《劝学篇》，苑书义、孙华峰、李秉义主编：《张之洞全集》第 12 册，河北人民出版社 1998 年版，第 9725 页。

戚漠然无动于其心"①，表面上则为自己找借口："中华虽沦，富贵自在"②，但真实的目的却是等待时机，疯狂谋夺私利："方且乘此阽危，恣为贪黩，以待合西伙为西商，徙西地入西籍。"③ 为此，他们树起"文化自卑"之大旗，"莠民邪说甚至诋中国为不足有为，讥圣教为无用，分同室为畛域，引彼法为同调"④，拼命压低自身文化，以西方文化作为标准与归宿。一旦计谋得逞，中国大乱，他们便可乱中取利："日夜冀幸天下有变，以求庇于他人。"⑤ 以"文化自卑"的方法抬高西方文化，搞乱本国文化，最终追逐个人私利的最大化，这样的人当然是无耻之尤，也是"文化自卑"群体的最大危害，是造成文化危机的重要罪魁。陈先达教授指出："民族是文化的主体，国家不亡、民族不分裂，文化才不会变为无所依靠的游魂。……文化危机的重要表现是丧失民族自信心，是文化自卑和对传统文化的自暴自弃。这是文化的悲哀，更是民族的悲哀。"⑥

与"新者"相反的"旧者"就是"文化自大"的代表。"文化自大"的心理与西方入侵和中国文化在近代以前的辉煌历史都有关。某些国人面对强势的西方入侵，不是思考如何化解危机，而是埋头沉溺于曾经的辉煌，盲目"自大"地"守旧学"，最终也会成为导致中华文化覆亡的魁首。

"文化自大"也有三种相互联系的表现。一是"自塞"的"文化自大"。文章指出："自塞者，令人固蔽傲慢，自陷危亡，略知西法者又概取经典所言而傅会之，以为此皆中学所已有"⑦，可以看出，"自塞"者僵化傲慢，有强烈的"文化自大"意识。他们根本不会认真了解外来西方文化，只是略知皮毛，然后就牵强附会，认为不需要变通，从而也不与外界交流，死守固有文化传统。"今恶西法者见六经古史之无明文，不察其是非损益而概屏之"⑧，"自塞"者的做法可说简单粗暴，将中国古代六经之文字本身作为评判对错的标准，对于外来的西方文化，只要在六经中见不到文字，即不管其究竟是非如何、利害如何，直接排斥摒弃。他们这样的做法在面对现实危机时通常只能束手无策："如诋洋操为非，而不能用古法练必胜之兵；诋铁舰为费，而不能用民船为海防之策。"⑨ 二是

---

① 张之洞：《劝学篇》，苑书义、孙华峰、李秉义主编：《张之洞全集》第 12 册，河北人民出版社 1998 年版，第 9717 页。

② 张之洞：《劝学篇》，苑书义、孙华峰、李秉义主编：《张之洞全集》第 12 册，河北人民出版社 1998 年版，第 9718 页。

③ 张之洞：《劝学篇》，苑书义、孙华峰、李秉义主编：《张之洞全集》第 12 册，河北人民出版社 1998 年版，第 9718 页。

④ 张之洞：《劝学篇》，苑书义、孙华峰、李秉义主编：《张之洞全集》第 12 册，河北人民出版社 1998 年版，第 9718 页。

⑤ 张之洞：《劝学篇》，苑书义、孙华峰、李秉义主编：《张之洞全集》第 12 册，河北人民出版社 1998 年版，第 9718 页。

⑥ 陈先达：《文化自信中的传统与当代》，《光明日报》，2016 年 11 月 23 日第 13 版。

⑦ 张之洞：《劝学篇》，苑书义、孙华峰、李秉义主编：《张之洞全集》第 12 册，河北人民出版社 1998 年版，第 9756 页。

⑧ 张之洞：《劝学篇》，苑书义、孙华峰、李秉义主编：《张之洞全集》第 12 册，河北人民出版社 1998 年版，第 9766 页。

⑨ 张之洞：《劝学篇》，苑书义、孙华峰、李秉义主编：《张之洞全集》第 12 册，河北人民出版社 1998 年版，第 9766 页。

"自欺"的"文化自大"。这一类人比"自塞"者又进一步,不仅傲慢,而且虚伪。文章明确举例描述这一类人的肖像:"如但诩借根方为东来法,而不习算学,但矜火器为元太祖征西域所遗,而不讲制造枪炮,是自欺也。自欺者,令人空言争胜,不求实事。"① 可以看出,他们明显是掩耳盗铃地对待西方技术,借用一些传说证明这一类知识是从中国传入西方的,正是一种"空言争胜,不求实事"的虚伪"自大"。三是"自扰"的"文化自大",即夸大、吹嘘中国文化传统的优势,扰乱国人的思想。文章这样描述:"溺于西法者甚或取中西之学而糅杂之,以为中西无别,如谓《春秋》即是公法,孔教合于耶苏,是自扰也。自扰者,令人眩惑狂易,丧其所守。"② 显然,"自扰"者在"文化自大"的层次上走得更远,也更为荒诞。他们对西方文化采取了一种缺乏分析、混乱杂糅的办法。落到最后他们还是照猫画虎,不顾思想内涵地将中国传统的某些经典直接取代西方文化,在很大程度上扰乱人们对中西文化的思考。尤其是对于求学深造的年轻人,他们本来知识尚浅,对时局认识不清,一旦受到"自扰"性"文化自大"的影响,后果更甚:"今时局日新,而应科举者拘瞀益甚,傲然曰:吾所习者孔、孟之精理,尧、舜之治法也。遇讲时务经济者,尤鄙夷排击之以自护其短,故人才益乏,无能为国家扶危御侮者。"③ 可以看出,"应科举"的年轻人思想"拘瞀"、眩晕以后,就马上进入一种对本国文化盲目骄傲至于偏激的"护短""排外"状况。在这里,张之洞用孟子所说的"所以动心忍性,增益其所不能"的"生于忧患"品格对"文化自大"者进行评价,发现他们一律"无心、无性、无能"④,属于麻木不仁的品性。全体国人若以此品性立于世界,则"人游行于海上,我痿痹于室中,中华岂尚有生机乎?"⑤ 有学者如此评价,"这种文化自大感会造成拒斥对外开放和交流,从而减缓中国为了自强而向一切先进文化学习的努力"⑥,实堪的论。

二、《劝学篇》对"文化自觉"的挺立

费孝通教授指出,在不同文化、文明之间发生冲突时就会出现具有文化反思的"文化自觉"现象,"其意义在于生活在一定文化中的人对其文化有'自知之明',明白它的来历、形成的过程,所具有的特色和它的发展的趋向,自知之明是为了加强对文化转型的

———————————————

① 张之洞:《劝学篇》,苑书义、孙华峰、李秉义主编:《张之洞全集》第 12 册,河北人民出版社 1998 年版,第 9767 页。

② 张之洞:《劝学篇》,苑书义、孙华峰、李秉义主编:《张之洞全集》第 12 册,河北人民出版社 1998 年版,第 9767 页。

③ 张之洞:《劝学篇》,苑书义、孙华峰、李秉义主编:《张之洞全集》第 12 册,河北人民出版社 1998 年版,第 9749 页。

④ 张之洞:《劝学篇》,苑书义、孙华峰、李秉义主编:《张之洞全集》第 12 册,河北人民出版社 1998 年版,第 9738 页。

⑤ 张之洞:《劝学篇》,苑书义、孙华峰、李秉义主编:《张之洞全集》第 12 册,河北人民出版社 1998 年版,第 9764 页。

⑥ 徐圻:《走出文化的自大与自卑——关于中西文化交流的反思》,《岭南学刊》2006 年第 3 期,第 92 页。

自主能力，取得决定适应新环境、新时代文化选择的自主地位"①。可以说，近代中国的发展史正是一部"文化自觉"的发展史。张之洞的《劝学篇》对当时这个问题有较多解读与展望，可以概括为三种层次的"文化自觉"。

一是"知耻"的"文化自觉"。文章说道："一知耻，耻不如日本，耻不如土耳其，耻不如暹罗，耻不如古巴"②，从中可见，其所谓"知耻"，是以日本等国为对照来发现自己的耻辱处境。这些对照国家具有共同特点，都是非西方社会国家，都具有保守传统，但是短时间内经过变革获得了振兴甚至强大。两相对照，中国的耻辱处境就十分明显。显然，如果说落后于西方列强还情有可原，毕竟他们有长期以来的积累，但是落后于日本、土耳其等并没有多长发展时间的国家就比较难堪了。大张旗鼓地承认这一点，就是承认本国、本民族过去一段历史中确实发展过慢甚至停滞不前，这是一种在耻辱感鞭策下的"文化自觉"。承认现状，进一步就是探析原因。《劝学篇》这样分析："累朝混一以后，俨然独处于东方，所与邻者类皆陬澨蛮夷、沙漠蕃部，其治术、学术无有胜于中国者。惟是循其旧法随时修饬，守其旧学不逾范围，已足以治安而无患。迨去古益远，旧弊日滋，而旧法、旧学之精意渐失，今日五洲大通，于是相形而见绌矣"③，这里面的解释包含两方面意思，一方面说明，中国文化落后于西方的现状的主要原因在于历史环境的影响。中国文化长期一枝独秀，一直在亚洲东方占据绝对优势，基本没有强大的对手和忧患，导致中国文化松懈、懒散乃至保守的因素蔓延，最终形成"相形而见绌"的局面。另一方面实际上也强调，中国文化并非天然落后，其文化之根本并非无可救药，一旦与地球各处特别是西方的交流打开局面，自然可以重新振兴。这种分析在承认自身文化弱点的同时，仍然留有对自身文化的坚守底线，不至于滑落到"文化自卑"的境地中去，是比较客观的"文化自觉"。

二是"知惧"的"文化自觉"。文章说道："二知惧，惧为印度，惧为越南缅甸朝鲜，惧为埃及，惧为波兰。"④ 从中可见，其所谓"知惧"，是以印度等国的下场来警醒国人自己所身处的危险处境。这些国家无一例外都沦为了西方列强的殖民地，接近于"亡国灭种"。"假使果如西人瓜分之妄说，圣道虽高虽美，彼安用之？五经四子，弃之若土苴；儒冠儒服，无望于仕进。巧黠者充牧师，充刚巴度，充大写（西人用华人为记室。名大写）。椎鲁者谨纳身税，供兵匠隶役之用而已。愈贱愈愚，愚贱之久，则贫苦死亡，奄然渐灭。圣教将如印度之婆罗门，窜伏深山，抱守残缺。华民将如南洋之黑昆仑，毕生人奴，求免笞骂而不可得矣"⑤，此处文字直接以印度人、南洋人为例，展示国人若不"知惧"的惨状：丧失警惕之心，即会追随西方人的说法，抛弃自身的文化精华，逐渐成为

---

① 费孝通：《关于"文化自觉"的一些"自白"》，《学术研究》2003 年第 7 期，第 7 页。

② 张之洞：《劝学篇》，苑书义、孙华峰、李秉义主编：《张之洞全集》第 12 册，河北人民出版社 1998 年版，第 9705 页。

③ 张之洞：《劝学篇》，苑书义、孙华峰、李秉义主编：《张之洞全集》第 12 册，河北人民出版社 1998 年版，第 9734 页。

④ 张之洞：《劝学篇》，苑书义、孙华峰、李秉义主编：《张之洞全集》第 12 册，河北人民出版社 1998 年版，第 9705 页。

⑤ 张之洞：《劝学篇》，苑书义、孙华峰、李秉义主编：《张之洞全集》第 12 册，河北人民出版社 1998 年版，第 9709 页。

西方文化的各式奴隶，不但地位日益低贱，头脑也日益愚钝，最终至于死亡湮灭。

三是"知变"的"文化自觉"。文章说道："三知变，不变其习不能变法，不变其法不能变器。"① 其所谓"知变"，是对"文化自觉"的一种综合总结，人们在"知耻"或者"知惧"的"文化自觉"指引下，将走向解决问题之途径——"知变"的"文化自觉"。如何"知变"？首先是"变其习"，即改变国人过去浅陋、腐败、浮诞的"陋习"。文章指出："近日英国洋文报讯中国不肯变法自强，以为专信孔教之弊，此大误也。彼所翻四书五经，皆俗儒村师解释之理，固不知孔教为何事，无责焉耳。浅陋之讲章，腐败之时文，禅寂之性理，杂博之考据，浮诞之词章，非孔门之学也。簿书文法，以吏为师，此韩非、李斯之学，暴秦之政所从出也，俗吏用之；以避事为老成，以偷惰为息民，以不除弊为养元气，此老氏之学，历代末造之政所从出也，巧宦用之；非孔门之政也。"② 这里阐述了一个关键主张：孔门儒学的主旨不反对社会变革，之所以过去人们会有儒学阻碍变革的误解，恰恰是由于没有理解儒学真正精华。这样的论述对于扫清变革的思想障碍有极强的战略意义。其次是"变其法"，即制度法制方面的变革。文章指出："夫不可变者伦纪也，非法制也；圣道也，非器械也；心术也，非工艺也。请征之经，穷则变，变通尽利，变通趣时，损益之道与时偕行，《易》义也。器非求旧惟新，《尚书》义也。学在四夷，《春秋》传义也。五帝不沿乐，三王不袭礼，礼时为大，《礼》义也。"③ 此处论述承接上一条，继续挖掘中国传统文化主流中存在"变革"的精神主旨，同时也对变革的边界进行了合理规划：只要代表核心价值观的伦常纲纪不变化，其他的制度法制、工具器械一类外层的文化皆可变化。一定程度上，这也是任何社会进行改良改革的基本路径。再次是"变器"，即科技、军事等方面的变革。文章在外篇中用了大量篇幅来叙述农工商学、兵学、矿学、铁路、贸易和国际交往等方面变革的具体要求，细致到具体数据，堪为一部社会变革的指南。

三、《劝学篇》建立"文化自信"

张之洞的《劝学篇》阐述"文化自信"以批判"文化自大""文化自卑"与挺立"文化自觉"为基础，以"务本"与"务通"为内涵与路径。他提出："内篇务本，以正人心，外篇务通，以开风气。"④ 可以说，"务本"是"文化自信"的必要性要求，侧重呼应主体需要；"务通"是"文化自信"的必然性趋势，侧重呼应客观局势。

"务本"以"正人心"，目的就是要呼应当时中华民族迫切的主体需要——"保国、保教、保种"。文章表述："吾闻欲救今日之世变者，其说有三：一曰保国家，一曰保圣

① 张之洞：《劝学篇》，苑书义、孙华峰、李秉义主编：《张之洞全集》第 12 册，河北人民出版社 1998 年版，第 9705 页。

② 张之洞：《劝学篇》，苑书义、孙华峰、李秉义主编：《张之洞全集》第 12 册，河北人民出版社 1998 年版，第 9724 页。

③ 张之洞：《劝学篇》，苑书义、孙华峰、李秉义主编：《张之洞全集》第 12 册，河北人民出版社 1998 年版，第 9747 页。

④ 张之洞：《劝学篇》，苑书义、孙华峰、李秉义主编：《张之洞全集》第 12 册，河北人民出版社 1998 年版，第 9704 页。

教，一曰保华种，夫三事一贯而已矣。保国、保教、保种，合为一心，是谓同心。"① 三者之间，"保种"在逻辑线条的最后，是最终的目标。"种"当然指的是中华民族的种族血脉，以此种族血脉的存续为终极目的，决定了《劝学篇》所透露出来的"文化自信"具有极强的民族主体需要特点。"种何以存？有智则存，智者教之谓也。教何以行？有力则行，力者兵之谓也"②，为保护此种族血脉，必须保护其礼教制度，因为其中内蕴着其作为此种族之智慧灵魂；为保护此礼教制度，才需要巩固其国家政权，这是任何文化得到真正保护的力量凭藉。有学者从洋务运动西学东渐的发展趋势来分析这一问题："随着洋务运动的渐次展开，产生了儒学道统与西学对'人'的争夺问题。这是因为'中体西用'的自强实践毕竟要由'人'来进行，洋务运动势必要由求'制器之器'发展到求'制器之人'，而儒学道统的生命力也要体现到'人'身上，而不仅仅是官方的口头表达或是少数经学家的笔端。"③ 换句话说，如果传统文化（儒学道统）不能争夺到对"人"的影响，那么最后表现文化上就是"文化他信"而不是"文化自信"。更危险的是，若文化这样发展，可能人们连"他信"也难以形成，而成为彻底的文化无根底的状态——一种"中无所主"的状况："学者摇摇，中无所主，邪说暴行，植流天下。敌既至无与战，敌未至无与安，吾恐中国之祸，不在四海之外，而在九州之内矣！"④ 没有了根底，思想上就邪说横行，人们惶惶不可终日，灾祸由内发生。

"务通"以"开风气"，目的就是要呼应当时世界发展的客观趋势——西风东渐导致的"三千年未有之变局"。之所以要这样做，并不取决于中国人的主观愿望，而是必须遵循的世界变化发展的客观趋势、客观要求。《劝学篇》之外篇一共15篇，几乎每篇都会先对这种趋势进行剖析，再证明必然这样选择的原因，最后再确定如何做的方法、步骤。张之洞对这种客观趋势的判断大致表现为三个层次。一是对西方文化发展渊源进行相对理性的解读。他分析："欧洲之为国也多，群虎相伺，各思吞噬，非势钧力敌不能自存，故教养富强之政，步天测地、格物利民之技能，日出新法，互相仿效，争胜争长。且其壤地相接，自轮船、铁路畅通以后，来往尤数，见闻尤广，故百年以来焕然大变，三十年内进境尤速。如家处通衢，不问而多知；学有畏友，不劳而多益。"⑤ 从欧洲地理结构和历史渊源出发，找出欧洲自古国家众多、生存压力巨大、竞争激烈的发展原初动力，与唯物史观的视角有类似，即使放在今天也仍有合理之处。二是对西方文化优长的肯定与赞赏。他坚决反对用"奇技淫巧"之语来评价西方文化，而称之为"教养富强"："此教养富强之

① 张之洞：《劝学篇》，苑书义、孙华峰、李秉义主编：《张之洞全集》第 12 册，河北人民出版社 1998 年版，第 9708 页。
② 张之洞：《劝学篇》，苑书义、孙华峰、李秉义主编：《张之洞全集》第 12 册，河北人民出版社 1998 年版，第 9708 页。
③ 石文玉：《儒学道统与晚清社会制度变革：张之洞〈劝学篇〉研究》，吉林大学出版社 2011 年版，第 38 页。
④ 张之洞：《劝学篇》，苑书义、孙华峰、李秉义主编：《张之洞全集》第 12 册，河北人民出版社 1998 年版，第 9704 页。
⑤ 张之洞：《劝学篇》，苑书义、孙华峰、李秉义主编：《张之洞全集》第 12 册，河北人民出版社 1998 年版，第 9734 页。

实政也，非所谓奇技淫巧也，华人于此数者，皆主其故常，不肯殚心力以求之"①，不仅西方文化精华不容毁谤，反而是本国人固陋己见的表现值得反思。这也实际上就是前文分析"文化自大"者的态度："若循此不改，西智益智，中愚益愚，不待有吞噬之忧，即相忍相持、通商如故，而失利损权，得粗遗精，将冥冥之中，举中国之民已尽为西人之所役矣；役之不已，吸之、朘之不已，则其究必归于吞噬而后快"②，忽视西方文化的优长，一味贬损，最终被毁灭的还是自己的文化。三是从思想深处探寻中西会通的可能性。他的论证是从儒家宗师的言论中找到根据："曾子固曰：'孔、孟二子亦将因所遇之时，所遭之变而为当世之法，使不失乎先王之意而已，法者，所以适变也，不必尽同；道者，所以立本也，不可不一。'此变法而悖道之药也。"③ 这里的论述极为有力，将主张"变法"的理论来源直追孔孟先圣，对挺立中西会通的合理性极为有力。作为传统文化功底深厚的儒臣，张之洞能从儒家文化的思想深处去探寻与西方文化会通的可能性，这种思想敏锐性非常难能可贵。

由以上论述可知，张之洞在《劝学篇》中体现的"文化自信"内容全面，融合"新""旧"，兼综"务本""务通"，蔚为彼时思想典范。值得注意的是，在"务本"与"务通"之间，张之洞并非平均用力，而是侧重在"正人心"的"务本"。之所以这样选择，在于他对文化发展规律的深刻洞察。当时之中国，言"新学""西学""变革"乃一时之风气，张之洞却极为冷静地发现，这种趋势如不加控制将带来巨大危害——彻底否定传统文化的价值、"全盘西化"。因此我们看到，他在《劝学篇》中不断强调，全盘西化的危害比顽固守旧更可怕，其所导致的将会是整个族群的亡国灭种。后来的历史发展在一定程度上印证了他的担忧，不论是民国政府照搬外国"议会制""总统制"的失败，还是新民主主义革命前期"左倾教条主义"的失败，都存在全盘照搬外来制度、道路最后水土不服的问题。藉此而言，张之洞阐述的"文化自信"，对于中国在中西文化碰撞中如何正确发展的问题，作了很好的探索。

四、"文化自信"视域下《劝学篇》的启示与教训

透过当前"文化自信"的视域来审视张之洞的《劝学篇》，我们可以从如下两个方面获得启示及经验教训。

第一方面，有利于我们对照历史，正确鉴别、批判当前的文化虚无主义和文化复古主义思潮。这两种思潮在含义上分别与《劝学篇》中着力批判的"文化自卑"和"文化自大"两种倾向相一致。也正是从那时开始，两种思潮就开始萌发、变化，并一直持续到今天。

————————————————

① 张之洞：《劝学篇》，苑书义、孙华峰、李秉义主编：《张之洞全集》第 12 册，河北人民出版社1998 年版，第 9735 页。

② 张之洞：《劝学篇》，苑书义、孙华峰、李秉义主编：《张之洞全集》第 12 册，河北人民出版社1998 年版，第 9735 页。

③ 张之洞：《劝学篇》，苑书义、孙华峰、李秉义主编：《张之洞全集》第 12 册，河北人民出版社1998 年版，第 9748 页。

先来看"文化虚无主义"思潮。由于经济全球化、网络信息的发达，像以前那样对西方完全"无知"的比例大幅度减少，而"无志""无耻"者仍然大有人在。"无志"的"文化虚无主义"们对西方的了解更深入，对西方文化中某些思想理解更深刻，并在此基础上进一步推进"全盘西化"。这些人在文化上的理论基础就是"文化整体性"，他们认为"文化的移植必须是整体的移植，要学习西方文化就必须把西方的一切都拿过来；另一方面，认为传统文化是一块铁板，要否定就必须全盘否定"①，在这种不假思索、不容置辩的思维指导下，他们"公开反对对传统文化的批判继承。他们有一个形象的比喻，说传统不是一堆小百货，可以任人挑挑拣拣，或者说传统不是一只烂苹果，剔除烂掉的部分其余的还可以吃。总之是说传统文化是一个整体，只能全盘否定彻底抛弃，不能批判继承"②。"无耻"的"文化虚无主义"者立场仍是希望通过贬低中国的历史与现状，制造混乱从而谋取私利。他们中的许多人正是在网上迅速蹿红的所谓"大V"，惯常手法是用引爆眼球的写作方式抹黑中国文化（包括传统文化、革命文化、社会主义文化），恶意诋毁中国历史及英雄人物，或者在发生群体性事件以后制造谣言、混淆视听，为事件的恶化推波助澜。通过这些方式，他们获得了巨大的关注度以及动辄百万计的粉丝，最终这些关注度和粉丝都成为他们牟取私利的一种便捷手段。与张之洞当年面对的"文化自卑"者相比，当代这些人的无耻程度更值得我们警惕。郭齐勇教授指出，"需要切实纠正历史虚无主义的错误观念和做法，着力增强我们对中华优秀传统文化和中华传统美德的文化自信与价值观自信"③。再来看"文化复古主义"思潮。今天的"文化复古主义"中"自塞"的比例大幅度减少，而"自欺""自扰"者要多一些。例如，"大陆新儒家"的所谓"政治儒学"流派，他们持有一种类似政教合一的政治主张。从"文化自大"角度来看，可以说"自欺""自扰"兼而有之。所谓"自欺"，指的是他们完全无视社会、时代的发展变化，顽固地要求全盘回到过去。在他们看来，"儒家可以承认'主权'属于全体人民，但坚持'治权'只能属于儒士共同体。这是因为，天道高于民意，而只有儒士共同体才能体认天道"④。据此，他们设计了"儒教国"⑤ 的乌托邦，这一制度包括议会三院制、太学监国制、虚君共和制。所谓三院包括通儒院、庶民院和国体院。通儒院代表超越的神圣合法性，庶民院代表人心民意的合法性，国体院代表历史文化的合法性⑥。事实上，他们的一切前提都是不承认时代境遇的变化，自欺式地"复古"。与张之洞当时批判的"文化自大"者相比，当代"文化复古主义"之荒诞不经有过之而无不及。

第二方面，有利于我们审视《劝学篇》在"文化自信"方面的缺陷，吸取其教训。任何真正的"文化自信"必须立足于文化能有效解决现实问题的基础之上。张之洞《劝学篇》阐述的解决近代困局的主张最终没有能达到目标。从客观条件来看，甲午战争失败后，西方列强正掀起瓜分中国的狂潮，近代中国半殖民地半封建社会的性质日益加深。

① 钱逊：《关于克服民族文化虚无主义的几点想法》，《教学与研究》1990 年第 2 期，第 18 页。
② 钱逊：《关于克服民族文化虚无主义的几点想法》，《教学与研究》1990 年第 2 期，第 19 页。
③ 郭齐勇：《优秀传统文化的传承与发展》，《孔子研究》2017 年第 1 期，第 6 页。
④ 康晓光：《我为什么主张"儒化"》，《网易历史》，2004 年 12 月 8 日。
⑤ 康晓光：《我为什么主张"儒化"》，《网易历史》，2004 年 12 月 8 日。
⑥ 蒋庆、陈明、康晓光、余东海、秋风：《中国必须再儒化——"大陆新儒家"新主张》，新加坡八方文化创作室 2016 年版，第 20~21 页。

张之洞的主张没有成功实施的可能性。从主观条件来看，张之洞仍然立足于维护晚清政府来进行救国，并没有抓住社会的主要矛盾。《劝学篇·内篇》不惜耗费笔墨来证明清政府远高于历史上诸多辉煌时代，并大加赞叹："自汉、唐以来，国家爱民之厚，未有过于我圣清者也。"① 这样罔顾事实地维护清政府，显示出其立场局限性和虚伪性，值得批判。在实际的改良实践中，张之洞及其同僚也没有能真正投入，他们"纷纷通过列名各地强学会、出资襄助维新党人、称赏引介维新才俊，将自己的门生故吏推入维新的阵营……自己却走进历史的后台，静观其变、探测朝廷风向"②，救国的目标最终让位于老到的官场生存智慧。基于此，可以说张之洞的"文化自信"不仅不具有现实根基，甚至在他自己看来，也并没有真正的"自信"，毋宁说，是一种单薄或者跛足的"自信"。与张之洞的情况相反，当前中国之所以有充分的底气主张"文化自信"，就在于中华民族在实践中找到了有效解决中国主要问题的道路、理论和制度。陈先达教授指出，"在中国特色社会主义的话语体系中，文化自信是与道路自信、理论自信、制度自信不可分的。文化自信，是更基础、更广泛、更深厚的自信"③，也即，"文化自信"是一个综合体系，不是单一主张。张之洞《劝学篇》中的"文化自信"正是缺少了来自现实制度、理论、道路等方面的支撑，成了一种"空中楼阁"般的构想。

综之，张之洞的《劝学篇》中确实蕴含了极丰富的"文化自信"思想，既呼应了彼时的时代需求，也能为后世提供参考。受主客观条件的限制，张之洞"文化自信"思想仍然存在严重的缺陷，但这不能影响我们对其中积极因素的挖掘与吸收。孙中山先生如此评价张之洞："以南皮造成楚材，颠覆满祚，可谓为不言革命之大革命家"④，此亦可作为我们重新评估张之洞《劝学篇》中"文化自信"思想的某种指引。

（作者单位：湖北经济学院马克思主义学院）

---

① 张之洞：《劝学篇》，苑书义、孙华峰、李秉义主编：《张之洞全集》第 12 册，河北人民出版社 1998 年版，第 9709 页。

② 石文玉：《儒学道统与晚清社会制度变革：张之洞〈劝学篇〉研究》，吉林大学出版社 2011 年版，第 103 页。

③ 陈先达：《文化自信中的传统与当代》，《光明日报》，2016 年 11 月 23 日第 13 版。

④ 孙中山语，《时报》，1912 年 4 月 15 日，转引自冯天瑜：《"辛亥武昌首义"名辨》，《江汉论坛》2011 年第 4 期，第 7 页。

论涩泽荣一儒商思想的逻辑构建

□ 梁林军

涩泽荣一（1840—1931）于 1873 年辞去大藏省职务从商，潜心于创业，推动日本工商业的发展，一生创立了五百多家大型企业，被称之为"日本近代企业之父"。涩泽荣一十分崇拜孔子，并积极致力于将《论语》思想运用到经商实践中，是日本最具代表性的儒商之一。1916 年，宣布退出实业界时，涩泽荣一出版了《论语与算盘》一书，大力倡导"左手《论语》、右手算盘"，构建了以"士魂商才"为核心的儒商思想。

学术界关于涩泽荣一的研究颇为丰富，但是由于该书是以篇段式、谈话式叙述集辑而成，缺乏人们通常想要的"系统性"，因此介绍性研究或者引用式研究难免隔靴搔痒，难以把握其精髓或全部。笔者认为，涩泽荣一意图向公众宣介孔子思想对于经商的重要性，因此其著作包含了大量论证，这些论证又主要有三个层次：第一，《论语》和孔子思想源自中国，儒学适合日本；第二，商人地位卑微，孔子思想一般只能官员或武士才能研习，涩泽荣一将证明商人也可以学习儒学；第三，就从商必备的修养和素质而言，涩泽荣一认为，商人要获得成功，必须修习儒学。

一、儒学适合日本

涩泽荣一首先需要论证"儒学适合日本"，这个命题又可以拆分为两个子命题进行论证：其一，孔子之学合乎日本国体；其二，日本人也可以学好儒学。前者论证孔子思想适用于日本，后者说明日本人也可以学习、掌握、运用好来自中国的孔子之学。

日本从古代起即没有改换朝代，始终为皇室一系，又尊称为"万世一系"，这是日本人比较自豪的地方。因此，在此背景下，有些日本人认为，汉学之教、孔子之学肯定禅让讨伐，不合乎日本的国体，或者说配不上日本的国体。

涩泽荣一反对这种看法，主张用历史的眼光来看待孔子。他举《论语·八佾》中"谓韶：'尽美矣，又尽善也'；谓武：'尽美矣，未尽美也'"为证，认为如果孔子生在日本，或来过日本，了解日本这种"万世一系"的国体，"决不止会赞誉尽善尽美，一定会表示出更进一步的赞赏和尊敬"。再者，孔子认为"武王有德，但由于是以兵力发起革命而登位的，所以说其音乐也未尽善"[①]，这就说明孔子也是不希望革命的。因此，孔子

---

① ［日］涩泽荣一：《论语与算盘：人生·道德·财富》，王中江译，中国青年出版社 1996 年版，第 6 页。

的认识有其历史性和时代性，涩泽荣一认为要好好探索孔子的精神，以入木三分的敏锐眼光来观察，不能流于皮相，草率地将孔子拒之国门之外。

涩泽荣一认为，孔子之学的根本优势在于其普世性与普适性，可以穿越阶层和国体，只要日本人想学，也可以成为像孔子那样的君子。"人难以成为释迦和耶稣那样的神，可成为孔子这样的人却非难事。换句话说，我们不能成为非凡的释迦和耶稣，却完全有理由成为平凡出色的孔子。只要不倦努力，就能成长为在家也好在社会上也好，都不会被责难的、成熟且无可挑剔的人。"① 佛、耶宣扬的神，是平常人做不到的；孔子思想特殊可贵之处就在于他的平凡而出色，可复制、可模仿、可学习。

涩泽荣一以"平常人做得到"为标准，最为看重《论语》中修身齐家方面"即学即用"这个最基本的道理。他不仅对佛、耶如此，而且舍弃《大学》《中庸》等儒家经典，唯独尊奉《论语》，选择《论语》作为他一生恪守的准则。对此，他解释道："正如《大学》开卷所言，《大学》的宗旨是教导'治国平天下'的道理，《中庸》则更高深，乃'致中和，天地位焉，万物育焉'，近乎哲学，但却远离修身齐家的道理。然而，《论语》的一字一句都能应用到日常处世上，说的都是即学即用的最基本的道理，这就是尊奉孔夫子的儒教而不依从《大学》和《中庸》，特别选择《论语》拳拳信奉，终生不敢相违的理由。我确信，只要遵从《论语》的教导，努力修身齐家，就能平平安安地生活下去。"②

二、商人也可以修习儒学

涩泽荣一对当时日本社会存在的"官尊商卑"非常反感，而且对因为这种阶层不平等带来的教育不均等问题一直很关注。"当时，在日本，物质方面的科学教育几乎可以说是零。武士教育中，虽然有一些高尚的东西，但对农工商者来说，不仅没有什么学问，即使是普通教育，也是低层次的。就拿盛行的政治教育来说，尽管海外交流已经开始，可有关这方面的知识，却没有。即使想到如何富国，但对此更是一无所知。一桥的商业学校，虽是明治七年就设立了，但几次停办。这是因为在当时的人看来，当一个商人不需要什么高的知识。"③ 涩泽荣一认为，孔子之学本是日常学问，不是官员和武士的独家权利，商人一样可以学好。具体，他论证如下：

1. 强国必须富国，富国必须振兴农工商业

涩泽荣一自小对日本社会轻视工商业的倾向有抵触。"我 17 岁时，一心想当一个武士。为什么如此，因为当时，实业家和农民、商人一样是被卑视的，社会上几乎都以下等

---

① ［日］涩泽荣一：《日本人读〈论语〉：涩泽荣一〈论语〉言习录》，李均洋、［日］佐藤利行译审，中国工人出版社 2010 年版，第 3 页。

② ［日］涩泽荣一：《日本人读〈论语〉：涩泽荣一〈论语〉言习录》，李均洋、［日］佐藤利行译审，中国工人出版社 2010 年版，第 4 页。

③ ［日］涩泽荣一：《论语与算盘：人生·道德·财富》，王中江译，中国青年出版社 1996 年版，第 34 页。

人来对待，不足挂齿，甚至连家族也无出头之日。可是只要是武士门生的，即便没有才能，也能跻身于上层社会，能随心所欲，扩张权势。"① 对这种情况，涩泽荣一十分气愤："为什么同样的人不当武士就没有价值。"②

> 即使到了德川时代的末期，由于旧习的限制，对一般的工商阶层的教育和对武士阶层的教育是仍完全有别的。武士所学以修身齐家为本，不仅是要修养一身，而且要以治理他人为方针，一切都从经世济民着眼。而对农工的教育，并不是以培养他们具有治理他人和如何管理国家为目的，而是一种极浅卑的教育。由于当时接受武士式教育的人很少，所以，大部分的教育都是寺子屋式的，由于寺庙的和尚或者富豪的老人等来承担。当时，由于农工商的活动几乎只限于国内，与海外毫无关系，所以对农工商者的教育，就不过是初级教育。加上，当时主要的商品搬运等的枢纽，都是由幕府及诸侯掌握着的，同农工商者关系微乎其微。当时，所谓平民不过是一种工具而已，武士们有时对他们还若无其事地加以鞭打，甚而有肆意杀人等种种极为野蛮的行为。③

由于这样的背景，在法国考察时，涩泽荣一处处都能感到西方列强与日本之间的关于官员与商人地位的强烈反差。例如，在与法国政府官员以及商人的交往中，政府官员和商人之间毫无高低之分，两者的关系完全是平等的；而在当时的日本，幕府官僚、武士和商人之间的社会地位犹如天壤之别，毫无平等二字可言，商人见到幕府官僚、武士无不点头哈腰，卑躬屈膝。

涩泽荣一痛切地认识到，要使日本兴盛，就必须打破官贵民贱的旧习，排除轻商、贱商的思想，向西方学习，把工商看成是强国的大业。"而日本只维持现状，什么时候才能到达同欧美并驾齐驱的时代呢？为了国家，我产生了谋求工商业发展的想法，从此开始我定了成为实业界人物的决心。"④ 回国后，涩泽荣一任职明治政府大藏省，直接参与诸如货币制度改革、废藩置县、发行公债等重大政策的制定。明治六年（1873），涩泽荣一弃官进入实业界，他认为"强国必须富国，富国就必须振兴农工商业"⑤；农工商业欲振兴，农工商阶层的社会地位与社会担当必须大大提升。何谓农工商业的振兴？首要就是，商人阶层必须壮大和发展起来，在社会地位上与政府官员毫无高低之分，关系完全平等。

---

① ［日］涩泽荣一：《论语与算盘：人生·道德·财富》，王中江译，中国青年出版社 1996 年版，第 48 页。

② ［日］涩泽荣一：《论语与算盘：人生·道德·财富》，王中江译，中国青年出版社 1996 年版，第 48 页。

③ ［日］涩泽荣一：《论语与算盘：人生·道德·财富》，王中江译，中国青年出版社 1996 年版，第 33 页。

④ ［日］涩泽荣一：《论语与算盘：人生·道德·财富》，王中江译，中国青年出版社 1996 年版，第 49 页。

⑤ ［日］涩泽荣一：《日本人读〈论语〉：涩泽荣一〈论语〉言习录》，李均洋、［日］佐藤利行译审，中国工人出版社 2010 年版，第 4 页。

2. 儒学不能遗弃或失之偏颇

涩泽荣一在欧洲游历近二年，他看到"当时欧美各国之所以能获得那样的繁荣，完全是由于工商业的高度发展所致"①，同时他又坚信"我们有必要研究日新月异的欧美新东西，但决不能忘了，在东方古来传承下来的东西中，也有不能遗弃的东西"②。他所说的"不能遗弃的东西"就是儒学。

> 随着现今社会的进步，新的学说不断从欧美输入。但从我们看来，这些新的学说，仍然是古老的东西，和东方数千年前所说的许多是相同的，不过更善于措词罢了。我们有必要研究日新月异的欧美新东西，但决不能忘了，在东方古来传承下来的东西中，也有不能遗弃的东西。③

在涩泽荣一看来，欧美的宗教性思想文化与日本的传统难以兼容，因此，日本传统文化本质的东西不能丢。农工商业这些阶层必须振兴崛起，这些阶层的崛起就需要《论语》，这样才能与政治，其他阶层有普适性的话语体系。涩泽荣一将孔子的思想与宋儒思想完全区别看待，并且对当时影响日本社会尤深的朱子学及宋儒的流弊提出了诸多的批评，而这些批评的目的是希望大家回到《论语》，回归孔子。

首先，孔子之学本是日常学问，被宋儒以及林派脱离实际。在涩泽荣一看来，《论语》的教导全都不脱离实际，圣训和实用是一致的。宋儒和朱熹的解释却远离实际行动，天马行空，将《论语》"驰骋于高深的理学"④。涩泽荣一认为，日本的儒学家藤原惺窝、林罗山等，承袭宋儒之弊，把学问和实际看作分别存在的东西，更有甚者认为"学问是士大夫以上的官僚才能修习的，把农工商实业家排斥在学问圈外"。"德川幕府三百年间的教育，立足于这一主义，读书学文成为与实业无关的士大夫官僚的事，而占国民大多数的农工商阶层虽担任着国家基础的各种实业，却成了一生不读书不学文的无知文盲。长此以往也就习惯成自然，人们也就不足为怪，实业和学问完全分道扬镳了。士大夫官僚高高在上贬斥农工商为下民，农工商则嘲笑士大夫不懂的自我生存之道，骂他们只知道读'青表纸'、识方块汉字。"⑤

其次，朱熹混淆了孔子的义利观，以及人欲与圣贤的关系。涩泽荣一对朱熹《孟子序说》中所说："用计用数，假饶立得功业，只是人欲之私，与圣贤作处，天地悬隔"，

---

① ［日］涩泽荣一：《论语与算盘：人生·道德·财富》，王中江译，中国青年出版社1996年版，第49页。

② ［日］涩泽荣一：《论语与算盘：人生·道德·财富》，王中江译，中国青年出版社1996年版，第7页。

③ ［日］涩泽荣一：《论语与算盘：人生·道德·财富》，王中江译，中国青年出版社1996年版，第7页。

④ ［日］涩泽荣一：《日本人读〈论语〉：涩泽荣一〈论语〉言习录》，李均洋、［日］佐藤利行译审，中国工人出版社2010年版，第5页。

⑤ ［日］涩泽荣一：《日本人读〈论语〉：涩泽荣一〈论语〉言习录》，李均洋、［日］佐藤利行译审，中国工人出版社2010年版，第5页。

涩泽荣一认为这就是在贬斥货殖功利，与亚里士多德所说的"所有的商业皆是罪恶"别无二致，似乎在他们这里仁义道德仿佛是神仙所做的事。"最后就得到一个结论，即从事生产事业的人，即使置之于仁义道德之外，也无关紧要。这样的解释决不是孔孟之教的精髓，不过是闽洛学派的儒者所捏造出来的妄说。"① 这样做的后果就是，"使得从事生产事业的实业家们的精神，几乎都变成了利己主义。在他们的心目中，既没有仁义，也没有道德，甚至想尽可能钻法律的空子去达到赚钱的目的"②。涩泽荣一认为宋代学者倡导仁义道德时，陷入空论，认为利欲之心是可以去掉的，"可是发展到顶点，就使个人消沉，国家也因而衰弱……由此可知，仅仅是空理空论的仁义，也挫伤了国家元气，减弱物质生产力，最后走向了亡国"③。

再次，宋儒空谈仁义道德，贬低智慧的积极功用。涩泽荣一认为，智慧能够帮助人类识别事物，智慧不够，就会缺乏识别事物的能力。"不能识别是非善恶和鉴定利害得失的人，即便他有点学识，也不能以善为善，以利为利，所以对这种人来说，学问只是成了白白糟蹋的宝物。"④ "但是，像宋代的大儒程颐、朱熹，却极为厌恶智慧，以种种理由加以疏远，认为智的弊端，是容易陷入术数，产生欺瞒伪诈，而且如果以功利为主，智慧的作用就会增多，从而远离仁义道德。因此，主张加以疏远。这是由于将多方面活用的学问变成了死物，认为只要完成了修身，恶事就不会发生，大功就告成了。""朱子主张'虚灵不昧'，'寂然不动'，讲仁义忠孝，说智近于诈。我认为，他这种说法，会使孔孟之教陷于偏狭，不少方面会使世人误解儒学的根本精神。"⑤

正如徐水生教授所言："当然，涩泽荣一对《论语》的诠释不仅仅是从文字上对孔子思想的考证，更主要的是试图使明治时代的日本人从传统的轻利、鄙利思想的误区中走出来，轻装上阵地投入到日本现代化的经济活动中去。"⑥

三、商人必须修习儒学

涩泽荣一认为商人必须修习《论语》，"《论语》所讲的是修身待人的普通道理，是一种缺点最少的处世箴言。但能不能用在经商方面呢？我觉得，遵循《论语》的箴言进行

---

① ［日］涩泽荣一：《论语与算盘：人生·道德·财富》，王中江译，中国青年出版社 1996 年版，第 53 页。

② ［日］涩泽荣一：《论语与算盘：人生·道德·财富》，王中江译，中国青年出版社 1996 年版，第 88 页。

③ ［日］涩泽荣一：《论语与算盘：人生·道德·财富》，王中江译，中国青年出版社 1996 年版，第 75 页。

④ ［日］涩泽荣一：《论语与算盘：人生·道德·财富》，王中江译，中国青年出版社 1996 年版，第 53 页。

⑤ ［日］涩泽荣一：《论语与算盘：人生·道德·财富》，王中江译，中国青年出版社 1996 年版，第 54 页。

⑥ 徐水生：《中国哲学与日本文化》，中华书局 2012 年版，第 56 页。

商业活动，能够生财致富"①。儒学一直是日本社会的显学，长期被视为官员和武士只能修习的知识；商人如果能够修习好儒学，也必然会在社会中赢得别人的尊重，提升商人在日本社会中的地位。

在论述自己为什么放弃政界的大好前程，下野成为社会不待见的商人时，涩泽荣一说：

> 不是为了赚钱而辞官，实业家像今天这样卑躬屈膝，不受到人们的尊敬，一个原因是封建社会的流弊，另一个原因是商人的行为不端。欧美决不像日本这样官商地位悬殊。我虽不肖，但要为矫正这一弊端而努力。宋人赵普以半部《论语》辅佐天子，以另外半部《论语》修身。我决心以半部《论语》修身，以另外半部《论语》矫正实业界之弊端。请您看我的未来。

对于社会中出现的官尊商卑问题，涩泽荣一是各打一大板，认为原因一是封建社会的流弊，另一个原因是商人自己不争气，不学习，缺乏修养，从而行为不端。社会要改变，同时商人们必须学习《论语》，加强自身的修养和修为。涩泽荣一说："当时日本无论在政治上，还是在教育上，都有逐步进行改善的必要。但是，我们日本，商业最为不振。商业不振，就不能增进国富。因此我认为在其他方面发展的同时，也必须振兴商业。但迄今为止人们都认为经商不需要学问，有了学问，反而有害，说什么'经商挣来的钱，传不过第三代'。第三代是被目为危险的一代。因此，我下了要靠学问生财致富的决心，变成一个商人。"②

1. 商人必须人格自立、自尊自爱

不管出身怎样，商人必须相信自己只要堂堂正正，就能成为值得人们尊敬的人。涩泽荣一说："因为我出生在农民之家，所受到的教育又很低，所幸我修习了汉学，由此获得了一种信仰。我不关心什么天堂和地狱，只是坚信，现在如果行为堂堂正正，那么就能做一个优秀的人。"③ 出身、家庭不是人自卑、自贱的理由，商人首先要保持人格的独立，不能主观地自己看低自己，成为官员和武士的附属品。

商人如果要修习《论语》，就要自己努力起来，提升对自身的要求。"有的人，虽然不能说做了什么特别的坏事，而且从外表看，其所表现的行为和其动机，也都正当，但如果安于饱食终日，暖衣逸居，无所用心，有时也会经不住诱惑，做出想不到的坏事。所以，行为、动机和所满足程度三者不能全部端正的话，就很难说这个人完完全全、自始至

---

① ［日］涩泽荣一：《论语与算盘：人生·道德·财富》，王中江译，中国青年出版社1996年版，第10页。

② ［日］涩泽荣一：《论语与算盘：人生·道德·财富》，王中江译，中国青年出版社1996年版，第11页。

③ ［日］涩泽荣一：《论语与算盘：人生·道德·财富》，王中江译，中国青年出版社1996年版，第35页。

终是一个正直的人。"①

这样，涩泽荣一认为只要堂堂正正挣钱，商人也可以高贵起来，而并不是只有当官才会尊贵。"我一生信奉《论语》，挣钱，有什么卑贱的，像您这样卑视金钱，国家就不能自立。官高，爵显，并不那么尊贵，人世间值得尊重应去做的工作到处都有，并非只有为官才可尊。"② 因此，在涩泽荣一看来，依据《论语》行商，商人商业才真正可以自立长久，才可以真正成为令人尊重的社会地位，才可以与官员平起平坐，也只有这样日本才可以真正富强起来。"担任公职的人们，想到贿赂是背于仁义道德的，无论如何就不会收取贿赂；御用商人如果认识到贿赂违背仁义道德，那么也不会去行贿。"③ 商人只有不行贿官员，才能真正实现官商平等。

2. 富贵功名须合乎道理

涩泽荣一认为，必须要建立正确的财富观，而不能就利远仁，据义失利，完全对立地解释仁和富。"当然，孔子所说的富是正当的富，对于不正当的富，不合乎道德功名，他是'于我如浮云'。可是后儒不明其间的区别，只要说到富贵，说到功名，不论其善恶，一概视之为恶，这不太轻率了吗？合乎道理的富贵功名，连孔子也会争先求之的。"④

同时，涩泽荣一认为，财富不是一人专有，有社会大环境的佑护，甚至他认为，商人应该清楚，个人财富增加得越多，所处社会为他的付出和帮助也越多。"即使你的财富是你自己千辛万苦积累的，但如果把这些财富视作一人所专有，那就大错特错。要言之，人如果只靠自己一人，那是什么事也办不成的，他必须凭借国家、社会的帮助才能获利，才能安全地生存。如果没有国家、社会，任何一个人也不可能圆满地生活。由此来看，财富增加得越多，所受到的社会帮助也就越大。"⑤

关于商业道德，涩泽荣一认为，最重要就是一个"信"字；如果不能守信，实业界的基础就无法巩固。⑥ 如果它能够被所有的实业家所履行，那么日本实业界的财富就会有更进一步的增加，同时在人格方面也将有大幅度的提高。商业道德，需要自己认知和修习。"有些人认为，道德教育，用不到理会，也能增加自己的财富，而且这样的人陆续有所增加，有的侥幸地成了暴发户，在这些刺激和诱惑下，谁都想发财，因此，大家都只朝着致富的方面发展。富者愈富，贫者也以致富为目标，旧时代的遗留下来的仁义道德被束

---

① ［日］涩泽荣一：《论语与算盘：人生·道德·财富》，王中江译，中国青年出版社 1996 年版，第 10 页。

② ［日］涩泽荣一：《论语与算盘：人生·道德·财富》，王中江译，中国青年出版社 1996 年版，第 11~12 页。

③ ［日］涩泽荣一：《论语与算盘：人生·道德·财富》，王中江译，中国青年出版社 1996 年版，第 105 页。

④ ［日］涩泽荣一：《论语与算盘：人生·道德·财富》，王中江译，中国青年出版社 1996 年版，第 80 页。

⑤ ［日］涩泽荣一：《论语与算盘：人生·道德·财富》，王中江译，中国青年出版社 1996 年版，第 81 页。

⑥ ［日］涩泽荣一：《论语与算盘：人生·道德·财富》，王中江译，中国青年出版社 1996 年版，第 97 页。

之高阁，几乎已不知为何物了。"① 否则，"最终为了致富，创造出没有罪恶相随的神圣的富，必须坚决保持一个应遵守的主义，这也就是我常说的仁义道德。仁义道德同物质利益决不矛盾。明白了这一基本原理，那么，我们就要充分研究如何处理，方能不丧失其应处的位置。假使能够依着这些道理从事，就不会发生陷入腐败堕落的危险，那样，我相信，无论是国家，还是个人都能正确地增进财富"②。

至于致富的手段或方法，涩泽荣一认为"……首先应以公益为宗旨。不坑人，不害人，也不做欺人骗人的事。如果每人都能尽其职，不违反道理而从事致富的工作，那么，我想无论如何的发展，也不会侵及他人，为害他人的，正当而神圣的富始可得之，而且还能持续"③。

3.《论语》和经济应该合而为一

涩泽荣一提出了《论语》与经济应该合而为一的思想。一方面，《论语》不能脱离经济。涩泽荣一认为，"……孔子的教导本来就不是纸上谈兵，是——可实行于日常生活的道理。人是血液循环的生物，理所当然有衣食住的欲求，衣食住的供给必须依靠经济，为人之道也好、礼节也好，离开了经济都无法实行，因而古训说'衣食足而知礼节'，向缺吃少穿的人是无法讲仁义忠孝之道和礼仪礼节的"④。

另一方面，经济不能离开《论语》。农工商人要想与士大夫以上的人平起平坐，就必须在思想上高尚起来，在道德担当上振作有为。在名著《论语与算盘》一书中，涩泽荣一就认为"算盘要靠《论语》来拨动；同时《论语》也要靠算盘才能从事真正的致富活动"，致富的根源就是"只有依据仁义道德和正确的道理去致富，其富才能持续下去"。⑤涩泽荣一进一步提出，"孟子主张求利和仁义道德相统一，后来的学者割裂了两者的关系。结果是，行仁义则远富贵，求富贵则远仁义，商人被称之为奸商，加以鄙视，不能与士为伍，商人也自居卑屈，从而专以赚钱为目标，因此，使经济界的发展迟缓了几十年甚至几百年，今天这种观念虽渐渐消失，但仍然不够，我希望人们把求利与仁义之道统一起来，以《论语》和算盘来指导求利从商"⑥。

综上，涩泽荣一系统论述了"《论语》与经济应该合而为一"的思想。二者的关系，"……圣训学术由实业而尊贵，农工商实业依圣训道德而熠熠生辉，二者本来就是一致

---

① ［日］涩泽荣一：《论语与算盘：人生·道德·财富》，王中江译，中国青年出版社 1996 年版，第 114 页。

② ［日］涩泽荣一：《论语与算盘：人生·道德·财富》，王中江译，中国青年出版社 1996 年版，第 115 页。

③ ［日］涩泽荣一：《论语与算盘：人生·道德·财富》，王中江译，中国青年出版社 1996 年版，第 115 页。

④ ［日］涩泽荣一：《日本人读〈论语〉：涩泽荣一〈论语〉言习录》，李均洋、［日］佐藤利行译审，中国工人出版社 2010 年版，第 5 页。

⑤ ［日］涩泽荣一：《论语与算盘：人生·道德·财富》，王中江译，中国青年出版社 1996 年版，第 6 页。

⑥ ［日］涩泽荣一：《论语与算盘：人生·道德·财富》，王中江译，中国青年出版社 1996 年版，第 107 页。

的，决不允许互相乖离。如若二者背离，学问就会成为死学问，圣训也好、道德也好，就会成为纸上谈兵，就会出现人们所说的读《论语》而不懂《论语》的现象，同时农工商人就会成为思想低下的粗鲁汉，实业平平淡淡而终其一生"①。

4. 士魂商才只能通过修习《论语》来培养

日本平安时代学者菅原道真曾提倡"和魂汉才"，即日本必须以日本特有的"大和魂"为根本，但是中国文化历史悠久，圣人贤者辈出，因此日本人必须学习中国的文化学问，以培养自身的才干。涩泽荣一觉得"和魂汉才"的提法特别好，由此，关于儒商思想，他提出了"士魂商才"。所谓"士"，即为人处世，应该以日本传统的武士精神（核心是儒家思想）为本；"商才"，顾名思义，是指商业的才能。如果只有武士精神而没有商业的才能，经济不会发展起来，国家也不会富强；如果只有商业的才能而没有武士的精神，经济活动就会偏离轨道，国家也会受到拖累。士魂与商才都不可或缺。

而且，有趣的是，涩泽荣一认为，士魂与商才都只能通过修习《论语》来培养。具体，他论述道：

> 士魂商才也是这个意思，为人处世时，应该以武士精神为本，但是，如果偏于士魂而没有商才，经济上也就会招致自灭。因此，有士魂，还必须有商才。要培养士魂，可以从书本上借鉴很多，但我认为，只有《论语》才是培养士魂的根基。那么，商才怎样呢？商才也要通过《论语》来充分培养。或许说道德方面的书同商才没有什么直接的关系，但是，所谓商才，本来也是要以道德为根基的。离开道德的商才，即不道德、欺瞒、浮华、轻佻的商才，所谓小聪明，决不是真正的商才。因此说商才不能离开道德，当然就要靠论述道德的《论语》来培养。同时，处世之道，虽十分艰难，但如果能熟读而且仔细玩味《论语》，就会有很高的领悟。因此，我一生都尊信孔子之教，把《论语》作为处世的金科玉律，不离座右。②

涩泽荣一认为，商才本来也是以道德为根基的，真正的商才当然要靠论述道德的《论语》来培养。真正的商人既要有武士精神，也要有商业的才干；并且这些都离不开仁义道德的修养。涩泽荣一晚年对于明治维新之后日本社会"道德滑坡现象"非常关注。因为在他看来，一个良性的社会，有前途的国家，伴随经济、财富的发展也有必要使精神不断向上。"明治维新虽使得国家的财富增加，但国民的人格同维新前相比却倒退了，因此他认为物质文明发展的结果，损害了精神的进步。"③《论语》所倡导的仁义道德，一直是他的行为准则，也是他一直潜心布道，希望社会能够引以为准则的内容。

———————————————

① ［日］涩泽荣一：《日本人读〈论语〉：涩泽荣一〈论语〉言习录》，李均洋、［日］佐藤利行译审，中国工人出版社 2010 年版，第 6 页。

② ［日］涩泽荣一：《论语与算盘：人生·道德·财富》，王中江译，中国青年出版社 1996 年版，第 4~5 页。

③ 参见［日］涩泽荣一：《论语与算盘：人生·道德·财富》，王中江译，中国青年出版社 1996 年版，第 34 页。

四、结　语

涩泽荣一自身坚持用《论语》来指导自己的商业活动,并且长期向公众介绍、宣介《论语》思想对于营商活动的重要性。他既要面对社会与经济活动的变化,又要面对各种人的不解甚至质疑,所以其构建的儒商思想体系是饱含哲学思辨和论证的完整体系,值得我们从逻辑构建的角度理解和摸索。正如那个时代,无数文人义士探索中国的出路一样,涩泽荣一处在日本的大变革时代,他对于《论语》的领会,对于儒商思想的探索,本质的出发点就是希望国家富强,而且他有着坚定而执着的信念——强国必先富国。

尤为难得的是,涩泽荣一把一切的思想与理论根本置放于孔子的《论语》,并且大力倡导日本的商人加以修习,并且用来指导自己的商业活动。我们从日本明治维新之后商业的发展,也可以看出涩泽荣一对于日本近代商业发展的巨大贡献。他曾反思:"我们应始终奉行己所不欲,勿施于人,发展东方型的道德,使和平持续不断,增进各国的幸福。至少在不给他国过分增添麻烦的限度内,来谋求本国的兴隆。难道没有这种途径吗?如果能根据全体国民的希望,结束唯我独尊,不仅在国内,而且在国际间也奉行真正的王道。那么,我相信,就能够避免今日的惨重灾害。"① 涩泽荣一对于《论语》思想的坚持与信念,他长期推行以《论语》指导营商活动的实践,值得我们不断地研究、学习和反思。

(作者单位:武汉大学哲学学院)

---

① ［日］涩泽荣一:《论语与算盘:人生·道德·财富》,王中江译,中国青年出版社 1996 年版,第 102 页。

宫廷文化研究综述

清代宫廷砚相关问题研究的回顾与展望

□ 王嘉乐

> 文房之用，毕世相守。尊如严师，密如挚友，宝如球璧琬琰，护如头目脑髓者，惟砚为然。①

这段话出自"扬州八怪"之首金农的《冬心斋砚铭》，某种程度上，清代士人玩砚之盛况由此可窥一斑。砚台作为传统文房用品，古往今来，曾被无数文人骚客使用、把玩、吟咏，若分别朝代观之，清代砚文化之繁荣丝毫不让两宋，更为明代所远不能及。有清一代，围绕砚台的文人社交热闹纷繁，各色文人砚谱层出不穷，凝结在砚台上的文化意涵更是精彩纷呈，赏砚、藏砚之玩砚风潮热度始终不减。清代士人社会这种高度繁荣的玩砚文化某种程度上推动了清宫制砚活动的兴起，终清一朝，内务府造办处承造了大量的砚台，清宫制砚特色鲜明，独成一脉，清代宫廷在整个砚文化史上占据不可忽略的重要地位。清代宫廷制砚活动起自康熙朝，清宫砚台鉴藏、品赏等文化活动盛于乾隆朝。清代内廷制砚由内务府造办处负责，具体琢砚活计主要由造办处砚作、牙作承担，随着皇帝对砚台兴趣的增加，及盒砚承造数量、种类的增多，造办处广木作、如意馆等其他作坊，内廷懋勤殿及苏州织造等其他单位亦或多或少参与进清宫制砚活动中。

康雍乾三朝，内廷为制砚活动投入了巨大的人力、物力、财力，某种程度上，清代宫廷砚的品貌风格、宫廷砚文化建构等问题，无法避免地与清代的士人文化、清帝的文化统治，以及清宫的文化生活等问题发生联系，具有非常重要的研究价值。学界对于清代砚台已有一定的关注，本文将从清代砚台的综合研究、清代宫廷砚的相关研究等几个方面进行扼要回顾，并进一步分析和展望清代宫廷砚研究在未来可能的前进方向。

一、清代砚台的综合研究

长期以来，学界对于清代砚台的相关研究为数不少，但多属于文房鉴古与工艺美术的

---

① （清）金农：《冬心斋砚铭》，《冬心先生集》，上海古籍出版社 1979 年版，第 149 页。

讨论范畴。这部分成果多采用工艺美术学、地质学、鉴赏学等传统艺术史的研究方法，或综论清代砚台的艺术风格，如孙机《中国古代物质文化》第八部分文具类中简述了砚的发展史，指出"明清石砚除以石质取胜外，还特别注意雕刻造型，有鼎形、琴形、竹节、花尊、马蹄、新月、莲叶、古钱、灵芝、蟾蜍等，式样繁多，逞奇斗胜，蔚为大观"①。或以砚材为纲划分类体系，分类阐述，如余惠秋《清代砚台的种类和艺术特点研究》介绍清代端砚、歙砚、洮砚、澄泥砚、松花砚、砖瓦砚、漆砂砚、玉砚、瓷砚、著录砚等各类砚台的艺术特点，简述清代早期、中期、晚期砚台的制式及特征，介绍清代砚台丰富多样的雕刻、纹饰与铭文，从鉴赏与收藏的角度品评清代砚台。② 这类作品出发点往往在于艺术品本身，以鉴赏为最终目的，对于砚台的真伪、年代、品相、风格特征等倾注心力。多数作品泛而杂，论述过于平面化，缺乏深度。

上述诸多文房鉴古作品中，尤以吴笠谷先生的砚台辨伪最值一提，吴先生著有《赝砚考》与《名砚辨》二书，此二书虽并非专论清代砚台，但其谈及诸多砚史内容，极具启发性。《赝砚考》分《证伪编》《阙疑编》。《证伪编》收录有自晋至清历代伪款名人砚28方，涉及古砚众多，除由砚台形制、材质、砚铭等入手探讨古砚真伪外，另大量结合原始文献，考证藏家及藏品行迹，其中"岳飞砚""文天祥玉带生砚""谢枋得桥亭卜卦砚"等，在砚史上影响极大。③《名砚辨》为《赝砚考》姊妹篇，间有证伪与辨真，上编《刍议编》诸文，考辨争议颇大的古名人砚如"孔子砚""脂砚"的真伪，兼考砚史名家黄任、顾二娘等的砚事；《杂俎编》有对各种名砚争议问题的考辨，也有对古名人砚鉴赏问题的探求。④ 二书的重要意义在于，提供了重要的文人品砚视角，便于了解赏砚文化在文人社交中的重要地位，且书中对为数不少的清宫藏古砚进行了辨伪，具有重要的学术影响。

二、清代宫廷砚的相关研究

有关清代宫廷砚的探讨，目前为止成果多集中于清代松花石砚的制作与鉴赏。早在1981年《故宫博物院院刊》便刊登了傅秉全的《松花石砚》一文，该文主要介绍松花石砚台的基本特征、得名缘由和产生年代，从鉴赏的角度介绍了传世御制松花石砚。⑤ 傅秉全认为，松花石砚不是发端于明初，而是始自康熙年间⑥。清宫承造松花石砚的时间为学界争论的热点问题，1987年嵇若昕发表长文《松花石砚研究》，文章着重分析台北"故宫博物院"所藏原清宫旧藏松花石砚一百二十余方，从其原藏宫殿、材质、款识、型制、

---

① 孙机：《中国古代物质文化》，中华书局 2014 年版，第 307 页。

② 余惠秋：《清代砚台的种类和艺术特点研究》，《文物鉴定与鉴赏》2015 年第 5 期，第 88~91 页。

③ 吴笠谷：《赝砚考》，文物出版社 2010 年版。

④ 吴笠谷：《名砚辨》，文物出版社 2012 年版。

⑤ 傅秉全：《松花石砚》，《故宫博物院院刊》1981 年第 3 期，第 95~96 页。

⑥ 近年来学界又有学者认为松花砚明代即有承造，常建华《康熙制作、赏赐松花石砚考》中称："近年来又有用松花石制砚始于明代的观点，但都证据不充分，难以令人确信。其实即使明代开始用松花石制砚，也是个别的，技艺普通，未能进入砚史。"（《故宫博物院院刊》2012 年第 2 期，第 6~18 页）

纹饰、砚盒等方面进行全面介绍，该文认为康熙二十八年至四十一年间清宫制成松花石砚。[①] 1993 年，台北"故宫博物院"举办松花石砚特展，并出版《品埒端歙——松花石砚特展》一书，该书由嵇若昕编辑并作序，书中收录并介绍 89 方松花石砚和 2 件松花石座屏，皆为康雍乾三朝所制精品，嵇若昕将前文修订编入书中，并新增《康熙朝御赐松花石砚表》。影响较大。[②] 董佩信、张淑芬认为，康熙三十年（1691）内务府造办处在外朝武英殿设松花石砚作，制成第一批松花石砚，并由康熙帝亲撰《松花石砚制砚说》。[③] 罗扬依据王士禛《香祖笔记》的记载，认为松花石砚产生于康熙四十一年（1702），对康熙朝松花石砚的艺术特点介绍得更为细致。[④] 2012 年《故宫博物院院刊》载常建华的《康熙制作、赏赐松花石砚考》一文，该文详细介绍了有关松花石砚承做年代的争论，通过深入考察康熙三四十年代松花石砚的制作发展过程，讨论了康熙朝松花石砚的发展史。作者提出两阶段说，认为康熙二十二年至三十六年为第一阶段，所制砚台主要用于康熙帝个人欣赏，未批量生产，也没有笃定的砚种名称；康熙三十七年、康熙三十八年之际为第二阶段，这一时期松花石砚制作技艺成熟，生产规模扩大，并开始大量用于赏赐大臣。文章大量使用奏折等资料，梳理了康熙帝赏赐松花石砚的状况，揭示了赏赐对调节君臣关系的作用。康熙帝制砚、赏砚的行为被子孙所仿效，形成了清代特有的砚的政治文化。康熙帝制作松花石砚有认同中国传统文化以及建构自身优秀文化的政治深意。[⑤]

除清宫松花石砚制作时间外，学界对有清一代松花石砚台的其他探讨也比较深入，嵇若昕所撰《双溪文物随笔》中收录《雍正皇帝御赐松花石砚》《乾隆皇帝、百什件和松花石砚》《清乾隆松花石蟠螭砚》三篇文章，讨论雍乾年间松花石御砚的相关问题。《雍正皇帝御赐松花石砚》一文曾于 2004 年在《故宫文物月刊》第 318 期中发表，文章由雍正帝御赐砚出发，兼及松花石砚在雍正朝定名问题，造办处承做松花石砚数量与品类问题，松花石砚材之产地与品貌等诸多问题的考辨，内容丰富，讨论详实。后两篇文章主要从乾隆帝的品位角度入手探讨乾隆与松花砚的制作与品赏。[⑥] 2004 年大陆出现松花石砚研究专著《大清国宝·松花石砚》，由从事地质矿产管理工作的董佩信先生和故宫博物院研究员张淑芬女士共同执笔，全书共分"史""源""砚""境"四部分，从地质、地理、文化、历史、旅游等多角度揭示松花石砚的特质，力图全景式展示松花石砚的面貌。[⑦]

此外，关于清代松花石砚的鉴赏类文章亦为数不少，蔡鸿茹《中华古砚 100 讲》中收录《清松花石砚》一文，文章介绍了松花石砚材产地与石砚特色，认为"松花石砚多为御砚，民间鲜少使用……松花石叩之清脆，色泽有深绿、浅绿，比绿端、洮河鲜嫩、碧润……松花石中含有较为规则、平直的纹理，制作出的砚台石大多呈现平行的横纹或竖纹"[⑧]。刘彦臣、陈昕亮的《砚文化的源流与松花石砚》一文认为松花石砚作为清代宫廷

① 嵇若昕：《松花石砚研究》，《故宫学术季刊》1987 年第 4 卷第 3 期，第 87~116 页。

② 嵇若昕：《品埒端歙——松花石砚特展》，台北"故宫博物院"，1993 年，第 1~322 页。

③ 董佩信、张淑芬编著：《大清国宝·松花石砚》，地质出版社 2004 年版，第 95 页。

④ 罗扬：《清康熙松花石砚研究》，《中国历史文物》2008 年第 5 期，第 38~45 页。

⑤ 常建华：《康熙制作、赏赐松花石砚考》，《故宫博物院院刊》2012 年第 2 期，第 6~18 页。

⑥ 嵇若昕：《双溪文物随笔》，台北"故宫博物院"2011 年版，第 126~147 页。

⑦ 董佩信、张淑芬编著：《大清国宝·松花石砚》，地质出版社 2004 年版，第 95 页。

⑧ 蔡鸿茹：《中华古砚 100 讲》，百花文艺出版社 2007 年版，第 42 页。

的"御砚",备受清代帝王们的喜爱,不仅具有很高的艺术价值和历史文化价值,而且具有很高的观赏价值和收藏价值。① 吴丹彤的《品埒端歙松花石砚》从清代松花石砚的雕刻技艺等方面对清代松花石砚进行了全方位多角度的品赏。② 马子恺的《碧云清雅 御砚辉光》一文阐述了松花石的成因、松花石文化的发展、松花石质地种类以及松花石砚台的收藏与鉴赏。张淑芬的《清宫御品——松花石砚》以朝代为纲依次介绍不同时段松花石砚的不同制作特点。另外,皇帝的审美情趣对宫作砚的风貌有着直接的影响,故宫博物院研究员林姝曾撰《雍正朝的吉言活计》《故宫收藏与档案所见的雍正皇帝(之一)》《故宫收藏与档案所见的雍正皇帝(之二)》等多文专论雍正皇帝的审美偏好及其生活情趣,③ 结合这类研究有助于推进对于雍正年间宫作砚砚品风貌特色的理解。

总体来说,学界对于清宫松花石砚的探讨已然比较深入,但亦有很多问题有待处理,例如松花石砚为数繁多之别名的探讨,除嵇文略论过雍正朝情况外,其定名之具体细节仍有待考证。再者,乾隆年间的制砚情况尚未见有系统研究成果出现,亦有待梳理。另外,清宫所制砚台品类虽以松花石砚最为大端,却也非仅限于松花石砚一种,除松花石砚外,其余种类砚品的承造情况有待讨论,如此方能展现清代造办处制砚之整体面貌。

三、砚作、砚匠及内务府造办处制度诸问题的研究

直接参与宫廷制砚的砚作、砚匠问题受限于史料,学界的相关探讨虽不致阙如,但成果也相当有限。目前笔者仅在《中国古代手工艺术家志》一书中见到有《制砚手工艺术家》一小节,收录43位清代宫廷及民间知名制砚匠人的小传;④ 另有朱家溍先生在《养心殿造办处史料辑览》前言部分提及部分服务宫廷的砚匠名字;⑤ 2006年,嵇若昕在《乾隆时期的如意馆》一文中介绍了黄兆、顾继臣两位乾隆年间在如意馆行走的砚匠,认为乾隆年间的砚匠顾继臣与雍正年间的砚匠顾吉臣并非同一人;⑥ 2016年台湾《故宫文物月刊》刊载高彦颐《清初女琢砚家顾二娘小考》一文,该文详考清代琢砚名家顾二娘,探究顾氏作为琢砚女手如何跻身"技艺名家"之流⑦。顾本人虽并非宫廷砚匠,但她凭借高超的琢砚技术闻名朝野,进而与宫廷制砚有着千丝万缕的联系,相传服务清宫著名砚匠顾继臣即是其后代。高彦颐老师新书 The Social Life of Inkstones:Artisans and Scholars in Early Qing China 于2017年2月出版发行,该书将砚石开采者(stonecutters)和工匠置于

---

① 刘彦臣、陈昕亮:《砚文化的源流与松花石砚》,《学术交流》2006年第11期,第190~192页。

② 吴丹彤:《品埒端歙松花石砚》(上),《艺术中国》2013年第10期,第81~88页。吴丹彤:《品埒端歙松花石砚》(下),《艺术中国》2013年第11期,第73~78页。

③ 参见林姝:《雍正朝的吉言活计》,两岸故宫第一届学术研讨会;《为君难——雍正其人其事及其时代论文集》,台北"故宫博物院",2010年,第405~418页。林姝:《故宫收藏与档案所见的雍正皇帝(之一)》,《紫禁城》2012年第6期,第40~51页。林姝:《故宫收藏与档案所见的雍正皇帝(之二)》,《紫禁城》2012年第8期,第50~59页。

④ 周南泉、冯乃恩:《中国古代手工艺术家志》,紫禁城出版社2008年版,第263~271页。

⑤ 朱家溍:《养心殿造办处史料辑览》(第一辑),紫禁城出版社2003年版,第2~3页。

⑥ 嵇若昕:《乾隆时期的如意馆》,《故宫学术季刊》1995年第23卷第3期,第127~151页。

⑦ 高彦颐:《清初女琢砚名家顾二娘小考》,《故宫文物月刊》2016年第399期,第98~107页。

论述中心，探讨了砚台隐藏的历史和文化意涵，通过考索砚台在内廷造办处、广东的端石开采场、苏州的商品生产工厂以及福建收藏者家中的"社会生命历程"，追踪砚台在国家和社会之间的流传轨迹，展示工匠和学者的合作，如何创造出一种新的社会秩序，在这种社会秩序中传统的"脑力劳动高于体力劳动"（head over hand）的顺序结构不再占主导地位，该书突出论述了砚匠顾二娘，通过她的作品可以看出砚台的艺术性在 17 世纪 80 年代和 18 世纪 30 年代之间取得了前所未有的进步。[1]

与砚台承做、改做、收拾关系最为密切的造办处制度问题，与清代宫廷砚研究直接相关。一般认为造办处于康熙初年已设作坊，吴兆清先生《清代造办处的机构和匠役》一文中称"康熙朝造办处尚属初创阶段，组织机构尚不完善，除了承办活计的作坊外，从官书和档案看，未见有其他管理机构"。该文并未对康熙朝具体设作时间给出考证；2003年郭福祥先生发表《康熙时期的养心殿》一文，文章引王士禛《池北偶谈》"于养心殿装潢《赐辅国将军俄启诗》"事，认为造办处作坊迟至康熙十七年已经设立[2]；2012 年常建华先生发表《康熙朝大内善刻能匠梅玉峰》一文，文章引康熙五十三年《内务府奏请将委校对刘文林等并入派差内分份银折》史料一条，材料载梅玉峰早在康熙十五年即已经调至养心殿行走当差[3]，同年郭福祥先生作《康熙内庭刻字匠梅玉凤事迹补说》转引前文，认为据此可将造办处设作年代提早至康熙十五年[4]。

有关造办处机构设置的探讨，最值得关注的是前文提及的吴先生《清代造办处的机构和匠役》一文，该文根据中国第一历史档案馆藏清代造办处档案，就造办处组织机构和匠役问题进行探讨，文章详述造办处自康熙草创至雍乾年间步入正轨期间组织机构的嬗变，遍阅雍正至宣统朝的档案，将造办处划分为活计房、查核房、督催房、汇总房、钱粮库、档房六个平行的办事机构，详述各机构的设置和主要职掌。[5] 这部分内容论述严谨，为此后许多个案研究广泛征引，甚至照搬照抄，如韩春鸣著《聚元号弓箭》涉及造办处机构部分几乎全文摘抄[6]。

近年来，利用造办处活计档对造办处匠役的探讨成果较多，如林欢、黄英的《清宫造办处工匠生存状态初探》一文，利用活计档的记事录类目对内务府造办处各作工匠的构成、选拔、待遇、奖惩及劳作期间的身心健康问题进行了探讨，兼及造办处事故发生原因的讨论，认为清代以来造办处工匠地位及人身自由程度有了很大的提高。[7] 再如毕传龙《从清宫造办处档案看珐琅作工匠组织管理》一文，主要将造办处法琅作作为研究对象来探讨清宫造办处档案记载与法琅作工匠组织管理，涉及工匠选用标准与替补制度、工匠放匠管理与腰牌制度、工匠评价标准与赏罚制度、工匠养赡制度与分级管理、工匠请假制度

---

① Dorothy Ko：*The Social Life of Inkstones：Artisans and Scholars in Early Qing China*. Washington：University of Washington Press，2017.

② 郭福祥：《康熙时期的养心殿》，《故宫博物院院刊》2003 年第 4 期，第 30~34 页。

③ 常建华：《康熙朝大内善刻能匠梅玉峰》，《紫禁城》2012 年第 5 期，第 61~63 页。

④ 郭福祥：《康熙内廷刻字匠梅玉凤事迹补说》，《紫禁城》2012 年第 10 期，第 42~43 页。

⑤ 吴兆清：《清代造办处的机构和匠役》，《历史档案》1991 年第 4 期，第 79~89 页。

⑥ 韩春鸣：《聚元号弓箭》，北京美术摄影出版社 2014 年版，第 30~32 页。

⑦ 林欢、黄英：《清宫造办处工匠生存状态初探》，《明清论丛》（第十一辑），第 439~450 页。

与民俗事件等五个方面的研究。① 总体而言，围绕造办处匠役的探讨成果颇丰，涉及内容广泛，但采用造办处活计档作为单一史料进行讨论往往会有认识上的局限，匠役真实生存状态若结合内务府慎刑司档案及其他档册仍有讨论的空间。

目前为止，学术界尚未有对造办处制度进行完整系统论述的作品，相关研究多散见于清代内务府研究及各类造办处物品研究的专著当中。例如祁美琴《清代内务府》第四章中提及养心殿造办处建制问题，内容极简。② 吴美凤《盛清家具形制流变研究》中对造办处初设情况、造办处太监职责、造办处档案形成等问题进行过探讨，但多散见于各个章节当中，论述并不系统。③ 朱晓艳博士论文《技术、工艺与社会——清代玻璃制造与料胎玻璃鼻烟壶研究》中涉及圆明园造办处问题、造办处机构组成及工匠生存状况等问题，但论述比较混乱浅显，亟待完善。④

综合上述研究成果来看，清宫内务府造办处制度问题仍有很大的讨论空间，例如，具体承担造办处制造修理和收贮活计的数量巨大的作坊、库房的设置沿革问题尚有待逐步攻克。另外，造办处行走人员除匠役外，还有数量众多的官员、太监和内务府包衣，他们是否隶属造办处管理体系之下，其选拔条件、晋升途径及生存状况均乏文探讨。

四、此前研究存在的问题与研究展望

综合上述成果，学界对于清代砚台的研究虽不乏佳作，但仍有较大的空间可兹新论。在研究内容上，清代各类宫廷砚的具体承造状况尚有待系统梳理，即便是早已受到关注的宫作松花砚亦有很多细部问题有待探讨解决。此外，与清宫制砚密切相关的内务府造办处制度研究有待深入，现有的文章大多较为粗浅。在研究方法上，目前学术界对清代宫廷砚的相关讨论多大抵不脱"形制"研究及历史研究二途，前者借鉴西方艺术史的研究方法，以砚台本身的形象为研究对象，对其展开评价；后者多从史料出发，结合传世文物，以反映物质文化风貌为归依⑤。

近年来，"物质文化"理论逐渐发展成熟，并开始广泛应用于历史研究尤其是艺术史研究领域。所谓"物质文化"研究方法，刘永华教授在《物：多重面向、日常性与生命史》一文中将之归纳为：以物质为中心，打通经济史、社会史与文化史，进而把握物质文化与日常生活的关系。⑥ 在"物质文化"研究方法的冲击下，器物研究开始跃出以往的讨论范畴，器物背后的文化意涵及器物的社会生命历程成为关注的重点。目前"物质文化"理论在清代宫廷砚研究领域尚未见使用，若从该视角出发可以看出，砚台作为一种传统的文房用品，随着清朝入关以来对汉文化接受程度的增进，经历了一个在清宫

---

① 毕传龙：《从清宫造办处档案看珐琅作工匠组织管理》，《中原文化研究》2014 年第 3 期，第 96~102 页。

② 祁美琴：《清代内务府》，辽宁民族出版社 2009 年版，第 82 页。

③ 吴美凤：《盛清家具形制流变研究》，紫禁城出版社 2007 年版。

④ 朱晓艳：《技术、工艺与社会——清代玻璃制造与料胎玻璃鼻烟壶研究》，武汉大学博士学位论文，2015 年。

⑤ 参见吴美凤：《盛清家具形制流变研究》，紫禁城出版社 2007 年版，第 10 页。

⑥ 刘永华：《物：多重面向、日常性与生命史》，《文汇报》2016 年 5 月 20 日第 W12 版。

"日常化"的过程，即逐渐开始被频繁的生产（制造）、交换（赏赐）和消费（变价），在人与人之间，皇帝与大臣、文人之间流转，并被赋予新的政治和文化意涵，在此过程中传统汉族文人的文房用具——砚台，在清代宫廷文化中被"去陌生化"，即被赋予了新的文化意义，逐渐纳入新的文化政治氛围中。除宫作砚外，清宫"藏古砚"亦属宫廷砚范畴，藏古砚上的历代名人砚铭，历代收藏者咏砚的赞文，持有者为砚所作的传文，等等，为古砚的"生命历程"提供了丰富的信息，使其"生命史"的建构成为可能，若由此切入，方能探索追踪古砚在历代社会网络流传的轨迹，进而分析其文化意涵在漫长的旅途中被赋予、修改和涂抹的过程，定位其在不同阶层和人群中扮演的角色，探索围绕其周围的社会关系的变动与不同人群的心态律变。凡此种种使我们看到运用"物质文化"理论探讨清代宫廷砚或许是一个尚未被广泛实践，但却有着可观前景的研究方法。

最后，值得一提的是相关史料的出版状况。2003 年至 2015 年，紫禁城出版社出版了《养心殿造办处史料辑览》第一至五辑（第一辑由朱家溍先生选编，第二至五辑由张荣先生选编），造办处档案开始受到重视。2007 年香港中文大学与第一历史档案馆合作，将造办处原档整编，出版成册，即《清宫内务府造办处档案总汇》，第一期已出版 55 册，包含雍正元年至乾隆六十年造办处原始档簿，为研究清宫制砚及各类宫廷制物提供大量原始资料。我们相信，随着造办处原始档册的继续出版，加之研究方法的不断翻新，清代宫廷砚研究必将展现出更多丰富生动的面貌。

（作者单位：南开大学历史学院）

清代宫廷画家研究综述

□ 毛 玄

　　清代宫廷绘画作品的风格多变，因皇帝的喜好，宫廷内有大量的画家为其服务，留下了许多非常精美的画作，不断有学者进行研究，相关论著值得注意。本文将清代宫廷画家相关的研究成果分为通史与断代史著作和专题论文两大类进行综述，不妥之处请读者批评指正。

一、通史与断代史类研究著作

　　20世纪二三十年代开始，即有学者撰写中国美术通史的著作。陈师曾先生的《中国绘画史》是近代较早的中国美术通史著作，第一版于1925年济南翰墨缘出版，后又多次再版印刷。该著将中国的绘画历史分为三个时期：上古史（隋朝之前）、中古史（唐朝至元朝）、近世史（明朝和清朝），对各朝的绘画作了总结性概括论述，就清代的宫廷绘画而言，陈师曾先生认为"清朝虽无画院之设，如宋、明授品级之画官，然画人供奉内廷"①。1926年潘天寿先生也出版了一本《中国绘画史》，与陈师曾先生不同的是，潘天寿将中国的绘画史分为四个时期：古代史（秦之前）、上世史（汉朝至隋朝）、中世史（唐朝至元朝）、近世史（明朝和清朝）。潘天寿先生也论述到清代画院的设置问题，他认为清朝没有独立画院，但如意馆也应算作画院，"馆中诸画人，初类工匠，与雕琢玉器、装潢贴轴之诸工人杂居。当时诸臣之工书画者，多在南书房行走"②，列举了多位供奉于如意馆的画家及其绘画作品。

　　此后，又有多部绘画史著作出版。郑午昌先生于1929年出版了《中国画学全史》（上海中华书局），1935年出版了《中国美术史》（中华书局）。俞剑华先生1937年出版了《中国绘画史》，并多次再版。这些都属于通史类的著作，主要是对各朝代的主要绘画派别和画家作简单的叙述。俞剑华的著作值得特别注意，他在清代绘画的这一章中重点讨论了清朝帝王之好画、清朝之院画和西画之西渐与中画之东渡几个问题。在清朝帝王之好画中，谈到世祖、圣祖、高宗三位皇帝在位期间因喜爱艺术，在美术方面作出的重要政绩的

---

① 陈师曾：《中国绘画史》，岳麓书社2010年版，第83页。
② 潘天寿：《中国绘画史》，上海人民美术出版社1983年版，第231页。

贡献，包括设置如意馆、招揽各地绘画之人等，也介绍了多位善画的宗室人氏。在清朝之画院中，指出清朝无画院之设，仅设内廷供奉、内廷祗候等职，以管理画士，并列举了清代数十位供奉于内廷画家的名字以及简要的介绍。在西画之西渐与中画之东渡中，谈到了康雍乾时期在内廷任职的西洋画家，以郎世宁和艾启蒙为例，认为西洋画在清代的流行时间不长。

在 20 世纪二三十年代，除了中国学者研究中国美术史之外，商务印书馆于 1926 年印行了由日本学者大村西崖著、陈彬龢译的《中国美术史》，大村西崖是最早研究中国美术史的外国学者，大村西崖将中国美术史分门别类并概述各时期的绘画、工艺美术史，将绘画与工艺美术分开论述，可能是最早的对中国美术的分类。

以上著作，主要是对中国各朝代的美术史料的梳理以及简单论述，而且对于清代美术研究的着重点不在于清代宫廷绘画，而是详于对清代的八大山人、石涛等一批画家的个案研究。

20 世纪 80 年代，王伯敏先生召集多位专家合力编写《中国美术通史》(山东教育出版社 1988 年版)，该书共八卷，第一卷是原始社会到秦朝，第二卷是魏晋南北朝，第三卷是隋唐，第四卷是五代至宋朝，第五卷元明两朝，第六卷是清代，第七卷为近现代美术，第八卷则为中国美术史年表和参考文献集。这套著作开创了美术史研究的新局面，将各个朝代的美术独立成卷，明确了中国美术史的发展规律和脉络，也为后来的美术史的研究奠定了基础。《中国美术通史·第六卷》中谈到南书院和如意馆两个场所被认定为清代宫廷绘画机构，以及介绍了宫廷画家的两种不同招录途径，一种是御召入宫，另一是通过科举考试为官，称为"词臣供奉"，明确指出了为宫廷的御用画家的身分。在王伯敏先生自己的著作《中国绘画史》中，从清代宫廷绘画的组织机构、图绘功绩、画家、书画丛辑四个方面，介绍清代宫廷绘画，书中谈到"清代宫廷画院的设置，认为不设翰林画院，但设有专门场所，为内廷供奉，内廷祗候，有的待直南书房，并在如意馆作画"①。在绘画功绩和画家中，是以康熙、雍正、乾隆时期的作品及画家为主，宫廷画家在宫廷为皇室服务的主要功能，是为帝王后妃画像，或者记录当时皇帝出行盛况及其他事宜，并认为皇帝"重士流，轻工匠"②。认为宫廷所出的绘画作品，对当时的绘画发展无积极的作用，但是肯定了清宫对艺术作品的鉴别、收藏和整理方面的功绩。

21 世纪开始，中国美术史通史的著作不断增多。其中王朝闻主编的《中国美术史：清代卷》(上下卷) (齐鲁书社和明天出版社 2000 年版)，以画派分章节，将清代宫廷美术史单独作为一个章节，以康熙、雍正、乾隆三朝为主，简述这一段时期绘画兴衰的过程，其中，较为不同的是，将油画和铜版画列为西画东渐的一部分，作了简要的概述。单国强先生主编的《中国美术明清至近代》(中国人民大学出版社 2014 年版)，作为由中国学者编纂的《世界美术通史》中的一部分，与常规的章节安排不同，这本书没有把明、清两朝分开，而是分为画派、建筑、版画、书法、雕塑和工艺美术，各章节都是将明清作为一个整体，以美术和派别之间的传承、交替和嬗变为核心。在书中也将宫廷绘画作为单独的一章，分为明代宫廷绘画和清代宫廷绘画。在清代宫廷绘画这一节中，主要介绍的是顺治

---

① 王伯敏：《中国绘画史》，上海人民出版社 1982 年版，第 545 页。

② 王伯敏：《中国绘画史》，上海人民出版社 1982 年版，第 552 页。

到乾隆这一时期的宫廷绘画的情况，分别谈到了清代的绘画机构和管理制度、画家的薪资待遇、各朝的主要宫廷画家和主要的宫廷绘画题材，较为系统地总结和归纳了清代宫廷的美术绘画。除了宫廷绘画，在版画和工艺美术这些章节中也谈到了清宫制造的版画、瓷器、漆器等工艺作品。

由万依、王树卿和刘潞共同编写的《清代宫廷史》（百花文艺出版社 2004 年版），是一本对清代宫廷史的整体研究著作，"揭示宫廷在封建社会中的作用以及其兴亡的规律"①，宫廷的典章制度的建立和建设作为重要的一章，从多个方面描述当时宫廷生活，包括文化生活。在宫廷文化绘画这一节中，主要是以乾隆时期为主，作者提到因弘历皇帝对文化艺术的喜爱，这一时期包括绘画、音乐、诗歌、编书、收藏等文化艺术活动特别盛行，因帝王的爱好刺激了其发展。

除此之外，李向民著的《中国美术经济史》（人民出版社 2013 年版）对中国历朝的美术经济活动的政治、社会等问题作了概述性的总结，在清代这一章节中，从皇室的收藏、宫廷画家的赞助、官窑的建设、书籍的编修等方面，论述清代经济在美术上的作用。王正华撰写的论文集《艺术、权利与消费：中国艺术史研究的一个面向》（中国美术学院出版社 2011 年版），主旨是探讨文化消费和权利的相互作用，其中谈到了乾隆南巡江苏时所下旨作的《南巡盛典图》，其带给苏州城市建设等方面的影响。这本书用图像学的方法，从美术与其他学科交叉的视角结合起来分析作品，拓宽了艺术史的研究范围，打开了视野。马雅贞的《中介于地方与中央之间：〈盛世滋生图〉的双重性格》（台湾《美术史研究集刊》2008 年第 24 期），也是以《盛世滋生图》这幅作品为切入点，探讨宫廷绘画的政治作用。李铸晋主编、石莉译的论文集《中国画家与赞助人——中国绘画中的社会与经济因素》（天津人民美术出版社 2016 年版），分三个部分：第一部分为何惠鉴主编的宫廷赞助，第二部分是李铸晋主编的苏州地区对绘画的赞助，第三部分高居翰主编的江南其他地区对绘画的赞助。在宫廷赞助部分，有两篇有关清代皇室，一篇为密西西里大学艺术博物馆东方部主任 Marshall Wu（武佩圣）撰写的《阿尔喜普和他的绘画收藏》，以有"阿尔喜普"印的绘画作品为主，探究这批作品收藏的主人的身分。另一篇是哥伦比亚大学博士 Daphne Lange Rosenzweig 所写的《清初宫廷画家及其绘画作品的再认识》，文中以蒋廷锡作为词臣画家的代表，冷枚作为院画家的代表，分别对两人的创作生涯、作品风格进行论述，对比分析两者之间的异同关系，认为"两类画家的相同之处是创作于清初的作品要生动许多"②，作者参考了许多外国学者（中国并没有翻译并发表）的研究成果，资料的收集以及看待问题的视角略微不同，值得参考借鉴。

对于清宫内的当朝画家的研究专著，多是以论文集的形式出版。杨伯达先生早期在故宫博物院院刊上刊登过多篇有关清宫廷绘画的论文，并出版了相关的论文集《清代画院》（紫禁城出版社 1993 年版），其中汇集了多篇有关宫廷画家及绘画作品的个案研究的文章。聂崇正先生主要是研究宫廷画家及作品，发表了多篇关于不同画家的文章，并出版了

---

① 万依、王树卿、刘潞：《清代宫廷史》，百花文艺出版社 2004 年版，第 1 页。
② 李铸晋编：《中国画家与赞助人——中国绘画中的社会与经济因素》，石莉译，天津人民美术出版社 2016 年版，第 73 页。

两本论文集：《宫廷艺术的光辉——清代宫廷绘画丛论》（台湾东大图书公司 1993 年版）
和《清宫绘画与"西画东渐"》（紫禁城出版社 2010 年第 2 版），分别简述了多位宫廷画家
包括陆授诗、陆遵书兄弟；"三朝元老"金昆；乾隆朝如意馆"画画人"姚文瀚；雍乾两
朝画家孙祜；乾隆朝画家周鲲，陈枚，金标，丁观鹏、丁观鹤兄弟，余省、余穉兄弟；王
幼学、王儒学兄弟；康熙朝画家徐玫等人的绘画作品和风格。在《清宫绘画与"西画东
渐"》中，将有关清代宫廷西洋画家的研究集合成一个篇目，为清宫绘画中的"欧风"，
包括对郎世宁的研究以及西洋绘画风格对清代宫廷绘画的影响。

不止日本学者研究中国美术史，世界其他国家的学者对于中国古代美术史的关注度越
来越高。英国学者迈克尔·苏立文撰写、徐坚翻译的《中国艺术史》（世纪集团出版社
2014 年版）从另一个角度看中国宫廷绘画史，是一部以外国学者的视角介绍中国绘画通
史的学术论著，在清代艺术这一章中说到了欧洲对清代宫廷艺术的影响，篇幅不长，主要
是谈到当时的传教士进入宫廷，为皇帝服务，对康雍乾时期的院体绘画的影响。也讲到康
熙、雍正、乾隆三朝烧制的瓷器、玻璃器、珐琅器等工艺美术品，从 17 世纪至 18 世纪外
销瓷的情况来看，作者认为康雍乾三朝是清代官窑器物的巅峰时期。

美国学者罗友技著、周卫平译的《清代宫廷社会史》（中国人民大学出版社 2009 年
版），着重在于清代宫廷社会的构建，以新的视角点，从宫廷礼仪入手探讨皇室和贵族、
男性与女性、统治者与被统治者之间的社会关系，其中谈到了宫廷绘画的作用，作者认为，
"皇帝收集不同类型的艺术品，以及下旨命宫廷画家作自己的肖像、巡游等纪实性画作，是
一种政治的体现，在不同的文化的体系中塑造着自己的形象"①，特别强调宫廷绘画在宫廷
社会中的政治功能，而非其艺术性，不再局限于绘画的表现手法，而是深层次的解读。

相较于前朝画院，清代宫廷最大的不同是出现了多位外籍西洋画家，因而不仅在国内
有关宫廷西洋画家和"西学东渐"的研究成果多，国外学者对明清传教士的关注度也非
常高。其中法国学者伯德莱著、耿昇译的《清宫洋画家》（广东人民出版社 2016 年版）的
研究视角较为独特，从雍正、乾隆时期的洋画家，特别是以郎世宁和王致诚为代表的传教
士进入清代宫廷为切入点，主要是讲述宫廷洋画家进入宫廷供职之前的生活历程，作者潜
心研究了 40 年，搜集了全世界各国有关传教士的资料，特别是欧美记录有关传教士进入
中国之前在当地生活的文献。由于中国学者对于明清朝前外国传教士进入的资料掌握不
全，对传教士入宫前生活的研究比较少，这本书弥补了这方面研究成果的缺失。另外，莫
小也的《十七—十八世纪传教士与西画东渐》，以明代利玛窦的出现为切入点开始，探讨
传教士在华的影响，旨在"追溯西方文艺复兴之后绘画艺术来华的过程及新的科学绘画
方式在中国的影响"②，特别提到传教士入华后的状况，以及入宫的过程。

值得注意的是，2005 年由中国第一历史档案馆和香港中文大学文物馆联合编纂，人
民出版社出版了《清宫内务府造办处档案总汇》共 55 册，辑录了自清雍正元年（1723）
至清乾隆六十年（1795）历时七十二年的档案。这套书汇集了第一历史档案馆馆藏有关
造办处的汉文档案及部分满文档案的内容，未加标点及注释，保持其原始状态影印出版，

---

① ［美］罗友技：《清代宫廷社会史》，周卫平译，中国人民大学出版社 2009 年版，第 63 页。
② 莫小也：《十七—十八世纪传教士与西画东渐》，中国美术学院出版社 2002 年版，第 9 页。

编排内容按册编制目录。内容包括：簿册名称或文件事由、影印比例和档案状况、档案出处、作别、时间。尽量完整地将造办处的原始档案编纂并公布于众，方便了对于研究有关清朝宫廷等相关课题的学者查阅宫廷档案。随后，2013年故宫出版社也出版了《养心殿造办处史料辑览》共6辑，由朱家溍先生和张荣先生选编，为点校本。这套书是选取清朝雍正元年（1723）至乾隆十七年（1752）养心殿造办处的档案，按照时间顺序编写的，雍正元年至雍正十三年（1723—1735）一本，乾隆元年至乾隆十七年（1736—1752）五本。每一年先记录管理大臣、管理官员及管理情况（记事录），然后按照选取的作坊分类，将每一年有关作坊的档案根据时间顺序进行了整理。有关档案文献的汇集和整理，必将促进清代宫廷画家及内务府相关问题的研究。

二、专题研究论文

有关专题研究论文较多，兹就其主要者，分为宫廷机构、个案研究及相关研究三个部分，分类进行介绍。

（一）清代宫廷绘画机构研究

有关宫廷绘画的文献资料、实物作品等都主要藏于北京故宫博物院和台北"故宫博物院"，因此早在20世纪80年代，故宫博物院就开始针对清代宫廷画家、绘画作品等问题进行研究，杨伯达先生和聂崇正先生便是最早的一批对清代宫廷作专题研究的学者。

杨伯达先生1985年发表了《清代画院观》（《故宫博物院院刊》第3期）一文，主要探讨清代宫廷是否与前朝一样有专门的画院机构的设置，结合内务府等档案史料，认为如意馆与画院处都是为宫廷作画的机构，清代出现了双轨制画院。他的另一篇论文《清乾隆朝画院沿革》（《故宫博物院院刊》1992年第1期），简述了乾隆时期供职于如意馆和画院处的画家、作品、待遇情况，在文中提到了"翰林画家"这一说法，是指授予官职并为皇帝服务的画家，在与宋代画院相比较后，认为翰林画家不能称为院画家。在《董其昌与清朝》（《新美术》1993年第1期）中，进一步讨论了翰林画家的绘画风格，认为多位翰林画家的绘画风格是受到了董其昌思想的直接影响，并且在宫廷内有师承南宗的山水画家，其绘画思想在雍正、乾隆时期的其他供职画家的作品中也有体现。

聂崇正先生早期对清代宫廷绘画机构也作了相关研究，其《清代宫廷绘画机构、制度及画家》（《美术研究》1984年第3期）和《清代宫廷绘画制度微探》（《美术观察》2001年第4期），对宫廷画院的画家选拔、分级、奖赏等制度作了探讨。除了对机构的研究之外，聂崇正先生还研究了宫廷的整体绘画状况，《清朝宫廷纪实绘画》（《紫禁城》2014年第3期），从人物肖像以及战争、祭祀、筵宴、典礼、狩猎、动植物等纪实作品的特点出发，以作品的风格着眼，可以看出西洋画家入宫供职，对纪实性绘画的创作带来了不小的影响。《清代宫廷绘画综述》（《大匠之门》2015年第8期），以康熙、雍正、乾隆三朝的作品为主线，认为在题材上宫廷绘画作品以纪实性为主，在风格上以"中西合璧"的画风为主。

其他学者有关清代宫廷绘画机构的研究文章，主要有孙怡姝的《清代宫廷艺术——

院画》(《满族研究》1994 年第 1 期)，许俊的《乾隆朝宫廷画院及绘画艺术》(《新美术》1994 年第 4 期)，顾平的《清代乾隆朝画院的历史沿革与绘画成就》(《荣宝斋》2010 年11 期)，周庆的《清代画院管窥》(《艺术百家》2011 年第 8 期)，从不同的角度，谈论清代，特别是康熙、雍正、乾隆三朝画院的沿革和职能以及画家的选拔和待遇、绘画种类和特色及绘画教育等问题。陈嘉全的《盛衰起落——浅析从宋代到清代的画院变迁》(《南京艺术学院学报（美术与设计版）》2005 年第 3 期)，雪野的《明清宫廷绘画概说——从天津博物院"馆藏明清宫廷绘画展"谈起》(《国画家》2009 年第 4 期)，顾平的《中国宫廷画院历史沿革考略——元明清》(《大匠之门》2014 年第 2 期)，这几篇文章是有关宫廷画院从前朝到清朝的演变过程的研究。其中杨桂思《清初翰林画家初探》(《艺术百家》2013 年第 2 期) 是为数不多研究翰林画家的文章，文中概述了以蒋廷锡和王原祁为首的翰林画家也就是词臣画家为皇室作画的过程，以及翰林画家分别与皇室、内廷供职画家直接互动的关系。

除此之外，美国学者武丽生《1650 至 1850 年间中国绘画之延革》(《新美术》1992 年第 2 期)，综合性地论述了清代的宫廷绘画，文章主要概述了顺治七年至道光三十年这两百年中，宫廷中的不同风格和不同派别的绘画思想、个性和主要艺术特征。

（二）宫廷画家及作品的研究

根据文献记载，清代画家的活动非常活跃，画派和绘画风格广泛，清宫廷内被记载的画家的名字数量大，绘画作品（包括佚名的）的存世量也非常多，可供研究的范围较广，下面对相关个案的研究成果进行梳理。

清代宫廷画家的生平、作品、画风、技法、地位和影响，也有一些学者进行讨论，特别是对蒋廷锡、冷枚等较著名的宫廷画家的研究较多。

对翰林画家或者说是词臣画家蒋廷锡的研究，主要有林姝的《康雍两朝的名臣蒋廷锡——兼论蒋廷锡非宫廷画家》(《市场鉴赏》2000 年第 10 期)，张波的《雍正朝大学士蒋廷锡史书记载考辨两则》(《历史档案》2014 年第 4 期)，江洋和章明的《蒋廷锡——清代宫廷花鸟画家身份考证》(《兰台世界》2014 年第 36 期)。蒋廷锡在清代宫廷留下的绘画作品很多，同时也取得了不俗的政绩，因而这三篇文章重点在于对蒋廷锡的身分，他作为翰林画家是否认定为宫廷画家的考证，不过不能下定论说蒋廷锡不是宫廷画家。郑艳的《恽寿平、蒋廷锡与清初宫廷花鸟画》(《中国国家博物馆馆刊》2011 年第 12 期)，则是分析蒋廷锡绘画作品的风格流派。

有关冷枚的研究，有杨伯达的《冷枚及其〈避暑山庄图〉》(《故宫博物院院刊》1979 年第 1 期)，以及潘深亮的《清代宫廷画家冷枚生平及其艺术考析》(《荣宝斋》2008 年第 5 期)，聂崇正的《清宫廷画家冷枚其人其作品》(《中国国家博物馆馆刊》2014 年第 8 期)。这三篇文章，着重点都是对代表性宫廷画家冷枚的生平介绍，以及其艺术风格和成就的论述。

有关邹一桂的文章，有台湾学者王耀庭的《邹一桂其人其艺》(《故宫文物月刊》1989 年第 79 期)，张江岳的《清画家邹一桂笔下的山水世界》(《兰台世界》2015 年第 28 期)。这两篇文章，主要是对词臣画家邹一桂生平的简介，以及探讨他的艺术风格和绘画思想。

对"画状元"① 唐岱的相关研究，有杜恒伟的《从唐岱的〈绘事发微〉分析〈大房选胜图册〉——兼谈其对娄东派的继承与发扬》(《满族研究》2010 年 1 期)，从唐岱所著《绘事发微》的绘画思想入手，探讨其对娄东画派的继承以及在内廷作画的风格。

有关专攻人物画画家丁观鹏的文章，有张蕊的《丁观鹏〈释迦及十六尊者像屏〉的粉本来源及其艺术特色》(《故宫博物院院刊》2013 年第 6 期)，主要对《清宫内务府造办处档案总汇》等史料的挖掘，丁观鹏从雍正四年进入宫廷担任画师，在清宫五十多年，从其创作的多幅绘画作品中选择了两组代表性的作品，"探讨了其历史背景、粉本来源等，并通过实际临摹的艺术实践，对其艺术特点进行总结"②。

对清代宫廷佚名画家和收藏作品的研究，主要集中在对绘画作品个体的考证、绘画手法的分析上。李湜《艺术的科学 科学的艺术——清代宫廷画谱》(《紫禁城》2004 年第 2 期)，在展览中陈列了清代康熙至光绪朝的七部重要面谱，分别是《海错画谱》《鹐鸽谱》《仿蒋廷锡鸟谱》《兽谱》《鸽谱》和《牡丹谱》《菊一谱》中的百余件精品，主要是介绍这七部画谱的绘画内容和风格等。王幼敏的《故宫博物院藏清〈康熙万寿图〉非原本考》(《故宫博物院院刊》2016 年第 4 期)，作者根据史料综合考证《康熙万寿图》的正确绘制年份，认为故宫所藏的不是宫廷画家绘制，是由苏州织造奉旨承办的应急之作。

清代宫廷绘画作品分为多种类型，有山水画、花鸟画、肖像人物画、宗教画、历史画等，由于都是按照皇帝的旨意作画，多数作品可以看作纪实性绘画，下面介绍这方面的研究成果。有关人物画或者肖像画的文章较为集中。单国强先生的《清代宫廷仕女画的特色》(《紫禁城》1995 年第 3 期)，是少数研究清代仕女画的文章，这篇文章简要地介绍了现藏于故宫博物院为数不多的仕女画。台湾学者周琍琪的《焦秉贞仕女画的师承》(《造型艺术学刊》2012 年)，更进一步从风格上探讨了焦秉贞的绘画风格的传承，以及对比其作品，分析其中受到西洋技法的影响。可能由于作品的数量不多，加上清朝不流行仕女画，流传到后世的作品、文献记录都较少，对清仕女画的研究很难展开。不同的是，因清代宫廷肖像画的文献资料和绘画作品存世量较大，研究的文章比较多，有赵锐的《乾隆时期宫廷肖像画》(《美术研究》1999 年第 1 期)，汪亓的《康熙皇帝肖像画及相关问题》(《故宫博物院院刊》2004 年第 1 期)。其中马季戈的《"波臣派"对清代宫廷肖像画的影响》(《中国书画》2004 年第 3 期)，在文中探讨师承明末清初人物画家曾鲸的绘画风格"波臣派"的画家，在进入宫廷后，这些画家所绘的肖像画对宫廷人物绘画的影响。

郎世宁作为一位为清康熙、雍正、乾隆三朝宫廷服务的宫廷西洋画家，留下了大量的风格特别的作品，后期宫廷内也没有类似的画家，因此现在对其研究的热度非常高，其存世的绘画作品被多次出版成册。对郎世宁的绘画作品和风格的个案研究的文章较多，有杨伯达的《郎世宁在清内廷的创作活动及其艺术成就》(《故宫博物院院刊》1988 年第 2 期)，鞠德源、田建一和丁琼的《清宫廷画家郎世宁年谱——兼在华耶稣会士史事稽年》

———————————————

① 清朝赵尔巽等撰《清史稿》中记载"供奉内廷，圣祖品题当时以为第一手，称画状元"(《清史稿·艺术列传》，中华书局 1977 年版，第 13911 页)。

② 张蕊：《丁观鹏〈释迦及十六尊者像屏〉的粉本来源及其艺术特色》，《故宫博物院院刊》2013 年第 6 期，第 127 页。

（《故宫博物院院刊》1988 年第 2 期），邵天的《郎世宁的钦赐碑》（《紫禁城》2000 年第 2 期），曹天成的《郎世宁与他的中国合作者》（《故宫博物院院刊》2012 年第 3 期），聂崇正的《试说郎世宁作品的五类状态》（《故宫博物院院刊》2013 年第 5 期），赵璟源的《郎世宁肖像画中的色彩运用研究》（《大众文艺》2016 年第 11 期）。其中赵阳的《论郎世宁宫廷绘画技法的演变》（《文化艺术研究》2017 年第 1 期），将郎世宁在清代宫廷的绘画生涯分为三个时期：早期雍正元年至十三年（1723—1735）"西法优先"、中期乾隆元年至乾隆十三年（1736—1748）"多西少中"应用、晚期乾隆十三年至三十一年（1748—1766）"中西各半"融合，通过不同时期的绘画作品，解析郎世宁在按皇帝旨意作画的情况下绘画风格的变化。

对于郎世宁的研究必然会联系到西画东渐的课题，相关文章有台湾学者王耀庭的《新视界——郎世宁与清宫绘画西洋风》（《故宫文物月刊》2007 年第 283 期），马克·马西罗和毛立平的《重估郎世宁的使命——将意大利绘画风格融入清朝作品》（《清史研究》2009 年第 3 期），张丹的《兼容与排异：由郎世宁绘画试探清宫西画东渐》（《艺术探索》2010 年第 2 期），付铭的《跨文化的郎世宁—清初宫廷"西洋风绘画"的集大成者》（《文物鉴定与鉴赏》2010 年 12 月），曹天成的《郎世宁与他的中国合作者》（《故宫博物院院刊》2012 年第 3 期），都是研究从郎世宁入宫供职后，所创作的作品风格、绘画手法，与当时宫廷传统的画法之间的相互关系。

除郎世宁之外，还有其他传教士进入清代宫廷。李晓庵的《清代宫廷中的法国传教士艺术家》（《西北美术》2008 年第 2 期）中，列举王致诚、艾启蒙、郎世宁、贺清泰、蒋友仁、比尔利维尔等人在清代宫廷留下一系列艺术作品。

西洋画法介入了清代宫廷绘画，是清康熙、雍正、乾隆三朝最独具特色的一处，因此对清代宫廷内中西合璧的绘画整体风格的研究著作较多。刘虎、张一舟、孙晨霞和董娅娜的《欧风影响下的清代宫廷绘画探析》[《天津大学学报》（社会科学版）2011 年第 3 期]，杭春晖的《"小立体"与"大平面"——谈清宫绘画对西画的吸收与变革》（《故宫博物院院刊》2013 年第 2 期），张洋和孙东的《清代宫廷绘画特征及与西方油画融合性研究》（《兰台世界》2016 年第 13 期），都提到了西洋画法在宫廷绘画中的体现，以及对清代绘画思想的影响。黄朝政的《传统中国肖像画与西洋绘画——早期影响》（上中下三篇）（分别刊登在《书画艺术学刊》第 11 期、第 12 期和第 13 期），在上篇中，论述了肖像画的传承，以及清代宫廷的功能，尤其是其社会性实用功能，分析肖像画民间和宫廷中不同的发展趋势，并且与西方艺术进行对比，探讨了传教士与中国文化交流对中国肖像画的影响，特别是西方的绘画技法和绘画思想对明清两代宫廷肖像画的影响。

另外，聂卉的《清宫通景线法画探析》（《故宫博物院院刊》2005 年第 1 期），从绘画手法的角度探究清宫绘画。聂崇正的《清代宫廷中的苏州画家》（《紫禁城》2016 年第 8 期），主要是对在清宫供职的苏州籍画家的介绍。

由于对清康熙、雍正、乾隆之外的其他朝代宫廷画家的记载较少，相关的研究成果自然较少。聂崇正先生的《清顺治朝宫廷画家黄应谌》（《故宫博物院院刊》1992 年第 4 期）是为数不多的简述顺治朝时期画家作品风格的文章。

（三） 其他相关的延伸研究

随着不同档案资料的公布，各类绘画作品的展出，学者对史料的深度挖掘，对清代宫廷画家及作品的研究不再局限于传承、风格等美术史的问题，下面对相关的研究进行介绍。

郁文涛的《皇帝的博物图——余省、张为邦绘〈摹蒋廷锡鸟谱〉〈兽谱〉研究》（《中国美术》2016 年第 3 期），梳理了博物图（纪实性绘画）相关历史档案的记载，概述作品的产生过程中如何融合西方科学和绘画方法，作者认定这是乾隆帝文治的一种体现。王钊的《博物学与中国画的交汇：谈蒋廷锡〈塞外花卉图卷〉》（《故宫博物院院刊》2017 年第 1 期），尝试通过博物学视角，对画图中的植物的种类的鉴别，重新审视该作品在中国科技史和植物绘画史中的价值，也是从另一方面表现当时帝王在博物学这块的政绩。李斌的《乾隆〈平定伊利回部战图〉的战争史料价值》（《故宫学术季刊》2002 年第 19 卷第 3 期），以中国历史上最早的大型战争铜板组画为切入点，对其画面中各类场景进行研究，认为作品中展示的交战双方的武器、兵马阵势、攻防设施、作战方式、后勤供给、军事地理等战争要素，都具有重要史料价值。侯建刚的《清朝宫廷绘画图像对帝国武功之构建——以乾隆朝为中心》（《美术时代（下）》2014 年第 9 期），以作品入手，从艺术作品的图像表达分析皇帝的政治意图。

赵敏住的《清代宫廷绘画以及地图制作共有的制度史背景》（《南京艺术学院学报》2011 年第 3 期），以内务府造办处的"画作"和"舆图处"的档案史料为主，主要从清代宫廷制度史的角度来分析宫廷绘画制度及地图和绘画制作之间的关系，并深入地探讨宫廷制作的各地地图产生的制度学的背景，并且认为"宫廷里的绘制者的绘画目的、内容和方法等基本事项都已经被皇帝及政府机构和官员按政策基本限定"①。

董建中的《传教士进贡与乾隆皇帝的西洋品味》（《清史研究》2009 年第 3 期），刘辉的《康熙朝洋画家：杰凡尼·热拉蒂尼——兼论康熙对西洋绘画之态度》（《故宫博物院院刊》2013 年第 2 期），庄吉发的《中体西用——以盛清时期中西艺术交流为中心》（《史学月刊》2010 年第 26 期），沈定平的《传教士马国贤在清宫廷的绘画活动及其与康熙皇帝关系述论》（《清史研究》1998 年第 1 期），张震的《试析乾隆内务府书画鉴藏中臣工的职责及其与皇帝的互动——从内务鉴藏黄公望〈富春山居图〉谈起》（《中国国家博物院馆刊》2014 年第 9 期），果美侠的《论 17—18 世纪天主教会对清宫西洋画家的选派》（《故宫博物院院刊》2016 年第 3 期），都是探究皇帝与西洋传教士之间的关系，以及分析西洋艺术技法等对清宫廷绘画的影响。

一些学位论文，也对清宫廷绘画作了相关探讨。杨多的硕士学位论文《〈乾隆南巡图〉研究》（中央美术学院，2001 年），探析了叙事图、历史图中历史事实和历史图像的关系，从不同版本的画作和皇上对画家的选择入手，讨论画家与皇室赞助人之间的关系，并对宫廷画家的创作过程作了梳理。闫辉的硕士学位论文《清代战图类宫廷版画艺术研

───────────────

① 赵敏住：《清代宫廷绘画以及地图制作共有的制度史背景》，《南京艺术学院学报》2011 年第 3 期，第 91~93 页。

究》(清华大学，2005年)，主要简述了铜版画的发展历程，以《平定准部、回部战图》为例，分析中西风格的差异以及西洋美术对清宫廷绘画的影响。冉琰的硕士学位论文《清前期宫廷绘画机构及画家》(中央民族大学，2006年)，论述了清前期宫廷画院机构的成立和发展过程，着重于雍正乾隆时期宫廷画院的演变，探讨了宫廷画家的职能特点、待遇以及工作生活状况，认为清前期的政治文化影响了当时的绘画风格。巩剑的硕士学位论文《清代宫廷画家丁观鹏的仿古绘画及其原因》(中央美术学院，2008年)，以丁云鹏的仿古画为重点，考证丁观鹏入宫前的身分。成晓丽的硕士学位论文《帝国纪事——清代盛期宫廷政治性绘画研究》(浙江师范大学，2009年)，分别选取康熙、雍正、乾隆三个时期不同的宫廷画家，通过不同时期绘画作品的风格，分析康雍乾时期政治因素对绘画风格的影响。刘虎的博士学位论文《康雍乾三朝宫廷绘画研究》(天津大学，2011年)，主要分析康雍乾宫廷绘画演变过程中的类型、风格以及影响，探讨不同的绘画题材，如纪实画、山水画、植物画、历史画、宗教画，与西方绘画的结合，论述了宫廷绘画的风格传承。赵谈哲的博士学位论文《清乾隆朝仿古绘画研究》(中央美术学院，2013年)，对乾隆时期宫廷画中仿人物画、仿山水画、仿花鸟画中的典型作品的分析，简述了不同题材绘画作品的实践过程以及涵义，认为仿古绘画反映了乾隆帝的政治与文化的需要。郑海文的硕士学位论文《论郎世宁绘画的宫廷趣味》(山东大学，2015年)，介绍了郎世宁个人的生平以及艺术风格，论述康熙、雍正、乾隆不同时期郎世宁作品中的宫廷审美的表现性，从郎世宁看西方艺术对清宫廷绘画的影响作用。高树标的博士学位论文《清宫廷画家唐岱研究》(上海大学，2016年)，运用了图像学的方法，以唐岱进入画院处的过程为切入点，探讨内务府造办处沿革、画院处的待遇，以及宫廷画家之间合作作画，并且通过《绘事发微》试析中国水墨画中有形与无形之间的关系。

三、结　语

综上所述，可以总结出相关研究成果的以下特点：

第一，从20世纪到21世纪，由于资料的局限性，通史和断代史著作中，对清宫廷绘画的专题研究较少，并且主要集中在康熙、雍正、乾隆三朝，论述清宫廷画院机构的成立及设置，以及介绍宫廷画家风格、生平和绘画作品等。

第二，多数的文献着重研究单独的画家或者绘画作品，介绍画家的生平以及解读作品、绘画风格的传承演变，探索画面背后的意义。21世纪开始，出现了更多从其他角度入手，解读宫廷绘画作品意义的研究成果，不再单纯地局限于艺术风格的问题。

第三，清宫廷绘画的研究热门之一为清宫洋画家的研究，国内外的研究学者的重点，都是以郎世宁为主的传教士进入清宫廷后中西之间的交流，探究清宫中绘画技法、风格以及制作工艺受到西方艺术的影响。

虽然对清代宫廷画家的研究取得了许多成果，但是仍存在一些不足。特别值得注意的是，对于清代宫廷是否设立画院，以及宫廷画家的定义，依旧存在有很大的分歧，根据目前的文献资料，内务府造办处的画画处（画院处）和如意馆可以算作有宫廷绘画作用的职能机构，但是能否称为清代宫廷画院还需深入的论证。除此之外，目前针对不同个案的研究较为分散，涉及有关宫廷画家的待遇、绘画作品的功能性以及画家之间的社会交往等其他问题的研究较少。最后，相比前朝的宫廷画家的研究，多数研究成果还局限在美术史方面的问题上，较少有历史文献的解读与图画的分析相结合的研究工作，由于目前有关清宫廷画院的原始档案的资料不多，因而研究中相关档案文献的运用比较局限。

（作者单位：武汉大学历史学院）

书　评

"中国传统文化高峰论坛·2017"会议综述

□ 张若旭　丁拉（Saikeneva Dinara）

2017年11月17日至19日，武汉大学传统文化研究中心主办、武汉大学国家文化软实力协同创新中心协办的"中国传统文化高峰论坛·2017"，在武汉大学珞珈山庄隆重举行。

此次会议共收到26篇论文，来自复旦大学、南开大学、南京大学、厦门大学、四川大学、北京师范大学、武汉大学等国内十多所学校及研究机构的学者，就中国传统文化的多个领域发表了高论。

以下从几个角度，对此次会议的讨论内容进行解读。

一、传统文化的人文特点

中国传统文化博大精深，如何把握中国传统文化的人文特点，部分与会学者从宏观角度提出新认识。

郭齐勇教授（武汉大学）《论中国智慧》认为，中国哲学的中心问题和问题意识与西方哲学异中有同，同中有异，不能完全把西方哲学范畴应用于中国古代文本。他提出中国智慧的六大特点：存有的联系与生机的自然、整体和谐与天人合一、自强不息与创造革新、德性修养与内在超越、具体理性与象数思维、经世致用与知行合一。并强调中国智慧可能对人类永续作出贡献，具体表现在天人互动、理想与现实贯通、生态平衡、人生意境和普遍和谐等方面。

何晓明教授（湖北大学）《中国人的"五观"》认为，中国文化精神可以具体分为天人合一的自然观、和而不同的矛盾观、通变持中的发展观、刚健自强的实践观、尊亲尚德的社会观，并从哲学与历史角度分析了"五观"的具体内涵，指出发展现代文明应该弘扬传统尊亲尚德的传统。

针对学界几乎作为定论的中国文化"天人合一"说，李锐教授（北京师范大学）《对天人合一的思索》提出否定意见。他认为，天人相同、天人相类及天人合一有共同的思想基础但有区别。天人合一并不是中国哲学、思想的特色，中国古代思想家对于天人合一也有不同的讲法。"中国主合，西方主分"的简单的中西方比较思想以及对"天人合一"进行过度诠释都不足为训。

有两位学者对中国的"文"和"文学"提出新见。左东岭教授（首都师范大学）《大文观与中国文论精神》的问题意识是，怎样从中国古代文论中汲取精华，当今的文学理论是否反映了古人原意。作者认为，中国古代文论的"大文观"开放、包容、会通、系统及富于弹性的观念体系，是有别于西方文论系统的中国经验。不能用现在的文学理论研究古代，文学既要讲究审美也不能去除其实用功能。文学研究应当既保证文学的审美属性和学科特征，又能吸取传统文论中丰富的文学观念。陈文新教授（武汉大学）《〈中国文化中的小说传统〉自序》，对"五四"以来（或者是现代文学学科成立以来）已经形成的一贯的研究方式进行了反思，认为用西方的理论来衡量中国的小说传统并不妥当。中国的小说脱胎于中国的文化传统，与西方小说传统有很大区别。用西方小说标准衡量中国古代的传统小说，无法得其精髓。

二、传统文化的发展历程及个案研究

冯天瑜教授（武汉大学）《观照文化史的两个重点：开创期与转型期》认为，把握中国传统文化要"宏观着眼，微观着手"，研究重点就放在中国文化的开创期（约指三代，其关键时代在两周）和转型期（近代转型），他对这两个时期的若干特点进行了理论分析。在《〈袭常与新变：明清文化五百年〉序言》中，他还着重强调了明清时期在中国文化史上的重要地位。

对中国文化史研究进行方法论思考的，还有梁枢先生（《光明日报》国学版）《三种语境初解——文明进程的中国路径研究（一）》。梁文从语境的意义、演变和比较的角度，反思了当代国学研究的得失，认为分析传统文化要在道德语境、共同体语境及历史语境下进行。

姜生教授（四川大学）《汉代儒生的道教》，利用汉墓中的图像资料，讨论"张道陵"以前的"道教"面貌以及汉武帝以后至张道陵之前的信仰，认为汉代成仙（即尸解）信仰，对于汉帝国的国力起到关键作用。作者还指出，汉代的信仰主体是怎样从儒生的道教发展到张道陵的道教，重新解释了道教起源和道教属性。

杨华教授（武汉大学）《中国何以成为"礼仪之邦"》，针对明清以来中国用语中"礼仪之邦"为什么代替了"礼义之邦"，提出自己见解。认为礼仪是中国人自我文化认同的标志，中国人之重礼仪是明清以来传教士等域外视野的印象。宋代以来，礼制下移，通过制定庶民通礼、推广祠堂和家庙、制定家礼家仪和乡规民约等文化机制，塑造了礼仪之邦。其中，民间礼生的日用礼仪实践也发挥了重要作用。

区域差异和地方特点，无疑是中国传统文化研究的重要方面。有两位学者对之作了探讨。张伟然教授和张吾南（复旦大学）《基于语感资料的唐代汉语方言分区》，通过唐人对当时各地语言的语感判断，描述出当时汉语的基本空间范围，阐述了唐代汉语各种方言的主要通行区域，分析中唐以后汉语分布态势的变化，在此基础上编绘了一幅与现代汉语方言地图差异极大的唐代汉语分布的示意图。张晓虹教授（复旦大学）《汉水流域传统音乐文化形成的历史地理背景》，试图解释上层儒家经典文化是如何通过音乐和戏剧等传播方式传播到下层的。作者利用历史地理学背景，来揭示传统音乐文化形成的自然过程，特别关注古迹政区、交通区位对传统音乐文化的命名和规范过程。

哲学流派和学术思想无疑是中国文化研究中特别关注的核心内容，有几篇论文在此方面作了新探索。张昭炜副教授（武汉大学）《扬雄的缄默与太玄》，分析了汉代思想家扬雄的"太玄"道体论思想。认为扬雄的"太玄"呈现"环四中五"的特征，"太玄"的"玄"是默，其道体特点是卓然、旷然、渊然、渺然。扬雄"缄默"和"太玄"的道德修养功夫，深刻影响了后世周敦颐、邵雍、阳明后学、方以智等学者。作者还指出，《太玄》是中国儒学哲学化逐渐成熟的标志，其宇宙论与心性论有一致理路，与西方哲学的形上学有明显差异。陈支平教授和方遥（厦门大学、清华大学）《阳明学与发展的理学思想渊源》一文从王阳明所作的《朱子晚年定论》入手，讨论王阳明对待朱熹、陆象山的态度，认为陆、王之间并无直接的承袭关系，王学反而更多地继承了朱熹的经典体系、理论框架和主要论题，融会了佛道的智慧，进而通过自得自悟的方式，对朱子学加以深刻反思、批判而逐步形成，因而可被视为朱子学在明代的另一种延续和发展。吴根友教授（武汉大学）的《戴震的经学解释学及其当代的活化》，归纳了戴震经学解释的若干原则，认为戴震的经学解释原则涉及天文学、建筑、训诂、音乐、历史地理、科技史等方面的知识。对戴震如何运用这些解经原则，文中也作了条列分析。李维武教授（武汉大学）《心理之间：本体的主体性和本体的理想性——以熊十力、冯友兰、贺麟为中心》一文，剖析了现代新儒学几位思想巨匠的思想渊源，指出熊十力重"心"，"新唯识论"强调本体的主体性；冯友兰重"理"，"新理学"凸显本体的理想性；贺麟主张"心即理"，"新心学"把本体的主体性与本体的理想性加以结合。认为现代新儒家重建中国哲学本体论的内在逻辑，具体回应了中华优秀传统文化创造性的转换和创新性的发展的问题。徐水生教授（武汉大学）《日本近代文化"脱亚入欧说"质疑——兼论中国古代哲学在日本近代化中的影响》，对日本近代文化"脱亚入欧说"提出质疑，认为东方传统文化在日本不仅没有被抛弃，而且深深渗透到了哲学、文学、政治、经济和普通民众生活的各个方面，成为新文化建设的重要精神资源，日本近代文化是东方文化与西方文化的有机结合。

两篇个案研究从细部展现了明清文化史的细部图景。范金民教授（南京大学）《康熙第五次南巡实录——佚名〈圣驾五幸江南恭录〉解读》，以《圣驾五幸江南恭录》为线索，试图复原康熙第五次南巡的具体过程和相关细节，突显了这部南巡起居注的特殊史料价值。陈锋教授（武汉大学）《人口流动与文化的传播——以清代徽商移居汉口为例》，探讨了近代汉口文化发展与徽商的关系，文章特别从汉口盐业和盐商对汉口发展的影响这一角度，解读汉口的发展历程。

三、传统文化的创造性转化和创新性发展

关于传统文化如何实现创造性转化和创新性发展，本次论坛也引发不少讨论。

沈壮海教授（武汉大学）《涵养向新而行的文化自信》，从宏观角度对当今文化自信进行解读，强调了文化自信对于民族自信的重要性。文章强调，彻底克服和清除文化不自信，是提升文化竞争力和引导文化从自发恢复走向自发成长的需要，在需要涵养怎样的文化自信和如何涵养文化自信方面也提出相应意见。周积明教授（湖北大学）《关于"弘扬

优秀传统文化"的若干思考》，重点分析了"弘扬优秀传统文化"由谁来弘扬，弘扬什么，如何判定何为"优秀传统文化"等问题。江畅教授（湖北大学）《推进马克思主义与传统文化的融合》，讨论了马克思主义与传统文化融合的历史必然性、可能性，认为二者融合的立足点是马克思主义，要批判地吸取儒家道德主义的合理因素，并提出"儒学社会主义"是社会主义的本质的观点。涂可国研究员（山东省社科院）《儒家文化的层次性及其人文意蕴》，把儒家学说分为由内及外的几个层次，即伦理学说、人生学说和政治学说等层次；将儒家历史传统分为精英文化（雅文化，大传统）和平民文化（俗文化，小传统）两个层次；将儒家人物和学派也分为不同层次（如孔、孟、荀、董、韩、张、程、朱、陆、王等是真正大儒）；将儒学社会作用也分作先进文化、健康有益文化、消极文化和腐朽文化四个层次。主张在个人文化和社会文化的创造性转换和创新性发展中，将之区别对待。

对于传统文化中某些要素如何实现转化、传承和发展，学者们也各抒己见。汤勤福教授和葛金芳教授（上海师范大学、北京师范大学）《中国传统礼制的现代价值论析》认为，中国传统礼制是弘扬社会主义核心价值的重要资源，但必须要经过现代性转换，使其在新的时代条件下重获新生，要立足于多样性为根本特征的人类文化生态，从历史事实和丰富的民间实践中探寻其伦理共识和道德品格，用中华智慧来创建适合当今社会礼仪价值的新体系。常建华教授（南开大学）《中国宗族史的当代启示》，强调宗族对中华民族凝聚力的重要作用，追溯了近代以来各家各派对"宗族"的不同认识，梳理了宗族与历史上社会制度的关系，并对宗族史研究定位问题提出己见，认为虽然中西方群体观念出发点不同，但均追求社会稳定与和谐。田兆元教授（华东师范大学）《论传统意象符号系统及其重建——以萱花为例的讨论》，以萱花为例，认为传统由一系列的意象符号构成。论文梳理了萱草意象的古今变迁脉络，主张从文辞、符号图案入手深入研究萱草文化，推动萱花产业的繁荣发展，从而重建民俗文化。

本次会议，是武汉大学中国传统文化研究中心举办的年度高峰论坛的第二届。会议讨论议题和涉及内容广泛，与会者均为国内知名学者，武汉大学师生多人参与互动。会议受到《中国社会科学报》等多家媒体关注。

（作者单位：武汉大学历史学院）

《阳明学研究》 第二辑隆重出版

□ 向昊秋

　　继 2015 年《阳明学研究》创刊号由中华书局出版之后,《阳明学研究》第二辑最近再次由中华书局正式出版（实际发行时间为 2017 年 3 月）。该辑刊由武汉大学国学院院长郭齐勇教授担任主编, 武汉大学阳明学研究中心主任欧阳祯人教授担任执行主编, 由成中英、杜维明、吴光、陈来、张学智、吴震、董平、钱明、许苏民、徐水生等二十八位国内外知名学者担任学术顾问, 全刊繁体字印刷, 封面集字王羲之, 高端、大气、上档次,已经在学界产生了很大的影响。

　　《阳明学研究》的创刊宗旨在于系统研究以王阳明思想为中心的中国传统心学, 深入挖掘王阳明以及阳明后学的思想资源和当代价值, 立足经典, 面向现实, 打造国内阳明学研究的高端平台。该刊的学术研究视野广阔, 不仅关注国内最新的阳明学研究成果, 而且密切关注海外的阳明学学术成果, 充分展示了当代学者的思想智慧和研究动态。

　　《阳明学研究》（第二辑）分为六个栏目, 即真理与方法、追本溯源、史海钩沉、学派追踪、日本阳明学和书评, 共收录了十六篇论文。本辑虽然完全立足于阳明学, 但是它的理论导向却主要是研究阳明后学, 展示的是王阳明之后的学术世界。既有正面观点的系统阐述与论证, 又有阳明后学相关学者的史料汇编, 既有书评论文, 又有国外学者的论文译作。思想论证与史料爬梳并举, 思想个案之阐幽表微与整个中国哲学史之高屋建瓴并重,多篇重量级文章, 颠覆了阳明学的叙述历史, 改写了人们关于阳明学发展的一些基本常识。《阳明学研究》第二辑最大的特点是中青年学者新意迭出, 崭露头角, 显示了阳明学研究的充沛实力。他们实实在在地展示了阳明学研究在今天的中国是一片雨后春笋般的热土。

　　该辑刊收录了浙江省社会科学院钱明教授主持的"阳明后学文献整理与研究"国家重大课题近十篇文章, 它们代表了当今中国大陆阳明学研究, 特别是阳明后学研究的最高成果。它们不仅在阳明后学的文献整理上取得了令人刮目相看的成绩, 而且在其思想的研究上更是鞭辟入里, 登堂入室, 令人耳目一新。

　　复旦大学吴震教授的论文《漫谈阳明学与阳明后学的研究》占据头版头条, 具有学术研究的前瞻性、穿越性和总括性, 该文主要讨论了三个问题: 一是如何看"阳明学热"; 二是近代中国的阳明学; 三是关于阳明后学研究。吴震教授指出: "我们知道在日本, 明治维新前后也出现过一阵阳明学热, 直至二次大战之前, 阳明学甚至成了日本帝国的御用学说而被利用; 20 世纪初近代中国所出现的阳明学研究新动向, 在很大程度上是由于受到日本阳明学的刺激所致。不过归结而言，中国阳明学与日本阳明学不可同日而语，因为这两种阳明学的社会背景乃至思想诉求毕竟有很大差异。至于阳明后学研究，这是阳明学研究的必然发展，目前已然成为一个独立的研究领域而引起了学者的广泛关注。"吴震教授最后还指出，研究阳明学以及阳明后学的学者应对阳明学的义理系统有确切的把握，对阳明后学所关注的问题需有较为全面的了解。并提醒当代学者不能被"阳明学热"搞昏了头脑，抱持理性批评、开放多元的学术精神才是学术研究以及学术讨论的基础。

湖北大学姚才刚教授的《"左派王学"的特色及其对晚明儒家发展的影响》将左派王学的特色概括为三点：一是倡导"现成良知"论，凸显良知的当下性；二是掺禅入儒，流于"狂禅"；三是热衷讲学，疏于读书与经世实务。并认为左派王学一方面开启了晚明儒学发展的新局面，另一方面促使王学修正运动的兴起。在近代阳明学的研究之中，"当下即是"这一命题受到不少学者的关注。日本关西大学博士，武汉大学国学院陈晓杰（《阳明学研究》编辑）的《阳明学的"当下即是"精神》以"当下即是"作为论述课题，以"即是"作为探讨核心，通过对"良知"本身的讨论，进行理论的分析，以此来挖掘"当下即是"的根源含义。该文认为"即是"一词隐含强烈的动词意味，进而指向"良知使自身呈现出来"，以区别于"当下具足""当下承当"。

浙江省社会科学院钱明教授的《阳明学派的"讲学"与"讲会"》以阳明学的讲会运动为线索，探究阳明学在明代中晚期从精英化转向草根化这一过程的特征及其意义。该文概括了讲学与讲会的不同表征，认为讲学的重点在于"（教）学"，讲会的重点在于"会"。"学"的主要形式是师徒传授，并以科考举业为主要目的，而"会"的主要形式是民众参与，并以觉名教化为主要目的。他还在文末指出，阳明学的平民化与草根阶层思想意识的崛起，是对中国传统社会结构的一次颠覆。我国关于阳明学以及阳明后学的研究，非常注重阳明心学义理的阐发和生平史料的搜集，而集中考察王阳明生活的政治环境，以及阳明学者政治经历的研究成果较少。

日本京都大学博士，现任职于武汉大学历史学院的焦堃（《阳明学研究》编辑）另辟蹊径，专门考察嘉靖前期阳明后学的政治活动。他在《嘉靖前期阳明后学的政治境遇》一文中指出，嘉靖初期，方献夫、黄绾等本是中央政权相当可观的一股政治力量，但阳明后学坚持阳明学派反对内阁集权、党派政治的政治立场，接连与内阁大臣和天子发生冲突，导致阳明后学在政治上付出了沉重的代价。作为日本京都大学的博士，焦堃吸收了日本学者学术研究之系统、细密、翔实的方式，将嘉靖前期阳明后学的政治活动史料考察得相当详实细致，实在是难得的佳作。

日本大东文化大学中国学博士，现任职于四川大学副研究员的日本学者白井顺教授撰写的《阳明后学与杨应诏——嘉靖年间的理学与〈闽南道学源流〉之背景》一文，视角新颖独特，以朱子学者杨应诏与阳明后学陈九川、罗洪先、罗汝芳等的交往为切入点，以非阳明学派的视角来分析探究阳明后学。她在文末指出，杨应诏的代表作《闽南道学源流》是受到明代嘉靖年间思潮影响的产物，不仅是反映明代如何理解宋学的资料，也是反映嘉靖年间思想潮流的史料。

天津市工会管理干部学院陈寒鸣教授的论文《阳明后学与明代永新贺氏家传存世文献述略》一文，主要依据《琥溪贺氏族谱》，考察奉行阳明学旨的永新贺氏家族四代贺世采、贺应保、贺中男、贺善来，并对他们的生平事迹及其思想发展脉络进行全方位的梳理。该文史料精详，论点有据，极具说服力。对我们了解当代学者透过永新贺氏家族，研究当时阳明学在江右地区传播发展的情况有着非常的价值。

中国社会科学院副研究员陈时龙先生的《刘邦采佚文辑录》一文，根据清人王吉所编纂的《安成复真书院志》等文献资料，辑录成一篇关于明代江右王学代表人物刘邦采的相关史料集。该辑录的内容涉及刘邦采对良知与现成良知、悟性与修命等的讨论见解，为当代学者研究刘邦采其人及其思想提供了非常充分的史料支撑，也进一步推动了刘邦采个人思想以及江右王学的研究。

浙江省国际阳明研究中心秘书长张宏敏先生的大作《为黄绾生卒年、表号、职官等正名》则根据《明世宗实录》、明清两代学者文集及台州黄岩、太平等地方志相关史料，广征博引，一一考证黄绾的卒年、表号、职官和著作等，以纠正《辞海》《中国哲学大辞典》的错误。该文考证精核，史实的推证皆有根有据，令人信服。敢于向《辞海》等权威工具书提出疑问，也可体现作者扎实的学术功底，彰显青年一代的学者气象。

浙江师范大学王锟教授的研究综述《百年刘宗周及蕺山学派研究平议》对百年来关于刘宗周及蕺山学派的研究成果进行了归纳与总结，文中不仅囊括了中国大陆学者的学术成果，也包含港台地区学者的研究论著。该文认为 21 世纪以来，关于刘宗周及蕺山学派的研究取得了飞跃性的发展，进入繁荣期。但也有诸多不足，例如对蕺山后学的研究关注不够，缺乏整体统合的视野，等等。这篇综述为当代学者研究刘宗周及蕺山学派、蕺山后学提供了很好的研究思路和视角。

山东大学贾乾初副教授的《论泰州学派平民儒者的政治理想及其矛盾》从政治学的角度，论述泰州学派平民儒者的政治理想在儒家王道仁政理想的背景之下，道德色彩更浓重，更注重平民生活的要求与利益。但他们的政治理想简单而空疏，缺乏可操作性，具有明显的宗教色彩，因此他们的政治理想只能作为一种"政治亚文化"而存在。

中华女子学院的钟治国教授的论文《复性与知几——陈明水之良知学析论》通过对江右王学代表人物陈九川的个案研究，对其思想进行再诠释。陈九川的学问往往被视为平实而特色不彰，因此该文通过对陈九川的良知学进行境遇化、过程性的解读来彰显其丰富的义理内涵和工夫面向，对陈九川的思想史地位进行重新评价和厘定。

日本学者安田二郎于 1943 年撰写的《阳明学的性格》一文，堪称日本当代阳明学研究的开山之作。该文从西方哲学史的研究方法入手，分析和研究阳明学，并与朱子学进行对比研究，认为阳明学和朱子学之间的根本区别在于学的方法。朱子学是自下而上的，从为学的事实分析出发。阳明学是自上而下的，从德性的实体验证出发。

日本九州大学博士，现任日本北九州市立大学教授的邓红先生论文《朱谦之和"日本阳明学"》可谓学术界的颠覆之作，该文将我国哲学家朱谦之的《日本的朱子学》《日本的古学及阳明学》与日本学者井上哲次郎的"汉学三部作"（《日本阳明学派之哲学》《日本古学派之哲学》《日本朱子学派之哲学》）进行对比研究，从基本体系、框架和观点等角度进行详细比较，认为朱谦之的论著大多是对井上哲次郎著作的模仿和复制，并认为朱谦之的阳明学知识和修养，并非来自对明代王阳明哲学思想的钻研，而是来自"日本阳明学"。朱谦之的两本著作本是中国学者研究日本思想史的奠基之作，但邓红教授认为，学术界应该客观地还原它们在历史上的地位以及在当代的史料价值。另外，邓红教授在文中还表述了他对日本阳明学的看法，观点也颇具创造性和颠覆性。他认为"阳明学是日本明治维新的原动力"这一论断是"贪天功为己有"，用 19 世纪八九十年代才产生的社会运动"日本阳明学"的理论去解释 19 世纪 60 年代发生的明治维新，是"日本阳明学"为了抬高自己的身价而制造出来的神话。

　　陕西师范大学丁为祥教授的论文《"身心之学"的精准阐发——读冈田武彦〈王阳明大传〉》，洋洋洒洒，浓墨重彩，是这一辑《阳明学研究》的亮点。该文认为日本学者冈田武彦的《王阳明大传》是以阳明精神研究阳明心学的典范。《王阳明大传》通过将王阳明其人与其学相统一的方式对阳明心学作了一种全方位的展开，既以其人理解其学，又以其学以证其人。在这一基础之上，对其以"知行合一"为特征的身心之学作出了精准的阐发，从而凸显阳明心学"体认"与"培根"的本质特征。该文将冈田先生解读王阳明思想的方式概括为两点：一是冈田先生对王阳明一生所到之处作全面的追踪，以"追体验"的方式体味王阳明的所思所想；二是用"考证"的方式。除此之外，该文从辨析阳明学与朱子学具体关系的角度，对王阳明与朱子学者罗钦顺的交往过程进行了详实的考察。又通过对王阳明与同是心学学者湛甘泉的交往过程的梳理，对心学内部不同进路之间的差异性加以区分。

（作者单位：武汉大学中国传统文化研究中心）

武汉大学中国传统文化研究中心大事记（2017 年 1—12 月）

□ 李小花

1 月

6 日，傅才武在北京出席由中央财经大学文化经济研究院、国家文化创新研究中心、中央财经大学文化与传媒学院联合主办的"第三届文化经济发展论坛"，在大会上作主题报告《如何借力文化消费引领文化供给侧改革，形成"互联网+文化"管理新模式?》。

12—13 日，杨华参加"黄帝故里拜祖大典与当代礼制建设学术研讨会"，由郑州市政协、《光明日报》国学版，北方交通大学联合主办。

本月，欧阳祯人《刘咸炘》(大家精要) 由陕西师范大学出版社出版。

聂长顺《中华思想文化术语》第四辑（第三作者）由外语教学与研究出版社出版。

2 月

13—16 日，刘国胜赴韩国参加由韩国成均馆大学东亚学术院主办的"东亚出土资料学的摸索，向后十年"国际学术研讨会。

23—24 日，欧阳祯人在武汉大学苏州研究院讲座《儒家思想与企业文化》。

本月，丁四新《周易溯源与早期易学考论》由中国人民大学出版社出版。

3 月

10—13 日，聂长顺出席香港城市大学中文及历史学系主办的"国际学术作坊：晚清革命与改良语境中中国文化的重构与重新定位"，发表论文《近代"革命"再考察》。

11 日上午，郭齐勇在宁波图书馆天一讲堂演讲：《从〈颜氏家训〉到〈曾国藩家书〉——谈谈家风家教》。

12 日全天，郭齐勇在宁波图书馆天一讲堂演讲《现当代新儒学思潮》，上午讲《第一代现代新儒家——梁漱溟、熊十力、马一浮》，下午讲《港台新儒家——唐君毅、牟宗三、徐复观》。

24 日，傅才武在武汉出席由武汉市人民政府主办的"武汉市加入联合国教科文组织创意城市网络设计之都申请表专家研讨会"，在会议上作主题报告《坚持以人为本，重视社会参与》。

24 日，欧阳祯人应邀赴北京工业大学讲授《家风家训与廉政文化》。

25 日，傅才武出席由江汉大学武汉研究院主办的"武汉发展论坛"，在论坛上作主题报告《长江新城选址规划的文化思考》。

30 日下午，郭齐勇应湖北省政府办邀请在八一路大宾馆省政府基层信息联系点工作会议上演讲：《中国优秀传统文化》。

本月，陈锋在香港中文大学讲学。

贵州省贵阳孔学堂与武汉大学郭齐勇教授签署合同，以后两家合办《阳明学研究》杂志，由郭齐勇教授担任主编，由欧阳祯人教授担任执行主编。作为"中国阳明学会"（筹）的会刊。

冯天瑜、傅才武《文化创新蓝皮书：中国文化创新报告（2016）》由社会科学文献出版社出版。

郭齐勇主编《斯文在兹：儒家文化精神与源流》由人民出版社出版。

郭齐勇主编、欧阳祯人执行主编《阳明学研究》第二辑由中华书局出版。

傅才武《中国公共文化政策研究实验基地观察报告》由社会科学文献出版社出版。

4 月

7 日，傅才武在济南出席由山东省文化厅主办的"促进山东省文化消费座谈会"，在大会上作主题报告《国家文化消费试点城市的政策设计思路与政策路径》。

8—10 日，郭齐勇在海南省玉蟾宫出席"中华文化与人类命运共同体建构国际论坛"，腾讯儒学与道学频道、中国教育电视台网络国学、海南玉蟾宫等主办，郭齐勇发表主旨演讲：《儒家与道家》。

10 日，储昭华出席武汉大学哲学学院主办的"马克思主义政治哲学的建构"会议。

12 日上午，郭齐勇应邀在华中师大培训中心为中南五省高校中层干部班和省直干部班两百多学员演讲：《国学与人格修养》。

13—14 日，谢贵安在北京出席故宫博物院研究室、中外文化交流史研究所、《故宫学刊》编辑部、中国社科院历史所文化史研究室主办的"形象史学与明清故宫史学术研讨会"，发表论文《论皇帝形象的历史塑造——以〈明实录〉对明代皇帝形象书写为例》。

14 日，傅才武在北京出席由文化部产业司主办的"扩大文化消费试点中期考察指导工作小结会"，在会议上作主题报告《建立试点协调机制、开展针对性的培训、给予智库支持》。

14 日下午，聂长顺讲座《"第一岛链"的源起——日本首次侵台与美国的"动作"》，此为中华全国台湾同胞联谊会、武汉大学、华中师范大学和中南财经政法大学主办"2017 年中华文化与两岸关系学术报告周"中南财经政法大学专场。

15 日，傅才武应邀在山东潍坊为全国 31 个省（直辖市、自治区）基层文化干部演讲《以文化消费侧改革推动供给侧改革，实现双侧协同改革的政策路径》。

18 日下午，郭齐勇应邀在湖南省图书馆与郭齐家教授作兄弟会讲：《中国式家庭教育：从传统到现代》。本次活动主办单位是：湖南大学岳麓书院、湖南省图书馆与凤凰网国学频道。

19 日晚，郭齐勇应邀在湖南科技大学演讲：《国学与文化软实力》。

20 日上午，郭齐勇应邀在湘潭大学演讲：《国学概论》。

22 日，聂长顺讲座《中国哲学智慧》，此为宜昌葛洲坝集团培训中心、葛洲坝集团党校培训内容。

22—23 日，陈伟在北京中国人民大学出席"中西古典学方法论对话国际学术会议"，发表论文《关于秦简牍用字、用语的年代学考察》。

25 日上午，郭齐勇应邀在武汉城市职业学院演讲：《国学与人格成长》。

5 月

8 日，傅才武在山东曲阜出席"国家公共文化政策研究实验基地 2017 年度会议"，此会议由武汉大学国家文化发展中心与国家公共文化政策研究实验基地合办。

13 日，杨华在荆楚理工学院（荆门）作了题为"中华传统孝道及其礼法保障"的讲座。

14—16 日，储昭华出席武汉大学哲学学院主办的"比较哲学的理论、方法与实践问题"会议。

15 日，杨华在景德镇陶瓷大学"陶冶讲堂"作了题为"礼与中国古代社会生活"的演讲。

17 日，傅才武在合肥出席由第十届中国中部投资贸易博览会组委会主办的"文化创意产业与中部创新发展"会议，在会议上作主题报告《文化企业何以会失败》。

18 日，徐少华在信阳博物馆讲座《楚文化在淮河上游地区的发展及特征》。

19 日上午，郭齐勇应湖北省图书馆与洪湖市委宣传部邀请，到洪湖市为百多名干部、市民讲《家风家教家规家训》。

23 日下午，郭齐勇应武昌区教育局邀请在武大图书馆为该局办的《论语》培训班两个班百多位小学校长书记讲《孔子与〈论语〉》。

25 日上午，郭齐勇应湖北省社联、武汉市新洲区委宣传部邀请，在新洲汪集程山村为五百多位村民及百多位小学生讲《中国传统文化的家风家训家教》。

6 月

1—5 日，卢烈红在法国巴黎出席法国中文研究与教学学会主办的"当代汉语词汇国际研讨会"，作大会主题发言《〈现代汉语词典〉（第 6 版）词形处理献疑》。

3 日晚，应武汉大学中国传统文化研究中心和历史学院邀请，美国德克萨斯大学奥斯汀校区（The University of Texas at Austin）历史系教授、东亚研究中心主任李怀印先生，在历史学院三楼学术报告厅作了题为"世界史视野下的清朝国家"的讲座。讲座由历史学院副院长杨国安教授主持，中心及历史学院教师陈锋、张建民、李少军、彭敦文、任放、聂长顺、左松涛、洪均、王萌与校内外学生共七十余人参与了讲座。

8日，傅才武在山东烟台为全国31个省（直辖市、自治区）财政厅（局）的分管厅（局）长、主管处长，中央宣传文化部门财务负责人和中央文化企业负责人，财政部文化司各处室负责人演讲《从文化事业体系到公共文化服务体系的政策路径》。

9—11日，郭齐勇在北京友谊宾馆与北京大学出席由北京大学哲学系与美国"亚洲哲学与比较哲学学会"主办的"全球语境下的中国哲学范式与价值国际学术研讨会"，10日在会上发表论文：《儒家人文主义与道家自然主义》。

12日上午，郭齐勇应北京大学哲学系邀请在北京大学为170多位师生演讲《儒家人文主义与道家自然主义》。

15日上午，聂长顺讲座《中国哲学智慧》，此为宜昌葛洲坝集团培训中心、葛洲坝集团干部培训内容。

16—18日，卢烈红在兰州出席西北师范大学主办的"历史语言学研究高端论坛（2017）"，作大会主题发言《〈朱子语类〉"在里"及相关问题考论》。

20日，杨华在北京泰康研究院作了题为"中外殡葬文化、法律和政策解读"的报告。

24日，徐少华在湖北省国学研究会讲座《楚文化：她的发展历程与基本特征》。

27日—7月4日，杨华在英国参加武大举办的学术周，访问伦敦大学亚非学院、剑桥大学、威尔士Cardiff大学等地。在牛津举行的"语言传播与文明对话国际学术研讨会"（28日）上，宣读了题为"理雅各《礼记》翻译的局限：兼论经典外译问题"的论文。

27日—7月4日，傅才武在英国出访牛津大学、卡迪夫大学、伦敦大学，进行学术交流。

本月，欧阳祯人《出土简帛中的政治哲学》由中国人民大学出版社出版。

张昭炜《王阳明图传》由上海古籍出版社出版。

7 月

11日，傅才武在河南郑州为全国31个省（直辖市、自治区）新闻出版广电局的财务处长、公共文化服务处长演讲《文化领域绩效评价难题及其因应策略》。

19日上午，聂长顺在武汉大学讲座《中国哲学智慧》，此为南宁市应急办工作人员培训内容。

22—23日，欧阳祯人应邀赴厦门大学演讲：《历代名臣家训》。

27日，杨华为中铁大桥局作了题为"中国传统家教：家礼、家训和家风"的讲座，这是该大桥局"凤凰山讲坛"第45期。

29日，徐少华在长沙博物馆讲座《曾、鄂之谜与周王朝在江汉地区的分封》。

本月，冯天瑜、任放《日本对外侵略的文化渊源》由高等教育出版社出版。

郭齐勇主编《儒家文化研究》第八辑（儒家生态思想暨刘述先先生八秩寿庆专号）由生活·读书·新知三联书店出版。

8 月

4—5 日，陈锋在北京出席中国社会科学院经济所、中国经济史学会主办的"纪念吴承明先生、汪敬虞先生百年诞辰"会议，发表论文《"理论经济史"与"实证经济史"的开拓与发展》。

13 日，傅才武在贵阳出席由中国传媒大学、红旗文稿杂志社、贵州省文化厅、铜仁市人民政府合办的"2017 特色文化产业与脱贫攻坚（贵州）高峰论坛"，在论坛上作主题报告《区分文化产业与文化事业，打造文化价值商业链》。

14—16 日，卢烈红作为大会报告主持人，在北京出席中国社会科学院语言研究所主办的"第三届出土文献与上古汉语研究（简帛专题）学术研讨会"，发表论文《体标记、选择标记与测度标记——先秦两汉虚词"将"析论》。

15—19 日，谢贵安在江西赣州市崇义县出席中国明史学会、赣州市委宣传部主办的"第十八届明史国际学术研讨会暨首届阳明文化国际论坛"，发表论文《王阳明心学与大礼议复杂关系试析》。

16 日，傅才武在贵阳出席由中国文化创意产业研究会、贵州大学、贵州省社会科学院合办的"文创发展元浦论坛暨文化创意产业与公共文化服务融合贵州研讨会"，在会上作主题报告《乡村文化共同体与经济共同体的协同共建，是当代乡村复兴的"双轮"》。

20—22 日，储昭华在北京出席商务印书馆主办的"商务印书馆与现代中国文化"会议。

25—26 日，陈伟在河南大学出席由中国社会科学院历史所、日本东方学会主办的"第九届中日学者中国古代史论坛"，发表论文《岳麓书院秦简〈徭律〉简 244-247 再探》。

25—28 日，卢烈红在赤峰出席中国修辞学学会、赤峰学院主办的"'语言与认知'国际学术研讨会"，发表论文《〈五灯会元〉中的比拟句式》。

26—27 日，清华大学国学院与武汉大学中国传统文化研究中心合办的"阳明学文献与思想研讨会"在清华大学召开。此次会议对以往阳明学的文献整理工作作了学术总结，并规划了未来的工作领域。对于如何进一步将阳明学文献与思想相结合展开研究，以形成新的研究方向，也进行了前瞻性讨论。清华国学院院长陈来教授、副院长刘东教授，台湾"中研院"钟彩钧教授，香港理工大学朱鸿林教授，复旦大学吴震教授，中国社会科学院张志强研究员以及华东师范大学方旭东教授等三十余位阳明学专家学者参加了本次会议。

26—27 日，张昭炜参加清华大学国学院、武汉大学中国传统文化研究中心举办的"阳明学文献与思想研讨会"，发表论文《阳明学文献整理与研究的新进展》。

本月，杨华等《楚国礼仪制度研究》（《荆楚文库》）（修订版）由湖北教育出版社出版。

周荣《皮高品集》（荆楚文库）由武汉大学出版社出版。

武汉学校依托武汉大学中国传统文化研究中心成立了"湖北省两岸中小学优秀传统文化教育研究基地"。

9 月

2 日下午，由武汉大学中国传统文化研究中心、武汉共享遗产研究会和联合国教科文组织工业遗产教席联合举办的张之洞诞辰 180 周年纪念大会暨"张之洞与武汉城市发展"学术研讨会在武汉大学珞珈山庄举行。来自武汉大学、华中科技大学、华中师范大学、华中农业大学、湖北大学、湖北中医药大学、武汉科技大学和江汉大学等高校和武汉市社会科学院、武汉市地方志办公室、张之洞与汉阳铁厂博物馆、武汉共享遗产研究会等研究机构，以及"人文武汉"民间研究团体的数十位专家学者与会。会议由武汉大学中国传统文化研究中心主任杨华教授主持，联合国教科文组织工业遗产教席郭粤梅教授致辞，武汉大学资深教授冯天瑜老师作主旨演讲，与会学者就张之洞对武汉市政建设的筚路蓝缕之功，展开热烈讨论。

8 日、21 日，我中心分别召开专职和兼职研究员座谈会，就中心未来学术发展、人才培养、杂志编辑、组织构架等问题展开充分讨论。8 日下午，中心正副主任与专职研究员进行了座谈，大家讨论了办公用房、优质生源、人才引进、网站更新等问题。其时正值新生开学，会议结束后召开了迎新座谈会，所有中心老师与硕博士新生进行了交流。21 日下午，中心正副主任与校内兼职研究员进行座谈。杨华主任代表中心对冯天瑜、郭齐勇等老师的开创之功致以敬意，对各位老师此前所做的工作表示感谢，并恳请大家继续为中心的未来发展贡献力量。冯天瑜、陈锋、陈文新等上一届中心成员深情地回顾了中心十来年的发展历程，分别就中心的学术方向、人才培养、《人文论丛》杂志的编辑等问题，提出若干建议。参加会议的还有昌切、卢烈红、徐少华、李少军、张建民、谢贵安等教授。在21 日的会上还宣布，聘请冯天瑜、郭齐勇两位教授为中心主名誉主任，聘请陈锋、陈文新教授为学术委员会主任，聘请常建华、陈锋、陈文新、陈大康、陈洪、陈少明、陈支平、范金民、冯天瑜、郭齐勇、姜义华、赖永海、朱英等教授为中心新一届学术委员会委员。

8—10 日，胡治洪在北京出席中国哲学史学会、首都师范大学政法学院主办的"中国哲学的原创、诠释与转型学术研讨会"，提交论文《熊十力经学思想中的外王说》。

9—10 日，郭齐勇在北京金龙潭宾馆出席中国哲学史学会主办、首都师范大学承办的"中国哲学的原创、诠释与转型——中国哲学史学会 2017 年年会"，作主题报告：《中国哲学史的问题与方法》。

11 日全天，郭齐勇在北京大学教育学院录制"讲仁爱""尚和合"节目，将由北京大学与中华书局"云国学"制作成慕课。

15 日下午，聂长顺讲座《中日文化与质量》，此为武汉钢铁（集团）公司科学技术协会培训内容。

16—17 日，杨华在华中师范大学参加第七届中国经学国际研讨会，作了题为"僎的'复古'与乡饮酒礼流变"的主题报告。

15—18 日，胡治洪在河南登封出席嵩山论坛组织委员会、北京大学高等人文研究院主办的"第六届天地之中（嵩山）——华夏文明与世界文明论坛"，提交论文《熊十力的经义说》。

20日，第八届世界儒学大会在孔子研究院隆重开幕。根据国家有关规定，从本届大会开始，取消了"孔子文化奖"推选活动，调整为"世界儒学研究杰出人物"。大会开幕式上，揭晓了"2017年度世界儒学研究杰出人物"，台湾东海大学蔡仁厚教授、武汉大学郭齐勇教授共同获此殊荣。

20—21日，郭齐勇在山东曲阜香格里拉宾馆出席由文化部与山东省人民政府主办，山东大学承办的第八届世界儒学大会，20日下午在宾馆出席圆桌会议，发表论文：《儒家礼乐文明及其现代意义》。

19—22日，胡治洪在山东曲阜出席文化部、山东省人民政府等主办的"第八届世界儒学大会"，提交论文《熊十力经学中的内圣外王思想》。

22日全天，郭齐勇在济南为山东教育电视台录制家训家教家风节目，讲了我国家训的传统、颜氏家训、曾国藩家书与重振家风的现代意义等内容，该台将会制作成五集播放。

22日，傅才武在天津出席由文化部文化产业专家委员会主办的"国家文化消费试点城市区域座谈会（一期）"，在会议上作主题报告《文化消费试点城市评价标准改革》。

22—24日，陈锋出席太原召开的山西大学、《中国经济史研究》编辑部主办的"明清社会经济史研讨会"，发表论文《清代的盐商与盐引》。

23日上午，郭齐勇在济南市山东省图书馆大明湖分馆为山东省委宣传部组织的阳明学公开课讲最后一讲《阳明心学的当代价值与现代意义》。

23—24日，"科举制度与中国文化：第十五届科举制与科举学国际学术研讨会"在武汉大学召开。此次会议由武汉大学中国传统文化研究中心、中华炎黄文化研究会科举文化专业委员会和武汉大学文学院共同主办，来自韩国、中国各主要研究机构和高校的80余位学者参加了这一盛会。会议共收到论文60余篇。

23—24日，卢烈红在黄石出席清华大学、湖北师范大学主办的"第二届语言学博士论坛"，发表论文《新材料的挖掘与利用》。

26日，傅才武在湖南长沙为全国省、自治区、直辖市文化厅（局）、各计划单列市文化局和45个文化消费试点城市文化局的负责人演讲《文化消费数据统计的现状、问题与对策》。

27日，傅才武在广西南宁为南宁宣传文化系统干部演讲《文化创新与文化产业发展》。

27日—10月1日，谢贵安在黑龙江省黑河市出席中国中外关系史学会主办的"北方丝绸之路与东北亚民族学术研讨会"，发表论文《边城瑷珲的中俄碰撞与交往》。

本月，郭齐勇《现当代新儒学思潮研究》由人民出版社出版。

郭齐勇主编《当代新儒家与当代中国和世界》由孔学堂书局出版。

欧阳祯人《思孟学派新论》由孔学堂书局出版。

欧阳祯人《从心性到政治》由中国社会科学出版社出版。

10 月

2日晚上，谢贵安在湖北汽车工业学院讲座《中国传统文化的形成原因与未来命运》。

3—12 日，傅才武出访法国巴黎七大、瑞士伯尔尼大学、荷兰阿姆斯特丹自由大学，进行学术交流。

9—12 日，刘国胜在武汉大学参加由武汉大学简帛研究中心、香港中文大学历史系中国历史研究中心、韩国国立庆北大学历史系主办的"中国简帛学国际论坛 2017：新出土战国秦汉简牍研究"。

11—12 日，杨华参加由武汉大学简帛研究中心、香港中文大学历史系中国历史研究中心、韩国国立庆北大学历史系主办的"中国简帛学国际论坛 2017：新出土战国秦汉简牍研究"，提交题为"出土简牍所见'祭祀'与'祷祠'"的论文，并作大会宣读。

13 日下午，聂长顺在安徽新华学院讲座《中日文化之共通——以"革命"一词为例》。

13—16 日，胡治洪在贵州贵阳出席贵阳孔学堂、武汉大学国学院、台湾东方人文学术研究基金会等主办的"第十二届当代新儒学国际学术会议"，提交论文《〈大学〉朱王之争与熊十力的评论》。

14—15 日，郭齐勇在贵阳孔学堂出席并主持"当代新儒家与心学传统"第十二届当代新儒学国际学术会议，会议主办方为贵阳孔学堂、武汉大学国学院与哲学院、台湾东方人文学术研究基金会与鹅湖月刊社、台湾"中央大学"儒学研究中心等。郭齐勇主持会议并在大会报告论文：《现当代新儒家与心学传统》。

14—15 日，谢贵安在上海出席华东师范大学历史学系主办的"国际视野下的中国史学暨纪念吕思勉先生逝世 60 周年学术研讨会"，发表论文《吕思勉民族史书写特点新探》。

19 日下午、20 日下午，聂长顺在厦门大学讲座《中日文化往还间的"革命"》。

19—20 日，杨华参加韩国庆州文化财研究所、韩国木简学会主办的"东亚古代都城的构造仪式与月城垓址木简"（韩国木简学会创立十周年纪念国际学术会议）会议，宣读论文《中国古代都邑建造之巫祝仪式》。

23 日下午，郭齐勇在复旦大学光华西主楼 2401 室演讲《中国哲学的问题、特质与方法论》，为复旦大学儒学大讲堂第二期，主办方为复旦大学上海儒学院与复旦大学哲学学院。

24 日上午，欧阳祯人为哈尔滨机关工委 500 人演讲《国学智慧与领导干部修养》。

24 日晚，郭齐勇在南京大学仙林校区社厦图书馆报告厅为百多名师生演讲：《礼乐文明及其现代意义》。此为仲英道德讲堂之一，主办单位为美国唐仲英基金会与南京大学中华道德传播研究中心。

27 日，欧阳祯人应邀赴天津南开大学哲学系演讲《先秦儒家经典的上古背景》。

27—29 日，张昭炜在中国社会科学院参加中国社会科学院哲学研究所、中国哲学史学会主办的"经史传统与中国哲学"会议，发表论文《〈四书评〉平议及李贽的〈四书学〉》。

28—29 日，欧阳祯人参加中国社会科学院哲学研究所、中国哲学史学会主办的"经史传统与中国哲学"会议，提交了大会论文《先秦儒家政治哲学是中国再次崛起的必由之路》，作大会发言，并主持分组会议及讨论。

29—30 日，欧阳祯人参加"绍兴市王阳明研究院"成立大会，主持高峰论坛，提交论文《王阳明家训思想研究》，作大会发言，并且当选为该研究院学术委员会委员。

31日，傅才武在山东泰安为山东省财政厅、各局负责人演讲《从文化事业体系到公共文化服务体系的政策路径》。

本月，冯天瑜《学人侧影》由湖北人民出版社出版。

聂长顺《中华思想文化术语》第五辑（第三作者）由外语教学与研究出版社出版。

丁四新等《语世界的早期中国哲学研究》由浙江大学出版社出版。

张昭炜《阳明学发展的困境及出路》由中国社会科学出版社出版。

11 月

2—7日，卢烈红作为大会报告主持人，出席台湾佛光大学主办的"第十一届汉文佛典语言学国际学术研讨会"，发表论文《禅宗语录"着"字祈使句的发展》。

3日，傅才武在湖北武汉为武汉港航发展集团演讲《长江航运与长江文明》。

3—4日，杨华参加香港岭南大学"出土文献：语言、古史与思想学术研讨会"，发表题为"中国古墓为何随葬书籍"的论文。

3—5日，储昭华出席武汉大学哲学学院主办的"哲学在当今的创新性发展——第五届中哲、西哲、马哲专家论坛"会议。

4—5日，郭齐勇在武汉大学弘毅酒店出席"哲学在当代中国的创新性发展——第五届中哲、西哲、马哲专家论坛"，会议主办方为武汉大学哲学学院与《中国社会科学》杂志社，郭齐勇在大会报告论文：《中国哲学：问题、特质与方法论》。

4—5日，谢贵安在北京出席中国社会科学院《史学理论研究》杂志编辑部、中国社会科学院世界历史研究所史学理论重点学科、中国社会科学院史学理论研究中心主办的"第20届全国史学理论研讨会"，作大会主题报告《传统史学的近代转型：〈明实录〉"近代"价值的发现与赋予》。

6—10日，欧阳祯人应邀赴日本北九州岛市立大学演讲《儒家经典的宗教背景》。

7日晚上，聂长顺在东华大学讲座《"革命"语义的文化变迁》。

8日，傅才武在湖北武汉为湖北科技学院音乐学院演讲《当代中国文化政策研究的前沿及学术路径》。

8日，傅才武在广东深圳为深圳市行政机关处科级优秀公务员演讲《城市文化创新与城市发展》。

8日，傅才武在湖北武汉为湖北省领导干部演讲《坚定文化自信，是对当代中国文化现代化道路问题的科学回应》。

9日，聂长顺出席湖北省台办、孝感市台办主办的"第十四届湖北·武汉台湾周：孝感市第三届海峡两岸孝文化与养老产业研讨会"，发表论文《"孝"与社会主义核心价值观》。

10日，傅才武在荆门出席由湖北省社科联主办的"2017湖北青年学者论坛"，在论坛上作主题报告《文化自信与民族复兴》。

11日上午，郭齐勇在深圳凤凰山凤凰书院为百余名深圳市民演讲：《儒家与道家》。

11日晚上，欧阳祯人应邀在中国政法大学演讲《中国文化的十大特征》。

15 日，储昭华出席湖北大学哲学学院主办的"新时代农村社区伦理建设研讨会"。

16 日—12 月 3 日，陈伟前往日本京都大学人文研访问。

16 日，傅才武出席由文化部文化产业专家委员会主办的"国家文化消费试点城市区域座谈会（二期）"会议，在会议上作主题报告《推动文化消费试点改革，创新文化供给侧改革模式》。

17—19 日，胡治洪在江苏淮安出席江苏省儒学学会、淮阴师范学院马克思主义学院主办的"儒学的当代价值全国学术研讨会"，提交论文《儒学与马克思主义关系片论〉》。

18 日下午，武汉大学中国传统文化研究中心第四届学术委员会第一次会议在武汉大学珞珈山庄召开。参加会议的有华东师范大学中文系陈大康教授，南京大学历史学院范金民教授，南开大学历史学院常建华教授，厦门大学历史学院陈支平教授，华中师范大学历史文化学院朱英教授，武汉大学资深教授冯天瑜先生，武汉大学国学院郭齐勇教授，武汉大学中国传统文化研究中心陈锋教授、陈文新教授，以及中心的现任领导杨华主任、储昭华、余来明、曾晖副主任等。会议由中心学术委员会主任之一的陈锋教授主持。

杨华主任首先介绍了中心近几年发展取得的成绩，并感谢各位委员在中心发展过程中给予的支持和帮助。同时，他就中心未来的学术发展方向、学术期刊建设、体制机制改革等问题向各位委员征求意见和建议。在随后的发言中，各位委员结合自己的经验和认识，纷纷建言献策。

朱英教授在发言中介绍了华中师范大学近代史所在打造基地集刊方面的经验，提出要做好做强一本杂志，必须要有完善的运作流程，主打的品牌栏目，以及善于进行运作的出版机构。常建华教授则指出，作为一个有着深厚学术传统的教育部重点研究基地，应当在某一个阶段集中在一个重要的学术方向展开研究，围绕重大问题设计研究课题，以产出具有影响的标志性成果和代表性成果。陈大康教授从制度机制改革方面提出了有益的建议，在他看来，一个中心要想获得持续、稳定的发展，需要在保持研究者的心态同时，不断进行体制机制创新，适应时代发展的要求。陈支平教授从学术发展的角度指出，在新形势下，中国传统文化研究中心的发展应当与当下传承、弘扬中国优秀传统文化的时代趋势相结合，发挥中心学术研究的优势，更多关注现实，拓宽研究思路。范金民教授结合南京大学教育部基地中国思想家研究中心、民国史研究中心的发展，提出应当在不断变化的形势下，处理好平台建设发展与人文学术研究之间的关系，在方向凝练、学术规划方面应注重关注具有重大理论、现实意义的命题。

中心学术委员会主任之一的陈文新教授作最后总结陈词，充分肯定召开学术委员会的意义，对各位委员就中心刊物的建设、未来学术发展方向、体制机制改革等问题提出的意见和建议深表赞同，认为中心在顺利完成工作交接之后，在学界同仁的支持下，未来的发展必将进入一个新的时代。

18 日，杨华参加由武汉大学台湾研究所、东湖书院联合主办的"第一届两岸中华传统文化普及教育论坛"，发表题为"传统经典与中华文化认同"的主旨演讲。

18 日，聂长顺出席"第一届两岸中华传统文化普及教育论坛"，发表论文《天下大势与文化自觉》。

18—19 日，"中国传统文化高峰论坛·2017"在武汉大学珞珈山庄举行。此次会议由武汉大学中国传统文化研究中心主办，武汉大学国家文化软实力协同创新中心协办，来自复旦大学、南京大学、四川大学、南开大学、厦门大学、首都师范大学、上海师范大学、北京师范大学、华东师范大学、湖北大学、武汉大学、山东省社会科学院、《光明日报》《中国社会科学报》、高等教育出版社等单位的 40 余位学者出席会议。会议共收到论文 22 篇。

18—19 日，杨华参加"中国传统文化高峰论坛·2017"，提交论文《中国何以成为"礼仪之邦"》。

18—19 日，储昭华出席"中国传统文化高峰论坛·2017"。

19 日上午，郭齐勇出席"中国传统文化高峰论坛·2017"，作大会主题报告：《中国智慧》。

18—19 日，卢烈红出席北京大学主办的"北京大学第一届古典学国际研讨会"，担任分会场主持人，发表论文《〈汉语大词典〉释义献疑三则》。

23 日，傅才武在广西南宁为广西壮族自治区文化厅演讲《坚定文化自信，是对当代中国文化现代化道路问题的科学回应》。

24 日上午，美国俄亥俄州立大学东亚语言文学系简小滨教授受聘为我中心兼职教授，并举办了一场题为"中国传统文化融汇世界主流文化的时机与挑战：从汉学（中国学）研究的一些热点问题谈起"的讲座。中心主任杨华教授为简教授颁发聘书并主持讲座。

简教授是俄亥俄州立大学东亚语言文学系的博士生导师，是美国教育部设在俄亥俄州立大学的全美东亚语文资源中心副主任，也是美国国务院设在该大学的关键语言项目中国项目主任，以及汉语旗舰工程中国项目主任，在美国培养了大批汉语教学和汉学研究人才。他长期从事比较文学、跨文化交流以及汉语国际教育工作，发表了一系列论著。目前主要从事 21 世纪中国文化融汇世界主流文化的必要性、可能性及其实践路径方面的研究工作。

此次讲座，简教授首先介绍了世界文化学界关于文化比较的部分新理论，提出在多元文化之外，建构第三文化空间的构想。并对于中国文化在第三文化空间将如何发声，如何共享经验、共享认识等理论问题，提出自己的设想。

25—26 日，周荣参加厦门大学民间文献研究中心主办的"第九届民间文献论坛"，发表论文《民间文献与民初僧政》。

25—26 日，郭齐勇在广州暨南大学出席"先秦诸子高端论坛"，在大会上作主旨演讲：《走进诸子：辨析与合观》。

25—27 日，欧阳祯人参加山东省社科院举办的"第四节中韩儒学交流大会"，提交论文《从知行合一看王阳明对孔子的继承和发展》，并作大会主题发言。

30 日，欧阳祯人在武汉大学人文馆三楼报告厅作《阳明心学与人生修养》学术报告。

本月，冯天瑜《冯氏藏礼》由长春出版社出版。

陈文新、江俊伟合著《刘永济评传》由湖北人民出版社出版。

12 月

1 日下午，郭齐勇在随州碧桂园凤凰酒店为数十位湖北省高等学校后勤管理干部演讲：《中国哲学管理智慧》。

1—3 日，武汉大学阳明学研究中心与湖北省荆门市"象山研究会"联合主办"象山学术研讨会"，欧阳祯人教授带领五位博士生出席。欧阳祯人教授以"陆九渊在湖北"为题，作了大会主题发言。五位博士生都登台发言，反响很好。

4—8 日，杨华参加第二届中英高等教育人文对话论坛，本年度主题为"交汇：创造历史中的中国与西方"。提交题为"中国传统礼制在近代的转变"的论文，并作学术报告。

9 日，郭齐勇在北京外国语大学出席"新时代儒学文化国际传播与话语体系建设暨安乐哲'一多不分'思想文化研讨会"，发言：《安乐哲哲学思想》。

10 日，储昭华出席武汉大学哲学学院主办的"湖北省哲学史学会年会"。

13 日，陈伟出席香港浸会大学历史系主办的"文本、遗物、场景：古代中国文化工作坊"，发表论文《关于秦简牍用字、用语的年代学考察》。

13—16 日，刘国胜赴香港参加由香港中文大学中国语言及文学系、中国文化研究所刘殿爵中国古籍研究中心主办的"古籍新诠——先秦两汉文献国际学术研讨会暨中国文化研究所五十周年庆典"。

15—17 日，谢贵安出席北京师范大学史学理论与史学史研究中心、北京师范大学历史学院主办的"2017 年史学理论与史学史学术研讨会"，作大会主题报告《明清实录对皇帝形象塑造之比较》。

18 日上午，聂长顺在武汉大学讲座《中国文化与国际表达》，听众为武汉大学孔子学院中方院长及国际交流部相关人员。

18—20 日，杨华在贵州参加"纪念张之洞诞辰 180 周年学术研讨会"。

19 日晚上，谢贵安在华中农业大学讲座《国学的兴起、复兴与命运》。

20—22 日，储昭华出席中国人民大学哲学院主办的"西方哲学的翻译、研究与写作"。

23 日，杨华在北京参加"炎黄学学科设置暨信阳师范学院炎黄学研究院成立大会"，作了题为"从中国传统学术分类看炎黄学的地位"的发言。

25 日，欧阳祯人应邀在武汉商学院演讲：《中国古人的术、势、道》。

26—28 日，杨华在福建建阳参加"首届建本文化学术研讨会"。

30 日，王林伟参加武汉大学"比较哲学及其在当代的新开展"学术讨论会，报告论文《论牟宗三的直觉思想：参照现象学的视野》。

本月，《冯天瑜文存两种》由湖北人民出版社出版。

郭齐勇主编《儒家文化研究》第九辑（明清儒学专辑）由岳麓书社出版。

陈伟《秦简牍校读及所见制度考察》由武汉大学出版社出版。

聂长顺《近代汉字术语的生成演变与中西日文化互动研究》（第二作者）由经济科学出版社出版。